新时代中国票据市场研究

肖小和 等◎著

中国金融出版社

责任编辑：曹亚豪
责任校对：潘　洁
责任印制：陈晓川

图书在版编目（CIP）数据

新时代中国票据市场研究／肖小和等著 . —北京：中国金融出版社，2022.2
ISBN 978-7-5220-1547-7

Ⅰ. ①新… Ⅱ. ①肖… Ⅲ. ①票据市场—研究—中国 Ⅳ. ①F832.5

中国版本图书馆 CIP 数据核字（2022）第 034407 号

新时代中国票据市场研究
XINSHIDAI ZHONGGUO PIAOJU SHICHANG YANJIU

出版　中国金融出版社
发行

社址　北京市丰台区益泽路 2 号
市场开发部　（010）66024766，63805472，63439533（传真）
网上书店　www.cfph.cn
　　　　　（010）66024766，63372837（传真）
读者服务部　（010）66070833，62568380
邮编　100071
经销　新华书店
印刷　保利达印务有限公司
尺寸　169 毫米×239 毫米
印张　35.75
字数　563 千
版次　2022 年 4 月第 1 版
印次　2022 年 4 月第 1 次印刷
定价　98.00 元
ISBN 978-7-5220-1547-7
如出现印装错误本社负责调换　联系电话(010)63263947

编委会

顾　　　问	周荣芳	上海票据交易所监事长
编委会主任	肖小和	江西财经大学九银票据研究院执行院长兼学术委员会主任、中国工商银行票据营业部原副总经理、上海市金融学会票据专业委员会首任会长、中国城市金融学会票据专业委员会原副会长、江西省金融学会票据专业委员会首席专家、上海市人民政府发展研究中心特约研究员、上海国际金融中心研究院客座研究员
编委会副主任	秦书卷	江西财经大学九银票据研究院秘书长、九江银行票据中心总经理
	范志欣	乐享数科有限公司董事长
编委会成员	（按姓氏笔画排序）	

王文静　王成涛　木之渔　禾几页
孙　越　李　鹰　李紫薇　杨　刚
肖小伟　余显财　张小平　张涵萌
陈　晨　陈龙和　陈奕欣　金　睿
柯　睿　秦书卷　徐　言　谈铭斐
黄家驹　谢康康　蔡振祥

前言

商业汇票（或称票据）是指由出票人签发的，委托付款人在见票时或在指定日期无条件支付确定的金额给收款人或者持票人的票据。票据是一种古老的金融工具，具有千百年的发展历史，伴随着经济、金融与信用的发展不断进化演变，尤其是改革开放以来，票据功能作用进一步丰富与完善，逐渐演变成集支付、结算、融资、投资、交易、调控等功能于一体的重要信用工具。进入21世纪以来，票据市场不断发展壮大，成为我国金融市场的重要组成部分，在服务实体经济，服务中小微企业、服务民营企业，服务农村金融发展，服务供应链金融发展，支持碳达峰碳中和目标实现等方面发挥着越来越重要的作用。根据上海票据交易所的数据，2021年，票据市场业务总量为167.32万亿元，同比增长12.87%。其中，承兑金额为24.15万亿元，增长9.32%；背书金额为56.56万亿元，增长19.84%；贴现金额为15.02万亿元，增长11.93%；转贴现交易金额为46.94万亿元，增长6.41%；回购交易金额为22.98万亿元，增长14.98%。截至2021年末，票据承兑余额为14.98万亿元，同比增长6.29%；贴现余额为9.88万亿元，同比增长12.55%。2021年8月1日商业承兑汇票（或称商票）信息披露制度正式实施，我国商票信息披露工作全面落地施行，推动了商业承兑汇票的快速发展，2021年，全市场商票承兑发生额为3.80万亿元，同比增长4.85%，占比达到15.73%；商票贴现1.22万亿元，同比增长17.98%，占比达到8.12%。截至2021年末，商票承兑余额为2.16万亿元，同比下降5.44%，占比达到14.45%；

商票贴现余额为 0.83 万亿元，同比增长 13.39%，占比达到 8.35%。

党的十九大报告做出了"中国特色社会主义进入了新时代"的重大判断，由此拉开了新时代我国票据市场发展的新篇章。新时代以来，票据市场积极服务实体经济并推动创新，特别是上海票据交易所成立后陆续推出了纸电票据融合、票据交易系统直连、线上票据清算系统等，还推出了买断式交易，实现再贴现业务无纸化、电子化，推出意向询价、对话报价交易机制，加强票据新规则及业务培训，成立会员制，引入非银机构（或称非银行金融机构）参与二级市场交易，票据市场的生态环境发生了深刻的改变。为适应票据市场新变化，解决市场中的新难题，上海票据交易所和各参与主体积极创新。2018年1月，上线试运行数字票据交易平台实验性生产系统；同年12月，国内首条票据收益率曲线诞生；2019年12月，城商银票转贴现收益率曲线发布。2018—2021年，上海票据交易所针对性地发布了"票付通""贴现通"、标准化票据、供应链票据，上线商业汇票信息披露平台，推出账户主动管理服务，极大地提高了票据市场服务实体经济的深度与广度。市场参与主体也在加速提升自身能力，改造优化自身票据系统，实现和上海票据交易所系统的无缝对接；同时，修订完善内部制度，加大人员培训力度，以适应票据市场新变化，加上金融科技的快速发展，业务创新在民间纷纷展开，全市场的风险防控水平也随着系统建设的完善而得到大幅提升。以江西财经大学九银票据研究院和中国票据研究中心为代表的票据研究机构对于票据市场应用、理论研究热情高涨，研究成果层出不穷。这一时期可以说是市场建设效率空前、市场发展成效显著，票据市场已发展成为我国金融市场的重要组成部分。

票据市场的持续健康稳健发展离不开实务界和理论界的共同推进。笔者带领一支专业化、高素质、有情怀、挺执着、愿奉献的票据研究团队，在引领和提升全国票据市场规范发展方面发挥了应有的功能和作用。近年来在推出《中国票据市场发展研究》《中国票据市场框架体系研究》《中国票据市场创新研究》票据研究三部曲，以及

《票据基础理论与业务创新》《票据史》《票据学》票据基础三部曲后，又在新时代票据市场发展、票据功能作用、票据创新、商业承兑汇票、行业票据发展、票据承兑等方面进行了大量研究和探讨，得到了《金融时报》《上海证券报》《中国证券报》《证券时报》《当代银行家》《货币市场》《国际金融报》《现代金融导刊》、中国金融信息网、中国经济网等国家和省部级报刊、媒体的刊载和发表，在业界获得了良好反响，一些政策建议、观点已被相关管理机构、经营机构所采纳和接受。现应各方需求和呼吁，将近年来在公开媒体发表的、总结市场发展规律、探讨未来发展趋势、具有时效性和借鉴意义的50余篇研究文章汇编成册。

《新时代中国票据市场研究》一书内容深入而不失全面、系统而不乏丰富，全书共分为六章，第一章"新时代票据市场研究"，回忆笔者与上海票据交易所的故事，回顾上海票据交易所成立五年来的显著成绩，表达对上海票据交易所未来发展的殷切期待；深度挖掘票据支付、融资、信用、调控、投资等功能，探讨票据市场在服务实体经济、服务供应链金融、服务普惠金融、服务中小微企业发展、支持出口转内销方面的作用；思考标债资产认定规则，探索标准化票据发展途径。第二章"新时代商票发展研究"，立足新时代票据市场发展新时期，聚焦双循环新发展格局，以商业承兑汇票发展为研究主体，系统分析商票框架体系建设、商票服务实体经济、电子商业承兑汇票发展、商票信用体系建设、长三角商票平台搭建、票据市场创新、商票发展新未来等商票发展热点问题，思考"十四五"时期商业承兑汇票发展方向，探讨电子商票保证在供应链金融中的运用。第三章"新时代票据承兑量研究"，以增值税作为独特分析视角，探索我国增值税政策对承兑汇票发展的影响，并以增值税为基础对票据承兑量进行测算，分析制造业、批发零售业、建筑业、有色金属业、医药制造业、汽车业等行业票据业务发展现状，探索"十四五"时期行业票据发展潜力，探寻北京、广东、江西、辽宁等省市制造业、批发零售业票据业务发展模式。第四章"疫情后票据发展研究"，多维度探讨疫情后

票据在推动经济复苏、推动制造业发展、推动供应链金融发展等方面的作用，笔者认为电子商业汇票是发展疫情后经济的优选金融工具之一，是支持疫情后制造业企业发展的有力工具，对于疫情后经济复苏，票据支付融资可"四两拨千斤"，应转变观念发挥票据信用在供应链金融中的作用。第五章"价格指数与预测"，概括近年来票据市场发展现状并展望发展趋势，进一步完善票据发展指数与价格指数体系，通过构建票据资金价格指数、票据信贷价格指数、票据综合价格指数，分析票据市场利率变化，探索票据市场价格影响因素；通过构建中国票据生态指数、中国票据金融指数、中国票据价格指数、中国票据创新指数等分析票据市场发展；构建区域票据发展指数，探寻区域票据发展程度。第六章"采访与发言"，是笔者近年来参加票据活动的发言材料或特殊时点所发表的思想观点，涵盖标准化票据、上海国际金融中心建设、"十三五"票据市场发展、票据风险、商业汇票信息披露、绿色票据、供应链票据、国际票据交易所建设等多方面内容，具有市场热点针对性、思考前瞻性、应用与理论相结合等特点。

《新时代中国票据市场研究》一书旨在拓展读者视野、提高业务能力和理论素养，同时引导社会各界共同推进新时代票据市场创新、高质量发展，进一步发挥票据功能作用，服务经济金融、服务实体企业发展。本书阅读对象主要是票据监管者、金融机构票据条线管理层及从业人员、企业财务人员、研究人员，也可供其他读者学习使用。本书如有不足之处，敬请读者朋友批评指正。

本书撰写过程中，得到了许多媒体的关心和大力支持，同时，乐享数科有限公司、九江银行股份有限公司及中国金融出版社也给予了大力支持，在此一并表示感谢！

肖小和

2022 年 2 月

目录

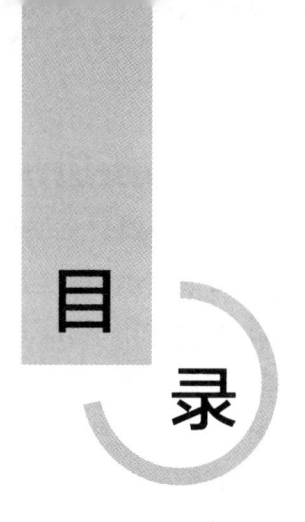

第一章　新时代票据市场研究

创新引领　创造辉煌
　　——祝贺上海票据交易所成立五周年…………………………… 3
新时代票据业务服务实体经济高质量发展………………………… 13
发展票据业务与普惠金融研究……………………………………… 26
加快票据供给侧结构性改革　更好服务中小微企业
　　——基于供应链金融发展视角的标准化票据研究………………… 34
票据供给侧结构性改革与服务经济高质量发展十大设想………… 46
票据再贴现功能作用进一步深化的研究…………………………… 63
票据在供应链金融中功能作用的研究……………………………… 73
票据在新时代功能作用的认识与挖掘……………………………… 86
标准化票据与票据标准化
　　——标债资产认定规则的启示……………………………………… 92
标准化票据与票据市场……………………………………………… 106
发挥供应链票据作用推动供应链金融发展………………………… 114
发挥票据支付信用功能　探索企业应收账款票据化之路………… 127
发挥商业汇票支付作用与支持双循环格局发展的思考…………… 138
票据支持出口转内销的研究………………………………………… 144
全国与各省市 2020 年新增社融与 GDP 对比分析………………… 150

第二章　新时代商票发展研究

服务构建双循环格局　建设商票框架体系研究……………… 165
积极开拓商票服务实体经济发展新局面…………………………… 175
加快发展电子商票与服务双循环格局的思考……………………… 188
经济高质量发展与商票信用时代…………………………………… 199
落实国家长三角一体化发展战略在长三角建立商票平台的研究… 205
商业信用再塑：商业承兑汇票与票据市场创新…………………… 218
双循环格局下的电子商票发展新未来……………………………… 234
"十四五"期间发展商业承兑汇票的思考…………………………… 251
电子商票保证在供应链金融中运用研究…………………………… 260

第三章　新时代票据承兑量研究

关于"十四五"期间推动北京制造业票据业务发展的研究 ……… 271
关于"十四五"期间推动广东省制造业票据业务发展的研究 …… 283
关于"十四五"期间推动江西省制造业票据业务发展的研究 …… 295
关于"十四五"期间推动辽宁省制造业票据业务发展的研究 …… 306
推进批发零售行业票据业务发展的思考…………………………… 318
推进广东批发零售行业票据业务发展的思考……………………… 328
推进建筑、有色金属和医药制造等行业票据业务发展的思考…… 338
推进汽车行业票据业务发展的思考………………………………… 346
我国增值税政策对承兑汇票发展的影响研究……………………… 356

第四章　疫情后票据发展研究

电子商业汇票是发展疫情后经济的优选金融工具之一…………… 373
关于后疫情时代推动长三角地区制造业票据业务发展的研究…… 383
疫情后加快在制造业推动票据业务发展的思考…………………… 395
疫情后经济发展中发挥票据在供应链金融中作用的思考………… 408
疫情后经济复苏，票据支付融资可"四两拨千斤"………………… 414

第五章　价格指数与预测

2019 年票据价格指数在常态区间不断下行 …………………… 425

2019 年票据市场稳步增长　中国票据发展指数达到 14039 点
　　——中国票据发展指数的构建与应用分析……………………… 437

2019 年票据市场回顾与 2020 年票据市场展望 ………………… 453

2020 年票据价格指数在低位振荡 ………………………………… 463

2020 年中国票据发展指数达到 15292 点
　　——中国票据发展指数的构建与应用分析……………………… 475

中国票据市场 2020 年回顾和 2021 年展望……………………… 491

第六章　采访与发言

肖小和参加商业票据高峰论坛发言……………………………… 503

肖小和参加首届赣江（上海）金融论坛发言 …………………… 513

肖小和在中国银行业协会票据专业委员会培训班上的发言
　　——从票据历史的角度思考标准化票据及其发展趋势………… 515

肖小和在上海市人民政府发展研究中心"后疫情时代上海国际
　　金融中心建设面临的机遇与挑战"专家座谈会上的发言 …… 527

肖小和：标准化票据可以实现票据市场与债券市场的联接……… 533

致力改革　稳健运行　票据市场启帆远航
　　——从上海票据交易所成立四年发展历程看"十三五"期间
　　　中国票据市场发展……………………………………………… 534

我与上海证券报的故事…………………………………………… 540

肖小和在中国票据研究中心第一期"票据论道"研讨会上的发言 …… 544

商业承兑汇票信息披露相关制度的发布具有里程碑意义……… 548

肖小和：供应链金融创新对于拓宽中小微企业融资渠道
　　具有积极意义…………………………………………………… 552

肖小和：加快研究国际票据交易所建设推进票据市场"走出去"……… 553

积极推动绿色票据、供应链票据等发展………………………… 555

第一章

新时代票据市场研究

제1장

创新引领　创造辉煌
——祝贺上海票据交易所成立五周年

肖小和

一、我与上海票据交易所的故事

五年耕耘，硕果累累；明朝阔步，再创辉煌！2021 年 12 月 8 日，上海票据交易所成立五周年，在此表示热烈祝贺！

（一）为建设全国统一的票据市场和上海票据交易所的成立鼓与呼

我较早地意识到需要建设全国统一的票据业务平台。我从 20 世纪 90 年代开始在工商银行省级分行任处长并分管票据业务，从此与票据结缘，并于 1997 年参与编著《现代银行商业汇票经营管理》一书，这是票据市场时间相对较早、内容较全的票据专业类书籍；自 2004 年起我调入工商银行票据营业部专司票据业务，也更有兴趣关注和思考票据市场的发展，并于 2013 年同人民银行上海总部金融市场管理部共同编写了《新世纪中国票据市场发展报告（2000—2011 年）》，开创了票据市场发展报告的先河。在亲身经历了票据市场 20 余年的自然和无序发展后，我越发觉得建立全国统一的票据业务平台很有必要，并于 2015 年 4 月 11 日公开发表了《加快建立全国统一规范的票据信息平台》，开始探讨建立票据市场信息领域全国统一平台的可行性。同年 8 月 8 日，我在《上海证券报》发表了《打造"互联网+票据"平台　完善市场体系》，首次提出建设票据平台问题；《金融时报》及时将主要观点同时刊登，引起票据业界的共鸣。我们在 2015 年第四季度至 2016 年初首次提出票据市场基础设施的概念，正式提出应该建立全国性票据交易所，并建议地址选在上海。2015 年 9 月 12 日，我们发表了《构建票据交易所　推进全国性有形票据市场建设》，第一次提出建设票据市场基础设施的概念，并指出应该建设全国性票据交易所。同年 12 月 31 日，我们又发表了《建设中国票据交易所时机已经成熟》，明确提出建设票据交易所的详细实施路径和建设方案。该文章得到了时任浦东新区区委区政府主要

领导和上海市政府分管副市长的批示。2016年3月两会期间,人民银行副行长潘功胜表示中国人民银行正在抓紧推动建设全国统一的票据市场,我通过公开媒体第一时间进行了解读,认为这是中国人民银行第一次明确提出"推动建设全国统一的票据市场",将为票据市场改革提供指引和方向。同时,针对当时票据市场以纸票为主、大案要案频发等问题,撰文《应加快推进电子票据交易所建设》并在《上海证券报》全文发表。随后,公开媒体刊登了我们撰写的《中国票据交易所建立在上海是最优选择》,虽然我们在文中没有直接将票据交易所命名为"上海票据交易所",但在文中明确表示中国票据交易所建立在上海是最合适的选择方案,为票据交易所落地上海提供了政策参考。我们在2018年又提出可以考虑建设上海国际票据交易所。随着中国国际贸易的发展以及深化对外开放、人民币国际化等政策目标的推进,根据上海建设国际金融中心的定位,我们认为票据可以在其中发挥更大的作用,并成为资产配置的一个重要产品。2018年11月,我们撰写了《以科技为抓手 建设上海国际票据交易所》,建议以上海票据交易所为基础,充分运用区块链等金融科技创新成果,建设上海国际票据交易所。该课题也得到了上海市政府的重视,并得到了分管金融的副市长的批示。2020年11月,上海票据交易所搭建了跨境人民币贸易融资转让服务平台,为人民币跨境贸易融资业务提供服务,这与我们提出的上海国际票据交易平台有异曲同工之处。

(二)积极关注和宣传上海票据交易所的开拓发展

自2016年12月8日上海票据交易所成立以来,我一直关注上海票据交易所的发展。在成立当天,我受邀参会并接受了《上海证券报》的采访,同时公开发表了《上海票据交易所成立是中国票据史上里程碑事件》一文,认为上海票据交易所的成立将有助于票据市场的繁荣、风险管理、价格发现、信用发展、政策传导、产品创新等,是中国票据发展史上最大也是最重要的具有里程碑意义的事件,得到了业界广泛认可。之后每年周年庆我均为上海票据交易所撰写纪念文章并公开发表,回顾当年成效,期待新年发展。2017年12月8日,发表了《上海票交所将继续发挥在票据市场中的关键引领作用》;2018年12月8日,发表了《业界期待上海票交所在产品创新等方面再创佳绩》;2019年12月8日,发表了《上海票据交易所成立三年成绩斐然》;2020年12月8日,发表了《致力改革 稳健运行 票据市场启帆远航——从上海票据交易所成立四年发展历程看"十三五"中国票据市场发展》。

（三）为上海票据交易所的创新进行及时解读和推广

2020年5月，国务院金融稳定发展委员会办公室发布11条金融改革措施，并表示近期将出台《标准化票据管理办法》，随后我对标准化票据的意义进行了解读，撰写《标准化票据可以实现票据市场与债券市场的联接》并发表在中国证券网上，在文中提出标准化票据有利于盘活现有一部分承兑和贴现存量，激活释放服务中小企业的活力，特别是进一步结合供应链票据融资及应收账款票据融资服务实体经济将起到重要作用。2020年12月，中国人民银行和上海票据交易所先后发布商业汇票信息披露规则，我连续撰文《提高商票市场透明度 释放票据市场活力》和《商业承兑汇票迎来发展新时代！》，我认为这是继《票据法》出台、上海票据交易所成立后又一个具有里程碑意义的事件。我对商业承兑汇票信息披露规则进行了系统归纳，对其中的核心规则进行了重点解读，同时指出商业汇票信息披露制度的建立，对解决商票、财票存在的诸多问题，推进票据市场信用体系建设，促进票据市场健康发展具有重要作用。2021年8月，上海票据交易所举办了供应链票据平台上线发布会，我撰写了专题文章《发挥供应链票据作用推动供应链金融发展》，对供应链、供应链金融和票据进行了较为系统的介绍，并对供应链票据的制度和应用场景进行了深入分析。作为独立的国内首家票据研究院负责人，我在制度或创新产品出台后，从第三方角度及时进行解读和宣传，能更好地起到传达政策意图、促进产品推广的效果。

（四）积极参与上海票据交易所相关活动，为票据市场发展建言献策

2017年，我受邀参加了上海票据交易所座谈会，做了题为《进一步完善上海票据交易所功能》的发言，分析了当前市场面临的"四喜四忧"，并从系统完善、制度设计、风险防控等七个方面对上海票据交易所未来发展提出建议。2021年，参加了中国票据研究中心主办的第一期"票据论道"，我受邀参会并做了题为《关于电票时代新风险的思考》的发言，从传统领域新风险、参与主体新风险、信息系统新风险、功能弱化新风险、创新发展新风险、信用领域新风险、业务经营新风险和债权凭证新风险八个方面深入分析了票据市场发展面临的新风险，并提出采取分门别类、有针对性、系统性的风险防控措施。同时，我多次参加了中国票据研究中心组织的征文活动，为票据市场的发展贡献自己的智慧和力量，并每年受邀参加颁奖仪式，多次获得一、二、三等奖。

二、上海票据交易所成立五周年成绩显著

五年间，票据市场发生了翻天覆地的变化，市场交易、托管、清算及创新机制焕然一新，创新型业务产品不断涌现，市场制度体系、系统建设、理论研究、风险控制等均达到新高度，信用环境不断改善，持续惠及实体经济。票据市场正在上海票据交易所的引领下以"高质量发展"为目标，为建设"以国内大循环为主体，国内国际双循环相互促进"的新发展格局而努力奋进。

（一）引领票据市场，推动业务发展

五年来，上海票据交易所在中国人民银行的正确领导及统一部署下，引领票据市场各参与主体积极开展各项票据业务，票据市场发展生态渐趋规范。一是市场规模不断扩大，2017年至2020年票据市场业务总量年均增长15.4%；二是承兑、贴现业务稳定增长，截至2021年第二季度，电票承兑业务余额为14.34万亿元，较2016年第四季度增长125.12%，电票贴现业务余额为8.93万亿元，较2016年第四季度增长110.12%，为实体经济稳定发展提供了可靠的金融支持；三是用票企业数量大幅增长，2017年至2020年用票企业数量年均增长率达36.72%，区域分布更加均衡。

（二）服务实体经济，改善融资环境

五年来，票据服务实体经济属性不断增强，尤其是小微企业的用票环境得到大幅改善。一是持续培养小微企业用票习惯，2020年小微企业用票金额为44万亿元，占比为53%；小微企业用票数量为250多万家，占比达93%；票据签发的平均面额由2017年的113万元下降到2020年的90万元。二是配合人民银行引导金融机构降低小微企业融资利率，票据融资利率与一般流动资金贷款加权平均利率之间的利差从2017年的平均86个基点扩大到2020年的平均237个基点，有效降低了小微企业融资成本。三是全力推进再贴现业务开展，2021年第二季度余额为5922亿元，较2016年第四季度增长408.33%。

（三）力推商票发展，培育商业信用

五年来，上海票据交易所持续不断地推动商业信用环境建设，并已初见成效。一是大力推进商票信息披露工作，提升了商票市场的透明度，改变了商票签发信息和信用信息不透明的状况，为商票的持续稳步发展奠定了基础。二是大力推进供应链票据发展，供应链票据除具备一般商票的所

有特点外，还具备可拆分、等分化的特性，从源头上促进了应收账款票据化，是未来商票发展的方向。三是 2021 年上半年商票签发量占商业汇票签发量的 15.9%，相比 2015 年有了较大提高。

（四）倡导产品创新，提升市场格局

五年来，上海票据交易所坚持"创新引领"理念，不断发掘票据市场的内涵及外延，票据市场得到了历史性的创新机遇，极大地丰富了票据产品体系。一是在企业结算与融资领域，相继发布了"票付通""贴现通"、供应链票据等创新产品，打通了企业生产、分配、流通及消费各环节，畅通了供应链、产业链；二是在票据资产标准化领域，推出了具有关键意义的标准化票据，其为金融机构提供了一种全新的流动性管理、资产负债管理工具以及全新的市场化投资标的，为企业提供了一种安全可靠、融资高效、成本相对低廉的融资产品；三是针对票据市场价值评估简单粗放问题，推出了票据市场收益率曲线，推动了票据市场公允价值的形成，为市场参与者资产估值、交易定价提供了参考，并有利于进一步完善货币市场利率体系。

（五）严控业务风险，维护市场秩序

五年来，上海票据交易所不遗余力地推动票据市场风险体系建设，票据市场未再次出现重大风险案件，风险防控成效显著。一是大力推广电子商业汇票各项业务，提高电票业务占比；电票签发业务比例由 2015 年的 30% 多提高到 2020 年的 99%；二是加强风险制度及市场监测体系建设，及时跟踪分析市场风险迹象，完善预防机制，票据市场风险案件大幅下降；三是优化交易机制，二级市场交易均在场内完成，压缩了不规范的票据中介活动空间。相关措施有效防控了票据市场风险，提升了全市场风险管理水平；四是创新推出商票账户主动管理功能，防止不法分子冒用企业名义开立账户，并进而签发虚假商票的情况，有效防范伪假商票风险。

（六）强化基础设施，整合融通市场

五年来，上海票据交易所在基础设施建设方面成果丰硕。一是强化系统建设，陆续上线了纸电票据融合、票据交易系统直连、线上票据清算系统、跨境人民币贸易融资转让服务平台系统及信息披露系统等大型系统项目，完成了供应链票据、标准化票据、"贴现通"等创新产品的系统改造，并正在全力推进新一代票据业务系统建设，为票据市场的创新及发展提供了有力支撑；二是融通相关市场，标准化票据是票据市场与债券市场

的有效衔接，也是货币市场与资本市场融通的一次有益尝试，意义重大，有利于提升票据市场乃至金融市场整体发展质量。

（七）完善业务制度，强化发展质量

五年来，上海票据交易所在制度建设领域成绩突出，陆续出台了多项票据业务规章制度。例如，参与《票据交易管理办法》《标准化票据管理办法》等制度的制定，单独制定《上海票据交易所票据登记托管清算结算业务规则》《上海票据交易所系统参与者资金账户业务操作规程》《上海票据交易所"票付通"业务规则（暂行）》《上海票据交易所贴现通业务操作规程（试行）》《商业承兑汇票信息披露操作细则》等制度。相关规章制度贯穿了票据全生命周期，涵盖票据传统业务及创新业务，彻底改变了票据市场交易机制落后、票据真实性问题突出、信息不透明等问题，为票据市场匹配经济高质量发展提供了保障。

（八）发展金融科技，维护金融稳定

五年来，上海票据交易所重视对金融科技的研究与投入。一是专门成立了中票信息技术子公司，针对票据市场开展应用研发及运行维护，并为市场参与者提供技术支持与培训服务。金融科技在票据市场的深入运用，有利于推动票据市场高质量发展，维护市场发展，提升市场参与者整体技术水平。二是在区块链应用方面做出了有益探索，2018年，基于区块链技术的数字票据交易平台实验性生产系统成功上线试运行，数字票据研究实现了突破性进展。

（九）注重业务培训，培育市场精英

五年来，上海票据交易所孜孜不倦地开展参与者业务培训工作，尽心竭力推广业务规则、创新产品。通过业务培训，改变了票据市场固有的思维模式与业务习惯，规范了市场发展轨迹，传播了普惠金融理念，培养了一大批精通票据业务的骨干人才，为票据市场持续发展与创新奠定了人才基础。

（十）丰富参与主体，推动多元发展

五年来，在上海票据交易所持之以恒的宣传推动下，票据市场主体日益丰富，接入方式渐趋多元化，中国票据交易系统参与者总数达10.6万余家，电子商业汇票系统参与者总数达10.2万余家。一是参与者类型不断增多，票据市场参与者已囊括中央银行、商业银行、财务公司、证券、基金、信托、资产管理公司、非法人产品及企业；二是接入方式呈现多元化，供应链票据创新性地引入供应链平台直连接入，为企业提供了更多业务办理渠道。

（十一）强化理论研究，提升市场内涵

五年来，上海票据交易所在理论研究领域硕果累累。一是联合上海财经大学及多家金融机构，发起建立中国票据研究中心，开展票据及相关领域的课题研究，提升了票据市场的理论研究能力；二是组织内外部专家编写了《中国票据市场：历史回顾和未来展望》《中国票据市场发展报告》《票据业务知识100问》《中国票据市场研究》等多部著作，开展了形式多样的征文及课题研究，进一步提高了票据业界研究水平；三是组织票据市场座谈会、中国票据市场高峰论坛、交易员沙龙等多层次业务研讨会，加强学术交流。

（十二）坚持党的领导，把握发展方向

五年来，上海票据交易所始终坚持党对金融工作的统一领导，坚决落实党中央、中国人民银行对金融工作的各项部署，取得了令人瞩目的成效。一是准确把握新发展阶段，全面落实中国人民银行对票据市场的顶层设计，成效卓著；二是始终重视金融安全，防范化解票据领域金融风险，严守风险底线；三是时刻坚持以人民为中心，强化票据产品服务与创新，配合中国人民银行做好货币市场调控，引导金融资源向小微企业等重点领域和疫情防范区域及薄弱环节配置。

三、展望未来

党的十九大报告强调，我国经济已由高速增长阶段转向高质量发展阶段。中国票据市场期待上海票据交易所继续发挥引领作用，贯彻创新、协调、绿色、开放、共享的新发展理念，扎实推进票据市场各领域工作，更好地满足实体经济的金融需求，实现高质量发展。

（一）期待建设国际票据交易所

当前，全球经济复苏前景不明朗，面对复杂的经济社会发展形势，需要坚持"以我为主"的发展路径，人民币国际化是我国金融未来的发展方向。一是建议做大做强上海票据交易所，使之成为境内及跨境票据支付、交易、清算的基础设施——国际票据交易所；二是建议加快推进跨境票据各项相关工作，尽快拟定跨境票据业务方案、业务制度，完善跨境票据业务系统，制定跨境票据推广策略，为人民币国际化提供更多业务场景及应用手段。

（二）期待完善商票框架体系

发展商票有利于培育商业信用环境，激发市场主体的活力与动力，是

社会信用体系建设的重要实现手段。目前，我国商票框架体系尚不完善，期待做好以下工作。一是提升完善企业征信体系，全面反映各类票据征信信息，真实呈现企业信用全貌；二是持续推进商票信息披露，做好信息披露参与者培训及考核工作，及时、准确、完整披露商票信息；三是加快推动商票评级体系建设，为投资者提供公正、客观的票据评级信息；四是研究构建票据信用监管机制，票据监管部门应积极创新监管理念及方式，确保票据信用数据真实、可靠，促进票据市场健康发展；五是尽快推进商票担保机制建设，发挥好财政、工信、税收等部门以及地方政府的合力，引入国家或地方融资担保基金为重点企业、小微企业提供商票担保，进一步发挥信用担保对实体经济的支持作用。

（三）期待推进绿色票据发展

"十四五"规划明确指出"制定2030年前碳排放达峰行动方案，……努力争取2060年前实现碳中和"，我国产业结构及能源结构调整势在必行。绿色票据作为绿色金融的组成部分，近年已在各地陆续开展，有效推进了绿色产业发展，但实践中仍存在部分问题，期待协调解决。一是建议明确绿色票据的概念，业内缺乏普遍认同的绿色票据定义，需要权威机构明确；二是建议统一构建绿色票据标准体系，改变绿色票据各地标准不一，难以大范围推广的现状；三是建议设立绿色票据权威认定机制与机构，统一分析、评价并认定绿色票据主体及有关票据行为；四是建议设立绿色票据信息披露机制，定期披露绿色票据开立、融资、兑付等信息，提升绿色票据市场透明度。

（四）期待建成国内统一票据市场

上海票据交易所成立后，国内统一票据市场已初见雏形，但相关机制建设仍需加强，以更好地支持国内大循环经济格局。一是建议进一步联合各方推动供应链票据发展，供应链票据将票据嵌入供应链场景，推进产业链、供应链生产要素配置，但仍需进一步完善供应链票据的顶层设计、明确其法律地位、强化其监管框架、加强组织实施，以推动供应链票据健康规范发展，提升票据服务实体经济的能力；二是建议推动市场评级机构、担保机构、经纪机构的培育，构建多元、专业、互补的市场参与者体系；三是建议进一步增强市场透明度，在现有商票信息披露的基础上，补充市场基础设施主动披露机制和考核机制，避免出现漏披等情况；四是建议进一步深化再贴现功能，完善再贴现利率传导机制，扩大再贴现业务规

模，引导金融机构加大对实体经济重点领域、薄弱环节的支持力度，精准滴灌小微企业，促进金融与实体经济实现良性循环；五是建议构建票据全生命周期产品体系，票据具有产品链条长、业务环节多、服务差异大等特点，如何实现票据产品与服务体系的闭环管理，提升票据对实体企业的"直达性""一站式"服务，需进一步深入研究；六是建议加大对投资的开放力度，强化票据的投资特点，引导固收类产品投资票据市场，并同步做好投资者教育工作，进一步活跃票据市场。

（五）期待提高风险预判及干预水平

近年来，在疫情防控及经济结构调整等多重因素影响下，部分行业出现了较为严重的融资逾期风险，对票据市场产生了一定影响，因此，需进一步提高风险预判及干预水平。一是建议加强对国际形势、经济规划及产业政策的研判，引导市场参与者预期；二是建议加强风险监测及预警，及时跟踪、分析市场参与者行为，及时预警异常情况；三是建议加强风险干预，对已暴露或可能暴露风险的企业或行业加以限制，通过控制其票据业务行为，守住不发生系统性金融风险的底线；四是建议强化风险工具创新，探索研究票据市场利率风险、信用风险衍生产品，为市场参与者提供多样化的避险工具。

（六）期待推动票据应用理论研究上新台阶

票据应用理论研究起步较晚，对票据实务的指导作用有限，期待持续推动票据应用理论研究发展。一是建议充分发挥中国票据研究中心的引领作用，加强与江西财经大学九银票据研究院等业内有影响力的研究机构的合作，共同推动票据应用理论研究发展；二是建议加强跨领域研究，"他山之石，可以攻玉"，加强对资本市场、货币市场其他子市场的研究，学习借鉴其研究方法、理论成果，结合票据市场实际加以运用；三是建议重点推进创新研究，全面贯彻新发展理念，以理论带动产品创新、服务创新，以产品创新、服务创新更好地满足实体经济需求；四是建议应用理论交流常态化，通过定期开展应用理论研讨会、高峰会、论坛等形式的交流活动，提升全市场应用理论研究氛围及水平；五是建议在中国金融学会成立票据专业委员会，推动《票据法》以及票据应用理论研究发展等工作。"路漫漫其修远兮，吾将上下而求索"，期待在上海票据交易所的引领下中国票据市场走向市场化、网络化、大众化、国际化。

参考文献

［1］宋汉光董事长在供应链票据平台上线发布会暨签约仪式上的讲话［EB/OL］.［2021-08-27］.上海票据交易所官网.

［2］《票据学》首发，现场专家共论商票如何服务实体经济［EB/OL］.［2021-09-26］.新华社.

新时代票据业务服务实体经济高质量发展

肖小和　王文静[①]

2016年12月上海票据交易所的成立，标志着我国票据市场已经进入新时代。新时代票据市场呈现出票据电子化程度明显提高、市场利差不断缩小、产业链发展逐渐起步、制度建设不断完善等特点。尽管伴随着市场环境的改变，票据的支付、结算、融资、调控、投资、交易等多个功能也有了新特征，但是其服务实体经济的本质没有发生改变。票据是基于企业的支付结算而产生的，在服务企业融资方面有天然的优势，可以帮助企业尽可能地少贷款，有效降低企业杠杆，提高企业生产经营效率。笔者认为，大力发展商业汇票，服务经济高质量发展是金融供给侧结构性改革的有效措施之一。本文阐述了票据的支付、结算、融资、调控、投资、交易等多个功能的新特征、新作用，通过分析我国区域票据业务及发达省份的票据业务特点，围绕票据信用、票据法制体系、融资性票据、产品创新、平台建设、票据风险等多个方面提出了票据市场服务经济高质量发展的建议及思考。

一、票据市场与经济金融的发展密不可分

票据业务与经济金融的发展关系十分密切，对于实体经济和金融机构的发展有十分重要的支撑作用。票据市场经过四十年的探索与发展，逐步成为我国金融市场的重要组成部分。从交易数据看，票据是货币市场的重要交易工具。票据承兑发生额占GDP的比重由2001年底的11.58%上升到2017年底的20.71%；票据贴现发生额占GDP的比重由2001年底的14.02%上升到2017年底的49.10%，2018年累计签发商业汇票18.27万亿元，较2001年增长14.2倍，金融机构累计贴现44.5万亿元，较2001年增长28.62倍，表明市场规模不断扩大。从票据业务与GDP的相关性来看，票据市场与GDP高度相关。通过格兰杰因果分析，票据承兑发生额与

[①] 王文静，九江银行绿色金融事业部。

GDP 的相关性达到 92%，票据贴现发生额与 GDP 的相关性达到 62%，因此，发展票据市场可以更好地促进经济增长。从交易机构参与数量看，上海票据交易所为服务实体经济提供了更便捷、更广阔的平台。自 2016 年 12 月上海票据交易所成立至 2019 年 4 月末，上海票据交易所系统共接入会员 2735 家，参与 ECDS 的共 95764 家。

随着票据市场规模的不断扩大，集支付结算与交易融资功能于一体的商业汇票得到了更加广泛的应用。票据是在企业支付结算的需求下应运而生的，并在发展的过程中，不断演化出降低企业融资成本、提供便捷融资渠道的功能。中国人民银行《中国货币政策执行报告》显示，由中小企业签发的票据大约占全市场的 2/3，这说明商业汇票已经成为中小企业的主要融资工具。2018 年，中国人民银行多次支持再贴现，特别是针对中小微企业。截至 2018 年底，中国人民银行支持中小微企业有将近 3290 亿元的再贴现余额，银行则有近 6 万亿元的贴现余额，票据成为中国人民银行支持小微企业的有力抓手。

票据在为实体经济提供融资渠道的同时也为金融机构的发展提供了一个重要工具。票据业务是金融机构发展的重要基础之一，是继同业拆借和债券回购之后货币市场的又一重要交易工具。具体表现在以下几个方面：其一，票据业务为商业银行增加了存款沉淀。银行在承兑票据时需要企业缴纳一定的保证金，2017 年，16 家上市银行承兑保证金的比例达到了 33.9%，而且企业贴现后也会给商业银行带来一定的存款沉淀。其二，票据业务可以给商业银行带来中间业务收入。在上海票据交易所成立以后，票据市场参与主体多元化、市场创新进程加快的特点突出，进一步扩宽了票据业务中间收入的渠道。其三，票据业务还可以给银行带来贴现利息收入、转贴现利差收入以及回购利息收入，进一步提升银行的盈利能力。根据 2018 年的数据测算，票据全产品线的年度利润达到 2000 亿元，占银行业年利润的 10% 以上。

二、商业汇票在支持实体经济发展中发挥了重要作用

伴随着市场环境的不断变化，票据在其发展过程中经历了支付结算、企业融资、规模调节等功能的演变。而上海票据交易所的成立为票据市场带来了新的发展机遇，支付、融资、调控、交易、投资、信用等功能呈现出新的特点。

（一）票据在企业结算中的作用

新时代票据市场中，票据的支付功能得到了进一步深化，具体表现在以下两个方面。

一是结算性票据总量不断攀升，周转速率不断加快。根据2016—2018年的支付结算报告数据，结算性票据占全国票据业务的比重从6.3%上升至9.5%。根据上海票据交易所的数据，2018年企业使用电子商业汇票支付的总金额为56.56万亿元，商业汇票承兑发生额为18.27万亿元，票据的周转速率达到3.09次。2018年，商业汇票贴现额为9.94万亿元，市场上的票据流通量为8.33万亿元，这一流通量产生了56.56万亿元的结算额，这中间票据的周转速率达到7次，表明票据的周转速率在不断加快。

二是票面金额小额化的趋势突出。自2009年中国人民银行建设电子商业汇票系统（ECDS）以来，电子票据逐渐成为票据市场中的主要交易品种。2016年8月，中国人民银行发布了《关于规范和促进电子商业汇票业务发展的通知》（银发〔2016〕224号），为电子票据的发展带来了里程碑式转折。在银发〔2016〕224号文的推动下，市场在短时间内完成了电子票据对纸质票据的更换，截至2018年初，电子商业承兑汇票的覆盖面达到90.02%。伴随着电子票据的普及，票据的支付特点也发生了变化。比较2017—2018年的票据平均面额可以发现，单笔票据平均面额快速下降，2018年末平均面额下降至100万元以内，表明票据支付流通的功能正在提升，如表1所示。

表1　2017—2018年单笔票据平均面额数据　　　　单位：万元

时间	2017年第一季度	2017年第二季度	2017年第三季度	2017年第四季度	2018年第一季度	2018年第二季度	2018年第三季度	2018年第四季度
票据平均面额	299	221	170	152	134	119	87.58	87.96

资料来源：上海票据交易所网站。

（二）票据在企业融资中的作用

票据融资是指商业汇票的承兑、贴现、转贴现和再贴现等。从实体经济中的企业端看，票据融资相较于企业的其他融资渠道而言，具有易获取、低成本两大优势。企业如果需要短期资金周转，可以持未到期的银行承兑汇票到银行办理贴现业务获取资金，其利率低于同期贷款利率。社融数据显示，2018年新增未贴现银行承兑汇票连续多月逐步减少，同时，2018年整体票据贴现利率低位运行，企业的贴现意愿较强。

票据融资为实体经济提供了便捷的融资渠道。根据15家上市银行的数据，2018年上市银行的票据贴现达到2.6亿元，占全市场直贴的比重为26.15%。票据不仅可以通过直贴向实体经济注入资金，还可以通过票据的背书流转帮助企业融通资金。

（三）票据在宏观调控中的作用

在调节资金中票据是强化宏观调控、提高货币政策实效的工具。再贴现是中央银行的三大货币政策之一，利用再贴现这一政策工具可以引导信贷投放，票据再贴现配合国家或地方重点扶持政策，可引导商业银行信贷资金投放，重点发挥其定向调控和精准滴灌作用。在调节信贷规模中，自2018年以来，严监管的环境带来了表外融资的下降。在严监管的环境下，商业银行偏向于提供低风险、期限短的信贷业务，票据成为首选。从统计数据来看，2018年以来票据融资在信贷中的占比逐步提高，已然成为支撑信贷增长的主力军之一。从票据融资的增量来看，2013—2018年，全年新增票据融资从-907.91亿元增长至1.9万亿元，新增票据占新增贷款的比重在10%左右。从票据融资增速与贷款增速来看，每年票据融资的增速占贷款增速的比例达到20%~40%，这说明，票据融资已经成为企业融资的主要方式之一。

（四）票据在市场交易中的作用

自2000年以来，票据市场交易取得了长足的发展，根据上海票据交易所的数据，2017年票据交易量为52.18万亿元，2018年为41.75万亿元，2019年第一季度票据交易开始回升，交易量为14.41万亿元，同比增长28.68%。分析比较2017年至2019年第一季度每季度票据交易量与GDP的占比（如图1所示）可以发现，每季度票据交易量与GDP之间的比例在40%~80%之间，这说明票据市场是货币市场的一个重要组成部分。

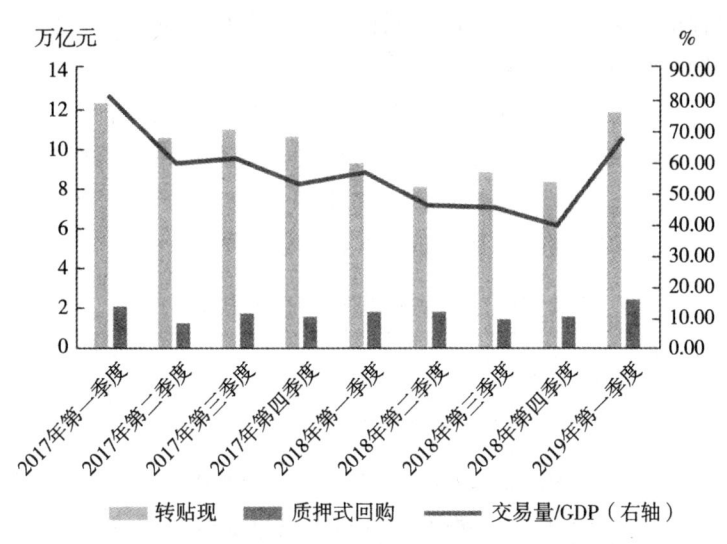

图1 2017年至2019年第一季度各季度票据交易量

（资料来源：上海票据交易所网站）

（五）票据在产品创新中的作用

票据作为集信用、投资、融资等多个功能于一体的金融工具，具有期限短、流动性高、市场风险低的特点，是银行、券商、中介、企业等各个机构持有的金融资产，也是金融市场投资产品的重要载体，所以以票据为载体的衍生品成为连接货币市场、资本市场与实体经济之间的重要桥梁。票据市场创新已经经历了基础创新、电子化创新阶段。当前，票据市场进入了互联网科技创新阶段。互联网科技的发展使得票据资源、票据信息更加集中，为票据产品创新奠定了基础。互联网金融的崛起改变了传统金融的经营模式，票据业务模式也随之发生了改变，与物联网、供应链金融的有机融合得以实现。2018年，上海票据交易所发布了票据供应链创新产品"票付通"，多个商业银行上市"秒贴"，果藤金融、同城网、普兰金融、汇票栈、云票据等多个平台也积极应用金融科技，丰富票据产品创新。

（六）票据在商业信用中的作用

与银行承兑汇票相比，商业承兑汇票是由实体企业依靠自身信用签发的商业汇票，具有融资成本更低、出票手续更加简便的特点。2013—2015年商业承兑汇票贴现发生额逐年上升，2016年票据风险案件后，贴现发生额开始下降。2018年，商业承兑汇票贴现发生额再次回暖。完善的社会信用体系有助于改善我国经济金融的经营环境。而票据是信用的一种载

体，是一种信用增级工具。目前，我国尚不存在权威的信用评估体系，对于失信问题没有披露制度和惩治办法，社会信用体系不健全，而发展票据有利于促进银行信用、商业信用、社会信用的建设。其一，银行承兑汇票是支持企业经济发展的有力工具。除贷款外，票据是企业获得资金的一种有效通道。其二，银行承兑汇票有利于改善企业的资产负债结构。其三，商业承兑汇票能激励企业注重商业信用的建设。

表2 2013—2018年银行承兑汇票业务情况　　　　单位：亿元

年份	银行承兑汇票承兑 余额	银行承兑汇票承兑 发生额	贴现 余额	贴现 发生额	经济数据 GDP	承兑发生额/GDP	贴现发生额/GDP
2013	90000	203000	20000	457000	569000	35.68%	80.32%
2014	99000	221000	29000	607000	636000	34.75%	95.44%
2015	104000	224000	46000	1021000	677000	33.09%	150.81%
2016	90000	181000	55000	845000	744000	24.33%	113.58%
2017	82000	170000	39000	403000	827000	20.56%	48.73%
2018	119600	182700	66800	445000	900309	20.29%	49.46%

资料来源：各年度《中国货币政策执行报告》。

三、票据服务区域经济发展分析

我国票据市场经过几十年的发展已经成为金融市场的重要子市场，在当前面对国内经济下行压力的形势下，票据市场也要不断适应经济发展新常态，保持票据在服务实体经济的同时实现自身的快速发展。

2013—2015年，票据市场快速发展，票据承兑、贴现的规模不断扩大。2016年票据风险案件频发，监管政策频出，票据市场开始理性回归。2018年，票据各项业务呈现回升势头。商业汇票承兑发生额为18.27万亿元，较上年增加3.63万亿元，增长24.80%；年底承兑余额为11.96万亿元，较年初增加2.18万亿元，增长22.29%。商业汇票贴现发生额为9.94万亿元，较上年增加2.78万亿元，增长38.83%；年底，贴现余额为6.68万亿元，较年初增加2.08万亿元，增长45.22%。票据交易量为44.75万亿元。金融机构交易意愿开始回升。

近年来，票据市场迅猛发展，票据承兑、贴现规模不断扩大，对于促进区域经济发展发挥了积极作用。比较分析我国不同区域之间的票据业务

发展情况可以发现，我国票据发展不均衡的问题一直存在，如表3所示。票据作为一种结算工具，其承兑发生额与贴现发生额在一定程度上反映了地区之间的不平衡发展格局。从承兑业务来看，东部地区明显高于其他地区，东北地区则明显低于其他三个地区，中部地区与西部地区基本持平。从贴现业务来看，东部地区仍然明显高于其他地区，但是贴现的发生额西部地区略高于中部地区，东北地区仍然明显低于其他地区。

表3 2013—2017年区域票据业务发展情况　　　　　　　　　　单位:%

年份	东部地区 贴现 余额	东部地区 贴现 发生额	东部地区 承兑 余额	东部地区 承兑 发生额	中部地区 贴现 余额	中部地区 贴现 发生额	中部地区 承兑 余额	中部地区 承兑 发生额	西部地区 贴现 余额	西部地区 贴现 发生额	西部地区 承兑 余额	西部地区 承兑 发生额	东北地区 贴现 余额	东北地区 贴现 发生额	东北地区 承兑 余额	东北地区 承兑 发生额
2013	63.5	63.4	62.9	59.7	15.9	16.7	14.5	12.1	14.5	14.1	15.3	17.8	6.1	5.8	7.3	10.4
2014	60.5	60.2	63.5	64.4	18.6	19.4	16.8	14.7	15.2	13.7	12.9	13.6	5.7	6.7	6.8	7.3
2015	62.2	62	57.5	65.6	14.6	14.7	14.1	10.1	16.6	16.8	21	15	6.6	6.5	7.4	9.3
2016	62.3	63.2	54.9	65.7	15.7	15.1	18.1	10.9	14	14	19.6	16.3	7.7	7.7	7.4	7.1
2017	60.9	62.4	51.2	63.9	15.7	16.6	21.2	11.5	14.3	13.7	20.9	19.7	9.1	7.3	6.7	4.9

资料来源：各年度《中国区域金融运行报告》。

表4 2017年区域票据承兑发生额、贴现发生额与地区生产总值的关系分析

单位:%

地区	占GDP的比重	承兑发生额/地区生产总值	贴现发生额/地区生产总值
全国	—	20.56	48.73
东部地区	53.84	21.20	61.37
中部地区	21.69	14.00	27.40
西部地区	20.67	12.16	49.34
东北地区	6.70	19.80	37.85

如表4所示，2017年全国GDP为82.7万亿元，累计签发商业汇票17.0万亿元，占GDP总值的20.56%，金融机构累计贴现40.3万亿元，占GDP总值的48.73%。东部地区的票据承兑发生额与贴现发生额分别为9.43万亿元和27.32万亿元，分别占地区生产总值的21.20%和61.37%，其承兑发生额与贴现发生额占比均高于全国平均水平；中部地区的票据承兑发生额与贴现发生额分别为2.51万亿元和4.92万亿元，分别占地区生产总值的14.00%和27.40%，其承兑发生额与贴现发生额均与全国平均水平存在一定的差异；西部地区的票据承兑发生额与贴现发生额分别为8.43万亿元和2.07万亿元，分别占地区生产总值的12.16%和49.34%，票据承兑发生额

占比低于全国平均水平，后者则相反；东北地区的票据承兑发生额与贴现发生额分别为 1.09 万亿元和 2.09 万亿元，分别占地区生产总值的 19.80% 和 37.85%，均低于全国平均水平。从以上分析可以看出，一是中部地区和西部地区的地区生产总值相差较小，但是中部地区的票据承兑发生额与贴现发生额均低于全国平均水平，表明中部地区并未充分利用票据，其支持实体经济的功能有待进一步挖掘；二是东部地区在地区生产总值上占有绝对优势，但其票据承兑发生额只与全国平均水平持平，说明企业本身的开票意愿还不够强烈，有较大的提升空间。

四、票据市场服务经济高质量发展的思考

（一）充分认识票据信用对经济发展的作用

无论从微观的角度还是从宏观的角度出发，票据信用对于促进社会经济发展都产生了积极作用。从微观的角度来看，发展票据信用可以为企业提供融资便利，带来更加低成本的融资。同时，票据反映了微观主体自身的信用价值，企业会更加注重建设自身的信用，有利于逐步改善社会的信用环境及微观经济主体财务运作的规范化。从宏观的角度来看，企业之间多用票据，可以减少中央银行对于基础货币的投放。多发票据、少发货币可以减轻流动性的压力。同时，商业银行可以通过再贴现向中央银行融通资金，有助于改善货币政策的传导机制和效率，当经济形势不稳定时，中央银行可以灵敏地通过提高或降低再贴现率来调节商业银行的信贷规模，从而使经济更平稳、高效地发展。

（二）加快票据法制体系的完善

一是要加快对《票据法》的修订完善。《票据法》于 1996 年实施，2004 年修订，但是修订后的《票据法》仍不能满足当前票据市场发展的需要。当前电子商业汇票、融资性票据、上海票据交易所的出现以及票据资产证券化、票据衍生产品与其他创新产品的尝试，颠覆了《票据法》的相关规定，必须加快推进对《票据法》相关条款的修订，合理借鉴国际成熟做法，大胆引进其他法律部门的理论，通过完善票据法律制度建设促进电子化票据业务的开展和票据市场创新发展。

二是尽快修改完善《商业汇票承兑、贴现与再贴现管理办法》和《电子商业汇票业务管理办法》。随着票据市场的不断深化与创新，票据业务也呈现出新的发展特点。部分管理办法对票据承兑、贴现业务的真实贸易背景有严格要求，但是目前票据市场有了较大变化，如银行承兑汇票占比较

高,上海票据交易所成立后的线上交易清算使得票据的信用风险大大降低,票据追索较纸票时代相对容易,管理办法中的相关规定显得滞后。

三是建议重新划分票据业务属性。将金融机构票据承兑业务纳入社会信用总量进行控制管理,将贴现业务纳入金融机构资金业务,明晰票据业务在金融机构经营管理中的业务定位。同时,上海票据交易所系统上的票据符合标准化资产的要求,应将其划分为标准化资产,提高票据市场参与度和有效性。

(三)发展融资性银行承兑汇票支持小微企业、民营企业

票据是缓解小微企业融资难融资贵问题的路径之一。第一,商业票据可以帮助小微企业、民营企业进行支付结算,缓解小微企业、民营企业的资金缺口;第二,银行承兑汇票的签发相较于企业贷款更加便捷、成本更低,对企业来说是便捷的融资渠道;第三,商业汇票的签发流转有助于企业自身的信用增级;第四,有助于中央银行针对性地开展宏观调控,从而有效传导货币政策。银行承兑汇票的应用已经比较普遍,但是商业承兑汇票的占比较低,融资性票据也受到约束,因此要大力发展票据业务,有效地解决小微企业、民营企业的融资难题。

(四)金融供给侧结构性改革下发挥票据服务实体经济的作用

信贷资金不断流向国有企业、大型企业,银行出于惜贷的原因,不愿意将信贷资金投放于一些中小企业、民营企业等成长型企业,这使得中小企业、民营企业融资难融资贵的问题十分突出。票据是基于企业的生产经营和支付结算而产生的,其在解决企业融资难题上有天然的优势。一方面,票据融资成本低于贷款成本,贴现利率比贷款利率低3%左右;另一方面,票据融资较为灵活,企业不需要资金时,票据可以直接用于流转,需要资金时,可以在商业银行进行贴现,获取资金的周期也明显短于贷款周期。

加强金融供给侧结构性改革,提升票据服务实体经济的能力的具体做法有:第一,在票据制度方面,要着力解决票据基础关系与票据关系问题、票据无因性与执行有因性矛盾问题、制度与规定之间不一致的问题。特别要解决纸质票据与电子票据相关制度的问题,以及早期制度与当期制度不一致的问题。第二,要着力提高再贴现总量,力争逐步达到承兑余额1/4左右。小微及"三农"、绿色票据占比加快提高,真正发挥传导货币政策的作用。第三,要引导票据承兑、贴现向小微、"三农"、绿色企业及国家产业

信贷政策等领域倾斜，发挥供应链票据融资作用。第四，要明确票据工具在经济金融和信用中的发展定位，这与实体经济、深化金融改革、社会信用发展密不可分。建立我国票据市场框架体系，完善我国票据市场的统一性、系统性。第五，要实现规模管理，避免风险重复计提、参与主体扩大、资管标准化产品、融资银票推进等问题。第六，要完善交易所、ECDS、网银、票据信贷等系统，加快对票据信息系统的整合。

（五）成立评级机构

成立评级机构是打破商业承兑汇票发展瓶颈的基础。商业承兑汇票发展受到制约的原因之一是市场信用体系建设不完全。目前只有资信度较好的大型企业才可能签发有流通价值的票据，其他中小企业并不能完全利用好商业承兑汇票这一工具。构建完善的信用评估系统、信息披露机制，有助于促进票据市场发展。

成立评级机构是引导票据经纪规范发展的必要措施。长期以来，票据中介游走于企业与商业银行、商业银行与商业银行等之间，借助票据市场参与主体之间的信息不对称获利。票据中介在一定程度上提高了票据市场的流动性，但是近年来票据市场上的大案要案均有票据中介涉案，影响了票据市场的健康发展。应当正确引导并规范票据经纪业务，建设评级机构，从第三方的角度出发，鼓励和培育部分经纪业务量较大、业务发展比较规范、风险防控机制健全和市场认可度高的票据经纪机构，使票据经纪以一种正规的身份参与票据市场交易，进而引导票据经纪向规范化、专业化的方向发展。

当前对票据的信用评级主要依赖于商业银行内部信贷评级体系，对票据流通以及企业短期盈利能力、偿债能力和流动性研究不足，第三方评级公司对票据市场的了解有限，未开发出相关的评级产品。上海票据交易所的成立，以及纸电票据融合和 ECDS 改造到位，为票据市场的信用评级、经纪代理、投资顾问等业务模式提供了广阔的发展空间。建议组建专业的票据市场评级机构，对票据承兑主体、贴现主体等参与方进行多层次、全方位、系统性、动态化的信用评级与跟踪，提升票据市场各参与主体的参评意识，为票据市场的投资者提供权威、科学的投资依据。

（六）推进电子商业承兑汇票的发展

加强使用电子商业承兑汇票服务实体经济的理念。一是政策多引导，通过上海票据交易所等综合信用平台的建设，引导企业通过使用电子

商业承兑汇票提高企业信用水平；二是企业多使用，实体经济的企业应多使用该类结算方式以便降低成本，提升资金使用效率；三是银行多接受，通过引导银行支持实体经济发展，支持小微企业、绿色信贷、"三农"融资，以及给予定向措施，银行更愿意接受电子商业承兑汇票服务实体经济。

推动电子商业承兑汇票业务发展。一是有针对性地选择电子商业承兑汇票业务促进实体经济发展。一方面，推动票据承兑支持实体经济转型升级，支持企业走产出高效、产品安全、资源节约、环境友好的现代化发展道路，做大做强经济总量和电子商业承兑汇票业务总量；另一方面，加大票据承兑对供给侧结构性改革的支持力度，更好地服务于实体经济去产能、去库存、去杠杆、降成本、补短板的融资需求，致力于调整票据承兑服务实体经济的业务结构。二是加快电子票据业务的发展。一方面，这能够降低商业银行内部人员的操作风险和合规风险；另一方面，电子票据业务以及电子化交易的优势，进一步加速了票据承兑信息沟通，缩短了票据交易时间，提升了票据运行效率。三是打造高效的票据交易平台。未来可充分利用"互联网+"、云计算、大数据挖掘、模型设计等新技术，探索适合中国国情的票据承兑服务新模式。

在供应链创新领域推进电子商业承兑汇票业务开展。一是参与主体多，更方便农业供应链、工业供应链、流通供应链通过电子商业承兑汇票业务快速组链。二是以电子商业承兑汇票为媒介，促进供应链核心企业与商业银行、相关企业开展合作。三是电子商业承兑汇票自带参与主体绿色及涉农标志，更有利于深化调控作用，推动绿色票据、绿色供应链业务的发展。

（七）建设票据直贴流转平台

依托地方和行业经济特色，打造票据平台。商业汇票本身具有信用增级、融资成本低、疏通企业供应链等诸多优势。建设区域性票据平台更独具以下优势：第一，对票据承兑、背书、贴现形成过程监管机制，对票据流通过程中的信用问题形成严格的信息披露机制，对票据背书过程形成链式管理，降低票据中介风险；第二，中小银行目前普遍面临着业务产品同质、金融科技落后、利润空间缩窄的生存压力，拓宽渠道、增大体量是中小银行需要共同解决的难题，中小企业是中小银行拓展业务的突破口。建设区域性票据平台有助于各个商业银行之间形成集中信息服务、交易服务、信用评级等多个优势。

依托供应链，打造票据服务平台。供应链企业的上下游之间联系紧密，其资金运营具有协同性。但是上下游企业中不乏具有资金约束或者融资困难的中小微企业，票据的支付、结算、融资功能可以很好地帮助供应链企业解决这一难题。一方面，票据的全流程服务便于供应链企业对整个资金流形成总览式的管理；另一方面，票据的流转便于企业减轻资金压力，降低企业杠杆，实现企业高效发展。

依托产业链，打造票据融资平台。票据的生命周期涵盖承兑、贴现、转贴现、再贴现等流程。这些流程中票据的资金属性与信贷属性不断表现，商业银行依托这些流程环节打造相应的产品，形成票据业务的产品链。同时，基于企业的生产经营，将票据业务的各个环节与企业客户产业链的各个环节相互衔接，将能提供综合票据服务的票据产品链嵌入企业日常的生产经营活动中，形成某产业的特定票据融资平台，一方面为商业银行增加中间业务收入，另一方面可以增强客户黏性，提供综合服务。

发展农村票据，发展绿色票据。发展农村票据可以结合农业产业链，缓解农业和产供销环节的融资压力，为普惠金融创造条件。发展绿色票据可以推动金融机构合理配置金融资源，加大对绿色产业、绿色项目的信贷支持。一方面，可以在一定程度上缓解绿色产业、绿色项目的短期融资、延期支付等问题，并可以适当降低融资成本，满足绿色项目的融资需求，为发展绿色经济提供便捷的融资渠道；另一方面，可为绿色企业盘活沉淀资金、盘活应收账款，提高绿色企业的资金使用效率，为绿色金融发展创造一定的条件。

（八）推动票据资管出台

目前，国家高度重视民营企业发展，积极拓宽民营企业融资渠道显得势在必行。票据资管推出的意义主要有以下几点：第一，切实扩大票据市场参与主体范围。尽管上海票据交易所的成立使得非银机构可以参与票据市场交易，但是从实际来看，票据市场的参与主体仍然处于放而未开的局面，票据资管的推出会进一步扩大参与主体范围；第二，票据资管的推出有助于商业承兑汇票的发展，为企业搭建一条真正的零成本融资之路。票据市场上流通的绝大部分是银行承兑汇票，对于商业承兑汇票而言亟待解决的是其流动性问题，票据的资管计划可以解决这一难题，为其流动性增级。

（九）防范票据风险

自上海票据交易所成立以后，电子票据在市场上的占比达到90%以

上，传统纸票业务下的道德风险、合规风险等有所下降，但是市场也需要防范票据业务新型风险。电子票据的新风险包括但不局限于信用、合法、操作、市场、道德等风险。电子票据相比纸质票据而言有诸多优势，但是电子票据也不能规避所有纸票时代的风险，如信用风险、交易对手风险、市场风险、利率风险等。

新时代防范票据风险主要有以下几个方面：第一，加强内部票据承兑业务合规经营理念，规范票据承兑业务操作流程；第二，商业银行需要严格审查贸易背景的真实性；第三，商业银行需要加强对票据承兑业务的监控与管理；第四，网银及ECDS要加强完善和提升管理；第五，要根据票据市场的新变化，包括机构、职能、经营模式、科技系统、管理方式等的变化衔接好、协调好、认真做好票据法规、办法、流程等的磨合，防止相关制度执行缺位，防范合规、操作、市场等风险。

参考文献

[1] 肖小和.中国票据市场发展指数体系的构建与应用[J].上海立信会计金融学院学报，2019（3）：90-104.

[2] 肖小和.发展高质量票据市场与服务实体经济研究[J].金融与经济，2018（6）：4-10.

发展票据业务与普惠金融研究

肖小和　陈龙和[①]

一、普惠金融的概念、特点及作用

普惠金融也称包容性金融，是指以可负担的成本为有金融服务需求的社会各阶层和群体提供适当、有效的金融服务。其中，提升金融服务的覆盖率、可得性和满意度，建立与全面建成小康社会相适应的普惠金融服务和保障体系，让重点服务对象及时获取价格合理、便捷安全的金融服务是普惠金融的主要目标。目前，我国普惠金融的重难点依然集中于小微企业、农户、城镇低收入人群等特殊群体。

发展普惠金融主要有利于促进金融业可持续均衡发展，推动经济发展方式转型升级，增进社会公平和社会和谐，引导更多金融资源配置到经济社会发展的重点领域和薄弱环节。同时，大力发展普惠金融，是金融业支持现代经济体系建设、增强服务实体经济能力的重要体现，是缓解人民群众日益增长的金融服务需求和金融供给不平衡不充分之间矛盾的重要途径，也是我国全面建成小康社会的必然要求。

自国务院印发《推进普惠金融发展规划（2016—2020年）》以来，普惠金融成为国家战略，我国普惠金融呈现出服务主体多元、服务覆盖面较广、移动互联网支付使用率较高的发展特点，人均持有银行账户数量、银行网点密度等基础金融服务水平也已达到较高水平。同时，在支持普惠型小微企业发展方面的成就也不断取得突破，2020年末全国银行业普惠型小微企业贷款余额达到15.3万亿元，较2019年末增长30.8%，高于各项贷款增速18.1个百分点。但我国普惠金融在未来的发展过程中，仍面临诸多问题与挑战，如普惠金融服务不均衡、普惠金融体系不健全、法律法规体系不完善、金融基础设施建设有待加强和商业可持续性有待提升等。

[①] 陈龙和，工商银行吉安市分行。

二、票据的概念、特点及作用

商业汇票是指由出票人签发的，委托付款人在见票时或在指定的日期无条件支付确定的金额给收款人或持票人的票据，在具有低期限结构、交易灵活性高和手续较为简便等特点的同时，还具有支付结算、融资和信用等属性，按承兑人不同可区分为银行承兑汇票和商业承兑汇票。在支持实体经济发展的过程中，商业汇票可以借助其支付结算功能为实体经济提供支付结算的便利，以及低成本资金，成为商业银行服务实体经济的重要抓手。同时，商业汇票可以借助其投融资功能满足企业间的短期资金支付需求，提供低成本资金和融资便利，具有低风险的业务特征，企业也可以通过商业汇票贴现来快速满足短期融资需要，这将有利于解决小微企业融资难题，使得小微企业资金得到充分利用并提高其流转速度。截至2020年末，我国票据承兑额为22.09万亿元，同比增长8.39%，其中商业承兑汇票承兑额为3.62万亿元，占比达到16.39%；全年票据贴现额为13.41万亿元，同比增长7.67%，其中商业承兑汇票贴现额为1.03万亿元，占比达到7.68%，商业承兑汇票占比提升较快，市场规模逐渐扩大。同时，票据市场支持小微企业作用充分显现。2020年，小微企业用票金额为44万亿元，占比为53%；用票家数达到250多万家，占比达93%，票据签发的平均面额下降到90万元。同时，票据融资利率与一般贷款加权平均利率之间的利差扩大到237个基点，有效帮助小微企业降低成本。

上海票据交易所于2016年成立后，针对票据尤其是中小微企业票据流转与贴现效率问题相继推出"票付通"和"贴现通"产品。其中，"贴现通"业务通过线上平台的集约化交易特点，破除贴现市场信息壁垒，在全国范围内实现待贴现票据和待投放资金的精准匹配。截至2020年末，累计有7819家企业通过"贴现通"获得票据经纪服务，28165笔票据达成贴现意向，金额为469.8亿元。多家商业银行大力推动"秒贴"业务发展，客户从发起贴现申请操作到放款成功不到一分钟，有效破解传统票据业务中存在的询价流程长、操作步骤多、到账时间久、财务成本高等痛点，进一步推动贴现业务线上化、"零接触"发展。

供应链票据则依托企业供应链，以核心企业为信用主体，推动应收账款票据化，缓解债务链条问题，截至2020年末，共有909家企业在供应链票据平台上完成信息登记。而标准化票据作为以商业汇票为标的，将未来的现金流作为偿付支持的一种收益证券，实现等分化流通，形成新的票据

融资方式，也进一步推动票据市场朝着统一化、规范化方向发展。2020年，成功创设标准化票据产品57只，金额合计61.18亿元。在金融政策进一步向小微企业倾斜的情况下，商业银行通过"核心企业签发商票、产业链上企业商票贴现"的形式扩大对小微企业的融资覆盖，推动了商票业务的快速发展。同时，票据市场电子化、透明度不断提高，也为商票活跃度提升、票面金额小额化创造了良好的条件。

三、供应链助力票据服务普惠金融

普惠金融改革试验区规划中提出健全多层次多元化普惠金融体系，强化对乡村振兴和小微企业的金融支持等多项任务措施，积极创新普惠信贷产品，有效降低融资成本以提升普惠金融服务质效。而小微企业在融资过程中存在规模小、利润少、抗风险能力差等天然缺陷，很难找到合适的抵押品，导致中下游企业贷款难、贷款成本高。而供应链金融是以核心企业为中心，将小微企业放入整个供应链中，以其实际业务状况来判断是否提供融资服务，是对贸易融资的延伸与深化，也是供应链核心企业与银行达成的面向供应链所有成员企业的系统性融资安排。供应链金融依托真实贸易背景和核心企业信用保障，可以在开展普惠金融服务供应链上下游小微企业的同时，有效地控制信贷风险，天然地成为普惠金融规划落地的主战场。

供应链票据作为一款创新型业务产品，依托于企业供应链，凭借票据的支付与融资属性，整合上下游企业间的资金流、物流及信息流，具有高流通性、可拆分性、科技赋能和融资成本低等特点，可进一步加速应收账款流动，提高企业用票支付的灵活性，有效缓解核心企业上下游中小微企业资金紧张、企业持票金额与付款金额不匹配等问题。通过供应链票据平台，还可以在线实现供应链票据的等分化签发、背书、贴现融资等"一键处理、全程无忧"的高效便捷操作。

供应链票据平台于2020年4月试运行，接入12家供应链金融平台，初步形成供应链票据贴现、"供应链票据+标准化票据""供应链票据+再贴现"和"供应链票据+绿色金融"等应用场景。例如，广发银行落地全国第一笔供应链票据秒贴，通过支持核心企业签发供应链票据，推进应收账款票据化；中信银行广州TCL简单汇2020年第一期供票标准化票据于2020年7月创设成功；招商银行办理国内首批"供应链票据+再贴现"业务，精准扶持中小微供应链企业融资；宝武集团财务公司为集团内再生资源供应商

上海欧冶链金公司在上海票据交易所供应链票据平台承兑的供应链票据办理在线贴现，成功落地首笔绿色供应链票据在线贴现融资；等等。

四、全国普惠金融与票据发展现状

（一）国内普惠金融发展现状

2020年，面对新冠肺炎疫情巨大冲击和复杂严峻的国内外环境，各地区各部门科学统筹疫情防控和经济社会发展，有力有效推动生产生活秩序恢复，工业服务业继续回升，投资消费不断改善，国民经济持续稳定恢复，主要指标全面回升。2020年国内生产总值达到101.60万亿元，同比增长2.3%，经济总量迈上百万亿元新台阶。同时，国内金融机构人民币贷款余额为172.75万亿元，同比增长12.8%。

票据在支持普惠金融不断发展的过程中，也取得了阶段性成果。2020年普惠小微企业贷款余额达到15.3万亿元，增速超过30%，占全国金融机构贷款余额的比重为8.86%。2021年7月末，普惠小微企业贷款余额为17.8万亿元，增长29.3%。总体来看，小微企业获取金融机构信贷支持的空间还比较狭小，有待进一步提升。但是，在票据服务普惠金融发展的情况中，2020年全年小微企业票据贴现额近7.7万亿元，占比为57.37%。全年贴现加权平均利率为2.98%，下降了47个基点，较一年期LPR低92个基点，在获取信贷资金方面票据受到大多数小微企业的青睐，同时，较一般贷款利率低的低成本融资也充分体现出票据在缓解小微企业融资难融资贵问题中具有独特优势，但票据在提升小微企业贷款余额占比中的作用还未得到充分挖掘。

（二）国内普惠金融发展的难点和机遇

国内普惠金融发展的难点，首先体现在小微企业存在天然的弱质性，如管理制度不规范、抗风险能力弱、经营不确定性高和缺少合格抵押物等，很难或高成本地从银行金融机构获得贷款。在国内经济发展不稳固、不均衡的情况下，全球疫情仍在持续演变，同时对国内外的供给和需求两端造成巨大冲击，供需"双损"使得产业链末端的小微企业的内外源融资在短期内均受到严重冲击，宏观经济的不确定性使小微企业融资难题进一步加剧。

同时，国内普惠金融也拥有着坚实的发展基础和机遇。第一，具有现实经济基础。国内中小微企业数量众多，为我国贡献了50%以上的税收、60%以上的GDP、70%以上的技术创新、80%以上的城镇劳动就业、90%以

上的市场主体数量，具有"五六七八九"的典型特征，同时也具有产业动能基础较弱、基础金融服务不足的特点，体现出我国普惠金融发展具有较强的内生性动能，通过优化金融资源配置，健全普惠金融体系，提高金融服务的覆盖率和可得性，为纵深推进振兴发展提供强劲动力。第二，具有组织优势和制度优势。党中央、国务院历来高度重视普惠金融发展。2013年党的十八届三中全会提出"发展普惠金融"，标志着普惠金融成为国家战略；国务院在 2015 年印发首个国家普惠金融发展规划《推进普惠金融发展规划（2016—2020 年）》，明确提出推进普惠金融发展的总体思路、原则要求和实施方案。金融部门和社会各方面认真贯彻落实党中央、国务院决策部署，持续探索经验、总结规律、指导实践，推动中国普惠金融发展取得了显著成效。在具体实施方面，人民银行注重利用定向降准和降低存款准备金率的结构性工具来提升货币政策对普惠金融的支持力度；财政部门对金融机构符合条件的普惠金融领域贷款利息、保费收入等实行减税政策；监管部门针对普惠型小微企业建立相应的统计指标体系，并在监管考核、不良容忍度等方面做出差异化安排。同时，2020 年《江西省赣州市、吉安市普惠金融改革试验区总体方案》和《山东省临沂市普惠金融服务乡村振兴改革试验区总体方案》的印发，体现出我国新阶段对大力发展普惠金融和实施乡村振兴战略的重大部署，积极探索普惠金融助推革命老区振兴发展的有效路径，进而为全国普惠金融发展进一步积累可复制可推广的经验。

五、票据业务支持普惠金融发展的思考

（一）加大票据业务宣传力度

在普惠金融改革试验区三年行动计划的契机下，建议地方金融办与人民银行牵头，通过线上与线下相结合的方式，一方面，积极开展票据知识教育，举办票据支持普惠金融发展专题讲座和培训，向各金融机构和企业宣传票据理论知识和操作规范，进一步扩大票据使用范围；另一方面，加强票据从业人员的操作技能和业务能力培训，建立多层次常态化的人才培育体系，为票据支持普惠金融发展提供人才储备。

（二）加大贴现、再贴现等票据业务服务普惠金融的支持力度

对于小微企业持有的票据，商业银行可根据信息相对优势条件对它们进行筛选及分层，积极吸收此类企业持有的由产业链中的核心企业承兑的商业承兑汇票，或适当地降低贴现门槛和采取第三方机构参与票据贴现业务进行增信的措施以增大小微企业在票据贴现业务客户群中的比重。同

时，在推动落实及时支付相关条例的基础上，推动大型企业使用商业汇票替代其他形式的账款，积极引导金融机构开展票据贴现和标准化票据融资，人民银行在再贴现上加大投入，引导票据资金流向，进一步缓解中小微企业资金压力。

（三）打造普惠金融票据信息平台

依托政府和各金融机构打造集政策宣传、信息集成、业务咨询、担保、见证等功能于一体的普惠金融票据信息平台，并与互联网科技和数字金融紧密结合，落实经营主体信用档案，推动票据市场信息透明化，缓解票据信息不对称问题，为金融机构和小微企业开展票据业务提供互联互通互信的场所。各银行分支机构通过该平台为小微企业提供全面、高效、专业化的票据融资服务，以畅通融资渠道、降低融资成本的方式，切实改善小微企业融资环境，竭力促成政府、银行、企业、科技平台多方受益的共赢局面。

（四）创新供应链票据服务模式

票据服务于企业主体，在支持普惠小微企业和农产品产业的支付结算和资金融通方面具有天然的优势，但也受限于企业的资信状况，票据并未得到充分的使用。因此，在发挥票据的支付结算功能服务普惠金融的过程中，应从供应链金融的角度入手，围绕核心企业，管理上下游小微企业的资金流，通过小微企业与核心企业的资信捆绑，把单个企业的不可控风险转变为供应链企业整体的可控风险。

与传统模式相比，将票据契合供应链金融发展，能有效缓解小微企业缺乏抵押品和被大中型企业占用资金的问题。一方面，票据通过支付结算功能，能以背书转让的形式在企业间流转实现支付，以票据替代应收账款，能使企业应收应付款项得以转销，推动应收应付账款票据化，缓解债务链条问题，从而优化企业财务结构；另一方面，供应链核心企业签发票据可以将核心企业的信用传导至末端长尾客户，实现核心企业信用的全链条共享，发挥供应链核心企业的带头作用，推动集团内部企业和上下游企业积极使用供应链票据，这将有助于中小企业凭借核心企业的信用背书实现票据融资，并且更容易获得金融机构的优惠融资价格。在供应链票据融资实践中，通常贴现利率较同期贷款利率低100~150个基点，有效地为企业节约了成本，从而打开链上中小企业的融资阀门，更好地发挥为中小企业融资的功能。

(五) 票据全生命周期服务普惠金融

票据具有支付结算和融资功能，集承兑、背书转让、贴现等业务于一身，已经成为企业短期融资的一种重要金融工具。在不同的发展阶段，公司的实力和融资需求截然不同，因此需要通过票据不同的功能和作用来获取资金融通。

对于初创期和成长期的小微企业而言，应通过向商业银行获得银行承兑汇票、供应链票据和商业汇票贴现的支持，依靠银行信用和核心企业信用的支持来缓解较高的贷款准入门槛和较高的贷款利率问题。小微企业一方面可以获得相对于银行贷款成本低的融资方式，并且可以减少经营现金的流出，缓解短期负债的风险；另一方面，由于票据融资的自带优势，票据融资的速度也比一般的银行贷款要快，手续更加简便，融资效果更好。对于成熟期和衰退期的小微企业而言，企业要发展商业承兑汇票，并统一集中管理票据资产及债务。通过开具承兑汇票作为付款方式，可以延迟付款，有利于企业增加销售利润、提升市场竞争力。同样，持票人可以接受票据来支付商品和接收更多订单，并且每当需要资金时还能以类似于"打折"的方式找到商业银行进行票据贴现。因此，票据融资业务加速和促进了资金周转和商品流通，有效促进了相关联的企业之间的经济往来。

(六) 引入融资担保机制服务普惠金融

为了进一步扩大小微企业票据承兑和贴现业务规模，适当引入第三方融资担保机构、保险机构，采用担保方式为符合条件的小微企业开展票据承兑和贴现业务实现增信效果，进一步提高票据的认可度和流动性；或采用再担保方式来分散风险，提高担保机构的风险抵御能力和票据融资担保的稳固性。也可以发挥好政府融资担保机构的作用，通过财政部门、财政资金引入票据市场，并设立准入白名单，通过国家或地方融资担保基金，为符合国家和本地政策导向的小微企业和涉农企业提供票据融资担保服务，或支持担保机构为缺乏抵押物和信用记录的小微企业提供担保，有效地解决名单内中小企业商票认可度低的问题，并通过财政担保及贴现贴息解决中小微企业承兑商票流动性差的问题。

(七) 着力提高票据质量，积极防范风险

小微企业往往不具有完善的法人治理结构，并未形成有效的内控机制，因此，在推动票据服务普惠金融的过程中，一方面，企业要加强内部管理；另一方面，金融机构对票据业务应制定专门的风险管理制度，增强

风险意识，严格控制信用风险、贸易背景真实性风险、操作风险及合规风险，避免发生为发展票据业务而进行过量承兑、违规贴现以及表外业务相关违法行为。另外，应强化金融监管机构对票据业务的监督管理，监管机构应积极考量市场发展及交易主体的需求特点适度适时出台、修改相关规定，对违法违规行为加大处罚力度以引导各企业规范承兑和贴现等业务活动。同时，促成与执法部门的协同机制，加大对票据违法犯罪的查处和处罚力度，提高违法成本，最大限度减少票据诈骗案件的发生。

加快票据供给侧结构性改革更好服务中小微企业
——基于供应链金融发展视角的标准化票据研究

肖小和　谢康康　黄家驹[①]

自党的十八大以来，我国经济发展进入新常态，经济失衡出现了成本推动型通胀和需求疲软带来的下行压力双重风险并存的新特点，继续采取以往以需求总量管理为主线的调控面临严重的局限性，为推动发展方式根本转变、实现高质量发展，中央提出以深化供给侧结构性改革为主线，构建新发展格局，"把实施扩大内需战略同深化供给侧结构性改革有机结合起来"。因此，2020年4月中央政治局会议强调要落实"六保"工作，其中之一就是"保产业链供应链稳定"。供应链金融能够精准服务产业链供应链，保持产业链供应链完整稳定，进而更好地支持稳企业保就业工作，逐步增强国际产业链的国内替代能力，加快双循环新发展格局的形成。在推动供应链融资服务的背景下，为更好地服务中小企业，《保障中小企业款项支付条例》（国务院令第728号）和《关于规范发展供应链金融 支持供应链产业链稳定循环和优化升级的意见》（银发〔2020〕226号）相继出台。为此，上海票据交易所分别推出供应链票据平台、标准化票据等创新型票据融资产品以保障供应链金融稳定发展。

一、供应链金融理论回顾及发展进程

现代的供应链金融（Supply Chain Finance）概念肇始于20世纪80年代，发轫于核心企业对供应链财务成本管理的价值发现过程。供应链金融产品的萌芽与供应链管理（Supply Chain Management）同枝共生，本源性目的即在于缓解供应商与采购者之间的资金需求矛盾。银行业针对这一业务需求，相继开发出一系列金融创新，成为近年来备受各界关注的焦点。

在具体概念界定上，学界对"供应链金融"尚无统一的观点。从国外

---

① 谢康康，邮储银行湖南省分行；黄家驹，工商银行票据营业部广州分部。

的研究来看，Hofmann（2005）厘清了物流、信息流和资金流的基本概念，提出了供应链金融的要素、范围和作用。从国内的研究来看，胡跃飞和黄少卿（2009）认为供应链金融属于贸易融资范畴，但在融资产品的类型、融资风险和风险点控制等方面有别于传统贸易融资，并在此基础上进一步提出了"供应链金融"的定义——为适应供应链生产组织体系的资金需要而开展的资金与相关服务定价与市场交易活动。针对供应链金融的历史发展进程，宋华和陈思洁（2016）归纳了供应链金融演进的三个阶段，阐述并分析了目前互联网供应链金融这一新兴业态的复杂交互结构，提出了其要素演化的理论基础。在实务应用方面，谢世清和何彬（2013）梳理比较了供应链金融的三种主要形式，即物流企业主导模式、企业集团合作模式和银行服务模式，探讨了不同模式在运作方法、信息掌控及法律准入等方面的优劣势。综合而言，以往的研究更加着重于概念定义与理论层面，较少涉及供应链金融中票据关联模块的特性比较及实务分析。因此，本文试图结合我国目前市场发展特点，论述"供应链票据+标准化票据"在供应链金融场景下的具体应用和前景，并提出相关政策建议。

二、供应链金融下"供应链票据+标准化票据"推出背景分析

（一）国际供应链金融发展历程及演进分析

供应链金融源于西方发达国家，其逻辑起点是核心企业主导客户价值的实现，核心企业的信用是链上中小企业信用之锚。核心企业在这个系统化的组织形态中居于核心地位，通过实现客户价值最终创造全链企业的利润，这一目标或模式对于所有节点企业具有共同性、向心力和凝聚力。核心企业参与甚至主导供应链金融最初的目标在于降低节点企业的融资成本。伴随着IT技术及其商业信用的发展，核心企业与链上中小企业的关系，也从传统以"价值竞争"的采购管理职能演变为供应链创造丰富的融资场景，以及构建良好的金融生态，这对实现核心企业的战略目标、维持创新活力具有极大的战略价值。通过实施一系列战略性举措来创造丰富的融资场景成为提升企业持续竞争优势的关键，而非传统的采购价格最优策略。

目前，西方国家供应链金融已发展到与互联网、物联网深度融合的智慧供应链金融新阶段。它们在21世纪初，就基本完成了供应链关系的战略整合。核心企业协同链上企业在商流、物流、信息流、资金流方面率先实现"四流合一"。其中，资金流特别要求核心企业为链上企业创造更为低成本、便捷、安全的金融服务，即西方国家金融机构多依托核心企业对链上

企业进行融资支持，也即以供应链为纽带，通过可确认的订单、服务、商品所对应的应收账款直接进行融资，省略了如商业汇票、信用证等中间金融产品。且随着主体自身商业信用的发展、立法制度及本身顶层设计的推进，商业汇票被便利的直接融资工具（如商业票据）所替代。

（二）"供应链票据+标准化票据"融资产品推出的国内市场背景

国家统计局数据显示，2020年7月末规模以上工业企业应收账款为15.59万亿元，同比增长14.0%。应收账款回收期为56.0天，同比增加8.4天，这一数据已重回历史高位水平。并且，目前在供应链末端，大量小微企业的融资困境仍然难以得到有效缓解。因此，如何将核心企业的信用有效传递到供应链末端，是解决链上小微企业当前困局的关键所在。在我国《票据法》中票据融资属性尚难修改的情况下，如何结合我国国情并融合供应链金融场景，走出一条票据市场特色发展道路是当前急需解决的问题。

信用创造的通路，是供应链金融的关键。供应链票据将票据嵌入供应链场景，从源头上促进应收账款票据化，同时创新实现等分化签发、流转。目前，部分行业中领先的核心企业与链上一级供应商、分销商之间产生应收应付关系时，通过供应链票据平台，直接签发供应链票据，可以较好地利用核心企业高信用降低融资成本。

利率是资金供给的价值尺度，在现有资金流通体系中，从银行到大型企业再到民间金融，利率高低的层次性非常明显，且体现出资金流通成本是逐级递增的，也说明信用的传递成本是逐级递减的，如图1所示。

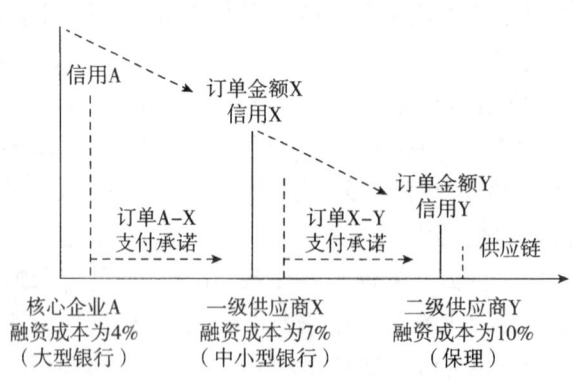

图1 供应链信用递减传递模式

（资料来源：Wind）

显然，核心企业的高信用并没有因为连续的交易关系而传递，究其原因还是交易信息割裂，链上成员无法共享其低融资成本。此时，"供应链票

据+标准化票据"融资产品应运而生,这不仅让票据体现了传统的支付结算功能,还能有效化解供应链金融场景下链上信用递减导致中小企业融资难融资贵的突出矛盾。

三、"供应链票据+标准化票据"融资产品研究分析

(一)"供应链票据+标准化票据"融资产品模式研究

"供应链票据+标准化票据"融资产品的基础资产为核心企业开立的供应链票据,依托供应链上的核心企业为信用主体,直接对上下游企业提供融资。由于上下游企业之间建立的长期合作关系,其经营模式、财务状况彼此间相对清楚,在一定程度上从内部解决了信息不对称问题。这也使得由供应链核心企业所承兑的供应链票据直接承担了信用支付的职能,等同于给链上中小企业创造一个融资渠道。

在此基础上,供应链票据标准化融资产品不仅可以在一定程度上缓解票据在法律上缺少融资性功能支持的尴尬,还能依托真实贸易背景、核心企业信用保障、票据行为连带性降低后端标准化票据的信用风险。而且后端标准化票据将对接广阔的资金市场,并进一步推动前端供应链票据的创造及流转,这一互惠互利机制将开启一个与现有银行间市场、交易所发债市场并举的万亿级新兴市场。

截至2020年9月底,已有3只以供应链票据为基础资产的标准化票据落地(详见表1),平均利率为3.2%。与供应链票据贴现利率相比,以标准化票据形式进行融资的利率低30个基点;与一年期贷款利率相比,以标准化票据形式进行融资的利率约低65个基点,在降低链上中小企业融资成本方面存在较强优势。

表1 3只以供应链票据为基础资产创设的标准化票据明细

序号	产品名称	资产类型	参考收益率(%)	创设规模(亿元)
1	信银TCLSDN001	供应链票据	3.2959	0.2
2	信银诺普信SDN001	供应链票据	3.1431	0.2
3	海通陕建SDN001	供应链票据	3.2000	0.26

资料来源:上海票据交易所。

根据上述3只标准化票据产品的发行情况,可知供应链票据标准化融资产品模式,如图2所示。

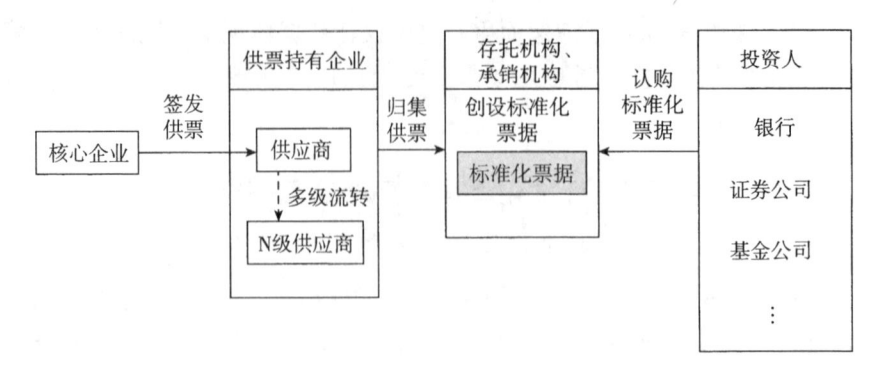

图 2　"供应链票据+标准化票据"产品模式

(资料来源：根据公开资料整理)

标准化票据和供应链票据是推动供应链金融规范发展、更好地服务中小企业的两大抓手。供应链上的中小企业融资面临三方面的问题，一是占用现金流，二是信息不对称，三是商票贴现难。"供应链票据+标准化票据"组合的推出让这些问题迎刃而解。

从《标准化票据管理办法》中"核心信用要素相似、期限相近"的要求与目前已发行的3只产品来看，其资产归集模式未来主要有"1+N"和"N+1+N"两种。

"1+N"即出票人为某一家核心企业，持票人则对应供应链上多家上下游企业，如"海通陕建SDN001"这款产品总金额仅2600万元，原始持票人多为中小企业，但即便持票金额低至100万元，也能享受到核心主体（AAA）带来的增信效果，融资成本低至3.14%。

"N+1+N"模式中，"N"表示出票人为多家核心企业，持票人也为多个，该模式对基础资产归集能力要求相对较高，原始持票人的不同诉求与发行效率之间的协调是最大考验，此时的"1"不再是核心企业，而是上海票据交易所的供应链票据平台，这既解决了资产难归集的问题，又能更好地把控基础资产的实质风险，同时票据流转过程中的背书、交易在上海票据交易所的系统中全部留痕，便于追查业务的信用主体，为构建供应链金融的生态环境提供了解决方案。

通过对具体产品的分析，笔者认为其未来业务发展模式主要有以下两种。

一是优质主体的信用可以分享传导到子公司形成"1个优质信用主体—N个子公司—N个持票人"的"1—N—N"衍生模式。例如，中铁、中建等集团总部在市场上广受投资者青睐，但其子公司受制于自身实力及外部市

场环境因素，以其作为信用主体的商票在市场上流动性较弱，利率也较高，为此可以借鉴上述 3 款产品中的"海通陕建 SDN001"，在承兑人子公司本身信用不足的情况下引入集团总部作为票据承兑保证人，通过增信效果享受核心、高资质信用主体的低成本利率，标准化后再将交易机制进一步优化，打通整个金融市场，以便在市场上获得更低成本的资金，进一步降低小微企业融资成本。

二是信用等级下沉，为中型核心企业上下游供应链敞开融资通道。从上述 3 款产品的信用主体情况来看，"信银诺普信 SDN001"产品的信用主体是一家在深圳证券交易所中小板上市的公司，无信用评级。伴随着接入供应链票据平台的不断增多，未在公开市场发债的中型核心企业开立的供应链票据也可作为基础资产发行标准化票据，能很好地满足其供应链上下游小微企业差异化、零碎支付的需求，进一步提升票据的支付效率和融资功能属性，进而切实解决中型民营企业融资需求，缓解供应链下游中小微企业持票人资金不足的困境。

（二）"供应链票据+标准化票据"与其他产品比较分析

1."供应链票据+标准化票据"与资产支持商业票据比较分析

从服务对象、发行方式、交易结构等多个方面来看，"供应链票据+标准化票据"融资产品和资产支持商业票据有一些相似的特点，但也有各自的差异化优势（详见表 2）。

表 2 "供应链票据+标准化票据"与资产支持商业票据的对比

项目	"供应链票据+标准化票据"	资产支持商业票据
服务对象	中小微企业，能较好地解决当前中小企业面临的应收账款问题	优质企业或者有优质资产的次优企业
发行方式	上海票据交易所及银行间债券市场公开发行	银行间债券市场公开发行
法律法规	《票据法》《信托法》	《信托法》
操作层面	不需要产品评级，提供信用主体的主体评级，如果没有主体评级，需要提供一些其他材料作为补充证明，不需要审批，手续便捷、简单	需要进行债项评级和交易商协会审批
中介机构	存托机构，其中律师事务所、经纪机构非必须	管理人、律师事务所、评级机构、保理公司等机构

续表

项目	"供应链票据+标准化票据"	资产支持商业票据
尽调工作	基础资产为商业承兑汇票	基础资产为应收账款、票据收益权等
交易结构	不需要加入 SPV，也不需要使用特殊目的账户隔离的资产支持形式，结构更清晰明了	引入 SPV 或者使用特殊目的账户隔离的资产支持形式
时效性	一般 T+5 个工作日，效率更高	一般 T+10 个工作日

资料来源：根据公开资料整理。

截至 2019 年 6 月末，中小微企业票据承兑余额为 8.59 万亿元，在市场中占比达到 70.39%，其中包含大量流动性不佳或利率较高的票据。因此，供应链票据标准化融资产品能够有效对接中小微企业票据融资需求，盘活存量票据资产，成为精准滴灌供应链上中小企业的有力抓手。此外，从整个业务逻辑来看，我们可以把供应链票据平台类似地看作"资产生产工厂"，该工厂目前已经纳入上海票据交易所平台。供应链票据经过标准化后，相对而言，其权属明确、回款封闭，不存在监管上类似资金池错配的问题。

2. "供应链票据+标准化票据"与其他类型票据资产比较分析

根据 Wind 数据分析，过去 10 年上市企业应付票据占应付账款的比率一直维持在 10% 左右。根据中国人民银行《中国货币政策执行报告》，中小微企业签发的商业汇票占比超过 2/3，达到 71.1%。不管是资金供应端还是需求端，都有通过便利的票据融资来解决中小微企业融资问题的驱动力。而市场上的票据融资业务又基本上是通过票据贴现、票据 ABS 产品实现的，这两种票据融资方式都存在一定的局限性，不易为小微企业采用，具体体现在以下几个方面（详见表3）。

表3 "供应链票据+标准化票据"与其他类型票据资产的对比

项目	票据贴现	"供应链票据+标准化票据"	票据 ABS
是否纳入狭义信贷规模	是	否	否
风险资产计提	看信用主体	穿透看信用主体	看评级
能否进行远期交易	否	能	否
权属关系是否明晰	是	是	否
能否被认定为标准化资产	否	能	是

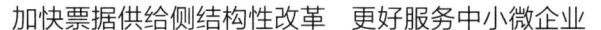

续表

项目	票据贴现	"供应链票据+标准化票据"	票据ABS
时间效率	高（当天）	比较高（T+5）	低，储架式ABS需2个月左右，单次发行需1周左右
非银机构及非法人产品是否可以参与	不可以	可以	可以

资料来源：根据公开资料整理。

首先，传统票据贴现产品效率较高，但它仍是非标准化产品，占用信贷规模，属于稀缺资源，易受制于规模等因素。从九民纪要审判的司法实践来看，贴现仍属于特许经营范畴，局限于银行，非银机构无法参与。因此，其准入门槛和成本均较高，综合来看，供应链上下游中小企业手握核心企业商票资产仍难以依靠贴现盘活，资金无法流动。

其次，相较而言，"供应链票据+标准化票据"也能具有较高的时间效率（T+5），不纳入信贷规模考核，只受资金成本约束，收益率较为稳定，还能进行远期交易。此外，根据中国人民银行2020年7月3日发布的《标准化债权类资产认定规则》，票据为非标类债权资产；标准化票据则是满足标准化债权资产五大认定标准的产品形式，预计将被认定为标准化债权资产，同时能连通债券市场与票据市场，拓展更多参与主体。

再次，就票据ABS而言，其在发行效率、发行成本、流动性、定价机制、信用主体等方面与标准化票据相比均没有优势，票据ABS很多时候演变成了体现银行产品能力的装饰品。在交易所发行ABS要求底层资产不能为信贷资产，因此，在产品成立前，票据不得由银行持有，需要垫资，在业务操作上相当不便。

最后，由于券商、非法人产品在开通票据权限方面尚有困难，因此，作为底层资产的票据，无法背书转让至专项计划。在过往的法律纠纷中，票据关系、合同关系在出现票据拒付时获得司法救济的顺序尚存争议。因此，票据ABS在严格意义上存在着一定的结构瑕疵，难以推广复制。

（三）供应链票据标准化业务优势分析

标准化票据推动供应链金融发展，为中小企业融资服务，围绕票据资产开展产品创设，对票据市场也具有重要意义。标准化票据与供应链票据的结合，有效提高了票据签发、流转和融资效率。以供应链票据为基础资产的标准化票据产品，不仅为标准化票据的发展提供了资产支持，更扩大

了票据支持实体经济的应用场景。一是拓展了商票融资渠道，引入债券市场投资人；二是发行周期短（T+5），发行成本低，交易结构简单；三是对于核心企业而言将优化企业有息负债，提高融资效率，提升应收票据周转率，拓展融资渠道，纾困供应链上中小企业。

横向对比同类型产品，我们不难发现供应链票据标准化业务具有以下三个方面的优点。

第一，从整个业务模式来看，供应链票据突破性地解决了票据不可拆分的痛点，扩大了票据使用范围，提高了链上流通能力。其产品权属明确、交易链条清晰、电子化程度较高、回款封闭，具有显著优势。

第二，从监管和风控的角度看，供应链票据标准化业务可以实现逐笔远程电子监控，能够很好地杜绝资金空转与监管套利，整个流程清晰透明，易于监管，风险更为可控。

第三，从发行流程上看，标准化票据发行采用事后备案制，时间短，不需监管部门事前审批，与其他类型产品相比，其发行流程更为简洁，省去了募集计划、法律意见等基础文件，因此，标准化票据的发行时间缩短到一周甚至五天，具有更高的发行效率。

四、我国供应链票据标准化融资产品未来展望及建议

（一）市场展望

自 2020 年 10 月以来，标准化票据相关的五大系列指数在上海清算所正式推出，标志着更加成熟和公允的标准化票据定价体系已在孕育之中，将为我国标准化票据市场提供价格的指针与交易参照。随着供应链票据平台功能不断完善、标准化票据市场进一步发展以及参与主体进一步丰富，"标准化票据+供应链票据"的"双票驱动"必将是未来的趋势和发展重点。银行业在供应链金融场景下为中小企业提供更为便捷的金融服务，打通债券市场与票据市场融资边界，既提高商业汇票签发、流转和融资效率，也将大力推动应收账款票据化进程和商业信用的发展。以下分别从资产供给端和市场需求端两方面进行剖析。

1. 从资产供给端分析

在资产的供给端，截至 2020 年 8 月 30 日，全市场未到期商票余额近 2 万亿元，其中未贴现商票余额占比高达 64%，这预示着供应链票据的标准化市场潜力巨大，是未来票据市场发展的重点方向。

在定价上，基础资产为未贴现商票的标准化票据利率相较于同期限贷

款利率普遍低50~80个基点，因此能为民营及中小微企业提供低成本融资支持。原始持票人通过创设标准化票据，以存托形式将基础资产转让，不受信贷额度约束，相较于票据贴现业务，在一定程度上削弱了信贷规模因素对票据产品定价的影响，有利于降低融资成本。

因此可以预期，如果标准化票据能够为供应链票据带来资本市场的资金支持，供票将得到更广泛的使用。一方面，企业更有积极性开立供票；另一方面，供应商更愿意接受供票，未来供票余额可能会快速增长。标准化票据将助力供票成为企业直接融资的重要工具。

2. 从市场需求端分析

作为货币市场工具，标准化票据的投资者范围与银行间债券市场存在较高的一致性，按照目前银行间市场1年以内各类债券的余额，可间接估算能够投资于标准化票据的资金规模。截至2020年6月30日，剩余期限1年以内的债券余额为27.67万亿元，市场前景广阔。

首先，从收益的角度看，目前货基型产品和类货基型产品的收益都在1.5%左右，标准化票据的收益能完全覆盖其成本，具有操作可行性。同时，标准化票据作为短久期标的，期限在一年以内，符合货基型产品和类货基型产品的配置需求，还可以与长久期债券组合搭配，构造合理的期限结构，使利率波动控制在合理范围内，并确保组合资产现金流与负债端需求适应。其次，从风险的角度看，多数情况下高评级核心企业开立的供票风险可控，符合金融机构资产组合风险管理目标。最后，标准化票据的投资者范围正在逐步扩大，未来市场需求将更为旺盛。2020年8月19日中国外汇交易中心发布《关于试运行直投模式下境外机构投资者直接交易服务的通知》（中汇交发〔2020〕224号），其中提到自2020年9月1日起，境外机构投资者可以直投参与标准化票据投资。并且一旦标准化票据被确认为标准化资产，即可被保险类机构债转股投资计划投资，这将进一步拓展标准化票据市场参与者的广度。

标准化票据的需求端前景远不止于此，后续指数化产品的开发也已箭在弦上。目前，中央国债登记结算有限责任公司、上海清算所和中国外汇交易中心均发布标准化票据的估值情况。中证指数有限公司称为进一步丰富指数体系，为投资者提供新的分析工具和投资标的，将于2020年12月21日正式发布中证标准化票据指数系列，其中"标票银行信用指数"为新创特色，将拓宽后续ETF产品跟踪基准。我们能够预见的是，打造同时连通国内外投资者的标准化票据产品能够很好地服务于金融市场的联动，促

进交易要素自由流动，带来充分合理竞争，打造更具深度的市场，消弭市场分隔带来的资金价格差异，使实体企业融资产品定价更为合理。

(二) 政策建议

"供应链票据+标准化票据"融资产品作为票据市场供给侧结构性改革中的尖兵利器，不仅能引入更多市场参与主体，扩大市场容量，还能促进市场需求多样性，加速票据流转，降低企业融资成本，纵向拓展市场深度。其融资渠道涉及经纪机构、存托机构、承销机构等多个主体，从实体企业到银行、券商，从票源归集到筛选打包，从信用评级到定价发行，其过程需要参与各方跨专业领域紧密协作。商业银行也应从传统的经营模式中转换思路，借鉴投行思维，整合企业客户票据资源。目前，标准化票据作为横跨票据市场与债券市场的新型产品，在实操过程中仍处于多方磨合调整期。因此，推动标准化票据的繁荣发展，离不开市场参与者及监管部门达成共识及积极推动。下一步，各方参与者或许应该从监管及时性与高度责任性出发，梳理流程风险点，明晰参与界限，打造更畅通的融资通道，服务急需资金融通的中小企业，熨平宏观经济运行谷底的不利冲击。

1. 融合"互联网+"先进技术，打造供应链票据新生态

通过信息科学技术的创新，将互联网、区块链技术运用于供应链金融业务，完善供应链票据平台功能。加快推进供应链票据平台的票据全生命周期系统功能建设，加强与核心企业、金融机构、第三方科技公司的供应链平台互联互通，明确各类平台接入标准和流程规则，完善供应链金融贸易背景信息与票据信息的匹配，探索建立交易真实性甄别和监测预警模型。

2. 引入保险机构，加强对供应链金融的风险保障支持

保险机构应积极嵌入供应链金融环节，增加创新型供应链金融保险产品供给，为供应链票据提供抵押或信用等多种形式的保证保险业务，扩大承保覆盖面，做好供应链金融保险理赔服务，提高理赔效率，为供应链票据标准化融资模式的顺利开展保驾护航。

3. 搭建信息披露平台，共享披露海量数据

加快建设商业汇票信息披露平台，强化市场化约束机制。目前上海票据交易所作为票据市场基础设施，掌握了全市场票据报价交易、登记托管、清算结算等信息，并且作为信息枢纽进一步整合承兑人、企业财务信息，实现票据信息、债券交叉信息、承兑人工商税务等外部信息来源互联互通，同时披露债券违约信息和商业承兑汇票逾期信息，加强信用风险防控。

参考文献

[1] 胡跃飞,黄少卿.供应链金融：背景、创新与概念界定 [J].金融研究,2009（8）：194-206.

[2] 宋华,陈思洁.供应链金融的演进与互联网供应链金融：一个理论框架 [J].中国人民大学学报,2016,30（5）：95-104.

[3] 谢世清,何彬.国际供应链金融三种典型模式分析 [J].经济理论与经济管理,2013（4）：80-86.

[4] E. Hofmann. Supply Chain Finance：Some Conceptual Insights [J]. Logistics Management,2005（1）：203-214.

票据供给侧结构性改革与服务经济高质量发展十大设想

肖小和　金　睿　肖小伟[①]

一、金融供给侧结构性改革包括票据供给侧结构性改革

我国的资金融通市场包括间接融资市场和直接融资市场。间接融资市场有众多商业银行、信托公司、小额贷款公司参与；直接融资市场有证券公司、基金公司、保险公司、部分商业银行参与。金融供给侧结构性改革涉及融资体系、金融服务体系、金融风险管理体系和金融创新体系等方方面面，其中金融供给侧结构性改革最重要的是优化融资结构，即改善资金供给的方式以及预防系统性、区域性金融风险，同时，金融创新务必以服务实体经济为前提。

表1　2019年3月社会融资规模存量情况　　　单位：万亿元

社融类别	2019年3月末存量	当月增量	同比增速
人民币贷款	140.98	1.96	13.8%
外币贷款	2.18	0.0003	-11.3%
委托贷款	12.15	-0.11	-11%
信托贷款	7.88	0.05	-7.9%
未贴现银行承兑汇票	4.01	0.13	-12.1%
企业债券	20.79	0.35	10.5%
地方政府专项债券	7.81	0.25	40.4%
非金融企业境内股票	7.06	0.0122	4.2%
合计	208.41	2.86	10.7%

资料来源：中国人民银行官方网站。

从表1所示的统计数据可以看出，社会融资总规模已经是GDP的数

---

① 金睿，江西财经大学九银票据研究院研究员；肖小伟，中国工商银行江西省分行高级经理。

倍，增速也不低，但是结构性矛盾比较突出。截至2019年第一季度末，由银行信贷、委托贷款、信托贷款、未贴现银行承兑汇票构成的间接融资总量达167.2万亿元，占据社会融资总规模的80%；由债券和股票构成的直接融资合计35.66万亿元，只占社会融资总规模的20%。另外，在直接融资的构成中，债券存量为28.6万亿元，股票只有7.06万亿元，由此可以看出，实体经济从金融市场获得的权益性资本金所占比重太小，整个金融体系只给实体经济供给了3.38%的资本，剩余96.62%的金融供给都是需要还本付息的债务资金。这就导致了我国企业宏观杠杆率过高，债务风险过分集中于银行体系；金融供给结构的现状也造成了实体经济尤其是缺乏押品的创新型、科技型企业融资难融资贵。

票据市场作为我国金融体系内的一个特殊子市场，可以直接连接货币市场和实体经济，企业签发的市场认可度高的银行承兑汇票可以作为企业间接融资的工具，企业自身作为承兑人签发的商业承兑汇票可以作为企业直接融资的工具。我国票据市场的现状如表2所示。

表2 截至2019年3月31日社融情况　　　　　　单位：亿元

统计项目		未到期余额
承兑	银行承兑汇票	105121.62
	商业承兑汇票	16291.26
	小计	121412.88
贴现	银行承兑汇票	71891.63
	商业承兑汇票	6257.51
	小计	78149.15

资料来源：上海票据交易所官方网站，http：//www.shcpe.com.cn/info_18.itenid_1419.html。

统计数据显示，在总量方面，未到期票据的承兑余额占社会融资规模的6%左右，未到期票据的贴现余额占社会融资规模的3.8%左右。从结构上看，在票据的签发承兑环节，未到期的商业承兑汇票余额只占13.4%；在票据的贴现余额中，商业承兑汇票贴现余额只占总贴现余额的8%。由此可以推断，我国票据市场的发展任重道远，票据市场也亟须供给侧结构性改革，金融体系的供给侧结构性改革理应包括票据供给侧结构性改革。

改革开放40年来，票据市场的发展取得了可喜的成绩，上海票据交易所的建立具有里程碑式的意义。市场总体规模不断扩大，1995年，全国商业汇票承兑发生额为2424亿元，商业汇票贴现发生额为1412亿元。2018

年，全国商业汇票承兑发生额为18.27万亿元，商业汇票贴现发生额为10.22万亿元，分别是1995年的75.4倍和72.4倍；其中，2018年全年电子票据承兑发生额为17.19万亿元，占比为94.09%；电子票据贴现发生额为9.73万亿元，占比97.86%，总体上，纸质票据正逐步退出市场，近几年快速被电子票据替代。票据市场已经成为我国金融市场中成长最快的子市场之一。同时，市场活跃程度不断提高。随着票据市场规模的不断扩大，票据市场的活跃程度也日益提高，主要表现为参与主体数量和种类迅速增加，截至2019年5月末，有2785家商业银行和非银行金融机构成为上海票据交易所的会员，中小商业银行和一些非银行金融机构积极参与票据承兑、贴现、转贴现、回购等票据市场的各个环节，票据二级市场流动性提高，票据周转次数增加，进而吸引更多的资金进入票据市场。2018年全年转贴现和回购交易总量达41.75万亿元，贴现后的票据在上海票据交易所内平均被继续使用4.1次。

尽管票据市场有了较快发展，但是票据的经营发展理念、产品结构、发展机制、服务水平、创新能力、制度规定等还适应不了经济高质量增长对票据类金融服务的需求。具体表现为银行承兑汇票比重过大，商业承兑汇票发展缓慢；供应链应收账款票据化比率有待提高，商业承兑汇票贴现、融资困难；票据直贴功能受信贷规模制约，贴现后的票据又被认定为非标资产，票据资管、票据资产证券化等创新类票据产品还处于起步摸索阶段；票据评级评估机制有待建立，统计信息割裂，市场参与主体风险管理水平参差不齐；票据IT系统等基础设施建设还有待完善；票据法律法规建设滞后于票据市场发展需要，在一定程度上制约了票据服务实体经济、"三农"企业、中小微企业的能力。

二、票据市场供给侧结构性改革与服务经济高质量发展的设想

票据市场供给侧结构性改革可以从票据参与主体体系、票据供给体系、票据交易体系、票据价格体系、票据服务体系、票据风险管理体系、票据创新体系、票据信息系统与基础设施、票据制度与监管体系等方面入手，以票据市场的顶层设计、规范发展、效率提升、改革创新为抓手，逐步根除阻碍票据服务实体经济的不良因素，力争建立一个高效、良性运转的现代票据生态链，为我国经济高质量发展贡献一份力量。

（一）转变票据发展理念，优化票据市场结构

商业承兑汇票具有支付结算和投融资功能双重属性，具有很多天然的

优点。一是作为最直接的信用工具，对解决当前企业面临的融资难题有得天独厚的优势。商业承兑汇票签发流程简单、使用方便，不需要向银行交纳保证金和承兑手续费，企业可以根据生产经营的实际需要，在承兑能力范围内进行自主签发，避免银行贷款审批限制，拓宽了企业融资渠道；同时，由于商业承兑汇票可以背书转让，可以在一定程度上遏制货款拖欠等挂账行为，增强了应收账款的流动性，通过应收货款票据化，可以大大降低企业融资成本。二是商业承兑汇票可以改善企业对银行信用过度依赖的现状。目前银行承兑汇票保证金比例总体维持在40%左右，这意味着对银行而言有60%的信用敞口，多使用商业承兑汇票可以防止信用风险过分集中在银行体系内，可以优化票据市场结构。

商业银行可以对在本行有授信余额的商业承兑汇票进行贴现和托收，与一些信誉等级高、发展前景好、产供销比较稳定的大中型企业建立保贴、保证等长期合作关系，提高这些企业签发的商业承兑汇票的市场认可度。中国人民银行要积极运用再贴现政策，优先定向支持商业承兑汇票业务发展，对符合条件的商业承兑汇票进行再贴现，增加再贴现总量，给予再贴现率的优惠，营造使用商业承兑汇票的良好氛围。因此，需要大力宣传商业承兑汇票的有关知识，转变观念，使整个社会都充分认识到使用商业承兑汇票的优越性并积极签发和使用商业承兑汇票。

（二）增加票据供给总量，有序发展融资性银票、电子商票

目前票据供给总量不足社会融资总规模的10%，有一定的提升空间，应在风险可控的基础上继续挖掘票据的信用功能，适时适度发展融资性银行承兑汇票和电子商业承兑汇票。在政府鼓励金融机构支持民营企业、中小微企业发展的大背景下，当前正是试行融资性银行承兑汇票的最佳机遇期。当然，融资性银票的签发量多大，占比多高，应由人民银行、银保监会和商业银行共同推进试点。商业银行要坚持审核第一还款来源，把主业突出、财务稳健、大股东及实际控制人信用等作为授信主要依据，合理降低保证金比重，减轻对抵押担保的过度依赖。争取在融资性银票的承兑环节通过调整承兑费率、依托产业链供应链核心企业信用以及深度挖掘物流、信息流、资金流等数据，为上下游企业提供无须抵押担保的融资性银行承兑汇票。真正实现风险定价，使业务收益覆盖潜在坏账损失，让商业银行主动管理、经营风险，进而走上良性、可持续的支持中小微企业发展之路。另外，2019年1月22日，国务院办公厅印发了《关于有效发挥政府性融资担保基金作用切实支持小微企业和"三农"发展的指导意见》，商业

银行在融资性银行承兑汇票的签发环节也可以寻求政府性融资担保基金的帮助，在符合政策框架要求的前提下与不同层级的政府性融资担保基金共同承担风险敞口，最大限度支持优质民营企业、中小微企业融资，以促进实体经济繁荣发展。

就企业自身而言，需要根据自身经营管理实际情况来签发票据、使用票据，充分利用供应链上下游关系获得票据融资资源，发挥票据融资的功能作用，需要按照电子票据相关规定完善系统、完备条件，建立健全发展票据融资及防范风险等相关机制。与此同时，商业银行等金融机构需要在防范风险的前提下，以把握实质风险为主，尽可能简化流程，减少不必要的审查审批环节，提高办理速度和效率，增加受理网点，有针对性地适当下放审批权限，增加票据融资额度。还要发挥科技作用，以及完善相关规定办法，建立尽职免责及考核机制。

此外，应充分利用商业承兑汇票的优势，拓宽企业融资渠道，支持实体经济发展，回归金融支持经济本源。可选择大中型企业集团或重点行业为突破口，以供应链核心企业为中心，对上下游的中小企业使用商业承兑汇票，以点带面逐步推进商业承兑汇票发展。

第一，选择综合实力强、规模较大、在行业内具有重大影响力的大中型企业集团或产业化龙头企业为突破口，先在集团企业中推广使用商业承兑汇票，随后以点带面，逐步带动上下游企业使用商业承兑汇票。

第二，围绕"十四五"规划，紧跟"一带一路"建设、长江经济带、京津冀协同发展等国家重大经济发展战略，选择国家重点支持的战略性新兴产业、先进装备制造业等行业开展商业承兑汇票业务。

第三，选择供应链核心企业。对于大型集团客户来说，其上下游的中小企业客户可能多达几百户，甚至上千户，其支付结算业务量相对较大，以商业承兑汇票作为媒介，就可以使得供应链核心企业与商业银行、上下游企业等开展合作。一方面，通过商业承兑汇票结算更便捷、接受度高，可以加速资金流转，促进贸易往来，减少客户现金支付压力，节约财务成本，增强企业之间的互相信任；另一方面，在需要现金时，也可通过商业承兑汇票的贴现实现货款快速回笼，为供应链上的中小企业提供成本相对较低、高效快捷的金融服务。

(三) 调整票据市场供给结构，继续做大承兑、直贴、转贴，增加再贴，发展交易投资

要鼓励企业多用票据结算，在增加票据一级市场票源的同时减少货币发行量；商业银行可以加大对网上银行、手机银行等领域的科技投入，进一步简化企业申请票据贴现的流程；在转贴领域，需要尽快解决商业银行之间转贴现重复计提风险资本的问题，提高转贴现市场活跃度，最大限度发挥票据的固定收益属性。近年来，人民银行把增加再贴现额度作为传导货币政策、支持小微企业的工具之一。2019年6月14日，人民银行增加了再贴现额度2000亿元，发挥了再贴现货币政策工具支持小微企业、绿色企业发展的功能；但是，直贴市场每年的贴现总额在10万亿元左右，建议人民银行继续定向给予票据市场更多的再贴现额度，降低相关企业的融资成本，更好地为实体经济服务。在票据的交易投资方面，应尽快明确"贴现后票据"不再被视为信贷资产，而成为标准化的投资品，鼓励非银行金融机构的资管产品成为上海票据交易所会员，参与票据二级市场的投资和交易，活跃市场，增加市场的流动性。

(四) 票据创新供给能力

票据市场一直面临的问题之一就是被商业银行视为信贷业务、被投资机构视为非标债权，导致票据市场的发展受到商业银行整体的资本金实力、风险计提权重、信贷规模管控等因素干扰。积极探索票据资产管理、票据资产证券化及票据衍生产品可以帮助票据市场开辟一条新的发展道路。

1. 票据资管业务

2016年12月5日，中国人民银行颁布《票据交易管理办法》（中国人民银行公告〔2016〕第29号），明确允许资管产品作为"非法人类参与者"在上海票据交易所开立产品账户参与票据交易，包括转贴现、质押式回购和买断式回购等。商业银行与资管产品在上海票据交易所场内进行票据转贴现交易时，由于场内转贴现互免追索，因此，商业银行转贴现卖断票据可以实现收益和风险的整体转移，即实现真正的"出表"（会计出表、资本出表），从而可以更加合规地缓释商业银行受信贷规模制约这一痛点。电子商业汇票系统已于2018年10月并入上海票据交易所，未来场内票据资管产品有潜力成为票据市场的重要参与者。因此，票据资管能不能做，很大程度上取决于各监管部门能否协调统一监管标准和尺度，毕竟根据《关于规

范金融机构资产管理业务的指导意见》，"商业银行信贷资产受（收）益权的投资限制由金融管理部门另行制定"，但是其允许的前提是通过上海票据交易所进行"场内"交易。

如果票据资管可以做，则亟须厘清票据资产是标准债权（又称标准化债权类资产）还是非标债权，根据资管新规对于"标准债权"的定义，标准债权须是"在银行间市场、证券交易所市场等国务院和金融监督管理部门批准的交易市场交易的具有合理公允价值和较高流动性的债权性资产"，且"具体认定规则由人民银行会同金融监督管理部门另行制定"。票据是否非标，直接关系到银行理财资金的成本与规模。随着非标认定标准的趋严，可以预期银行理财的非标可用额度将更为紧张，只有出价高的非标资产才能拿到投资额度。对此，鉴于上海票据交易所是中国人民银行指定的提供票据交易、登记托管、清算结算和信息服务机构，票据也具有公允价值和较高的流动性，因此在形式上符合《关于规范金融机构资产管理业务的指导意见》的要求。但是票据资管界定问题尚未清晰，其在上海票据交易所场内交易处境尴尬。从目前签署的主协议看，2700多家签署主协议的机构中资管产品只占1%左右，且由于票据能否纳入集合资管计划的投资范围也不明确，资管产品类型全部为券商定向资管和基金子公司一对一专项计划。此处同样涉及人民银行、银保监会的尺度。总体看来，票据资管未来能否进一步发展在很大程度上取决于人民银行、银保监会管理口径的统一，而在此过程中，上海票据交易所需发挥积极协调作用。

2. 票据证券化

《关于开展银行业"监管套利、空转套利、关联套利"专项治理工作的通知》（银监办发〔2017〕46号）中，明确在票据业务展业过程中，不能以投资替代贴现和转贴现，不能用理财资金投资票据；随后，证监会也首提全面禁止通道业务。监管力度不仅超预期，而且多方管控效应叠加。

在此背景下，既然票据资产进入银行资产负债表之后再出表变得烦琐困难，那就在票据贴现资产进表之前以表外轻资产化形式运作，即收票人收票之后的贴现并不由银行直贴完成，而是在满足银行票据贴现业务要求的基础上，通过资产证券化（ABS），以票据收益权或票据结算应收债权转让的形式嫁接行内金融市场资金或第三方资金，在满足客户资金融通需求的同时，实现降低银行资本占用及交易税负的目的，即以"投资银行的思路做商业银行业务"。

目前，票据资产证券化业务有两大子模式可借鉴，分别为票据收益权

资产证券化模式和票据结算应收债权资产证券化模式。就产品架构而言，票据收益权资产证券化项目和票据结算应收债权资产证券化项目的差别仅存在于基础资产的"形式"，前者是原始权益人合法持有的未到期商业汇票票据收益权，后者是其持有的以商业汇票结算的应收账款。"形式"上的差别源于我国《票据法》等立法要求落后于市场创新需要，不同法律流派对于法律的认识存在差别。上海证券交易所认可票据收益权资产证券化模式，而深圳证券交易所认可票据结算应收债权资产证券化模式。

票据资产证券化的优点包括以下几个方面。

（1）大幅降低银行办理商票业务的资本消耗

考虑到市场接受度和认可度，建议由 ABS 主办行对基础资产中的商业承兑汇票进行票据保证或者出具商业承兑汇票保贴函，以银行信用对商业信用进行增级。以商票保贴为例，在资产端，商业承兑汇票保贴属商业银行承诺类业务，根据《商业银行资本管理办法（试行）》的规定，其资本占用参照 1 年期以内贷款承诺函执行，按 20% 计提风险资产；在资金端，按照《商业银行资本管理办法（试行）》的规定，商业银行自有资金投资信用评级 AA- 以上的 ABS 证券按照 20% 计提风险资产；若以理财资金投资标准化 ABS 证券，则无资本耗用。因此，相较于商票直贴 100% 的风险权重，通过资产证券化可大幅降低银行资本占用。

（2）明显降低融资环节的税负成本

"营改增"之后，票据贴现须对贴现利息收入全额计提增值税，且不能抵扣，当前市场环境下，该税负成本为 30~42 个基点；通过票据 ABS，则可变全额征税为价差部分（企业融资成本-含通道资金成本）差额征税，合理降低税负 25 个基点以上。

（3）缓解表内信贷规模控制压力

自 2016 年下半年以来，银行信贷规模控制趋紧，表内吞吐能力有限。通过 ABS 方式将原本进入表内信贷科目的票据，或转至投资科目（本行投资）或卖断其他机构，从而缓释表内信贷规模控制压力，有利于银行优化资金配置，支持战略投放。

（4）非标转标

通过资产证券化（ABS）将票据这一原本的非标债权资产转化为标准化债权资产后，将不受《商业银行理财业务监督管理办法》关于商业银行表外理财资金投资非标资产余额比例的限制。由于理财资金多为配置型需求，因此其资金价格相对于"一紧都紧"的同业资金更为稳定，在同业资

金市场出现时点性紧张从而严重影响传统业务出账时，可以提供有效的补充出账方式，保持银企合作的稳定性。

（5）切实支持实体经济发展

通过票据资产证券化，企业直接从市场融得资金，不仅杜绝票据空转，而且通过票据 ABS 带来的资本节约和税负节省空间约为 100 个基点，因此可以在适当提升银行收益的同时进一步降低企业融资成本，扩大银企双方共赢空间，对于部分对融资价格敏感、原有贴现模式无法满足的优质客户的融资需求也可通过票据 ABS 进行维护。

3. 票据衍生产品

发展票据衍生产品可以帮助经营票据业务的机构规避利率波动风险和信贷规模管控带来的不确定性，发掘票据业务新的利润增长点，提高票据业务整体收益水平。票据市场已基本实现市场化定价，票据业务兼具信贷属性和资金属性，票据定价不受法定利率的约束，但与银行间市场的拆借、回购利率相比，票据价格还受到信贷规模管控的影响。因此，票据市场利率波动较大，票据经营机构需要票据远期等衍生工具锁定利率，规避价格大幅波动的风险。面对某些特殊时点的信贷规模管控，如果能利用票据期权等衍生工具，则可以通过支付期权费的方式用较低的成本换取票据贴现规模调节的主动权，从而消除政策不确定性带来的风险。一般情况下，票据贴现的收益率低于普通贷款的收益率，这在一定程度上影响了商业银行开展票据业务的积极性。开展票据衍生产品交易，可以捕捉票据价格波动产生的交易收益，提高票据业务整体收益水平，大型票据专营机构还可以扮演票据衍生品市场的中介角色，在活跃市场的同时拓宽票据业务盈利渠道。

4. 跨市场创新

上海票据交易所成立后，为了促进票据市场参与主体多元化发展，允许证券、基金、期货、信托、保险等非银行金融机构找银行做代理参与票据市场的交易，但是在实践中，目前尚未有多少非银行金融机构参与票据市场的交易，票据市场参与主体局限在企业跟银行申请贴现以及银行与银行之间的票据转贴现、质押回购等。这就导致票据市场一直处于跟货币市场其他子市场之间割裂的状态，不利于我国统一货币市场的形成。另外，非法人主体资格的资管产品、自然人如何正常参与票据市场交易值得研究商榷。作为流动性高、风险低的货币市场工具，票据是金融机构进行流动性管理和资产配置的重要手段；而投资者种类、数量又在很大程度上

决定着票据市场的承载能力和市场深度。当前，票据市场投资者种类单一、同质化的现状制约了市场流动性，影响了价格发现功能的实现，也直接制约了市场深度。证券公司、基金管理公司、证券投资基金、资产管理计划等非银行金融机构和非法人集合性资金进入票据市场，可以进一步增强市场承载能力，促进需求的差异化和多元性，提升市场流动性，拓展市场深度。应该选择时机引入票据做市商制度，整合当前所有市场主体的资源和自身优势，自主经营、自负盈亏、自求发展，适应市场发展需要，提升经营管理效率，走专业化、集约化、规范化的发展之路。加大跨业、跨界创新的力度，探索与货币市场其他子市场、保险投资市场、信托证券基金市场、票据 ABS 市场融合的可能性，促进票据市场不断涌现更多的跨市场的组合产品，以及与资产业务和中间业务相融合的综合服务产品。

（五）提升票据服务实体经济、"三农"、小微企业、民营企业的水平

1. 结合供应链拓展票据融资功能

可以考虑在供应链场景下，通过将票据服务嵌入供应链交易中，尽快大幅度实现企业之间应收账款的票据化。同时扩大票据支付应用场景，盘活票据存量，利用票据特有的信用传递作用，将核心企业的优质信用传递至外围小微企业供应商，打通供应链上下游，满足供应链上"三农"企业、民营企业、小微企业的融资需求。

2. 发挥未贴现票据的资产抵押品功能，创新直接融资工具

可以考虑借鉴国外金融市场证券化产品的做法，利用资产证券化技术设计，叠加内部增信和外部增信措施，以"三农"企业、民营企业、小微企业持有的中小银行承兑的金额偏小、剩余期限偏短的无法获得贴现的未到期票据作为基础资产发行更具流动性、标准化的直接融资工具。这样不仅可以有效盘活沉淀票据，拓宽"三农"企业、民营企业、小微企业融资渠道，降低融资成本，而且同时也可以为票据市场投资者提供增量标准化固定收益产品，丰富投资人的选择。

3. 试点发展融资性票据

《票据法》规定票据的签发应当具有真实的交易关系和债权债务关系，"真实的交易关系和债权债务关系"不仅包括传统的商品贸易关系，也可以包括借贷融资等金融交易关系，因此，可以考虑在推动商业信用体系建设的同时，在《票据法》商业汇票业务框架下引入融资性商业汇票。出于风险防范的考虑，可以对融资性商业汇票和交易性票据进行分类监管，如对真实性票据签发不进行任何限制，而对融资性票据的签发主体、

签发规模等进行适当限制。在此基础上，考虑适时引入商业本票、商业票据等融资性票据，进一步完善票据融资工具体系。

4. 发挥政府各层级融资担保基金的作用，实现票据融资的普惠性

2018年7月，国家融资担保基金有限责任公司成立，各省也都有相应的政府类融资担保基金组织。各地商业银行在支持"三农"企业、民营企业、小微企业发展时，可以积极与政府类融资担保基金合作，根据当地企业实际情况约定各自承担风险的比例，共同做好票据承兑环节的风险敞口管理，对上述企业签发承兑、贴现保证，并对中小银行签发承兑的票据实行风险定价，逐步培育商业银行主动经营风险的氛围，最大限度调动商业银行支持"三农"企业、民营企业、小微企业发展的积极性和可持续性。

5. 发挥再贴现政策对"三农"企业、民营企业、小微企业的精准滴灌作用

再贴现是中央银行货币政策工具箱中为数不多的结构性调节工具之一，可以发挥定向精准滴灌的功能，优化资金投向和结构，有针对性地解决经济运行中的突出问题。2017年9月上海票据交易所推出的再贴现业务系统上线运行后，大大提高了再贴现业务的办理效率和灵活性，也为人民银行更精准、高效地利用再贴现政策引导市场利率和优化资源配置创造了条件。可以考虑进一步扩大再贴现操作规模，创新再贴现操作手段，引入券款对付结算方式，适时推出再贴现买断业务，增强再贴现操作工具的灵活性，进一步发挥再贴现在引导和改善民营企业、小微企业融资方面的作用。

（六）建设票据防风险新机制

1. 完善上海票据交易所的功能，建立票据风险信息平台

票据业务具有流动性强、区域跨度大、时效性突出的特点，信息不对称是票据风险频发的主要成因。

一是建设标准化、覆盖面广的信息采集录入平台。信息采集录入平台应来源广泛，实现各数据源平台数据的接入汇总，并拥有海量相关非结构化信息，可按"科学规划、统一标准、规范流程"原则，统一采集归口，利用数据信息技术建立索引，实现信息资料管理的科学化、规范化，实现信息集中管理，并建立数据质量控制机制，提高数据分类的准确性。

二是打造模型化、手段先进的信息分析预测平台。运用科学模型建立宏观经济预警、区域监测评价等系统，从而对票据信息数据进行多角度、

多层次、精细化、准确系统的分析，并展示出区域市场主体的发展情况。同时，能对机构交易行为和合规信息进行动态分析，并提供个性化、可定制的直观展示功能。

三是实现智能化、时效性强的信息资讯发布平台。信息资讯发布平台要实现智能分类、科学发布、高效共享，建立业务库、案例库、营销库、经验库、文化库、知识库，实现集中展现各类报表、信息的功能。应尽快将票据全生命周期的各项信息纳入统一信用信息平台，建立完善的信用登记、咨询体系和严格的监督、执行体系，实现票据信息共享、透明，减少信息不对称，有效消除交易风险、降低交易成本，提高交易效率，进一步促进全国统一票据市场的形成。

四是搜集整合票据风险信息，包括公示催告、挂失止付、风险票据、票据案件或事件以及可能产生票据风险的其他信息，也要建立黑白名单制度，对具有欺诈、恶意拖欠票款等票据不良行为的客户进行黑名单管理，而对信誉良好、交易活跃、推动票据市场创新发展的客户予以升级，鼓励商业信用发展。

五是上海票据交易所可以通过市场变动趋势和参与主体的风险偏好，借助数据模型建立以情景分析、压力测试为手段的前瞻性风险管理模式，合理地为参与主体推荐交易对手，匹配其风险收益，并可以通过专业队伍的打造，加强对业务和产品模块各个环节的风险管理和控制，促进客户提高合规经营意识，推动监管要求在整个市场的传导。

六是借助大数据分析完善风险计量和内控评价模型，不断推动建设风险的量化管理体系，通过嵌入业务和产品模块推动量化监测风险的尝试，并对合规操作和管理进行全方位分析，提升会员的风险防范水平和合规管理能力。

七是提供应对票据风险场景和具体问题的咨询，以及处置票据风险资产的介绍、案例和相关办法等功能。

2. 推进银票、商票的信用评级、授信、风险敞口管理

根据独立、公正、客观、科学的原则设定票据信用评级、授信体系，采用宏观与微观、动态与静态、定量与定性相结合的科学分析方法，确定评级对象的信用等级。票据评级对象包括出票人、承兑主体。一是对企业主体（出票人）进行信用评级。可借鉴现有成熟的对企业主体评级方法，按企业所处行业的不同分别制定细分评级指标体系，每个行业所选取的指标项及指标权重均有所区别。最终评级结果由评级得分、所对应

的级别符号和评级报告组成，评级得分由定性指标和定量指标得分加总得出。定性指标涵盖经营环境、企业自身股东背景、信用记录、票据签发记录以及发展前景等方面；定量评价体现为企业财务分析，从财务结构、偿债能力、运营能力和盈利能力四个方面考量。二是对承兑主体进行信用评级。票据承兑主体的当期信用直接决定票据到期偿付与票据交易、流通的顺畅程度，因此对承兑主体进行信用评级是票据评级的重要环节。承兑主体根据票据种类不同分为银行与企业。最终评级结果由评级得分、所对应的级别符号和评级报告组成，评级得分由定性指标和定量指标得分加总得出。评价商业银行的定性指标涵盖经营环境、基本素质、风险控制、票据交易记录等方面；定量指标体现为商业银行财务分析，主要包括银行资本充足率、资产质量、流动性、盈利能力等方面。评价承兑企业的定性指标应参照企业主体（出票人）信用评级，考虑到票据交易期限较短，定量指标的评价方法与企业主体（出票人）信用评级应有所区别，企业短期偿债能力和盈利能力应是考察承兑主体的重点，因此在上述两部分指标的选项设置及评分权重上应给予一定倾斜。做好了票据评级这项基础工作，可以建立交易对手白名单数据库，进一步确定对某个特定银行或企业的授信额度，并在票据管理系统中实时显示剩余额度，进而有效地控制最大风险敞口。

3. 建立票据市场参与主体风险考核机制

各持牌金融机构是票据市场最重要的参与主体和资金、信用提供方，银保监会和人民银行可以建立一套科学评估票据风险的考核办法，通过管理好参与票据市场的持牌金融机构来防范票据市场风险事件的发生。一是建立票据风险指标，可从票据承兑垫款率、票据贴现逾期率、票据案件发生率、票据资金损失率等维度进行评估，定期发布和监测被管辖机构的总体风险情况。二是建立风险管理体系，要求各持牌金融机构的内控合规部从票据风险评估、提示、预警到风险监测、分析、评价等搭建全面风险管理框架，实现对票据业务风险控制的全流程覆盖，银保监会根据落实情况予以考核。三是建立监管机构与市场主体之间的信息共享和良性互动机制，完善审慎监管、机构内控和市场约束"三位一体"的票据业务风险管理模式，促进票据市场可持续发展。

4. 坚持加强对员工的教育

盈利是票据经营机构生存和发展的第一目标，但是片面追求经济利益而忽视对员工精神层次的教育往往会酿成道德风险。尤其是在众多机构都

"重业绩、轻风险""重指标、轻管理"的氛围下，久而久之，从业人员会过度看重个人物质利益得失，向所服务机构索取的心态日渐加重，加上金融风险的暴露往往滞后于当期业绩的形成，更助长了某些员工利用机构资金为个人牟利的投机心态。所以要加强新员工上岗前的职业道德培训，并关心其成长成才；对于老员工也要定期做思想上的沟通，建立科学的考核激励制度和内部控制制度，形成一个员工不想动歪脑筋、不敢动歪脑筋、不能动歪脑筋的体制机制。

(七) 完善票据基础设施

建设票据一级市场直贴平台。可以由地方政府、财务公司和规范公正的民间票据经纪机构等牵头成立区域性、行业性的票据直贴平台，使票据的融资属性得到有效发挥。建设票据直贴平台可以把区域内各家商业银行、企业都吸引到平台上注册成为相应的银行会员、企业会员，企业会员把贴现需求发布在平台上，由银行会员报价，贴现价格低者可对接办理业务。平台只负责信息的采集和发布，不参与票据和资金的流转交易。模式运行成熟后可以考虑申请监管牌照成立直贴交易中心，进一步完善票据市场体系，服务实体经济。

目前上海票据交易所主导开发的"贴现通"产品是一个有益的尝试。该产品的核心是让工商银行、招商银行、浦发银行、浙商银行、江苏银行作为票据经纪行，企业会员通过票据经纪行把需要贴现的票据登记在上海票据交易所平台上，由其他银行会员酌情接单，价低者得。但是该产品还处于初级阶段，亟须解决两个问题，一是票据贴现行在贴现申请人不开立该银行结算账户的情况下实现放款；二是异地户贴现问题，即同一个省份的各家商业银行对于贴现的报价差别不大，如果异地的银行不能跨省接单，则"贴现通"产品面临着很大的局限性，会影响企业入驻平台的积极性。

(八) 廓清票据法律与金融管理及实务执行的关系

要在制度性改革上下功夫，研究解决票据基础关系与票据关系相分离的问题，研究解决票据无因性与实际执行有因性不一致的问题，研究解决票据制度与票据规定之间一些不相吻合的问题。票据基础关系是指票据当事人在票据关系以外所产生和形成的民事权利义务关系。票据基础关系包括三种：(1) 票据预约；(2) 票据原因；(3) 票据资金，是指汇票或支票的出票人与付款人之间、出票人与承兑人或保付人之间的资金关系。票据

关系都是基于一定的原因关系而发生的，但票据关系成立后，即与原因关系相分离，票据关系和票据原因关系是两种不同的法律关系，应由不同的法律进行调整和规范。只要票据符合法定要式，并且依法取得，持票人就享有票据权利，在行使票据权利时，不需要向债务人证明其取得票据的原因。因此，签发票据是否有商品交易背景或者交易是否合法，不属于《票据法》规定的内容，应由其他有关的法律加以规范。

《票据法》的立法思路与定位，是与当时计划经济向市场经济转轨的特殊历史背景，以及商业信用体系不发达的客观现实相适应的。随着经济金融体制改革的深入，社会信用体系环境已经得到极大改善，市场主体风险意识显著增强，社会主义市场经济体制初步建立，我国经济已经步入高质量发展的新时代，《票据法》及其配套制度法规体系也应与时俱进进行修订，不宜再强调票据签发的真实交易基础，而应充分考虑票据市场发展的客观规律以及我国经济发展的实际需要，遵循票据业务发展的内在逻辑，以促进票据流通和保护票据权利为核心，取消真实贸易背景限制，赋予融资性票据以合法地位，建立符合国际惯例的以无因性为基础的票据法律制度。另外，考虑到贴现、转贴现的资金属性与贷款的经济含义迥然不同，应适时取消将贴现、转贴现纳入信贷总量的规定，这不仅有助于增强银行体系对民营企业、小微企业的资金供给意愿和能力，提高票据资产流动性，也会有效增强统计报表反映经济运行的准确性。

特别要解决纸票相关制度与电票相关制度、早期票据制度与当前相关票据制度有些不一致和不协调的地方，尽快明确电子票据背书转让的法律地位，研究票据监管统一性协调性、提高效率的问题。同时，要根据票据市场的新变化，包括机构、职能、经营模式、科技系统、管理方式等的变化，衔接好、协调好票据法规、管理办法、流程等方面的磨合，防止相关制度执行缺位，防范合规、操作、市场、道德等新风险。

（九）进一步利用金融科技服务票据市场

金融科技可以规范业务操作标准，票据系统的开发势必是在将票据业务执行和操作抽象化、标准化、合规化之后，对市场飞速发展20多年的票据业务来说，是非常好的探索行业业务执行标准、规范经营行为的工具。

金融科技有助于推动票据市场快速发展，提升票据市场体量规模和交易活跃度。由于IT系统和互联网在信息传递上的独特优势，越来越多的机构和企业，尤其是中小企业意识到票据在支付结算和融资方面的优势进而涉足票据业务，这有利于票据在全社会的普及，可促进票据市场体量规模

的提高。电子票据进一步提升了业务办理速度,进而会提升持票人的交易意愿,提高票据流转速度。

金融科技有助于加强对风险的刚性控制。借助计算机系统可以将原本手工干预和人脑判断的环节按照一定的规则固化,将人为因素可能产生的风险通过系统来严格控制,极大地降低风险隐患。

金融科技有助于健全市场信用环境。传统的手工方式不利于信息的传递和共享,使得涵盖整个市场的信用评级、登记、查询、评价、连通体制未能建立起来,一些中小企业更是苦于缺少信用记录无法有效融资。IT系统所具备的信息储存、查询、处理、更新和共享能力,消除了时间、地域和行业的限制,适合建立统一的信用基础平台。对于票据业务来说,完善的信用系统将使得承兑人或行为发起方承担更大的违约成本,因此受到很大制约,有利于健全市场经济良好的信用环境。

金融科技有助于推动票据市场的精准营销和开拓。传统的市场营销和业务信息传播更多的是单对单的传播,信息流转速度慢,信息在过多的流转环节中失真较多,使得在进行市场开拓时,往往很难第一时间准确地匹配到需求方,这对业务时点要求较高的票据业务来说尤其关键:一是借助IT系统,市场信息的传播速度更快、效率更高,可以在第一时间传送至供需双方,更加直接快速地判断出时点的业务机会;二是借助IT系统可实现多对多的信息传播,省去了信息流转中的损耗,提高了市场信息的真实性和有效性,有助于加快市场开拓和推广的速度;三是借助计算机在数据处理上的独特优势,可更加快速准确地针对市场的变化和走势得到相应的结论,并依据结论寻找可行的办法和方案,有利于引导建立更加健康的市场竞争环境。

票据供给侧结构性改革应在科技和信息系统上下功夫,完善上海票据交易所、ECDS、企业网银、票据融资系统等票据市场的IT基础设施。适应票据供给侧结构性改革需要,加快对票据信息系统的整合、统一和规范,真正在供给侧结构性改革中发挥参谋、咨询和决策作用。

(十) 建立票据发展监管协调机制

习近平总书记在第五次全国金融工作会议上强调,"要加强金融监管协调、补齐监管短板。坚持问题导向,针对突出问题加强协调,强化综合监管,突出功能监管和行为监管"。随着票据市场不断创新发展,银行、财务公司、证券、信托、保险等金融机构均将参与到市场中,而这些参与主体分别接受人民银行、银保监会、证监会的多头监管,监管主体的不统一，将造成不同机构办理相同业务的监管标准和政策尺度不同，不同监管主体和监管政策之间的不同步性可能导致票据业务存在制度障碍和政策壁垒，给票据市场的发展带来诸多不确定性。

因此，需要建立符合票据全新特征的监管体系，构建"一行二会"票据市场监管协调机制，加强货币政策部门、监管部门、上海票据交易所和金融机构的监管协作，结合票据市场创新发展实际和未来趋势，消除不同部门法规制定实施中的不一致现象，使票据市场在更为合理完善的监管法律框架下健康发展。同时，上海票据交易所应及时了解票据市场状况与创新需求，充当货币政策部门、监管部门和市场参与者之间的沟通桥梁，推进相关票据市场监管规则的修订完善，促进票据业务有序开展。建议在中国金融学会成立票据专业委员会，以研讨和调研票据市场制度法规与执行等方面的问题为导向，形成意见由决策层决策。最后，要为市场参与主体提供更多主动适应监管要求变化的机会，借鉴发达国家金融监管的"沙盒机制"，对新型的创新技术和产品进行试验，一旦证明有效，监管可随之进行调整，避免出现监管要求和业务发展节奏不一致的情形。

票据再贴现功能作用进一步深化的研究

肖小和　杨　刚　孙　越[①]

一、再贴现功能及利率的历史变化

(一) 票据再贴现是一项主要的中央银行货币政策工具

在逐步从以数量调控为主向以价格调控为主转变的过程中，我国货币政策的一个重要目标是保持经济稳定增长，因此，我国货币政策很大程度取决于宏观经济状况。传统意义上，中央银行货币政策工具包括存款准备金政策、公开市场业务、再贴现政策三大工具，也有其他创新型工具（如常备借贷便利、中期借贷便利）。

票据再贴现是指金融机构以其持有的、未到期的贴现票据向人民银行办理贴现，取得资金。再贴现的对象是在中国人民银行及其分支机构开立存款账户的商业银行、政策性银行及其分支机构，对非银行金融机构再贴现，须经中国人民银行总行批准。再贴现利率由中国人民银行制定、分布和调整，早在2010年12月26日，中国人民银行将再贴现利率从原先的1.8%提升至2.25%，并维持至今。

(二) 票据再贴现政策的历史沿革

再贴现工具始于1986年，首次在上海等中心城市开始试点办理，早期作为基础货币的主要投放工具，但我国再贴现的原始功能并非解决中小企业票据融资问题，主要是解决商业银行流动性问题，而且传导部分信贷投向票据。

原本是用来帮助商业银行周转资金的贴现也属于贷款，再贷款和再贴现实际就是中央银行将钱借给银行。早在1993年，人民银行曾印发《对金融机构贷款管理暂行办法》，其中规定中国人民银行对金融机构贷款，是指中国人民银行对专业银行和其他金融机构发放的贷款。再贴现日益具备更强的结构性特征，以引导信贷结构优化为主要目的；1994年和1995年，人

[①] 杨刚，上海财经大学金融学博士研究生；孙越，中国民生银行上海分行。

民银行分别印发了《再贴现办法》和《关于进一步规范和发展再贴现业务的通知》，再贴现发挥货币政策工具的作用，票据市场的制度框架初步确立。1994年，人民银行对煤炭、电力、冶金、化工、铁道五大行业以及棉花、烟叶、生猪、食糖四种农副产品设置专项再贴现资金；1995年，人民银行正式将再贴现纳入货币政策工具体系；1996年，人民银行提出要扩大办理票据承兑和贴现业务范围，鼓励各家银行开展票据转贴现业务。1997年，人民银行发布《票据管理实施办法》《支付结算办法》《商业汇票承兑、贴现与再贴现管理暂行办法》等一系列规章制度，其中规定"贴现人应将贴现、转贴现纳入其信贷总量，并在存贷比例内考核"。由此，票据贴现和转贴现业务被赋予了信贷属性，一并纳入信贷总量计算，成为票据业务的衍生功能，并确定了银行开展票据业务的制度框架，体现了商业信用不足情况下银行信用对商业信用的补充。

进入21世纪，票据市场制度建设得到加强，提振了企业使用票据和银行开展票据业务的信心，也促进了票据再贴现业务的规范发展。2008年，人民银行采取了一系列再贴现政策，发布《关于完善再贴现业务管理支持扩大"三农"和中小企业融资的通知》，支持增加"三农"信贷投放，扩大中小企业融资，促进改善融资结构和融资方式，并优先办理再贴现，当时银行信贷投放受到合意贷款规模管理、存贷比考核约束，银行愿意去申请再贴现，以消化信贷规模。2011年，人民银行印发了《关于进一步规范金融机构再贴现业务统计的通知》（银发〔2011〕159号），其中明确人民银行对商业银行再贴现业务分为回购式再贴现和买断式再贴现两类。回购式再贴现是指金融机构按照特定价格向人民银行出让票据获得资金并承诺在将来特定日期按固定价格购回相同票据的贴现行为；买断式再贴现是指金融机构按照特定价格向人民银行出让票据获得资金，不再继续享有该资产收益的贴现行为。2018年，人民银行对各授权窗口的再贴现操作效果实行量化考核，要求对国家重点产业、行业和产品的再贴现不低于再贴现总量的70%，对国有独资商业银行的再贴现不低于再贴现总量的80%。

可以看到，票据再贴现业务作为中央银行传统的三大货币政策工具之一，兼具数量型和价格型双重优势，不仅能解决商业银行流动性问题，而且能精准滴灌，引导信贷明显投入中小企业及民营企业。通过票据选择明确再贴现支持的重点领域，可以调控市场资金面、调节信贷投向、引导市场预期，实现定向支持小微、绿色、创新等国家鼓励性领域，因此是促进实体经济发展最直接、最有效的途径。同时在总量结构上具有明显倾斜支

持的行动,体现了货币政策操作日趋结构性的特征。因此,人民银行足够重视。

(三)发达国家中央银行票据再贴现窗口

英国票据市场由商人银行(票据承兑行)、票据贴现行、商业银行、清算银行、证券经纪商号以及英格兰银行(英国中央银行)等机构组成,整个票据市场以贴现行为中心。英格兰银行并不直接参与贴现市场,而是通过向贴现行提供资金融通的方式间接参与,并通过调整对贴现行的再贴现利率以及在票据市场进行公开市场操作干预货币市场,传导货币政策。

票据再贴现曾在日本货币政策框架中发挥过主导作用。20世纪60~80年代,日本中央银行的票据再贴现作为一项主要的货币政策工具,为日本经济高速发展提供了有力的资金支持。20世纪90年代以来,日本企业为了逃避征收票据印花税而不愿采用票据贴现方式,以致对中央银行再贴现需求减少。1995年7月,无担保的同业隔夜拆借利率低于票据再贴现利率之后,票据再贴现量开始大幅下降。2001年6月,日本停止再贴现,而引入票据回购市场。

相比之下,美联储对于贴现率的调整是比较频繁的,基本与联邦基金利率调整同步,最近一次是2020年3月13日从1.75%下调到0.25%,同时创设的资产支持商业票据货币市场基金流动性工具(AMLF)支持美国存款性机构及银行控股公司以再贴现利率从美联储获得无追踪权的抵押贷款,用于购买货币市场共同基金紧急出售的资产支持商业票据。

二、再贴现政策在规模和价格之间寻找平衡

(一)再贴现利率需根据票据市场变化情况及时进行调整

周荣芳(1996)认为再贴现、再贷款都是中央银行放款形式,是中央银行货币政策的具体体现,二者的换算公式为:再贴现利率=贷款利率/(1+贷款利率),因再贷款利率>0,所以有再贷款利率>贴现率,再贴现利率略低于再贷款利率,1986年时确定再贴现利率按同档次再贷款利率下浮0.63%执行。目前货币政策进行精准结构性调控的有效性不断提高,再贷款和再贴现利率是部分商业银行日常头寸出现严重紧张而临时向中央银行融入资金所付出的成本,2.25%的再贴现利率数年未调整并维持至今,人民银行应重视票据再贴现的调控功能,也应该进一步深化调整再贴现利率。

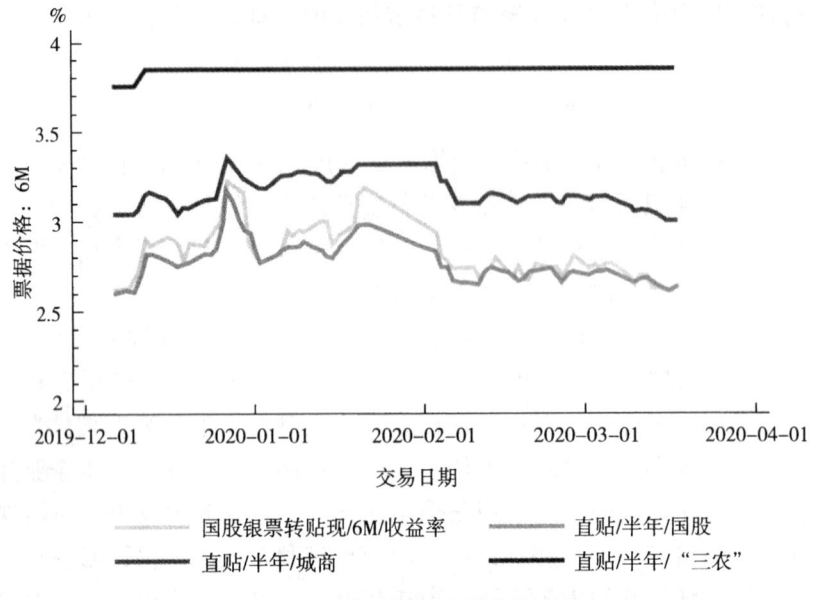

图 1 不同类型票据交易价格走势

（资料来源：上海票据交易所、普兰金融）

票据转贴现利率是由票据市场供求决定的，但中央银行制定的再贴现利率不应高于转贴现利率，尽管票据类型、期限、风险不尽相同，但再贴现利率是固定的2.25%。自2020年5月以来，3个月国股银票转贴现利率大幅低于再贴现利率2.25%，同样，自2008年第三季度开始至2009年第二季度，票据转贴现利率一直处于再贴现利率下方，虽然其间人民银行两次下调再贴现利率，但转贴现利率下降得更快，这导致金融机构对人民银行再贴现的需求减少，再贴现业务量大幅收缩。以2008年和2009年上半年为例，再贴现余额实际上是逐季下降的，到2009年前两个季度季末再贴现余额甚至不足10亿元。鉴于2008年时再贴现规模很小，再贴现利率调整意义不大，当时再贴现政策基本没有促进结构调整、引导资金流向的任务，再贷款与再贴现窗口也并非人民银行释放流动性的主要渠道。

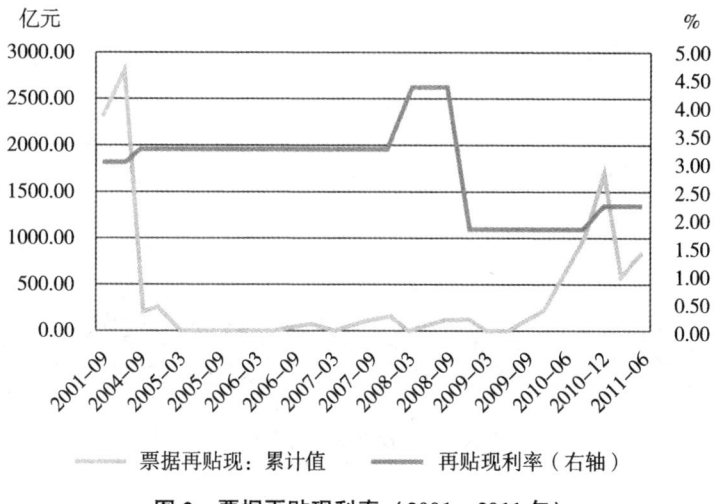

图 2　票据再贴现利率（2001—2011 年）

第一，对于持有票据的银行，若其需要补充流动性，它可以选择再贴现，也可以选择转贴现，由于人民银行在办理再贴现时考虑的因素较多，银行能否办理成功存在不确定性，银行也担忧由此带来的污点效应。第二，再贴现的操作成本显著高于转贴现。对于银行端来说，目前 2.25%的票据再贴现利率较票价已无优势。第三，银行的主要盈利来源在于票据持有利差（贴现利率与 FTP 的息差）、贴现票据转贴现卖出的价差以及贴现过程中贴现资金留存带来的存款收益，但目前不少银行的 FTP 价格远远低于 2.25%。第四，若以同业存单作为银行负债端的边际资金成本代理指标去观察，票据再贴现利率明显高于同业存单利率。

在再贴现利率与转贴现利率相当的情况下，银行更愿意转贴现。如果银行不找中央银行办理再贴现，再贴现政策自然无法发挥效能，因此若要发挥再贴现的功能作用，再贴现利率应低于转贴现利率。再贴现利率未根据票据市场变化情况及时进行调整，因而目前无法为贴现市场定价提供参考，若人民银行未来引导降低实体企业综合融资成本，建议其对类再贴现和再贴现利率进行适度下调。人民银行需要根据经济发展的需要适时调整再贴现利率水平，逐渐形成银行贷款利率、存单发行利率、票据贴现利率和再贴现利率之间的合理差价，更有效地实现人民银行货币政策意图。

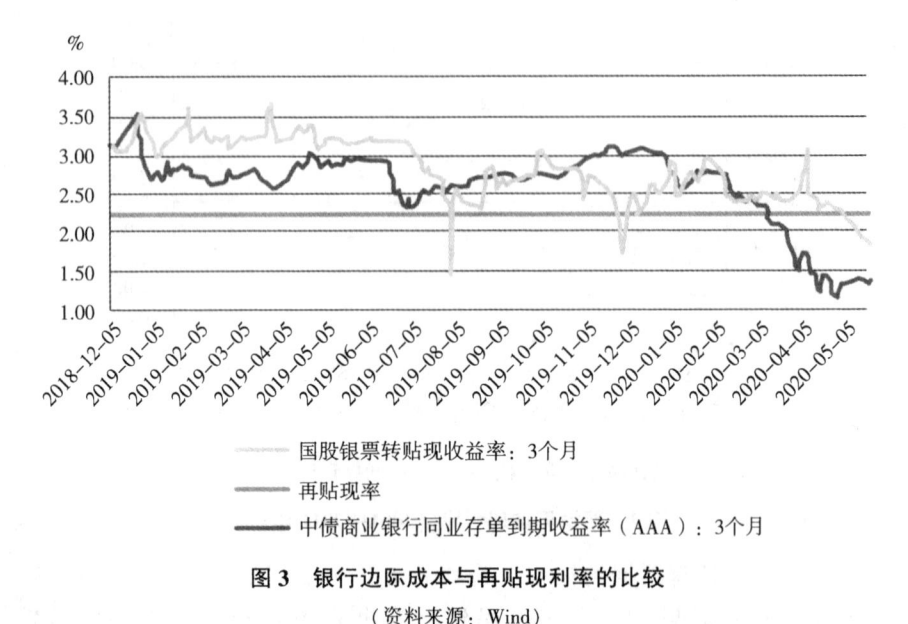

——— 国股银票转贴现收益率：3个月
——— 再贴现率
——— 中债商业银行同业存单到期收益率（AAA）：3个月

图3　银行边际成本与再贴现利率的比较

（资料来源：Wind）

（二）人民银行更需加大票据再贴现力度

再贷款、再贴现是中央银行投放基础货币的渠道之一。其中，再贴现的发放对象是所有类型的银行；再贷款的发放对象主要是小型城商行、农商行、农村合作银行和村镇银行这四类地方性法人金融机构。人民银行充分发挥再贴现精准滴灌作用、引导金融机构信贷投放已经成为近几年的常态，人民银行在2018年在6月、10月、12月三次增加了再贷款再贴现额度，而再贴现需要通过商业银行用商业汇票向中央银行贴现的方式实现，其实也是鼓励金融机构以票据贴现支持民营企业和小微企业。尤其是2018年第四季度再贴现大幅增加，2018年末金融机构再贴现余额较2017年末增长了接近1500亿元。2019年又增加再贴现额度2000亿元，进一步提升了银行、企业贴现的积极性。在上海票据交易所成立的背景下，票据资产的流动性远超过普通企业贷款，再贴现由于期限相对较长、利率具有优势，是公开市场操作、再贷款等融资方式的重要补充。

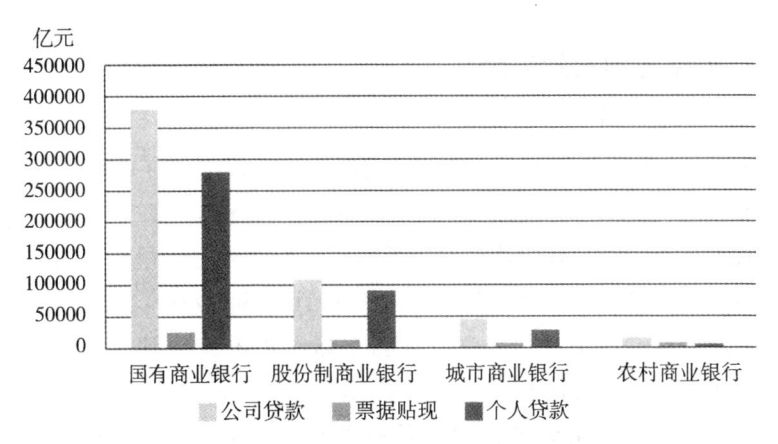

图 4 前 50 大银行信贷资产与结构（2019 年）

（资料来源：Wind）

2020 年新冠肺炎疫情发生以来，人民银行共出台 1.8 万亿元再贷款再贴现政策支持实体经济发展，主要支持中小企业复工复产。其中 3000 亿元是专项再贷款，5000 亿元再贷款再贴现额度用于重点支持复工复产、脱贫、春耕、畜牧养殖、外贸等受疫情影响较大领域的广大企业，1 万亿元普惠性再贷款再贴现额度则根据实体经济恢复情况，跟之前的 3000 亿元专项再贷款和 5000 亿元再贷款再贴现额度进行衔接。人民银行再贷款不能满足市场需求，份额较小，可以说杯水车薪。而票据再贴现操作，可以定向地把流动性输送给中小银行及其主要客户中的中小微企业。所以，人民银行增加票据再贴现额度，降低再贴现利率，调整再贴现票据行业投向，于实体经济更有利。

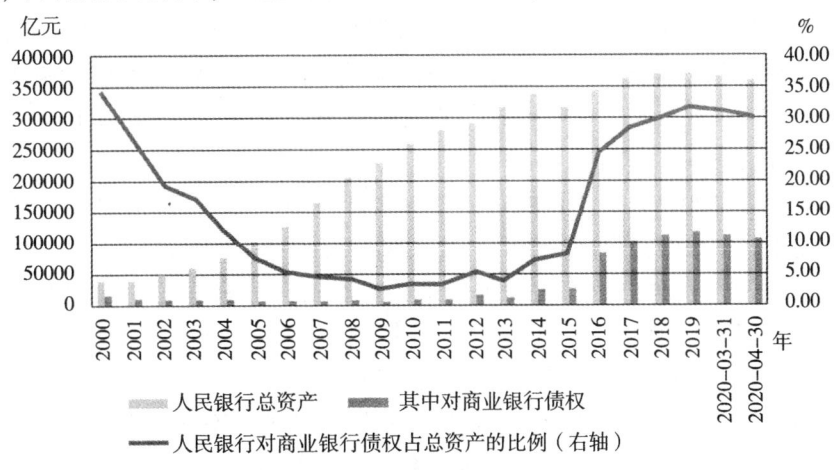

图 5 人民银行对商业银行债权占总资产的比例

（资料来源：中国人民银行、Wind）

三、再贴现利率的思考

（一）打造中国"票据利率走廊"的可能性

在我国，"利率走廊"这个概念于 2014 年 5 月由时任中国人民银行行长周小川提出，此后"利率走廊"这个词被频繁使用。但关于利率走廊的研究可追溯至 20 世纪 90 年代。在国外的研究文献中，较早涉及利率走廊操作方法的主要是 Kevin Clinton 分别完成于 1991 年和 1997 年的两篇论文，其在论文中较为细致地描述了利率走廊的实际操作步骤，利率走廊的上限是商业银行向中央银行借钱的利率，下限是商业银行向中央银行存钱的利率。2008 年次贷危机后，美联储开始探索利率走廊模式，其实现方式主要通过联邦基金利率（Federal Funds Rate，FFR），即银行之间无抵押贷款形式的隔夜拆借利率，并让它处于利率走廊区间。美联储"利率走廊"的上限、下限分别为再贴现利率（Discount Rate，DR）和超额准备金利率（Interest Rate on Excess Reserves，IOER）。美联储设定 FFR，通过公开市场操作影响有效联邦基金利率（EFFR）并使之接近 FFR，以达到货币政策目标。

虽然目前我国的利率走廊体系具有较为明确的下限（银行的超额存款准备金利率），中国人民银行 2020 年 5 月 10 日发布的《2020 年第一季度中国货币政策执行报告》称，第一季度对地方法人金融机构按需足额提供短期流动性支持，发挥常备借贷便利（Standing Lending Facility，SLF）利率作为利率走廊上限的作用。目前利率走廊的区间为 200~300 个基点，常备借贷便利（SLF）、中期借贷便利（MLF）等属于再贷款工具，但是人民银行的再贴现资格要求还是太严苛了，以致中小型金融机构（非一级交易商）对再贴现的使用非常不便。随着金融市场结构和货币政策传导机制的变化，我国货币政策中"利率走廊"的改革是未来中国人民银行工作的一项主要内容。

马骏等（2016）曾论证银行向中央银行再贷款融资的成本越低，银行越倾向于向中央银行再贷款融资（数额变大），中央银行用政策利率影响市场利率的效果就越好。我们设想未来人民银行可打造中国"票据利率走廊"，对于利率走廊的三个基本要素，即上限、下限和政策目标利率，上限需考虑进再贷款利率，并建立以人民银行再贷款利率为上限、超额存款准备金利率为下限的票据市场利率走廊，票据再贴现利率作为政策目标利率限制在走廊内波动。将再贴现市场利率随行就市调整，可以保证银行稳定地获得低成本的负债，鉴于商业银行向中国人民银行重新贴现商业票据等

融资成本要低得多，商业银行在这一过程中也会受益。人民银行也可以市场参与者的身份，进行公开市场操作买卖票据来实施对利率市场的调节与传导，扩大再贴现金融机构范围，在 MPA 的考核机制方面增设流动性奖励，优先发放支农支小再贷款、再贴现。

（二）发挥上海票据交易所平台作用，实施差别化票据再贴现体系

上海票据交易所成立之初，"承担中央银行货币政策再贴现操作"就是其中的一个职能。官网中这么描述：有利于进一步完善中央银行宏观调控，优化货币政策传导，增强金融服务实体经济的能力。《上海票据交易所发展规划纲要（2017—2020 年）》中也提到"配合中央银行货币政策调控，为再贴现业务等政策手段提供助力，努力实现对中小企业等经济社会发展的重点领域和薄弱环节的精准支持，促进实体经济发展"。自上海票据交易所成立及推行电子票据，进行集中登记、集中交易以来，票据市场的电子化、数字化程度已经有了极大提升，特别是在上海票据交易所建立了电子化再贴现业务系统以后，发挥上海票据交易所平台作用，助力实施差别化票据再贴现体系。

第一，票据再贴现额度上，中国人民银行也可以增加对民营企业的再贴现融资额度，并列出单项服务民营、中小微等企业的比例，设立票据再贴现额度，把支农支小再贴现政策覆盖到包括民营银行在内的符合条件的各类金融机构。可以扩大受理再贴现窗口，增加再贴现办理频度和时间，充分发挥上海票据交易所再贴现交易平台作用，努力提高业务办理效率。这将有利于人民银行调整货币政策，并且为再贴现的公开市场操作提供窗口。

第二，短期下调再贴现利率可以暂时解决目前的再贷款再贴现政策支持实体经济抗疫问题，长远需建立一个完善的再贴现利率动态调整机制。从货币政策传导看，票据贴现利率紧跟货币市场利率走势，与贷款利率相比，票据贴现利率能够更准确快速地反映出货币政策调控的意图。再贴现利率如果被用于解决流动性问题，则宜高于转贴现利率，如果被用于解决信贷支持中小微及民营企业问题，宜低于转贴现利率。再贴现利率可以将转贴现利率作为合适的挂钩对象。

上海票据交易所自 2017 年 6 月开始公开披露票据市场日度、月度交易数据，通过汇集数据为票据市场提供公允定价，其公布的转贴现利率已较为完善。目前上海票据交易所已公布两条票据曲线，分别是国股银票转贴现收益率曲线和城商银票转贴现收益率曲线。如果再贴现利率要找锚，这

个锚可以考虑转贴现价格，宜由上海票据交易所发布综合票据收益率曲线，人民银行根据该曲线按旬或按月调整再贴现利率。中国人民银行可以在上海票据交易所公布的转贴现利率基础上，属于流动性再贴现利率的在曲线上加点，属于信贷性再贴现利率的在曲线上减点。设置3个月、6个月、9个月等再贴现利率，浮动确定再贴现利率。根据再贴现票据的风险、机构类型、期限执行不同档次的再贴现利率，建立实施有差别、多档次的再贴现利率体系，进一步发挥中央银行票据再贴现功能作用。

参考文献

[1] 马骏，施康，王红林，等. 利率传导机制的动态研究 [J]. 金融研究，2016（1）：31-49.

[2] 孙国峰. 货币政策框架转型与中国金融市场发展 [J]. 清华金融评论，2016（1）：30-33.

[3] 易纲，王召. 货币政策与金融资产价格 [J]. 经济研究，2002（3）：13-20.

[4] 周荣芳. 关于改革中央银行利率体系的研究 [J]. 金融研究，1996（10）：35-38.

[5] 中国人民银行货币政策分析小组. 2020年第一季度中国货币政策执行报告 [R/OL]. 中国人民银行官网.

[6] Clinton K. Implementation of Monetary Policy in a Regime with Zero Reserve Requirements [R]. Bank of Canada Working Paper，1997：97-98.

[7] Liu K. Chinese Commercial Paper：The Bank Lending Channel of Monetary Transmission and Beyond [J]. Economic Notes：Review of Banking, Finance and Monetary Economics，2019：e12157.

票据在供应链金融中功能作用的研究

肖小和　王文静

一、供应链金融的发展

(一) 供应链金融的概念及基本作用

供应链金融是指以核心企业为依托,在真实的贸易背景下,通过对供应链上的物流、信息流、资金流以及商流的整合分析,为供应链上各参与主体提供综合化的金融服务和产品的业务模式。供应链金融能够降低供应链企业的运行成本,提高经营效率,实现高质量发展。

发展供应链金融的意义主要在以下几个方面:一是可以解决中小微企业的融资难题;二是可以助力普惠金融政策的实施;三是可以创新金融服务平台。

1. 解决中小微企业的融资难题

中小微企业是国民经济的主力军,我国中小微企业贡献了50%以上的税收、60%以上的GDP、70%以上的技术创新、80%以上的城镇劳动就业、90%以上的企业数量,但是我国中小微企业融资难融资贵的问题一直难以得到解决。尽管2019年国家在降低融资成本、拓宽融资渠道方面做了很多工作,中小微企业的融资难题得以缓解,但是企业的融资缺口依然巨大。根据世界银行2018年发布的《中小微企业融资缺口:对新兴市场微型、小型和中型企业融资不足与机遇的评估》报告,我国中小微企业潜在融资需求达4.4万亿美元,融资供给仅2.5万亿美元(折合16.5万亿元),潜在融资缺口高达1.9万亿美元,缺口比重高达43.18%。中小微企业在融资过程中存在规模小、利润少、抗风险能力差等天然缺陷,导致中小微企业很难通过股票、债券获得融资;从商业银行的角度来讲,为了更好地把控风险,更多的是抵押或者质押贷款,但是由于中小微企业很难找到合适的抵质押品,导致其贷款难、贷款成本高,因此,更多的中小微企业只能通过自身内部资本积累或者高成本的非银机构来获得融资。供应链金融是以核心企业为中心,将中小微企业放入整个供应链中,以其实际业务状况来判

断是否提供融资服务，有助于解决中小微企业的融资难题。

2. 助力普惠金融政策的实施

党的十八大以来，国家高度重视普惠金融发展，出台了一系列支持政策，也取得了一定的成绩。但是我国普惠金融发展的重难点依然集中在农民、小微企业、城镇低收入者等特殊群体。商业银行有贯彻普惠金融政策的外在压力，但基于风险控制的角度，仍然是内在动力不足。供应链金融依托真实贸易背景和核心企业信用保障，可以在开展普惠金融服务供应链上下游中小微企业的同时，有效地控制信贷风险，天然地成为普惠金融规划落地的主战场，并且供应链金融可以盘活核心企业在商业银行等金融机构的闲置授信资源，建立商业银行服务核心企业的新场景，增强客户黏性，为商业银行的长足发展增添新动力。

3. 创新金融服务平台

在供应链金融生态环境下，企业之间的竞争不再是单纯的双方的竞争，而是供应链之间以及供应链金融服务的竞争，通过协调管理供应链上的物流、信息流、资金流、信息流来提升企业自身的综合竞争能力。供应链金融是产业再升级的战略突破口，核心企业利用供应链金融平台将自身的优质信用进行传递，通过金融业务将自身信用优势变现，获取低成本资金，因此，核心企业不仅可以作为供应链上资金流的协调者，调节资金在上下游企业之间的分配，也可以作为资金提供者，为中小微企业提供资金，通过金融服务实现变现信用和专业资源的目的，从而满足其产业转型升级的需要。

（二）供应链金融改革要求

当前，我国经济进入了高质量发展阶段，要实现经济的高质量发展，必须加快金融供给侧结构性改革，供应链金融是改善融资结构、服务实体经济、服务中小微企业的重要抓手，供应链金融发展迎来了政策红利。

为加快我国供应链发展步伐，2017年10月，国务院办公厅发布《关于积极推进供应链创新与应用的指导意见》，全面部署供应链创新与应用有关工作，并明确指出要积极稳妥发展供应链金融。

此后，商务部等八部门在2018年4月又联合发布《关于开展供应链创新与应用试点的通知》，提出供应链金融服务实体经济的具体要求。

2019年7月，银保监会办公厅发布《关于推动供应链金融服务实体经济的指导意见》，要求银行、保险机构为供应链上下游企业提供融资、结算、现金管理等一揽子综合金融服务。同年，广东、浙江、江西等多个省

份纷纷出台了供应链金融专项文件。这些政策的出台，有助于推动我国供应链金融发展。供应链金融也为商业汇票的发展提供了良好的环境。

2016年12月，银监会办公厅印发了《关于稳步开展企业集团财务公司延伸产业链金融服务试点工作有关事项的通知》，明确财务公司可试点服务"一头在外"（产业链交易双方中一方为集团成员单位，另一方为成员单位的集团外直接交易对手）的票据贴现业务，出票人为集团成员单位且承兑人为集团成员单位或财务公司的"一头在外"票据贴现业务不受直接交易对手限制。这项政策在一定程度上提升了商业汇票在集团内外部的流动性，可以促进财务公司通过商业汇票更好地服务集团供应链上下游企业。

2018年5月，银保监会印发《关于规范银行业金融机构跨省票据业务的通知》，提出票据承兑、贴现原则上应由当地银行分支机构办理，但按照国务院办公厅《关于积极推进供应链创新与应用的指导意见》要求开展的供应链相关业务不受影响。

（三）供应链金融实践——2020年口罩生产案例

2020年春节期间，新型冠状病毒来势汹汹，一时间市场上出现了"一罩难求"的现象。从供应链金融的角度来看，口罩的生产包括资金流、信息流、物料流和服务流四个方面，其中，资金流是关键。疫情的突然出现使得企业需要解决原材料涨价、进货难等问题，这就是资金流和物料流的问题。此外，还有信息沟通交流带来的信息流问题。尤其值得注意的是，春节期间的物流不便、员工工资加倍问题，又形成了服务流问题，在众多流量问题中，资金流决定了物料流、信息流和服务流。2020年2月1日中国人民银行、财政部、银保监会、证监会、国家外汇管理局五部门联合出台的《关于进一步强化金融支持防控新型冠状病毒感染肺炎疫情的通知》中提到，对生产、运输和销售应对疫情使用的"重要医用物资，以及重要生活物资的骨干企业实行名单制管理。人民银行通过专项再贷款向金融机构提供低成本资金，支持金融机构对名单内的企业提供优惠利率的信贷支持。中央财政对疫情防控重点保障企业给予贴息支持"。在政策利好的支持下，企业与金融机构形成联动，从源头上解决了资金流问题，打通了供应链金融环节的壁垒。这个案例告诉我们，供应链的核心环节是资金流，只有打通了资金流才能使相应的信息流、物料流、服务流等有秩序、有效地流动起来。

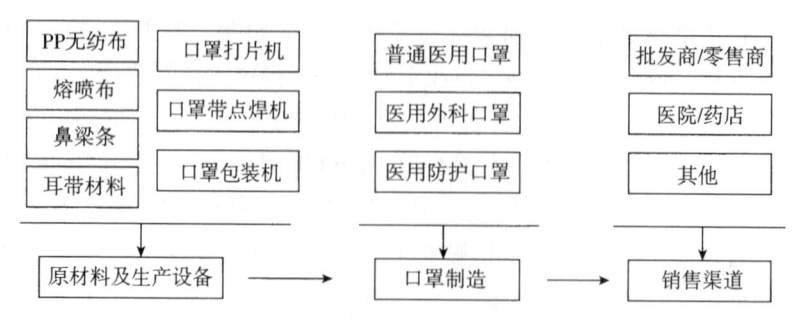

图 1　口罩生产供应链图示

二、票据在供应链金融中的作用

（一）票据的意义及作用

从商业汇票的角度来看，大力发展商业汇票，有利于解决中小微企业融资难题，使得中小微企业资金得到充分利用并提高其流转速度。在支持实体经济发展的过程中，票据为实体经济提供了支付结算的便利，也提供了低成本资金，还提供了商业银行服务实体经济的多个抓手。

商业汇票为企业提供了支付便利。商业汇票能够满足供销企业间的短期资金支付需求。对于出票方而言，签发承兑汇票作为货款支付方式可以获得延期支付，获得销售额增加和市场竞争力提高等好处。同样，持票方可通过接受票据支付货款，获得更多订单，在需要资金的时候也可以向银行申请贴现。因此，商业汇票加快了市场上的资金周转和商品流通，有效地促进了企业之间的经济往来。

商业汇票为企业提供了低成本资金和融资便利。商业汇票与股票、债券相比具有操作流程简便、获取资金周期短等优势，并可以为企业提供便捷的支付结算工具。企业通过开具商业汇票，一方面满足了支付的需要，降低了财务成本；另一方面，电子商业汇票贴现相对于银行贷款，具有低风险的业务特征，可以帮助企业快速满足短期融资需要。此外，票据贴现利率一般低于同期贷款利率100个基点以上，在一定程度上降低了中小微企业的融资成本，有效降低了财务费用，也较好地解决了融资难融资贵问题，从而为实体经济提供了便利和低成本资金。

商业汇票承兑业务能不断提升实体经济的信用水平。电子商业汇票业务可以全程电子化留痕，且期限较短，有利于培养实体经济信用环境，提升经济实体的信用度。经济实体中的企业通过签发电子票据用于支付结算、贴现融资等活动，按时支付到期票款，就可以不断增强其在市场中的信

用，从而提升企业信用水平和融资能力。

商业汇票业务有利于发挥中央银行货币政策的传导效应。票据业务参与主体一般为微观实体企业和金融企业，票据承兑业务给微观实体经济提供了短期融资。此外，票据利率成为连接资金市场和信贷市场的重要媒介，具有价值发现的功能，同时又成为中央银行货币政策调控的重要工具。票据业务快速发展，扩大了中央银行货币政策的传导效应，有利于促进国家产业政策、货币政策的落地执行，增强实体经济发展的稳定性。

商业汇票具有服务中小微企业的天然优势。根据上海票据交易所《2019年票据市场运行情况》报告，票据承兑和贴现主要集中在制造业、批发和零售业。从企业规模看，出票人为中小微企业的票据占比超过2/3。这说明，商业汇票目前已经成为中小微企业的主要融资工具。

（二）票据在供应链中发挥的作用

票据业务形式简单，主要是承兑、贴现两个基础业务，但是其发挥的作用却很大。

1. 票据的支付功能，盘活企业应收账款

从国家统计局的公开数据来看，2019年末，我国规模以上工业企业应收票据及应收账款为17.40万亿元，比上年末增长4.5%。截至2018年底，我国工业类企业应收账款余额为14.34万亿元，同比增长8.6%。2017年底，我国应收账款余额达13.48万亿元，相比2016年底增长8.5%。从近年来全国工业类企业应收账款余额来看，每年的期末余额都呈递增趋势。应收账款的增速已经高于我国GDP的增速，这说明当前我国经济发展中产能过剩的现象依然严重。近年来，我国为支持实体经济发展、降低中小微企业的融资成本从信贷供给、贷款利率、定向降准等多个方面发力，但是究其根本，要解决中小微企业的融资难题，一味地提高货币供给是不够的，应主要疏通中小微企业获取资金的渠道，提高资金流转速率，降低企业的资金成本。商业汇票的签发是建立在企业真实交易背景下的，ECDS可以记录票据的全生命周期，保障票据的流转。出票人可以利用自身的资信度开票，用于企业间的支付结算，实现零成本融资，发挥货币的功能；持票人也可用该票据继续支付，省去了银行贴现的成本费用。在这个过程中，票据的参与一方面提高了资金的流转速率，另一方面优化了企业的财务报表。

2. 发挥票据的融资功能，降低银企双方的运营成本

票据代表的多是银行信用或大企业信用，通过票据融资可以帮助企业

拓展融资渠道、降低融资成本、优化财务结构，票据的融资功能是解决目前中小微企业融资难融资贵问题的一个有力抓手。2019年，票据累计贴现12.46万亿元，同比增长25.33%；年末贴现余额为8.18万亿元，比年初增长24.03%，贴现增量在企业贷款增量中占比达到16.77%，成为支撑企业贷款增长的重要力量。在供应链融资产品的发展中，以应收、应付、保理等融资业务支持中小微企业融资。但是这类融资产品往往是对核心企业进行授信，再根据核心企业与上下游企业的关联程度进行授信额度的分配，多为间接融资。然而，票据是以供应链中的核心企业为主体，由核心企业发行商票，直接对上下游企业提供融资支持，并且由于上下游企业与核心企业之间建立的长期合作关系，核心企业对上下游企业的经营模式、财务状况都十分了解，解决了信息不对称问题。这使得由供应链核心企业所承兑的票据直接发挥了货币的作用，相当于为上下游企业提供了一个直接融资渠道。

中小微企业规模小，银行办理贷款时需要进行审查、批复，相较于商业汇票而言成本较高，而且银行贷款建立的单一客户关系，给银行带来的综合利润并不高，这也是商业银行对中小微企业客户信贷业务态度冷淡的原因之一。电子商业汇票相较于纸质商业汇票所特有的便利性与安全性，使得电子商业汇票在流转过程中大幅提高了流通的便捷性，切实提高了银行与企业间管理资金的效率，同时也大大降低了银行运营成本。供应链电子票据可以通过核心企业的交易链条形成一个"蜘蛛网"，商业银行通过核心企业的交易形成以客户发展客户的运营模式，最后搭建成客户链、业务链，将单一的供应链企业逐步转化为批量获得客户资源的平台，大幅增加客户数量与账户数量，带来可观的结算手续费收入，实现整体收益的增加。

3. 顺应供应链金融发展模式，实现"N+N"的融资需求

供应链企业已经从传统的"1+N"模式发展成为"N+1+N"模式，从传统的依托核心企业的授信额度，到现在更加注重全供应链企业的资金流、信息流、物流以及商流的整合信息，需要有贯穿全生命周期的金融产品与之相匹配。

在供应链金融的"1+N"模式（1.0模式）下，基于核心企业授信，上游供应商、下游分销商大多与核心企业发生赊销赊购关系，票据可以介入其中发挥支付结算作用，但是这种模式大多发生在线下，效率低下、信息不对称的情况时有发生。

供应链金融2.0模式与供应链金融1.0模式相比，主要的区别在于供应链的信息流、物流、资金流、商流不再采用线下的模式，而是通过互联网这个媒介进行传递，这使得供应链金融不再局限于一条产业链，而是整个链条上所有企业的上下游都可以参与进来，形成了一张以核心企业为中心的网络，这时票据不仅可以发挥单一链条上的支付结算作用，也可以在任何一个网络节点形成票据池融资业务，使得更多节点上的企业获得融资。

供应链金融3.0模式下，形成了"N+1+N"的经营模式，此时的"1"不再是核心企业，而是供应链服务平台，即供应链搭建的网状平台，提高了效率，实现了批量授信。上海票据交易所的建立、ECDS的建成为票据业务的线上实现提供了基础支撑，同时，票据流转过程中的背书、交易在上海票据交易所的系统中全部留痕，便于追查业务的信用主体，为构建供应链金融的生态环境提供了可能。

4. 多样化的票据产品，全面满足供应链企业的需求

票据的业务形式相对于贷款而言，简单易操作。对于一级市场的企业客户而言，票据业务更多的是承兑、贴现两个基础业务，但是这两个基础业务的衍生却能满足供应链企业的融资需求，小票据具有大能量。以商票保贴业务为源头来看，商业银行通过对"授信客户"实施额度控制，允许其承兑或者允许其交易对手、背书人办理贴现。在这个过程中就可以通过商票保贴业务撬动核心企业的上下游供应商、经销商。例如，供应链企业的上下游出现贴现手续费谁来承担的问题时，可以通过买方付息或者协议付息来解决企业客户的困难；当优质的集团客户有充足的授信，但其子公司利用票据结算频繁却缺少授信时，可以通过子公司出票母公司承兑的方式帮助企业客户撬动闲置授信额度；当企业客户有大量的存量票据，出现票据管理难、存量票据闲置的情况时，商业银行可为企业提供票据池融资业务，便于企业贴现融资、大票换小票等。经过多年的市场创新，票据业务在承兑端、贴现端的一些业务产品都可以运用在供应链企业的生产经营过程中，满足供应链企业的业务需求。

5. 票据的真实贸易背景要求，降低了信用风险与操作风险

纸质票据时代，商业银行完全根据交易合同与增值税发票来判定票据是否具有真实贸易背景，但是无法参与贸易本身，也无法对票据这一有价证券所包含的资金流、信息流进行核实，例如，关联公司利用信贷规模循环开票的问题在纸质票据时代就无法察觉。目前在电子票据时代，一张商业汇票所包含的出票人、承兑人、贴现人信息均可跟踪。基于供应链的电

子票据在融资过程中，银行可以通过上海票据交易所交易系统以及上下游企业的信息流、物流等信息来判定交易的真实性，避免了企业利用虚假的贸易背景套取银行信贷资金的现象。目前，全市场电子票据的覆盖面已经达到了90%以上，票据的信息化使得商业银行对资金流向有了更精准的把握，基于核心企业的供应链票据业务使得上下游企业的资金流、信息流、物流、商流形成统一的整体，并且汇集在票据这一载体上，有助于企业间建立信用关系。

三、推动票据在供应链金融中发展研究

（一）转变观念，在供应链金融中发挥票据信用作用

2019年，全市场累计签发承兑票据20.38万亿元，同比增长11.55%，企业出票的意愿较以前有所增强。在供应链金融中，要转变企业对票据仅仅是一种支付结算工具的观念。

其一，发展票据信用可以为企业融资提供便利。票据的签发与承兑是以出票人或者债务人的信誉为前提的，在票据未到期之前，持票人可以通过贴现的方式向商业银行申请资金，实现融资需求。

其二，票据的信用功能给企业带来了更加低成本的融资，同时票据反映了企业自身的信用价值，企业会更加注重建设自身的信用，这有利于逐步改善社会的信用环境及微观经济主体财务运作的规范化。

其三，由供应链企业直接签发的票据运用于上下游企业时，相当于供应链企业发行了货币。多用票据、少用货币可以缓解企业的资金压力。同时，企业将更多的应收账款转换为应收票据，具有优化企业财务报表的作用。

（二）梳理供应链金融的行业、产业与核心企业

供应链在不同行业、产业、核心企业、产品、工艺、产、供、销等情况千差万别。因此，对不同的行业、产业、核心企业需要根据实际情况开展供应链金融服务模式。同样，票据业务也必须根据供应链金融服务模式嵌入自身全生命周期的产品和服务。

供应链企业的上下游之间联系紧密，其资金运营具有协同性。但是其上下游企业中不乏具有资金约束或者融资困难的中小微企业，票据的支付、结算、融资功能可以很好地帮助供应链企业解决这一难题。一方面，票据的全流程服务便于供应链企业对整个资金流形成总览式的管理，便于其资金的管理；另一方面，票据的流转便于企业减轻资金压力，降低企业杠

杆，实现企业高效发展。

票据的生命周期涵盖承兑、贴现、转贴现、再贴现等流程。这些业务是票据的资金属性与信贷属性的不断表现，商业银行依托这些流程环节打造相应的产品，形成票据业务的产品链。同时，基于企业的生产经营，将票据业务的各个环节与企业客户产业链的各个环节相互衔接，将可提供综合票据服务的票据产品链嵌入企业日常的生产经营活动中，形成某产业的特定票据融资平台，一方面为商业银行增加中间业务收入，另一方面可以增强客户黏性，提供综合服务。

（三）研究商业银行票据服务供应链金融的方向与未来

当前，我国经济已经进入了高质量发展阶段。在向高质量发展转型的过程中，高杠杆是我国经济发展面临的难题。

一方面，高杠杆的原因是间接融资的占比过高，所以应大力提倡发展直接融资；另一方面，我国企业融资中还存在着信贷资金效率不高的问题。即大型银行在金融体系中占比较高，国有企业相对于资金充裕的大型企业更容易获得资金。

所以在供应链金融的发展过程中，商业银行需要主动改变信贷投放观念，抓住企业痛点，向中小微企业、轻资产企业、创新型企业倾斜。围绕供应链核心企业的发展特点，创新商业银行产品。传统商业银行的抵押、质押贷款方式并不适合中小微企业、轻资产企业，商业银行应充分利用中小微企业的信用资产，发展应收账款票据化，化解中小微企业的融资难题。2020年6月28日，中国人民银行发布《标准化票据管理办法》，这又为企业的应收账款、应付票据提供了新的融资渠道。

票据市场创新已经进入了"互联网+票据"的创新阶段。2018年以来各大商业银行纷纷上线"秒贴"业务，上海票据交易所也完成了票据支付宝——"票付通"以及票据贴现产品——"贴现通"的上线。区块链同样是商业银行发展供应链金融的又一快车。区块链凭借其本身优势在实现信息共享、信用传递、风险防控、交易的可追溯性等方面起着关键作用，因此，在供应链金融的业务创新中具有良好的应用前景。区块链可以有效推动供应链金融企业的融资功能。区块链技术消除了各个参与主体之间的信息不对称，透明公开记账使不同参与者共用一致的数据信息，大大降低了成本，提高了效率。区块链技术实现了信用的全链条传递，每一笔交易的交易记录、信用状况都会被各参与主体作为节点实时记录到区块链上，保证了企业信用全链渗透。商业银行在发展供应链金融的过程中可以在区块

链技术上着力。

（四）选择供应链金融票据服务试点单位

2018年，临沂市被商务部、工业和信息化部等八部门确定为全国首批供应链试点城市，临沂通过商票这一金融工具的灵活运用，解决了小微企业"融资难融资贵"问题，并且为建设区域票据平台提供了很好的样板。人民银行临沂市中心支行等单位通过对企业的筛选、考察，在临沂地区选出了一批信用较高的企业，建立白名单制度，同时建立了违约监控机制，从源头上把控企业的信用状况，也为后期企业商票的顺利流转打下了基础。通过确立主办银行制度，由主办银行对企业开票的真实贸易背景、兑付、流转以及授信额度的利用等实现全流程监督，一方面有利于票据流转信息的透明化，另一方面也有助于提高企业自身的出票意愿，提高票据利用率。充分利用金融科技的力量，利用互联网金融平台的创新服务模式，从尾端保证小微企业的票据融资需求，提高了票据融资的安全性、效率性。

临沂模式的成功构建是基于临沂当地小微企业数量多、物流企业密集的特点，临沂模式的搭建促进了小微企业之间的互认互信，也为其他地区搭建区域性票据平台提供了样板。全国各地也积极探索供应链金融的服务模式。各地区可结合当地的经济发展特点，加强区域票据建设的顶层设计，搭建信用平台并建立风险披露、票据交易、科技监测等机制，推动商票在供应链企业中有序开展。

（五）探索建立供应链企业应收账款票据化模式

企业之间的经济往来会形成应收账款，应收账款的拖欠会带来企业资金回笼困难、经营发展难以持续。早在改革开放初期，票据就被用于解决"三角债"问题。要加快解决民营企业、中小微企业的应收账款问题，可以大力发展应收账款票据化。

推广应收账款票据化需要政府部门、监管机构和金融机构等各个方面集中发力，从政策层面推动应收账款票据化，可以选择在经济较为发达的地区，试点应付账款票据化，总结经验，再行推广。2019年，易纲行长在陆家嘴论坛上就提出了在长三角地区推广应收账款票据化。对于应收账款达到10多万亿元的工业企业，加快推动应收账款票据化，同样具有积极的意义和作用。

（六）利用标准化票据盘活供应链企业融资

根据2019年全年的数据，全市场商业汇票的承兑量达到20.38万亿

元，全市场的票据贴现量为 12.46 万亿元，已贴现的比例为 61.14%；根据 2020 年 1 月的数据，银行承兑汇票规模为 11.02 万亿元，其中已贴现比例为 69.07%；商业承兑汇票规模为 1.89 万亿元，已贴现比例为 34.45%，商业承兑汇票的流动性显著弱于银行承兑汇票。

2019 年末，出票人为中小微企业的票据承兑余额为 8.89 万亿元，占全部承兑余额的 69.84%；贴现申请人为中小微企业的票据贴现余额为 6.66 万亿元，占全部贴现余额的 81.39%。这表明，票据已经是支持中小微企业融资的重要工具。但是在资管新规的要求中，票据到底是"标"还是"非标"的问题成为争论的焦点。2019 年 5 月的包商银行事件使得票据市场的信用分层进一步显现。由于票据的标准化程度不高，信用分层较为明显，又具有信贷和资金的双重属性，监管部门对商业银行利用票据资产腾挪信贷规模保持高度关注。标准化票据的产生有助于票据更加规范健康地发展，有助于打开中小微企业的票据融资空间，同时中小微企业也有望通过这一产品享受到金融市场的低利率融资环境。

在供应链金融的发展环境下，更多的是依托核心企业的信用疏通上下游企业间的流转，尽管由核心企业直接发行商业承兑汇票类似于核心企业发行货币，获得直接融资，但是对上下游企业来说存在商票贴现成本高、交易方式单一、背书流转难度较大的困难。银行可以归集中小微企业的商业承兑汇票融资需求，归集核心信用要素相似、期限相近的票据，打包做成标准化票据，进而帮助供应商实现资金快速回笼，解决了以往商票被用来挤占上游供应商账期的积弊。而且由于更广泛的资金的加入、中介机构的资产组织、更具竞争力的定价方式以及流动性等因素，其效率和成本相比于商票贴现有本质的区别。

（七）发挥电子商业承兑汇票在供应链金融中作用的探索

突破供应链创新与应用，推进电子商业承兑汇票业务开展。

（1）参与主体多，更方便农业供应链、工业供应链、流通供应链通过电子商业承兑汇票业务快速组链。

（2）以电子商业承兑汇票为媒介，推动供应链核心企业与商业银行、相关企业开展合作。

（3）电子商业承兑汇票将自带参与主体绿色及涉农标志，更有利于深化调控作用，推动绿色票据、绿色供应链业务的发展。

（八）争取各方支援，推动供应链金融票据发展

为了推动供应链票据业务的发展，需要各个地方单位明确主体责

任,加强顶层设计,汇集多方力量,共同推动供应链金融票据发展。

1. 地方金融监督管理局统筹协调

地方金融监督管理局负责研究制定地方金融业发展整体规划,拟定金融政策并组织实施,同时协调推动金融机构和中介服务机构,增强金融服务实体经济、科技创新和社会管理能力。

一是负责牵头搭建地方商业汇票平台,成立商业汇票推动组织机构。

二是成立多种企业行业协会,制定供应链企业名单,确定商业汇票平台企业白名单入围标准。

三是建立具有政府背景的融资性担保基金和融资性担保公司,为中小微企业签发票据提供担保或提供保证金,提高中小微企业资信,从签票环节为中小微企业票据融资提供支持。

2. 地方人民银行奠定基础建设

地方人民银行应贯彻落实中央银行货币政策、金融基础设施建设规划,维护地方金融稳定。

一是负责与地方成立的商业汇票平台联系,构建票据信用评级体系,综合考评核心企业主体、行业或项目,以增强中小微企业信用评级。

二是积极稳妥地发展票据市场工具,重点推广票据再贴现业务。根据区域内实体企业行业特色,给予再贴现奖励和扶持政策,引导商业银行提高票据业务比重。对于白名单内的企业承兑票据,优先办理票据贴现业务。

三是创新建立健全区域性的统一票据市场,发展省辖区内转贴现再贴现业务。由市场供求决定再贴现数量,增加票据在各地区、各银行之间的流动性,并在此基础上形成区域性的统一票据市场。

四是对中小微企业尤其是民营企业和绿色企业,可给予专项额度和适当的优惠利率政策。

3. 银保监局落实有效外部监管

银保监局应维护银行业稳健运行,防范和化解金融风险,整顿市场秩序,改善市场环境,防止金融机构以降低利率等为条件开展不正当竞争。

一是进一步完善票据业务监管机制,审核并定期维护票据平台企业白名单。

二是建立通报制度、退出交易制度和责任追究制度,加大对违规操作的处罚力度,严肃查处违法违规行为。

三是建立区域性票据利率定价机制,制定并公布区域性票据利率区间,推动票据利率规范有序竞争发展。有效规避一些银行随意乱报价,防

止出现商业银行相互蚀价的现象，促进行业持续健康发展。

(九) 做好票据在供应链金融中的风险防范

供应链金融的核心要素是把握"四流合一"，上海票据交易所的成立为票据的动态监管提供了条件。做好票据在供应链金融中的风险防范工作应注意以下几点。

(1) 加快推进票据评级工作。一是要做好企业评级工作；二是要利用上海票据交易所数据平台，通过对交易主体的承兑量、贴现量、利率等数据的分析，评定票据市场接受程度，评估市场参与主体机构等级；三是要整合各类数据，综合评估票据等级。

(2) 要实时监测动态评估。监管机构可以利用上海票据交易所交易系统进行实时动态数据监测，一方面，对可疑的贴现业务进行风险提示，对异常交易进行迅速识别；另一方面，设立风险阈值，对企业、银行进行动态、全面的监控。

(3) 要在供应链金融的票据应用中防范信用风险、合规风险和操作风险。

票据在新时代功能作用的认识与挖掘

肖小和　木之渔①

一、票据的特点

（一）特点

1. 信用特点

狭义的票据包括银行承兑汇票和商业承兑汇票，分别体现了商品交易中延期付款所形成的银行信用和商业信用关系，是有利于优化企业资金配置、提升商品交易效率、提高商业信用的信用工具。

2. 调控特点

票据的调控特点主要体现在两个方面，一是中央银行可以通过商业汇票再贴现政策调控货币市场供需和信贷结构，从而达到调节货币供应量和信贷投向的政策目的；二是商业银行可以通过贴现、转贴现等业务手段实现调节自身资产负债结构，更好地适应市场需求。

3. 支付特点

票据是经贸往来中的一种主要支付结算工具，通过票据背书转让可以完成商品交易的资金交付，为加快商品流通和企业资金周转提供了极大的便利与支持，是企业主要的日常支付方式之一。

4. 融资特点

票据贴现是一类"质优价廉"的融资产品，尤其适合中小企业。一是利率低廉，主要体现在银票贴现上，其贴现利率远低于一般融资产品，大幅降低了企业融资成本；二是办理便捷，当前流通的票据绝大部分是电子商业汇票，其贴现可通过商业银行网银直接办理，流程更简便、融资效率更高。

5. 投资特点

票据的投资特点主要集中于标准化票据及票据资管等业务产品。投资方通过投资未到期、已贴现（或未贴现）的票据资产或票据收益权，提升

---

① 木之渔，江西财经大学九银票据研究院研究员。

收益水平、降低投资风险；融资方通过转让票据资产或票据收益权实现调整资产负债结构、回笼资金等目的。

（二）与其他产品的区别

1. 与流动资金贷款的区别

票据的产品链非常丰富，涵盖支付、信贷、金融市场等领域。其中，票据融资与流动资金贷款同属短期信贷领域，但票据融资办理手续简便、成本更低，而且其结合二级市场相关产品还具备调节规模、调节金融机构资产负债结构等特殊功能。

2. 与保理融资、国内信用证的区别

票据融资与保理融资、国内信用证等产品同属贸易项下的融资产品，票据融资具有以下比较优势：一是规范性好，有专门的法律支持；二是标准化程度高，有专门配套的基础设施支持；三是金融机构深度参与，人民银行、商业银行、财务公司、证券等金融机构深度参与票据融资。

3. 与债券、股票等资本市场融资产品的区别

债券、股票等属于资本市场融资产品，票据融资与其差异较大，一是从受众的角度看，股市、债市上市企业数量远低于票据融资企业数量，且票据融资主要面向中小企业；二是从一级市场的角度看，股市、债市发行周期较长，票据一级市场（票据承兑业务）发行周期较短，银票承兑办理周期一般为 1~3 天，商票承兑则短于 1 天；三是从融资方式看，股市、债市融资采用直接融资方式，票据融资采用间接融资方式；四是从准入门槛看，股市、债市对融资企业的资质、财务状况等要求相对较高，而票据融资门槛相对较低，属于"普惠型"融资产品。

二、票据的功能作用

（一）票据的发展历程

我国最早的票据雏形可追溯至周朝，其与现代意义上的票据存在较多不同。现代意义上的票据是指 20 世纪 80 年代初我国重新开始办理票据业务之后产生的票据。以 1981 年上海分别办理了第一笔商业承兑汇票和第一笔银行承兑汇票业务为起点，票据的功能作用开始逐步显现。

1995 年《中华人民共和国票据法》（以下简称《票据法》）出台后，票据市场的几个发展阶段对票据的功能作用产生了重大影响。一是萌芽阶段（1995—2000 年），《票据法》的发布为票据市场发展提供了总体制度框架，票据功能作用开始崭露头角；二是成长阶段（2000—2009 年），

2000年我国首家票据专营机构——中国工商银行票据营业部成立，此后票据市场发展进入快车道，票据功能作用得以稳步发挥；三是加速阶段（2009—2016年），2009年电子商业汇票系统正式运行，标志着票据市场由纸质票据时代过渡到电子票据时代，票据市场加速发展，但该阶段风险事件频发，严重扰乱了市场秩序，票据功能作用在一定程度上被削弱；四是规范阶段（2016年至今），2016年上海票据交易所成立，全面规范了票据交易、托管、清算等业务规则，票据市场进入规范发展新时期，为票据多项功能作用更大程度的发挥奠定了坚实基础。

（二）票据的功能作用

1. 培育商业信用

我国商业信用领域发展较为缓慢，总体规模相对较小，企业向银行申请的融资多基于担保而非基于商业信用。商票是集中体现商业信用的票据业务产品，大力推进商票业务发展可以有效降低企业融资成本，缓解中小企业融资难融资贵问题，并逐步培育国内商业信用文化，促进票据信用领域基础设施的完善，推动我国商业信用体系建设。

2. 调节货币政策

票据再贴现是中央银行传统的货币政策调节工具之一，也是中央银行向商业银行等金融机构提供资金的方式之一。一方面，再贴现具备传导货币政策的重要作用，可以调控货币资金总量，再贴现利率作为中央银行基准利率之一，其调整能起到引导市场利率、调节社会融资成本的作用；另一方面，再贴现还具备支持经济结构调整和产业转型升级的重要作用，有利于提高资金使用效率，促进信贷资源流向更有需求、更有活力的经济体系重点领域和薄弱环节，实现对实体经济的精准滴灌，撬动金融资源的社会效益和经济效益，有助于实现更好的总量调控效果。

3. 改善融资环境

从区域金融的角度看，我国各地区之间经济发展不平衡、金融资源配置不均衡，在供应链金融发展的大背景下，依托供应链、产业链发展票据业务，可以实现资源的优化配置，有助于协调区域金融生态；从业务创新的角度看，供应链票据、标准化票据、绿色票据等创新型票据业务产品的出现，扩展了企业融资渠道，提高了融资效率，降低了融资成本，改善了企业的微观融资环境。

4. 服务中小企业

中小企业信用状况较差，缺乏担保物，其融资是一个世界性难题。我

们认为票据是服务中小企业的最佳产品，一是票据具备融资特点，融资价格较低，能有效降低中小企业融资成本；二是票据与供应链结合紧密，供应链票据链内企业可以借助核心企业信用融资，降低融资准入门槛；三是票据为合格的担保品，持票中小企业可以票据为质押物，向金融机构申请授信或融资；四是票据的流通性强，持票中小企业无须申请融资，可直接通过票据背书转让支付货款，改善企业资产负债状况。

5. 顺畅供应链运行

供应链票据将供应链与票据有机结合，除具备供应链金融封闭性、自偿性和连续性的一般特点外，还具备可拆分、等分化、嵌入式等特性。在接入方式方面，供应链票据更优于传统电子票据，企业可直接连入供应链票据平台，进一步扩展业务办理渠道，便利链内企业日常支付与融资需求，为供应链的资金流、信息流、物流有序整合创造条件，改善供应链内部生态。

6. 活跃金融市场

票据市场是货币市场的重要组成部分，其带动并活跃了货币市场、金融市场。一是票据市场参与主体众多，包括人民银行、商业银行、财务公司、券商、基金、资管公司等金融机构，以及资管计划等非法人产品；二是票据市场交易活跃，2020年，票据转贴现交易量为44.11万亿元，同比增长13.61%，票据回购交易量为19.98万亿元，同比增长64.87%；三是票据市场交易规范，上海票据交易所建立了全国统一的票据交易平台，规范了市场交易秩序，创新了业务产品，为票据市场持续、快速发展奠定了基础。

三、新时代票据功能作用发展新趋势

（一）票据功能作用发展是社会信用体系发展的必由之路

发挥票据功能作用是建设完善社会信用体系的重要实现手段，票据市场发展可以进一步推动银行信用、商业信用等社会信用子体系的发展，尤其是有利于推进商业信用子体系建设，进一步激发市场主体发展活力与动力，降低企业信用成本，培育商业信用环境。要使票据功能作用在社会信用领域得到更好的发挥，还需要做好以下工作：一是提升完善企业征信体系，全面反映各类票据征信信息，真实呈现企业信用全貌；二是持续推进商票信息披露，做好信息披露参与者培训及考核工作，及时、准确、完整披露商票信息；三是加快推动商票评级体系建设，为投资者提供公正、客观的票据评级信息；四是研究构建票据信用监管机制，票据监管部门应积

极创新监管理念及方式，确保票据信用数据真实、可靠，促进票据市场健康发展；五是尽快推进商票担保机制建设，发挥好财政、工信、税收等部门以及地方政府的合力，引入国家或地方融资担保基金为重点企业、中小微企业提供商票担保，进一步发挥信用担保对实体经济的支持作用；六是建议票据信贷规模单独管理，在服务总量的前提下，重点对中小微企业、普惠金融、民营企业等进行投入并考核，更好地体现票据功能作用。

（二）票据功能作用发展是我国经济社会发展的主要诉求

当前，受新冠肺炎疫情再次反弹影响，全球经济复苏前景不明朗，分化加剧。面对复杂的经济社会发展形势，在更加不确定的世界中谋求社会经济发展，需要洞察局势，"于变局中开新局"，坚持"以我为主"的发展格局。充分发挥票据的功能作用，一是有利于促进商品交易的达成，降低企业融资成本，提升企业资金流转效率，有利于打通供应链、产业链的生产、分配、流通、消费等各个环节，推动完善内需体系的构建，进一步促进国内大循环；二是未来可进一步加强跨境票据等创新产品研发，做好跨境票据制度、系统、客户准备等前期工作，为人民币国际化提供更多业务场景及应用手段，促进人民币对外贸易与投资往来，助力国内国际双循环形成。

（三）票据信息化、数字化、智能化是票据功能作用发挥的必然

金融科技化是未来金融业发展的必然趋势。近年来，票据的信息化、自动化、智能化程度不断提升，有效防范了票据市场风险，提升了票据市场运行效率，票据功能作用不断强化。未来，票据领域应继续加大科技投入，一是纸质商业汇票应尽快退出票据流通领域，电子商业汇票较纸质商业汇票优势明显，票据监管部门可在优化基础设施业务系统的前提下，明确纸质商业汇票的退出时间；二是应加快研究完善数字票据创新，数字货币是对货币形式的颠覆性变革，数字票据是基于数字货币的具体应用形式，有关部门应加大对数字票据的研究及开发力度，论证技术实现手段，完善业务系统，为票据市场创造更广阔的发展空间。

（四）票据功能作用将伴随新时代经济高质量发展释放新能量

近年来，我国经济由高速增长阶段转向高质量发展阶段的基本特征愈加明显。票据市场应主动贯彻创新、协调、绿色、开放、共享的新发展理念，适应经济发展新常态，提升发展质量，充分发挥票据功能作用。一是推进绿色票据创新，构建绿色票据标准体系、产品体系及监管体系，将绿

色发展理念与票据市场结合，推进绿色金融发展；二是强化票据市场研究，分析票据市场深层次的矛盾和问题，研究高质量发展票据市场的方法和路径，引导市场行为；三是推动供应链票据发展，供应链票据是商票的"升级版"，加快开展供应链票据业务，有利于优化产业链、供应链生产要素配置，培育壮大新动能，推动经济更高效地发展；四是完善市场基础设施，基础设施的完备程度决定了票据市场能做多大、能走多远，应进一步完善上海票据交易所职责功能，并推动央企和地方建立票据平台，打造以上海票据交易所为核心，集交易、托管、清算、研究、征信、评级、担保、信息科技等职能于一身，全方位、立体化、多功能、服务票据市场的基础设施体系，为在上海建立国际票据交易所奠定基础。

（五）票据功能作用深化将有利于货币信贷政策的调控

2020年以来，为应对新冠肺炎疫情的影响，我国一直保持稳健的货币政策，并更加注重政策的灵活精准、合理适度，为支持实体经济发展创造了良好的货币金融环境。票据再贴现是重要的货币政策调节工具，可以有效支持经济与社会发展，再贴现政策可加强以下几个方面，深化票据功能作用：一是建议再贴现利率市场化，或缩短利率调整时间，以改变再贴现利率长期固定不变的局面，完善利率传导机制，灵活传导货币政策；二是建议提高再贴现业务规模，并提高对中小商业银行的再贴现配额，鼓励商业银行加大对实体经济尤其是中小微企业等的票据支持；三是建议进一步增强再贴现调节经济结构的功能，引导金融机构加大对实体经济重点领域、薄弱环节的支持力度，精准滴灌中小微企业及民营企业，促进金融与实体经济良性循环；四是建议通过再贴现促进信贷增长缓慢地区的信贷投放，充分发挥票据的信用、调控、支付、融资等特点，改善区域金融生态，巩固脱贫成果，支持区域经济协调发展；五是建议提高再贴现政策透明度，加大再贴现投放规模及实施效果的发布频度，细化发布内容，以进一步引导市场预期，提升政策传导效率。

参考文献

[1] 江西财经大学九银票据研究院．票据史［M］．北京：中国金融出版社，2020．

[2] 中国人民银行货币政策分析小组．2021年第二季度中国货币政策执行报告［R/OL］．［2021-08-09］．中国人民银行官网．

标准化票据与票据标准化
——标债资产认定规则的启示

肖小和　王成涛[①]

2020年7月3日，为规范金融机构资产管理产品投资，强化投资者保护，促进直接融资健康发展，有效防控金融风险，中国人民银行等四部门联合发布《标准化债权类资产认定规则》，首次对"标"与"非标"进行专门规定。多种现有债券产品被正面认定，五项标债认定条件被进一步细化。但相关条款没有直接提及票据，仅部分表述存在解释空间，有关"票据"的资产属性又起争议。

在此之前，上海票据交易所先后创设4期标准化票据。产品由存托机构归集承兑人等核心信用要素相似、期限相近的票据，组建基础资产池，进行现金流重组后，以入池票据的兑付现金流为偿付支持而创设面向银行间市场的等分化、可交易的受益凭证。标准化票据的创设意义重大，首次间接实现了票据标准化，初步探索出了连接票据市场与债券市场的新机制。

标准化票据是特定历史场景下的产物，它的产生契合了解决经济现实问题与促进票据标准化的特定需求，代表了票据人努力建设票据市场，服务国家大局的价值追求。但标准化票据产品本身仍然面临着底层资产风险、结构复杂、缺乏评级、法律瑕疵、投资收益偏低等诸多制约，票据本身标准化仍然是"彻底解决非标问题"的关键，票据市场建设任重道远。

一、票据资产标准化

（一）"非标"与"标"：金融场景的延伸

2008年后，经济下行压力增大，财政政策与货币政策进入宽松周期，充裕的资金流很快抬高了各领域的负债水平，也因此隐藏了巨大的系统性风险。为防范化解重大风险，监管层先后采取了一系列整治行动，降低过度负债。这种背景下，《中国银监会关于规范商业银行理财业务投资运

---

① 王成涛，广东华兴银行票据业务事业部。

作有关问题的通知》（银监发〔2013〕8号）应运而生，首次提出了"非标"的概念。文件中有关非标资产的界定及相关限制应用较为狭隘，针对的是理财资金运作，也未提及"标准化债权资产"。理财新规落地后，该文件被废除，相关概念得以延伸保留。

"非标"概念的原始场景为理财投资，底层透明度低，形式多变，产生了众多争议。同时，"非标"体量巨大，在某种程度上也发挥了支持实体企业融资的重要作用，因此，市场不断呼吁放松管制。随着"非标"外延与监管内涵、实务需求的脱节，其应用场景开始向全领域扩散，管理思维也随之由直接管制向间接引导转化。2018年，资管新规发布，抛弃了"非标"概念，从正面规定了"标准化债权资产"应当符合的条件。近期，中国人民银行等四部门又对外发布了《标准化债权类资产认定规则》，首次对"标"与"非标"进行了明确规定。

> **银监发〔2013〕8号文：非标准化债权资产**
> - 非标准化债权资产是指未在银行间市场及证券交易所市场交易的债权性资产，包括但不限于信贷资产、信托贷款、委托债权、承兑汇票、信用证、应收账款、各类受（收）益权、带回购条款的股权性融资等。
>
> **资管新规：标准化债权资产**
> - 标准化债权资产应当同时符合以下条件：（1）等分化，可交易；（2）信息披露充分；（3）集中登记，独立托管；（4）公允定价，流动性机制完善；（5）在银行间市场、证券交易所市场等经国务院同意设立的交易市场交易。标准化债权类资产的具体认定规则由中国人民银行会同金融监督管理部门另行制定。
> 标准化债权类资产之外的债权类资产均为非标准化债权类资产。
>
> **《标准化债权类资产认定规则》**
> - 多种现有债券产品被正面认定，五项标准化债权类资产认定条件被进一步细化。

图1　相关文件对于"标"与"非标"的规定

（二）票据为什么要标准化：摆脱指标制约，防范交易风险，提高市场地位

"非标"起源于金融风险防控，面临众多监管约束。资管新规指出，资管产品投资于非标资产的，应当遵守限额管理、流动性管理等监管标准。金融机构不得将资产管理产品资金直接投资于商业银行信贷资产。理财新规要求，全部理财产品投资于非标准化债权类资产的余额在任何时点均不得超过理财产品净资产的35%，也不得超过商业银行上一年度审计报告披露总资产的4%。《证券期货经营机构私募资产管理业务管理办法》也规

定，同一证券期货经营机构管理的全部资产管理计划投资于同一非标准化债权类资产的资金合计不得超过300亿元。

从风险防范的角度看，意义同样重大。近年来，同业风险大暴露，票据扮演了重要角色。究其根源，在于票据缺乏公开、透明的交易场所，在指标约束的刺激下，滋生了同业户、倒打款等诸多隐患。为解决这些问题，人民银行才开始主导推广电票，进而逐步走向标准化。从资产属性看，票据具有超高的流动性，除配合规模调控外，还承担了落实货币政策、协助流动性管理等众多职能。不匹配的是，在资产配置格局中，票据配置权重较低。贷款口径票据在资金运作中占比在5%以下，远低于20%左右的债券占比。这个规模和票据发挥的实际职能严重不匹配，失衡的主因在于票据的"非标"属性。

（三）票据资产标准化历程：上海票据交易所成立，新产品前赴后继

票据资产标准化大致可以分为票据电子化和上海票据交易所成立两个阶段。前者，资管新规尚未出台，有关标准化资产的界定尚不清晰。基于风险考虑，人民银行及银保监会出台了若干风险提示、专案通报及专项整治措施，着力解决纸票风险暴露问题，推动票据由纸票向电票转换。尤其是银发〔2016〕224号文出台后，电票取得了迅猛增长，为集中交易提供了可能。2016年底，按照国务院决策部署，经人民银行批准，上海票据交易所成立。上海票据交易所以票据报价交易、登记托管、清算结算、信息服务、承担货币政策为主要职能，定位为我国票据领域的登记托管中心、业务交易中心、创新发展中心、风险防控中心、数据信息中心。

资管新规出台后，"标"与"非标"的界定更加清晰，票据标准化方向更加明确。根据资管新规，标准化债权资产需要同时满足五个条件：等分化，可交易；信息披露充分；集中登记，独立托管；公允定价，流动性机制完善；在经国务院同意设立的交易市场交易。类似于银行间市场与交易所，上海票据交易所成立之初即定位于集中交易。2018年底，首条票据收益率曲线推出，票据市场公允价格初步成型。接着，"票付通""贴现通"被推向市场，票据集中支付流转有了新进展，贴现标准化更进一步。2019年，在票据本身标准化推动困难、包商银行事件等多重影响下，等分化、可交易、全流程信息披露的"标准化票据"创设成功。

二、四期标准化票据

（一）什么是标准化票据：以票据为基础的受益凭证

标准化票据是指由存托机构归集承兑人等核心信用要素相似、期限相近的票据，组建基础资产池，进行现金流重组后，以入池票据的兑付现金流为偿付支持而创设的面向银行间市场的等分化、可交易的受益凭证。存托机构由上海票据交易所担任，产品在上海清算所登记托管，在票据市场或银行间债券市场流通。截至 2019 年 9 月末，上海票据交易所共发行了四期标准化票据产品，合计金额约 14 亿元。前三期为已贴现锦州银行票据，第四期为未贴现票据。从发行期限看，较为标准，四期分别为 3M、2M、3M、12M。融资利率上，前三期较高，为 3.80%～5.35%，第四期下降至 3.0%～3.4%。认购利率上，除第三期外，均高于融资利率区间下限，但认购利率与融资利率下限价差呈现下滑趋势。融资利率为持票人通过转让基础资产获得融资的成本，实际根据认购利率推算确定，认购利率通过市场化方式确定。

表 1　2019 年四期标准化票据基本情况

项目	第一期	第二期	第三期	第四期
基础资产	银行承兑汇票	银行承兑汇票	银行承兑汇票	银行承兑汇票
名称	19 标准化票据 001	19 标准化票据 002	19 标准化票据 003	19 标准化票据 004
代码	151900001	151900002	151900003	151900004
创设规模	5 亿元	4.67 亿元	3.13 亿元	1 亿元
融资利率	4.55%～5.35%	4.55%～5.15%	3.80%～4.00%	3.0%～3.4%
认购利率	4.90%	4.60%	3.60%	3.02%
承兑人	锦州银行	锦州银行	锦州银行	江苏银行
持票人	锦州银行	乌海银行、南通农商银行	民生银行、工商银行	江苏银行
贴现人	清徐农商银行	乌海银行、清徐农商银行	民生银行、工商银行	未贴现
期限	3M	2M	3M	12M
创设价格（元/百元）	98.7478	99.2717	99.18	99.0723
簿记	国泰君安	国泰君安	江苏银行	华泰证券
法律顾问	锦天城律师事务所	金杜律师事务所	金杜律师事务所	金杜律师事务所

续表

项目	第一期	第二期	第三期	第四期
涉及出票人	第一期：辽宁兰德新材料有限公司和江苏臻善金属材料有限公司； 第二期：天津伊地国际贸易有限公司、河北纵横集团丰南钢铁有限公司、沧州中铁装备制造材料有限公司、上海纤牵实业有限公司、辽宁衡业汽车新材股份有限公司、宁夏天元锰业国际贸易有限公司、北京成旺人和商贸有限公司； 第三期：大连云宇腾科技有限公司、中谷石化（珠海）集团有限公司、辽宁成和商贸有限公司、辽宁瑞旺商贸有限公司、上海闪思贸易有限公司、上海孚有实业有限公司； 第四期：持票人为泰州市新泰建设发展有限公司，出票人为泰州市港口开发公司			
投资者结构（截至2019年8月，亿元）	股份制银行	城商行	农商行及农合行	保险公司	非金融机构法人	其他
	5.3	3.49	1.77	1.87	0.27	0.1

（二）政策性使命：从解决实务需求到探索尝试

截至 2019 年 9 月末，标准化票据产品已发行四期。其中，前三期以"加大对中小金融机构流动性支持"为目的，第四期着力于"支持中小企业融资"。"承兑者选择"与"贴现与否"是产品的焦点。前三期标准化票据均为已贴现票据，承兑人为锦州银行，不同点在于持票人与贴现机构。第一期产品较为保守，持票人为锦州银行自身，贴现人为清徐农商银行。第二期产品的持票人扩展至乌海银行与南通农商银行，贴现人增加了乌海银行。第三期产品的持票人与贴现机构升级为民生银行与工商银行。第四期产品与前三期差异较大，基础资产为江苏银行承兑的未贴现票据。

票源选择反映了标准化动机的调整。标准化票据创设时点特殊，包商银行事件后，金融机构认识到，上海票据交易所的自动偿付规则并不能彻底保证刚性兑付。因此，事后不断通过间接控制授信额度、非正式黑名单等方式，大幅度提高市场准入标准，中小机构票据流转困难。因此，前三期产品均选择市场认可度较低的"锦州银行"票据作为标的，定点解决特殊问题。第四期产品方向出现了变动，支持中小企业融资成了新主题。这反映出发行者对市场的判断出现了变化，城商行或农商行票据流通障碍情况有所缓和。从这个角度看，标准化票据更多的是"政策工具"，而非票据标准化的纯粹产品。

标准化票据与票据标准化

(三) 多市场流通：银行间债市流通有待观察

标准化票据在票据市场和银行间债券市场流通。已发行的四期产品，除首期在上海票据交易所流通外，其余均在银行间债券市场流通。在上海票据交易所流通的，交易通过上海票据交易所完成，由上海清算所提供登记托管和清算结算服务。基础资产如出现待债务确认等风险票据状态，由上海票据交易所进行信息披露，但不影响票据流转。交易双方达成意向后，发送申请单至上海票据交易所进行交易确认，之后生成四份成交单，由交易双方、上海票据交易所、上海清算所分别留存。最后，交易双方依据成交单，通过上海清算所客户端录入结算指令，上海清算所根据结算指令为双方办理清算结算。

银行间债券市场流通方式有待观察。类似于上海票据交易所，银行间债券市场的主流交易模式为现券买卖与回购交易。标准化票据进入银行间债市后，能否折算质押进行回购交易尚待明确。登记托管上，银行间债市为中央结算公司，标准化票据要求为上海清算所。结算上，银行间债市同样包括券款对付、见款付券、见券付款和纯券过户四种模式，标准化票据应采用券款对付模式。资金划拨上，在债市中，商业银行也需通过准备金账户和人民银行资金系统进行，其他参与者之间的划拨途径由双方自行商定，而上海票据交易所流通则需要通过相关各方资金账户。

(四) 登记托管、清算结算：底层票据围绕上海票据交易所，受益凭证托管于上海清算所

标准化票据的登记托管、清算结算可以分为底层票据与受益凭证两个层面。前者以上海票据交易所为中心，为票据资产本身提供管理服务。后者由上海清算所主导相关流程，标的为"受益凭证"。在清算、结算过程中，两者并不完全分离，参与者资金账户与支付体系是衔接上海票据交易所、上海清算所的关键纽带。票据本身集中于上海票据交易所，相关角色由上海票据交易所扮演。系统参与者需在上海票据交易所开立票据托管账户，用于记载其持有的票据余额及变动情况，票据业务结算及资金收付职能则由在人民银行或上海票据交易所开立的资金账户承担。

标准化票据由上海票据交易所创设，或是基于关联性考虑，由申购机构在上海清算所开立托管账户，由其承担标准化票据登记托管、清算结算服务。与此同时，上海票据交易所也需在票据系统设立用于产品结算及资金收付的标准化票据产品资金账户。根据认购协议要求，投资者需按时足

额将认购款项划入标准化票据产品资金账户。存托机构扣除委托方支付的中间费用后,最终将按照实际融资利率推算的融资金额转付至甲方账户。

三、标准化票据的突破

(一) 间接实现票据标准化:受益凭证已不属于"非标"

标准化票据的首要意义在于它的等分性,这也是有关标准化债权资产关注的焦点之一。根据公告,该产品原始资产"核心信用要素相似、期限相近",是面向银行间市场的"等分化、可交易"的受益凭证。从前四期产品看,申购金额多为1万元的整数倍,且有申购下限要求。至此,票据等分化迈出关键一步。需要明确的是,等分的是"受益凭证",而不是票据本身。参照资管新规与标债资产认定规则,新产品基本符合了五个认定条件,严格意义上已不属于"非标"。以此论,这是自"非标"概念产生以来票据市场的最大变化。

但是,这种突破也许不能完全代表票据的未来。标准化票据虽然完成了"标准化债权资产"的全部动作,但底层票据却没有。这种间接认可下的票据标准化相对复杂,全流程需要4份公告,至少3个工作日才能创设成功,远不能满足交易的时效性要求,也有违提高流动性的精神。此外,此次等分产品基础资产信用主体单一,仅包括锦州银行或江苏银行,未来若不同类型票据重组,势必会涉及折算权重等问题。折算权重受制于风险判断,进而依赖市场评级机构,标准化票据仍然面临诸多技术性制约。

(二) 初步打通票债两个市场:潜在的资金流入可能

或是为避免资管新规中"何为是经国务院认可的交易场所"的争议,完善该产品流通机制,创设公告指出标准化票据除可在上海票据交易所流通外,还可以在银行间债市流通。四期已发行产品中,除第一期外,其余均在银行间债市流通。这在某种程度上打开了票据投资窗口,具有开创性意义。银行间债市交易主体与上海票据交易所类似,但交易规模远超后者。债市投资者的参与有望为票据市场带来充沛的资金流,协助缓解中小金融机构流动性压力,助力中小企业融资。对债市参与者而言,也有利于丰富金融产品,寻找新的利润承接点。在监管层面,货币政策传导长期不畅,资金流淤积于银行间市场,难以有效下沉。引入票据产品,变"间接融资"为"直接融资",将更能贯彻货币政策意图。

不过,目前标准化票据规模较小,债市资金流入有限,市场联动的长期影响取决于标准化票据的发展潜力。同时,同业专营后,商业银行票据

中心与资金中心投资主动权有时并不统一，标准化票据若只在债市或上海票据交易所流通，也会影响产品实际效用空间。此外，相较于债券市场成熟的监管体系，票交所时代面临着规则冲突、模糊、空白的局面，市场之间又相对隔离，这在某种程度上为债市参与者提供了新的政策套利空间、市场套利空间。

四、几点疑虑

（一）标准化票据能规避风险吗

标准化的一个动机在于提高资产流动性，而流动性的高低和资产的风险状况直接相关。无论是债市的信用债，或是商业承兑汇票，抑或是中小机构银行承兑汇票，都面临着拒付风险。目前看，标准化票据以入池票据的兑付现金流作为偿付支持，存托机构不承担任何与产品相关的兑付责任、担保责任。投资存托凭证和直接购买票据最终的第一偿付者都是底层资产承兑人。标准化票据合格投资者风险揭示书也提到，标准化票据具有一定的信用风险、流动性风险、政策风险，基础资产存在到期未兑付或者未足额兑付的可能性，标准化票据存在无法按时足额还本付息的风险，可能给投资者造成损失。近期，锦州银行公告称暂停向其他一级资本美元债券的国际投资者派发票息，标准化票据兑付问题再次引起市场关注。受益凭证的风险隔离意义在于期限重组后，流动性提高，投资者扩容，缓解中小机构流动性压力，但并不能根除信用风险。

（二）标准化票据能取代票据 ABS 吗

与标准化票据直接以"票据"作为入池资产不同，票据 ABS 选择的"票据收益权或基础债权"，然后在上海证券交易所或深圳证券交易所等公开场所挂牌。目前，我国发行的票据资产证券化产品不多，自"江苏银行融元 1 号"与"平安银行橙鑫橙 E"落地开始，仅几家金融机构进行了尝试。总的来看，该产品的主导权掌握在对票据市场并不了解的交易所手中，并没有很好地解决时效性与合规性问题。按照现行发审标准，交易所发行票据 ABS，不仅需要强增信，出票人也需配合管理人进行尽调。合规性上，与资管争议类似，有人认为我国票据为无附息票据，除本金外无财产权，不具有收益权转让基础。底层资产的票据无法背书转让至专项计划，也会在票据出现拒付后产生司法救济困难。与之相比，标准化票据由上海票据交易所创设，且经中国人民银行同意，发行周期相对较短，无论从便捷性或合规性的角度看，标准化票据的出现都会进一步压缩票据 ABS 的空间。

(三) 新产品如何进行会计核算

标准化票据不是传统意义上的"票据",而是"受益凭证"。投资者购买的是票据标准化后的凭证,而不是标准化后的票据。购买票据被纳入贷款统计,但购买特殊目的载体,在实务中属于同业投资。投资者向存托机构发出投资申请,与直接交易对手上海票据交易所签订《标准化票据认购协议》。因此,投资者在会计处理上应当可以实现不入贴现科目,而以"应收款项类投资"出现在资产负债表上。资本计提上,穿透之后,标准化票据的底层资产为票据,有关风险资产应仍以20%或25%为基础,上海票据交易所本身因不承担兑付责任,不能起到风险缓释作用。从新会计准则三分类的角度看,标准化票据既可持有到期收取现金流,又可在上海票据交易所或银行间转卖流通,符合"以公允价值计量且其变动计入当期损益的金融资产"的特征。有关公允估值,中债金融估值中心已试发布标准化票据中债估值与中债 SPPI,每日数据可通过中债数据下载通道等查询。考虑到该产品尚未形成规模,难以对贷款、资本、净利润等产生实质性影响。

表2 2019年9月标准化票据估值情况　　　　单位:元/百元

债券简称	创设价格	日间估值全价	盈亏
19 标准化票据 001	98.7478	99.2016	浮盈
19 标准化票据 002	99.2717	99.5802	浮盈
19 标准化票据 003	99.18	99.4259	浮盈
19 标准化票据 004	99.0723	97.1898	浮亏

五、两个法律问题

(一) 票据权属争议:票据能否确权

为解决非银机构参与票据的背书问题,上海票据交易所成立后引入了"受益凭证"的新概念。在《票据交易管理办法》《票据交易主协议》以及各类规则中,先后30余次提到权属登记或变更。标准化票据创设中,投资人完成缴款后,委托机构也需将基础资产权属转移至存托机构开立的标准化票据托管账户,权属并不归于投资者。然而,上海票据交易所有关"权属"的应用却存在着法律瑕疵。根据我们的研究,"权属"属于物权法范畴,债权的权属讨论基本停留在学术领域。司法实践中,债权权属"确权"困难。深圳中院曾受理过一起"借名买卖房屋案",判决书中提到"双方之间存在的是债权债务关系,不具有物权效力"。因此,在严格意义上,很难

说票据权属方真正拥有票据。尽管如此，如果非恶意持有且支付了对价，最终的权利行使通常会得到法律保障。司法实践表明，法院最终多认为票据的无因性和可流通性决定了票据的背书转让与基础法律关系并非必然同步，依法缔结合同、支付对价、取得票据，并非以非法手段或者出于恶意取得票据，虽当事方未签章，形式上符合《票据法》的相关规定，不影响票据权利。

（二）票据受益凭证：为何不是收益凭证

票据非背书转让主要包括基础债权转让和收益权转让两种。其中，票据资管、票据 ABS 甚至票据私募等多采用后者。但收益权本身并非法律术语，而是金融创新的产物，它常被理解为约定权利，相对可靠的依据在于《合同法》。正因为如此，监管层曾多次收紧"收益权转让"型业务创新，"收益权"缺乏实质性法律保护。与前者不同，标准化票据产品首次被描述为"受益凭证"。普遍认为，有关"受益"或延伸概念"受益权"的界定相对清晰，有《信托法》和《保险法》做专门保护。但同时，法律并没有言明这种思维能否套用在其他领域。如果抛开信托使用二者，常被视作与其原有场景相抵触，这其实也是"收益权"形式被市场广为采纳的主因。上海票据交易所使用"受益凭证"来界定标准化票据，或是考虑了委托人与上海票据交易所之间可能存在信托关系。但是，从签署的协议看，基础资产的选择、双方的权利义务关系等，与《信托法》并不完全匹配。

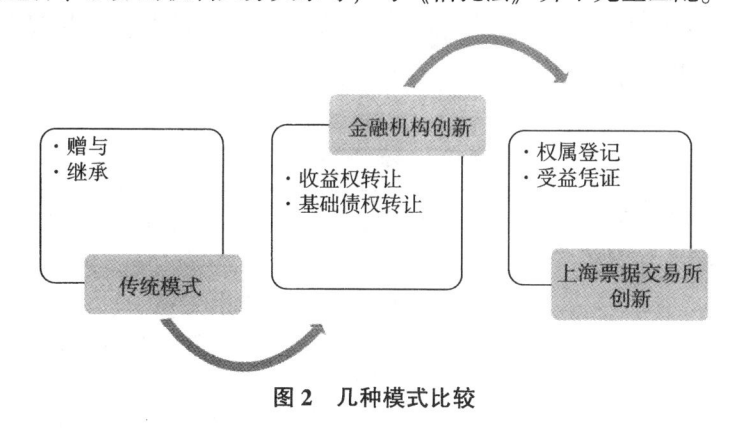

图 2　几种模式比较

六、未来推演：票据本身标准化

由前文可知，标准化票据的创设取得了一些突破，但也存在着诸多制约，因此，票据资产本身的标准化更具长远意义。总的来看，标准化债权

资产界定的五个条件，票据已部分符合。结合标债认定条件及上海票据交易所规划，未来票据市场或将围绕"等分化、信息披露、流动性机制"等几个方面产生变化。

（一）票据等分性：简化标准化票据发行流程，推动修订《票据法》

"可等分"是标债的首要条件。标债资产认定规则指出，"等分化、可交易"需以簿记建档或招标方式非公开发行，发行与存续期间有2个（含）以上合格投资者，以票面金额或其整数倍作为最小交易单位，具有标准化的交易合同文本。与大额债券融资不同，票据签发源自小额结算需求，规律性差，多数情况下为不规则金额，无须采用标准化方式发行。背书转让中，直接交易对手为单个企业或金融机构，存续期购买者具有唯一性。这决定了很难在出票端原始金额或模式上实现等分化。

建议通过调整电票号码编码规则，将不规律的票面金额拆分为若干份额进行流转，在流通中实现等分交易。这种操作不涉及簿记建档或招标发行，也存在法律瑕疵。《票据法》规定，将汇票金额的一部分转让的背书或者将汇票金额分别转让给二人以上的背书无效。因此，票据本身等分化面临着法律制约的根本性障碍。从合规性的角度考虑，尽管受益凭证也存质疑，标准化票据的等分化操作模式却规避了与位阶更高的法律直接抵触。未来可先探索搭建完善的评级制度，简化标准化票据创设流程，然后参照银行间市场或交易所，针对不同信用主体设置相应的折算权重（如表3所示），以解决组合流转困境。同时，需各方共同努力，推动《票据法》修订，争取从根本上解决问题。

表3 标准化票据折扣系数取值标准——设计版

类别	银票					商票		
	大型银行	股份制银行	大城商行	小城商行	其他	档次		票据资质
折扣系数	0.98	0.96	结合评级、风险、市场需求等动态调整			第一档	0.85	承兑人与贴现人评级均为AAA
						第二档	0.8	承兑人评级为AAA，贴现人评级为AA+
						第三档	0.75	承兑人评级为AAA，贴现人评级为AA
			0.94	0.92	0.9	第四档	0.7	承兑人与贴现人评级均为AA+
						第五档	0.6	承兑人评级为AA+，贴现人评级为AA
						第六档	0.5	承兑人与贴现人评级都是AA

（二）票据信息披露：签发、流转、兑付、评级、风险、财务

信息披露充分是标债认定的第二条件。根据标债资产认定规则，投资者和发行人在发行文件中需约定信息披露方式、内容、频率等具体安排，信息披露责任主体确保信息披露真实、准确、完整、及时。发行文件中明确发行人有义务通过提供现金或金融工具等偿付投资者，或以破产隔离的基础资产所产生的现金流偿付投资者，并至少包含发行金额、票面金额、发行价格或利率确定方式、期限、发行方式、承销方式等要素。

与债券不同，在法律意义上，票据风险集中于承兑人与贴现人，而非绝对出票方。因此，促使承兑人与贴现人信息披露更有意义。我们建议，可在上海票据交易所系统或第三方网站，开辟专门的票据信息披露模块。模块围绕"签发、流转、兑付、评级、风险、财务"等关键点，以"承兑人与贴现人"为主要责任主体，"保证增信行、贴现人的保证人、贴现人前手背书人、票据出票人"为辅助，强制各方定期或不定期向市场公开相关信息，提高透明度。

在签发与流转环节，除票面可公开要素外，可适当增加披露资金用途、出票人简介、增信措施等。兑付信息上，更是如此。包商银行事件中，信息极度不对称，引起市场恐慌，强制承兑行或贴现人公开兑付信息，将有助于平复市场情绪，出清风险。评级上，目前票据市场暂无评级体系，有待后续改进。此外，如果承兑人、贴现人或其他可能被追索方出现可能影响票据兑付的重大事项，也需及时向市场公告。财务信息上，建议围绕"票据"本身，由承兑人或贴现人、出票人等定期报告票据交易量、兑付状况、监管处罚、出票历史等信息，供投资者参考。

（三）促进公允定价，完善流动性机制

1. 扩展收益率曲线囊括范围

收益率曲线是某时点利率与期限的组合，构建票据收益率曲线能够契合新会计准则三分类精神，有利于实现票据价格发现，推动票据公允定价。新会计准则改变了原有依赖金融企业持有意愿进行资产种类划分的做法，而是根据资产本身的现金流属性与业务模式进行划分。新规则下，如果资产持有的目的既是收取合同现金流，也可能出售，应纳入"以公允价值计量且其变动计入当期损益的金融资产"。这种情况下，票据收益率曲线将有助于估算公允价值，满足金融工具分类与计量要求。同时，票据收益率曲线也会为参与者提供市场中枢，促进定价机制与交易策略的改善。目

前，上海票据交易所已公布了国股银票转贴现收益率曲线，类别较为单一。未来，上海票据交易所或将推出不同信用主体的收益率曲线，向城商票、农商票，甚至商票领域延伸。

2. 票据做市商制度

经验表明，金融产品集中交易后，随着规模的扩张与参与者的增多，询价制度或竞价制度将难以满足交易的时效性要求，进而催生出做市商制度。该制度下，做市商根据市场行情、自身状况等，向投资者报出产品买卖价格或数量，投资者和做市商进行交易，投资者之间不直接交易，做市商的收入主要来自买卖价差。引入做市商制度既符合市场发展规律，又可以通过专业化的运作协助货币政策调控，活跃市场交易，提高交易效率。自2001年开始，我国债券市场先后引入双边报价制度、做市商制度，积累了丰富的做市商运行经验，可为票据市场建立相关制度提供有益借鉴。上海票据交易所成立后，票据市场参与者扩展至非银机构，累计贴现规模一度与拆借市场相当，引入做市商制度势在必行。

3. 合格票据投资者制度

经过数十年的发展，票据功能早已突破了"支付"的界限，演变成了重要的融资、投资工具。但相关法律法规未能与时俱进，传统参与者受限较多，新型市场主体更是参与困难。上海票据交易所成立后，非银与非法人产品虽被准入，但监管层面仍未做出相应调整，市场未能有效激活。我们认为，可以从直接放开和间接引入两个维度解决投资者问题。直接放开，即由上海票据交易所发起，邀请人民银行、银保监会等联合发文正式授予非银、非法人产品无差异的市场地位，如有必要可考虑引入非银机构，甚至个人参与者。该种操作涉及部门较多、规章多，阻力较大。间接引入，即通过推动上海票据交易所产品跨市场流通，从而吸引其他领域投资者。如标准化票据，可在上海票据交易所或银行间债券市场流通。这种模式能够规避直接引入的复杂操作，打通不同市场之间的投资渠道。弊端是新产品规模较小，短时间内难以形成真正的市场影响力，会掣肘引入合格投资者的时效性。

4. 票据评级制度

在无法彻底隔离风险的前提下，强化增信措施有助于打消投资者的疑虑，引导市场回归投资理性。目前来看，引入票据评级制度是最有效、最长远的增信手段。其不仅能够促使市场持续探索票据风险，也能为票据组合定价提供参考，最终提高票据流转效率。目前，债券市场已经形成了较

为成熟的评级制度，2019年后更是将外资准入。与之相比较，票据评级仍属市场空白，简单的行业属性界定并不能衡量真正的风险。票据市场和债券市场不同，风险点不能完全按照主体评级和债项评级进行，而是取决于票据资金的偿付规则和流转路径，以及上海票据交易所自动清算结算机制的连续性。票据资金的最终偿付主体在于承兑人与贴现人，两者的偿付能力决定了实际风险的高低。因此，未来票据评级应以二者为中心展开，而后再结合保证人、增信行等情况综合判定。

七、结语

标准化票据是特定历史场景下的产物，代表了票据人努力建设票据市场，服务国家大局的价值追求。但标准化票据产品本身仍然面临着底层资产风险、结构复杂、缺乏评级、法律瑕疵、风险溢价降低等诸多制约，票据本身标准化仍然是"彻底解决非标问题"的关键。《票据法》不认可部分转让，票据信息披露尚无标准化流程，票据市场建设任重道远。票据签发三分之二集中于中小型企业，流转时效性远高于其他资产，延期支付的属性更有益于"宽信用"落地，从监管层面直接推动票据标准化更具实务意义。

标准化票据与票据市场

肖小和　谈铭斐　陈奕欣[①]

一、标准化票据的定义、创设背景及特点

(一) 标准化票据的定义

根据《标准化票据管理办法》，标准化票据是指"存托机构归集核心信用要素相似、期限相近的商业汇票组建基础资产池，以基础资产池产生的现金流为偿付支持而创设的等分化受益证券"。

(二) 标准化票据创设背景

资管新规出台后，非标资产的投资主体受到极大的限制，票据资管业务的前景变得灰暗，票据从业人员一直在努力探索票据资产的"非标"转"标"路径。2019年8月15日，为了解决包商银行事件带来的中小金融机构融资成本因信用风险溢价而高企、票据贴现市场及转贴现市场出现的流动性断层问题，对流动性压力较大的金融机构提供流动性支持，上海票据交易所发布《关于申报创设2019年第一期标准化票据的公告》，正式创设标准化票据，为票据资产从"非标准化资产"向"标准化资产"转变做出了有益的探索。

(三) 标准化票据的特点

1. 债券属性

从定义可以看出，标准化票据并非通常意义上的支票、本票、汇票种类之一，符合关于标准化债权产品的界定，实质是债券，其设计接近于资产证券化产品，核心是基于基础资产现金流发行的证券（受益证券）。

2. 票债联动

《标准化票据管理办法》中对于标准化票据的创设要求指出"标准化票据的交易流通适用《全国银行间债券市场债券交易管理办法》（中国人民银

[①] 谈铭斐，赣州银行资金运营中心副总经理；陈奕欣，赣州银行。

行令〔2000〕第 2 号发布）的有关规定，在银行间债券市场和票据市场交易流通"，且"适用于现券买卖、回购、远期等交易品种"。这意味着标准化票据在一定程度上打开了票据投资窗口，联动两个市场，整合两个资源，具备连通银行间市场以及资本市场帮助信贷市场融资的功能。

3. 破产隔离

与试点时期的标准化票据不同的是，《标准化票据管理办法》让上海票据交易所从原本的"存托机构"角色脱离，并将该角色赋予具有明确条件的商业银行和证券公司，并要求"标准化票据的基础资产应独立于存托机构等其他参与人的固有财产"，确定了基础资产的独立性，明确了破产隔离的概念，为处置有问题资产奠定了基础。

二、标准化票据的设计理念

（一）扩大票据投资者范围，进一步服务实体经济

票据作为具有信贷属性的短期融资工具，具有传导货币政策、帮助中小企业融资的功能。但我国票据市场在发挥融资功能时仍受制约，金融机构参与投资票据资产受限。票据职能发挥受阻的主要原因是票据的"非标准化"债权资产性质，按《关于规范金融机构资产管理业务的指导意见》要求，金融机构不得将资产管理产品资金直接投资于商业银行信贷资产，理财产品投资于非标准化债券类资产的余额也受监管限制。因此，票据业务的标准化正当其时，通过推进票据"非标"转"标"进程，将打破资管产品及理财产品投资者与票据资产的阻碍，扩大票据投资者范围，落实货币政策的传导，进一步满足实体企业、中小企业的融资需求。

（二）解决现有票据市场流动性断层问题

"包商银行事件"打破了刚性兑付，受"包商银行事件"影响，数家金融机构出现信用风险，同期限的银行承兑汇票的贴现及转贴现利差因承兑行信用风险而拉大，各交易机构调整授信白名单，引发票据市场流动性断层问题。

由于底层资产较好的票据本身具备较好的流动性，因此较难成为票据标准化市场的主体。相反，底层资产可能存在信用风险的标准化票据可能成为该市场的主体。因此，标准化票据业务的发展有利于盘活原本票据市场上"网红"银票、商票、财票等流动性较差、信用主体风险较大的票据资产，拓展这类票据的应用场景，将这类票据资产推入参与主体范围更广、投资者风险偏好更多的货币市场，有效解决当前票据市场流动性断层问题。

（三）连通票据市场与货币市场，提高票据市场抗风险能力

标准化票据创设前，票据仅流通于票据市场，直接投资者为银行及持牌券商，票据市场的风险承受主体较为集中。通过创设并推广标准化票据，打通票据市场与银行间债券市场之间的壁垒，券商、基金、保险、资管等非银机构介入，有利于丰富市场交易结构、交易策略的多样性，从而平抑票据市场波动，提高票据市场抗风险能力。

（四）为供应链金融服务创造条件

由于上海票据交易所的建立，全国统一的票据交易市场的基础设施建设较为完善，作为标准化票据的基础资产，国股大城商承兑的票据本身流动性高、利率不具优势，而以基于供应链金融场景签发的商业承兑票据为基础的基础资产，发行利率更具吸引力。这就需要我们完善商业承兑汇票的信息披露机制、签发机制和风险控制机制，加快全国统一的商票信息登记平台等基础设施的建设和完善。标准化票据市场有望成为短融、超短融之外的又一服务中小微企业融资的重要产品。

三、标准化票据的运作模式

1. 存托机构初步确定标准化票据基本要素。
2. 存托机构直接向原始持票人或间接委托票据经纪机构归集票据。
3. 原始持票人提交申报资料，提供基础资产清单，将票据背书转让委托至存托机构，上海票据交易所锁定清单内票据。
4. 存托机构向投资人披露存托协议、基础资产清单、信用主体的信用评级、认购公告等信息。
5. 投资人直接认购或通过承销机构购买标准化票据，认购资金进入标准化票据资产池，原始持票人获得融资资金。
6. 存托机构披露标准化票据创设结果。
7. 票据市场基础设施（上海票据交易所）应对基础资产进行登记托管，标准化票据登记托管机构对标准化票据进行登记托管。
8. 标准化票据存续期间，（1）标准化票据可交易流通，且适用于现券买卖、回购、远期等交易品种；（2）存托机构应及时披露基础资产兑付信息、信用主体涉及的重大经营问题或诉讼事项等内容；（3）发生存托机构变更或解任、存托协议变更、基础资产逾期追索、法院诉讼等事件时，应召开标准化票据持有人大会审议决定。

9. 标准化票据到期，上海票据交易所将本期标准化票据最终收到的托收款及追索资金分配至对应投资人（上海清算所）的托管账户中。

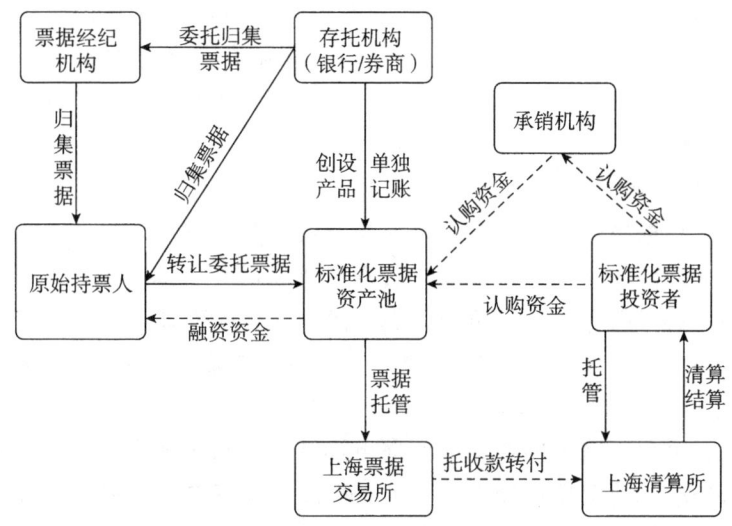

图1 标准化票据运作模式示意图

四、票据市场针对标准化票据创设的应对措施

（一）票据市场参与主体的应对措施

1. 专业团队建设

标准化票据在承销上，复用了金融债券的准入和管理；在登记托管、清算结算、交易流通上，复用了银行间债券市场的基础设施和管理制度。作为现有票据市场参与机构，应积极建设熟悉票据市场及债券市场交易规则的复合型人才队伍。

2. 银行、券商争取存托市场

《标准化票据管理办法》将存托机构定义为"为标准化票据提供基础资产归集、管理、创设及信息服务的机构"，并规定"存托机构应依照法律法规规定和存托协议约定，完成每只标准化票据相关的登记、托管、信息披露以及协助完成兑付、追索等，督促原始持票人、承兑人、承销商等相关机构履行法律法规规定及存托协议约定的义务"。这意味着在如今商业银行利润点被充分挖掘的形势下，无资本消耗的票据存托业务带来的资金沉淀，将给商业银行在资本约束条件下增加新的利润增长来源。因此，在未来的标准化票据市场，存托市场的争取，将是各家商业银行及券商发力的重点。

证券公司受制于自身资金成本、营业网点，在银票转贴现市场很难与商业银行形成竞争，更多的是配合商业银行完成一些监管指标的调节，进行跨市场的监管套利。但在商票市场，可以发挥其投研优势，借助其积累的短融、超短融投资发行经验，深耕商业承兑票据市场，探索一套商票的风险控制体系和价格发现机制，将标准化票据打造成类似于美国垃圾债。

3. 拓展票源

标准化票据将为市场带来更多的参与者，但是市场容量及票源并不会因此很快大规模增长，应该是有个过程，所以投资主体多元化发展，各商业银行对基础资产及票源的争夺会更加激烈，因此商业银行应坚定不移地通过承兑业务、贴现业务，拓展票源，在未来的市场竞争中占据主动。

4. 提升信用风险管理能力

未来标准化票据市场将整合票据市场及债权市场的资产流通资源，提高信用等级较低的票据流动性，且未来标准化票据基础资产的主流将是中小银行承兑票据、财务公司承兑票据和商业承兑汇票。因此，传统票据市场参与者（商业银行及券商）应提高风险管理能力，在风险可控的情况下，适当降低承兑人授信门槛，下沉风险，便于灵活参与到未来标准化票据的交易中。

（二）票据市场投资人应提升投研能力

标准化票据市场的资产信用分层明显，对资产安全性要求较高的投资人，可以考虑以高等级信用承兑行为基础资产的标准化票据，将其作为一些货币基金、开放式理财的流动性配置工具；投研能力和信用风险管控能力较强的投资人，可以考虑参与基础资产为财务公司、以供应链金融为基础的商票的投资，获得超额投资收益。

（三）商业银行应对服务的深入研究

标准化票据业务包含前端经纪、票据业务、发行承销、投资认购等不同业务环节，在整个运作流程中设计部门包括票据经纪部门、投资银行和票据经营、票据交易等。因此，建立内部协同机制将是商业银行未来竞争标准化票据的必要之举，通过打通前端客户经纪和公司承揽、产品发行承销、后端投资等环节，实现中间业务收入。相关试点商业银行可提前研究标准化票据的经纪业务和承销业务，在传统非金融企业债务融资工具和资产支持票据的基础上拓展投资银行产品体系，服务客户融资需求。

商业银行可大力发展商票的标准化票据业务，腾挪银行贷款规模，为客户提供多元化服务。商业银行可结合商票 ABS 模式，应用标准化票据帮助企业进行商票融资。同时，可以争取承销商资格，创造产品外销利润；可择机对以商票为底层资产的标准化票据资产进行投资。商业银行可积极挖掘供应链金融上下游客户，参照供应链金融 ABS 业务模式，通过核心企业联动上下游企业，将核心企业签发的商票通过标准化票据资产池获得融资机会。

（四）标准化票据相关机构服务的研究

上海票据交易所作为第三方机构提供的二级市场交易收益率曲线存在两个问题。一是非国股票据的收益率存在空缺，各城商行、农商行等票据个体差异过大，挂钩国股票据收益率效果不强；二是未公开估值方法、流程。未来标准化票据产品的发行需要有票据服务机构（上海票据交易所）发布的公允定价模型做支撑，定价模型须从现有的国股、城商行覆盖到农商行承兑票据、财务公司票据、商票。

五、标准化票据推出相关问题的思考

（一）建议将标准化票据认定为标准化债权资产

根据资管新规要求，《标准化债权类资产认定规则》规定了标准化债权类资产认定的 5 个要求，具体如下：一是等分化，可交易。以簿记建档或招标方式非公开发行，发行与存续期间有 2 个（含）以上合格投资者，以票面金额或其整数倍作为最小交易单位，具有标准化的交易合同文本。二是信息披露充分。发行文件对信息披露方式、内容、频率等具体安排有明确约定，信息披露责任主体确保信息披露真实、准确、完整、及时。三是集中登记，独立托管。在人民银行和金融监督管理部门认可的债券市场登记托管机构集中登记、独立托管。四是公允定价，流动性机制完善。采用询价、双边报价、竞价撮合等交易方式，有做市机构、承销商等积极提供做市、估值等服务。五是在银行间市场、证券交易所市场等国务院同意设立的交易市场交易。我们认为，标准化票据符合《标准化债权类资产认定规则》，应该认定为标准化资产。

（二）标准化票据参与机构的资格认定问题

《标准化票据管理办法》要求标准化票据的参与机构（承兑人、贴现行、保证人等信用主体和原始持票人）最近两年内无重大违法违规行

为，存托机构银行、证券公司最近两年内无重大违法违规问题。我们建议，存托机构的资格可由中国人民银行和上海票据交易所认定，关于违规行为的认定和存托机构对标准化票据信息披露的要求，可以复用中国人民银行制定的《短期融资券管理办法》相关规定，即近三年发行的融资产品没有延期支付本息的情况，其他重大违法违规问题，可以由存托机构和投资人自行裁定，相关信息由信用主体和持票人负责提供。至于银保监会、证监会等市场监管机构对经营机构的处罚，一般不算为重大违法、违规行为。

（三）票据经纪机构扩容问题

票据经纪机构是指受存托机构委托，负责归集基础资产的金融机构。票据经纪机构应票据业务活跃，市场信誉度好，有独立的票据经纪部门和完善的内控管理机制，具有专业从业人员和经纪渠道，票据经纪机构的票据经纪业务与票据自营业务应严格隔离。2019年中国人民银行批准了5家银行试点票据经纪业务，但新的办法弱化了经纪机构的"牌照"概念，为未来扩大试点经纪范围预留了空间。票据中介的存在一直困扰着监管机构：在特定时期内，票据中介的存在活跃了票据市场交易，促进了票据市场的价格发现，在一定程度上解决了中小企业的融资困局，这也是票据中介得以长期存在的原因。但是，市场上部分不合规票据中介的大量存在确实污染了票据市场生态环境，近年来票据市场大案频发，背后无不都有票据中介的身影。在票交所时代，市场一体化程度显著提升，人民银行应该尽快制定、完善票据经纪机构成立的相关标准、审批流程和管理办法，进一步规范票据市场的发展。

（四）票据资产估值问题探讨

根据《国际财务报告准则第9号——金融工具》（IFRS9）的要求，目前，上海票据交易所已经公布了国股行和城商行的票据收益率曲线，为票据资产估值提供了公允价格参考，但在实际运用过程中，由于票据资产的价格决定因素较为复杂，同一类资质的票据价格差异较大，影响了估值的准确性。我们认为应该进一步细化票据估值办法，参考同业存单的报价模式，在估值时引入商业银行评级因素，提升估值的准确性，同时应该加快推进农商系统票据收益率曲线及综合票据收益率曲线的构建工作。

（五）关于存托机构管理问题

《标准化票据管理办法》给出了存托机构的5个条件，但对于如何成为存托机构没有给出明确的规定。票据存托机构的管理应该参照《关于规范金融机构同业业务的通知》（银发〔2014〕127号）的规定，实施同业业务专营管理，应由法人机构本级负责且明确牵头部门负责，尽快制定存托机构制度细则，防范相关操作风险。上海票据交易所牵头制定存托协议时，建议制定存托实施细则，包括具体操作及流程等。

发挥供应链票据作用推动供应链金融发展

肖小和 木之渔

一、供应链、供应链管理与供应链金融

(一) 供应链与供应链管理

1. 概念

供应链是指从采购原材料开始,制成中间产品以及最终产品,最后由销售网络把产品送到消费者手中的将供应商、制造商、分销商、零售商直到最终用户连成一个整体的功能网链结构。

供应链管理是指面向供应链的生产组织模式、企业生产运行管理方式、商品流通方式以及企业间的合作方式。

2. 供应链管理的特点

(1) 集成化的管理模式。供应链管理采用集成化的思想和方法,一是供应链管理是对链内物流、信息流、资金流的集成管理;二是供应链管理将链内所有节点企业集成为一个整体,实现采购、生产及销售的全过程管理。

(2) 以最终客户为经营导向。无论构成供应链节点的企业数量有多少,也无论供应链节点企业的类型、层次有多少,供应链的形成均是以最终客户或最终消费者的需求为导向。

(3) 链内节点具有动态调整的特点。供应链内企业都是从众多企业中筛选出的合作伙伴,合作关系是非固定的,随供应链经营导向、服务方式的变化而变化,处于动态调整的过程中。

(4) 链内管理具有复杂性特点。部分供应链是跨国(地区)和跨行业的组合,各国的国情、政体、法律、风俗等存在较大差异,经济发达程度、物流基础设施、物流管理水平和技术能力等也有较大不同,链内管理较为复杂。

3. 供应链管理的作用

(1) 有利于提升企业综合实力。信息化时代,企业间的竞争已演变为

供应链间的竞争。重视和加强供应链管理，与链内合作伙伴进行资源优势互补，有利于企业提升市场响应速度，更好地满足市场需求；有利于企业缩短经营周期、节约交易成本、提升经营效益，加强企业的竞争力和综合实力。

（2）有利于降低社会总成本。链内企业通过信息共享，形成双赢关系，实现社会资源的优化配置，有利于降低社会总成本，提升企业、供应链及全社会效益。

（3）有利于促进信息技术的应用。现代信息技术的广泛应用是供应链管理的必要手段，有利于供应链内信息流、物流与资金流等资源的传递与集成，从而提升供应链的整体运行效率，更高效地满足市场需求。

（4）有利于推动现代生产方式发展。供应链管理是依据现代生产方式而产生和发展起来的，随着供应链管理理论与实践的不断深入，以企业的核心竞争优势为中心、以信息技术为手段、以现代化物流为衔接、以供应链金融为辅助，实现全球化供应链采购、生产和销售的新型生产模式不断完善，进一步推动了现代生产方式的变革与发展。

（二）供应链金融

1. 概念

供应链金融是商业银行融资业务的一个专门领域，是贸易融资的延伸与深化，是供应链核心企业与银行达成的面向供应链所有成员企业的系统性融资安排。

2. 特点

（1）供应链金融突破了银行对企业的传统评价方式。供应链金融项下，银行对企业的信用评级不再单纯强调企业的固定资产价值和财务指标，而是同步考虑企业单笔交易的贸易背景真实性和核心企业的实力及信用水平。

（2）供应链金融具备封闭性、自偿性和连续性特征。封闭性是指银行通过设置封闭性融资操作确保款项专款专用，借款人无法挪作他用；自偿性是指还款来源就是贸易自身产生的现金流；连续性是指同类贸易行为在上下游企业之间会持续发生。

（3）供应链金融风险防控更为复杂、要求更高。供应链金融风险防控不仅需要强调双方企业的信用状况及贸易背景真实性，更需要加强对整个供应链的监测与防范，对各个交易环节的潜在风险都需要加以识别与控制，风险防控要求更高、更全面。

3. 主要业务模式

根据各参与方主导地位不同，目前供应链金融包括三大业务模式。

第一种是以核心企业为主导的供应链金融模式，即金融机构出于对核心企业的资信认可向供应链上下游企业提供融资支持，这是最常见的业务模式。

第二种是以"怡亚通"为代表的一站式供应链金融服务平台通过整合供应链中的信息流，为企业提供包括物流、退税、资金融通、外汇服务等业务。该模式下，对信用风险的控制主要依赖供应链服务商的业务整合能力。

第三种是以电商平台为主导的模式。电商平台能够方便并快速地整合供应链内部交易和资金流等核心信息，这也是电商平台切入供应链金融领域的最大优势所在。

二、供应链金融发展的相关政策及案例

（一）供应链金融发展的相关政策

1. 国家层面

2020年2月9日，工业和信息化部印发《关于应对新型冠状病毒肺炎疫情帮助中小企业复工复产共渡难关有关工作的通知》（工信明电〔2020〕14号），要求"积极推动运用供应链金融、商业保理、应收账款抵质押、知识产权质押等融资方式扩大对中小企业的融资供给"。

2020年2月24日，工业和信息化部印发《关于有序推动工业通信业企业复工复产的指导意见》（工信部政法〔2020〕29号），要求"鼓励中央企业、大型国企等龙头企业发挥表率作用，帮助中小企业开展应收账款融资，带动产业链上下游中小企业复工复产，协同开展疫情防控和生产恢复"。

2020年5月26日，八部门联合下发《关于进一步强化中小微企业金融服务的指导意见》（银发〔2020〕120号），要求"推动供应链信息平台与商业汇票基础设施互联，加快商业汇票产品规范创新，提升中小微企业应收账款融资效率，……支持对中小微企业开展供应链金融服务。支持产融合作，推动全产业链金融服务，鼓励发展订单、仓单、存货、应收账款融资等供应链金融产品，发挥应收账款融资服务平台作用，促进中小微企业2020年应收账款融资8000亿元"。

2020年6月28日，中国人民银行下发《标准化票据管理办法》（中国

人民银行公告〔2020〕第 6 号），第一条明确提出"为规范标准化票据业务，支持中小金融机构流动性，服务中小企业融资和供应链金融发展，根据《中华人民共和国中国人民银行法》《中华人民共和国信托法》《中华人民共和国票据法》以及相关法律、行政法规，制定本办法"。

2020 年 9 月 22 日，八部门联合下发《关于规范发展供应链金融 支持供应链产业链稳定循环和优化升级的意见》（银发〔2020〕226 号），要求准确把握供应链金融的内涵和发展方向，稳步推动供应链金融规范、发展和创新，加强供应链金融配套基础设施建设（包括完善供应链票据平台功能等），完善供应链金融政策支持体系，防范供应链金融风险，严格对供应链金融的监管约束。

2. 地方层面

2020 年 2 月 17 日，青岛市地方金融监督管理局发布《关于促进全市供应链金融发展的指导意见》，要求推动各类市场主体创新发展供应链金融，完善有利于供应链金融发展的市场机制，营造良好的供应链金融发展的生态环境，加强对供应链金融的风险防范与管理。

2020 年 3 月 30 日，厦门自贸区发布《福建自贸试验区厦门片区促进供应链创新发展若干办法》，提出降低供应链融资成本，发挥金融在供应链环节中的支撑作用，建立科学的供应链金融风险控制体系。

2020 年 4 月 7 日，浙江省银保监局、浙江省商务厅发布《关于深化供应链金融服务促进产业链资金流畅通的通知》，要求深化产业链供应链协同战略合作，探索符合浙江实际的供应链金融模式，提升供应链金融服务能力和风险控制水平。

2020 年 7 月 31 日，上海市经济和信息化委员会发布《关于加大支持本市中小企业平稳健康发展的 22 条政策措施》，提出"发展供应链金融。建立与供应链核心企业的联系沟通机制，鼓励金融机构和供应链核心企业加强合作，发展订单、仓单、存货、应收账款融资等供应链金融产品"。

2020 年 11 月 26 日，深圳市地方金融监督管理局发布《深圳市扶持金融科技发展若干措施（征求意见稿）》，提出"鼓励供应链金融发展，对使用区块链等金融科技手段、年度内直接或间接帮助小微企业获得 100 亿元以上融资的供应链金融科技企业，按其向小微企业融资额的十万分之一给予奖励，单家企业最高不超过 200 万元"。

2021 年 2 月 18 日，山东省财政厅、工业和信息化厅、人民银行济南分行联合发布《关于强化财政金融政策融合促进供应链金融发展的通知》，要

求充分认识促进供应链金融发展的重要意义，实行供应链核心企业白名单制度，以及加大对供应链金融的政策支持。

近几个月，还有一些地方也下发了支持供应链金融发展的文件。

(二) 供应链金融相关案例

案例一：面向供应链上游融资模式

面向供应链上游融资模式是指供应链卖方将赊销项下的未到期应收账款转让给金融机构，由金融机构为卖方（供应链上游）提供融资的业务模式。

例如，A公司的供应链上下游均为大型企业，其采购原材料时必须现货付款，销售货款回收期较长，公司面临着流动资金短缺风险。B银行为其制订了应收账款质押融资及保理融资方案，以缓解其流动资金短缺风险。

案例二：面向供应链下游融资模式

面向供应链下游融资模式是指金融机构为供应链卖方企业提供存货融资或预付款融资的业务模式。

例如，A公司与上游核心企业B公司长期合作，日常结算采用现款现货方式。因市场原因A公司流动资金紧张，无法支付预付款。C银行建议由第三方物流企业对货物进行监管，C银行给予A公司一定授信额度，并对其开展现货质押融资业务。

案例三：绿色供应链金融

这是兴业银行、浦发银行等推出的新型融资产品，即以设备和节能收益作为抵押或质押，由商业银行为用能企业（买家）提供信贷支持，以采购设备进行节能技改、取得节能效益。

三、供应链票据

(一) 供应链票据的概念、特点及作用

1. 概念

（1）供应链平台。供应链平台由企业开发建设和运营管理，通过对接上海票据交易所供应链票据平台，为供应链企业提供供应链票据服务。

（2）供应链票据平台。供应链票据平台依托电子商业汇票系统，与供应链金融平台对接，为企业提供电子商业汇票的签发、承兑、背书、到期处理、信息服务等功能。上海票据交易所负责供应链票据平台的开发建设和运营管理。

（3）供应链票据。通过供应链票据平台签发的电子商业汇票称为供应

链票据。

2. 接入标准

接入供应链票据平台的供应链平台应符合以下条件。

（1）为在中国境内合法注册经营的企业法人，注册资本不低于3亿元，注册时间不少于3年；

（2）具有可持续经营的能力，股东背景为大型供应链核心企业或信用评级为AAA的金融机构，财务状况稳健，最近1个会计年度实现盈利；

（3）具有开展供应链金融业务的核心技术以及覆盖供应链全流程的系统功能，能够依法合规采集、传输供应链企业经营、贸易、融资等数据信息，能够通过有效手段识别、核验企业身份、业务意愿、交易关系等相关信息的真实性；

（4）具有健全的系统安全保障机制，通过国家信息系统安全等级保护第三级或以上备案；

（5）具有良好的运营和服务保障能力，有专业化的技术、业务运营团队，高级管理人员包含熟悉经济金融法律法规、具有金融从业经验的人员；

（6）具有良好的客群资源和业务基础，供应链金融相关业务规模超过1000亿元；

（7）具有良好的风险管理体系，能够通过有效手段监测、识别、评估、控制供应链金融风险，具有纠纷和风险处理机制；

（8）企业法人以及法定代表人、实际控制人、控股股东最近两年无影响公司正常运营的重大诉讼和重大违法、违规行为；

（9）上海票据交易所规定的其他条件。

3. 特点

供应链票据除具备票据的一般特点外，还具备以下特点。

（1）等分化签发。供应链票据实现了等分化签发，票据签发可以0.01元为单位拆分，大大提高了企业用票的灵活性，解决了企业持票金额与付款金额不匹配的痛点。

（2）嵌入式场景。供应链票据将票据嵌入供应链场景，企业可直接通过供应链平台完成供应链票据业务操作，推进了票据的供应链场景化使用。

（3）扩充办理渠道。企业办理电子商业汇票相关业务仅能通过商业银行、财务公司渠道办理，供应链票据提供了企业通过供应链平台接入的新型接入方式，进一步扩充了业务办理渠道。

（4）提升科技赋能。供应链票据的金融科技含量十足，不仅其生命周

期均通过信息系统实现，而且可以线上进行等分化操作，进一步提升了金融科技服务的广度与深度，有利于金融服务提质增效。

4. 作用

（1）完善企业支付与融资环境。供应链票据具备可拆分、等分化的特性，大幅提升了企业用票支付的灵活性；其丰富的接入渠道，便利了企业票据融资需求，供应链票据进一步深化了票据的支付和融资功能，最大限度盘活了企业资产，提升了企业资金的精细化管理水平。

（2）培育我国商业信用环境。我国商业信用领域发展较为缓慢，总体规模相对较小，企业向银行申请的融资大多基于担保而非基于商业信用。商业承兑汇票是集中体现商业信用的业务产品，从本质上看供应链票据属于商业承兑汇票范畴，与一般商业承兑汇票相比，供应链票据是具备多渠道、等分化的商业承兑汇票。推进供应链票据发展将在较大程度上推动商票市场发展，持续推动我国商业信用体系发展成熟。

（3）进一步缓解中小企业融资难融资贵问题。由于供应链场景下企业间的真实交易关系更具可见性，且供应链票据可以有效实现信用传递，让产业链上的中小微企业分享核心企业的优质信用，因此，供应链票据更容易获得金融机构的融资及优惠价格。在供应链票据融资实践中，通常贴现利率较同期贷款利率低 100~150 个基点，有效节约了企业成本。

（4）有利于推动票据市场高质量发展。供应链票据是票据市场的重要组成部分，发展供应链票据，一方面可以加快票据市场基础设施建设，完善市场业务及管理政策，提升票据市场整体运行效率；另一方面可以推进票据市场创新发展，推动市场基础设施、商业银行推出更多贴合企业实际的创新产品、创新政策，推动票据市场高质量发展。

（二）供应链金融与供应链票据的关系

供应链金融是一类创新型信贷模式，体现了商业银行依据供应链特点对企业授信评价方式、担保方式、贷后及风险管理方式的系统性、整体性融资安排。

供应链票据是一类创新型业务产品，依托票据的支付与融资特性，沟通供应链企业间的资金流、物流及信息流，其既可以在供应链金融模式下开展，也可以在传统信贷模式下开展。

（三）供应链票据的主要功能

（1）企业信息登记。企业通过供应链平台在供应链票据平台上进行信

息登记，上海票据交易所依托企业信息库进行核验后完成登记。各供应链平台需依托自有的风控机制对企业身份的真实性和有效性进行认证。

（2）签发和背书转让。企业可以在供应链票据平台上完成票据的签发和背书转让。而且，供应链票据创新实现了等分化签发和流转，企业每次签发、背书的供应链票据，实际上是由固定面额（最低为0.01元）的票据组成的票据包，能够最大限度满足企业零碎性的支付需求。

（3）保证。企业可通过供应链平台提供承兑保证服务，承兑保证人开户机构可实时查询承兑保证业务情况，承兑保证行为可以进一步提高企业承兑的供应链票据的信用等级。

（4）融资功能。除标准化票据外，企业可以通过供应链票据进行贴现融资。供应链平台可以将相关的物流、商流、信息流和资金流进行有机整合，从而使得供应链票据更容易取得金融机构的授信，以及获得更优惠的融资价格。

（5）转贴现交易。银行贴入供应链票据后，可以与其他票据市场参与者开展转贴现交易，提高供应链票据流动性，从而进一步降低流动性溢价，使其可以以相对较低的利率获得银行贴现融资。

（6）到期处理。供应链票据到期后，供应链票据平台会自动代持票人发起提示付款，承兑人开户机构根据承兑人的指令，线上划付资金完成票据结清。

（四）供应链票据平台应用情况

供应链票据平台已于2020年4月24日试运行。截至2020年6月16日，供应链票据平台已接入中企云链、简单汇、欧冶金服、中国互联网金融协会4家供应链金融平台，共注册企业187家，累计签发供应链票据592.51万元；已开通供应链票据业务权限的金融机构共10家，包括6家商业银行和4家财务公司。

（五）供应链票据应用场景

目前供应链票据的参与企业覆盖制造业、软件和信息技术服务业、电力、热力生产和供应业、批发和零售业等众多行业。

案例一：供应链票据贴现

2020年6月18日，首批供应链票据贴现业务成功落地，9家企业通过供应链票据贴现融资10笔、金额506.81万元。其中，中企云链2家、欧冶金服4家、简单汇3家，贴现利率为2.85%~3.8%，贴现票据全部为商业承兑汇票。9家贴现申请企业均为制造业、批发业、金属加工业等行业供应链上的中小供应商，分布在上海、广东、安徽、江苏、福建、陕西、辽宁等省份，中信银行、招商银行、马鞍山农商银行、宝钢财务公司、TCL财务公司5家金融机构提供贴现服务。

案例二：供应链票据+标准化票据

2020年7月29日，"中信银行广州TCL简单汇2020年第一期供票标准化票据"创设成功，发行规模为2000万元，主体评级为AAA，发行期限为176天，发行利率为3.2%，标志着"供应链票据+标准化票据"组合正式落地。

案例三：供应链票据+再贴现

2020年12月21日，招商银行办理国内首批"供应链票据+再贴现"业务，精准扶持中小微供应链企业融资。

案例四：供应链票据+绿色金融

2021年6月，宝武集团财务公司为集团内再生资源供应商上海欧冶链金公司在上海票据交易所供应链票据平台承兑的面额540万元、期限6个月的供应链票据办理了在线贴现，成功落地首笔绿色供应链票据在线贴现融资。

四、供应链票据存在的问题及分析

（一）各参与主体的认识存在差距

供应链票据虽已上线一年多，但各参与主体对供应链票据的认识存在较大差距，实质是参与主体对于供应链金融、供应链票据的发展能提升票据信用水平，能更好地服务实体经济、服务供应链的认识不够深入，导致参与主体对供应链票据推广的主动性、积极性、参与性不强。

（二）各方宣传推广力度不够

目前，供应链票据的宣传推广工作，总体上看力度较弱。各方（包括市场管理主体、参与主体、服务主体等）尚未全面、主动开展供应链票据市场推广，大量中小企业仍对供应链票据的内涵定位、功能优势、办理渠道、业务流程等不了解。

（三）具备供应链金融风险特点

作为供应链金融产品，供应链票据同样具有供应链金融跨地域、行业特性突出、信息不对称、主体众多、流程复杂的风险特点，其信用风险、

操作风险、贸易背景真实性风险等需全面分析评估。

(四) 业务生态环境有待完善

尽管部分地区出台了支持供应链金融、供应链票据发展的政策，但区域政策的管辖层面有限，且政策更依赖于后续的跟进与落实，能否真正落实到位有待观察。此外，供应链票据涉及主体众多，包括商业银行、供应链平台、核心企业、上下游企业以及相关政府部门等，目前接入供应链票据的平台与企业太少，难以形成规模效应。

(五) 基础性工作有待加强

供应链票据在总体制度层面缺少监管部门发布的、有效力的管理办法，影响了市场参与者的推进态度；市场参与者内部关于供应链票据的管理办法、风控措施不完整或未制定，内部操作流程、操作单位、考核措施不明确，影响了供应链票据业务的推进效果。

(六) 商业银行覆盖率、参与度低

供应链票据的成长与发展需要供应链平台、核心企业、上下游企业的积极参与，更重要的是需要融资方（商业银行）的积极介入。目前，商业银行对供应链票据的参与度低、覆盖率低，主动性不强。

从产品设计看，供应链票据与电子票据相比，企业通过供应链平台而非网银接入上海票据交易所，票据签发过程完全绕过银行业务系统，商业银行仅承担贴现、质押等职责，与商业银行传统理念相抵触，因此积极性不高；从企业规模看，仅有4家供应链平台接入，大部分银行无法参与供应链票据相关业务。同时，供应链票据系列产品存在创新问题。

(七) 类票据业务产品影响

近几年，类票据业务产品——电子债权凭证开始出现，类似于供应链票据，可实现拆分、支付、转让、融资等功能，业务发展十分迅猛。类票据业务产品部分缓解了中小企业融资问题，但若管理不到位，可能引发新的风险。类票据业务产品的出现对供应链票据发展产生了一定的替代性影响。

五、发展供应链票据业务的思考

(一) 供应链票据发展趋势

(1) 契合供应链发展，前景看好。供应链已是全球经济发展的重点之一，供应链金融服务供应链发展是应有之义，作为供应链金融的具体应用

工具，供应链票据是契合供应链发展的理想产品。目前，供应链票据仅限于商业承兑汇票，建议未来将供应链票据扩展至银行承兑汇票，进一步加大票据市场对供应链的支持力度。

（2）承载数据衔接，空间广阔。供应链票据平台是承载供应链平台与供应链票据数据交换的重要基础设施，目前，虽然仅有4家供应链平台直连接入，但未来随着供应链票据的发展，相信会引进更多供应链平台及商业银行、财务公司直连接入，将极大地丰富供应链企业的融资通道，供应链票据平台有广阔的发展空间。

（3）可拆分、等分化，意义深远。供应链票据是解决票据创新（如标准化票据）的有效工具，尤其是供应链票据实现了等分化，为未来标准化票据的发展指明了方向。

（4）推进企业融资，作用积极。中小微企业在我国经济中贡献较大，供应链票据对于解决中小微企业融资困难及支付结算具有积极作用，推进供应链票据发展，可以弥补金融服务实体经济的盲点和断点。

（5）缓解企业占款，成效显著。供应链票据有利于缓解企业应收应付款，避免出现大企业恶意占用中小企业结算款项等现象，供应链票据替代流动资金贷款是未来发展的方向之一。

（二）供应链票据发展思路

1. 发挥信用在供应链金融中的作用

一是需要明确供应链金融中授信主体的评价方法，科学制定授信主体准入要求、评价标准及管控要求；二是需要建立供应链票据的评级体系，科学评估供应链票据主体信用风险，并借助上海票据交易所平台发布评级信息，引导票据市场合理评估信用风险及交易价格；三是需要完善信息披露机制，主动披露供应链票据签发信息及承兑主体信用信息，推动票据市场信息透明化；四是持续大力推广供应链票据，充分发挥供应链核心企业的带动作用，推动集团内部企业和上下游企业积极使用供应链票据，进一步扩充供应链票据使用群体。

2. 重点推进战略性新兴产业供应链票据

一是建议试点开展农业供应链票据业务，可结合本地农业特色，优先选择粮食、果蔬、肉禽、茶叶、药材等农业产品，发挥农业核心企业示范引领作用，打造联结农户、新型农业经营主体与农产品加工、流通企业的供应链票据产品；二是建议积极发展战略性新兴产业供应链票据业务，如大飞机、新能源汽车、高端装备制造、通信、碳中和、半导体及生物医药

等，确保相关上下游企业支付与融资便捷，相关产业供应链运转顺畅，推动技术攻关及产业发展。

3. 发挥商业银行金融服务属性

一是提高认识，供应链票据是供应链金融的具体应用产品，有利于商业银行拓展供应链核心企业及上下游企业客户，提升银行综合服务能力，应充分重视供应链票据的应用与推广；二是重视承兑，供应链票据本质上是商业承兑汇票，商票承兑一般是企业的首选，但其承兑阶段也最容易被商业银行忽视，商业银行应主动加强与供应链核心企业及供应链平台的联系，积极营销票源，对可能贴现的票源提前做好尽调及授信准备；三是强化贴现，商业银行应主动跟进供应链票据企业，提供贴现服务，以降低供应链企业融资成本，提升银行服务实体经济，特别是中小微企业的能力。

4. 加快推动供应链票据创新

一是积极推进"供应链+标准化票据"创新。标准化票据是指存托机构归集核心信用要素相似、期限相近的商业汇票组建基础资产池，以基础资产池产生的现金流为偿付支持而创设的等分化受益凭证。标准化票据连通了票据市场与债券市场，有利于规范票据市场，并提升抵御风险的能力。目前，已有市场参与者尝试在供应链票据领域引入标准化票据，应加大对该项创新产品的推广力度，进一步提升供应链金融服务质量，拓展供应链票据发展空间。二是积极拓展其他创新领域。供应链票据是创新型业务产品，在支付、交易等领域具有较大创新空间（如供应链票据的支付方式、接入方式、交易手段创新，以及银行承兑供应链票据创新等），上海票据交易所及金融机构应密切跟踪企业及市场需求，加大产品创新力度，及时跟进。

5. 强化供应链票据风险管控

一是认识层面，应充分认识供应链金融业务与传统授信业务在风险管控上的差异，既要认识到供应链金融业务的优势，进行差异化管控；也要认识到供应链金融业务存在专业性强、地域分散、主体众多、环节复杂的风险特征，需采用有针对性的管控措施。二是制度层面，金融机构对供应链票据及其他供应链金融业务应制定专门的风险管理制度，严格控制信用风险、贸易背景真实性风险、操作风险及合规风险。三是系统层面，上海票据交易所需完善供应链票据业务系统，及时披露供应链票据评级信息，金融机构及供应链平台应主动完善自身业务系统，并与上海票据交易

所对接，共享数据信息，共同创造公平、透明的供应链票据支付、融资环境。四是监测层面，上海票据交易所、金融机构及供应链平台应强化对供应链票据交易信息、支付信息、融资信息、兑付信息及信用信息的实时监测，出现异常情况时应及时沟通处置。

6. 争取相关部门的政策支持

一是建议人民银行加大再贴现支持力度，并适时调整再贴现利率，以推动供应链票据健康发展；二是建议银保监会对使用供应链票据的供应链企业进行差异化票据监管；三是建议财政部门、国家及各级融资担保基金适当为供应链票据的承兑人（中小企业）提供担保，并对供应链票据贴现人（中小企业）提供适当的贴息支持；四是建议税务部门对使用供应链票据的中小企业进行适当的税收优惠。

参考文献

[1] 胡跃飞，黄少卿．供应链金融：背景、创新与概念界定［J］．财经问题研究，2009（8）．

[2] 肖小和，金睿，王文静．疫情后经济发展中发挥票据在供应链金融中作用的思考［R/OL］．江西财经大学九银票据研究院．

[3] 胡晓峰．农业供应链金融数字化转型的实践及其推进思路［J］．西南金融，2021（4）．

[4] 陶可．基于绿色供应链金融视角的中小企业融资模式研究［J］．中国市场，2021（13）．

发挥票据支付信用功能
探索企业应收账款票据化之路

肖小和　杨　刚　孙　越

一、企业应收账款现状

（一）我国企业应收账款金额仍较庞大

应收账款是商业信用的直接载体，企业因赊销产品而形成应当在一定期限内向客户收取的货款。根据 Wind 数据库统计，过去几年中国规模以上工业企业的应收账款规模巨大，工业企业应收账款金额逐年增加，且账期不断拉长。根据国家统计局的数据，2019 年末，规模以上工业企业应收票据及应收账款为 17.40 万亿元，比上年末增长 4.5%。分地区来看，根据 2020 年 2 月初国家统计局披露的数据以及国家发展改革委公布的数据，2019 年末，东部地区工业企业应收票据及应收账款为 115306 亿元，升幅同比回落 2.9 个百分点，中部地区应收票据及应收账款为 33965 亿元，升幅同比回落 5.8 个百分点，西部地区应收票据及应收账款为 24749 亿元，升幅同比回落 7.7 个百分点。2019 年尽管升幅有所下降，但是应收账款金额仍较庞大。

（二）我国工业企业应收账款占比上升

应收账款和企业部门的现金流关联密切，大部分传统制造业的应收账款期限拉长，现金流紧张。2019 年末，规模以上工业企业应收票据及应收账款平均回收期为 53.7 天，比上年末增加 2.0 天。根据彭博数据粗略估算，中国工业企业应收账款周转天数中值是新兴市场同业公司的近两倍，中国工业企业应收账款回收时间最长，达到 120 天左右。2018 年末，工业企业应收账款占流动资产的比例由 24.10% 上升至 25.88%。由此可见，国内企业应收账款占用资金问题日趋显著，其中私营企业面临更大的资金占用压力和流动性风险。

（三）目前我国企业应收账款融资效果不佳

2016 年 10 月，国务院正式发布《关于积极稳妥降低企业杠杆率的意

见》，降低企业杠杆率成为供给侧结构性改革的重点任务之一。伴随着实体经济的发展，应收账款规模、应收账款占流动资产的比例以及应收账款占主营业务收入的比例均呈现上升趋势。因此，需要研究解决应收账款问题。在目前的市场上，应收账款保理、应收账款质押贷款、应收账款转应收票据贴现、应收账款资产证券化等都是企业进行应收账款变现的主要手段，但都受到一定的约束与融资效率限制。若应收账款走票据化之路，则能发挥票据支付、融资等功能。企业既可以较低的票据贴现成本获得资金，又能加快资金周转率，提升经营利润，深化票据融资功能，盘活企业存量资产，极大地提高融资效率。

二、企业应收账款票据化的优势

（一）票据功能与发展现状，为应收账款票据化提供了基础

商业信用是信用制度的基础，票据则是在商业信用基础上产生的最有代表性的信用工具。票据因交换和贸易而生，主要为企业提供资金支持，在企业无法提供充分信用支持的情况下，以未贴现商票作为基础资产实现从同业信用到企业信用的转换。在信用关系的变化和信用制度的变迁过程中，票据的功能作用不断调整变化，发展出汇兑、支付、结算等功能，在发达市场经济条件下，票据的核心功能最终演化为融资。

在我国，票据一般指商业汇票。根据付款人的不同，商业汇票被分为银行承兑汇票和商业承兑汇票，其中，银行承兑汇票占比基本保持在85%以上。票据使得企业在流动资金不足时能更为灵活地变现。我国商业汇票以一年内的短期票据为主，票据期限较债券更短，资金周转速度相对更快，更易形成活跃的市场。2018年以来，我国票据承兑余额增长迅速，以银票为主，占比在85%附近。根据上海票据交易所的数据，2019年，票据市场在经历了去杠杆和脱虚向实后，各类业务取得明显增长。全年业务总量达131.45万亿元，同比增长19.04%；其中签发承兑20.38万亿元，同比增长11.55%，其中商业承兑汇票和银行承兑汇票分别为2.54万亿元和18.63万亿元。票据贴现在企业贷款中占比提升，截至2019年末，已贴现商业汇票共8.18万亿元，未贴现的商业汇票总额约4.5万亿元，总计约12.6万亿元。票据承兑、贴现的发展，有力地服务了实体经济特别是中小微企业。

（二）票据电子化时代的发展，为应收账款票据化提供了条件

早在2006年，中国人民银行为解决国企、央企"三角债"问题曾推行

过"商业票据"（应收账款票据化），这里的"商业票据"主要指的是商业承兑汇票，而非当时使用更广泛的银行承兑汇票。当时商业票据未电子化，加上短期融资券也在相近时间推出，以及纸票真实性核查难、融资性票据泛滥、票据交易市场不完善等原因，应收账款票据化进程不甚理想。

2009年10月，人民银行正式运行电子商业汇票系统（ECDS）；2019年，上海票据交易所推出了"票付通"，并上线"贴现通"，建设了全国统一的贴现服务平台，架起了企业与贴现银行之间的桥梁，解决了贴现市场分散、信息不对称、企业受困于授信额度等多个痛点问题。2019年各个城商行相继推出相关产品，进一步提升了企业票据贴现的体验，部分城商行、农商行也加快自身系统升级，完善与电票系统之间的衔接。

"票付通""贴现通"都为应收账款票据化提供了很好的支付平台，同样，票据贴现平台也为商业汇票支付变现（包括为应收账款票据化的票据支付、融资）提供了高效服务。网络贴现是互联网时代服务金融、服务企业的票据融资新方式，效率高，对于应收账款票据化的票据具有积极意义。

（三）标准化票据产品推出，将为应收账款票据化提供发展空间

自2016年以来，中共中央、国务院及人民银行、银保监会颁布了20多个关于支持供应链金融发展、支持小微企业应收账款融资的文件，打通了从核心企业到小微企业的金融服务渠道，帮助小微企业依靠供应链金融的优势解决融资难融资贵问题。2020年6月28日，中国人民银行发布《标准化票据管理办法》，这有利于中小微企业融资和供应链重新发展，有利于中小银行解决流动性不足问题，更是为应收账款走票据化之路提供了融资新渠道。

从金融本质来分析，标准化票据最终还是要票据资产证券化，只不过底层资产是商业汇票以及其他票据资产。根据定义，标准化票据和企业应收账款资产证券化类似，本质上属于票据资产证券化，考虑到商业票据的开具和承兑一般需要一定的保证金且期限较短，现金流测算和归集相对便捷，标准化票据资产证券化特征更加清晰。

标准化票据的可行性也比ABS方式更强，具体表现在以下几个方面：第一，基础资产主体约束少。之前银行间市场交易商协会的创新产品资产支持票据（ABN）为票据融资提供了新的渠道，到目前为止未偿清规模也只有1000多亿元，占比不到1%，且以房地产行业为主，这些票据的产生本就有真实贸易背景，开票人主要是一些建筑业、制造业等从事生产的企业。中小企业的信用等级很难满足公募ABS要求，但大部分都满足票据要求。第二，发行效率更高。第三，供应链ABS底层资产大多为应收账款，但应

收账款是无法流转的。因此需要设立专项计划向原始权益人购买应收账款债权，但各个企业的债务主体资质、债务期限等差异巨大，底层资产的确权和归集十分困难。如果把应收账款换为票据则不同，票据本身就可以多次转让，加上从签发环节开始就在上海票据交易所进行，归集难度会大大降低。这也是标准化票据发行效率高的原因之一。

标准化票据的参与主体广泛，金融资金面宽，为应收账款票据化开阔融资之路。标准化票据是人民银行推出和主导的应收账款证券化产品，以后市场可以通过提升票据的融资和交易职能来便利中小企业融资，相比于普通的商业票据，标准化票据有统一的登记托管，并且可以在银行间债券市场和票据市场交易流通，交易品种包括现券、回购、远期等，可以同时反向推动应收账款的票据化。

(四) 上海票据交易所建设，助推应收账款票据化进程

上海票据交易所于2016年12月成立，其一出生就"含着金钥匙"，上海票据交易所作为人民银行批准设立的全国统一的票据电子交易平台，具备票据报价交易、登记托管、清算结算、信息服务等功能。未来标准化票据落地，上海票据交易所也将成为继证券交易所、银行间市场之外第三大标准化产品服务场所。

对此，第一，上海票据交易所可搭建全国一体化的应收账款票据平台，归集交易信息后，提供咨询服务，引入持票企业可在一体化平台报价的机制等。上海票据交易所平台可充分利用票据行为人的交易大数据，以应收账款票据承兑人、出票人、保证人的兑付履约行为向应收账款票据受让人提供充分、客观的资信信息披露，倡导恪守信用的社会责任。第二，未来上海票据交易所可以考虑成立应收账款票据化委员会，增强政府部门、各个市场机构部门的理解、指导和支持。第三，上海票据交易所可积极探索应收账款票据做市商、增信机制等，以此促进流动性。第四，上海票据交易所可利用目前发布的两条票据收益率曲线，推进应收账款票据化资产的估值定价、产品设计、交易、保值和风险管理等各类有利于应收账款票据化的金融服务，助推应收账款票据化进程。

三、应收账款票据化的思考

(一) 更新观念，发展应收账款票据化

票据业务成为中小企业获得金融支持的重要渠道。2019年，票据承兑快速增长，对实体经济特别是中小型企业的支持力度加大。由中小型企业

签发的银行承兑汇票约占 2/3，可见，票据市场在金融支持实体经济发展，尤其是中小企业融资方面继续发挥着重要作用。票据不仅通过承兑签发为企业提供了便捷的支付结算工具，而且通过贴现对拓宽中小企业的融资渠道、降低财务费用、解决融资难融资贵问题发挥了重要作用。

应收账款的票据化也就是将没有具体形态的应收账款以电子票据的形式，在交易中进行传递。目前全国使用票据的企业超过 260 万家，其中 90% 以上是民营小微企业，中小企业占比超过 2/3。企业将应收账款转化为具有法律保障的商业汇票，对企业、对持票人、对银行均积极利好。

第一，对企业而言，当企业面临流动性不足的问题时，票据融资是优先考虑的融资工具。商业汇票与支票、本票、银行汇票相比，具有信用功能；与短融券、超短融券相比，商业汇票具有支付功能，而信用功能+支付功能=货币的基础功能，即商业汇票具有货币的基础功能。从 M_1（狭义货币）的组成来看，$M_1=M_0$+企业活期存款+个人持有的信用卡类存款，反映了居民和企业资金松紧变化，M_1 同比增速下降意味着企业"资金库"里的资金减少，新增票据融资与 M_1 增速呈负相关关系，企业可通过应收账款票据化融资来补充流动性。

第二，站在持票人的角度，拿到票据总比应收账款有保障。持票人以其票据在银行办理贴现，相当于银行即期支付了货币，而持票人相当于卖断金融资产获得了价款的兑付。应收账款票据化后，将票据贴现对贴现人而言，获得了货币资金，应收账款减少，资产负债率不变；对银行而言，贷款增加，现金减少，资产负债率不变。

第三，站在银行的角度，给付了货币资金，融出了资金，既可看作是投资了一张有价证券，又可以看作是贴现贷款，如果把票据看成信用，则银行用一种信用货币（人民币）换取了另一种信用（票据资产）。银行向非银机构融出资金就属于贷款，持票人获取现金后存放银行，银行可以继续发放贷款，如此就进入了货币循环、派生货币。对银行而言，在目前"宽信用"背景下，银行端贷款信用风险的资本计提系数为 100%，其中符合小微标准的贷款是 75%。相比于贷款，银行承兑汇票贴现的计提系数低于小微标准的贷款，对资本紧张的中小银行而言，票据也是节约银行资本占用的有效工具。另外，新金融工具准则（IFRS9）将金融资产重新划分为三个科目，或推动票据业务经营模式出现一定的转变，应收账款票据化可以避免或减少计提坏账准备，提高账面盈利交付方式、提前期等方面的应变能力。

(二) 推动应收账款票据化，需要摸清底数

企业之间的经济往来会形成应收账款，应收账款存在制度基础不完善、赊账信息不透明、资金漏洞不便捷、融资业务不规范等问题，对此，党中央、国务院高度重视民营企业、中小企业的账款拖欠问题。2018 年 11 月 1 日召开的民营企业座谈会上，习近平总书记强调要高度重视"三角债"问题，纠正一些政府部门、大企业利用自身优势以大欺小、拖欠民营企业债款的问题；李克强总理在 2019 年 1 月 30 日召开的国务院常务会议上提出，要加大清理拖欠民营企业、中小企业账款力度，并进一步完善长效机制。在 2019 年的陆家嘴论坛上，易纲行长也提出人民银行将支持上海票据交易所在长三角地区推广应收账款票据化。

推广应收账款票据化是一项系统工程，涉及政府部门、人民银行、金融基础设施和金融机构各个方面，需要大家发挥合力。在解决中小企业账款拖欠问题方面，人民银行应在政策层面推动应收账款票据化。在长三角地区，建议由工信部门与人民银行上海总部牵头，商业银行参加，首先摸清应收账款底数以及票据化的可能信息，其次，助推应收账款票据化的进程，可以先行在长三角地区试点，长三角地区各项票据业务量全国占比在 1/3 左右，这为票据业务的创新打下了坚实的基础。长三角地区的相关部门应加强政策引导，对重点城市、重点行业、重点推进领域的企业应收账款做到心中有底数后，再启动应收账款票据化工作。通过搭建平台建立协同机制和推动机制，然后总结推广逐步开展。

(三) 构建票据信用生态环境，为发展应收账款票据创造条件

经济结构的调整仍面临很多困难，短期内产业结构得到大幅改善的可能性不大，导致社会整体的企业信用环境未得到大幅改观。我国信用体系建设缺失是造成企业应收账款畸高的原因之一，标准化票据在推行中，仍然面临一些问题，如企业征信问题。标准化票据推行，将对企业征信有更高的要求，中低信用主体承兑的商业汇票，标准化操作难以开展，还有较长的过程要走。

因此，要解决企业因应收账款过多而产生的票据化融资问题，首先需要确立信用工具，构建信用生态环境。应从应收类逐步发展到预付类、存货类，从上游供应商逐步发展到下游经销商，围绕核心企业信用逐步构建数据资产和数据信用。发展应收账款票据化将有助于化解企业的应收账款困局，从而降低实体经济的融资成本，但这也需要具备全社会信用生态

环境。

目前票据评级几乎是一片空白，2020年上海票据交易所有所动作，搭建了商业汇票信息披露平台，为下一步推进发展创造了条件，有利于构建商票信用评级体系。商票信用评级体系应包括付款企业评级、整张票面评级和商票市场专项履约指数，也应包括票据存托机构、经纪机构、评级机构、承销商及投资机构等的成熟以及分工配合。监管部门可以考虑并引入社会征信服务机构，对所有商业汇票承兑人、出票人、保证人的兑付履约行为进行公开评级，以此降低票据受让人的授信风险和授信成本，提升交易的便捷性。还要加强增信措施，有效打消投资者的顾虑，助力中小企业顺利融资，形成较为完整的经济社会票据信用生态环境，为发展应收账款票据创造条件。

（四）发挥央企"企票通"平台作用，再搭建地方票据平台，提升企业用票信用，解决应收账款票据化问题

商业票据是无担保借款，因此成为货币市场上一种标志信誉的工具，能够成功地在市场上出售商业票据是公司信用形象的最好证明，央企票据平台在较大程度上可实现此目的。作为国内经济的重要支柱，目前全国有95家央企以间接融资为主要融资方式，包括票据承兑等表外融资业务。

2019年8月央企在市场创新方面主动作为，中国国新控股有限责任公司（国新控股）携手招商局集团、中国建筑、中国铁建等51家中央企业共同发起设立了央企商业承兑汇票互认联盟。国新控股牵头搭建的"企票通"平台通过建立白名单机制，以及国新控股与中央企业共同为平台商票增信，可在一定程度上弥合央企白名单内企业之间的信用差异，有效促进央企商票互认生态圈的建立，促进"企票通"平台商票顺畅流通。"企票通"平台的搭建为商业承兑汇票市场发展提供了广阔空间。疫情期间，国新金服就充分发挥"企票通"平台电子化、线上化、全流程"非接触式"办理的优势，加大与央企的沟通交流力度，推动有关企业通过"企票通"开具4亿元商票，同时积极协调各家银行，解决持票企业先去区域办理商票贴现的难题，有效缓解供应链上下游企业融资难融资贵问题。

第一，央企和地方建设票据平台，有利于解决企业之间的债务问题。第二，央企和地方票据平台的发展，将推动票据无纸化、标准化进程，提升票据市场对实体经济结算与融资的服务效率，降低企业的交易成本。第三，央企和地方建设票据平台可以推动企业提高资金效率。

（五）发展供应链金融，推出应收账款票据化

发展供应链金融，推出应收账款票据化，可防止应收账款继续增加并活化企业资金。从传统模式来看，商业汇票产生于供应链中，主要运用在中小企业间，因票据个性化特征比较明显、价格形成机制较为复杂、标准化程度不够高等原因，票据融资资金主要来源于银行，使得中小企业票据融资的可得性和效率不高。供应链金融是一种基于核心企业和其上下游供应商、分销商等中小企业之间贸易关系的物流金融。供应链金融本质上是对企业资本的管理和流动性资金使用的优化，由供应链事件驱动。

从供应链金融在票据融资业务的应用层面而言，对于核心企业上游供应商赊销商品时采用票据结算的应收款项，供应链服务平台应积极推动金融服务走进行业。不断引入新的现金流，力求盘活产业链，推动产业发展。发展供应链金融，以核心企业为龙头，嵌入票据相关功能，防止应收账款继续增加并活化企业资金。

发展应收账款票据化，能有效地使整个产业链的业务流转起来，不需要资金杠杆，通过票据数据化的业务转换，为上下游合作伙伴带来更多的利益。通过商业汇票将应收账款票据化，再通过贴现等融资方式，转化为现实的现金流，不但能够进一步提高链上企业票据支付的便捷性，有利于激发核心企业签发票据的积极性，而且有利于企业利用商业承兑汇票解决账款拖欠、资金流转等问题，缓解供应链上小微企业融资难融资贵的矛盾。票据资产具有较好的收益性，是与同业存单、短融、交易户债券等类似的短期交易性资产。票据会随着现代的进步而进步，发展到基于应收账款拓展业务的应收账款票据化，会为供应链金融提供非常好的应用场景，也会积极推动整个实体经济高质量发展。

（六）商业银行与相关部门通力合作，发展应收账款票据化

新冠肺炎疫情给产业链带来了冲击，在经营困境下，许多公司选择加快资金周转来缓解现金困境，利用应收账款票据化加快应收账款的回款是解燃眉之急的好办法。公司的应收账款如能及时收回，公司的资金使用效率便能大幅提高。在目前全国经济受到新冠肺炎疫情影响的情况下，企业的全面复工经营需要更多的流动资金用于生产投入，因此，需要积极进行应收账款的管理，控制应收账款的规模并提高流动速度，缩短应收账款的账期，有效提高应收账款的周转率。

目前在我国，应收账款抵借或贴现还不流行，多数银行不受理此类业

务，而票据贴现，尤其是商业承兑汇票贴现则是一项普通业务。国务院总理李克强在 2020 年 3 月 10 日主持召开国务院常务会议，部署进一步畅通产业链资金链，推动各环节协同复工复产。国务院支持企业以应收账款融资，并且适当降低银行对信用良好企业的承兑汇票保证金比例。银保监会随后在国务院联防联控机制举行新闻发布会时表示，鼓励银行业金融机构与各企业系统对接合作提供供应链金融服务。

所以商业银行与相关部门通力合作，有利于积极推出应收账款票据化，第一，票据融资需求涉及供应链不同成员企业的利益诉求，需要商业银行与相关部门结合供应链参与企业的不同利益需求开展场景分析，并提出具体营销方案。第二，应加强对目前受到疫情冲击的中小微企业的票据业务指导，利用票据优势解决融资现金流问题。企业在供应链中产生的应付账款都可以用票据尤其是商票加以运用，票据经纪机构或商业银行可以用发债的理念帮企业在货币市场或公开市场快速融得资金。第三，商业银行与政府相关部门通力合作，在服务内容和流程柔性方面根据客户的要求不断进行服务创新，提供超出物流本身的其他服务项目，如其他金融服务，包括应收账款坏账与风险管理等业务。

（七）发挥票据全产品链作用，积极发展应收账款票据化

新冠肺炎疫情期间，一些企业亟须通过票据贴现来填补资金缺口，尽快复工复产。发挥票据全产品链作用，能更好地服务应收账款变现工作。在供应链中产生的应付账款都可以用票据尤其是商票加以运用，以此推动承兑更多地发挥支付功能，推动融资更好地发挥信用功能，推动交易和投资更多地引入金融市场资金活化票据。

（八）应用金融科技，解决应收账款票据化痛点

中征应收账款融资服务平台早在 2014 年初就上线运行，但很多应收账款付款方并不愿意进行应收账款确认。应收账款票据化后，存在票据真实性难以保证、资金转移不及时、票据掮客降低业务透明度（违规交易），以及在证券化应收账款票据资产时，底层资产披露不充分、流程复杂烦琐等问题，都是需要关注的痛点，客观上增加了急需"输血"的中小企业应收账款票据化融资成本。2019 年 8 月，中国人民银行印发《金融科技（Fin-Tech）发展规划（2019—2021 年）》，明确提出金融科技赋能金融服务提质增效，合理运用金融科技手段丰富服务渠道、完善产品供给、降低服务成本、优化融资服务，提升金融服务质量与效率。

区块链技术和供应链具有天然互补性，应收账款票据化将成为区块链技术全面应用在票据领域的最佳场景之一。第一，链上区块按时间戳记账，上链数据可追溯且不可篡改，这为中小企业运用数字资产开展应收账款票据化融资提供了一个自证贸易背景真实性的渠道；第二，数据分布式存储并受多方监管，区块链技术可以优化资产支持型应收账款票据资产产品的备案、挂牌、信息披露、登记、结算、后续管理等全流程，提高整个应收账款票据化融资效率；第三，非对称加密，只有持有私钥才能对加密信息进行解密，确保了其安全性，多方签名等技术能够有效保护企业贸易数据隐私，能调动核心企业参与供应链融资的积极性。

（九）加快标准化票据落地，推出应收账款票据化

目前《标准化票据管理办法》加快落地，进一步推动商业承兑汇票的流通，这将大大助推应收账款票据化的进程。加快标准化票据落地，突出解决应收账款票据化问题，也是为了解决4万多亿元未贴现票据融资和8.1万亿元已贴现票据再融资的问题。落实好标准化票据，应收账款票据化可能会加快实现。具备市场需求的是商业承兑汇票的标准化票据业务，因其发行效率高、成本低等特性，可能会对证监会体系内的应收账款资产证券化产生一定的挤压效应。而对于中小银行而言，在包商银行事件发生以后，中小银行的信用受到影响，标准化票据则更有吸引力，后续可能会成为主要资产。标准化票据的正式推出，使企业应收账款融资需求与更广泛的货币市场资金对接，盘活了应收账款票据化资产，解决了供应链中中小企业融资的可得性和融资成本问题。

（十）应收账款票据化需要防范风险

发展应收账款票据化，需要注意防范化解票据风险、信用风险、流动性风险、交易风险、操作风险等各类风险。2018年以来，在内外承压的背景下经济下行压力加大，企业应收账款坏账增多，需要注意应收账款票据化造成的风险累积。未来通过标准化票据产品盘活应收账款非流动性资产，银行等金融机构受经济资本约束、流动性管理、跨市场波动传导的影响增强，同时票据利率波动频率和幅度增强，期限错配、杠杆力度短期难降，这些风险因素叠加应引起高度重视。

第一，建立央企和地方票据平台可降低企业用票风险，防范信用和市场风险，控制票据真实性风险及操作风险，控制票据中介的介入，防范道德风险。"票付通"业务推出后，改变了过去企业通过线下支付票据的困

境，有效降低了企业的操作风险。第二，可以通过发展相关票据衍生品市场，为信用风险、利率风险再定价，比如通过发展票据利率互换（IRS）等对冲应收账款票据资金错配风险，对收益进行风险调整，从而助力投资者风险对冲。第三，完善对应收账款票据融资增信等机构的风险补偿政策，加大财政扶持力度，提升机构票据融资担保增信能力。第四，从监管的角度，监管层鼓励票据服务实体经济需求，同时注意信用与操作风险的管控，防止"票据空转"和"监管套利"，并防范电子票据时代新型系统风险。

参考文献

［1］宋汉光．以规范创新引领票据市场高质量发展［J］．中国银行业，2019（5）．

［2］汤莹玮．信用制度变迁下的票据市场功能演进与中小企业融资模式选择［J］．金融研究，2018（5）．

［3］肖小和，王文静．新时代票据业务服务实体经济高质量发展［J］．金融与经济，2020（1）．

发挥商业汇票支付作用与支持双循环格局发展的思考

肖小和　李紫薇[1]

一、商业汇票的作用

票据作为一种金融工具由来已久，伴随着商品经济、信用经济、金融市场的发展，其功能作用不断丰富完善。

(一) 商业汇票的功能是多元的、多方位的

经过新中国成立后70多年特别是改革开放40多年的发展，票据已经成为集汇兑、支付、结算、融资、调控、信用、投资和交易功能于一身的重要金融工具，在促进实体经济特别是中小微企业发展、服务双循环新发展格局、推动金融供给侧结构性改革、传导货币政策等方面都发挥着不可替代的作用。可以说，票据因信用而存在，因支付而发生，因融资而发展，因创新而繁荣，因服务实体经济而具有无限发展空间。

(二) 商业汇票支付已发挥的作用

近年来，票据市场快速发展，承兑、背书、贴现金额逐年增长。2018年，商业汇票承兑发生额为18.27万亿元，票据承兑占GDP的比重为19.98%；企业背书金额为39.77万亿元，占GDP的比重为43.50%；贴现发生额为9.94万亿元，占GDP的比重为10.87%。2020年，票据签发承兑金额为22.09万亿元，占GDP的比重为21.89%，较2018年增长1.91个百分点。票据背书金额为47.19万亿元，占GDP的比重达到了46.76%，较2018年增长3.26个百分点。票据贴现金额为13.41万亿元，占GDP的13.29%，较2018年增长2.42个百分点。2018—2020年，票据承兑、背书、贴现年均增长率分别达到了10.45%、9.33%、17.45%，票据市场的快速增长拓展了票据服务实体经济的力度和广度。一方面，企业票据覆盖面进一

---

[1] 李紫薇，九江银行票据中心、江西财经大学九银票据研究院研究员。

步扩大，2020年企业用票金额合计82.7万亿元，同比增长4.27%；用票企业数量为270.6万家，同比增长11.22%，其中，中小微企业用票金额为44.03万亿元，占比为53.24%；用票企业数量近267万家，占比为98.7%，这对于进一步扩大票据支付面，推动票据支付功能发展是个利好消息。另一方面，票据承兑小额化趋势明显，2018年第三季度，票据承兑平均面额突破100万元；2021年2月，承兑平均面额达到63.22万元，表明票据的支付结算功能逐渐增强。除此之外，商业承兑汇票也取得了较快的发展，2020年累计签发商业承兑汇票3.62万亿元，同比增长19.77%，占全市场签发量的比重达到16.39%，较2019年提升1.55个百分点。商票贴现达1.03万亿元，较2019年增长9.85%，商业承兑汇票的快速发展有利于进一步深挖票据支付属性，推动票据支付功能发展。

（三）支付功能是基本的和独特的

票据在企业支付结算需求下应运而生，可以通过法定程序流通转让，代替现金进行支付。一方面，票据具有延期支付、可背书转让等优势，出票人可以将银票或经自身承兑后的商票支付给收款人，用于满足企业间短期资金支付需求。另一方面，企业可将持有的票据背书转让，用于满足企业间款项支付需求。票据承兑和背书的发展为实体经济提供了支付结算便利，能够降低财务成本，加速资金周转，促进贸易往来。

票据因支付而发生，其本质为根植于商品贸易活动中的商业信用。无信用不票据，可以说票据的流通是信用货币的基础，而企业之间经济往来活动所产生的支付结算需求则为票据流通的原生动力，是票据全生命周期的开端。企业签发并交付票据，出票行为得以完成，票据的生命周期开始，而票据的背书流转则能够有效解决企业间的账款拖欠问题，从而缓解实体经济尤其是小微企业融资难融资贵问题，推动票据货币化支付发展进程，一方面可以缓解由于货币超发所带来的通货膨胀压力，另一方面实现了商业信用的叠加与传递。因此，可以说票据的支付功能是基本的和独特的。

二、双循环格局可以发挥票据支付功能

双循环格局下，票据支付功能在实体经济尤其是制造业和批发零售业及贸易往来中具有巨大的发展潜力。

（一）双循环新发展格局的提出

2020年5月14日，中共中央政治局常委会会议首次提出"构建以国内

大循环为主体、国内国际双循环相互促进的新发展格局"。双循环新发展格局是党中央面对新发展局面的重要部署，党的十三届全国人大四次会议通过的《中华人民共和国国民经济和社会发展第十四个五年规划和2035年远景目标纲要》将"加快构建以国内大循环为主体、国内国际双循环相互促进的新发展格局"作为我国"十四五"时期经济社会发展的重要指导方针。

（二）制造业和批发零售业及贸易往来可以积极发挥票据支付功能

"十四五"规划进一步提出坚持扩大内需战略基点，将扩大内需与供给侧结构性改革有机结合起来，这为我国经济发展提供了基础，也为票据市场发展提供了基础。实体经济是我国经济发展的着力点，是我国经济高质量发展的重要推动力量。从国内生产总值的构成来看，制造业、批发零售业对 GDP 的贡献度接近 40%，是关系国计民生的重要行业。批发零售业在决定经济运行速度、质量和效益等方面起着重要的引导性作用，是拉动消费和引领创新供给的重要部分。制造业是一个国家生产力水平的直接体现，是我国经济结构转型的基础。然而，近年来，金融支持制造业力度减弱，我国制造业占比下滑十分严重，民营资本融资难、流动性获取不足。而批发零售业则大多聚焦于中小微企业，融资难融资贵是其发展过程中亟须解决的难题。

相比于货币市场、资本市场，票据市场在支持实体经济发展尤其是中小微企业发展方面具有覆盖面更广、支持力度更强、更经济的优良特性。商业汇票尤其是电子商业汇票作为一种重要的延期支付工具，具有跨地域使用、接受度强、效率高等优势，能够有效缓解企业融资难融资贵问题，是小微企业和民营企业可获得性最强的金融产品。制造业、批发零售业是传统用票行业，其票据业务量一直居于市场前列。上海票据交易所数据显示，2018—2019 年，制造业票据签发背书量占全市场签发背书量的比重超过 30%，批发零售业占比超过 40%，其在制造业、批发零售业及贸易往来中可以积极发挥票据支付功能，盘活企业应收账款。据江西财经大学九银票据研究院测算，在静态条件下，一年可签发商业汇票 180 万亿元，其中，制造业可达到 110 万亿元，批发零售业可达到 42 万亿元以上。由此可见，在双循环新发展格局下，充分发挥票据支付功能，对于推动实体经济，尤其是制造业和批发零售业发展作用巨大。

三、发挥票据支付功能，服务双循环格局建设

票据支付有优势、有潜力，市场参与主体需达成共识，转变票据理

念，依托供应链金融、依托电子商业承兑汇票、依托票据平台建设、依托绿色金融发展抓票据支付，建机制、控风险、促创新，在双循环新发展格局背景下，票据支付必将迎来新发展。

（一）转变票据理念

票据是集多种功能于一体的信用工具，一直以来，票据融资功能深入人心，而作为基本功能的支付功能鲜少被理论界提及。票据的本源在于支付，发挥票据支付功能需转变票据理念，充分认识票据支付属性，重新提倡票据支付功能，进一步将票据支付落到实处。

（二）抓供应链金融票据支付

票据天然具有服务于供应链金融的优势，银发〔2016〕224号文鼓励金融机构以供应链上下游关系密切的龙头企业或集团企业为重点，带动上下游企业使用电子商业汇票。发挥票据支付功能，可以以供应链票据作为切入点。在供应链场景使用商业汇票进行支付，可以串联供应链企业，带动优质企业信用传递，推动商业信用票据化、应收账款票据化发展，进一步降低企业资金成本。

（三）抓电子商业承兑汇票支付

企业融资形式多样，据估测，我国大概有30万亿元的流动资金贷款，由于公司贷款需要支付利息，对企业而言是利益的损失；签发银行承兑汇票需要支付保证金，对企业而言也是利益的损失。商业承兑汇票尤其是电子商业承兑汇票具有支付和融资等功能，具备互联网属性，无须保证金存款，凭企业自身信用即可签发，可以作为货币支付的替代工具。以电子商业承兑汇票为抓手，推动电子商业承兑汇票货币化支付，走流动资金票据化之路，通过签发电子商业承兑汇票来替代银行承兑汇票，可以真正节约企业融资成本，缓解货币超发压力。

（四）抓票据平台建设，支持支付

近年来，财务公司票据平台、央企"企票通"平台加快推出，成为票据市场的一部分。民间票据平台也朝着规范化、平台化方向发展，着眼于帮助持票贴现企业、收票贴现机构筛选票据市场渠道，以降低企业融资成本，让票据自由流通。发挥票据支付功能，可以以平台建设为渠道，在总结经验的基础上，在长三角等地建设区域性电子商业汇票平台，以畅通企业票据背书流转，加速资金回笼，进一步降低企业融资成本，支持票据支付发展。

（五）发挥"企票通""军工票"等的作用，推动支付

"企票通""军工票"是央企、军工集团财务公司在统一理念，共建、共担、共赢的基础上为所属平台企业提供的票据信用互认和增信渠道。通过统一平台建设，能够有效降低产业链企业综合融资成本，提高支付效率。发挥票据支付功能，可以充分发挥"企票通""军工票"等的作用，示范引领，打造推广票据产业生态圈，推动票据支付发展。

（六）建机制和名单管理，发展支付

发展票据尤其是商票及其支付功能，可以考虑建立评估与担保机制，完善的信用评级体系能够提高票据尤其是商票的市场接受度，减少票据流通转让壁垒。票据市场应该加快信用体系建设，组建票据信用评级机构，为承兑与贴现主体提供全方位、动态化的票据信用评级与追踪服务；建立名单管理机制，通过加强失信惩罚措施，增强全社会失信成本，降低信用违约概率。完善商票担保机制，推动保险增信、担保增信等发展，以进一步推动票据支付功能发挥。

（七）推动票据支付服务绿色金融发展，在碳达峰、碳中和目标实现中发挥应有作用

2020年9月，我国在第七十五届联合国大会上提出力争在2030年前实现碳达峰、2060年前实现碳中和的目标。当前，绿色金融在全球范围内蓬勃发展，成为国际金融体系发展的重要趋势。绿色票据是构建绿色金融体系的重要组成部分，发挥票据支付功能，可以以发展绿色票据为契机，充分发挥票据支持绿色小微、民营企业的作用，支持绿色产业链供应链发展，支持绿色经济发展，推动绿色金融体系建设，在碳达峰、碳中和目标实现中发挥应有作用。

（八）抓票据支付创新发展

我国票据支付主要采取线下支付模式，由于票款支付不统一，"背飞""打飞"风险时有发生，给票据市场发展带来了安全隐患。科技创新将传统的线下支付线上化，逐渐实现多流合一，提升票据支付安全性与便利性。发挥票据支付功能，可以以科技创新为动力，充分运用区块链、大数据、人工智能等金融科技力量，借助计算机等工具载体，进一步完善支付功能，扩大票据支付范围，提高票据支付效率，提升票据服务实体经济的深度与广度。

（九）抓风险防范，促进票据支付

风险是底线，在推动票据发展的同时，需要进一步加强风险管理，建立风险防范机制，将风险防范落到实处。应进一步健全市场风险监测体系，完善风险监测指标，加强风险识别、风险分析与评估工作，强化监测结果运用。借助区块链、大数据等金融科技手段进行票据全生命周期风险管理，全面降低票据市场风险，促进票据支付功能发挥。

参考文献

［1］肖小和，李紫薇．中国票据市场发展趋势研究——基于票据历史的视角［J］．上海立信会计金融学院学报，2021（1）：41-56.

［2］肖小和，余显财，金睿，柯睿．推进"十四五"批发零售行业票据业务发展的思考［EB/OL］．［2021-01-18］．凤凰新闻．

［3］肖小和，金睿．积极发展绿色票据 努力服务绿色经济高质量发展［J］．中国城市金融，2019（6）：53-56.

［4］李紫薇．供应链票据支付创新研究——以上海票据交易所"票付通"为例［D］．南昌：江西财经大学，2020.

票据支持出口转内销的研究

肖小和 金 睿

外贸和内贸的经营模式存在本质的不同,外贸企业出口转内销面临的问题都需要资金支持,商业汇票签发方便,票面金额和期限设定相对灵活,且既能向上游企业背书支付,又可向金融机构贴现融资,是出口转内销企业开展经营活动时首选的金融工具。因此,可以利用现有的票据基础设施充分发挥商业汇票在外贸企业转型内销中的作用,助力外贸企业渡过难关、平稳转型、健康发展。

一、出口转内销的发展背景与问题

内外贸在结算方式、交易规则、市场拓展等方面的差异,使得外贸出口型企业在转型内销的过程中存在着财务流动性上的特殊困难,迫切需要短期资金支持。商业汇票具有远期信用支付功能,还可去商业银行进行贴现融资,变现能力强,如使用得当可精准解决外贸企业出口转内销面临的短期流动性紧张等问题。

(一) 出口转内销的时代背景

以前,在经济、贸易全球化深入发展的外部环境下,各类产品出口对我国产业快速发展发挥了重要作用。但是近年来,部分国家在国际交往中奉行单边主义,在贸易上实行闭关保护主义,经济上和国际贸易中各种显性、隐性的壁垒恶化了我国外贸企业平稳发展的外部大环境。

2020年5月23日,习近平总书记在参加全国政协十三届三次会议的联组会时指出:"面向未来,我们要把满足国内需求作为发展的出发点和落脚点,加快构建完整的内需体系,逐步形成以国内大循环为主体、国内国际双循环相互促进的新发展格局,培育新形势下我国参与国际合作和竞争的新优势。"

2020年6月22日,为深入贯彻落实党中央、国务院关于统筹推进新冠肺炎疫情防控和经济社会发展工作的决策部署,做好"六稳"工作、落实

"六保"任务，国务院办公厅提出以下意见：发挥政府引导作用，支持出口产品转内销，帮助外贸企业纾困，确保产业链供应链畅通运转，稳住外贸外资基本盘。发挥企业主体作用，坚持市场化运作，鼓励外贸企业拓展销售渠道，促进国内消费提质升级。落实地方属地责任，因地制宜推动出口产品转内销工作，重点帮扶本地区重要产业链、供应链外贸企业和中小微外贸企业。

（二）资金支付结算和财务流动性问题值得重视

外贸和内贸的经营模式存在本质的不同。

一是品牌和销售渠道问题。目前，我国对外贸易的主流模式是为国外品牌产品代生产加工，重在生产过程，很少涉及市场营销与销售，几乎没有自主外贸产品品牌。如果出口转内销，则开拓国内市场时，就必须面对产品品牌和销售渠道构建的问题。对于习惯接外贸订单之后进行加工的企业而言，只需把生产和质量做好并直接交货就可以。而转做内销，为提高品牌辨识度和销量，还需成立营销部门，在市场推广、广告投放、渠道拓展等方面加大投入，这对短期资金的充裕程度有很高的要求。

二是对外出口贸易遵循的是国际贸易的标准制度章程，包括海关商检、信用证和出口信用保险制度等，这些国际通行的准则在很大程度上保证了外贸经营的规范性。在进行国际贸易的货物出口时，国外的进口中间商大多采用自营模式，该国零售商向该国进口中间商买断商品后再销售，一般不存在内贸常见的销售返点、回款时间过长等问题，国内外贸企业的货款收回能得到较好的保障，账期也比较合理。但在国内贸易中，如果供货商采取直接进入零售行业的贸易方式，无论是在线上的天猫、京东、苏宁等自营平台销售，还是在传统线下商超售卖，一般均需支付高额的进场费以及各项杂费，并且大多数零售商都要求先进货后付款以及无条件退货等，造成供货商的回款周期较长、资金占用大、经营风险剧增，有的零售商甚至故意拖欠货款，加剧了供货商的资金周转困难。

二、票据是内销支付结算和融资的首选工具

作为集交易、支付、清算、信用、融资等众多金融属性于一身的非标金融资产，票据的市场规模大、制度体系健全、基础设施完善，是财资管理和金融创新的重地。

（一）票据具有支付结算、信用扩张和融资功能

票据指出票人根据《票据法》签发的，由自身无条件支付确定的金额

或委托他人无条件支付确定的金额给收款人或持票人的有价证券。本文中的票据特指企业在贸易结算中最常使用的商业汇票。在日常经济活动中，票据的应用已相当普遍。

其作用包括：一是支付结算，企业之间的债权债务，可以通过票据背书转让来结算；二是信用功能，票据的签发承兑本身就是基于真实贸易背景而开立和流转的，由于汇票开立和实际兑付之间有时间差，因而扩张了债务人的信用；三是融资功能，持票企业可以找金融机构贴现或创设标准化票据，快速回笼资金，持票的银行也可以通过转贴现、回购和再贴现融入资金。票据天然的支付与融资属性是外贸企业进行内销活动时首选的金融工具，可以帮助节约资金使用，最大可能地腾挪出更多资本进行国内市场的拓展。

(二) 票据制度体系与基础设施完善

票据制度具有流通性、无因性、文义性、要式性、独立性的特点。《中华人民共和国票据法》《票据管理实施办法》《商业汇票承兑、贴现与再贴现管理暂行办法》《支付结算办法》的相继实施奠定了我国商业汇票的宏观管理和制度基础。票据的基础制度规范了票据市场参与者的债权债务关系和行为模式，给市场参与各方提供了准确的交易预期，同时也明示了不守规矩的严重后果。

上海票据交易所及其旗下的电子商业汇票系统和票据交易系统为票据支付、交易和清算提供了重要的基础设施。ECDS上线伊始就与所有商业银行和财务公司实现了直连，并接受所有其他金融机构和资管产品接入系统。票据基础设施起步早，稳定性强，使得票据具有统一硬件设施、电子化操作、期限灵活、流转和融资及交易均比较方便、成本较低等特点，还可以享受中央银行再贴现等相关扶持中小微外贸企业的精准滴灌政策。外贸企业在与上下游交易时使用票据比纯粹的商业白条能得到更多制度层面的保障，极大地降低了交易对手违约概率，减少呆账产生的可能性。

(三) 票据可应用于外贸企业出口转内销时的供应链

供应链具有运作闭合性、自偿性、连续性的特点，外贸企业与链上企业日常业务结合紧密，风险可控度高。根据外贸企业出口转内销时是否占据供应链核心地位，票据的应用有所不同。如果外贸企业是某一细分领域的核心企业，议价能力强，则可以签发电子商业承兑汇票向上游原材料供应商支付货款或服务费。电子商业承兑汇票由核心外贸企业直接承兑，省

却了商业银行信用担保环节，既缩短了业务流程，节约了票据承兑费用，降低了企业的财务成本，同时也能把金融机构给外贸企业的闲置授信利用起来为供应链上的企业融资服务。

大多数中小外贸企业在供应链上不占据优势地位，则产品进入线上各大电商平台和线下实体商超渠道时，尽可能向强势的终端渠道销售商索要商业汇票作为支付结算方式，终端渠道销售商此时作为供应链核心企业，一般都有金融机构的授信额度，可以疏通电子商业承兑汇票在商业银行贴现的渠道。商业银行应加快研究落实商业承兑汇票贴现的授信办法和办理流程，划出一块票据贴现的信贷规模专门用于商业承兑汇票贴现业务，实现票据和资金的结合。

三、发挥票据功能，促进经济内循环

对于利用现有的票据基础设施，充分发挥商业汇票在外贸企业转型内销中的作用，可从以下五个方面入手。

（一）建立地方政府和外贸部门牵头、人民银行参加的票据推动机制

地方政府和外贸部门可以重点结合当地新型基础设施、新型城镇化建设和重大工程建设（"两新一重"）需要，组织对接一批符合条件的出口产品转内销，帮助外贸企业融入投资项目产业链、供应链。引导外贸企业积极补链、固链、强链，推动产业链协同创新和产业结构调整，加大技术和工艺升级改造力度，参与工业和通信业重大项目建设。

人民银行各地分支机构可以根据当地外贸企业转型内销的情况建立白名单制度，让管辖范围内的商业银行摸排上报出口转内销的外贸企业白名单，白名单内的企业签发的商业汇票以及持有供应链上其他企业开具的票据申请贴现时可以享受价格优惠。人民银行可以定向划拨再贴现额度和优惠利率，精准滴灌辖内转型内销的外贸企业，并在监管考核评分上鼓励商业银行将人民银行的特殊政策惠及白名单内企业。人民银行还可以把再贴现资源向大型外贸企业签发的商业承兑汇票倾斜，鼓励核心外贸企业在其主导的供应链上推广使用商业承兑汇票进行支付结算，有人民银行作为最终再贴现人可以提高供应链上中小企业商业票据融资的可获得性和市场认可度，并能切实有效降低商业承兑汇票的融资成本。

（二）建立外贸企业与商业银行联动的票据互通机制

票据既有支付结算功能，也有扩张信用的融资功能，理应是我国多层

次融资体系的一部分。股票、债券等融资工具只适用于少数具有行业竞争优势的大型外贸企业，多数中小外贸企业在公开市场没有评级，无法在资本市场成功融资。另外，相对于银行流动资金贷款，票据市场基础设施完善，电子票据最长期限达一年，并且可以自主约定到期期限，通过企业网银签发，流转非常便捷，还可以同开户银行一事一议，满足双方约定的特定条件并获得银行承兑作为信用加持，这些基本属性同外贸企业的短期融资需求十分契合。

同时，依托上下游的真实贸易背景，票据的到期兑付具有自偿性特征，并且对于长期在某家商业银行做基础支付结算的外贸企业，银行可以获得稳定的大数据以帮助灵活调整、控制票据信用敞口及保证金比例，尽可能地创造条件为外贸企业提供短期流动性支持。外贸企业在转型内销的过程中可能遇到生产周期长、销售回款速度慢等问题，金融机构可以根据外贸企业不同的发展阶段和发展特点把票据承兑业务嵌入外贸企业的日常经营管理流程中，提高票据产品在外贸企业中的普及率和使用率，加快行业资金周转速度，避免由于临时流动性不足而导致经营困难情况的发生。

（三）建立外贸企业与上海票据交易所供应链票据平台合作机制

占据终端零售渠道的大型采购商向外贸企业购买出口转内销的货品时可以设立供应链平台，依托上海票据交易所的电子商业汇票系统，与对应供应链金融平台对接，为大型采购商提供电子商业汇票的签发、承兑、背书、到期处理、信息服务等功能，通过供应链票据平台签发供应链票据。供应链上大型采购商与外贸企业之间产生应收应付关系时，可以通过供应链票据平台直接签发供应链票据，供应链票据可以在链上企业间转让，通过申请贴现或标准化票据融资。

供应链票据平台是推动外贸企业出口转内销时产生的应收账款票据化的重要措施之一，有利于转型期外贸企业应收账款的规范化和标准化，可优化外贸企业应收账款结构，提高中小外贸企业应收账款的周转率和融资的可获得性。上海票据交易所可在合法合规的前提下，牵头推动购买出口转内销货品的大型采购商设立供应链票据平台，积极稳妥地完善供应链票据平台功能，为外贸企业转型内销做好相关服务和技术支持工作。

（四）建立外贸企业与大型采购企业合作机制

商业银行通过票据业务切入外贸企业的供应链时，可以与把控终端销售渠道的大型采购企业及其上游外贸企业建立长期的互惠互利的合作共生

关系。

首先，商业银行在各自的风控框架内可以选择当地主要大型采购企业做主动专项授信，并鼓励大型采购企业开立结算账户签发商业承兑汇票给上游出口转内销的外贸企业。

其次，针对供应链上游外贸企业分散在全国各个区域的特点，商业银行应该有针对性地完善异地客户授信管理体制和各分支机构对大型采购企业授信额度共享机制，推动全国性业务全国办、全国业务区域办的业务联合办理机制。

最后，还需升级商业银行内部授信审批和作业系统，优化外贸企业异地开户、异地贴现等办理流程，降低供应链上外贸企业办理票据融资业务的成本。发挥票据全生命周期的特性，疏通从大型采购企业签发票据到外贸企业拿到票据申请贴现以及后续金融机构之间的票据转贴环节，流通的票据更具生命力，才能更好地为出口转内销企业服务。

（五）防范票据风险

为了使票据支持出口转内销长期可持续，必须做好风险防范的顶层设计。根据独立、公正、客观、科学的原则设定票据专项评级、授信体系，采用宏观与微观、动态与静态、定量与定性相结合的科学分析方法，确定出票企业和承兑人的信用等级。对于商业汇票的承兑企业而言，评级得分由定性指标和定量指标得分加总得出。定性指标涵盖经营环境、企业自身股东背景、信用记录、票据签发记录以及发展前景等方面。定量评价体现为企业财务分析，从财务结构、偿债能力、运营能力和盈利能力四个方面考量。

票据承兑主体的当期信用直接决定票据的到期偿付与票据交易、流通的顺畅程度，因此，对承兑主体进行信用评级是票据评级的重要环节。评价承兑企业的定性指标应参照出票人信用评级，考虑到票据交易期限较短，企业短期偿债能力和盈利能力应是考察承兑主体的重点。做好信用评级这项基础工作，可以建立交易对手白名单数据库，进一步确定对某个企业的授信额度，并在票据管理系统中实时显示剩余额度，进而有效控制最大风险敞口。

全国与各省市 2020 年新增社融与 GDP 对比分析

肖小和　李紫薇

一、新增社融与 GDP 对比分析

社会融资规模增量（或称社融增量）是指一定时期内，实体经济从金融体系获得的资金总额。社会融资规模的变化体现出社会经济的活跃程度，同时也反映了金融体系对实体经济的支持程度。2020 年，受新冠肺炎疫情冲击，人民银行加大宏观政策应对力度，以降低融资成本、支持实体经济发展为导向，保持市场流动性合理充裕，引导金融机构加大信贷投放力度，多措并举引导金融系统向实体经济让利，金融支持实体经济力度进一步增强。2020 年，全国社会融资规模增量为 348633 亿元，同比增加 91898 亿元，增幅达到 36.32%；2020 年社会融资规模增量占 GDP 的比重高达 34.31%，较 2019 年提高 8.39 个百分点。随着金融供给侧结构性改革的不断深化，金融服务实体经济的效率和水平也不断提升，有力支持了企业复工复产和经济社会稳定发展。

就各省市社会融资规模增量而言，超过全国平均社会融资规模增量的省市有北京、江苏、浙江、山东、河南、四川、广东，其中，广东社会融资规模增量达到了 40692 亿元，位居全国第一，而青海社会融资规模增量最低，仅有 117 亿元。各地社会融资规模增量的差异在一定程度上反映出不同地区经济的发展水平，江苏、浙江、山东、河南、四川、广东等经济发达地区，社会融资规模增量相对较高，均超过 30000 亿元；而海南、西藏、青海、宁夏等经济欠发达地区，社会融资规模增量相对较低，均不足 1000 亿元。

就各省市社融增量占地区生产总值的比重而言，北京、浙江、广东、贵州、甘肃 5 省市社融增量占地区生产总值的比重均超过全国平均水平，其中，浙江这一比例最高，达到了 49.77%，较全国平均水平高出 15.46 个百分点；内蒙古、辽宁、青海社融增量占地区生产总值的比重均不足

10%，其中，青海最低，仅有 3.89%。

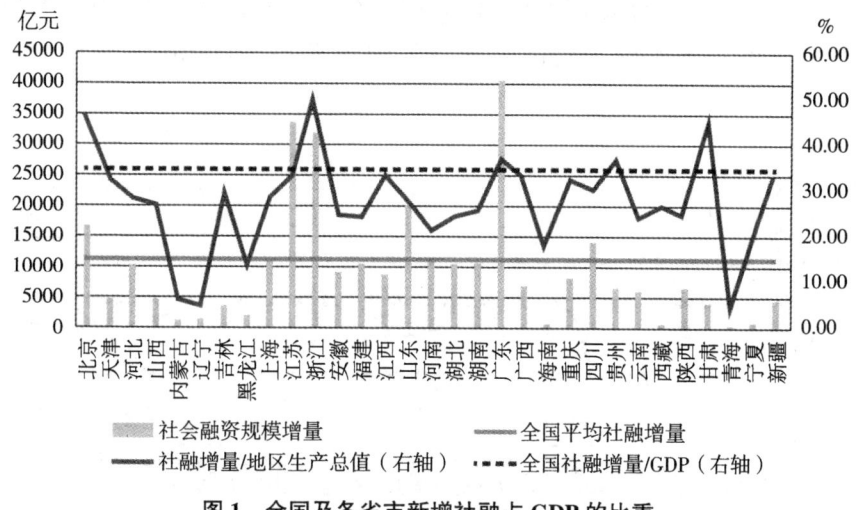

图 1　全国及各省市新增社融占 GDP 的比重

二、新增贷款与 GDP 对比分析

2020 年，全国本外币贷款增量达到 201760 亿元，同比增加 34200 亿元，增幅达到 20.41%，其中，新增人民币贷款 200310 亿元，同比增加 31475 亿元，人民币贷款的显著增加，推动了社会融资规模的快速增长；新增外币贷款 1450 亿元，同比增加 2725 亿元。新增贷款占社会融资规模增量的比重达到 57.87%，尽管这一比重较 2019 年下降 7.64 个百分点，但仍超过社会融资规模增量的半数以上，表明金融体系对实体经济的资金支持主要通过贷款发放。在一系列减费让利政策的支持下，实体经济融资成本进一步下降，从而刺激了我国经济的发展。2020 年全国新增贷款占 GDP 的比重为 19.86%，较 2019 年提高 2.87 个百分点。

就各省市本外币贷款增量而言，新增本外币贷款超过全国平均水平的省市有北京、河北、上海、江苏、浙江、安徽、福建、山东、河南、湖北、湖南、广东、四川，其中，江苏、浙江、山东、广东新增本外币贷款均超过 10000 亿元，广东达到了 28222 亿元，位居全国第一；而内蒙古、青海、西藏新增本外币贷款低于 500 亿元，其中，青海新增本外币贷款实现了负增长，为 -53 亿元。

就各省市本外币贷款增量占地区生产总值的比重而言，北京、天津、河北、江苏、浙江、江西、广东、广西、贵州 9 省市本外币贷款增量占地区

生产总值的比重均超过全国平均水平，其中，浙江这一比例最高，达到了 33.84%，较全国平均水平高出 13.98 个百分点；内蒙古、黑龙江、海南、青海本外币贷款增量占地区生产总值的比重均不足 10%，青海最低，为-1.76%。

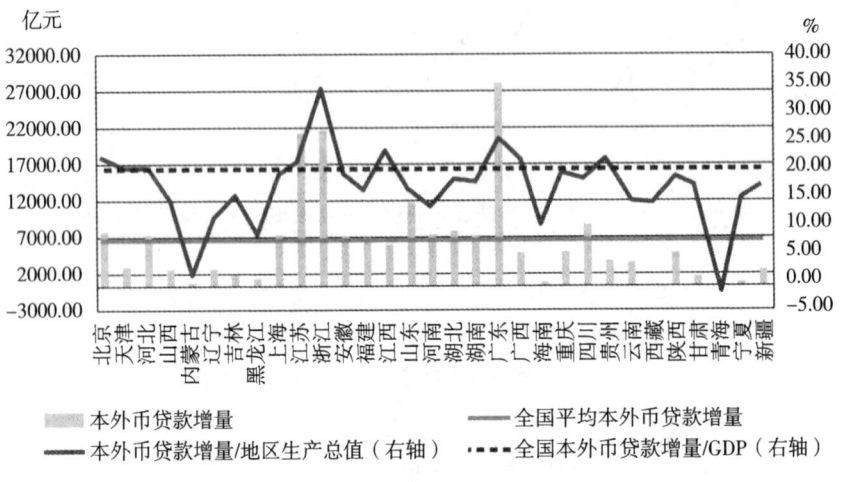

图 2 全国及各省市新增贷款占 GDP 的比重

三、新增债券（企业债+政府债）与 GDP 对比分析

2020 年，全国债券增量达到 127836 亿元，同比增加 47248 亿元，增幅达到 58.63%，其中，新增企业债券 44466 亿元，同比增加 11082 亿元；新增政府债券 83370 亿元，同比增加 36166 亿元，新增债券占社会融资规模增量的比重达到 36.67%，较 2019 年提高 5.54 个百分点，成为推动社会融资规模增量上升的另一重要因素。2020 年 6 月，中国人民银行发布《标准化票据管理办法》，打通了票据市场与债券市场之间的壁垒，充分发挥债券市场的专业定价能力和投资能力，进一步增强了票据的融资功能和投资功能。2020 年全国新增债券占 GDP 的比重为 12.58%，较 2019 年提高 4.51 个百分点。

就各省市新增债券而言，超过全国平均债券增量的省市有北京、江苏、浙江、山东、广东、四川，其中，北京、江苏、浙江、山东、广东新增债券均超过 5000 亿元，广东达到了 8549 亿元，位居全国第一；而辽宁、海南、西藏、青海、宁夏新增债券均低于 500 亿元，其中，宁夏债券增量最低，仅有 224 亿元。

就各省市债券增量占地区生产总值的比重而言，北京、天津、西藏 3 省市债券增量占 GDP 的比重均超过全国平均水平，其中，北京这一比例最高，达到了 21.44%，较全国平均水平高出 8.85 个百分点；内蒙古、辽宁、河南债券增量占地区生产总值的比重均不足 5%，其中，辽宁最低，仅有 1.35%。

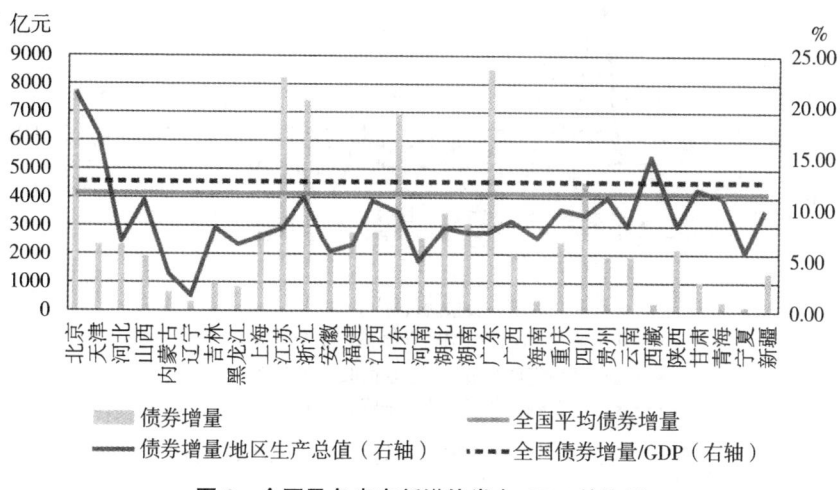

图 3　全国及各省市新增债券占 GDP 的比重

四、新增股票融资额与 GDP 对比分析

2020 年，全国非金融企业境内股票融资额达到 8923 亿元，同比增加 5444 亿元，增幅达到 156.48%，非金融企业境内股票融资额的提高是推动社会融资规模增量上升的重要因素之一。2020 年，创业板改革并试点注册制正式落地，股票发行注册制改革取得重要成果，全年全国股票融资额占 GDP 的比重为 0.88%，较 2019 年提高 0.53 个百分点。

就各省市新增非金融企业境内股票融资额而言，超过全国平均股票融资额增量的省市有北京、上海、江苏、浙江、福建、湖北、广东、四川，其中，北京、上海、广东新增股票融资额均超过 1000 亿元，上海达到了 1508 亿元，位居全国第一；而西藏、青海、宁夏、新疆新增股票融资额均低于 30 亿元，其中，青海、宁夏无新增非金融企业境内股票融资额。

就各省市新增股票融资额占地区生产总值的比重而言，北京、天津、上海、浙江、广东 5 省市股票融资额增量占地区生产总值的比重均超过全国平均水平，其中，上海这一比例最高，达到了 3.9%，较全国平均水平高出

3.02 个百分点；山西、内蒙古、广西、青海、宁夏、新疆新增股票融资额占地区生产总值的比重均不足 0.15%。

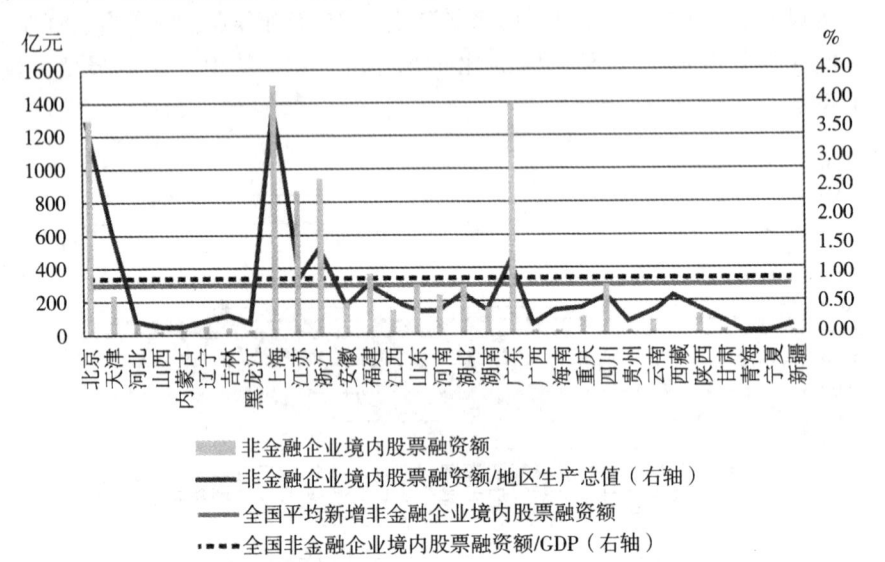

图 4 全国及各省市新增股票融资额占 GDP 的比重

五、新增债券（企业债+政府债）+股票融资额与 GDP 对比分析

2020 年，全国新增债券和股票融资额达到 136759 亿元，同比增加 52692 亿元，增幅达到 62.68%，全国新增债券和股票融资额占社会融资规模增量的比重达到 39.23%，较 2019 年提高 6.74 个百分点，资本市场融资规模的提高有力推动了社会融资规模的提升。2020 年新增债券和股票融资额占 GDP 的比重为 13.46%，较 2019 年提高 5.04 个百分点。

就各省市新增债券和股票融资额而言，超过全国平均新增债券和股票融资额的省市有北京、江苏、浙江、山东、广东、四川，其中，北京、江苏、浙江、山东、广东新增债券和股票融资额均超过 5000 亿元，上海达到了 9955 亿元，位居全国第一；而辽宁、海南、西藏、青海、宁夏新增债券和股票融资额均低于 500 亿元，其中，宁夏最低，仅有 224 亿元。

就各省市新增债券和股票融资额占地区生产总值的比重而言，北京、天津、西藏 3 省市新增债券和股票融资额占地区生产总值的比重均超过全国平均水平，其中，北京这一比例最高，达到了 25.05%，较全国平均水平高出 11.59 个百分点；内蒙古、辽宁新增债券和股票融资额占地区生产总值的比重均低于 5%，其中，辽宁最低，仅有 1.58%。

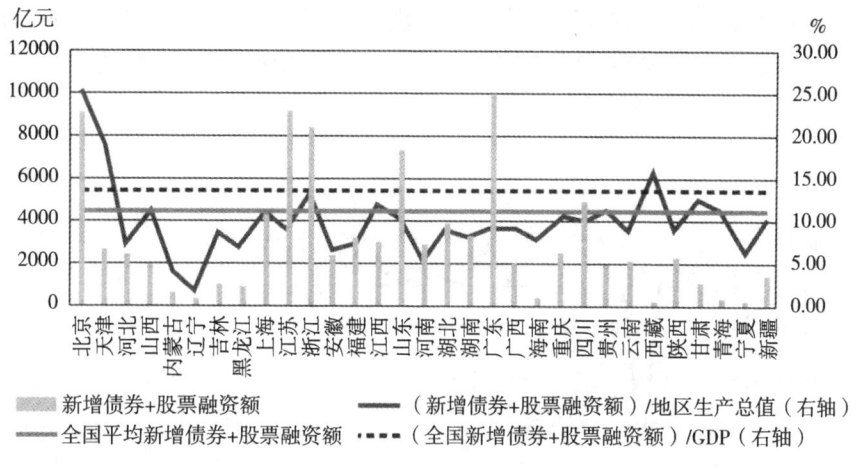

全国与各省市 2020 年新增社融与 GDP 对比分析

图 5　全国及各省市新增债券+股票融资额占 GDP 的比重

六、未贴现银行承兑汇票、委托贷款、信托贷款增量与 GDP 对比分析

2020 年，全国未贴现银行承兑汇票、委托贷款、信托贷款增量为 -13228 亿元，同比增加 4392 亿元，其中，新增未贴现银行承兑汇票 1746 亿元，同比增加 6503 亿元；新增委托贷款 -3954 亿元，同比增加 5442 亿元；新增信托贷款 -11020 亿元，同比减少 7553 亿元。2020 年全国未贴现银行承兑汇票增量占 GDP 的比重为 0.17%，较 2019 年提高 0.65 个百分点；全国委托贷款增量占 GDP 的比重为 -0.39%，较 2019 年增加 0.56 个百分点；全国信托贷款增量占 GDP 的比重为 -1.78%，较 2019 年降低 0.73 个百分点。

就各省市未贴现银行承兑汇票增量而言，新增未贴现银行承兑汇票超过全国平均水平的省市有河北、吉林、黑龙江、上海、江苏、浙江、福建、河南、湖南、广东、广西、重庆、四川、山西、青海、新疆，其中，河北、上海、江苏、浙江、福建、广东新增未贴现银行承兑汇票均超过 500 亿元，增量最高的为广东，达到了 2243 亿元；而北京、天津、山西、内蒙古、辽宁、安徽、江西、山东、湖北、海南、贵州、云南、宁夏新增未贴现银行承兑汇票均为负增长，其中，辽宁省最低，为 -2252 亿元。

就各省市未贴现银行承兑汇票增量占地区生产总值的比重而言，河北、吉林、黑龙江、上海、江苏、浙江、福建、湖南、广东、广西、重庆、四川、西藏、山西、甘肃、青海、新疆未贴现银行承兑汇票增量占地区生产总值的比重均超过 0.17% 这一全国平均水平，其中，青海这一比例最

· 155 ·

高，达到了3.36%，较全国平均水平高出3.19个百分点；辽宁、海南、贵州、宁夏新增未贴现银行承兑汇票占地区生产总值的比重均不足-1%，其中，辽宁仅有-8.97%，为全国最低。

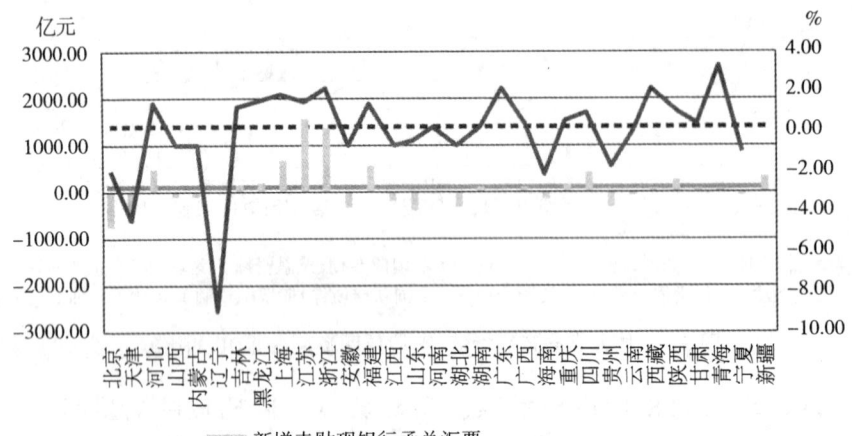

图6 全国及各省市未贴现银行承兑汇票增量占GDP的比重

就各省市委托贷款增量而言，新增委托贷款超过全国平均水平的省市有河北、山西、内蒙古、吉林、黑龙江、山东、河南、湖北、湖南、广西、海南、重庆、四川、西藏、甘肃、青海、宁夏、新疆，其中，河北、内蒙古、吉林、山东、海南、西藏、甘肃、新疆均实现了正增长，河北委托贷款增量达到515亿元，为全国最高；而北京、辽宁、江苏、安徽、广东、云南委托贷款增量均低于-300亿元，其中，北京为-949亿元，为全国最低。

就各省市委托贷款增量占地区生产总值的比重而言，北京、天津、辽宁、上海、安徽、福建、江西、贵州、云南、山西、青海新增委托贷款占地区生产总值的比重均未达到全国平均水平，北京、天津这一比例均不足-2%；在委托贷款增量占地区生产总值的比重超过全国平均水平的省市中，吉林、西藏、新疆新增委托贷款占地区生产总值的比重均超过1%，其中，新疆最高，达到了2.38%。

就各省市信托贷款增量而言，新增信托贷款超过全国平均水平的省市有山西、内蒙古、辽宁、吉林、江苏、安徽、河南、湖南、广西、海南、重庆、贵州、云南、西藏、甘肃、宁夏、新疆，其中，江苏、河南、贵州、云南、甘肃均实现了正增长，甘肃信托贷款增量达到911亿元，为全国最

· 156 ·

高；而河北、上海、湖北、广东、陕西信托贷款增量均低于-1000亿元，其中，上海为-1746亿元，为全国最低。

就各省市信托贷款增量占地区生产总值的比重而言，北京、天津、河北、黑龙江、上海、浙江、福建、江西、湖北、广东、四川、西藏、陕西、青海新增信托贷款占地区生产总值的比重均未达到全国平均水平，西藏和青海这一比例不足-5%，青海最低，为-13.31%；在信托贷款增量占地区生产总值的比重超过全国平均水平的省市中，江苏、河南、贵州、云南、甘肃新增信托贷款占地区生产总值的比重均为正，其中，甘肃最高，达到了10.10%。

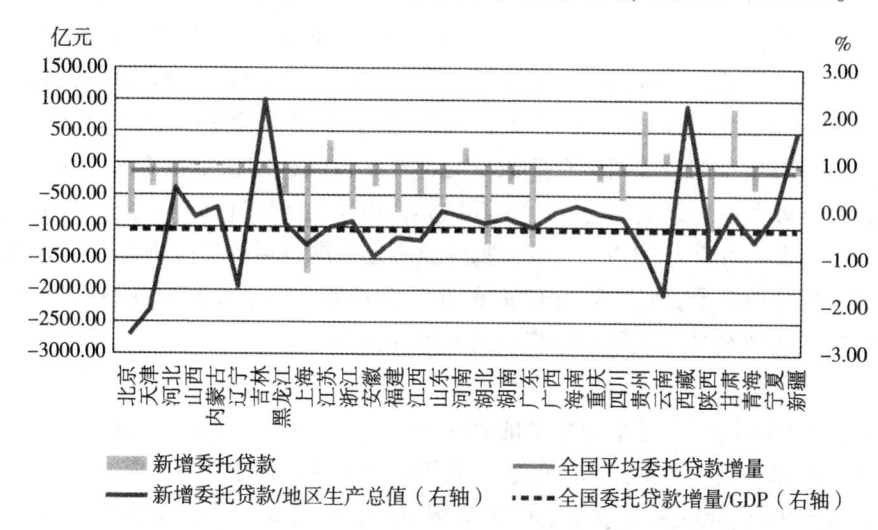

图 7　全国及各省市委托贷款增量占 GDP 的比重

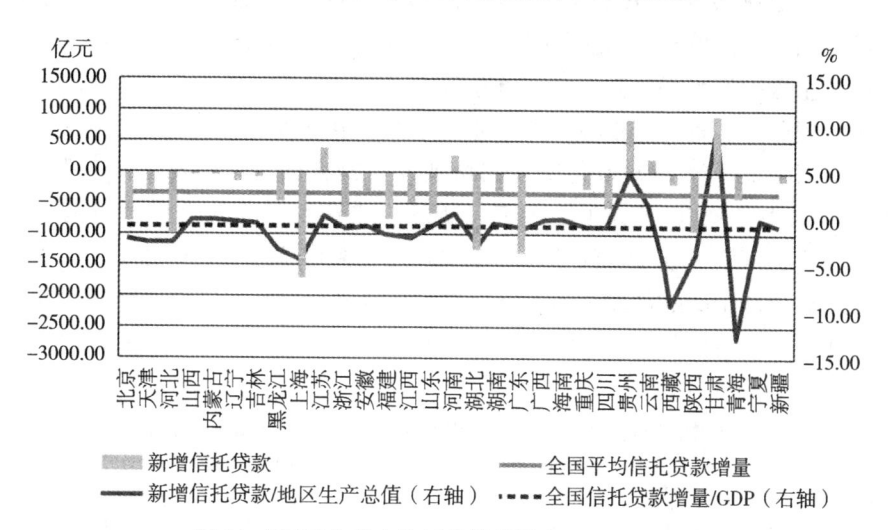

图 8　全国及各省市信托贷款增量占 GDP 的比重

七、票据业务分析

根据上海票据交易所的数据，2020 年票据签发承兑金额为 220936.00 亿元，同比增长 17142.41 亿元，票据承兑额占 GDP 的比重为 21.75%，较 2019 年提升 1.09 个百分点；票据承兑余额为 140904.72 亿元，同比增长 13613.13 亿元，占 GDP 的比重为 13.87%，较 2019 年提升 0.97 个百分点；票据贴现金额为 134144.75 亿元，同比增长 9555.98 亿元，占 GDP 的比重为 13.20%，较 2019 年提升 0.57 个百分点；票据贴现余额为 87779.46 亿元，同比增长 5963.33 亿元，占 GDP 的比重为 8.64%，较 2019 年提升 0.35 个百分点。票据市场的快速发展拓展了票据服务实体经济的力度和广度，企业票据覆盖面进一步扩大，2020 年企业用票金额合计 82.7 万亿元，同比增长 4.27%；用票企业数量为 270.6 万家，同比增长 11.22%，其中，中小微企业用票金额为 44.03 万亿元，占比为 53.24%；用票企业数量近 267 万家，占比为 98.7%。服务实体经济是票据市场的初心所在，通过格兰杰因果分析，承兑发生额与 GDP 的相关性达到 92%，贴现发生额与 GDP 的相关性达到 62%，表明票据市场与 GDP 高度相关。

就各省市票据业务而言，在已披露票据业务数据的 24 个省市[①]中，银票承兑发生额高于全国平均水平的省市有辽宁、浙江、北京、江苏、河南、福建、广东，其中，浙江、江苏、广东银票承兑量均超过 10000 亿元，江苏以 25635.10 亿元的银票承兑量位居全国第一；而青海、宁夏银票承兑发生额均不足 1000 亿元，其中，青海最低，仅有 295.90 亿元。在银票承兑未到期额方面，在已披露票据业务数据的 24 个省市中，有 18 个省市银票承兑余额高于全国平均水平，其中，江苏最高，达到了 17792.5 亿元；仅有宁夏、甘肃、内蒙古、青海、吉林、黑龙江 6 个省市银票承兑余额低于全国平均水平，青海最低，为 249.80 亿元。在贴现发生额方面，贴现发生额[②]超过全国平均水平的省市有山西、辽宁、浙江、北京、江苏、重庆、河南、广东，其中，辽宁、北京、江苏、广东贴现发生额均超过 20000 亿元，广东最高，达到 104476.60 亿元，而宁夏、甘肃、青海、吉林、广西票据贴现发生额均不足 5000 亿元，广西最低，仅有 2167.20 亿元。在贴现余额方面，贴

---

① 2020 年已披露票据业务数据的 24 个省份分别为山西、辽宁、浙江、北京、宁夏、江苏、重庆、甘肃、河南、河北、湖北、陕西、福建、内蒙古、安徽、四川、江西、广东、青海、吉林、广西、云南、湖南、黑龙江。

② 为保证数据的可比性及统计口径的一致性，此处使用的为人民银行口径贴现数据。

现余额超过全国平均水平的省市有辽宁、浙江、北京、江苏、湖北、安徽、广东，其中，北京、江苏、广东贴现余额均超过5000亿元，广东以10852.70亿元居全国首位，而宁夏、甘肃、青海、吉林、广西贴现余额均不足1000亿元，吉林最低，仅有526.00亿元。

就各省市票据业务占地区生产总值的比重而言，山西、辽宁、浙江、江苏银票承兑发生额占地区生产总值的比重均超过全国平均水平（21.75%），其中，辽宁这一比例最高，达到了35.02%，较全国平均水平高出13.27个百分点；内蒙古、安徽、四川、青海、云南、湖南、黑龙江银票承兑发生额占地区生产总值的比重均低于10%，其中，湖南最低，仅有7.19%。在银票承兑余额占比方面，山西、辽宁、浙江、江苏银票承兑余额占地区生产总值的比重均超过全国平均水平（13.87%），其中，辽宁这一比例达到24.91%，为全国最高；而内蒙古、安徽、云南、湖南、黑龙江银票承兑余额占地区生产总值的比重均不足6%，其中，湖南这一比例仅有4.51%，为全国最低。在贴现发生额占比方面，山西、辽宁、北京、宁夏、江苏、重庆、江西、广东、青海、云南、黑龙江贴现发生额占地区生产总值的比重均超过全国平均水平（39.76%），其中，北京这一比例超过100%，达到107%，为全国最高，而四川、广西、湖南贴现发生额占地区生产总值的比重不足20%，其中，湖南这一比例全国最低，仅为9.78%。在贴现余额占比方面，山西、辽宁、北京、宁夏、甘肃、陕西、江西、广东、青海贴现余额占地区生产总值的比重均超过全国平均水平（8.27%），其中，北京、青海这一比例均超过20%，青海更是达到了29.3%的全国最高水平，而河南、福建、四川、吉林、广西、湖南贴现余额占地区生产总值的比重均不足5%，广西最低，仅有2.76%。

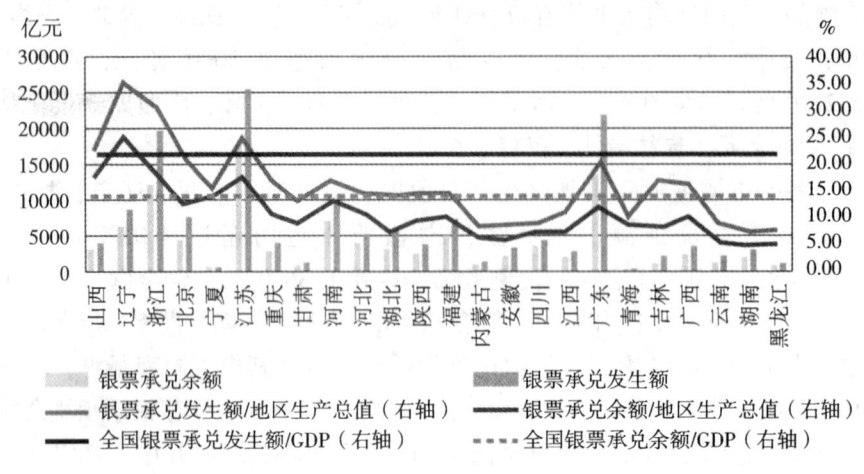

图 9　全国及各省市票据承兑业务占 GDP 的比重

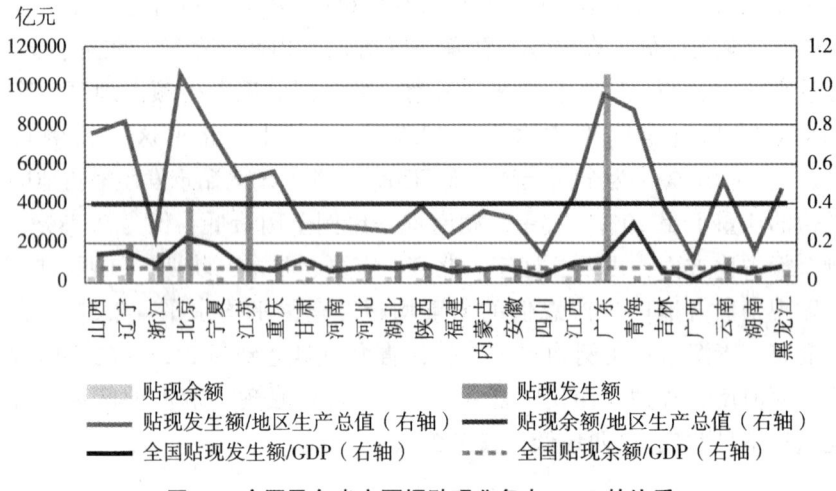

图 10　全国及各省市票据贴现业务占 GDP 的比重

八、结论

综观全国及各省市社会融资规模发展，有一定规律可循，主要体现为：资本市场发展快的省市有 6 个，新增社融高于全国平均水平；货币市场发展快的省市有 13 个省市，新增社融高于全国平均水平；票据市场发展快的省市有辽宁、浙江、北京、江苏、河南、福建、广东等，新增社融高于全国平均水平。

资本市场为实体经济提供长期资金支持，相较而言，资本市场融资使

用效率较高,然而,其准入条件较为严苛,融资难度较大。从 2020 年社融数据来看,仅有北京、江苏、浙江、山东、广东、四川 6 个省市资本市场融资额高于全国平均水平。为进一步推动直接融资发展,提高资本市场融资效率,国家将"全面实行股票发行注册制,建立常态化退市机制,提高直接融资比重"作为"十四五"时期资本市场发展的战略目标和重点任务。

货币市场为实体经济提供短期资金支持,相比资本市场,融资难度小,但是,融资成本相对较高,资金使用效率相对较低。一直以来,人民银行通过宏观调控引导货币政策施行,助力货币市场资金向实体经济传导。从 2020 年社融数据来看,北京、河北、上海、江苏、浙江、安徽、福建、山东、河南、湖北、湖南、广东、四川等东南沿海地区货币市场融资额高于全国平均水平,这些地区实体企业及金融机构数量多,实体经济更倾向于通过本外币贷款从金融机构获取融资。

在委托贷款、信托贷款、未贴现银行承兑汇票三种融资方式中,委托贷款、信托贷款融资便利性相对更高,与此同时,融资成本也相对较高,对于融资的运作要求较高。从 2020 年社融数据来看,山西、内蒙古、吉林、河南、湖南、广西、海南、重庆、西藏、宁夏、新疆等中西部地区委托贷款、信托贷款增量高于全国平均水平,由此可见,中西部地区金融机构更乐意通过委托贷款、信托贷款的方式向实体经济提供融资支持。虽然这些省市此类业务发展快,但规模不大,与贷款、债券相比体量非常小,所以对社融贡献不大。

相较而言,票据承兑融资是实体经济最便利、最经济、最好的金融工具,作为货币市场的重要组成部分,票据市场主要解决实体经济短期资金问题,便利企业支付需要。票据的签发、背书流转能够有效解决企业间的账款拖欠问题,缓解实体经济尤其是小微企业融资难融资贵问题,一方面可以缓解由于货币超发所带来的通货膨胀压力,另一方面实现了商业信用的叠加与传递,未来可进一步加快票据承兑融资发展,推动实体经济更好、更快发展。

第二章

新时代商票发展研究

服务构建双循环格局
建设商票框架体系研究

肖小和　木之渔

一、商票及商票市场

(一) 商票的定义

《中华人民共和国票据法》第十九条规定"汇票是出票人签发的,委托付款人在见票时或者在指定日期无条件支付确定的金额给收款人或者持票人的票据。汇票分为银行汇票和商业汇票"。

《支付结算办法》第七十二条规定"商业汇票是出票人签发的,委托付款人在指定日期无条件支付确定的金额给收款人或者持票人的票据"。第七十三条规定"商业汇票分为商业承兑汇票和银行承兑汇票。商业承兑汇票由银行以外的付款人承兑……"。

(二) 商票的分类

1. 按介质分

商业承兑汇票按介质划分可分为纸质商票和电子商票两类。

2. 按类别分

商票按类别划分可分为一般商票和供应链票据两类。供应链票据是指企业通过供应链金融平台开展的各类商票业务行为。除供应链票据之外的商票为一般商票。

(三) 商票市场

1. 商票市场发展概况

近年来商票市场发展呈现以下几个特点。

(1) 业务量快速增长。近年来,商票市场业务量增长迅速,以电子商票为例,2020年电子商票承兑发生额为3.62万亿元,较2017年增长90.63%;贴现发生额为1.03万亿元,较2017年增长58.87%;转贴现增长较为缓慢,发生额为3.15万亿元,较2017年增长15.68%。

表1　2017—2020年电子商票业务发生额增长情况　　单位：万亿元

时间	承兑		贴现		转贴现	
	银票	商票	银票	商票	银票	商票
2017年	11.12	1.90	6.31	0.65	41.77	2.12
2018年	15.55	2.55	9.09	0.82	31.60	3.00
2019年	17.36	3.02	11.52	0.94	35.87	2.95
2020年	18.47	3.62	12.38	1.03	40.96	3.15
较2017年增幅	66.11%	90.63%	96.23%	58.87%	-1.94%	15.68%

资料来源：上海票据交易所网站。

（2）业务量占比小、变化少。虽然商票承兑、贴现、转贴现等业务近年来增长迅猛，但其在市场中的占比仍然较小，且变化幅度较小，仍以电子商票为例，电子商票承兑业务四年来围绕15%的占比上下波动，贴现占比、转贴现占比分别围绕8.21%、7.38%波动。

表2　2017—2020年电子商票业务发生额占比情况　　单位：万亿元

时间	承兑			贴现			转贴现		
	银票	商票	商票占比	银票	商票	商票占比	银票	商票	商票占比
2017年	11.12	1.90	14.59%	6.31	0.65	9.34%	41.77	2.72	6.11%
2018年	15.55	2.55	14.07%	9.09	0.82	8.25%	31.60	3.00	8.66%
2019年	17.36	3.02	14.84%	11.52	0.94	7.5A%	35.87	2.95	7.61%
2020年	18.47	3.62	16.39%	12.38	1.03	7.70%	40.96	3.15	7.13%
平均值	—	—	14.97%	—	—	8.21%	—	—	7.38%

注：商票占比=商票发生额/（银票发生额+商票发生额）。

资料来源：上海票据交易所网站。

（3）承兑占比高于融资占比。从商票承兑、贴现、转贴现业务数据看，商票承兑的市场占比远高于商票贴现、转贴现的市场占比，说明商业银行对商票融资较为谨慎，仅少数企业承兑的商票能流入银行间市场，大部分商票只能在企业间流转，无法获取银行融资。

2. 商票市场存在的问题

（1）信用风险相对较高。票据的信用风险主要指票据到期后承兑人不兑付的风险。总的来看，商票的信用风险大于银票，主要是因为商票基于商业信用，承兑人主要为中小企业；银票基于银行信用，承兑人为商业银行、财务公司等金融机构。目前国内商业信用基础设施尚不健全，商票评

级、信息披露、风险保护等机制仍有待完善。因此，现阶段商票信用风险相对于银票而言仍较高。

（2）存在伪假风险。近年来，随着电子票据的不断发展，纸质票据逐步退出票据市场，传统伪假纸质票据作案手法销声匿迹。电子商票领域出现了一类新型伪假风险，即通过开立伪假企业银行账户，冒名开立电子商票骗取受害企业或银行资金。上海票据交易所已于2020年10月推出票据账户主动管理功能，但此类案件仍有发生。

（3）流通性较差。商票信用风险相对较高、信息透明度相对较低、存在伪假风险等情况，导致商票在票据市场中流通性相对较差、企业接受度相对较低。

金融机构对于商票采取选择性接受的态度，一般仅接受本机构有授信的企业或供应链核心企业签发的商票办理贴现，且贴现利率较高，办理流程较长，在一定程度上降低了商票的流通性。

（4）市场存在感较弱。从数据中可以看出商票在整个票据市场中的占比远低于银票，商票承兑签发仅占票据市场的14%，商票贴现占全市场的8%，商票转贴现占全市场的7%，虽然相关业务占比总体上略有上升，但无法改变商票在票据市场、企业支付融资工具、银行信贷政策中的弱势地位。

（四）商票框架体系建设的可行性

1. 有基础设施支持

从基础设施的角度看，目前商票市场基础设施已有一定规模，可在此基础上进一步完善。一是上海票据交易所已成为商票二级市场交易平台，中国票据交易系统支持商票二级市场交易、登记、托管及清算，ECDS（电子商业汇票系统）支持商票所有非交易信息登记；二是部分行业类票据基础设施已在运行，如军工票据平台（面向军工行业）、"企票通"（面向央企）等。市场基础设施为商票框架体系建设奠定了基础。

2. 有配套机制支持

从配套机制的角度看，目前票据市场风险及估值机制已初见雏形。一是票据市场估值机制正在建立，上海票据交易所已推出国股银票转贴现收益率曲线和城商银票转贴现收益率曲线，未来将会推出商票收益率曲线；二是票据信息披露机制正在完善，上海票据交易所已发布商票信息披露要求，建设商票信息披露平台，商票信用体系建设正逐步走上正轨。市场配套机制为商票框架体系建设提供了保障。

3. 有创新发展支持

近年来，商票市场创新产品层出不穷，上海票据交易所接连推出了"票付通""贴现通"、供应链票据和标准化票据等创新产品。其中，"票付通"用于商票支付领域，"贴现通"用于商票贴现市场，供应链票据是面向供应链平台及供应链上下游企业的新型商票，标准化票据解决了商票资产证券化的问题。市场创新为商票框架体系建设注入了动力。

二、商票框架体系

（一）概述

商票框架体系是票据市场框架体系的子体系，是涵盖商票市场交易关系的整体组织、结构总称，是商票市场的顶层设计。

商票框架体系主要包括商票市场体系、商票组织体系、商票交易体系、商票发展体系、商票参与主体体系、商票经营体系、商票管理体系、商票制度体系、商票监管体系、商票服务体系、商票信息科技体系、商票功能体系、商票信息体系以及商票研究体系14个部分。

（二）主要内容

1. 商票市场体系

商票市场涵盖商票全生命周期，由商票承兑市场、商票贴现市场、商票转贴现市场、商票再贴现市场、商票创新产品市场、商票经纪市场、商票评级市场、商票交易市场8个子市场组成。

2. 商票组织体系

商票组织体系是商票市场的管理中枢，由政府部门和监管部门组成。其中，政府部门包括工信部门、国资部门、财政部门、商务部门、地方中小企业管理部门等；监管部门包括人民银行、银保监会、地方金融监督管理局等。

3. 商票交易体系

交易体系是商票市场的助推器，包括传统型交易产品、创新型交易产品以及交易规则三部分。其中，传统型交易产品包括商票贴现、转贴现、再贴现等品种；创新型交易产品包括商票资管、商票理财、商票资产证券化、标准化商票、供应链票据、远期票据等品种。

4. 商票发展体系

商票发展体系包括内涵发展和外延发展两部分，内涵发展是指商票市场的内部机制和内生动力，包括商票市场的担保机制、交易机制、托管机

制、清算机制等；外延发展是指商票市场的外部环境和基础支撑，包括商票市场的法律环境、监管政策、商票承兑及贴现基础设施、商票交易基础设施、跨境商票基础设施等。

5. 商票参与主体体系

商票参与主体包括直接参与主体和间接参与主体两类。直接参与主体是指直接参与商票市场相关业务的主体，包括企业、商业银行、人民银行（参与再贴现）、财务公司、非法人产品（资管计划等）及其他直接参与主体（包括券商、基金、信托、保险等机构）等；间接参与主体是指为商票市场提供间接服务的主体，包括商票平台、担保公司、评级公司、经纪公司、高校、智库、法务等服务主体，以及投资主体（非法人产品投资者）等。

6. 商票经营体系

商票经营体系是指商票直接参与主体开展经营活动的组织架构、经营模式等，包括人民银行商票经营管理模式、银行类商票经营管理模式和非银类商票经营管理模式三大类。其中，人民银行商票经营管理模式针对商票再贴现业务；银行类商票经营管理模式针对商票全生命周期，建立集中化、专业化的票据（商票）经营管理模式；非银类（财务公司等）商票经营管理模式针对商票二级市场交易，建立专业化的票据（商票）管理团队。

7. 商票管理体系

商票管理体系是指商票直接参与主体围绕商票经营开展的一系列管理活动，包括商票产品管理、创新管理、估值管理、营销管理、合规管理、运营管理及风险管理等。

8. 商票制度体系

商票制度体系主要包括法律法规、监管制度、业务制度、行业规范四个层面。法律法规主要指《票据法》及其他相关的法律法规、司法解释等；监管制度主要指人民银行、银保监会、地方金融监督管理局等监管机构发布的各项商票监管制度；业务制度指上海票据交易所、商业银行、财务公司及其他直接、间接参与主体发布的商票业务制度，其中，上海票据交易所发布的业务制度在全市场通用，其他参与主体发布的业务制度仅限于内部使用；行业规范是指行业协会发布的相关要求。

9. 商票监管体系

商票监管体系主要包括监管机构监管、直接参与主体内部监管两方面。监管机构监管是指由人民银行、银保监会、地方金融监督管理机构对商票

市场建立自上而下的监管模式；直接参与主体内部监管是指商票直接参与主体在机构内部建立商票监管架构，实施商票业务审计、监测、管理等。

10. 商票服务体系

商票服务体系是指为商票市场提供间接服务的相关功能，主要包括建设商票评级机制、商票经纪机制以及提供商票增值服务（含商票培训、担保、顾问、代理等）。

11. 商票信息科技体系

商票信息科技体系是指商票市场中借助技术手段开发的各类业务系统，包括商票基础业务系统、商票大数据系统、智能化系统以及其他信息系统。商票基础业务系统是指商票市场业务开展的底层业务系统，包括中国票据交易系统、ECDS、商票承兑与贴现基础设施业务系统、跨境商票业务系统等；商票大数据系统是指运用大数据技术对商票市场进行监测、研判的业务系统；智能化系统是指运用人工智能技术实现商票智能化交易及风险防控的业务系统；其他信息系统是指商票市场用于信息统计、业务分析的其他相关辅助性系统。

12. 商票功能体系

商票功能体系是指运用商票市场产品实现票据各项功能属性，包括商票支付、融资、投资、交易、信用等功能。

13. 商票信息体系

商票信息体系是指商票全市场、全生命周期的各类数据信息，包括商票市场业务统计信息、价格信息、估值信息、评级信息及信息披露等。商票市场业务统计信息是指针对商票市场承兑、交易、背书、兑付等类别的全口径统计数据；商票市场价格信息是指商票市场各类期限、各类金额区间、各类信用评级、各类交易产品的报价、询价和成交信息；商票市场评级信息是指针对商票及商票承兑人、贴现人的信用评级信息；商票市场估值信息是指针对商票市场不同期限、不同信用主体、不同交易产品的收益率曲线；商票市场信息披露是指商票生命周期关键节点的承兑信息、兑付信息等。

14. 商票研究体系

商票研究体系是指由市场参与主体或第三方专家针对商票市场进行全方位的研究工作，包括商票顶层设计、商票发展研究、商票创新研究、商票法律研究、商票信用研究、商票风险研究、商票管理研究等。

三、建设商票框架体系的意义和作用

（一）有利于落实双循环政策

1. 有利于政策落地

建设商票框架体系将为商票市场创造良好的生存、发展环境，利用商票的商业信用特性，为企业签发商票的背书、贴现、转贴现、再贴现等提供便利条件，落实金融服务实体经济、双循环等相关政策要求。

2. 有利于实体经济

建设商票框架体系，将进一步推进商票信用管理、经纪管理、信息披露等机制的建设，改变商票接受度差、风险高、流转难等现实状况，将加快商票在实体经济中的流转，便利供应链上下游企业之间的支付与融资，强化商业银行与实体经济的票据联系，实现商票在企业与金融机构间充当循环媒介的作用，为国内大循环和国内国际双循环提供金融支持。

（二）有利于商票市场的高质量发展

1. 有利于规划商票市场发展方向

商票框架体系从商票市场全周期、全流程、全维度等视角，梳理了商票市场的政策、制度、产品、系统、风险、功能、组织及研究等子市场体系，是对商票市场规划的顶层设计，并将指导商票市场未来发展。

2. 有利于商票市场规范发展

一方面，商票框架体系将政府机构引入商票市场，可引导企业支付与融资，规范企业的用票行为；另一方面，监管部门将进一步规范金融机构市场行为，优化监管政策，与政府部门共同推动票据市场规范发展。

3. 有利于商票市场创新发展

建设商票框架体系，将引入更多市场参与者，完善商票市场基础设施，调整商票市场管理政策，为供应链票据、标准化商票等新兴产品打开发展空间，并为商票市场创新发展创造条件。

4. 有利于推动商业银行改革

一是商业银行管理架构方面，可以推动商业银行集中化票据经营模式，提升商业银行专业化票据管理能力，强化商业银行集约化票据业务发展思路；二是商业银行盈利模式方面，可以提升商票贴息价差收益、转贴现价差收益等中间业务收入，改变商业银行收益结构，提升商业银行的盈利能力。

5. 有利于提升票据市场效率

建设商票框架体系可进一步完善商票市场基础设施及业务系统，业务处理将进一步集中化、便利化和电子化；引入评级机构、经纪机构及强化信息披露，将进一步提高市场活跃度，提升市场透明度，减少业务壁垒，降低业务风险，增加商票市场运行效率。

（三）有利于商业信用的持续培育

长期以来，我国商业信用领域发展较为缓慢，总体规模相对较小，信用意识、信用培训相对薄弱，征信信息尚未完全实现互联共享，企业向银行申请的融资大多基于担保而非基于商业信用。商票是集中体现商业信用的业务产品，建设商票框架体系将在较大程度上推动商票市场发展，并将提供更多征信数据信息，推动人民银行征信系统不断丰富、完善，持续推动我国商业信用体系发展成熟。

（四）有利于实体经济的融资支持

商票具有支付与融资特性，持票人可持商票向商业银行申请办理贴现，但由于商票多为中小企业签发，贴现业务办理流程长、准入要求高、贴现价格高，大量商票难以融资变现，只能在企业间流转或持有到期。建设商票框架体系将推动商票评估机制建设，并推动市场透明度、活跃度大幅提升，有助于商票回归融资本源，有助于降低企业尤其是中小企业的融资门槛及融资成本，强化商票市场对实体经济的支持。

四、商票框架体系推动的思考

（一）加强市场顶层设计

顶层设计是指运用系统论的方法，从全局的高度对目标项目进行各方面、各层次、各要素的统筹规划。商票框架体系正是从全局着眼，对商票市场进行了全方位、系统化的梳理与规划，是商票市场的顶层设计。

商票框架体系是一项意义重大的系统工程，需要相关部门、市场参与者转变认识共同推动，大力发展商票业务，提升商票在重点行业、核心供应链中的使用，提高商票在中小企业支付融资中的占比，从普惠性、服务性、交易性及安全性等角度提升商票市场的内涵。

（二）落实国家政策要求

建设商票框架体系必须紧扣国家政策，严格落实政策要求。一是必须坚持金融服务实体经济原则，应优化企业在商票出票、承兑、贴现、背书

转让、提示付款、追索等各环节的业务功能，减少中间环节，提升市场透明度。二是必须坚持普惠金融原则，如考虑将财政部门引入票据领域，开展财政担保、财政贴息服务，应优先选择中小微企业实施，改善中小微企业的生存状况。三是必须坚持协调推进原则，商票市场相关部门需通力合作，共同推进商票框架体系建设。

（三）完善市场基础设施

商票市场基础设施应由人民银行总体牵头完善，并明确其他管理主体的责任，共同推动商票市场基础设施建设。

一是交易领域，人民银行可委托上海票据交易所规划、完善商票交易基础设施，上海票据交易所可以在现有业务规则、业务系统的基础上单独设立商票子模块，将商票交易、商票交易评级、商票交易经纪、商票信息披露、商票收益率曲线等功能均纳入此模块，单独对商票子模块进行研究改造，以适应商票市场需求。

二是非交易领域（商票承兑、贴现领域），可由工信部门牵头，会同人民银行、银保监会、国资、财政、税务等部门建设区域（行业）商票平台，作为上海票据交易所的有益补充。区域（行业）商票平台主要面对企业与金融机构开展商票承兑、贴现的相关撮合业务，包括财政担保（针对商票承兑业务）、财政贴息（针对商票贴现业务）、贴现撮合、贴现经纪以及商票评级等；平台需与上海票据交易所开展数据对接，实现商票业务数据、利率数据、信息披露数据、评级数据及收益率曲线数据的实时交换，共同推进商票市场高质量发展。

三是跨境领域，随着人民币国际化进程的不断深入，跨境商票市场是未来发展的方向，相关部门可预备方案，提前做好建设跨境票据基础设施的准备工作。

（四）推动市场制度建设

建议由人民银行牵头完善票据市场的各项法规及政策。一是尽快修订《票据法》，为商票市场参与主体提供良好的法律环境；二是协调商票市场各监管机构，调整相关商票监管政策，为商票市场发展排除政策阻力；三是明确对商票评级管理、经纪管理的准入要求；四是强化行业自律，通过中国银行业协会、中国支付清算协会等行业自律机构出台规范性文件，促进商票市场自律、规范发展。

（五）优化市场系统环境

系统建设是商票市场框架体系建设的重要一环，目前商票市场系统环

境对比成熟市场仍有较大的提升空间，一是要推动商票市场业务流程、风险管理标准化及规范化，尤其是商票承兑、贴现子市场，为商票平台系统建设创造业务条件；二是要推进商票市场基础业务系统建设，推动中国票据交易系统与 ECDS 的融合，加强区域（行业）商票平台及跨境商票平台基础系统建设；三是要强化大数据及人工智能技术的运用，推动智能交易、智能监测、智能风控等功能落地运用；四是要加强商票市场相关辅助功能建设，完善商票信息披露系统功能，推动商票收益率曲线、商票评级、商票经纪等功能建设；五是要重视系统对接，包括商票市场基础设施之间的系统对接、商票市场基础设施与市场参与主体之间的系统对接等。

（六）改善商业信用环境

商业信用是社会信用体系的重要组成部分，商票基于商业信用，建设商票市场离不开市场信用环境的改善。一是应构建科学化、体系化的商票评级管理规则，明确评级机构的准入要求，如商票评级的评级主体、评级指标、评级标准、评级权重、评级等级、评级方法及评级信息披露等具体要求，引入第三方信用评级机构开展信用评级工作，改善商票的信用基础；二是应加强与国内征信体系的互动，加强信用数据对接，一方面，商票信用评级依托于征信体系；另一方面，商票信用信息可以进一步丰富征信体系数据，提升国内整体信用环境。

积极开拓商票服务实体经济发展新局面

肖小和　陈　晨[①]

一、商票服务实体经济现状

（一）商票及电票发展现状

商业承兑汇票是法人以及其他组织签发的，银行以外的付款人承兑的，由付款人在指定日期无条件支付确定的金额给收款人或者持票人的票据。

截至2020年12月末，全市场票据承兑余额为14.09万亿元，票据贴现余额8.78万亿元。其中，商票承兑余额为2.3万亿元，商票贴现余额为0.73万亿元。2020年，商票累计签发金额为3.62万亿元，同比增长19.77%；商票签发金额占比为16.39%，较上年提升1.55个百分点；商票签发平均面额为124.7万元，同比下降11.08%。

近年来，在大力推动商业承兑汇票发展的背景下，上海票据交易所上线了商业汇票信息披露系统，建立了供应链票据平台，不仅为商票的发展优化了外部环境，还为商票提供了发展平台。在此背景下，虽然2020年票据商业信用环境有所改善，商票签发占比明显提高，但是无论承兑余额还是承兑发生额，商票都与银票存在较大差距。如图1和图2所示，从历史数据来看，商票承兑余额在1.5万亿元上下波动，占总的商业汇票承兑余额的比重维持在15%上下，仅为银票的1/5；近三年来商票承兑累计发生额稳步提升，但占总的商业汇票承兑累计发生额的比重也在15%左右。

[①] 陈晨，九江银行。

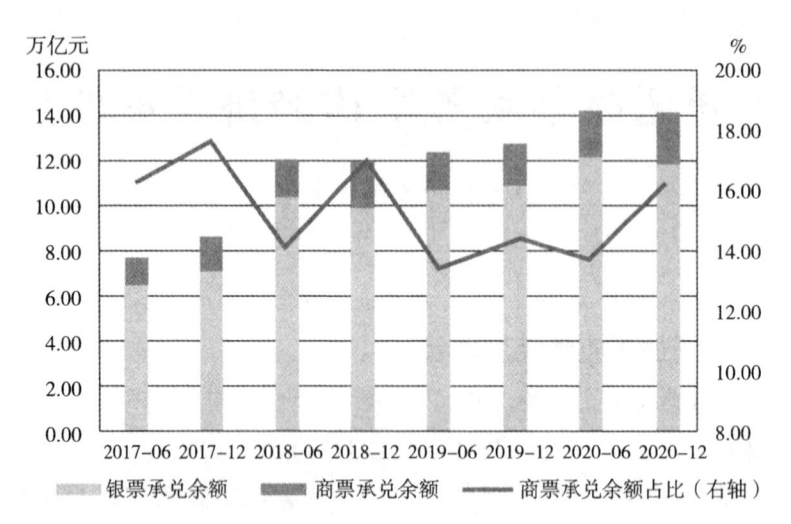

图 1 2017 年 6 月至 2020 年 12 月票据承兑余额及占比变化

(资料来源：上海票据交易所)

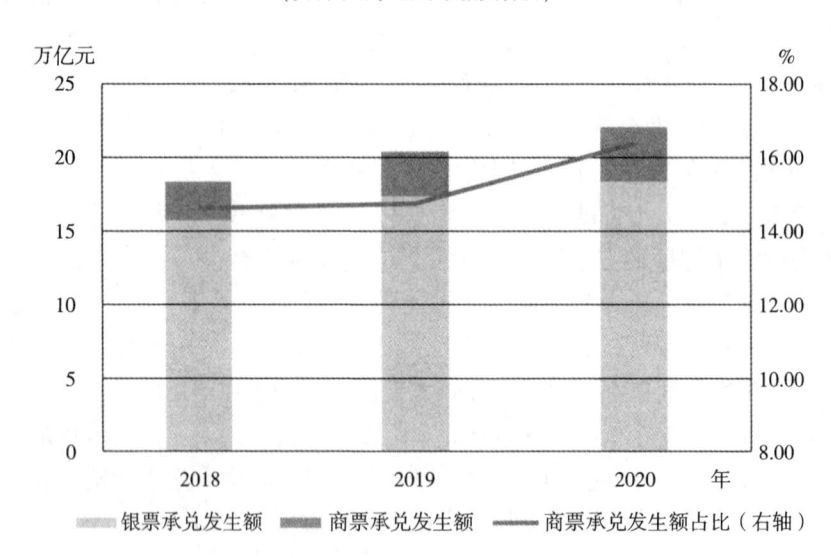

图 2 2018—2020 年票据承兑发生额及占比变化

(资料来源：上海票据交易所)

电子商业承兑汇票是指出票人依托电子商业汇票系统（ECDS），以数据电文形式制作的，经汇票承兑人承兑后在指定日期无条件支付确定的金额给收款人或持票人的商业票据。2008 年 1 月，人民银行做出建立电子商业汇票系统、推广电子商业汇票业务的决策。2009 年 10 月 28 日，人民银行建成 ECDS 并上线试运行。ECDS 是依托网络和计算机技术而建立的，接

收、存储、发送电子商业汇票数据电文，提供电子商业汇票货币给付、资金清算等相关服务的业务处理平台。ECDS上线至今运行稳定，业务正常开展，为票据交易电子化提供了基础，推动了票据的电子化发展，在ECDS的支持下电子票据业务办理金额快速增长。2016年12月以来，上海票据交易所对所有纸质票据和电子票据进行统一登记、托管、报价、交易、清算、托收，对各项交易行为进行实时监控，从制度上和技术上有效防止各类逃避监管、隐匿票据资产、转移信贷规模行为的发生，解决了纸质票据在使用中的痛点，在政策的积极推动下以及市场参与主体自主选择的背景下，票据电子化进程继续加快。据上海票据交易所披露，截至2018年末，在票据承兑业务方面，电票承兑发生额占比为94.09%，纸票承兑发生额占比为5.91%；在票据贴现业务方面，电票贴现发生额占比为97.86%，纸票贴现发生额占比为2.14%。

（二）商票的特点及服务实体经济的比较优势

商业承兑汇票是建立在商业信用基础上的信用支付工具，具有法律保障、权利义务明确、可约期付款、可转让贴现等特点。

第一，商票能满足企业对汇兑、支付和结算的需求，有利于丰富企业支付手段，协调企业产供销关系。商业承兑汇票的汇兑和支付功能主要满足了现代社会经济生活中异地转移金钱的需要，商票作为支付工具代替现金进行支付能解决使用现金支付带来的运输成本和风险问题。商票的结算功能（债务抵销功能）可以缓解企业之间的"三角债"问题，有利于缓解企业间的货款拖欠，维护正常顺畅的商品交易秩序。

第二，商票可以进行背书转让，促进商业信用票据化。企业签发商票进行支付，利用商票的信用功能完成直接融资，将企业的商业信用转化为票据信用，得益于商票债权相较于一般债权有明晰的权利、确定的清偿时间、简单的转让手续等特点，商票签发后可以在企业间进行背书转让，使得商票承兑人的信用在企业之间进行传递，在缓解企业资金压力的同时，还有利于建立和完善良好的信用机制，增强社会信用意识，提高社会信用程度。

第三，商票能为企业提供融资保障，缓解中小企业融资难的矛盾。商票具有融资功能，企业可以持有商票到银行通过贴现的方式来进行融资，企业通过票据进行贴现融资，不需要传统的抵押物就能在银行或有贴现资质的票据平台进行融资，避免了民间融资的高成本和高风险，有利于促进银行信用和企业商业信用的有机结合。

第四，商票的权利具有法律保障。票据相较于应收应付账款、信用证，有《票据法》作为法律支撑，到期必须支付，具有更高的流动性。

第五，商票融资成本较低，能降低企业融资成本。商票的融资成本相较于企业债券、银行贷款、融资租赁、保理等融资方式来说要低得多。对于面临融资贵融资难问题的中小微企业，通过办理商票业务来进行支付结算及融资可以有效降低财务成本，提高企业资金运用效率。

第六，商票属于普惠型金融产品，融资门槛低，是票据市场服务实体经济的重要抓手。股权融资和债权融资对企业的资质要求较高，且融资流程烦琐、时间长，这两类传统融资方式不适合中小微企业。据上海票据交易所披露，中小微企业是票据市场的重要参与主体，2019年末，出票人为中小微企业的票据承兑余额占全部承兑余额的69.84%，贴现申请人为中小微企业的票据贴现余额占全部贴现余额的81.39%。因此，中小微企业可以通过商票业务，充分利用其操作流程简便、无须抵押担保、获取资金周期短等特点来满足短期融资需求。

二、商票创新服务实体经济迎来新契机

近年来，国家大力支持发展供应链业务，关注中小微企业融资问题，商票作为重要的短期金融工具迎来了新的发展契机。2019年1月26日，上海票据交易所"票付通"产品成功上线投产。同年5月27日，上海票据交易所投产上线"贴现通"业务。2020年1月15日，上海票据交易所发布《关于商业汇票信息披露平台试运行有关事项的通知》，并于1月16日上线试运行商业汇票信息披露平台。2020年4月24日，上海票据交易所正式推出"供应链票据平台"，当日平台即开始试运行。中国人民银行于2020年6月28日发布《标准化票据管理办法》，自2020年7月28日起实施。2020年10月30日，上海票据交易所拟开通票据账户主动管理服务功能，并于11月2日正式上线，各会员单位的一级机构和机构管理员可以通过上海票据交易所系统客户端向客户提供票据账户主动管理服务。

"票付通""贴现通"、供应链票据、标准化票据、商业承兑汇票信息披露、账户主动管理等产品、业务及功能的上线在助力商票快速发展方面发挥着重要和关键的作用。"票付通"为商票的签发、承兑和背书流转中存在的问题提供了解决思路，为企业使用商票进行交易和结算提供了一个平台；"贴现通"为企业解决了商票贴现信息不对称的问题，降低了商票贴现信息不透明度和企业的融资成本，解决流通信用问题；供应链票据平台为供应

链票据的签发、承兑、背书、到期处理、信息服务提供了技术支持，为商票在供应链中的更好运用打下了坚实基础；票据账户主动管理服务功能帮助企业更好地防范伪假商票风险，从源头上解决主体伪造问题。除此之外，上海票据交易所按日、月、季度、年度发布各项票据数据，帮助票据市场各参与主体实时了解票据市场动态，宣传和推广最新的票据业务和产品。商票信息披露，实时为票据市场各参与主体提示风险，为票据市场各参与主体在进行商票各项相关业务的过程中提供保障和支持。除了人民银行、上海票据交易所和政府部门的一系列政策支持、宣传推广和业务创新外，票据市场各参与主体对商票也越来越重视，在票据市场各参与主体的积极推动下，商票签发、承兑及贴现量和商票融资规模的增长将获得巨大的动力，商票将不断创新发展，更好地服务实体经济。

三、充分发挥商票信用功能积极服务实体经济的思考

（一）与时俱进，发展商票，服务双循环新发展格局

2020年9月，中央领导人认为加快形成以国内大循环为主体、国内国际双循环相互促进的新发展格局，是根据我国发展阶段、环境、条件变化做出的战略决策，是事关全局的系统性深层次变革。建立经济循环畅通无阻的机制，是构建新发展格局的关键所在，既需要在实体经济层面坚持深化供给侧结构性改革、加强需求侧管理，也需要在虚拟经济层面深化金融供给侧结构性改革、完善横向金融机制、构建保障实体经济循环畅通的金融体系。近期也有学者认为，我国金融体系是一个以银行信用为基础、以间接金融为主体的金融体系，利用"存款创造贷款、贷款创造存款"的货币乘数机制，虽然为经济发展和实体企业经营提供了不断增加的资金供给，但也带来了资金配给不均等问题，为了构建纵横交错的现代金融体系，应深化金融供给侧结构性改革，以商业承兑汇票为抓手，补齐我国金融体系商业信用机制缺失的短板，建立商业承兑汇票的交易市场，运用市场机制保障商业信用机制的成长，发挥商业票据直接融资作用。因此，我们认为加快发展商业承兑汇票，对支持服务实体经济发展具有重要意义。

当前，应充分发挥我国超大规模市场优势和内需潜力，快速提升产业基础能力和产业链现代化水平，改变出口导向战略形成的我国长期处于价值链中低端的国际分工地位。国内经济循环在不断提升产业水平、技术水平的过程中，能够快速发现所面临的瓶颈问题，在这些瓶颈问题上进行全面突破。同时，未来具有很多不确定性，我们要考虑到国际循环可能会产

生一些极端现象。为了减轻这种状况的冲击，我们必须补齐相关短板，维护产业链供应链安全稳定，提高产业链供应链的全球竞争力。这就需要对国内经济循环的短板进行更深入的梳理，提高国内经济循环产业链供应链的安全性。在构建双循环新发展格局的背景下，我们需要大力发展商票来支持我国产业链供应链转型和升级，提高产业链供应链国际竞争力。一方面，我国票据市场广阔，具有票据业务需求的企业客户数以万计，而目前在我国不论是商票承兑余额及发生额还是商票贴现余额及发生额相较于银票来说都太低了，商票的发展空间巨大。另一方面，商票的承兑、贴现以及背书转让等业务可以广泛应用于各行各业的产业链供应链中，渗透于产业链供应链上不同企业的采购、生产、销售等环节，大力发展商票并将其运用于产业链供应链中不仅能提高企业的支付结算效率，还能降低企业的融资成本，为产业链供应链的高效快速发展提供资金支持。

（二）落实国家及人民银行相关政策，积极发展商票业务

近年来，国家及人民银行出台了大量政策鼓励商票业务发展。例如，2019年2月中共中央办公厅、国务院办公厅印发的《关于加强金融服务民营企业的若干意见》、2020年中国人民银行等八部门印发的《关于规范发展供应链金融　支持供应链产业链稳定循环和优化升级的意见》等。这些政策围绕降低票据融资成本，提出加大对民营企业票据融资的支持力度，鼓励发展商票，提高民营企业商票接受度，提升商票流动性，促进商业承兑汇票的发展，为扩大商业承兑汇票市场规模提供了良好的政策环境。

在社会各方积极推动商票发展的良好氛围下，票据市场各参与主体及监管部门要积极落实国家及人民银行的相关政策，推动商票签发、背书转让、贴现等业务创新发展，降低商票融资成本，鼓励企业使用商票进行支付结算及融资，加强商业承兑汇票信用体系建设，完善市场化约束机制，保障持票人合法权益。

（三）建设央企和地方商票平台，推动商票发展

为推进商业信用发展，中国国新控股有限责任公司在国务院国资委的支持下，携手51家中央企业搭建的"企票通"平台于2019年8月26日正式上线运营，共同致力于建设"信用共享、风险共担"机制，以央企为核心，以运营企业信用为目标，以央企应收应付账款为优化对象，以商业承兑汇票为工具，为客户提供商业承兑汇票一站式信息服务方案。"企票通"一端连接央企，一端打通商业银行，并通过商业银行接入人民银行的全国

电子商业汇票系统，实现商票的出票、承兑、背书、质押、拆分、贴现、付款等一站式操作服务，同时利用平台的信用互认和增信机制，率先在央企间丰富支付手段，有效发挥央企商业信用价值，降低央企产业链融资综合成本。

以"企票通"为一个鲜明的案例，鼓励建设央企和地方商票平台，使商票在央企之间、地方企业之间流通起来，缓解商票使用过程中的信息不对称问题，降低企业融资成本，通过聚合央企和地方企业的商业信用，为商业承兑汇票的发展提供广阔空间。比如，长三角地区的信用程度相对较高，可以积极建设一体化商票平台。

（四）在制造业、批发零售业等行业加快商票发展步伐

制造业、批发零售业是我国传统的用票行业，制造业、批发零售业的发展与票据市场的发展有着密不可分的关系。制造业不仅在国民经济发展中占有重要地位，也是我国经济结构转型的基础，批发零售业则是社会化大生产过程中的重要环节，是决定经济运行速度、质量和效益的引导性力量，是我国市场化程度最高、竞争最为激烈的行业之一。制造业是我国经济转型中的重要行业，批发零售业与老百姓的日常生活休戚相关，两者均是关系到国民经济和生活水平的关键行业。2019年以来，受经济增速下降、中美贸易摩擦等因素影响，传统用票行业（如批发零售业和制造业）用票量有所下降，新冠肺炎疫情更是让制造业和批发零售业雪上加霜，大量企业受到冲击，濒临破产。

商票作为兼具支付结算、信用、融资等功能的短期金融工具，是疫情后为制造业、批发零售业复工复产及以后高质量发展提供资金的重要金融工具。一方面，制造业、批发零售业中的中小企业众多，不仅可以利用商票的支付结算功能来满足日常的交易，还能通过商票的贴现来实现短期资金融通，降低企业的融资成本。另一方面，制造业、批发零售业集聚了大量的产业链供应链，商票可以依托这些产业链供应链上的真实贸易背景，通过核心企业来签发承兑汇票，从而使核心企业的信用在产业链供应链上进行传递，同时也可以做更多的票据融资创新，从而提高产业链供应链的资金运用效率，进而提升产业链供应链的整体竞争力。除此之外，我国制造业、批发零售业对票据业务的需求量巨大，据我们静态测算，制造业和批发零售业年理论上可签发承兑量在150万亿元以上，票据业务在这些行业中还存在巨大的发展空间，因此，在制造业、批发零售业大力发展商票不仅能帮助其更好地发展，而且对票据市场的发展也具有积极作用。

（五）加快发展供应链票据，实现商票发展新突破

2020年4月24日，上海票据交易所发布《关于供应链票据平台试运行有关事项的通知》（票交所发〔2020〕58号），正式明确供应链票据平台依托现有的ECDS，与各类供应链金融平台对接，为企业提供电子商业汇票的签发、承兑、背书、到期处理、信息服务等功能。通过供应链票据平台签发的电子票据即供应链票据，其本质是适用于《电子商业汇票业务管理办法》的电子票据，有四个方面的创新和应用价值：一是将票据嵌入供应链场景，企业可直接通过供应链平台完成供应链票据业务操作，推进了票据的供应链场景化使用。二是科技赋能，创新实现等分化签发，提高了企业用票的灵活性，解决了企业持票金额与付款金额不匹配的痛点。三是提高企业融资可得性。供应链场景下企业间的交易关系更加清晰，供应链票据更容易以优惠价格获得融资。四是有利于促进商业承兑汇票市场发展。供应链票据通过供应链平台的连接形成了独特的运行机制和业务模式，有效弱化了信息不对称，提高了基于商业信用的商业承兑汇票的可接受度。

2020年9月22日，中国人民银行等八部门发布《关于规范发展供应链金融 支持供应链产业链稳定循环和优化升级的意见》（银发〔2020〕226号）（以下简称《意见》），就供应链金融规范、发展和创新提出支持核心企业签发供应链票据，鼓励银行为供应链票据提供更便利的贴现、质押等融资，支持中小微企业通过标准化票据从债券市场融资，加强供应链金融配套基础设施建设，规范供应链票据平台接入工作，建立商业承兑汇票与债券交叉信息披露机制等意见。《意见》明确了积极推动利用供应链票据为我国供应链金融、供应链产业链的稳定循环和优化升级提供支持，对我国票据市场发展具有重要意义。为贯彻落实《意见》，上海票据交易所于2021年1月28日制定了《上海票据交易所供应链票据平台接入规则（试行）》。供应链票据平台是发展商票的理想平台，有利于促进商票市场和商业信用的发展。上海票据交易所可以积极鼓励符合条件的大型核心企业自建供应链平台、第三方供应链服务平台接入上海票据交易所系统，并且为核心企业自建供应链平台、第三方供应链平台提供票据质押融资、贴现、转贴现、再贴现、供应链票据跨供应链平台流转等功能，促进供应链票据的发展。

（六）以商票标准化创新为契机，加快商票融资多元化

2020年2月14日，中国人民银行发布《标准化票据管理办法（征求意见稿）》，向社会公开征求意见。中国人民银行于2020年6月28日发布

《标准化票据管理办法》，自 2020 年 7 月 28 日起实施。《标准化票据管理办法》正式实施当日，经中国人民银行同意，上海票据交易所发布《标准化票据信息披露规则》和《标准化票据基础资产托管结算规则》等配套细则。《标准化票据管理办法》第二十一条明确说明商票也可作为基础资产创设标准化票据。2020 年 7 月 30 日，《标准化票据管理办法》正式实施后的首批 14 只标准化票据创设成功，创设规模为 12.13 亿元，基础资产均为未贴现票据，并以商业承兑汇票为主，其中 1 只基础资产为供应链票据。

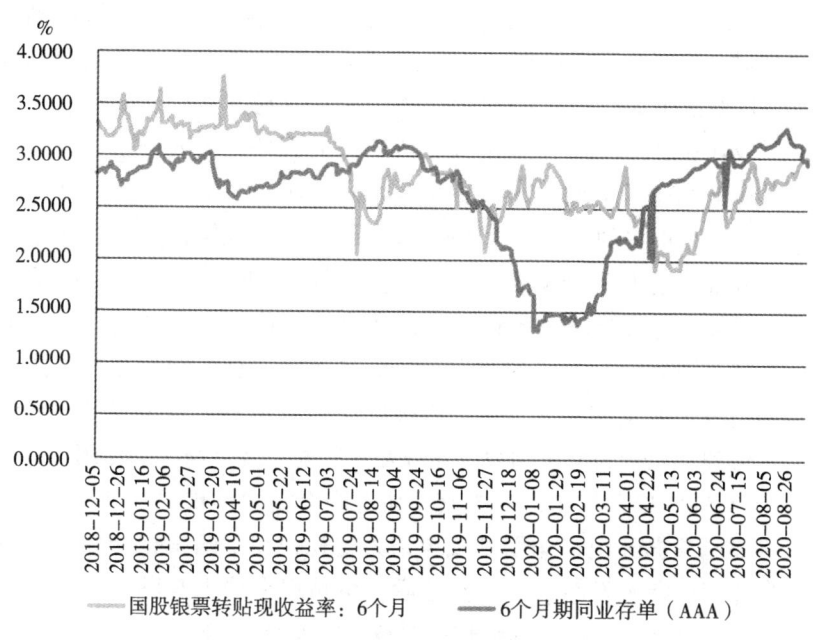

图 3 6 个月期同业存单及国股银票转贴现收益率变化情况

（资料来源：东方财富 Choice 数据）

近两年，银票收益率相较于同业存单来说处于低位，常出现倒挂现象，标准化票据发行需要有成本，以银票作为基础资产的标准化票据收益率可能没有以商票作为基础资产的标准化票据高，未来商票的标准化会有更广阔的市场。商票的标准化提高了商票的流动性，增加了中小微企业通过商票进行融资的渠道，是对商票融资的重要补充。票据市场各参与主体及相关监管部门应以商票标准化为契机，在控制风险的前提下积极进行商票融资创新，使商票融资方式更加多元化。

（七）积极推动商票"票付通""贴现通"等业务发展，发挥一级、二级市场基础作用

2019年1月26日，上海票据交易所"票付通"产品成功上线投产。"票付通"产品是上海票据交易所基于供应链、B2B电商场景提供的线上票据支付服务，让小微企业和民营企业能够更加安全和便捷地使用和盘活票据资产。"票付通"产品主要提供两项功能：一是票据支付的见证机制，提供票据锁定、解锁功能，既能解决票据"打飞"的操作风险和道德风险问题，又可以解决电商、供应链远端"陌生人"交易互不信任的问题，建立票据支付成功和B2B平台交易最终完成互为前提条件的安全机制。二是票据支付的线上处理，实现票据签发和企业背书环节的全线上、一站式流程处理，给予客户最好的票据支付体验，填补当前线上票据支付的空白。"票付通"产品业务的开展能够鼓励供应链上下游企业签发电子商业承兑汇票，通过票据的逐级流转，传递和叠加背书企业信用，实现商业承兑汇票增信，有利于推动商业承兑汇票发展，提升商业承兑汇票接受度，降低小微企业和民营企业票据签发难度。积极推动"票付通"业务发展，将激发商票签发量和承兑量的增长动力，充分发挥票据一级市场基础作用。

2019年5月27日，上海票据交易所投产上线"贴现通"业务。"贴现通"业务是指票据经纪机构受贴现申请人委托，在中国票据交易系统进行贴现信息登记、询价发布、交易撮合后，由贴现申请人与贴现机构通过电子商业汇票系统办理完成票据贴现的服务机制安排。"贴现通"业务的开展打造了全国统一的贴现服务平台，破除贴现市场信息壁垒，在全国范围内实现待贴现票据和待投放资金的精准匹配，降低票据直贴环节的信息不对称程度，进一步压缩票据直贴市场和转贴市场之间的利差。可以发挥票据参与主体的积极性，扩大票据经纪机构准入，推动"贴现通"业务的开展，降低企业融资成本，充分发挥票据二级市场基础作用。

（八）推动银票及企业流动资金贷款商票化发展

由于我国金融市场以银行信用为主导，在传统的融资方式中，银行对企业的流动资金贷款是企业缓解资金压力的重要来源；在票据市场中，虽然商票和银票都是商业汇票，但基于银行信用的银票所占据的市场规模是商票的数倍。众多中小微企业由于规模小、财务管理水平落后等自身原因难以从银行取得流动资金贷款，而银票的开具相较于商票来说增加了银行

的信用担保环节，业务流程更长，而且要收取一定的保证金和承兑费用。

因此，推动银票及企业流动资金贷款商票化发展，不仅能推动商票市场发展，增加商票的签发量和承兑量，还能降低企业的融资成本，使企业便捷快速地利用自身的商业信用来缓解流动性压力。一方面，商票相较于银票来说手续更加简便，无须在银行柜台办理出票，也无须向银行缴纳手续费及保证金；另一方面，商票的使用门槛比取得银行贷款的门槛要低，企业通过签发商票可以立即对收款人企业进行支付，无须等待银行流动资金贷款漫长的审批流程和烦琐的业务手续，节约了时间成本。但由于商票基于的商业信用要弱于银行信用，商票办理贴现业务的准入门槛较高，办理商票业务会受到客户的授信额度、信用等级、审批流程、银行可贴资金等因素的限制，造成商票的市场接受度要低于银票。所以要推动银票及企业流动资金贷款商票化发展，就必须改善商票的信用环境，提高社会对商票的接受程度，加大商票再贴现比例，充分利用供应链票据、"票付通"及"贴现通"业务、标准化票据业务以及商业汇票信息披露机制等业务和措施来拓宽商票的融资方式和渠道，提高商票的市场接受度，从根源上提高商票的签发量、承兑量和贴现量，促进银票及企业流动资金贷款商票化发展。

(九) 推动应收账款商票化试点

2000 年以来，我国工业企业应收账款净额整体呈上升趋势。截至 2018 年末，我国规模以上工业企业应收账款余额为 14.3 万亿元，在主营业务收入中占比高达 13.99%，占当年 GDP 的 16%。截至 2020 年末，我国规模以上工业企业应收账款余额为 16.41 万亿元，相比 2019 年末增长 15.1%，应收账款平均回收期为 51.2 天，比 2019 年末增加 5.8 天。针对应收账款大量增加的新情况，中国人民银行行长易纲 2019 年 6 月在陆家嘴论坛上提出要推动应收账款票据化。商业汇票是商业信用的规范化形式，应借鉴 20 世纪 90 年代清理"三角债"的成功经验，推动应收账款票据化，为经济高质量发展奠定基础。

与应收账款相比，票据更有利于保护债权人利益，规范商业信用，票据具有账期固定、利于债权保护、更强的财务约束、更强的流通性、融资成本低等优势。应收账款票据化既包括应收账款银票化也包括应收账款商票化，银票签发是在企业信用上叠加银行信用，核心风险由银行承担，属于间接融资范畴，应收账款银票化将继续增加间接融资比重，进一步加剧风险向金融机构集中。与之不同的是，商票签发依靠的是企业自身的商业

信用，属于直接融资范畴，使应收账款商票化能扩大直接融资规模，改善中小微企业融资难问题。目前我国的商业信用环境以及商票的属性决定了商票的签发企业主要为大中型企业，因此，要在这些大中型企业或供应链核心企业所处的产业链供应链中进行应收账款商票化试点，鼓励企业签发商票进行支付结算，将应收账款的应收应付关系转化为商票的票据关系，把核心企业的信用传递到供应链上的其他中小微企业，同时要关注中小微企业的利益，防止核心企业利用商票支付变相延长付款期限，保障中小微企业的权利，拓宽中小微企业的商票融资渠道。

（十）各方达成发展商票与防范风险共识

未来商票的发展需要上海票据交易所、票据市场各参与主体以及政府和监管部门共同发力，达成发展商票共识，着力于推动票据市场顶层设计和完善票据法律法规建设，扩大票据市场参与主体范围，完善商业汇票信息披露机制建设，利用金融科技推动供应链产业链商票融资，改善商票发展的信用环境，增加商票的市场接受度等。

除此之外，社会各方还要加强风险防范意识。一直以来，商票的风险都是制约商票市场规模扩大的重要因素之一。如纸质票据时代的操作风险，以及电票时代的伪假票据风险以及信用风险。上海票据交易所自成立以来，在防范化解票据市场风险方面做了大量的工作，从票据介质入手，从交易机制入手，从信息披露入手，从账户管理入手，从市场监测入手，使风险案件大幅下降，在风险管理方面成效显著。票据市场各参与主体以及监管部门需协同上海票据交易所进一步达成商票风险防范共识。上海票据交易所应继续加强监管沟通，联合人民银行及其他相关部门，共同防范票据市场风险，不仅要优化交易机制，完善信息披露，在使票据业务更加规范化和透明化的同时降低风险，还要加强市场监测，跟踪分析市场异常情况，防患于未然。票据市场其他参与主体应加强自身风险防范机制建设，也要规范自身的票据行为，谨防操作风险、信用风险、道德风险等票据市场常见风险。

参考文献

[1] 江西财经大学九银票据研究院中国商票研究中心，广东华兴银行票据业务事业部. 高质量经济发展阶段商票的出路——蓄水与分流 [EB/OL]. [2020-12-10]. 中国金融信息网.

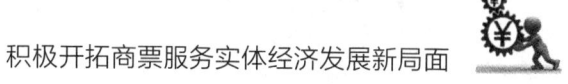

［2］肖小和，余显财，金睿，柯睿．疫情后加快在制造业推动票据业务发展的思考［N］．证券时报，2020-06-12（002）.

［3］肖小和，余显财，金睿，柯睿．推进"十四五"批发零售行业票据业务发展的思考［EB/OL］．［2020-01-29］．凤凰新闻．

加快发展电子商票与服务双循环格局的思考

肖小和　谈铭斐　张小平[①]　陈奕欣

一、电子商票发展概述

电子商票是指出票人依托商业汇票系统,以数据电文形式制作的,委托付款人在指定日期无条件支付确定的金额给收款人或者持票人的票据。按承兑人的不同,电子商业汇票分为电子银行承兑汇票和电子商票,电子银行承兑汇票由银行承兑,属于银行信用,风险较小,而电子商票则由银行以外的付款人承兑,由付款人在指定日期无条件支付确定的金额给收款人或者持票人。商业承兑汇票是建立在商业信用基础上的信用支付工具,信用主体为企业本身,且往往是信用资质较为优良或处于供应链核心地位的大企业,流转后手则以中小企业为主。

电子商票在促进经济发展、企业支付、解决融资以及社会信用发展等方面具有重要意义与作用。本文所研究的电子商票即签发及承兑主体均为企业的电子商票,是一种以企业信用为基础的支付与融资工具。

(一) 发展电子商票的优势

作为建立在商业信用基础上的信用支付工具,电子商票的主要特点及优势表现在以下几个方面。

1. 出票手续简便、成本低

企业签发电子商票流程简单方便,无须在银行柜台办理,也无须向银行缴纳手续费及保证金,同时,相较于银行承兑汇票,商票的签发可有效降低资金运输及使用所产生的费用、减少资金积压,进而节约企业资金的财务成本,优化企业支付能力,提高资金使用效率。

[①] 张小平,赣州银行。

2. 信用独立于银行，信用等级低于银票

商业承兑汇票信用独立于银行，可以降低银行信用的压力，进而避免银行风险过度集中。同时，商票的发展有利于优化票据市场结构，商票的贴现及转贴现利率水平相对于银行承兑汇票较高，银行可适当下沉风险偏好，商票贴现、转贴现、托收等业务产生的利息收入及中间业务收入可成为商业银行票据业务的利润增长点。

3. 为企业提供新的融资渠道

电子商票不仅通过承兑签发为企业提供了便捷的支付结算工具，而且通过向金融机构申请贴现，对拓宽中小企业融资渠道、降低财务费用、解决中小企业面临的融资难融资贵问题发挥了重要作用。

4. 融资便利性极强

传统融资方式中，对企业而言，比较常见的是股权融资以及债权融资（包括发行债券以及从金融机构获得贷款）。股权融资难度较大，还会稀释原有股东股权，债券融资与金融机构贷款的获得资金时间较长，要求较严格，对企业资质要求较高。相对于银行贷款、股权融资等传统融资方式，电子商票业务具有操作流程简便、无须抵押担保、获取资金周期短等优势，持票企业可以通过票据贴现融资或背书转让快速满足短期融资需求，且贴现成本一般低于同期限银行贷款的综合成本。

（二）电子商票发展回顾

2009年10月28日，由中国人民银行建设并管理的电子商业汇票系统（ECDS）正式建成运行，我国票据市场由此迈入电子化时代。2016年12月8日，人民银行牵头筹建的上海票据交易所成立，标志着我国票据市场进入规范统一、透明高效的电子交易时代。上海票据交易所的成立，标志着电子商票进入了一个新的发展阶段。

2020年6月28日，中国人民银行发布了《标准化票据管理办法》并于7月28日起实施。该办法的发布，打通了票据流通市场，并引入货币市场投资主体，电子商票作为标准化票据的入池资产，为在票据市场流动性处于劣势的商票打开了更广阔的流通空间。

2020年4月24日，上海票据交易所供应链票据平台成功上线试运行，供应链企业之间产生应收应付关系时，可以通过供应链票据平台直接签发供应链票据，供应链票据可以在企业间转让，也可通过贴现或标准化票据融资，增加了商票的应用流通场景。

2020年12月18日，人民银行发布公告，宣布商票承兑信息披露相关

事宜。根据公告内容，自2021年8月1日起，商业承兑汇票的承兑人需在承兑之后，将票据基本信息披露于票据信息披露平台，标志着商票的官方基础披露机制基本建成，这有利于增加商票的信息透明度，方便市场参与者有效识别、防范信用风险，也有利于进一步推进商票市场发展。

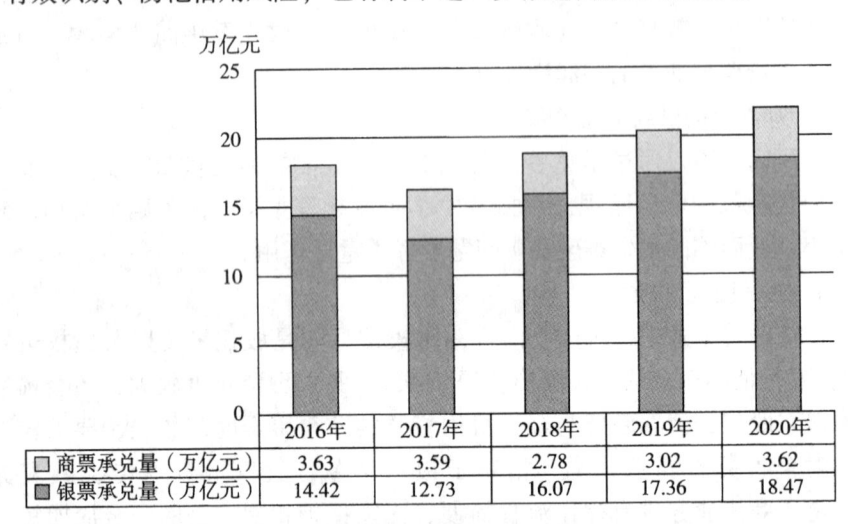

	2016年	2017年	2018年	2019年	2020年
商票承兑量（万亿元）	3.63	3.59	2.78	3.02	3.62
银票承兑量（万亿元）	14.42	12.73	16.07	17.36	18.47

图1　2016—2020年银票及商票承兑量发展情况

（资料来源：上海票据交易所，江西财经大学九银票据研究院课题组整理）

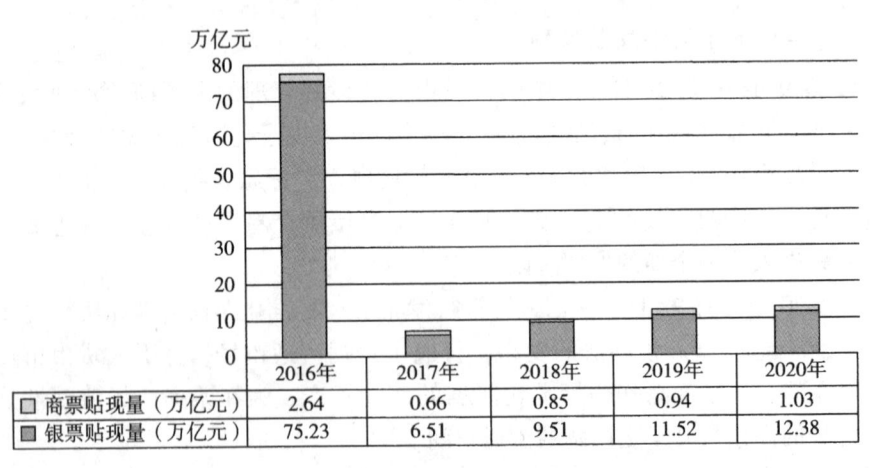

	2016年	2017年	2018年	2019年	2020年
商票贴现量（万亿元）	2.64	0.66	0.85	0.94	1.03
银票贴现量（万亿元）	75.23	6.51	9.51	11.52	12.38

图2　2016—2020年银票及商票贴现量发展情况

（资料来源：上海票据交易所，江西财经大学九银票据研究院课题组整理）

2020年，银票及商票承兑发生额分别为18.47万亿元及3.62万亿元，较2019年同期分别上升6.39%及19.88%，分别占总票据签发量的

83.61%和16.39%，商票承兑发生额增长较快，市场占比小幅提升；在贴现方面，2020年，银票和商票贴现量分别为12.38万亿元和1.03万亿元，较2019年同期分别增长7.47%和9.57%，市场占比分别为92.32%和7.68%，商票贴现量占比也有小幅提升倾向。

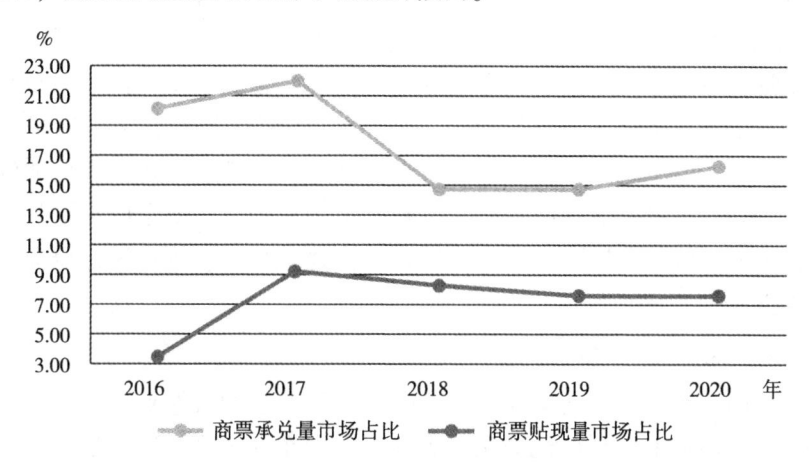

图3　2016—2020年商票承兑量及贴现量市场占比发展情况

（资料来源：上海票据交易所，江西财经大学九银票据研究院课题组整理）

二、电子商票发展面临的障碍

（一）经济环境及政策背景转变

政策基本面方面，2016年以来，在国内外宏观形势转变的大环境下，监管部门将金融调控目标定位为"去杠杆、抑泡沫、防风险"，货币政策逐步收紧，监管部门为整治市场乱象、降低风险而不断出台新政，银行对于商票业务的开展更为审慎，在一定程度影响了商票业务的发展。

经济环境方面，我国民营企业、小微企业经济活跃度低、经营压力大、抵御风险的能力较弱，导致作为持票主体的大多数中小微企业普遍遇到贴现困难、融资成本高的问题，"贴现决定签发"，贴现企业活跃度低，商票业务发展受限。

（二）商业信用生态环境有待改善

商业信用缺失是导致商票业务难以发展的关键。信用是商票发展的基础，但目前社会信息碎片化现象严重，企业信息较难全面掌握，企业资金链断裂的情况时有发生，在企业统一信用平台不够完善且无任何增信措施的情况下，商业信用单薄，信用风险较大，阻碍了商票贴现、转贴现等流

通业务的快速发展。

（三）商票流通环节举步维艰

一是商票的流通受地域性影响较大，除少数在全国市场处于强势地位的行业龙头签发的商票外，多数商票被开出后流转至异地下游企业，企业在当地贴现融资难度大，接受异地企业开出商票的企业少，进而反向降低了商票签发意愿；二是在当前企业融资工具多、企业间支付汇兑系统相对发达的环境下，企业对于资金流转的安全性、便捷性及效率有了更高要求。但是，同类型产品中，与流动性高、流动风险小、资金流转成本低的银票相比，尤其是在银票贴现创新产品竞相推出的背景下，商票的贴现流通环节流程烦琐、信用审核要求严格，导致其流通效率低，难以满足企业经营的结算需求。

（四）贴现融资难融资贵

一方面，商票签发机构多为处于行业优势地位的大企业，而持票主体以处于贸易往来中弱势地位的民营企业、小微企业为主，贴现机构对于小微企业的服务门槛较高，在一定程度上提高了融资难度；另一方面，贴现机构中，除少数大行对于商票贴现有相对完善的系统及制度安排，多数中小银行因风险承受能力较弱的原因，对于商票贴现制度体系搭建主动性较低，配套服务不完善，导致持票企业贴现的可选择范围较小。

（五）担保增信措施欠缺

在近年经济回升速度减缓的宏观背景下，企业公信力低，社会信用状况仍有较大的提升空间，商票本身仅仅依靠企业的信用，风险系数较高，难以有效保证票据支付、融资功能的发挥。虽有少数银行可提供商票保贴服务及其他增信业务模式，但对于整个商票市场而言，银行信用叠加商业信用的增信措施仍欠缺，不利于商票信用等级及流动性的提升，这也造成了商票贴现量低、开票量低的逆向需求格局。

（六）相关制度机制不完善

1. 承兑人资信确认机制

当前商票承兑人资信确认机制尚有欠缺，市场缺少统一、规范的权威性企业信用评估平台，将企业的资产负债状况、经营情况、签发情况、违约情况、信用情况统一纳入平台评估，缺少企业信用定期考评制度。

2. 担保支付机制

票据担保付款制度是日内瓦体系各国法律承认的使用范围不大的制

度，该制度是指由一名担保付款人参加到票据关系中来，为票据上的债务人（如出票人、承兑人或背书人）做担保，保证在到期时清偿票据上的债务。该制度能有效降低票据兑付风险，但目前在我国商票关系中，欠缺该类型的担保支付机制，也未建成健全的商业承兑汇票担保基金制度，商票信用主体单一，商票业务的健康发展缺少担保机制的保障。

3. 失信惩戒机制

《票据法》对于票据失信行为缺乏明确的规范安排，失信约束的缺失导致出票企业拒付所需承担的后果不明确，出票人信用维护意识不强，从而将风险转移到接收商票的一方，不利于票据信用的健康发展。

4. 再贴现配套激励制度

人民银行通过再贴现政策引导辖区商业银行积极办理小微企业贴现业务，目前部分地区的人民银行已将可办理再贴现的票据范围由银行承兑汇票扩大到商业承兑汇票，试行白名单制，将部分商票纳入可办理再贴现的名单中，通过为商业银行提供低成本的资金间接引导银行提高商票贴现服务水平、提供利率优惠支持，但目前该制度仅在小范围试点，审核流程缩短、办理手续简化、办理额度提高、名单范围扩大等方面的激励制度有待进一步完善，在调动商业银行办理小微企业商票贴现业务的积极性方面仍任重道远。

（七）市场接受商票意愿较弱

企业对商业信用接受程度较低，习惯使用银行信用，多数企业特别是中小企业，对商业承兑汇票的接受度较低，在企业的支付、结算、融资工具选择上，对商业承兑汇票缺乏正确的认知，对商业承兑汇票并无实践与体会，市场的接受程度较低。除了处于供应链核心地位等大型企业外，经常使用商业承兑汇票的中小企业较少，企业的传统支付、结算观念一时难以改变。中小企业受制于传统支付观念，缺乏对商业信用服务经济、服务企业发展的正面理解和认识。

三、推动商票发展服务双循环格局的思考

（一）未来发展空间巨大

截至 2020 年末，银行承兑汇票未到期余额为 11.80 万亿元，未到期贴现金额为 8.05 万亿元；商业承兑汇票未到期余额为 2.29 万亿元，未到期贴现金额为 7279.34 亿元，商业承兑汇票的承兑量仅为银行承兑汇票的 19.40%，占整体商业汇票承兑市场的 16.25%，商业信用仍有较大发展空

间。我国商业承兑汇票的发展仍处于初级阶段,近年来,商票余额规模稳步扩张,其中承兑余额的市场占比大约为16%,但商票贴现余额的市场占比并未有效增长,在经济下行压力凸显的阶段银行普遍对商票贴现业务愈加谨慎。在商业信用体系中,与公司信用债等对比,虽然同为企业信用,但商业承兑汇票缺乏有效的信息披露机制,缺乏第三方评估和担保等机构,导致企业和银行对商票的接受度不高。

我国要打造双循环新发展格局,推动经济高质量发展,需要金融更好地提供服务,包括票据信用服务,实际上票据签发潜力很大,据我们测算在180万亿元以上,而且前年签发量只有20万亿元左右,同时商票只有2万亿~3万亿元。另外,中小企业作为经济发展的主体部分,无论是推动社会进步还是促进社会稳定都发挥着基础力量。电子商票是解决中小企业资金需求、融资难融资贵问题、资金拖欠问题十分理想的工具之一,加上国家推动社会信用体系(包括企业信用体系)建设以及人民银行征信体系完善,为商票信用发展提供了坚实基础。

(二)提高商业承兑汇票使用占比

1. 推动企业转变观念,积极签发和使用电子商票

商票的本质是信用,其不仅具有支付和结算功能,还具有信用、融资功能,企业利用电子商票签发快、成本低、安全性高的优势,可拓宽融资渠道,增加一种新的融资方式,降低融资成本,优化融资结构,美化财务报表。

2. 在大型集团企业推动电子商票运用

应在大型集团企业推广宣传电子商票的运用,特别是央企、地方国企、大型民营企业,以核心企业为突破口,如中石油、中石化、三一重工等,这类企业具有行业话语权,方便对上下游企业使用的商业承兑汇票进行支付,上下游企业的接受度也更高,以点带面,逐步推广商业承兑汇票使用。

3. 加快发展供应链企业商业承兑汇票签发与支付使用

供应链核心企业具备强大的议价能力,处于上下游的供应商对核心企业依赖性较强,议价地位较弱。一方面,核心企业的信用较良好,其签发的商业承兑汇票具备较强的流动性,具备推广的价值;另一方面,可利用签发商业承兑汇票,替代赊销和应收账款模式,以商业承兑汇票支付给上下游供应商,供应商可再次流转或贴现,缓解其融资压力,缩短账期,减少财务成本。

4. 社会经济部门和商业银行加大商业承兑汇票宣传力度

各级经济部门要力推商票发展。商业银行和财务公司要提高商业承兑汇票在授信业务中的使用比例，利用商票贴现的方式，完成传统信贷业务出账，既服务了实体客户，也提高了信贷资产的流动性；提高商业承兑汇票贴现规模，在风险可控的前提下，简化贴现流程，加强对商业承兑汇票贴现业务的市场营销。可以考虑建立中小银行票据平台，服务商票发展。

（三）完善商业承兑汇票相关法制建设

商业承兑汇票与企业信用债相比，信息披露完全不透明，企业签发量、票据信息、承兑余额、逾期未兑付等信息不公开，无法从公开渠道查询。商业信用缺失是导致商业承兑汇票业务难以快速发展的关键因素，建立公开、透明、可信度高的企业信息信用平台至关重要。为加强商业承兑汇票信用体系建设，完善市场化约束机制，保障持票人合法权益，2020年12月18日，中国人民银行发布公告，就商业承兑汇票信息披露有关事宜进行详细规定，要求承兑企业及时披露承兑票据票面信息、累计承兑发生额、承兑余额、累计逾期发生额、逾期余额等，商业银行、收票人、企业可通过票据信息披露平台查询相关信息。该公告的发布，可以解决金融机构之间、企业之间缺乏交流以及信息不对称的问题，降低商业承兑汇票业务的交易成本，对进一步推动商业承兑汇票发展给予了有力的支持，使改善商业承兑汇票信用环境，促进其持续发展，解决中小企业融资难融资贵问题有了新的突破点。

下一步，权威机构可在此基础上，将商业承兑汇票信息披露机制进一步完善并提高权威性，帮助受票企业、市场机构及时识别并规避相关风险，并进一步加强相关法制建设，如增加失信惩戒机制，优化商业承兑汇票信用生态。

（四）建立完善的商业承兑汇票评级和担保机制

商业承兑汇票缺乏统一的信用评级制度，无法对商业汇票付款人的如期兑付能力和兑付意愿进行综合评价。应在人民银行或其他监管机构的统一指导下，建立统一的票据信用评级机构，利用上海票据交易所平台相关数据，整合企业的财务数据、承兑量、承兑余额、逾期信息等，建立有权威性的评级数据库，吸收借鉴债券评级等的先进经验，结合票据业务发展状况，根据独立、公正、客观、科学的原则设定票据信用评级方法体系。借鉴债券市场的信用评级体系，设置科学的评级标准，对票据的出票企业、

担保与保证企业等相关信用主体的信用情况进行标准化的评价，增加信息透明度，从而有效控制商业承兑汇票信用风险，推动市场稳健发展。

（五）完善商业承兑汇票流通平台

票据的本质是支付工具，具有天然的流通性，商业承兑汇票的基础是企业信用，与银行承兑汇票相比，流通性差了很多，完善其流通平台具有重要的意义。"企票通""军工票"、中企云链、京东金融秒贴平台、同城票据网等众多互联网票据平台，以不同的方式促进商业承兑汇票的承兑、背书、支付、流转、贴现等，提供商业承兑汇票全流程服务，借助互联网的力量，实现信息沟通。各类互联网票据平台的出现，为企业用户和银行对商业承兑汇票进行线上化管理、智能化管理提供了新的方法和方式，提升了商业承兑汇票支付能力，缓解资金压力、增强产业链掌控力、降低开票成本、降低综合财务成本，并实现以应付票据替代应付账款；为银企之间搭建了线上商票贴现渠道，直接连接企业和银行，实现商业承兑汇票流转，高效化融资、低成本融资，破解企业商业承兑汇票流通、融资难题。上述平台需要继续发挥作用并积极完善。

（六）扩大商业承兑汇票投资主体范围

票据业务日趋复杂，市场参与主体的经营模式日趋呈现多元化经营、多方位发展、多样化产品的特点。在上海票据交易所的主导下，券商、资管等非银机构也加入了转贴市场，涉足票据市场创新领域，票据资管、互联网票据、供应链票据、标准化票据等产品不断推出，丰富了票据产品，也有利于不同的机构积极参与票据市场。可积极引入评级公司、担保公司等第三方机构加入商业承兑汇票产品服务商，形成规范化、制度化、流程化的标准化产品。监管部门应鼓励和支持更多投资主体进入票据产品市场，如信托公司、公募基金、私募基金等，以市场化的方式，引导商业承兑汇票市场健康发展。

（七）利用上海票据交易所基础设施构建全生命周期业务链条

以核心企业为代表的企业将会加强对供应商、经销商以及第三方物流等组织的整合。在此过程中，供应链金融参与主体将会呈现多元化趋势，大中型企业将会构建符合细分行业发展情况的供应链金融服务平台，市场上也将会出现由行业龙头或第三方物流企业控股或参股的供应链金融服务公司，金融科技公司也将会与行业龙头、外贸服务公司或供应链服务平台加大合作力度，研发或成立金融科技型供应链服务平台。

商业银行可以基于上海票据交易所推出的供应链票据平台，针对不同的业务场景研发新的业务产品，将企业发展的物流、信息流、资金流通过商票信用流有机地衔接和协调，探索出创新型的企业发展电子商票服务模式，推动应收账款票据化。同时将上述供应链票据通过寻找投资主体、打包发行标准化票据等方式，完整打造商票签发—流转—融资的全生命周期业务链条，为减少货币发行、发挥金融科技作用、支持中小微企业发展贡献电商信用。

（八）加强再贴现等政策支持

再贴现是中央银行三大货币政策传导工具之一，依托上海票据交易所的基础设施，可通过再贴现政策，把商业承兑汇票纳入可质押融资票据范围，定向支持"三农"、小微企业融资。人民银行可通过对商业承兑汇票的贴现企业、出票企业进行定向筛选，选择国家扶持重点行业、重点项目签发和贴现申请的企业，进行精准扶持，实现政策的灵活性、有效性和精准性，降低中小企业融资成本，支持实体经济发展。同时，通过商业承兑汇票再贴现政策，引导商业银行增加对商业承兑汇票贴现的推广力度，解决票据签发后的流通和贴现问题，引导商业银行重视商业承兑汇票贴现，将中小企业信用进一步扩张，纳入银行信贷资源，为实体经济发展提供充足的信贷支持，企业信用得到有效扩张，为促进商业承兑汇票流通创造良好的条件和金融环境。

（九）增加风险防范措施

商业承兑汇票与企业信用债的本质都是企业信用，其最终风险都来源于承兑人信用风险，不过，与企业信用债不同的是，票据市场的风险更多来源于伪造票等风险事件，票据电子化后，传统的假票等风险得到了遏制，新的"伪造票"主要包括两类，一类是恶意记载票面信息，利用金融机构电票系统的漏洞，主观恶意填写承兑企业、保证人等信用主体的信息，导致接收方难以辨别真伪；另一类是不法分子利用伪造的其他企业开户资料或掌握的真实开户资料，冒名开立虚假企业账户，签发商业承兑汇票进行流转。此类伪造票的存在，严重扰乱了票据市场秩序，给市场造成商业承兑汇票不安全的印象，造成企业谨慎接受商业承兑汇票，严重影响票据流转，商业承兑汇票的支付能力大打折扣。相关监管机构和上海票据交易所已注意到该种情况，已出台相关操作细则，从制度和系统上，杜绝此类事件的发生，随着电票系统的不断升级，以及其他监管措施的推出，伪造票的风险得到有效遏制。另外，还要高度防范一些房地产企业可能出现的信用风险。

参考文献

[1] 肖小和，张雯．电票发展迎来新时代［J］．金融电子化，2017（7）．

[2] 安起雷，易先学，程涣清，孟琦．关于发展电子商业承兑汇票直接融资破解中小企业融资难、融资贵的探讨［J］．金融会计，2019（5）．

[3] 江西财经大学九银票据研究院．建设中小金融机构票据平台，推进票据市场有序发展［J］．上海立信会计金融学院学报，2018（6）．

经济高质量发展与商票信用时代

肖小和　木之渔

商业信用是社会信用体系的重要组成部分，商业承兑汇票是商业信用的重要载体。2014年6月14日，国务院发布《社会信用体系建设规划纲要（2014—2020年）》。2020年12月7日，中共中央发布《法治社会建设实施纲要（2020—2025年）》，提出加快推进社会信用体系建设，提高全社会诚信意识和信用水平。2021年9月26日，上海市发布《上海市深化社会信用体系建设三年行动计划（2021—2023年）》，提出努力打造全国信用数字化转型高地、信用应用创新高地和信用产业集聚高地。强化商票及其信用属性，有利于完善我国商业信用环境，推动经济高质量发展。

一、商票信用属性与经济高质量发展

（一）商票及其信用属性

商票诞生于20世纪80年代，1981年，中国人民银行上海市杨浦区办事处和黄浦区办事处（现中国工商银行上海分行杨浦支行和黄浦支行）试办了第一笔同城商票贴现业务。目前，商票已成为企业重要的结算方式、信用工具和融资手段。

商票除具备结算与融资属性外，还具有明显的信用属性，体现了商品交易中延期付款所形成的商业信用关系，对优化企业资金配置、提升商品交易效率、提高商誉起着重要的作用。

（二）商票信用属性建设与经济高质量发展的关系

党的十九大报告做出了我国经济已由高速增长阶段转向高质量发展阶段的科学论断。《习近平谈治国理政》第三卷收入的《我国经济已由高速增长阶段转向高质量发展阶段》一文指出："高质量发展，就是能够很好满足人民日益增长的美好生活需要的发展，是体现新发展理念的发展，是创新成为第一动力、协调成为内生特点、绿色成为普遍形态、开放成为必由之路、共享成为根本目的的发展。"

商票信用属性建设与经济高质量发展是相互促进的关系。一方面，完善商票信用属性有利于经济高质量发展，商票信用属性的发展将推动商票基础设施、市场信用机制的不断完善，进一步推动商业信用的发展，为经济高质量发展提供信用与金融支持；另一方面，经济高质量发展将推动商票信用属性的发展，提升供给体系对国内需求的适配性，增强自主创新能力，提供高质量科技供给，推进城乡、区域协调发展，为商票应用创造更广阔的空间，促进商票信用属性发展。

（三）商票信用属性建设是时代和社会信用发展的必然

深化社会信用体系建设是健全经济体制的重要组成部分，是经济高质量发展的保障。长期以来，商业信用是社会信用体系中较为薄弱的环节，加快推进商票信用属性建设将促进商业信用领域制度的完善，加快商业信用领域基础设施建设，大幅改善商业信用环境，并进一步推动社会信用体系的完善与发展。

二、商票信用属性发展的优势与瓶颈

（一）商票信用属性的发展优势

1. 商票基础设施初步成型

票据市场基础设施——上海票据交易所的建立，标志着全国统一商票市场正在形成，改变了商票市场信息不对称的局面，有利于商票信用属性的发挥，促进区域经济协调发展，为高质量区域经济布局提供了信用与融资支持。

2. 创新业务产品蓬勃发展

供应链票据作为商票的创新升级产品已正式推出，有利于充分运用商业信用打通供应链、产业链的生产、分配、流通、消费等各个环节，推动完整内需体系的构建，促进国内大循环，推进产业创新。

3. 商票金融科技发展迅速

上海票据交易所正在研发新一代票据业务系统，将融合票据交易系统、ECDS等票据市场原有系统，有望进一步提升商票全流程业务效率，推进商业信用数字化进程。

4. 商票信用机制建设不断加速

上海票据交易所已开展商票信息披露工作，这是商业信用领域的里程碑事件，预示商票信用机制建设正在快速推进，有利于净化市场秩序，创造良好的商业信用环境。

(二) 商票信用属性的发展瓶颈

1. 信用机制及基础设施建设发展滞后

虽然上海票据交易所在商票基础设施、商票信息披露等方面取得了一定成效，但商票信用属性的相关建设仍处于起步阶段，仍较为薄弱，如缺乏有效的商票评级体系、商票签发尚未纳入统一征信、商票统一担保机制尚未建立、商票信息披露主要依靠企业自主披露等，相关问题尚需进一步统筹协调、研究解决。

2. 信用风险相对较高

总体上看，由于商票的信用基础设施发展相对滞后，与银票等融资产品相比，商票的信用风险相对较高。存在部分承兑企业履约能力不强，商票到期不兑付的现象；也存在行业集中度较高，周期性风险较为明显的现象。较高的信用风险，进一步引发了商票在票据市场中占有率较低、流通性较差、存在感不强等状况。

3. 存在伪假商票风险

随着电子票据的不断发展，纸质票据逐步退出票据市场，传统伪假纸质票据作案手法销声匿迹。近年来，电子商票领域出现了一类新型伪假风险，即通过开立伪假企业银行账户，冒名开立电子商票骗取受害企业或银行资金。2020年10月，上海票据交易所出台票据账户主动管理功能后，此类风险事件开始逐步减少。伪假电子商票不仅阻碍了商票市场的健康发展，更严重危及商业信用环境。

4. 类票据业务风险

近几年，类票据产品——电子债权凭证开始出现，此类凭证由部分企业建设交易平台，功能类似于供应链票据，可拆分、可支付、可转让、可融资，相关产品对商票市场的发展产生了一定的替代性影响。同时，因其缺乏监管、信息相对不透明、核心企业与平台存在关联关系，在交易背景真实性、交易公平性、系统安全性、业务合规性等方面易产生新的风险，需引起重视。

三、商票信用属性服务经济高质量增长的思考

(一) 商票信用属性发展需要社会各方共同推进

一是需要人民银行统筹协调各部门、各单位共同推进商票信用属性发展，牵头研究商票信用评级管理，并完善人民银行内部征信、信息披露等机制与系统建设；二是需要发挥好财政、工信、发改委、税收等部门以及

地方政府的合力，共同推动商票信用担保机制建设，为国家或地方融资担保基金进入商票市场创造条件；三是需要银保监部门调整相关监管要求，加大对商票信用属性的监管支持，更好地服务实体经济。

（二）商票信用属性发展需要完善信用环境

一是要提升完善企业征信体系，全面反映商票签发征信信息，真实呈现企业信用全貌；二是要持续推进商票信息披露，做好信息披露参与者培训及考核工作，并适时研究由商票基础设施披露信息的可行性，以提升信息披露的实时性及准确性；三是要加快推动商票评级体系建设，为投资者提供公正、客观的票据评级信息；四是要研究推动商票统一担保机制建设，引入国家或地方融资担保基金为重点行业、重点企业及中小企业提供商票担保，发挥信用担保对实体经济的支持作用。

（三）发展商票信用属性要建立信用制度

一是要建立商票信用基础性制度，为发展商票信用属性提供制度支持，包括增设商票征信、商票评级、商票担保等制度，完善商票信息披露制度；二是要建立商票信用属性相关辅助制度，如信用监测、信用统计分析、信用惩罚条款等制度，确保商票信用属性得以充分发挥。

（四）要推动央企及地方商票平台建设

央企及地方商票平台主要面向商票承兑、贴现市场，为中小企业、担保机构、贴现银行提供担保及融资撮合，并积累企业信用信息。如中国国新控股有限责任公司搭建的"企票通"平台，作为"央企商业承兑汇票互认联盟"的运行平台，发挥了商票在央企间的清欠作用，融通了央企上下游产业链条，推动了商票市场发展。央企及地方商票平台作为商票基础设施的组成部分，是对上海票据交易所的有益补充，有利于建设全国统一、分工明确的商票市场。

（五）要推动供应链票据与标准化票据共同发展

供应链票据、标准化票据是特点鲜明的创新业务产品，加快开展供应链票据业务，有利于链内中小企业分享核心企业信用，优化产业链、供应链的生产要素配置，培育壮大新动能；标准化票据有利于推进商票资产证券化，规范商票市场，降低企业融资成本。推进供应链票据与标准化票据共同发展，可充分发挥两类产品的业务特点，通过供应链票据贸易场景与结算票据的关联性，降低融资信用风险；通过标准化票据引入更多参与方，降低供应链票据融资成本，形成良性循环机制，推动经济高效发展。

（六）要积极服务中小、民营及涉农等企业主体

市场参与者开展商票项下各类业务时应注重发挥信用属性，积极服务中小、民营及涉农等企业主体。一是可试点开展农业供应链票据业务，结合本地农业特色，发挥农业核心企业示范引领作用，打造联结农户、新型农业经营主体和农产品加工、流通企业的供应链票据产品，促进城乡协调发展；二是加快推进商票担保机制建设，鼓励担保机构加大对中小企业、民营企业的支持力度，尤其是对关键领域、重点行业中小企业、民营企业的商票担保支持。

（七）要发挥上海票据交易所对商票全生命周期进行管理的引领作用

商票具有产品链条长、业务环节多、服务差异大等特点，信用属性贯穿商票的全生命周期，上海票据交易所应强化对商票全生命周期产品体系的研究，引导金融机构实现票据产品与服务体系的闭环管理，提升票据对实体企业的直达性与一站式服务。

（八）要重视金融科技对商票信用属性的作用

金融科技化是未来金融业发展的必然趋势。未来，在商票领域应继续加大科技投入，一是强化商票信用领域技术应用，推进央企及地方票据平台建设，规划商票担保、商票评级相关系统功能，完善商票征信、商票信息披露相关系统功能；二是推动供应链票据相关系统建设，加快供应链平台的审批与对接，研发"供应链票据+标准化票据"一站式系统服务，促进信用创新实践；三是稳步推进新一代票据业务系统建设，全面融合现有系统功能，为商票市场创造更广阔的发展空间。

（九）要防范商票信用领域风险

信用风险是商票项下各类产品最主要的业务风险。一是市场参与者应强化对国际形势、经济规划及产业政策的研判；二是上海票据交易所应加强信用风险监测及风险预警机制，及时跟踪、分析市场参与者的行为，及时向参与者提示异常情况；三是上海票据交易所可考虑强化信用风险干预能力，对已暴露或可能暴露风险的企业或行业加以限制，通过控制其票据业务行为，守住不发生系统性金融风险的底线。

（十）要提高理论与应用研究水平

一是建议充分发挥中国票据研究中心的引领作用，强化对商票信用属性的理论研究；二是建议发挥江西财经大学九银票据研究院等市场研究机

构及参与主体的研究力量，开展对商票信用属性的应用研究；三是建议信用研究交流常态化，通过定期开展研讨会、论坛等形式的交流活动，提升全市场商业信用理论与应用水平，推动商业信用环境与经济高质量发展。

落实国家长三角一体化发展战略在长三角建立商票平台的研究

肖小和 李 鹰 木之渔 禾几页 徐 言①

一、长三角一体化为经济金融与票据发展提供了机遇

2020年8月20日,习近平总书记在扎实推进长三角一体化发展座谈会上强调,紧扣一体化和高质量两个关键词抓好重点工作,推动长三角一体化发展不断取得成效。2018年11月5日,习近平主席在首届中国国际进口博览会上宣布,支持长江三角洲区域一体化发展并上升为国家战略。长江三角洲地区(以下简称长三角)包括上海、江苏、浙江和安徽"三省一市",是我国经济最具活力、开放程度最高、创新能力最强的区域之一,在全国经济中具有举足轻重的地位。长三角依托上海国际金融中心,金融业发展势头强劲,票据业务一直以来处于全国前列,票据交易所落户上海更为长三角地区票据业务发展创新提供了独有的良好条件。

(一)长三角一体化发展的国家政策与"三省一市"落实措施

1. 国家政策持续推动长三角一体化发展

长三角是我国改革开放的先行先试区,国务院及有关部委制定并实施相关国家重大发展战略,为促进合作与长三角一体化发展提供了政策机遇和重要驱动力。

一是1982年,国务院印发《关于成立上海经济区和山西能源基地规划办公室的通知》,提出建立以上海为中心,苏州、无锡、常州、南通、杭州、嘉兴、湖州、宁波和绍兴等10个城市组成的上海经济区,形成了长三角经济区(城市群)概念的雏形。

二是2008年,国务院出台《关于进一步推进长江三角洲地区改革开放和经济社会发展的指导意见》,提出42条促进长江三角洲地区经济、社会、

---

① 李鹰,江西财经大学九银票据研究院高级研究员;禾几页,江西财经大学九银票据研究院研究员;徐言,江西财经大学九银票据研究院高级研究员。

文化等方面发展的重要意见，要把长三角建设成为亚太地区重要的国际门户和全球重要的先进制造业基地，以及具有较强国际竞争力的世界级城市群。

三是2010年，国务院正式批准实施《长江三角洲地区区域规划》，明确了长江三角洲地区发展的战略定位，即亚太地区重要的国际门户、全球重要的现代服务业和先进制造业中心、具有较强国际竞争力的世界级城市群。

四是2016年，经国务院同意，国家发展改革委发布《长江三角洲城市群发展规划》，明确长江三角洲城市群的总体定位为顺应时代潮流，服务国家现代化建设大局，从战略高度优化提升长三角城市群，打造改革新高地、争当开放新尖兵、带头发展新经济、构筑生态环境新支撑、创造联动发展新模式，建设面向全球、辐射亚太、引领全国的世界级城市群。

五是2018年11月，中央决定将支持长江三角洲区域一体化发展上升为国家战略。2019年11月，国务院批复同意《长三角生态绿色一体化发展示范区总体方案》，将长三角生态绿色一体化发展示范区建设作为长三角一体化发展战略的先手棋和突破口。12月，中共中央、国务院印发《长江三角洲区域一体化发展规划纲要》，指出实施长三角一体化发展战略，是引领全国高质量发展、完善我国改革开放空间布局、打造我国发展强劲活跃增长极的重大战略举措。该规划提出，到2025年，长三角一体化发展取得实质性进展；到2035年，长三角一体化发展达到较高水平，成为最具影响力和带动力的强劲活跃增长极。

六是2020年2月，经国务院同意，中国人民银行、中国银保监会、中国证监会、国家外汇管理局、上海市政府联合发布《关于进一步加快上海国际金融中心建设和金融支持长三角一体化发展的意见》，对金融支持长三角一体化发展提出具体要求，重点从推动金融机构跨区域协作、提升金融配套服务水平、建立健全长三角金融政策协调和信息共享机制三方面推进。

2. "三省一市"落实一体化发展措施

一是长三角"三省一市"均制订了规划纲要实施方案。2020年1月，上海市发布了贯彻规划纲要实施方案，突出强调加强与长三角其他地区的协同发展。安徽省同步出台实施规划纲要行动计划，从区域协调发展、创新能力建设、制造业高质量发展、乡村振兴、基础设施建设、对外开放、生态环保、公共服务、体制机制创新和保障措施等方面进行了详细规划。2020年4月，江苏省正式发布规划纲要实施方案，聚焦交通、信息、科技、

环保、信用等一体化发展重点领域，具体从基础设施、产业创新、载体平台、生态环境、公共服务等方面推动一体化建设。浙江省制定了《浙江省推进长江三角洲区域一体化发展行动方案》，启动实施高质量发展民营经济、高层次扩大对外开放、高普惠共享公共服务等九项重点任务，围绕数字经济、创新平台、基础设施、文化旅游等领域，推动浙江全省域全方位融入长三角。

二是"三省一市"分别采取措施推动长三角一体化发展。2020年6月，上海市政府同意市国资委出资组建长三角投资（上海）有限公司，定位为服务长三角一体化发展示范区建设的投资和服务平台，未来将代表上海参与示范区建设，共同服务长三角一体化发展。2020年，江苏省在实施方案的基础上，制定《江苏省推动长三角一体化发展重点工作任务、重大平台项目和重要改革举措清单》，共列出80项重点事项，逐项落实牵头部门和配合单位。2020年4月，浙江省连续印发两个长三角一体化专项行动计划文件——《浙江省推进长三角市场体系一体化专项行动计划》和《浙江省推进长三角生态环境保护一体化发展专项行动计划》，在营商环境和生态保护领域为长三角一体化画出了蓝图。2020年4月，安徽省制定《安徽省实施长江三角洲区域一体化发展规划纲要行动计划2020年工作要点》和《安徽省推动长三角一体化发展近期重点工作、重点事项和重点项目清单》，提出2020年安徽省推动长三角一体化发展的128项具体工作任务，明确牵头单位，细化责任分工，建立跟踪督查机制；6月，安徽省发布《关于加快推进高速公路建设促进长三角一体化发展的通知》，为促进长三角一体化发展提供更加坚强有力的交通运输保障。

三是"三省一市"联合制定政策推进长三角一体化进程。2018年1月，由"三省一市"共同组建的长三角区域合作办公室正式设立，成为长三角一体化进程中第一个跨行政区划的官方常设机构。7月，"三省一市"共同印发《长三角地区一体化发展三年行动计划（2018—2020年）》，为长三角一体化发展明确了任务书、时间表和路线图。8月，"三省一市"共同制定了《长三角地区深化推进国家社会信用体系建设区域合作示范区建设行动方案（2018—2020年）》，进一步深化长三角地区社会信用体系建设合作，共同打响"信用长三角"品牌，为区域经济社会发展营造健康环境。2019年1月，"三省一市"共同签署《长三角地区市场体系一体化建设合作备忘录》，以期逐步实现统一市场规则、统一信用治理、统一市场监管，共同推动长三角地区市场体系一体化建设。2020年4月，"三省一市"联合制

定《关于支持长三角生态绿色一体化发展示范区高质量发展的若干政策措施》，敲定年度"施工图"；同时发布《长三角一体化发展示范区电力行动白皮书（2020年）》，探索供电服务跨省"一码通办"。6月，"三省一市"签署了《共同创建长三角国家技术创新中心的框架协议》，进一步提升区域整体发展和协同创新能力，支撑长三角地区成为全球科技创新中心和未来产业高地；同时联合制定《长三角地区跨界突发环境事件应急联动工作方案》和《长三角区域环境保护标准协调统一工作备忘录》，深入推进应急联动，保障长三角地区环境安全。

（二）长三角一体化经济金融发展现状

1. 长三角地区经济总量庞大，是中国经济增长的重要引擎

2019年，长三角地区生产总值为23.7万亿元，约占全国GDP的23.9%，同比增长6.4%，高于全国增速0.3个百分点。

从产业分布看，长三角地区第二、第三产业比较发达，占比分别为40.6%和55.4%，分别比全国平均水平高1.6个和1.5个百分点；其中，第三产业增加值同比增长7.4%，高于全国增速0.5个百分点。工业投资引领固定资产投资增长，如上海六个重点工业行业投资同比增长24.2%，江苏高新技术产业投资同比增长23.3%；服务经济支撑作用进一步增强，新消费呈现引领态势，全年长三角地区第三产业增加值同比增长7.4%，占长三角地区生产总值的比重达55%，社会消费品零售总额为8.9万亿元，增长7.6%，约占全国总量的21.7%；深入实施创新驱动发展战略，新旧动能加快转换，以数字经济、高新技术产业为主的新动能加快培育，如上海战略性新兴产业（制造业部分）产值占全市规模以上工业总产值的比重提高到32.4%，江苏大力发展13个先进制造业集群，有6个入围全国制造业集群培育对象，占全国总量的1/4，浙江规模以上工业中，数字经济核心产业增加值同比增长15%。

从人均情况看，居民产出和富裕程度高。2019年长三角地区常住人口为2.27亿人，约占全国总人口的1/6。长三角人均地区生产总值达到10万元以上，比全国平均水平高出47.59%，其中，上海、江苏、浙江和安徽人均地区生产总值分别为15.71万元、12.35万元、10.66万元和5.83万元，分别位列全国第二、第四、第五、第十三。从人均可支配收入看，2019年上海、浙江、江苏和安徽分别为6.94万元、4.99万元、4.14万元和2.64万元，位列全国第一、第三、第五、第十五，除安徽外均高于全国平均水平（3.07万元）。

2. 金融资源丰富，金融体系较为完备

一是货币信贷和社会融资规模增长较快，金融对实体经济尤其是民营企业、小微企业的支持力度进一步加大。2019年12月末，长三角地区本外币各项存款余额为47.6万亿元，占全国总量的比重为24.0%，同比增长9.9%，比全国平均水平高1.3个百分点；各项贷款余额为38.2万亿元，占全国总量的比重为24.1%，同比增长13.5%，比全国平均水平高1.6个百分点；社会融资规模增量累计6.2万亿元，占全国总量的24.8%，同比多增1.4万亿元。普惠小微贷款、涉农贷款和绿色信贷增长较快，截至2019年12月末，余额分别同比增长42.4%、11.8%和29.6%。

二是金融业已成为长三角地区的重要产业之一。2019年，长三角地区实现金融业增加值2.16万亿元，占全国金融业增加值的28%，在长三角第三产业增加值中占16.44%，特别是上海市金融业增加值达到6600.6亿元，占其第三产业增加值的比重达23.78%。

三是金融体系较为完备，金融业蓬勃发展。长三角地区以上海国际金融中心为依托，汇集了银行、证券、保险、基金、信托、消费金融公司等各类金融机构，集聚了股票、债券、货币、外汇、票据、期货、黄金、衍生品、保险等各类全国性要素市场。截至2019年末，长三角地区银行业金融机构达743家，从业人员共63.6万人，资产总额达到60万亿元，上市公司数量合计为1299家。

(三) 长三角一体化票据业务发展现状

长三角地区经济金融整体上保持较快和稳健的发展态势，为区域票据市场建设发展提供了较好的市场环境。近年来，长三角地区票据市场发展良好，规模不断扩大，票据交易量持续增长，专业化程度明显增强，逐渐成为长三角地区企业支付结算和短期融资的重要渠道，也是区域金融市场中较为活跃的货币市场交易工具，对长三角经济金融协调发展发挥的作用不断增强，已经成为全国最大的区域性票据市场中心。

1. 长三角地区票据市场各项业务量稳居全国前列

2019年，长三角地区商业汇票承兑合计6.25万亿元，占全国总量的30.67%；票据贴现合计4.28万亿元，占全国总量的34.35%；票据交易合计34.87万亿元，占全国总量的34.23%。

2. 票据业务是长三角地区金融市场的重要组成部分

2019年末，长三角地区承兑余额为2.85万亿元，同比增加4965.56亿元，在其社会融资规模中占9.28%（由于数据原因，长三角承兑余额和社

融仅包含江苏、浙江和安徽）；贴现余额为 1.81 万亿元，在其企业贷款中占 7.91%，在企业短期贷款中占 1/5；票据交易在长三角地区货币市场交易量中的占比为 3.8%，高于全国平均水平 1 个百分点。

3. 长三角地区积极参与票据业务创新产品

2019 年，上海票据交易所推出"票付通"和"贴现通"两种创新产品，旨在增强票据业务的支付和融资功能。截至 2019 年末，长三角地区已有法人金融机构 2 家、平台 8 家、企业 196 家接入"票付通"业务，占比分别为 29%、35% 和 24%，起到了较好的引领和辐射作用。同时，在"贴现通"业务的试点推广中，长三角申请企业达 1450 家，全国占比为 53.24%；委托票面金额为 51.25 亿元，全国占比为 52.19%；达成贴现意向的票据金额为 42.19 亿元，全国占比为 56.31%，在该创新业务中均占到全国的一半以上，为票据市场创新产品先行先试发挥了良好的示范效应。

4. 长三角地区票据市场参与主体不断丰富

依托上海国际金融中心建设，长三角地区票据业务经营机构的多元化和专业化不断增强。自 2000 年我国首家票据专营机构在上海率先成立以来，全国多家总行级票据中心和相当数量的分行级票据中心均落户上海，带动长三角地区金融机构票据业务进一步崛起。截至目前，长三角地区在上海票据交易所开户的机构已达上万家（含分支机构），机构类型涵盖了银行类以及财务公司、券商、基金、资管等非银机构，其中银行类又涵盖了国有银行、股份制银行、城商行、农商行、外资银行、互联网银行等各类大中小型机构，已基本囊括了上海票据交易所现有的所有类型。

（四）长三角一体化为发展票据提供了机遇

1. 长三角一体化发展上升为国家战略为票据业务发展提供了政策支持

推动长三角经济金融发展是长三角一体化国家战略实施的基础，票据业务是企业支付结算和融资的重要工具，也是银行优化资产负债结构、加强流动性管理的重要手段，在促进长三角一体化发展进程中将发挥不可或缺的作用。中国人民银行、银保监会、证监会、国家外汇管理局、上海市政府联合发布的《关于进一步加快上海国际金融中心建设和金融支持长三角一体化发展的意见》明确指出"研究推动依托上海票据交易所及相关数字科技研发支持机构建立平台，办理贸易融资资产跨境转让业务，促进人民币跨境贸易融资业务发展"。人民银行行长易纲在第十一届陆家嘴论坛上指出"支持上海票据交易所在长三角地区推广应收账款票据化，试点推广贴现通业务"。

2. "三省一市"出台具体措施为推动长三角票据业务发展提供了政策支撑和保障

2009年,人民银行上海总部、南京分行、杭州中心支行和合肥中心支行联合印发《长三角地区推广使用商业承兑汇票、促进商业信用票据化工作实施方案》,随后推出长三角地区首批500家商业承兑汇票重点推广企业名单,合力推动商业承兑汇票业务在长三角广泛使用。2019年11月,中国人民银行上海总部发布了《金融支持长三角G60科创走廊先进制造业高质量发展综合服务方案》,从缓解融资难融资贵、提升融资适配性等方面全面提升金融对长三角一体化发展的支持力度,并指出要依托先进制造业产业链核心企业,运用区块链技术开展票据贴现等供应链金融创新,提高整体融资效率。2020年4月,人民银行杭州中心支行、上海总部、南京分行、合肥中心支行联合发布《长三角地区电子商业承兑汇票推广应用工作方案》。

3. 上海票据交易所落户上海为长三角地区开展票据业务创造了良好条件

上海票据交易所于2016年落户上海,进一步丰富了金融市场基础设施构成,完善了上海国际金融中心市场体系和功能,有利于加强长三角地区行业集聚,创建我国票据市场发展新高地。上海票据交易所落户上海也有利于在长三角地区推动票据产品和服务创新,拓宽票据市场的广度和深度,完善中国金融市场体系。

二、长三角一体化建立商票平台的基本思路

(一)票据及其功能作用

1. 票据的概念

商业汇票是出票人签发的,委托付款人在见票时或者在指定日期无条件支付确定的金额给收款人或者持票人的票据。它具有支付结算、信用、信贷规模调节、投融资、交易以及政策调控等功能。

2. 票据的基本属性

(1)支付结算。票据作为经济贸易往来中的一种主要支付结算工具,特别是银行承兑汇票兼具信用增级、延期支付和背书转让三大优点,为加快商品流通和资金周转提供了极大的便利和支持。历年的人民银行货币政策执行报告显示,企业签发的银行承兑汇票余额主要集中在制造业、批发和零售业,由中小企业签发的银行承兑汇票约占2/3,票据承兑业

务有效增强了对实体经济特别是小微企业的信用支持。

（2）便捷融资。票据业务可以为实体经济特别是中小企业提供便捷的融资渠道和低成本资金，降低企业融资成本，有效扶持企业发展壮大。票据贴现与普通贷款相比，其融资成本往往较低，且流程简单、获得资金周期短，特别是对于信用等级相对较低的中小企业，银行承兑汇票所具有的银行信用、放款速度快等特点，对解决我国中小企业融资难题具有得天独厚的优势和作用。数据显示，2017年由中小企业申请的贴现业务量占比已达到83.63%；2019年，票据业务成为中小企业获得金融支持的重要渠道。

（3）信用特性。票据的本质特性就是具有信用。

3. 票据的功能作用

（1）票据业务是银行业优化资产负债结构、加强流动性管理、提高收益的一个重要手段。

（2）票据资产是投资和交易的重要标的。

（3）票据有利于加强国家货币政策的传导。

（二）金融科技在票据领域的应用情况及发展

当前，科技在票据领域的应用，主要还是采用传统科技的手段，通过搭建中心化的系统或者移动互联网接入，其最高形态为上海票据交易所搭建的中心化的中国票据交易系统。上海票据交易所是在现有中心化的科技模式和技术能力下所实现的科技与票据融合的最具影响力的产物，用发展的眼光看，票据市场的整体发展与科技发展呈现出了较为密切的正相关性。

目前，金融科技在票据领域的应用以区块链技术的尝试为主。虽然区块链技术被认为"具有改变金融的潜力"，但大多数基于区块链的研究和应用还处在实验室阶段。所以，目前国际上披露的应用在票据及相关领域的信息也以简单的介绍应用场景为主，技术细节、实现方式和功能等核心信息较少。

从国内来看，人民银行已经完成了基于区块链的数字票据交易平台的研发，对数字货币的研究也进入了实质性领域，2018年1月，数字票据实验性生产系统在中国数字货币研究所、上海票据交易所的牵头下有效落地，但在试运行中仍采用"链上确认、线下清算"的方式，未能摆脱现有的票据交易和票据清算方式。

金融科技化是未来的基本趋势，金融行业将在科技的推动下进入一个全新的时代，加快推动我国金融科技发展，推进大数据、云计算、人工智能、区块链等新型技术手段在金融领域运用，从发展的角度看，将有利于

我国金融业"弯道超车",降低交易成本,推进普惠金融快速落地,提升我国金融业综合实力及竞争力;从安全的角度看,将有利于我国构筑金融"防火墙",提高金融市场稳定性,提升防范系统性风险的能力。票据兼具支付与融资的特性,跨越支付领域、信贷领域及货币市场领域,覆盖大中小型各类企业,全面提升票据市场金融科技水平具有较强的标杆作用和现实意义。

(三) 建立长三角商票平台的意义和作用

1. 有利于进一步发挥票据的作用

一是强化票据对实体经济的支持作用,尤其是商票能降低企业的出票成本,也不需要保证金,建设长三角商票平台将大大提高票据市场运行效率,进而促进票据市场对于实体经济的支持作用。二是进一步服务企业直接融资。发达国家金融市场发展经验表明,大多票据转化为直接使用商业信用的商业票据,可以更为直接有效地推动企业融资。

2. 有利于推动票据的改革创新

商票的发展和完善更有利于推动金融创新,市场参与主体更趋多元化,使得非银行金融机构对票据创新业务和产品的参与力度和深度不断加大,跨界、跨市场、跨区域的发展趋势愈发显著,企业、银行、信托、基金、证券公司、财务公司以及个人将会更多地参与到票据市场。

3. 有利于国家基础信用环境建设

当前,我国企业信用环境尚不健全,票据市场缺乏专业的票据授信、评估机制,使得票据发行市场的参与主体主要是大型企业集团,而众多中小企业被排除在票据发行市场之外,影响了票据市场的进一步扩大发展。相对于银行承兑汇票,商业承兑汇票不仅节省了银行承兑手续费,也不用缴纳承兑保证金,为承兑企业节约了成本,增加了可使用资金,从而引导承兑企业注重商业信用的建立,以期不断提高所承兑票据的市场接受度。

4. 有利于推动票据市场协调发展

探索形成行业业务执行标准,进一步规范市场经营行为,改变目前票据业务参与者因为各自的机构设置和业务管理要求不同而产生的业务处理中标准不一的现象。票据业务办理标准化水平的提升,将促使市场发展更加规范。金融机构必将转向发展真正具有价值的票据创新业务。

5. 有助于提升票据市场的研究预测水平

长三角商票平台将带来更为丰富的数据库体系,将打破地域限制,便于汇总、积累和使用,支持研究人员运用更多的科学手段研究票据市场的

中长期走势，提升市场预判水平，有利于减少票据交易的盲目性，建立更加健康有序的市场发展环境。

（四）建立长三角商票平台的优势

1. 长三角的综合优势明显

长三角地区是我国经济发展最活跃、开放程度最高、创新能力最强的区域之一，在国家现代化建设大局和全方位开放格局中具有举足轻重的战略地位。根据《长江三角洲区域一体化发展规划纲要》，长三角地区的范围包括上海市、江苏省、浙江省、安徽省全域（面积为35.8万平方公里）。以上海市，江苏省南京、无锡、常州、苏州、南通、扬州、镇江、盐城、泰州，浙江省杭州、宁波、温州、湖州、嘉兴、绍兴、金华、舟山、台州，安徽省合肥、芜湖、马鞍山、铜陵、安庆、滁州、池州、宣城27个城市为中心区（面积22.5万平方公里），辐射带动长三角地区高质量发展。以上海青浦、江苏吴江、浙江嘉善为长三角生态绿色一体化发展示范区（面积约为2300平方公里），示范引领长三角地区更高质量一体化发展。以上海临港等地区为中国（上海）自由贸易试验区新片区，打造与国际通行规则相衔接、更具国际市场影响力和竞争力的特殊经济功能区。

（1）经济社会发展全国领先。勇挑全国改革开放排头兵、创新发展先行者重担，经济社会发展取得举世瞩目的成就，成为引领全国经济发展的重要引擎。经济实力较强，面积约占全国的4%，人口约占全国的16%，经济总量约占全国的1/4，全员劳动生产率位居全国前列。社会事业加快发展，公共服务相对均衡。

（2）科技创新优势明显。拥有上海张江、安徽合肥2个综合性国家科学中心，全国约1/4的"双一流"高校、国家重点实验室、国家工程研究中心。年研发经费支出和有效发明专利数均占全国的1/3，上海、南京、杭州、合肥研发强度均超过3%。集成电路和软件信息服务产业规模分别约占全国的1/2和1/3，在电子信息、生物医药、高端装备、新能源、新材料等领域形成了一批国际竞争力较强的创新共同体和产业集群。

（3）开放合作协同高效。拥有开放口岸46个，进出口总额、外商直接投资、对外投资分别占全国的37%、39%和29%，自由贸易试验区探索形成了国际贸易"单一窗口"等可复制可推广的经验，中国国际进口博览会成功举办。统一市场体系联建共享，营商环境位居前列。设立长三角区域合作办公室，建立G60科创走廊等一批跨区域合作平台。

（4）重大基础设施基本联通。交通干线密度较高，省际高速公路基本

贯通，主要城市间高速铁路有效连接，沿海、沿江联动协作的航运体系初步形成，区域机场群体系基本建立。电力、天然气主干网等能源基础设施相对完善，防洪、供水等水利基础设施体系基本建成，光纤宽带、5G网络等信息基础设施水平在全国领先。

（5）城镇乡村协调互动。常住人口城镇化率超过60%，大中小城市协同发展，各具特色的小城镇星罗棋布，城镇之间经济社会联系密切。上海中心城市辐射带动作用较好发挥，南京、杭州、合肥、苏锡常、宁波等城市群建设成效明显，同城化效应日益显现。城乡发展比较协调，城乡居民收入差距相对较小。信用优势明显。

2. 长三角地区票据市场优势明显

根据人民银行区域金融运行报告的数据，2019年，长三角地区"三省一市"票据承兑余额、发生额、票据融资余额均占全国的1/3左右，票据贴现（转贴现）发生额占全国的1/3，票据业务占比与各项存款余额、各项贷款余额、地区生产总值等经济金融指标占比保持一致并且略高于后面各项。

3. 长三角商票平台助力产业发展效果明显

一是可以着力提升制造业产业链水平。围绕长三角共同打造电子信息、生物医药、航空航天、高端装备、新能源和智能网联汽车、新材料等世界级制造业集群，聚焦研发设计、高端制造等环节，培育一批具有国际竞争力的龙头企业和"隐形冠军"企业，推动产业迭代升级和产业链延伸，提升在全球价值链中的位势。加快推动船舶、汽车、化工、钢铁等传统优势产业改造提升。聚焦"3+5+X"重点区域整体转型，打造高经济密度"产业新区"。

二是加快发展高端服务经济。积极发展现代金融、现代物流、科技服务、工业设计、软件和信息服务、电子商务、文化创意、人力资源服务、节能环保服务等生产性服务业，促进先进制造业和现代服务业融合发展。大力推进研发设计、供应链服务、检验检测、总集成总承包、制造数字化服务、工业互联网、绿色节能等领域跨界发展。

三是加快培育新技术新业态新模式。积极推动互联网新技术与产业融合，发展平台经济、分享经济、共享制造、体验经济。加强大数据、云计算、区块链、物联网、人工智能、卫星导航等新技术的研发应用，支持龙头企业联合科研机构建立人工智能等新型研发平台。支持无锡等建设国家级车联网（智能网联汽车）先导区、常州建设空间信息综合应用创新服务

平台。提升流通创新能力，构建新零售网络，打造商产融合产业集群和平台经济龙头企业。

四是加快跨境贸易平台建设。深化跨境电商综合试验区建设，吸引跨境电商出口企业集聚。建设数字贸易交易促进平台，拓展与国际标准相接轨的数字版权确权、估价和交易流程服务功能，打造数字内容和产品资源库。

4. 对推进国家战略具有示范效应

目前我国的主要国家战略包括长三角一体化、京津冀协同发展、粤港澳大湾区等，另外，中部崛起、成渝城市群、哈长城市群等也展现了各自的生命力和发展特色。首先在长三角建立商票平台，对促进其他国家战略的落地实施，各个区域结合各自特点建立专属商票平台具有十分重要的引导意义，通过先行先试，可以以点带面地引导商业承兑汇票的使用，助推商业信用发展等，推进国家战略在金融各领域落地。

（五）建立长三角商票平台的基本设想

1. 平台建设宗旨

长三角商票平台是以互联网为基础的，建设初期以服务长三角区域企业、促进区域经济发展为宗旨；未来以服务国内实体经济、服务票据市场为宗旨。

2. 平台建设原则

（1）充分协调。工信部门作为长三角商票平台的牵头部门，应加强与财政、人民银行、监管等部门的沟通协调，调配相关领域资源用于长三角商票平台建设与后期发展，推进企业融资渠道多元化。

（2）公平合理。长三角商票平台的各类业务规则应清晰准确，对各类型参与者（包括各类型企业、各类型金融机构）一视同仁，规范开展相关商票业务。

（3）效率优先。

3. 平台建设定位

建设初期，长三角商票平台可定位为区域性票据一级市场基础设施，聚焦于长三角"三省一市"，引入长三角地区金融机构，服务本区域大中小型企业；中远期，待长三角商票平台业务模式成熟后，可定位为全国性票据一级市场基础设施，为国内各类型企业提供商业承兑汇票服务，进一步缓解企业融资难融资贵等问题。

4. 平台建设功能

包括：(1) 融资增信；(2) 融资撮合；(3) 信息披露；(4) 咨询服务；(5) 会员及账户管理；(6) 清算结算等。

5. 长三角一体化商票平台系统建设方案（略）

我们相信只要加强顶层设计，制订和实施好具体方案，注重部门协同，加强协调监管政策，争取业务资格，加强同业合作，强化金融科技，就一定能实现平台目标。

商业信用再塑：
商业承兑汇票与票据市场创新

肖小和　杨　刚　张涵萌[①]

一、商业承兑汇票的优势与实践

(一) 商业承兑汇票的历史发展实践

票据业务是指商业汇票的承兑、贴现、转贴现和再贴现等业务。企业开商业汇票的过程是一个融资过程，若被银行等金融机构承兑会成为银行承兑汇票，若被非金融机构承兑会成为商业承兑汇票。按照人民银行2009年颁布的《电子商业汇票业务管理办法》，电子商业汇票分为电子银行承兑汇票和电子商业承兑汇票。

1949—1978年是商票萌芽阶段。新中国成立初期至1954年，国家允许银行信用和商业信用存在，人民银行上海分行曾运用商业汇票承兑与贴现，为恢复和发展国民经济服务，并巧妙地运用票据承兑形式，调剂市场资金，扶助私营企业恢复和发展生产。1954年至1978年，由于我国实行高度集中的计划经济管理方式，商品经济没有得到发展。全国实行信用集中，取消商业信用，银行结算以划拨为主，有零星的支票结算，汇票和本票作为商业信用和银行信用的载体在计划经济的大背景下无法发挥其支付结算和信用扩张的功能。1979年，人民银行批准部分企业签发商业承兑汇票；我国首笔同城商业承兑汇款业务于1981年在上海办理。

20世纪90年代，票据作为商业信用的载体获得新生，其支付功能在一定程度上缓解了改革开放后经济发展中的"三角债"难题，票据这一支付工具的大力推广使用，成为当时解决企业间"三角债"问题的主要工具。1990年，国务院清理"三角债"领导小组在《关于在全国范围内清理企业拖欠货款的实施方案》中明确提出结合商业票据使用办理清欠工作，付款期内没有能力又不符合发放"清欠专用贷款"条件的企业，可将所欠债务

---

① 张涵萌，上海财经大学金融学博士研究生。

转为商业票据。《关于继续组织清理"三角债"的意见》则要求金融部门积极推广商业承兑汇票业务,把社会主义商品交易纳入票据化的轨道,这一阶段的特征是票据业务呈自然发展状态,承兑业务发展较快,贴现业务相对较少,票据交易极为不活跃。

进入21世纪,2006年,人民银行为解决地方国企、央企"三角债"问题曾推行过"商业票据",这里的"商业票据"主要指的是商业承兑汇票,可以说是应收账款票据化理念的雏形,而非当时使用更广泛的银行承兑汇票。当时商业票据未电子化,加上短期融资券也在相近时间推出,以及纸票真实性核查难、融资性票据泛滥、票据交易市场不完善等,商业承兑汇票进程不甚理想。

(二) 商业承兑汇票目前发展概况与新现状

2006年,人民银行发布《关于促进商业承兑汇票业务发展的指导意见》,要求各地人民银行分支机构积极组织商业银行制订推广使用商业承兑汇票的具体实施方案。2016年,人民银行发布《关于规范和促进电子商业汇票业务发展的通知》,要求人民银行各分支机构和各金融机构选择资信状况良好、产供销关系稳定的企业积极发展电子商业承兑汇票。随后,上海票据交易所的成立使得票据市场参与者种类更加丰富,加快票据产品创新步伐,全面提升票据市场交易活跃程度。2020年1月15日,上海票据交易所推出商业汇票信息披露平台,鼓励首批试点参与机构通过平台按日披露票据承兑信息、按月披露承兑信用信息。此举是票据市场走向公开透明的第一步。2020年9月18日,人民银行等八部门发布《关于规范发展供应链金融 支持供应链产业链稳定循环和优化升级的意见》(银发〔2020〕226号),明确"加快实施商业汇票信息披露制度",并提出建立商业承兑汇票与债券交叉信息披露机制。

得益于2020年各方积极推动商业承兑汇票发展,2020年初上海票据交易所上线了商业汇票信息披露系统,建立了供应链票据平台,商票的开票量和贴现量增长较快,市场占比提升。根据上海票据交易所的数据,2020年全年,票据承兑、贴现和票据市场业务总量分别为22.1万亿元、13.41万亿元和148.24万亿元,较2019年分别增长8.41%、7.67%和12.77%,其中商票贴现1.03万亿元,增长9.85%。2020年全年,商票签发金额为3.62万亿元,同比增长19.77%;商票签发金额占比为16.39%,较上年提升1.55个百分点;商票签发平均面额为124.7万元,同比下降11.08%。

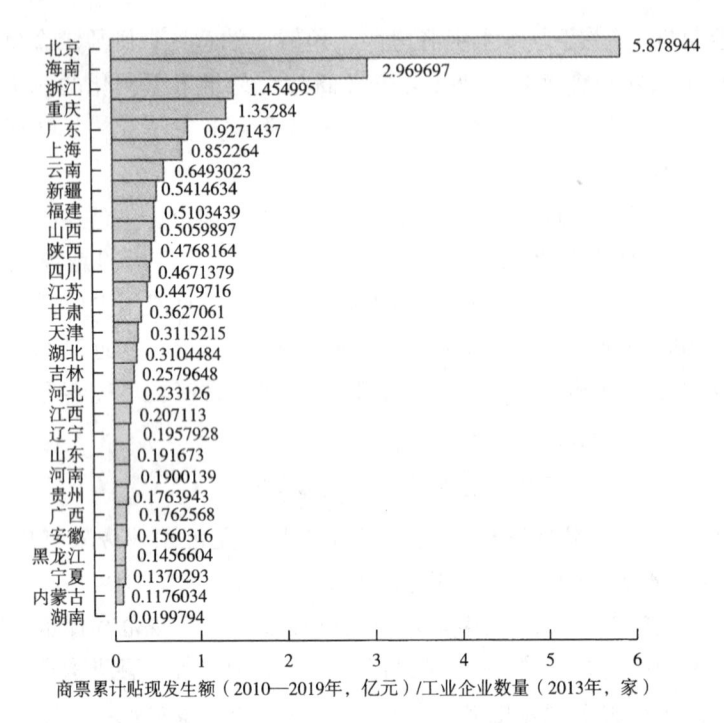

```
北京                                            5.878944
海南                      2.969697
浙江           1.454995
重庆          1.35284
广东      0.9271437
上海     0.852264
云南    0.6493023
新疆    0.5414634
福建    0.5103439
山西    0.5059897
陕西    0.4768164
四川    0.4671379
江苏    0.4479716
甘肃   0.3627061
天津   0.3115215
湖北   0.3104484
吉林   0.2579648
河北   0.233126
江西   0.207113
辽宁   0.1957928
山东   0.191673
河南   0.1900139
贵州   0.1763943
广西   0.1762568
安徽   0.1560316
黑龙江 0.1456604
宁夏  0.1370293
内蒙古 0.1176034
湖南  0.0199794
     0    1    2    3    4    5    6
商票累计贴现发生额（2010—2019年，亿元）/工业企业数量（2013年，家）
```

图1 各省2010—2019年商业汇票贴现发生额与工业企业数量的比例

（资料来源：上海票据交易所、国家统计局）

（三）美国商业票据市场实践概况

不同国家对票据的界定不同，美国商业汇票市场的衰落伴随着商业票据市场的兴起，在美国，商业票据是开票人承诺在指定日期由自己付款的票据，是一种无担保的短期期票。票据市场是货币市场的重要组成部分，不同国家对票据的界定不同。在发达市场经济国家和地区，票据主要是指建立在企业信用基础上的商业票据（Commercial Paper，CP），即由资信较高的企业直接签发的短期债务凭证，美国的商业票据直接面向货币市场发行，期限一般为270天以内，募集资金用途主要为补充营运资本及短期资金。商业票据因是无担保的借款，因此也成为货币市场上的一种标志信誉的工具，能够成功地在市场上出售商业票据是公司信用形象的最好证明。

我国票据市场中本票只有银行本票，企业和个人无法签发本票，而美国的票据法规定，企业和个人也可以作为本票的出票人，美国的商业票据实质是一种本票，是由企业发行，约定由自己在将来指定日期付款的一种票据。美国票据市场2019年占全球票据市场70%的份额，也是美国仅次于国库券市场的第二大货币市场，包括银行承兑汇票市场和商业票据市场，1990年资产支持票据仅占美国票据市场的5.7%，1980—1988年美国的商业票据市场以每年17%的速度增长，到1988年其市场容量曾一度超过短期国库券市场；进入20世纪90年代，票据市场的年末余额一直位居货币市场第二，仅低于国库券，2007年初该比例上升至58%，截至2020年5月底，美国商业票据余额为1.04万亿美元，其中非金融企业商业票据余额为2813亿美元，资产支持商业票据余额为2605亿美元，商业票据已经成为美国企业直接融资的重要手段，如图2所示。

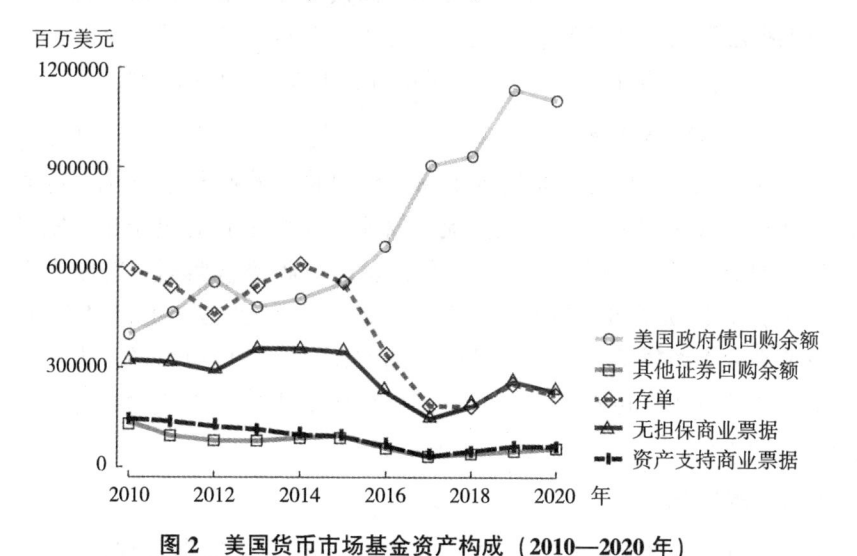

图2 美国货币市场基金资产构成（2010—2020年）

（资料来源：Board of Governors of the Federal Reserve System）

基于上述国际和国内票据的发展情况，我们认为现在我国国内国际双循环相互促进的新发展格局正在加快形成，我国票据市场也在向着纵深的方向发展，并积极支持国家经济高质量发展。商业承兑票据也将迎来新的发展机遇和挑战，未来一段时期，双循环新发展格局将进一步促进实体经济与票据市场的连通，商业承兑汇票市场在双循环新发展格局中需要发挥自身优势，让商业票据业务更加直达实体经济，提升双循环发展的效率水平。

二、新形势下票据市场创新现状与商业承兑汇票发展机遇

近年来，上海票据交易所在市场创新中不断推出新业务，服务经济和金融，为商业票据发展奠定了良好基础。

（一）电子商票提高了银行与企业间管理资金的效率

2019年，电子票据在全部商业汇票签发量中的占比已达96%，银票在票据承兑余额中的占比为86%。银票因基于银行信用，流动性和市场认可度较商票高。但是企业向银行申请银票承兑往往要缴纳一定比例的保证金，相比于直接开立商票付款占用了一定的自有资金。若能解决商票流转的问题，企业更有意愿开立商票进行支付结算。商业承兑汇票通过网银即可开立，不受企业规模的限制，签发手续便捷。随着电子票据的普及，企业通过票据融资效率非常高，开立电子商业汇票对于急需现金流的企业而言可得到较为便宜的资金，于企业、于银行、于人民银行都有利。

（二）应收账款票据化

发展应收账款票据化，通过电子商业汇票将应收账款票据化，再通过贴现等融资方式转化为现实的现金流。商业承兑汇票具有电子化、期限灵活、交易便捷、成本较低的优势。因此，发展应收账款票据化有助于企业盘活存量，加快资金的应用速率。从供应链金融票据化的应用层面而言，核心企业上游供应商赊销商品时采用票据结算的应收款项，进一步发展应收账款票据化，可在供应链上下游企业中嵌入票据的支付功能，并解决资金流转难题。

（三）标准化票据

2020年6月28日，中国人民银行发布《标准化票据管理办法》，自2020年7月28日起实施。标准化票据的推出，打通了服务中小微企业、供应链企业的渠道，使得中小微企业在贴现之外增加了新的融资渠道。具备市场需求的是商业承兑汇票的标准化票据业务，因其发行效率高、成本低等特性，商票也已纳入了标准化票据基础资产，这体现了商业承兑汇票的支持。

第一，以未贴现商票作为基础资产的标准化票据实现了从同业信用到企业商业信用的转换，拓宽了中小企业融资渠道，未来将迎来巨大发展；而其中的增信措施可有效打消投资者的顾虑，助力中小企业顺利融资。第二，商票纳入标准化票据基础资产将实现中小企业与货币市场的直连和对接，企业可实现低成本融资。票据产生于供应链，并且广泛运用于供应链中的中小企业。中小微企业运用商票先把供应链中的应收应付票据化，再利用标准化票据将票据标准化。标准化商业承兑票据有助于打通信贷市场和债券市场两个主要融资市场，引入更多投资人群体，实现商票的价值发

现功能，从而帮助中小企业间接实现"直接融资"，帮助企业实现低成本融资。

(四) 供应链票据平台、"票付通""贴现通"等票据科技发展

上海票据交易所利用金融科技手段，打造推出了供应链票据平台，创新供应链票据技术，实现票据等份额的签发、流转，使企业可以用票据灵活支付。电子商票可在供应链上下游企业之间实现资金流、信息流、商流、物流"四流合一"，有效解决信息不对称问题，因赊销占款而急需现金流的中小外贸企业，可借助电子商业汇票贴现快速获得短期、低成本的融资。突破供应链金融创新与应用，推进电子商业承兑汇票业务开展。打通银企通道，商业承兑汇票通过银行企业网银与企业网络平台的打通，实现供应链、产业链、贸易链的线上操作。一是参与主体多，更方便农业供应链、工业供应链、流通供应链通过电子商业承兑汇票业务快速组链，企业利用商业承兑汇票解决账款拖欠、资金流转等问题，缓解供应链上小微企业融资难融资贵的矛盾。二是以电子商业承兑汇票为媒介，推动供应链核心企业与商业银行、相关企业开展合作。三是电子商业承兑汇票将自带参与主体绿色及涉农标志，更有利于深化调控作用，推动绿色票据、绿色供应链业务的发展。

"票付通"是上海票据交易所基于供应链、B2B电商业务场景向企业提供的线上票据支付产品，旨在为企业提供安全、便捷、高效的线上账期支付工具。"贴现通"则是上海票据交易所为解决企业在疫情期间难以通过线下银行网点办理票据贴现业务的现实困难而推出的线上创新业务。此外，标准化票据也值得外贸企业予以关注。2020年7月28日，《标准化票据管理办法》正式实施，商业承兑汇票被正式纳入标准化票据基础资产，自此，企业在传统的票据贴现之外将获得新的融资渠道。

传统贴现模式下，持票企业贴现询价往往受制于地域和人脉，只能向当地有限的金融机构询价，银行授信额度、信贷规模、贴现价格等因素，都可能导致企业难以找到满意的贴现银行。在"贴现通"业务模式下，企业可以向全国范围的银行询价，拓宽了贴现渠道，上海票据交易所能够整合全国金融资源，促进价格发现机制，大大减少企业的沟通成本，大大缓解票据信息不对称。此外，为实现票据"银行秒贴"，商业银行加大科技投入，通过打造票据"秒贴"平台，为企业包括外贸企业票据融资建立快速通道，更有力地服务好外贸企业。

票据融资渠道便捷化，借助"银行秒贴""票付通""贴现通"可实现

支付融资流转，监管层鼓励票据服务实体经济需求，"票付通""贴现通"都为票据电子化提供了很好的平台，便利信用交流，加强政策支持，为推动电票发展服务。

综上所述，供应链票据平台、"票付通""贴现通"、标准化票据、商业汇票信息披露、账户主动管理、商业银行"秒贴"、票据池、"企票通"等深度票据服务均为新形势下商业承兑汇票发展奠定了基础。

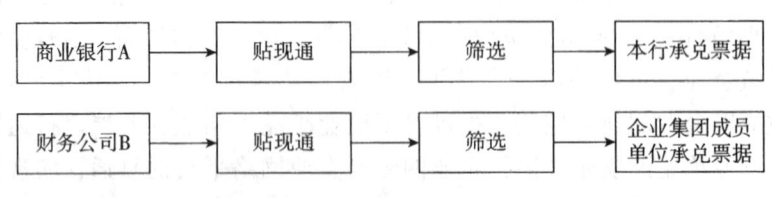

```
商业银行A  →  贴现通  →  筛选  →  本行承兑票据

财务公司B  →  贴现通  →  筛选  →  企业集团成员
                                    单位承兑票据
```

图3 机构使用"贴现通"示意图

三、商业信用顶层设计再塑，推动商业承兑汇票服务经济高质量发展

（一）转变观念，发挥商业信用作用

在市场经济下，商业主体大多以延期付款的形式相互提供信用，即商业信用。商业信用产生的根本原因是企业之间相互依赖（Jun "QJ" Qian 等，2017），但是企业在生产时间和流通时间上往往不一致，从而使商品流转和货币流转在时间上和空间上脱节。商业信用在商品销售过程中，通过企业之间相互提供商业信用，可以保证社会生产链条顺利运行。尤其是对于资金有限的企业，相比于金融机构，产业链供应商的优势是能最大限度地克服信息不对称问题。

票据是与实体经济联系最为紧密的金融工具，尤其在服务中小微企业方面具有独特优势。商业承兑汇票本质上是商业信用流通和信用传递的工具，优质核心企业通过签发商票将自身信用输出并辐射到企业生态链中，能够有效缓解中小企业授信难、融资贵的问题。目前全国使用票据的企业超过260万家，中小企业占比超过2/3，对这部分企业的融资可以进行更大尺度的创新。作为近年来融资的新型手段，影子银行体系成为正规银行体系的重要补充，也是融资的重要渠道。从有利来看，它为盈余者提供了高收益、低风险（刚兑）的存储工具，并在一定程度上缓解了中小企业融资难问题，借助直接融资体系的通道与多层嵌套，影子银行业务快速增长。从不利来看，影子银行大多采用规避监管、加大杠杆、拉长融资环节、进行更严重的期限错配等方式，使得企业融资成本提升，银行信用风险暴

露的可能性增大，并积累了大量的金融风险。

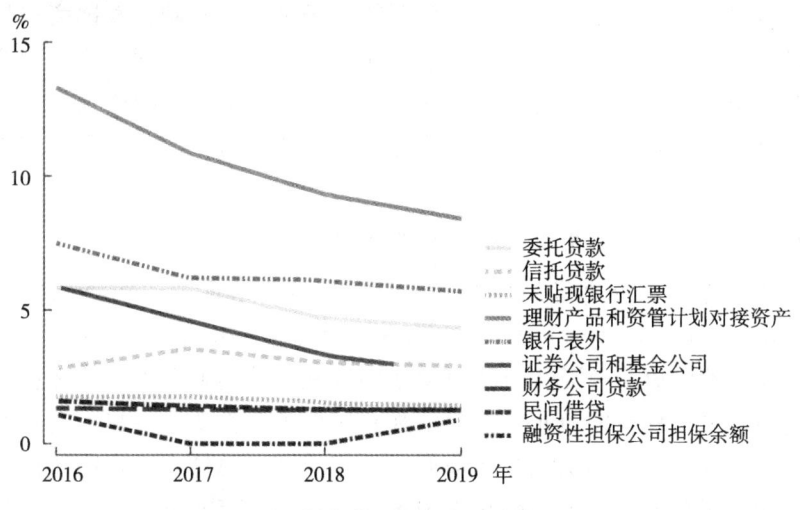

图4 影子银行体系占银行总资产的比例

（资料来源：穆迪研究、中国人民银行）

商业信用是信用制度的基础，票据则是在商业信用基础上所产生的最有代表性的信用工具（汤莹玮，2018）。与现金支付相比，票据作为一种远期支付方式体现了现代经济社会中商业信用的发展，也简化了企业融资手续（宋汉光，2020）。商业承兑汇票和银行承兑汇票的承兑人不同，决定了商业承兑汇票的基础是商业信用，银行承兑汇票的基础是银行信用。历史上，我国更加重视银行信用，而且一定程度上银行信用几乎等同于国有信用，因此票据信用对银行信用的依赖性过强，造成票据市场品种结构不合理，呈现银行承兑汇票占绝对主导地位、商业承兑汇票发展受制约的不均衡特征。由于票据市场过度依赖银行信用，以银行信用为基础的银行承兑汇票占据主导地位，以企业信用为基础的商业承兑汇票市场份额仍较低，融资成本较高。2020年全年银行贴现的商票贴现成本平均高于银票贴现成本167个基点，还不包括大量商票通过企业或民间资本等方式贴现，实际商票贴现成本与银票贴现成本的差距更大。

商业信用基础薄弱是制约商业承兑汇票市场发展的重要因素，目前我国商业信用体系不健全，缺乏与企业商票相关的信息披露、数据统计、违约处置等有效的顶层设计，受制于一些制度设计与监管、市场信用环境等内外部因素，商业承兑汇票市场依靠市场力量自发完成过渡至"商业信用的自主发展阶段"已经遭遇瓶颈。商业信用制度发展是战略时代背景，应

推动相关制度体系的修订完善，促进票据市场理念转向防风险与风险充分定价。社会商业信用体系是商业承兑汇票市场发展的基础，发挥商票作用需要转变观念，应发挥商业信用功能，减轻信息不对称程度，降低企业成本，减少银行信用贷款，减少货币发行，缓解企业融资难融资贵问题，同时，发展商业承兑汇票反过来能有效推动整个社会商业信用体系的建立与完善。

（二）发展商业承兑汇票融资功能属性，激活商业信用

由于票据立法原则等顶层制度设计的不同，票据的"结算属性"和"融资属性"也随着市场环境和需求的变化而变化，出现了一些实质上的融资性票据，我国短期融资券与欧美发达国家发行的商业票据性质相同，少数企业近年来依赖签发商业承兑汇票弥补短期流动性资金缺口，发行利率超过20%甚至更高，与美国高收益商业票据类似。总体上，目前我国票据市场以银行承兑汇票为主，而在美国等成熟市场，商业承兑汇票的存量余额及市场流通量均远超银行承兑汇票。

伴随着票据市场的不断发展，商业承兑汇票也在慢慢兴起，企业不再单一依靠银行承兑汇票，这使得企业凭借自身的信用及资本获得了新的融资方式。商业承兑汇票作为一种企业的支付结算和直接融资工具，在盘活企业应收应付账款、解决供应链融资、促进融资票据化等方面能够发挥重要作用，企业使用商票，可以延迟其支付货款的时间，节约资金使用成本，提高资金使用效率。

发展票据的融资功能。现有文献表明，商业信用能够作为银行贷款的替代品，为中小企业提供融资渠道。同时，商业信用也是中小企业在金融危机时期重要的资金来源。Fisman 和 Love（2003）发现，在金融市场欠发达的经济体中，处于高度依赖商业信用行业的公司规模增长更快。Cull 等（2009）认为，商业信用为那些被传统融资渠道拒之门外的公司提供了一种替代性融资渠道。Demirguc-Kunt 和 Maksimovic（2001）的研究表明，商业信用在法律体系不完善的国家更为普遍。最近的研究表明，尽管商业信用的初始固定成本很高，但当商业链条和商业网络形成后，商业信用的平均成本可以低于从银行等金融机构融资的成本。这不仅在新兴经济体中得到了验证，在美国等发达国家中同样适用（Giannetti Burkart Elligensen，2011；Giannetti 和 Yu，2007；Kim 和 Shin，2007）。相较于美国等发达国家，中国商业信用市场的发展仍显滞后。未来随着票据主体商业信用被激活，商业承兑汇票开票量将大增。票据主体信息不透明、不对称的情况随着标准化

票据的推出有所缓解。信用定价更加透明化，与此同时，票据本身所具有的融资功能也使得企业更倾向于接受商业承兑汇票。

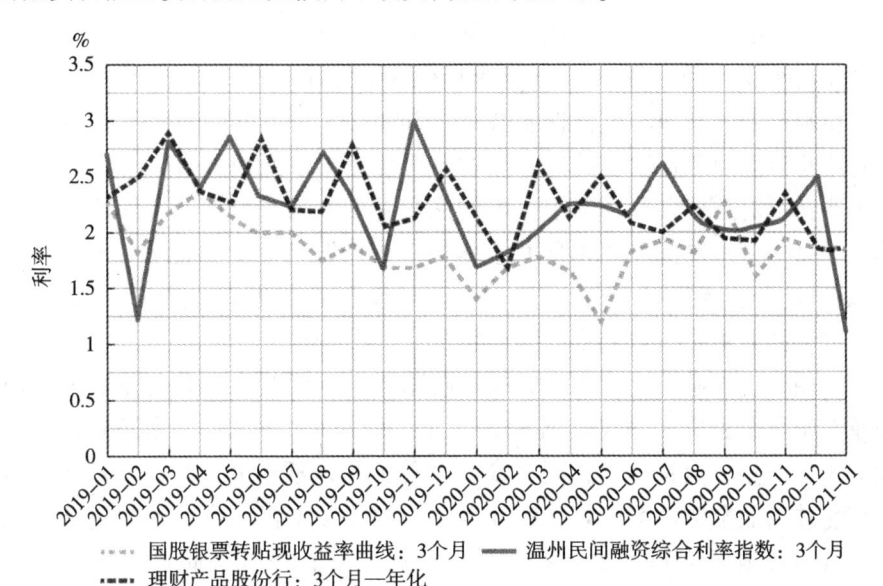

图 5　国股银票转贴现收益率与温州民间融资综合利率指数月均值
（资料来源：上海票据交易所、中国人民银行、中国银行保险监督管理委员会）

（三）贯彻落实国务院社会信用体系建设规划要求

党中央、国务院高度重视社会信用体系建设。党的十九届四中全会提出"完善诚信建设长效机制，健全覆盖全社会的征信体系，加强失信惩戒"。党的十九届五中全会提出"推进诚信建设"。2020年5月18日，《中共中央　国务院关于新时代加快完善社会主义市场经济体制的意见》提出，以一流营商环境建设为牵引持续优化政府服务，构建适应高质量发展要求的社会信用体系和新型监管机制。2020年9月9日，习近平总书记在中央财经委员会第八次会议研究畅通国民经济循环和现代流通体系建设问题时指出，要完善社会信用体系。"十四五"时期，要加快构建以国内大循环为主体、国内国际双循环相互促进的新发展格局，必将对信用体系建设提出新的更高的要求，这也为发展商票提供了基础。

1. 引入担保基金机制，提高商业承兑汇票信用

中小微企业方面，目前在交易性票据中，银行承兑汇票占比高达82%，商业承兑汇票占比仅为20%左右，银行承兑汇票"一家独大"的状况限制了小微企业票据融资的规模和范围，也不利于我国票据市场的多元

化发展。目前全国使用票据的企业超过260万家，其中90%以上是民营小微企业，中小企业占比超过2/3。中小企业规模小、抗风险能力差，且市场缺乏一套完整的社会信用监督体系，影响了商业银行对中小企业商业承兑汇票票据融资的态度。引入中小企业担保基金机制，提高商业承兑汇票信用，由财政及国家和省市担保基金贴息和担保，可以起到缓解实体经济特别是中小微企业融资困难的效果。财政对承兑汇票到期垫付应予以一定比例的支持，对贴现资金可给予一定的贴息补贴。国家和省市担保基金可以给予承兑保证。发挥财税担保基金作用，支持发展电子商业承兑汇票，既可以使实体经济得到保障，又可以相对较少的支出得到更多的实际支持，使得商业承兑汇票发挥"四两拨千斤"的作用。

规模以上工业企业方面，根据我们测算，规模以上工业企业数量和商业承兑汇票余额的相关性达到60%以上，如四川、湖北、广东等省份，规模以上工业企业数量较大，同时商业承兑汇票余额也大，例如，东部沿海地区整体商业金融环境较好，商业承兑票源比较丰富。应引入担保基金机制，着力各地区创新工业企业商票业务模式，着手解决商票市场流通难题，结合上海票据交易所与金融科技搭建商票企业信用体系，推动商业承兑汇票市场发展，提高工业企业使用票据的意愿。

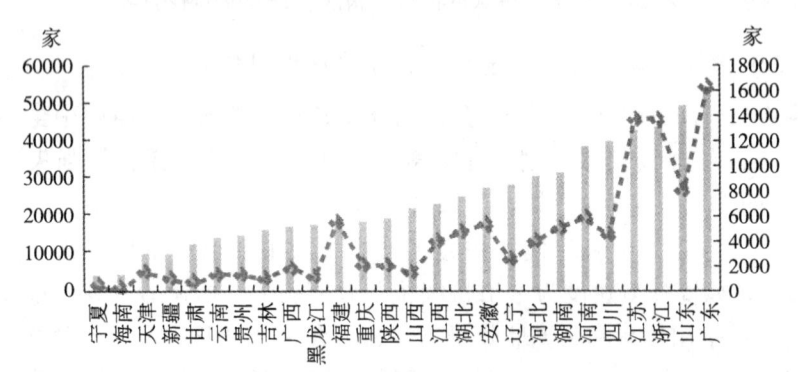

图6 各省银行业金融机构分支机构数与规模以上工业企业数
（资料来源：依据中国人民银行、中国银行保险监督管理委员会、国家统计局数据整理）

2. 各省市建立商业承兑信用平台

推动商业承兑信用平台建设是一项系统工程，涉及政府部门、人民银行、金融基础设施和金融机构各个方面，需要大家发挥合力，商业信用达不到公开透明，企业与企业间、银行与企业间信息不对称，商业承兑汇票

兑付环节的风险难以控制，中小企业普遍存续时间相对较短，财务制度大多不够完善，这些都会影响到企业资信，进而增大企业开立银行承兑汇票的难度。我国《票据法》规定，商业票据的开立必须建立在真实交易的基础上。相较于商业银行，普通企业很难获取其他企业的资信信息。企业之间的信用体系大多建立在长期合作的基础上。因而，中小企业以商业承兑汇票作为实际付款方式严重不足。

随着票据电子化时代的发展，应发挥电子商业承兑汇票服务各省市地方企业的积极作用。在解决商业承兑汇票市场仍存在的贴现环节信息不对称问题方面，建议由工信部门与人民银行各省分行总部牵头，商业银行参加，首先摸清商业承兑汇票底数以及可能的企业信息，各省市可以借助上海票据交易所推动对开票企业信用状况的研究、评估和评价，促进企业征信体系的完善，各省市应建立商业承兑信用平台，归集信息并推动票据评级体系的建设。国务院、人民银行、银保监会、上海票据交易所都表示，在政策上支持推动商业承兑汇票的发展，并且国务院发文适当降低银行对信用良好企业的承兑汇票保证金比例。长三角地区各项票据业务量在全国占 1/3 左右，这为票据业务的创新打下了坚实的基础。长三角地区的相关部门应加强政策引导，对重点城市、重点行业、重点推进领域的商业承兑汇票做到心中有底数后，积极开展长三角征信机构联盟信息数据的互联互通，通过搭建商业承兑信用平台，探索建立信用信息共享机制，然后总结推广逐步开展。

3. 银行积极发展保贴与担保，同时规范高比例担保票据业务

商业信用关键靠发展商业票据信用来提升，过渡期内可以通过发展有银行担保支持的商业票据信用来推动。银行对符合相关条件的商业承兑汇票进行保贴，以书函的形式承诺为其签发或持有的商业承兑汇票办理贴现，这种给予保贴额度的授信行为可以很好地融合银行信用与企业信用。票据的流通性取决于票据承兑人的信用等级，信用级别越高的商票，流通性越强，流通性差的商票贴现利率高企，增加了持票人融资成本，没有银行做保贴的商票更难以在市场上流通，因此企业往往不愿意接受商业承兑汇票。曾经一度出现商票与银行开具的商票保贴保函一起流转的情况，但贴现银行无法辨认保贴保函的真伪，不支持非授信企业的商票贴现申请，收票企业只能向商票授信银行申请贴现，因此，商票保贴保函逐渐从市场中退出。

从企业端看，出于支付目的的企业签发的电子商票从流程上看只需得

到供应商的认可；而出于融资目的的企业，电子商票的签发则要得到银行的认可，取得银行保贴或保证额度。应鼓励商业银行按照区域商票指导意见要求，向上级行积极争取对授信客户进行商票保贴、保兑服务，在风险可控的范围内创新商票产品与服务，对有授信规模而没有使用的企业，鼓励其开商业承兑汇票并提供保兑服务，降低客户财务成本。银行担保，同时规范高比例担保票据业务，商业承兑汇票将在良好的信用环境中摒弃过去对兑付风险的过度担忧。

4. 发挥企业信用大数据功能，解决企业直接承兑障碍

对于电子商业承兑汇票，因企业未直接接入上海票据交易所，需要开户行先核实承兑人账户资金余额，若足够支付票据到期款项，承兑人开户行代理承兑人进行到期付款操作。若发展商业信用鼓励企业利用票据直接融资，由于中小企业自身偿债能力受限且普遍缺乏公开市场发行产品的经验和能力，以商业承兑汇票进行直接融资常常又回到仅能以银行票据贴现业务来实现。

金融科技创新为票据市场发展注入了新的动力，未来随着大数据技术和业务的发展，借助企业信用的基础数据库以及大数据票据交易监控电子票据产品，解决企业直接承兑票据障碍，同时，还可解决企业个性化特征比较明显、价格形成机制较为复杂，商业承兑汇票标准化程度不够等问题。

5. 工信部门牵头，设立白名单企业标准并推广

商业承兑汇票拒付率相对较高，波动较大，这与企业年末资金紧张有关，一般在年末违约拒付比例较高，下一年度第一季度有所回落。从金额来看，大额商业承兑汇票的拒付率较高，表明较大面额的商业承兑汇票易引致债务人发生道德风险，从而发生拒付，虽然中国人民银行会定期发布违规签发商业承兑汇票的出票人警示名单，但是相对应的惩戒措施不足，违规签发商业承兑汇票的出票人违约成本低，违约概率大。许多银行担心商票到期企业不能兑付会形成新的不良资产，一些银行只认可在本行系统内已建立信贷关系且信用等级较高的企业，实行白名单制管理，商业承兑汇票的市场认可度也较难提高，导致商业承兑汇票市场整体发展速度缓慢。建议由工信部门牵头，统筹安排，明确商业承兑汇票发展目标，设立白名单企业标准，前期白名单内的企业多为行业排名靠前或市场认可度较高的大型企业，然后总结经验并推广。

6. 规范发展商票信用评级市场

目前商票评级几乎是一片空白。无论是基于商业银行自身或者外部的

信用评级，银行承兑汇票的信用评价机制已经非常成熟，但商业汇票的信用评级和评价机制大多依赖商业银行内部自身的信贷评级系统，市场化的商业信用评价体系尚未形成。评级体系建设滞后是商业承兑汇票发展受到制约的重要原因之一，由于票据市场信用体系不完善，在整个供应链中，只有一些信用较好的大型企业才能签发具有流通价值的商业承兑汇票，缺乏能够使商业信用顺畅流转的机制，使得商业信用最终只能通过银行承兑，占用核心企业的授信额度来实现流转，实际上就是把商业信用又异化为银行信用，严重阻碍了商业承兑汇票的发展。商业承兑汇票只要解决了信用问题，对于企业而言就是便利支付、便利流转、便利融资、便利应收账款结构优化、便利效率提高和便利减少成本的重要金融工具。

第一，商票的信用评价完整性和准确性，取决于数据质量和指标体系。2020年，上海票据交易所搭建了商业汇票信息披露平台，为下一步推进发展构建商票信用体系创造了条件；2020年第四季度末，人民银行和上海票据交易所就商业汇票信息披露事项发布了关于规范商业汇票信息披露的公告和细则，规范承兑人商业汇票信息披露，建立承兑人信用约束机制，以改善实践中商业承兑汇票因信用问题导致其流动性和融资便利性较低的问题。这为规范发展票据信用市场，促进商业承兑汇票服务中小微企业，解决商票信用信息不对称问题，推动商业汇票信用体系建设创造了基础条件。

第二，利用上海票据交易所商票信息披露机制及电票系统大数据推动商票评级发展。利用上海票据交易所这个平台，建立信用评级标准或者信用积分制度，实现评级信息公开可查询，推动票据信用管理体系建设，促进商业承兑汇票业务的发展。商票信用评级体系应包括付款企业评级、整张票面评级和商票市场专项履约指数，也包括票据存托机构、经纪机构、评级机构、承销商及投资机构等的成熟以及分工配合。

第三，监管部门可以考虑并引入社会征信服务机构，对所有商业承兑汇票承兑人、保证人的兑付履约行为进行公开评级，以此降低票据受让人的授信风险和授信成本，提升交易的便捷性。

第四，加强增信措施可以有效打消投资者的顾虑，目前出于合法、合规考虑，票据市场有效统计信息并披露的数据较为有限，远不能满足市场参与者的需求。增信措施可助力中小企业顺利融资，形成较为完整的经济社会票据信用生态环境，也为应收账款票据化创造了发展条件。

四、建立健全长效票据风险管控机制

目前，票据市场以银行信用为主、商业信用为辅。近年来，在经济面临下行压力和国际环境日趋复杂的背景下，中小银行的信用风险凸显，对于票据市场的稳定发展来说，建立健全长效的风险管控机制非常重要。需要优化商业票据交易制度、信息披露、违约处罚等顶层设计，使投资者更好地识别和控制风险。

1. 在商票信息披露要求提升基础上建立失信违约惩戒机制

对于商业承兑汇票，由于承兑端是企业自发行为，缺乏第三方监督复核，信用风险相对较高。2020年，中国人民银行就商业承兑汇票信息披露有关事宜发布了第19号公告，自2021年8月1日起生效，这意味着企业商票信息披露"强约束"机制被正式确认。商业承兑汇票的信息披露要求进一步提升，有助于在保留商票开票和融资便捷性的同时，帮助市场参与者防范信用风险，为票据市场的长远发展奠定基础。此外，应在商票信息披露的基础上建立失信违约惩戒机制，对于严重失信违约行为取消其资质，并进行公开披露，形成制度化的约束和惩戒机制。

2. 完善票据市场风险定价机制

应完善票据市场风险定价机制，让不同的信用风险逆差在各市场中得到充分的反映。比如，不仅要让信用主体违约的信息体现在商票市场上，也要快速及时地反映到信用主体的整个金融市场产品的定价上，让市场参与者"用脚投票"提高商票的违约成本。做到这一点既需要整个票据市场的内在性循环，也需要使票据市场与货币市场其他子市场互联互通。

近年来发生的票据违规案件、假票事件使银行机构加强了对票据业务的风险防控。因此，要在发挥商业票据融资功能作用的同时，防范票据风险，增强机构对票据风险处置化解的能力。此外，还要建立制度化和市场化的违约管理机制。目前《票据法》等有关法律虽然对商票的违约及处置进行了一些规范，但惩罚处置的力度偏弱，实效人的合法权益有时候得不到有效保障，承兑人违约成本比较低。

人民银行等各部门也要加强对票据市场激励相容机制的设计，鉴于金融行业的独特性，也需要保持对风险监管的一致性，以此借助票据业务的特征引导金融机构加大对实体经济的支持。总体来看，商业承兑汇票的扩容任重道远，但鼓励商票发展也是国家和人民银行期望的结果，因为商票

的扩张恰恰是基于企业间贸易关系的商业信用的扩张，即便不进入银行贴现环节，只要商票能流通起来，让商业信用在社会信用体系中流转并发挥作用，就有助于弥补因银行信用扩张不足而带来的部分融资缺口，完善我国直接融资市场，同时也能高质量地服务实体经济。

参考文献

［1］宋汉光．以票据市场规范创新助力中小微企业发展［J］．当代金融家，2020（6）：6-9.

［2］宋汉光．以规范创新引领票据市场高质量发展［J］．中国银行业，2019（5）.

［3］汤莹玮，张婕珂．美国票据市场发展借鉴［J］．中国金融，2017（22）：81-83.

［4］汤莹玮．信用制度变迁下的票据市场功能演进与中小企业融资模式选择［J］．金融研究，2018（5）.

［5］孔燕．协同推动应收账款票据化［J］．中国金融，2020（6）.

［6］肖小和，王文静．新时代票据业务服务实体经济高质量发展［J］．金融与经济，2020.

［7］Allen F, Jun "QJ" Qian, Gu X. An Overview of China's Financial System［J］. Annual Review of Financial Economics，2017（9）：191-231.

［8］Booth L, Aivazian V, Demirguc-Kunt A, et al. Capital Structures in Developing Countries［J］. The Journal of Finance，2001，56（1）：87-130.

［9］Fisman R, Love I. Trade Credit, Financial Intermediary Development, and Industry Growth［J］. The Journal of Finance，2003，58（1）：353-374.

双循环格局下的电子商票发展新未来

肖小和 李紫薇

一、电子商业承兑汇票发展回顾

电子商业汇票是指出票人依托电子商业汇票系统,以数据电文形式制作的,委托付款人在指定日期无条件支付确定的金额给收款人或者持票人的票据。根据承兑人的不同,电子商业汇票可以分为电子银行承兑汇票和电子商业承兑汇票,其中,由金融机构以外的法人或其他组织承兑的电子商业汇票即为电子商业承兑汇票。

(一) 电子商业承兑汇票发展回顾

票据是集支付、结算、融资、投资、交易、调控等功能于一体的信用工具。在新中国成立后的一段时间内,我国实行计划经济体制,商业信用被大范围限制,由于缺乏信用的土壤,票据的发展处处受限。直到1978年后,我国开始探索发展社会主义市场经济,伴随着改革开放的浪潮,票据市场一步步地发展壮大,商业汇票凭借其特有的属性,成为化解企业"多角债"问题、引导商业信用票据化的重要工具,为企业开辟了新的融资渠道。作为票据市场的重要组成部分,商业承兑汇票也取得了一定程度的发展。然而,由于商业承兑汇票以企业信用为基础,发展程度远不及银行承兑汇票。2004年,我国商业承兑汇票累计贴现量为0.61万亿元,仅占全国贴现量总额的12.01%。2004—2008年,商业承兑汇票贴现量总体虽有所增加,但占比逐年回落,并稳定在10%附近。

2009年,中国人民银行电子商业汇票系统(ECDS)建成投产,我国票据市场由此开始迈入电子票据时代。2009—2015年,在国际金融危机、经济发展转型等因素的影响下,我国货币政策先宽松后稳健,金融市场流动性十分充裕,票据市场发展空前繁荣,承兑、贴现业务进入高速增长阶段,商业承兑汇票贴现发生额也从2009年的1.14万亿元增长至2015年的6.97万亿元,年均增速达到85.23%,如图1所示。

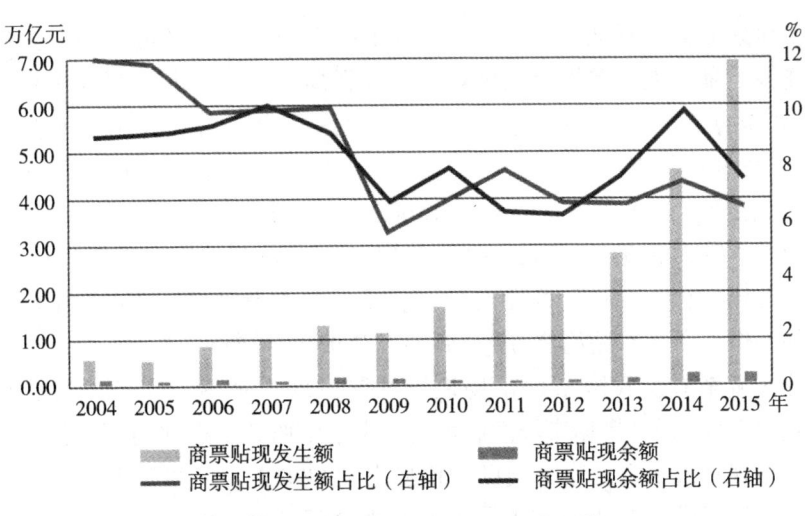

图 1　2004—2015 年商业承兑汇票发展情况

（资料来源：根据中国人民银行《中国区域金融运行报告》整理）

2016 年，商票承兑发生额为 3.63 万亿元，商票贴现发生额为 2.64 万亿元。2016—2017 年受票据风险事件频发、监管趋严，以及金融去杠杆等因素影响，票据市场回归理性发展，增速总体回落。2018 年，商票承兑发生额为 2.78 万亿元，较 2016 年下降 23.42%，商票贴现发生额仅有 0.85 万亿元，较 2016 年下降 67.80%，如图 2 所示。

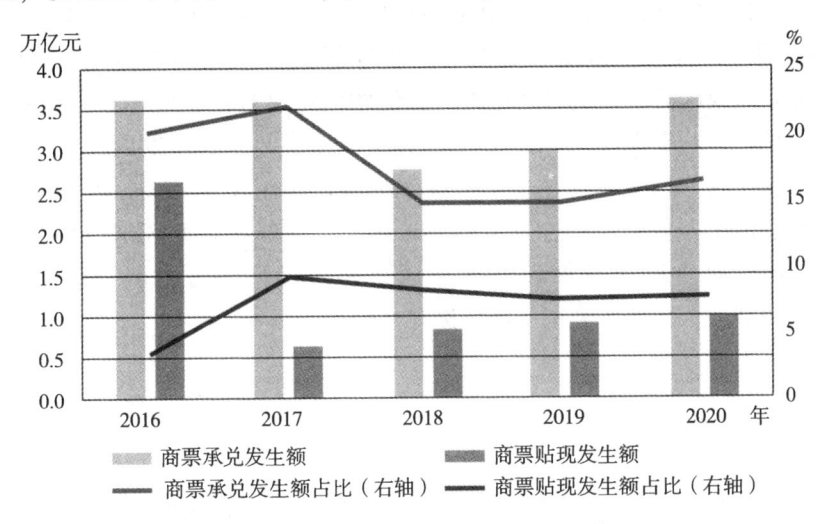

图 2　2016—2020 年商业承兑汇票发展情况

（资料来源：根据上海票据交易所数据整理）

上海票据交易所自成立以来，出台了一系列卓有成效的举措，推动票据市场高质量发展，票据市场纸电融合进程加快。2019年，累计承兑商业汇票20.38万亿元，其中，电子商业汇票承兑19.96万亿元，占全市场承兑量的97.94%；票据贴现共12.46万亿元，其中，电子商业汇票贴现量为12.38万亿元，占比高达99.36%。综观2019年票据市场运行情况，商业承兑汇票发生额为3.02万亿元，占比为14.82%，商票贴现发生额为0.94万亿元，占比仅有7.54%，尽管2020年商业承兑汇票承兑、贴现发生额均有所增加，但是商业承兑汇票占比低的现状依旧十分严重。

分区域来看，我国票据市场地域发展极度不平衡。与经济发展相适应，我国东部地区[①]票据市场发展程度远高于中西部及东北地区，就商业承兑汇票贴现总量来看，东部地区占比稳定在80%左右，尽管近年来占比有所下降，但仍维持在75%以上，占据了我国商票市场的大半壁江山。就平均商票贴现量而言，东部地区各省市平均商票贴现量稳定在1.5万亿元以上，远高于中西部与东北地区平均商票贴现量之和。就商票贴现量/地区生产总值而言，2016年以前，东部地区该比例维持在5%以上，2015年达到15.67%的历史最高水平，尽管近年来东部地区该比例有所下降，但依旧维持在3.5%以上，东部地区发达的经济水平带动了商业汇票的使用，作为重要的支付结算工具，企业可以通过商票贴现来寻求资金流通，融资成本大幅降低。相较而言，其他三个地区商票贴现量/地区生产总值基本稳定在2.3%以下，尤其是2017—2019年，中西部地区该比例稳定在1.5%附近，而东北地区商票贴现占地区生产总值的比重仅有0.5%左右，这些地区商业承兑汇票贴现发展与地区生产总值发展不协调，商票发展严重滞后于经济发展。商票的发展往往与一个地区的商业信用环境相关，商业承兑汇票以企业信用为基础，对签发主体要求更高，东部沿海地区信用程度相对较高，电子商业汇票发展较其他地区更快。按照地区生产总值发展程度，中西部、东北地区信用环境有提升空间。

---

① 按照中国人民银行《中国区域金融运行报告》，本文将全国划分为四个区域，其中，东部地区包括河北、北京、天津、山东、江苏、浙江、上海、广东、海南、福建、深圳11个省市；中部地区包括山西、河南、安徽、湖北、江西、湖南6个省；西部地区包括陕西、四川、云南、贵州、广西、甘肃、青海、宁夏、西藏、新疆、内蒙古、重庆12个省份；东北地区包括黑龙江、吉林、辽宁3个省。

表1　2009—2019年分区域商业承兑汇票贴现情况统计表① 　　　单位：亿元

年份	东部地区 商票贴现发生额	东部地区 地区生产总值	中部地区 商票贴现发生额	中部地区 地区生产总值	西部地区 商票贴现发生额	西部地区 地区生产总值	东北地区 商票贴现发生额	东北地区 地区生产总值
2009	10791.46	202872.06	578.87	70137.34	390.10	66867.87	230.20	30556.80
2010	16130.12	238895.40	1238.64	85437.40	1070.76	80825.40	504.50	37090.10
2011	18354.71	280750.10	421.20	104255.70	1452.63	99737.40	641.80	45060.40
2012	16456.90	308614.90	625.90	116487.90	2525.60	113983.90	662.30	50430.70
2013	27369.80	336758.99	1749.81	127305.70	2169.94	126003.40	1072.00	54442.40
2014	40504.70	366054.50	2508.60	138671.70	2709.83	138073.90	1094.50	57470.21
2015	61175.36	390281.80	2571.84	147139.80	8589.35	145521.45	1226.80	58100.80
2016	24428.17	423226.60	1623.97	159113.20	3231.60	156528.59	1095.30	52290.30
2017	16771.42	472119.23	2873.90	179412.90	1716.23	170955.30	266.50	55430.80
2018	17407.82	505218.00	2122.83	192658.20	2339.25	184302.16	339.00	56751.60
2019	19864.28	538088.13	3676.54	218737.81	3288.30	205185.33	276.00	50249.00

资料来源：根据中国人民银行《中国区域金融运行报告》整理，国家统计局官网。

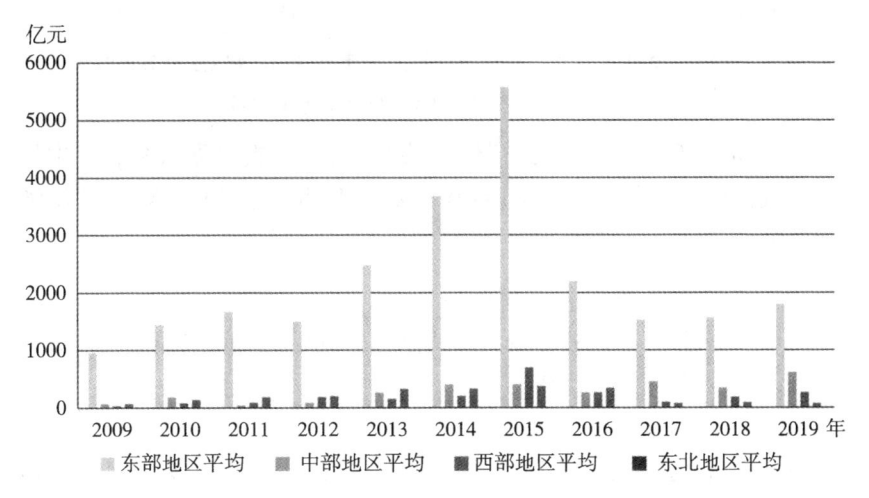

图3　2009—2019年分区域商业承兑汇票平均贴现情况

（资料来源：根据中国人民银行《中国区域金融运行报告》整理）

① 由于2016年河南、海南，2017年海南，2018年天津、山东、海南，2019年天津、上海、山东、湖南、海南、西藏相关数据未披露，为便于比较，本文在统计时用前一年已披露数据替代未披露年份数据。

分省市来看，商票贴现大多集中于东南沿海经济发达省市。2009—2019年，北京、上海、广东、深圳、浙江、山东、江苏、福建8省市年均商票贴现量均超过1000亿元，合计超过全国商票贴现量的80%。其中，浙江、广东二省年均贴现量更是突破5000亿元大关，占据全国商票贴现量的40%以上。就商票贴现量与地区生产总值的比值而言，近年来，北京、上海、广东、深圳、浙江5省市年均商票贴现量/地区生产总值均超过5%，其中，浙江、上海二省市均超过10%，商票发展成为区域经济发展的重要推动力量。由此可见，东南沿海地区信用程度较高，商业承兑汇票发展较快。

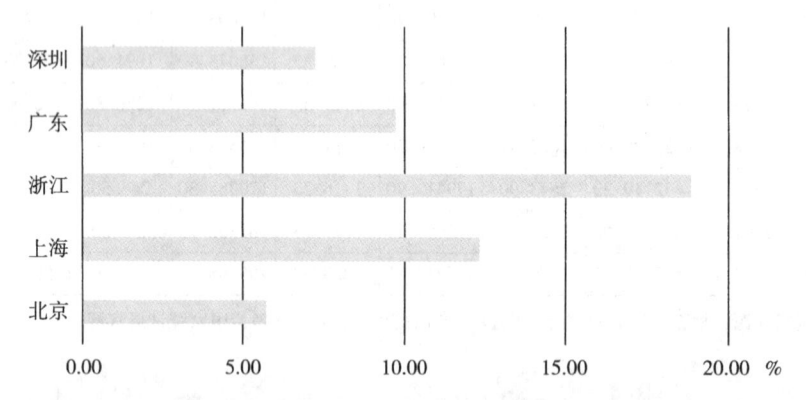

图4 2010—2019年各省市年均商业承兑汇票贴现量/地区生产总值情况

（资料来源：根据中国人民银行《中国区域金融运行报告》整理）

通过对商业承兑汇票发展情况的回顾可知，纸质票据风险大，发展电子商业汇票是票据市场发展的趋势所在。然而，受信用及流通环境所限，我国电子商业承兑汇票发展较慢。

（二）电子商业承兑汇票的特点

电子商业承兑汇票以数据电文形式制作，其签发和流转都在ECDS中进行，相比于纸质票据而言优势明显。

1. 数据化签发，安全性高

电子商业承兑汇票采用数据电文形式签发，以电子签名代替实体签章，有ECDS安全认证机制保障，且电子商业承兑汇票的签发、流转都通过ECDS进行，一方面，能有效防止假票、克隆票、票据缺失、毁损等风险的发生；另一方面，ECDS有效记录了电子商业承兑汇票的流转信息，能够约束违约行为的发生。

2. 电子化交易，透明高效

电子商业承兑汇票出票、承兑、背书、贴现、转贴现、质押、再贴现

等交易都通过 ECDS 以数据电文形式进行，电子商业承兑汇票的票面信息，以及自出票至完成付款全流程均可在 ECDS 中查询，票据市场透明度大幅提升。通过电子化票面要素及交易环节，减少了票据在途时间，降低了人力成本和财力成本，票据交易效率得到了提高。

3. 制度化保障，适用性广

中国人民银行已出台了一系列规章制度保障电子商业汇票业务顺利开展。2009 年 10 月，中国人民银行印发了《电子商业汇票业务管理办法》，给电子商业汇票系统运行和电子商业汇票业务的顺利开展提供了制度支撑。2016 年，中国人民银行印发了《关于规范和促进电子商业汇票业务发展的通知》（银发〔2016〕224 号）及 8 个规范性制度，为规范我国电子商业汇票业务健康发展、推动我国电子商业汇票广泛使用和流通提供了制度保障。银发〔2016〕224 号文取消了电票真实贸易背景的审查，进一步放开了票据市场参与主体的限制，允许证券、基金、期货、保险、信托、资产管理公司等非银机构直接参与票据市场交易，并规定自 2018 年 1 月 1 日起，单张面额超过 100 万元的商业汇票均需通过电票办理，进一步拓宽了电子商业承兑汇票的适用性。

（三）电子商业承兑汇票的比较优势

相比于债券、股票、贷款、应收账款、信用证，电子商业承兑汇票具有比较优势，是企业的低成本融资工具。

1. 准入门槛较低，安全便捷高效

一直以来，我国证券市场、银行间市场准入门槛较高，中小企业难以通过发行股票、债券的方式筹集资金。作为实体经济尤其是中小微企业常见的融资方式，电子商业承兑汇票相较于流动资金而言具有明显的比较优势：一是准入门槛较低。电子商业承兑汇票是基于开票企业自身信用签发的，准入门槛低，而银行对流动资金贷款的贷款对象、贷款用途、贷款条件等具有较为严苛的限制。二是融资手续便捷。相较于流动资金贷款严格的贷前审查、贷款受理、贷后管理流程而言，电子商业承兑汇票融资手续更加便捷，基于真实贸易背景或债权债务关系的合法持票企业可向银行寻求贴现，获取资金融通。三是易流通转让。可流通转让、灵活性高是电子商业承兑汇票的独特优势，票据具有无因性，企业可以通过背书转让票据权利。四是相较于流动资金贷款而言，电子商业承兑汇票项下业务办理更加高效便捷，有利于节约时间成本，加快企业资金回笼速度。

相较于应收账款融资、信用证等而言，电子商业承兑汇票具有准入门

槛较低、安全便捷高效、法制基础良好、基础设施健全、功能作用丰富、满足多重需求等优势。丰富多样的票据产品体系可以满足企业多方位的融资需求，例如，票据池业务可以盘活闲置票据，缓解企业票据管理难题，通过票据池项下质押融资，大票换小票、长票开短票等能够有效解决企业资金和期限不匹配的问题；"票付通"产品的推出赋予票据互联网属性，便利企业票据支付需求；"贴现通"的投产加速了企业贴现信息的传递，降低了企业融资成本；"企票通"的推出降低了产业链运行成本，促进了商业承兑汇票的流转。在双循环新发展格局下，可以充分发挥电子商业承兑汇票的比较优势，解决企业多方位融资需求。

2. 法制基础良好，基础设施健全

电子商业承兑汇票具有良好的法制基础，《票据法》关于商业汇票的规定同样适用于电子商业承兑汇票。除此之外，中国人民银行也出台了一系列制度对电子商业承兑汇票全生命周期进行规范。作为票据市场的重要基础设施，上海票据交易所自成立以来，陆续开展了上海票据交易所客户端建设推广、电子商业汇票系统（ECDS）整合、纸电票据融合、票据交易系统直连、线上票据清算系统上线、贴现和再贴现功能上线等大型重要基础项目，为电子商业承兑汇票发展提供了安全、可靠的平台。

3. 功能作用丰富，满足多重需求

商业汇票尤其是电子商业汇票既具有融资功能，又具有支付结算功能，同时具有互联网属性。一方面，企业可以充分发挥票据支付结算功能，通过签发或背书转让结清企业间应收应付账款；另一方面，持票企业可以通过贴现、票据质押等方式进行资金融通。除此之外，企业可以选择性地开展票据池、"贴现通""票付通"、标准化票据、供应链票据等创新产品，满足多元化需求。

二、电子商业承兑汇票市场面临的机遇和挑战

在"十四五"开局之年，在推动构建双循环新发展格局之际，在全面深入贯彻供给侧结构性改革，大力推动供应链金融发展，积极创新票据产品业务体系的背景下，电子商业承兑汇票发展面临新机遇，同样也面临着新挑战。

（一）机遇

商业汇票的发展需要有良好的信用环境作为保障，在国家大力提倡双

循环，推动社会信用体系建设，大力发展供应链金融，企业经营转型，金融科技高速发展，票据市场基础设施日趋完善之际，电子商业承兑汇票迎来了良好的发展机遇。

1. 国家积极推动社会信用体系建设，人民银行征信系统有基础

近年来，国家积极推动社会信用体系建设。国务院《社会信用体系建设规划纲要（2014—2020年）》指出要深入推进商务诚信建设，全面推进社会诚信建设。国家发展改革委从发布可承担信用修复专题培训任务和出具信用报告的机构名单，加强信用信息归集共享，强化失信联合惩戒，推进重点领域专项治理以及开展公共信用综合评价5个方面推进社会信用体系建设。中国人民银行征信系统为个人、企业征信查询提供了渠道。2021年1月17日，中国人民银行二代征信系统正式切换上线，与一代征信系统相比，该系统在基本信息和信贷信息内容方面进行了丰富，完善了信息展示形式，个人和企业信用状况反映更加全面，信息更新效率得到了提升，中国人民银行征信体系的进一步完善为发展电子商业承兑汇票提供了信用基础。

2. 多部门联合推动，发展供应链金融有文件

供应链金融是改善企业融资结构，服务实体经济发展，深入供给侧结构性改革的重要抓手。2017年10月，国务院办公厅发布《关于积极推进供应链创新与应用的指导意见》，积极稳妥推动供应链金融创新与应用，全面部署相关工作。2018年4月，商务部等八部门联合发布《关于开展供应链创新与应用试点的通知》，提出了供应链金融支持实体经济发展的具体要求。2019年7月，银保监会发布《中国银保监会办公厅关于推动供应链金融服务实体经济的指导意见》，要求银行保险机构应依托供应链核心企业，为供应链上下游企业提供一揽子综合金融服务。电子商业承兑汇票具有支付、结算、融资等功能，可背书转让，灵活性高。票据所要求的贸易背景真实性与供应链金融的发展相契合，低成本、高流动性，以及票据产品的多样性使其在服务供应链金融方面具有独特的优势。供应链金融的兴起为发展电子商业承兑汇票提供了契机。2020年4月，上海票据交易所供应链票据平台上线，供应链企业可以通过该平台签发、背书、转让票据，支付企业间货款，同样，也可以通过贴现、标准化票据寻求资金融通。在积极开展供应链金融的背景下，可以以供应链金融发展为契机，以供应链票据平台为依托，有序推动电子商业承兑汇票发展。

3. "十四五"倡导双循环新发展格局，经济发展有抓手

我国经济已转向高质量发展阶段，《中华人民共和国国民经济和社会发展第十四个五年规划和2035年远景目标纲要》指出要以推动高质量发展为主题，以深化供给侧结构性改革为主线，加快建设现代化经济体系，加快构建以国内大循环为主体、国内国际双循环相互促进的新发展格局。"十四五"规划提倡双循环新发展格局，坚持扩大内需战略基点，将扩大内需与供给侧结构性改革有机结合起来，这为我国经济发展提供了基础，也为票据市场特别是商业承兑汇票的发展提供了基础。根据上海票据交易所的数据，2020年累计承兑商业汇票22.09万亿元。据我们测算，在静态条件下，一年可签发商业汇票180万亿元，其中，制造业可达到110万亿元，批发零售业则在42万亿元以上，票据发展潜力巨大。

4. 企业转型走提质增效之路，低成本融资有需求

当前，企业发展面临转型，走挖掘潜力、提高效率之路。企业融资形式多样，就流动资金贷款而言，据估测，我国大概有30万亿元的流动资金贷款，由于公司贷款需要支付利息，对企业而言是利益的损失。就银行承兑汇票而言，2020年银行承兑汇票签发量为18.47万亿元，相较于其他融资形式，银行承兑汇票成本低、可获得性强，是企业的低成本融资工具，然而，签发银行承兑汇票需要支付保证金，对企业而言也是利益的损失。与银行承兑汇票不同，商业承兑汇票无须保证金存款，凭企业自身信用即可签发。如果企业能够充分挖掘自身潜力，提高信用能力，通过签发商业承兑汇票来替代流动资金贷款，走流动资金票据化之路，使用商业承兑汇票来替代银行承兑汇票，可以减少企业利息支出，减少保证金支出，进而降低融资成本。

5. 上线商业汇票信息披露平台，发展商票有依据

2020年1月16日，上海票据交易所上线试运行商业汇票信息披露平台，企业和财务公司可以在平台自愿参与、自主披露票据承兑信息，以及承兑发生额、承兑余额、累计逾期发生额、逾期余额等承兑信用信息。同年6月5日，中国人民银行起草了《关于规范商业汇票信息披露的公告（征求意见稿）》；12月23日，中国人民银行正式发布公告，规范商业承兑汇票信息披露；12月30日，上海票据交易所制定了《商业承兑汇票信息披露操作细则》，一系列规章制度的出台对于加强商业汇票信用体系建设，提高我国企业信用程度，建立完善市场化约束机制，更好地规范市场及参与主体行为，保障持票人合法权益，减少票据纠纷及相关风险具有积极意义。

截至 2021 年 2 月 5 日，上海票据交易所商业汇票信息披露平台累计注册用户达 449 家，其中，企业 405 家，财务公司 44 家。商业汇票信息披露平台的上线及系列规章制度的出台完善了商业汇票信息披露机制，为商业承兑汇票的发展提供了依据。

6. 金融科技赋能发展，商业承兑汇票信用有保障

近年来，金融科技发展得如火如荼，各行各业都在寻求与金融科技的结合点。票据市场金融科技应用前景广阔，金融科技发展为电子商业汇票发展提供了机遇。金融科技的发展能够提高票据市场对于信息的捕捉能力，有效整合各方数据资源，打破企业与银行、企业与企业、各地区之间的信息壁垒，缓解票据市场尤其是商票市场信息不对称、不灵通问题。金融科技尤其是大数据技术的发展，提升了信息处理水平，通过大数据分析，可以识别企业异常票据行为；通过大数据历史行为分析，构建企业画像，协助判断未来违约概率；通过大数据建模，搭建风险预测系统，提升业务预警与监测能力，跟踪异常交易情况，从而起到规范企业行为，引导商业信用提升的作用。

7. 系统完善制度规范，发展商业承兑汇票有机遇

"十三五"时期以来，我国票据市场顶层设计逐渐完善。人民银行先后出台《关于规范和促进电子商业汇票业务发展的通知》《票据交易管理办法》《关于加强电子商业汇票交易管理有关事项的通知》等重要政策法规，推动了我国电子化票据发展以及票据市场规范化发展。同时，上海票据交易所陆续出台了《上海票据交易所票据交易规则》《票据交易主协议》等多项票据业务规章制度，贯穿票据全生命周期，内容涵盖票据市场风险防控、票据业务制度规则及票据市场产品创新等多个方面，有力推动了票据市场制度建设进程。系统建设颇见成效。为提高票据市场信息化发展水平，上海票据交易所完成了电子商业汇票系统（ECDS）整合，实现了票据市场基础设施的统一和归并；陆续开展上海票据交易所客户端建设推广、完成纸电票据的融合、推动票据交易系统直连以及电票系统升级、上线票据清算系统、上线贴现及再贴现功能，为票据业务的快速发展提供技术支撑。相关部门有计划、有步骤地推动票据市场发展，为电子商业承兑汇票的发展提供了机遇。

（二）挑战

然而，面对历史遗留的商票发展观念问题，尚未成熟的发展环境，亟须提高的企业信用，亟须缓解的业务摩擦，缺失的担保及评级机制，以及

有待完善的规章制度，电子商业承兑汇票发展面临着挑战。

1. 思维定式，观念瓶颈如何突破

一直以来，商业信用程度差，商业承兑汇票信用程度低、流通难、风险大的观念深入人心，这一思维定式严重制约了电子商业承兑汇票的发展，商票市场接受度低，流通受限，市场认可度差，历史遗留下来的商业信用观念对于商票的发展极为不利。商票融资主要基于银行授信开展，金融机构对于商票融资的积极性较低，银行出于自身利益和风险控制的考虑，往往缺乏办理商业承兑汇票贴现业务的主动性，受准入门槛、审批流程、授信额度等因素限制，商业承兑汇票流转较为困难，流通速度慢、流通环节长的情形屡见不鲜。除此之外，银行贴现、再贴现等对于商业承兑汇票的支持存在一定的摩擦与断点，严重制约了电子商业承兑汇票的发展。如何突破瓶颈，是发展电子商业承兑汇票所面临的重要挑战。

2. 评级缺位，信用环境如何改善

票据业务的本质在于经营信用，良好的信用环境是票据市场发展的信用保障。然而，一直以来我国票据市场信用环境的发展极度不平衡，无论是承兑信用业务还是贴现信用业务，商业承兑汇票的发展都远不及银行承兑汇票。我国企业尤其是中小微企业整体信用程度不是特别高，出于对商票流转不畅通，商票到期不能顺利兑付的担忧，市场对于电子商业承兑汇票的接受意愿较低。

电子商业承兑汇票可以通过保贴、保兑等方式进行增信，保证商票顺利流通。然而，一直以来，我国票据市场缺乏统一、权威的评级机构，缺少票据专项评级管理制度，商业银行只能依据内部评级体系对企业及交易对手进行评级，评级手段、方法的差异性，以及评级结果的保密性严重影响了票据市场定价的科学性，造成评级资源的浪费，全生命周期、标准化的票据市场形成受阻。相比于银行承兑汇票而言，商业承兑汇票是以企业信用为基础签发的，风险性相对较高。企业资质参差不齐，市场上信息不对称现象严重，评级信息的缺失致使市场参与者对于商业承兑汇票的安全性存疑，严重阻碍了电子商业承兑汇票的进一步推广。现阶段，我国商票市场增信机制不健全、担保机制尚未建立、评级机构缺失，这对于电子商业承兑汇票的发展极为不利。

3. 制度不全，顶层设计如何完善

顶层设计的健全与完善是票据市场发展的重要保障，完善的法制体系将为电子商业承兑汇票的发展保驾护航。然而，现阶段我国电子商业汇票

制度尚不健全，主要体现在：第一，我国《票据法》制定于20世纪90年代纸质票据发展时期，其中缺乏对于电票的相关规定，电子商业承兑汇票发展存在核心立法缺失问题；第二，《票据法》中关于票据丧失救助制度的规定无法适用于电子商业汇票，电票持票人权益如何得到合理保障？第三，尽管《电子签名法》对于电子签名相关问题做了一定的说明，仍无法完全弥补《票据法》中关于电子商业承兑汇票电子签名规定的缺失。

三、电子商业承兑汇票发展新未来

电子商业承兑汇票有优势、有需求、有支持政策，只要市场参与主体达成共识，转变观念，克服痛点，完善法制体制机制，在高质量发展和双循环新发展格局的背景下，就一定会开创电子商业承兑汇票新时代。我们认为，电子商业承兑汇票必然具有如下发展新未来。

1. 电子商业承兑汇票将成为支持实体经济发展的重要工具之一

货币市场、资本市场为我国实体经济发展提供了流动性支持。然而，证券市场、银行市场较高的准入门槛时常让中小企业望而却步，我国实体经济依旧面临着巨大的资金缺口。2016—2020年，小型企业贷款需求指数维持在60%~75%的范围内，近年来有所提升；中型企业和大型企业的平均贷款需求指数分别为59%和57%，但是，银行平均贷款审批指数仅有50%，银行贷款审批程度远不能满足实体经济贷款需求，对于规模较小的小微企业和民营企业而言，资金紧缺程度更加严重。相比于货币市场、资本市场，票据市场在支持实体经济发展尤其是中小微企业发展方面具有覆盖面更广、支持力度更大、更经济的优良特性。在发展市场经济的同时，我们也需要发展信用经济，发展企业信用市场，通过发展信用产品来推动实体经济发展，推动商业信用提升，其中重要的观点之一就是要发展电子商业承兑汇票。

2. "供应链票据+标准化票据"将成为电子商业承兑汇票发展的重要突破口

电子商业承兑汇票对于供应链金融具有很强的适用性，供应链金融贸易背景的可视化与基于真实贸易背景的交易为票据的真实交易和债权债务关系提供了保障，电子商业承兑汇票的可背书流转性可以带动核心企业信用传递，缓解企业间应收账款高企问题。2020年4月24日，上海票据交易所供应链票据平台正式上线试运行，该平台为企业提供了票据签发、承兑、背书、到期处理、信息服务等服务，实现了票据的等分化和可拆分化。通

过该平台，企业可以通过签发、转让票据结清企业间应收应付款项，同样可以通过贴现寻求资金融通。供应链票据平台的上线推动了供应链票据的发展，有助于优化应收账款结构，提高企业资金周转效率和资金可获得性，降低融资成本。除此之外，供应链票据平台支持企业通过标准化票据进行融资。标准化票据打通了票据市场与债券市场之间的壁垒，扩大了票据市场参与主体范围，实现了票据市场与债券市场联动发展，供应链票据与标准化票据的组合能够进一步为企业融资拓宽渠道，降低企业融资成本。从这一方面来看，电子商业承兑汇票将会成为推动供应链票据的重要抓手，供应链票据与标准化票据的发展将成为企业融资的新蓝海。

3. 电子商票将成为减少货币发放、传导货币政策的有效手段

票据是传统的支付结算工具，承兑业务可以减少企业运营资金占用，实现延期支付，票据背书可以满足企业间的短期资金支付需求。相比于纸票，电子商业承兑汇票既是信用工具，又是支付工具，同时具有互联网属性，可以实现货币化支付。银发〔2016〕224号文指出："各金融机构应以上下游关系密切的产业链龙头企业或集团企业为重点，带动产业链上下游企业使用电票。"在供应链金融场景下，使用电子商业承兑汇票进行支付，可以有效串联供应链企业，带动优质企业信用传递，通过票据轧清供应链上下游企业应收应付账款，实现应收账款票据化。电子商业承兑汇票的使用，可以通过信用手段支持实体经济发展，达到票据货币化支付的目的，既解决了企业资金需求，又没有实际投放货币，是减少货币发行量、传导货币政策的有效工具。2020年以来，人民银行投放1.8万亿元再贴现再贷款额度，用于支持抗疫保供、复工复产和中小微企业等实体经济发展。一方面，人民银行可以通过再贴现引导信贷和资金投放，实现"精准滴灌"，为中小微企业提供资金支持；另一方面，人民银行可以通过票据市场公开市场操作，调节金融体系流动性。

4. 长三角地区有望建立一体化的电子商业承兑汇票平台

长三角地区是我国经济发展最活跃、开放程度最高的区域之一，历来是票据市场先行工作的示范区域，占据着票据市场三分天下，2019年，长三角各省市票据承兑额达到6.25万亿元，占全国总量的30.67%；贴现4.28万亿元，占比达到34.35%；票据交易额为34.87万亿元，占全国票据交易量的比重达到34.23%。2018年，长三角地区一体化发展上升为国家战略，为长三角地区发展指明了方向。中国人民银行行长易纲在第十一届陆家嘴论坛上表示，支持上海票据交易所在长三角地区推广应收账款票据化。

为落实相关要求，上海票据交易所探索建设供应链票据平台，推广"贴现通""票付通"业务，并取得积极成效。长三角地区是我国商业信用较为发达的地区之一，从商业承兑汇票贴现程度来看，长三角"三省一市"商票贴现累计发生额占比全国总量的比重达到40%以上。在鼓励供应链金融发展的大背景下，电子商业承兑汇票有着广阔的发展前景，良好的商业信用环境为长三角地区继续挖掘电子商业承兑汇票的作用，发展商票融资提供了可能。在长三角地区建立一体化的电子商业承兑汇票平台，有利于强化地区企业意识，提升地区营商环境，进一步完善长三角地区经济布局，为促进长三角一体化发展奠定坚实的基础，同时也为商票发展做出示范。

5. 中央企业和地方政府积极建立电子商业承兑汇票平台

2019年8月26日，中国国新控股有限责任公司携手51家央企发起设立央企商业承兑汇票互认联盟，"企票通"正式上线运营。"企票通"一端连接央企，一端打通商业银行，通过商业银行接入人民银行ECDS，实现商票的出票、承兑、背书、贴现、付款等一站式服务，同时利用平台的信用互认和增信机制，丰富了企业间的支付手段，有效发挥央企商业信用价值，降低央企产业链融资综合成本。在总结"企票通"发展经验的基础上，国企和地方政府有望搭建商业信用电子商业承兑汇票平台，通过统一的信用平台建设，引导企业更多地将电子商业承兑汇票应用于生产经营活动，通过平台企业票据流转，实现商业承兑汇票的闭环运行，提高供应链企业运行效率。建立电子商业承兑汇票平台一方面有利于降低企业融资成本，加速企业资金回笼；另一方面有利于培育良好的商票信用环境，提升企业信用，促进商业承兑汇票流通，发挥商业信用服务经济的作用。

6. 电子商业承兑汇票有望成为大众投资产品

从投资供给端的角度分析，标准化票据在未来极有可能面向大众放开，电子商业承兑汇票将成为大众投资者的理想投资产品。2019年，上海票据交易所相继发布4只标准化票据。2020年6月，人民银行发布《标准化票据管理办法》，明确支持资管产品投资标准化票据。标准化票据属于货币市场工具，银行间债券市场交易主体可以通过购买标准化票据进行票据投资，迈出了票据债券化发展的一大步。《标准化票据管理办法》进一步明确了标准化票据可等分化等，使得标准化票据进一步向标准化债权类资产靠近，标准化票据的发展为票据投资产品的发展提供了广阔的空间和思路。截至2021年1月底，共有16家金融机构创设发行标准化票据58只，总规模达到61.73亿元。其中，银行发行标准化票据29只，合计规模19.28亿

元，证券公司创设发行标准化票据29只，合计规模42.45亿元。标准化票据的推出实现了票债联动，扩大了票据投资范围，拓展了银行企业票据融资渠道，提升了票据服务实体经济的深度与广度。随着科学技术的发展，票据产品、业务互联网化、平台化将是大势所趋，票据投资产品也将通过网络化、平台化等形式发展。未来标准化票据及其他票据投资产品极有可能面向市场开放、面向大众开放、面向个人开放。票据市场未来也将不断创新投资产品，适应投资者需求，发展票据远期、票据互换、票据期权、票据期货等衍生产品，满足不同投资主体的偏好。企业和个人投资者也将通过票据投资产品进行投资，电子商业承兑汇票也将成为大众投资者的理想投资产品。

7. 电子商业承兑汇票借助金融科技手段有望发展成为企业支付的重要方式之一

金融科技的广泛应用将为票据市场创新发展提供条件，有利于提升票据业务的深度与广度，提升票据业务效率，电子商业承兑汇票借助金融科技将成为企业重要的支付方式。回顾票据历史发展长河，支付和汇兑功能是票据发展的起源，是票据全生命周期功能发展的基础。相比于现金、本票、支票、银行汇票等支付方式，商业汇票尤其是电子商业承兑汇票具有延期支付、可背书转让、到期前可贴现等优势，且电票的签发、流转等以ECDS为依托，可有效约束违约行为的产生，是企业尤其是供应链企业款项支付的最佳方式。然而，受限于票据市场发展初期市场透明度不高、各区域票据市场分散化发展等因素，长期以来，我国票据支付主要采取线下支付的方式，货款支付的不同步给票据市场发展带来了安全隐患。科技的进步将传统的线下支付转移至线上，上海票据交易所、商业银行、第三方票据平台、企业等借助科技之力发展线上票据支付产品，实现票据货币化支付功能，进一步扩大票据支付范围、扩大支付覆盖面、提升票据支付效率、提高支付的广泛性和大众性。2020年，企业累计背书转让票据达到47.19万亿元，是承兑发生额的两倍多，企业票据支付意愿大幅提升。未来随着数字票据正式推出，票据支付的安全性与便捷性将进一步凸显，借助金融科技发展，电子商业承兑汇票将成为企业重要的支付方式。

8. 加强电子商业承兑汇票融资有望成为金融服务的职能之一

票据是金融服务实体经济尤其是小微企业发展的有力抓手，上海票据交易所数据显示，2020年全年企业用票（包括承兑、背书和贴现）金额合计82.7万亿元，同比增长4.27%，用票企业数量为270.58万家，同比增长

11.22%。其中，小微企业用票金额为44.03万亿元，占比为53.24%；小微企业用票数量为250.31万家，占比达92.5%。相对于债券、股票、贷款、应收账款、信用证等，电子商业承兑汇票融资具有准入门槛低、成本较低、更加灵活便利等优势，凭企业自身信用即可签发，流程更加便捷。2020年累计签发商业承兑汇票3.62万亿元，同比增长19.77%；签发平均面额为124.7万元，同比下降11.08%；累计贴现商业承兑汇票1.03万亿元，同比增长9.85%。商票签发小额化趋势明显，更加适应供应链上下游中小企业用票需求。标准化票据的发展创新了票据管理模式，拓宽了企业融资渠道，提高了企业融资水平，提升了企业融资效率，进一步提高了票据融资占比。充分挖掘电子商业承兑汇票潜能，加大电子商业承兑汇票融资占比，将有望成为金融服务实体经济的重要职能之一。

9. 电子商业承兑汇票评估及担保机制将会逐步形成气候

上海票据交易所自成立以来，不断完善票据市场顶层设计，推动票据市场规范化、创新化发展。近年来，供应链票据、标准化票据的发展给电子商业承兑汇票发展提供了机遇，随着商业汇票信息披露系统上线，票据市场对于电子商业承兑汇票的管理也在不断丰富与完善。发展电子商业承兑汇票可以考虑推行评估与担保机制，完善的信用评级体系能够提高电子商业承兑汇票的市场接受度，票据市场应该加快信用体系建设，组建票据信用评级机构，为承兑与贴现主体提供全方位、动态化的票据信用评级与追踪服务；完善电子商业承兑汇票担保机制，推动保险增信、担保增信等发展。银行、保险等金融机构可以与信用等级高、产销关系稳定的供应链企业展开合作，为其提供票据保兑、保贴、担保等服务，协助提升商票市场认可度；商业银行应该加速研究完善商业承兑汇票授信及贴现办法，推动商业票据信用发展。作为票据市场的重要组成部分，在多方推动下，电子商业承兑汇票评估及担保机制也将会逐步形成气候。

10. 发挥技术力量、改善信用环境，电子商业承兑汇票风险管控能力将会积极提高

科学技术的发展以及票据市场信用环境的提升将有效降低票据市场尤其是电子商业承兑汇票市场整体风险水平。大数据、区块链、人工智能等金融科技的使用为票据市场监管及风险防范提供了解决方案。通过建立实时监管平台，监控拦截可疑交易与报价，将票据风控关口前移；通过建立票据市场监控模型，对可能存在的违规操作风险实现类T+0事后分析；通过智能合约建立票据市场统一规则和秩序；通过区块链不可篡改的时间戳

实现票据市场无成本调阅，解决风险信息不对称等问题。社会整体信用环境的提升是降低商业汇票尤其是电子商业承兑汇票风险的基础，通过打造信用社会的措施，提升全社会信用意识，营造良好商业环境；通过加强失信惩罚措施，增加全社会失信成本，降低信用违约概率。全力推动社会信用体系建设，推动信用程度提升，防范票据市场风险。风险是底线，未来在发挥科技力量与提升信用环境的基础上，票据全生命周期风险将得到有效控制，电子商业承兑汇票风险管控能力将会得到积极提高。

参考文献

［1］肖小和，张雯，李洁．积极推进电子商业承兑汇票业务是有效服务中小企业的法宝［J］．杭州金融研修学院学报，2018（9）：62-65.

［2］江西财经大学九银票据研究院．票据史［M］．北京：中国金融出版社，2020.

［3］王海军，戴明皓．商业承兑汇票服务实体经济——基于供应链融资视角［A］．中国票据研究中心．中国票据市场研究（2019年第1辑）［M］．北京：中国金融出版社，2020.

［4］肖小和，李紫薇．从票据历史角度思考中国票据市场发展趋势［EB/OL］．http：//www.ljzfin.com/news/info/55391.html.

［5］肖小和，王文静．票据在供应链金融中功能作用的研究［EB/OL］．https://finance.ifeng.com/c/7vVIkK1jZmi.

［6］李紫薇．供应链票据支付创新研究——以上海票据交易所"票付通"为例［D］．南昌：江西财经大学，2020.

"十四五"期间发展商业承兑汇票的思考

肖小和　木之渔

2021年3月,《中华人民共和国国民经济和社会发展第十四个五年规划和2035年远景目标纲要》(以下简称"十四五"规划)发布,共计19篇65章,为未来五年经济与社会发展明确了指导方针、战略导向与主要目标等。

商业承兑汇票是我国金融市场的组成部分,对实体经济的支付与融资起到了非常重要的作用。但长期以来,商票项下相关业务发展相对滞后,对实体经济的支持较为有限。结合"十四五"规划,我们认为商票在"十四五"期间大有可为。

一、"十四五"规划的主要目标与启示

(一)主要目标

"十四五"规划涵盖六大主要目标,一是经济发展取得新成效;二是改革开放迈出新步伐;三是社会文明程度得到新提高;四是生态文明建设实现新进步;五是民生福祉达到新水平;六是国家治理效能得到新提升。其中,经济发展取得新成效是关键。发展是解决我国一切问题的基础和关键,必须坚持新发展理念,在质量效益明显提升的基础上实现经济持续健康发展,增长潜力充分发挥,国内市场更加强大,经济结构更加优化,创新能力显著提升,产业基础高级化、产业链现代化水平明显提高,农业基础更加稳固,城乡区域发展协调性明显增强,现代化经济体系建设取得重大进展。

(二)启示

1. 要强化票据市场体系建设,助力双循环新发展格局

加快构建以国内大循环为主体、国内国际双循环相互促进的新发展格局,是"十四五"规划提出的一项关系我国发展全局的重大战略任务,需要从全局的高度准确把握和积极推进。票据是实现经济高质量发展和双循环新发展格局的有效工具之一。

票据是一类特殊的金融产品，其介质涵盖纸质、电子、数字等，具备资金与信贷属性，能有效地为经济高质量发展和双循环新发展格局构建提供服务。商票直接融资作用十分明显，对于提高直接融资比例具有积极意义。

"十四五"期间，发展票据市场，发挥票据作用，必须强化票据市场顶层设计——票据市场体系，规划、建设并完善与之相匹配的金融环境，加大票据基础理论研究力度，改进票据市场法律法规、基础设施、风控机制、监管手段及创新体系，推动票据市场规范化、高质量发展，为国内大循环、国内国际双循环提供全面、优质的金融服务。

2. 要强化票据市场创新，推进我国经济高质量发展

近年来，票据市场创新基础设施、创新产品不断涌现。2016年，我国金融市场重要基础设施——上海票据交易所成立。其后，"票付通""贴现通"、标准化票据、供应链票据、绿色票据等票据市场创新产品如雨后春笋般陆续推出。

创新基础设施、创新产品的集中大量推出，一方面改善了票据市场生态，推动了票据市场集约化、高质量发展进程；另一方面扩大了票据市场投资主体范围，优化了货币政策传导，改善了实体经济融资环境。未来应继续加大票据市场创新力度，提升服务实体经济能力，满足企业融资与发展需求，推进供给侧结构性改革，实现我国经济高质量发展。

3. 要深化票据基础功能，更好地促进经济结构优化

票据具有结算与融资属性，可以为实体经济提供结算与融资便利。票据是经贸往来中主要的支付结算工具，为加快商品流通和资金周转提供了极大的便利和支持，被广泛应用于企业日常生产经营中，是中小企业的重要支付方式；票据业务可以为实体经济提供便捷融资渠道和低成本资金，扶持企业发展壮大，票据贴现与普通贷款相比，融资成本相对较低，且融资效率更高。

落实"十四五"规划要求，需要票据市场参与者进一步厘清发展目标，从经济结构优化、产业结构调整、促进实体经济发展的角度创新票据业务产品，加大金融对实体经济尤其是中小微企业的支持力度，强化对国民经济重点领域、重点行业尤其是"卡脖子"领域的支持，全面提升我国的整体实力，并同步推动票据市场快速发展。

4. 要重点推进商票发展，提升服务实体经济能力

商票由企业签发并承兑，因企业间的赊销行为而产生，与其他短期融

资产品相比，具有直接融资、流程简便、流动性强、法律保障完备等特点。第一，商票由企业直接签发，无须通过商业银行审核，企业筹资成本低，属于直接融资范畴；第二，商票签发与承兑相对于其他短期融资产品更为简便、更为灵活、效率更高；第三，商票与信用证等业务产品相比，流动性强，接受度高；第四，商票项下各项业务依据《票据法》开展，与当前较为流行的应收账款融资相比，商票的法律保障更完备。

2020年上海票据交易所供应链票据平台正式上线运行，通过供应链票据平台签发的电子商票即为供应链票据。供应链票据除具备电子商业汇票的一般特点外，还具备等分化、嵌入供应链场景、扩充企业票据业务办理渠道等特点，可以满足供应链企业各类支付场景，实现链内资金流、信息流、物流的全面贯通，有利于持续优化供应链金融生态。

"十四五"期间，应大力发展商票及供应链票据，提高企业开展票据业务的效率，降低供应链产业链相关企业融资成本，进一步提升票据服务实体经济、服务中小企业的能力。

结论：商票可以加速推进供应链产业链发展，提升金融服务实体经济的能力，促进产业结构、经济结构优化。"十四五"期间，应建设完善与"十四五"规划相匹配的市场、监督、产品、创新体系，特别需要建设、完善其顶层设计——商票市场体系，以进一步促进商票市场发展。

二、"十三五"期间商票发展服务实体经济情况回顾

（一）"十三五"期间商票业务开展情况回顾

"十三五"期间，商票各项业务稳定增长，有力地支持了实体经济尤其是中小微企业发展。以电子商票为例，2020年电子商票承兑发生额为3.62万亿元，较2016年增长206.78%；贴现发生额为1.03万亿元，较2016年增长90.74%；转贴现增长较为缓慢，发生额为3.15万亿元，较2016年增长43.84%。

表1 "十三五"期间电子商票业务开展情况　　　　单位：万亿元

年份	承兑		贴现		转贴现	
	银票	商票	银票	商票	银票	商票
2016	7.4	1.18	5.24	0.54	43.62	2.19
2017	11.12	1.9	6.31	0.65	41.77	2.72
2018	15.55	2.55	9.09	0.82	31.60	3.00

续表

年份	承兑 银票	承兑 商票	贴现 银票	贴现 商票	转贴现 银票	转贴现 商票
2019	17.36	3.02	11.52	0.94	35.87	2.95
2020	18.47	3.62	12.38	1.03	40.96	3.15

资料来源：上海票据交易所网站。

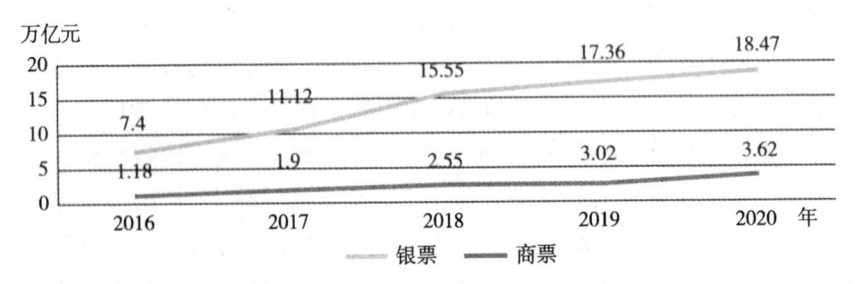

图1　"十三五"期间电票承兑发生情况

（资料来源：上海票据交易所网站）

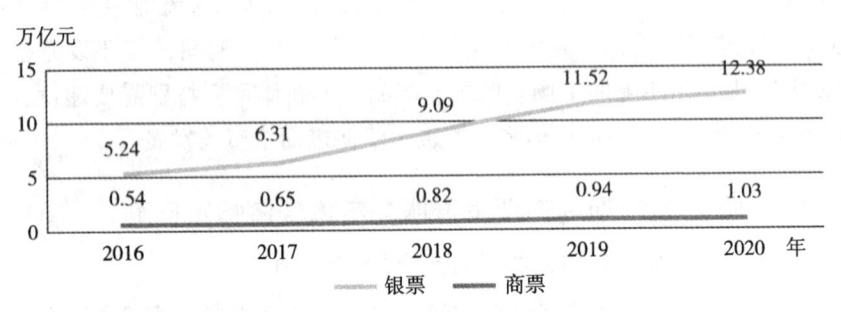

银票：2016年 7.4，2017年 11.12，2018年 15.55，2019年 17.36，2020年 18.47
商票：2016年 1.18，2017年 1.9，2018年 2.55，2019年 3.02，2020年 3.62

图2　"十三五"期间电票贴现发生情况

（资料来源：上海票据交易所网站）

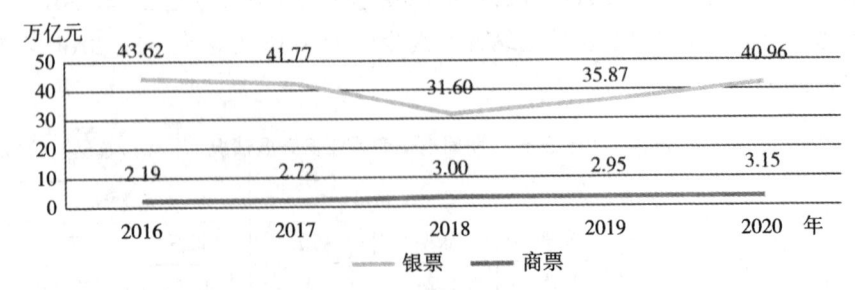

银票：2016年 5.24，2017年 6.31，2018年 9.09，2019年 11.52，2020年 12.38
商票：2016年 0.54，2017年 0.65，2018年 0.82，2019年 0.94，2020年 1.03

图3　"十三五"期间电票转贴现发生情况

（资料来源：上海票据交易所网站）

银票：2016年 43.62，2017年 41.77，2018年 31.60，2019年 35.87，2020年 40.96
商票：2016年 2.19，2017年 2.72，2018年 3.00，2019年 2.95，2020年 3.15

(二)"十三五"期间商票发展成绩回顾

1. 基础设施逐步完善

（1）上海票据交易所

上海票据交易所是按照国务院决策部署，由中国人民银行批准设立的全国统一的票据交易平台，2016 年 12 月 8 日开业运营。

上海票据交易所是我国金融市场的重要基础设施，是票据市场业务最全、覆盖面最广、服务能力最强的基础设施，具有电子票据全生命周期及票据二级市场的报价交易、登记托管、清算结算、信息服务等功能，是我国票据市场最主要的登记托管中心、业务交易中心、创新发展中心、风险防控中心及数据信息中心。

上海票据交易所的成长与发展提升了票据市场的安全性、透明度和交易效率，完善了人民银行货币政策传导职能，增强了金融服务实体经济的能力。

（2）"企票通"平台

"企票通"平台是由中国国新控股有限责任公司搭建的面向商票的基础设施，2019 年 8 月 26 日正式上线运行。

目前，"企票通"是央企商业承兑汇票互认联盟的运行平台。央企商业承兑汇票互认联盟是由中国国新控股有限责任公司会同招商局集团、中国建筑、中煤集团、中交建设等 51 家央企共同发起设立的，为参与互认机制的央企集团在不同银行间进行的电子商票出票、承兑、背书、质押、贴现、付款提供信息服务和辅助流通服务。

"企票通"借助央企商业承兑汇票互认联盟的信用互认和增信机制，激活央企商业信用，促进商票高效有序流转，集中有效控制商票信用风险，融通央企上下游产业链条，提高相关产业上下游间的资金运转效率，服务中小微企业，推动商业信用有序稳健可持续发展，对票据市场发展具有非常重要的意义。

（3）长三角商票平台构想

长三角商票平台是一个规划中的、面向商票承兑、贴现以及相关商票流转环节的基础设施。长三角商票平台定位为上海票据交易所在票据一级市场的补充设施，以互联网及金融科技为基础，以商票业务为实现手段，拟由工信部门牵头，引入财政部门、地方担保基金、商业银行等政府部门与金融机构，推动金融服务实体经济、服务中小微企业。长三角商票平台的主要业务包括商票承兑保证、商票贴现撮合、商票质押、商票信用

评级等。

长三角商票平台的建设有利于推动票据市场改革创新，有利于推进商业信用环境建设，有利于促进经济稳定发展，有利于缓解中小企业融资难融资贵问题。

2. 创新产品不断涌现

上海票据交易所自成立以来，推出了"票付通""贴现通"、供应链票据、标准化票据等相关创新产品，大部分产品均与商票相关。

如供应链票据，其专门针对商票领域，由上海票据交易所电子商业汇票系统与供应链金融平台对接，企业通过供应链金融平台开展供应链票据各项业务。供应链票据具有电子商业汇票的全部业务功能，是推动应收账款票据化的重要措施之一，有利于企业间应收账款的规范化和标准化，可优化企业应收账款结构，提高中小微企业应收账款的周转效率和融资机会。

又如标准化票据，它是指存托机构归集核心信用要素相似、期限相近的商业汇票组建基础资产池，以基础资产池产生的现金流为偿付支持而创设的等分化受益凭证。标准化商票是标准化票据的重要组成部分，进一步连通了票据市场与债券市场，扩大了市场投资者范围，服务了实体经济；同时结合供应链票据，有利于提升供应链金融的服务质量，并进一步拓展票据市场生存和发展空间，推动票据市场发展为成熟的金融子市场。

3. 风险管理日趋严密

2020年，上海票据交易所正式推出商业汇票信息披露平台，由票据承兑人将其承兑票据的承兑信息、承兑信用信息等通过平台向社会公开披露；承兑人对其披露信息的真实性、准确性、及时性和完整性负责；社会公众可通过平台查询相关披露信息。

商业汇票信息披露平台及披露机制的建立，对商票市场意义重大，有利于进一步推动商业信用体系的发展，提升商票市场的透明度，建立完善的市场化约束机制，保障商票持票人的合法权益。

（三）小结

"十三五"期间，商票市场发展迅速，基础设施及风险管控措施日趋完善。但商票与银票相比，业务量占比仍然偏小，重视程度依然不高，其作用未得到充分发挥，对中小微企业的支持力度有限。"十四五"期间，应加大对商票的投入，通过发展商票市场解决商业信用和中小微企业融资等难题。

三、"十四五"期间大力发展商票的思考

（一）发展商票是促进"国内大循环、国内国际双循环"发展的有效手段

当前国际环境不确定性增强，尤其是受新冠肺炎疫情影响，世界经济深度衰退，地缘政治风险上升。我国经济潜力足、韧性强、回旋空间大、政策工具多的基本特点没有变，国内大循环活力日益强劲，我们应当通过繁荣国内经济、畅通国内大循环为我国经济发展增添动力，带动世界经济复苏。商票正是促进"国内大循环、国内国际双循环"发展的有效手段之一，一是应进一步完善商票市场顶层设计，推进商票市场体系建设，服务实体经济，推进国内大循环格局发展；二是应加快创新步伐，尤其应推动跨境电子商票、跨境供应链票据的创新，融入国内国际双循环格局；三是应补齐商票市场相关机制短板，为经济高质量发展提供金融支持。

（二）发展商票是"十四五"期间提升商业信用的重要抓手

商业信用是社会信用体系的重要组成部分，商票的签发、流转等均基于商业信用，提升商业信用环境离不开商票市场信用环境的改善。一是应构建科学化的商票评级管理制度与规则，明确商票评级方法与评级指标，引入外部评级机构，以进一步降低商票市场信用风险，改善商票的信用基础，拟积极发挥电票系统功能，加强与评级机构的合作，开展评级工作；二是应不断强化、完善商票信息披露机制，提升商票市场信用信息透明度；三是应加强与征信体系的互动，开展信用数据对接，进一步提升整体商业信用环境。

（三）发展商票是"十四五"期间推动供应链发展的有效工具

"十四五"规划提出"提升产业链供应链现代化水平，优化产业链供应链发展环境，强化要素支撑。加强国际产业安全合作，形成具有更强创新力、更高附加值、更安全可靠的产业链供应链"。发展商票市场可以有效推动供应链发展，一是应完善商票基础设施，推进"企票通"及商票平台建设，引入政府担保基金、央企等担保机构，推动重点行业发展，通过供应链核心企业带动中小企业联动发展；二是应大力推进供应链票据发展，不断优化产品业务规则，满足供应链企业各类支付及融资场景，优化供应链金融生态，降低供应链全链条企业融资成本。

（四）发展商票是"十四五"期间解决中小微企业资金难题的关键突破口

"十四五"规划提出"破除制约民营企业发展的各种壁垒，完善促进中

小微企业和个体工商户发展的法律环境和政策体系"以及"支持创新型中小微企业成长为创新重要发源地，加强共性技术平台建设，推动产业链上中下游、大中小企业融通创新"。商票天然具有服务中小企业的特质，发展商票需要破除制约其发展的相关政策壁垒，加快推进基础设施、信息披露、收益率曲线等相关配套设施、机制建设，为中小企业发展、创新提供金融支持，破解中小微企业发展的资金难题。

（五）发展商票是"十四五"期间服务经济高质量发展的手段之一

经济高质量发展是适应经济发展新常态的主动选择，也是建设现代化经济体系的必由之路。实现经济高质量发展，需要不断提升全要素生产率，增强经济的创新力和竞争力。发展商票市场，可加速推进供应链产业链体系内资金流、物流、信息流运转，降低企业融资成本，提升企业结算与融资效率，为产业升级及经济高质量发展提供金融支持。

（六）发展商票是"十四五"期间调整金融结构、提高直接融资比重、减少货币发行的有效措施

"十四五"规划提出"全面实行股票发行注册制，建立常态化退市机制，提高直接融资比重"。商票是企业直接融资的重要手段，与其他融资产品相比具有较为明显的优势，与间接融资产品相比，商票审批环节少，签发不经过第三方机构，融资成本低；与股票、债券等直接融资产品相比，商票发行流程更为简便，可以随时发行，快速融资。大力推进商票发展是快速提升直接融资比重、减少货币发行、调整金融资源结构的捷径。

（七）央企和地方商票平台建设是"十四五"期间发展商票的基础

人民银行行长易纲就"十四五"规划发文《建设现代中央银行制度》，提到"中央银行通过金融基础设施为金融体系和社会提供最基础的金融服务，需要持续加强金融基础设施建设，优化结构布局，统一监管标准，确保安全高效运行"。上海票据交易所的成立解决了票据市场信息登记、票据流通、交易清算等问题。对商票市场而言，其最主要的信用风险问题无法通过上海票据交易所现有规则解决。商票平台、"企票通"平台等主要针对商票信用与风险而设立，商票平台拟引入地方担保基金，"企票通"通过央企之间互相担保化解商票信用风险，提升商票的流通性。商票平台、"企票通"实质上是在商票一级市场对上海票据交易所的延伸与补充，也是商票市场发展壮大的基础。

(八）商票信息披露"准快全"是"十四五"期间商票发展的核心

信息不透明是一个长期困扰商票市场发展的问题，应持续推进商票信息披露工作，提升商票市场的透明度，一是要求承兑企业主动披露商票承兑信息、商票信用信息等；二是要求商业银行不得为未披露信息的商票办理贴现业务，以进一步规范企业的开票行为，净化商票市场环境；三是披露的信息应"准快全"，及时、准确、全面披露相关信息，推动商票市场及商业信用环境可持续发展。

（九）人民银行主导，工信、国资等部门齐抓共推是"十四五"期间商票发展的法宝

商票项下各项产品均属于货币市场领域，发展商票市场应坚持人民银行的主导地位，拟由人民银行牵头制定商票市场顶层设计、梳理市场规则、完善市场基础设施；同时，商票市场发展又与工信部门、财政部门、国资部门、银保监部门密切相关，工信部门、国资部门可以协助人民银行推进商票相关辅助基础设施建设（如"企票通"、商票平台等）；财政部门（地方担保基金）可以为重点企业承兑商票提供担保；银保监部门可协助人民银行维护商票市场秩序。商票市场既需要加强人民银行的主导地位，也需要各相关部门通力协作，共同推动商票市场有序发展。

（十）发挥科技作用是"十四五"期间发展商票防范风险的保证

"十四五"规划中特别提到"提升金融科技水平"，金融科技是金融市场高质量发展的保障。目前，票据市场信息化程度越来越高，中国票据交易系统、电子商业汇票系统、线上票据清算系统（"票付通"）等均全程通过系统实现交易、支付、清算。未来应进一步加强金融科技在票据领域的应用，一是继续提升交易领域的信息化水平，实现再贴现等产品实时交易清算；二是提升票据风险监测、风险防控等领域的信息化水平，积极运用大数据、智能化风险模型等先进手段，提升商票市场风险防控水平，为商票市场健康发展提供保障。

电子商票保证在供应链金融中运用研究

秦书卷[①]

随着我国供应链的发展和商业信用环境的逐渐完善,票据保证正被实务界加以重视。票据市场经过几十年的发展,一二级市场基础设施建设逐渐完善,电子票据已占据市场绝对份额。电子商业承兑汇票是供应链中较好的金融工具,由于种种原因,目前其业务比例还不是很大,如何将票据保证与电子商票结合,以疏通供应链上企业资金流问题,值得市场参与主体一同研究和探索推广。

一、票据保证的几个关键问题

关于票据保证的规范性法规制度并不多,其具体内容分布在 1996 年实施的《票据法》第四十五条至第五十二条,以及 2009 年由中国人民银行发布的《电子商业汇票业务管理办法》第五十五条至第五十七条,前者对票据保证的权利和责任等做了一般性规范,后者主要是对电子商业汇票的保证进行了定义和保证记载规范。但到底何为票据保证?票据保证与一般民法上的保证有什么不一样?如何理解票据保证的要式性?

(一)票据保证的法律内涵

票据保证是指以担保票据债务履行为目的的票据行为,保证人在票据债务不被履行时,有代为履行的义务。票据保证当事人有三方,分别为保证人、被保证人(票据债务人)和持票人(票据权利人)。

从保证人的角度看,《票据法》第四十五条第二款"保证由票据债务人以外的他人担当"明确了保证人的范围,即保证人不可以为票据上的其他债务人,原因是票据债务人本已经对票据债务承担保证承兑与付款的责任,再行保证既不能增强偿还债务的效果,也与其本身已经承担的责任内

[①] 秦书卷,江西财经大学九银票据研究院秘书长、高级研究员,九江银行票据中心总经理。

容和性质相互一致而无再承认的必要。从票据债务人的角度看，保证人的地位与被保证人的地位具有一致性，即被保证人负有什么性质和内容的票据债务，保证人即负有相应性质和内容的票据债务。同时，保证人具有票据债务人的独立地位，而非仅仅作为被保证人的保证人出现在票据上，保证人对于被保证人以外的其他后手债务人不履行票据债务的行为也负有代为履行的义务，换言之，保证人承担的是以其票据上的签章顺位所确定的票据责任。从票据权利的角度看，保证人不仅为保证成立时的持票人担保债务的履行，而且也对票据转让后取得票据的持票人负有责任。

（二）票据保证与民法上的保证

票据保证是特别法上的保证，与民法上的保证（以下简称民法保证）相同之处很多，但差异更大。一是票据保证为要式行为，民法保证为不要式行为。票据保证中保证人须在票据上依一定方式完成保证行为；民法保证因当事人意思合致成立。二是票据保证为票据行为，是法律中的单独行为；民法保证为一般法律行为，是法律行为中的双方行为。三是票据保证具有独立性，票据保证为不要因行为，不受原因关系的影响；民法保证具有从属性，为要因行为，其效力随原因关系变动。四是票据保证中保证人的责任及于整体票据关系所生的债务，票据不获承兑或付款时，保证人即应负责；民法保证是以特定被保证人不履行债务为要件。五是票据保证中保证人与被保证人具有连带债务关系，保证人无先诉抗辩权；民法保证中被保证人为主债务人，保证人有先诉抗辩权，仅在为连带保证时，保证人无先诉抗辩权。六是票据保证中保证人履行保证债务后，可对被保证人及其前手行使追索权；民法保证中保证人清偿后可对主债务人行使求偿权和代位权。

（三）票据保证的要式性和单纯性

票据是要式证券，票据保证必须记载于票据上。在票据正面的签名（除出票人和付款人外）视为保证。原因在于付款人的单纯签名构成略式承兑，应视为承兑。出票人在正面的单纯签名，因涉及与出票行为的签名混淆，且根据出票人的地位本就负有担保付款和承兑的责任，因此不承认其效力。承兑人为票据主债务人，出票人为票据最后偿还义务人，因此，对于未记载被保证人的，视为为承兑人或出票人保证，目的在于免除多数人之债务，并增大票据债务实现的可能性，以助流通性，但依据票据文义可以推知保证为何人而作的除外。保证日期是保证成立和生效的时间。在

· 261 ·

《票据法》上，保证日期的意义在于确定票据保证人为保证时的行为能力，同时也具有确定票据被保证人身份的意义，并由此确定保证人所负的票据责任。此外票据保证还具有单纯性，《票据法》第四十八条规定"保证不得附有条件；附有条件的，不影响对汇票的保证责任"。

二、票据保证在电子商业汇票中的操作流程及要点

与民法保证不一样的是，票据保证具有较强的要式性，当汇票为纸质形态时，保证人必须在票据正面或粘单上签注记载。而电子商业汇票是指出票人依托电子商业汇票系统，以数据电文形式制作的，委托付款人在指定日期无条件支付确定的金额给收款人或者持票人的票据。

《电子商业汇票业务管理办法》第五条规定"电子商业汇票的出票、承兑、背书、保证、提示付款和追索等业务，必须通过电子商业汇票系统办理"；第五十六条规定"电子商业汇票获得承兑前，保证人作出保证行为的，被保证人为出票人。电子商业汇票获得承兑后、出票人将电子商业汇票交付收款人前，保证人作出保证行为的，被保证人为承兑人。出票人将电子商业汇票交付收款人后，保证人作出保证行为的，被保证人为背书人"。电子商业汇票保证必须在基础设施方的系统中进行，依据被保证人的不同可以分为出票人保证、承兑人保证和背书人保证。

（一）出票人保证

图1　电子商业汇票出票人保证的操作流程示意图

电子商业汇票出票人保证的操作流程要点主要有以下几个。

（1）出票人通过其结算行网银向基础设施系统做出票登记；

（2）出票人通过其结算行网银向保证人发起票据保证申请；

（3）保证人通过其结算行网银查看票据保证申请信息，并做票据保证签收；

（4）出票人通过其结算行网银向承兑人发起提示承兑申请；

（5）承兑人通过其结算行网银查看提示承兑申请信息，并做提示承兑签收；

(6) 出票人通过其结算行网银把票据交付给收款人；

(7) 收款人通过其结算行网银签收票据，并依据自身情况选择持票、背书支付或贴现。

(二) 承兑人保证

图 2 电子商业汇票承兑人保证的操作流程示意图

电子商业汇票承兑人保证的操作流程要点主要有以下几个。

(1) 出票人通过其结算行网银向基础设施系统做出票登记；

(2) 出票人通过其结算行网银向承兑人发起提示承兑申请；

(3) 承兑人通过其结算行网银查看提示承兑申请信息，并做提示承兑签收；

(4) 承兑人通过其结算行网银向保证人发起票据保证申请；

(5) 保证人通过其结算行网银查看票据保证申请信息，并做票据保证签收；

(6) 出票人通过其结算行网银把票据交付给收款人；

(7) 收款人通过其结算行网银签收票据，并依据自身情况选择持票、背书支付或贴现。

(三) 背书人保证

图 3 电子商业汇票背书人保证的操作流程示意图

电子商业汇票背书人保证的操作流程要点主要有以下几个。

(1) 出票人通过其结算行网银向基础设施系统做出票登记；

(2) 出票人通过其结算行网银向承兑人发起提示承兑申请；

（3）出票人通过其结算行网银把票据交付给收款人；

（4）收款人通过其结算行网银签收票据，并背书给下一手企业（图3中的背书人）；

（5）持票人（图3中的背书人）通过其结算行网银向保证人发起票据保证申请；

（6）保证人通过其结算行网银查看票据保证申请信息，并做票据保证签收；

（7）持票人（图3中的背书人）通过其结算网银把票据背书给下一手企业（图3中的背书人N）；

（8）持票人（图3中的背书人N）通过其结算行网银签收票据，并依据自身情况选择持票、背书支付或贴现。

三、电子商票保证在供应链场景中的运用

（一）票据保证与电子商票融合前景广阔

据人民银行统计，截至2021年3月末，银票承兑余额为11.64万亿元，商票承兑余额为2.44万亿元，商票占比为17.3%，这也是历年来较高水平；银票贴现余额为7.66万亿元，商票贴现余额为0.83万亿元，商票占比为9.8%。由此可见，商票总体水平很低，签发量占比高于贴现量占比，说明商票的融资变现环境还差很多。有专家预测，未来几年商票市场占比可望达到30%左右，成为票据市场的一股力量，商票在票据市场中的地位将大幅提升。

现阶段商票发展缓慢，究其原因不外乎资产端运用能力弱和滥用商票引起信任危机、资金端授信和创新不充分，以及中间端的信息不对称。无论是主动还是被动，近年市场各方都为商票发展做了大量的工作，商票大发展有了一定的基础。上海票据交易所构建商票信息披露规则、电子票据和二级市场发展提升了电子商票的使用体验。企业也在自我觉醒，开始不断尝试商票在供应链中的运用。商业银行逐步探索引入担保机构作为增信或强化场景风控，用商票金融产品介入供应链金融业务。这些关乎商票的有益探索必将带动市场各方积极加入，为商票发展提供动力。

（二）电子商票保证在供应链金融中运用的逻辑

供应链中很多企业在货物贸易和服务贸易中，存在大量的应收应付账款。商票运用在两类场景最有代表性，一是商票签发环节，用于解决某企业（常为核心企业或信用等级较高的企业）的资金融通；二是商票盘活环

节，用于解决供应链中经常收到商票的企业（常为供应商）的商票增信或变现。

其运用逻辑是，当某企业因采购设备或原材料需要向一级供应商支付货款时，可以通过签发并交付商票的形式完成。但此场景中可能因某企业的授信银行等信息难以被后手持票人（图4中的一级供应商或二级供应商等）知晓，难以贴现而使得后手（图4中的一级供应商或二级供应商等）不愿接受该商票；也可能存在某企业本身信用等级不高，从而使得其签发的商票在供应链中流转接受度不高的情形。此时，某企业可以找信用等级高的母公司或关联公司或担保公司或商业银行等为其签发或承兑的商票做票据保证，因为这类保证人一般在商业银行等资金提供方都有授信，某企业的票据后手（图4中的一级供应商或二级供应商等）接受度大为提升，而且如果需要盘活变现商票，可以选择到上述有授信的商业银行等资金提供方贴现或质押贷款。另一种情况是，很多供应链中的企业（图4中的一级供应商或二级供应商等）经常收到没有保贴或保证的商票，同样，它作为持票人可以选择到上述机构申请票据保证，增强该商票的流转性和变现能力，逻辑和上述情况一样，只不过此时的票据保证属于背书人保证。

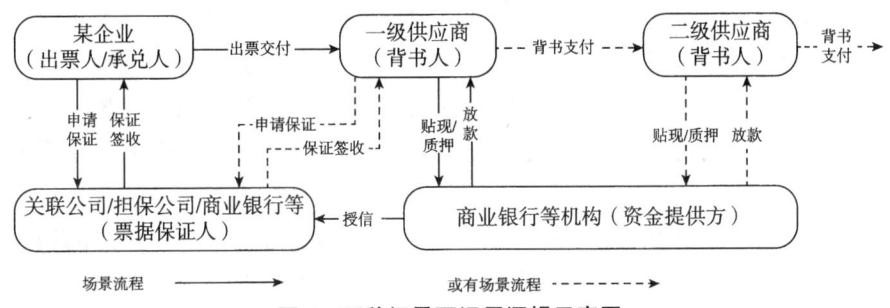

图4 两种场景下运用逻辑示意图

通过引入票据保证，一方面可以有效增强供应链中票据的流通性，使得商票替代货币的效用放大，减少供应链中现金的需求，从而使得企业不必去金融机构融资；另一方面，商业银行等机构可以通过占用票据保证人的授信，给供应链中持有被保证商票的企业提供资金融通，而不必特别关注承兑人和持票人授信材料的搜集。

（三）电子商票保证在白酒行业供应链融资中运用案例

与大型制造业相比，白酒行业供应链相对简单，主要是以白酒制造商为核心企业，上游粮食、设备、包装等供应商和下游经销商、终端消费为

链条组成的。如图5所示。

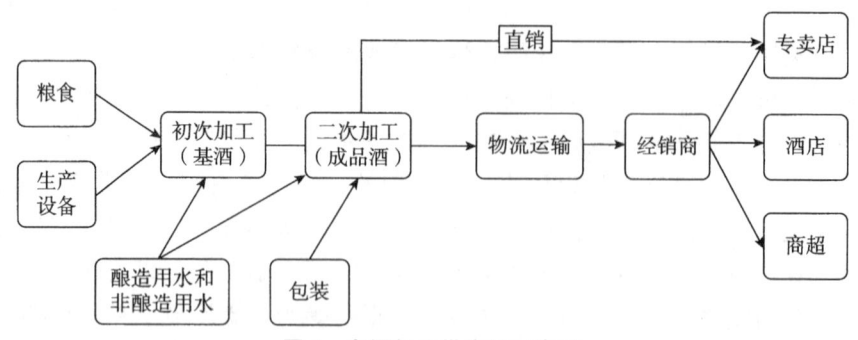

图5 白酒行业供应链示意图

从图5可知，上游供应商中，生产设备供应商以技术密集型为主，原料、包装供应商几乎都为劳动密集型、技术含量低的企业，企业数量众多，且以中小企业为主，同时还包括农户。上游供应商大体分为两个层次，第一层次为总供应商，第二层次为中小企业供应商。核心白酒制造企业整体呈现的特点，一是对上下游公司有强势的控制权、议价能力、选择权，是整个供应链中利润收益强大的环节；二是客户资金实力雄厚，资金存淀量大，现金流充足；三是融资能力出现分层，知名白酒厂商融资渠道多，信用等级高，在同银行或金融机构谈判中处于强势地位，融资条件和成本都较低，新兴白酒企业融资条件较差，较难在金融机构获得融资。下游经销商中，从销售模式来看，白酒销售模式主要包括经销、商超、酒店和直销模式。目前较为主流的是经销模式，即以地、县级城市和产品系列为单位，选择具备一定实力的代理商代理该地区的白酒产品经销业务；商超/酒店模式下，白酒制造企业直接通过商超、酒店等渠道将白酒产品销售给终端客户；直销模式下，白酒制造企业以批发或零售的方式直接将白酒产品销售给终端客户，主要包括团购、专卖店、网络商城等。

对于成熟、有知名度的白酒品牌的酿酒企业，商业银行可以主动授信，给予一定的授信额度，企业开立银票支付给上游企业，或签发商票，在银行办理出票人商票保贴。上游企业收到票据后，可到银行办理票据贴现、票据池等票据融资业务，也可以继续背书流转，还可以选择将持有的未到期票据作为底层资产，发行标准化票据或票据ABS，在金融市场直接融资。对于不成熟、新兴的白酒品牌的酿酒企业，可以引入担保公司，与担保公司签订担保协议，由担保公司对酿酒企业签发、背书的商票进行票据保证，增加信用，增强流动性。上游企业收到票据后，可以向银

行申请票据融资，商业银行基于对担保公司的授信额度及其做出的票据保证，对上游企业放款。如图6所示。

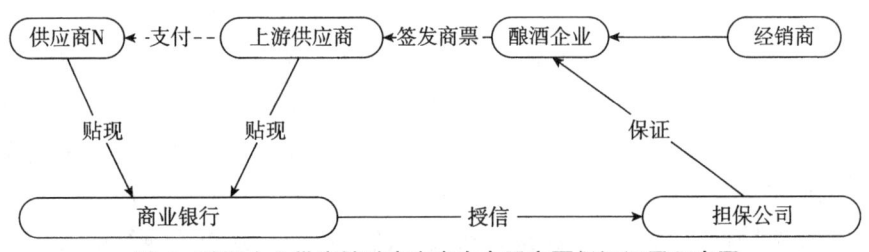

图6 酿酒企业供应链融资方案中电子商票保证运用示意图

对于产业链中的下游经销商而言，作为采购方下游经销商处于相对弱势地位，采购过程中需要支付预付款或全部款项才能获取货物，进而进行销售。有时一级经销商想大规模进货，但又苦于资金不足，针对这种情况，银行可以向企业提供未来提货权质押业务。先由买卖双方签订贸易合同，然后向银行融资，敞口部分使用未来提货权质押；经销商向银行缴纳一定比例的保证金；银行向买方提供授信，签发银行承兑汇票，用于向卖方的采购付款；买方根据经营需要向银行追加保证金；银行通知卖方根据追加保证金的金额向买方发货。对于资质较好、核心企业愿意扶持的一级经销商，可以引入担保公司。商业银行对担保公司给予一定的授信额度，担保公司与符合自身白名单准入条件的酿酒公司进行合作，担保公司对酿酒公司推荐的一级经销商进行承兑保证，由一级经销商对外签发商票进行支付，酿酒企业收到一级经销商承兑的商票，可以向上游背书支付，也可选择商票入池再融资。如图7所示。

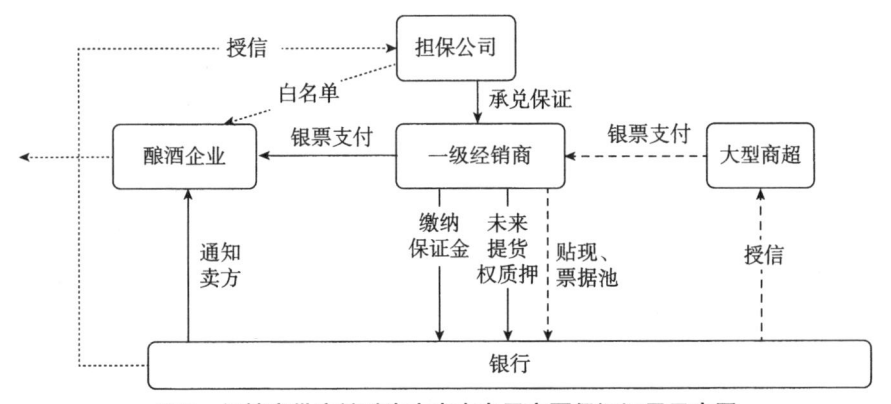

图7 经销商供应链融资方案中电子商票保证运用示意图

商票在白酒行业供应链金融中的优势。对核心企业而言，用商票将应付账款转为票据支付，零融资成本，优化了资产负债表，稳定了产业链上游企业，并保障企业供应商稳定。对上游供应商而言，票据标准化后可直接融资，融资过程无须担保或抵押，大大降低企业融资难度与融资成本，拓宽融资渠道，高效实现应收账款再融资，提高产业链上游企业资金周转率。对下游经销商而言，一是将应付账款票据化，解决了资金短缺问题，降低了融资成本，提高了存货周转率，增强了与其上游供应商间的黏性；二是借助核心企业、担保公司较高的商业信用，获得了银行的授信支持，可有效解决部分中小企业的融资难题，帮助其扩大经销规模。

参考文献

［1］郑孟状，郭站红，姜煜洌．中国票据法专家建议稿及说明［M］．北京：法律出版社，2015．

［2］秦书卷．未来已来，票据市场发展新趋势与风险新特点［EB/OL］．［2021-05-30］．中国金融信息中心，https：//mp.weixin.qq.com/s/3OJeyEr3CcRoW2wV9l86hQ．

第三章

新时代票据承兑量研究

关于"十四五"期间推动北京制造业票据业务发展的研究

肖小和 余显财 金 睿 柯 睿[①]

一、问题研究背景与意义

根据国家统计局对制造业的定义，制造业是指经物理变化或化学变化后成为新的产品，不论是动力机械制造，还是手工制作；也不论产品是通过批发销售，还是零售，均视为制造业。制造业包括产品制造、设计、原料采购、仓储运输、订单处理、批发、零售。对于我国来说，制造业不仅在国民经济发展中占有重要地位，也是我国经济结构转型的基础。

北京作为我国的首都，一直全力推进全国科技创新中心建设。早在2015年的《〈中国制造2025〉北京行动纲要》中便提出全面实施"3458"战略部署，努力促进制造业创新发展，使北京真正成为京津冀协同发展的增长引擎、引领中国制造由大变强的先行区域和制造业创新发展的战略高地。近年来政府又多次发文强调推动北京制造业向高端化发展，强调优化产业结构特别是工业项目选择，突出高端化、服务化、集聚化、融合化、低碳化，通过制造业高端化发展体现北京承担的国家职能。

根据赛迪研究院发布的《制造业高质量发展白皮书（2021）》，北京位列全国制造业高质量发展前五，在规模结构、创新水平、绿色节能、开放合作等各分项指标中均位列前十，坐拥东土科技、京东方、集创北方、广利核系统、新联铁、大豪科技、电力设备总厂等知名高端制造业企业。在第四次工业革命浪潮的大背景下，智能制造是其中的核心技术，是首都转型发展的关键支撑，也是北京在国际科创中心建设、数字城市建设、"两区"建设中最重要的动力引擎。要以智能制造引领北京高质量发展，打造高质量发展新高地，依靠科技创新和智能制造的坚实支撑，依靠技术和人才源源不断的动力，以"魂"促"根"，发挥首都优势，创出北京特色，打

---

① 余显财，复旦大学经济学院副教授；柯睿，复旦大学经济学院。

造中国智能制造新高地。

打造高端制造业的进程中，如何解决制造业企业融资是一个持久难题。2021年4月多部门联合发布《金融支持北京市制造业转型升级的指导意见》，进一步发挥金融对制造业高质量发展的支持作用，助力制造业转型升级。该指导意见中涉及票据支持北京制造业企业融资的措施如下：研究设置规模以上制造业企业票据再贴现绿色通道，提高再贴现业务单张票据票面金额上限；支持符合条件的制造业企业发行短期融资券、中期票据、永续票据；发展供应链金融，推广电子商业票据的使用；鼓励制造业企业签发、承兑商业汇票，便利制造业企业票据融资；根据制造业企业票据融资特点和需求，探索建立规范化的票据经纪、增信、评级等多元化票据服务机构体系，创造良好的票据市场环境，引导企业利用商业汇票解决账款拖欠、资金流转等问题。票据是融资的重要方式，政策推动票据业务服务北京制造业转型升级，解决制造业融资难题，助力北京智能制造引领全国制造业转型升级。

二、以增值税为基础的制造业票据承兑总量测算

2016年"营改增"完成，扩大了增值税的适用范围，商业银行和监管机构普遍把销售方开具的增值税发票作为审核贸易背景真实性的主要依据之一，缴纳了增值税的企业理论上都有条件开具商业汇票，这为大力发展承兑业务提供了良好的条件。制造业企业票据签发量占全部企业票据签发量的30%左右，可见部分制造业企业已经有利用票据融资的习惯。2016年，监管部门严令商业银行加强对企业出票环节真实贸易背景的审查，无真实贸易背景的融资性票据被逐步挤出市场。如图1所示，2016年与2017年承兑业务有一定下滑，观察其余年份可以看出，制造业增加值逐年增加，同时票据市场承兑汇票总签发量也呈现上涨态势。随着制造业转型升级和向纵深发展，作为制造业重要融资手段之一的票据也一定有很大的潜力可以挖掘。以此为背景，我们运用理论模型并结合实际数据，尝试探究北京市制造业可开具的最大承兑汇票量，让票据服务于实体经济，服务于北京智能制造。

1. 承兑总量可能性分析之模型假设

假定市场中存在 n 种产品，不含税价格分别为 P_i 元，数量分别为 Q_i ($i = 1, 2, \cdots, n$)。

第 i 种商品需要经过增值的次数为 K_i 次，其中，第 j 次（$j = 1$,

$2,\cdots,K_i$）增值后的不含税价格为 P_{ij}，此时的中间品数量为 Q_{ij}，最终价格为 P_i，即 $P_{iK_i}=P_i$，$Q_{iK_i}=Q_i$。

假定第 i 种商品的第 j 次增值所需缴纳的增值税税率为 X_{ij}，则含税价格为 $P_{ij}\times(1+X_{ij})$。

基于上述，则第 i 种商品的第 j 次增值银行可签发的汇票为

$$P_{ij}\times Q_{ij}\times(1+X_{ij})$$

理论上市场可以签发的商业汇票累计为

$$\sum_{i=1}^{n}\sum_{j=1}^{K_i}P_{ij}\times Q_{ij}\times(1+X_{ij})$$

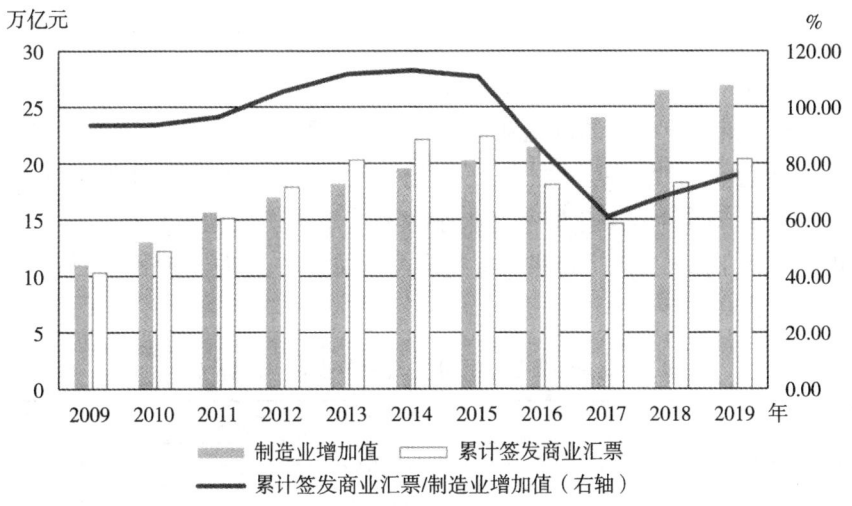

图1 2009—2019年制造业增加值与票据签发量情况

在我国现行税率制度下，主要存在三档增值税税率，分别为6%、9%、13%，因此，X_{ij} 的取值为6%或9%或13%。但实际市场中的产品种类及对应的增值次数无法统计。因此考虑根据企业实际缴纳的增值税额进行计算，将企业分为如表1所示的几类，按照2019年版增值税税率计算，由增值税计算公式可知：

$$增值税 = 销项税额 - 进项税额 \quad (1)$$

销项税额（或进项税额）= 含税销售收入÷（1+税率）×税率 = 销售额×税率

$$(2)$$

2. 具体测算

先考虑制造业可能的承兑金额。2018年的政策将工业企业的小规模纳税人的年销售额标准分别由50万元和80万元统一上调至500万元，考虑到

银行为其开具承兑汇票的企业营业额一般较高，多数为一般纳税人，适用 2019 年发布的制造业增值税税率 13%。因此，对所有数据我们均采用按行业分规模以上工业企业主要经济指标，至此我们将第一阶段的理论模型进行简化，假定单个企业的增值过程共有 n 个阶段，各个阶段不含税销售产值分别为 P_1，P_2，…，P_n，则各个阶段需缴纳增值税 $(P_{i+1} - P_i) \times 13\%$，各个阶段所需缴纳的增值税之和为 $\sum_{i=0}^{n-1}(P_{i+1} - P_i) \times 13\% = (P_n - P_0) \times 13\%$。

第一阶段模型中假定 P_0（初始价值量）为 0，则上式结果为 $P_n \times 13\%$，其含义是制造业全年缴纳的增值税总额 = 最终产业的全年产值 × 13%，根据我们的假定，此过程中银行可开具的承兑汇票理论最大值为 $\sum_{i=1}^{n} P_i \times (1 + 13\%)$，其中 P_i 不包含增值税。

考虑到市场中所有的制造业企业，制造业所能开具承兑汇票之和即为所有制造业企业销项税额之和。我们发现 P_i 可以通过主营业务收入衡量，此时 P_i 即为企业全年的主营业务收入，对 P_i 求和即为制造业所有企业全年主营业务收入之和，可将所有制造业企业按产业进行细分①，并分别进行计算，见表 1。

表 1　北京市制造业行业主营业务收入（2019 年）　　单位：亿元

项目	主营业务收入	增值税税率	含税价格
规模以上制造业企业	16713.64	—	18801.03
农副食品加工业规模以上工业企业	394.38	9%	429.87
食品制造业规模以上工业企业	575.51	13%	650.33
酒、饮料和精制茶制造业规模以上工业企业	257.25	13%	290.70
烟草制品业规模以上工业企业	—	13%	—
纺织业规模以上工业企业	20.15	13%	22.77
纺织服装、服饰业规模以上工业企业	122.64	13%	138.58
皮革、毛皮、羽毛及其制品和制鞋业规模以上工业企业	7.15	13%	8.08
木材加工和木、竹、藤、棕、草制品业规模以上工业企业	6.60	13%	7.45

---

① 按照国家统计局行业分类标准分类。

续表

项目	主营业务收入	增值税税率	含税价格
家具制造业规模以上工业企业	84.05	13%	94.98
造纸和纸制品业规模以上工业企业	65.26	13%	73.74
印刷和记录媒介复制业规模以上工业企业	154.97	9%	168.92
文教、工美、体育和娱乐用品制造业规模以上工业企业	168.59	13%	190.50
石油加工、炼焦和核燃料加工业规模以上工业企业	636.52	13%	719.26
化学原料和化学制品制造业规模以上工业企业	322.43	13%	364.35
医药制造业规模以上工业企业	1298.42	13%	1467.21
化学纤维制造业规模以上工业企业	—	13%	—
橡胶和塑料制品业规模以上工业企业	81.27	13%	91.83
非金属矿物制品业规模以上工业企业	513.06	13%	579.76
黑色金属冶炼和压延加工业规模以上工业企业	91.48	13%	103.37
有色金属冶炼和压延加工业规模以上工业企业	65.16	13%	73.63
金属制品业规模以上工业企业	358.96	13%	405.63
通用设备制造业规模以上工业企业	577.74	13%	652.85
专用设备制造业规模以上工业企业	886.37	13%	1001.60
汽车制造业规模以上工业企业	4488.12	13%	5071.57
铁路、船舶、航空航天和其他运输设备制造业规模以上工业企业	458.28	13%	517.86
电气机械和器材制造业规模以上工业企业	795.97	13%	899.45
计算机、通信和其他电子设备制造业规模以上工业企业	3624.99	13%	4096.24
仪器仪表制造业规模以上工业企业	329.97	13%	372.86
其他制造业规模以上工业企业	141.19	13%	159.55
废弃资源综合利用业规模以上工业企业	7.58	13%	8.57
金属制品、机械和设备修理业规模以上工业企业	123.48	13%	139.53

资料来源：《北京统计年鉴》。

我们根据 2019 年北京市制造业企业主营业务收入数据计算得出的理论承兑汇票量为 18801.03 亿元，约为 1.88 万亿元。此测算方法存在误差的原因如下：统计数据只覆盖规模以上制造业企业经济指标，部分小型企业未纳入计算，可能造成结果偏低；而又忽略了制造业企业中有些面向最终消费者无法开票的部分，导致结果偏高，因此，很难测算得比较精确。根据上海票据交易所的数据，2019 年全年上海票据交易所办理票据承兑业务 20.38 万亿元，其中制造业用票量占据 30%左右，北京 2019 年票据承兑发生额为 1.099 万亿元，按照 30%测算，其制造业用票量约为 0.33 万亿元（1.099×30%），占制造业理论开票量 1.88 万亿元的 17.55%左右。2019 年北京市票据签发额与地区生产总值的比值为 31.07%（10990/35371）[①]，位居全国第二，总体来看，北京企业使用票据意识较强，但仍存在较大提升空间。需要持续推动北京票据业务发展，帮助北京制造业企业破解融资难融资贵问题，更好地打造北京智能制造新高地，实现高质量发展。

三、利用票据支持北京制造业发展的设想

（一）票据是支持"十四五"期间北京制造业发展的理想融资工具

"十四五"是北京制造业转型发展的重要战略机遇期。制造业转型升级离不开资金支持，票据既有支付结算功能，也有扩张信用的融资功能，理应是北京制造业多层次融资体系的一部分。股票、债券等直接融资工具只适用于金字塔尖的少数大型制造业企业，多数中小制造业企业资本实力欠缺、公开市场评级低。国内高收益债券市场深度还不够，造成在数量上占据多数的中小制造业企业不能在资本市场获得融资。我国票据市场的法律法规、软件硬件等基础设施完善，电子票据最长期限达一年，并且可以自主约定久期，通过企业网银签发、流转非常便捷。同时，满足银企双方约定的特定条件可获得银行承兑作为信用加持以提高票据的流通性，这些基本属性同中小制造业企业的短期融资需求十分契合。同时，依托上下游的真实贸易背景，票据的到期兑付具有自偿性特征，市场接受度良好的北京大型制造业企业可以签发商业承兑汇票给上游企业，实现核心企业信用在供应链上的传递。对于不具备签发商业承兑汇票实力的中小制造业企业，北京本地商业银行可以利用日常结算、税务、征信系统等多维度获得大数据以帮助灵活调整、控制签发银行承兑汇票的信用敞口，尽可

[①] 资料来源：《中国区域金融运行报告（2019）》。

能地创造条件为制造业企业提供短期流动性支持。综合来看，制造业票据融资比其他融资方式可获得性高，北京制造业企业在获得股权融资、债券融资和金融机构中长期贷款的同时，也可配套签发票据满足短期流动性管理需要，长短结合使得票据的优势更加明显。

（二）票据是支持北京制造业特别是其五大细分领域发展的有力抓手

票据现有基础设施成熟，企业签发票据的方式灵活，签发的金额、期限可根据实际需要而定。流通是票据的生命力所在，北京制造业供应链上企业可以背书转让票据实现商品或服务贸易的结算，也可以向北京本地商业银行申请贴现快速回笼资金。近年来各大银行推出的"秒贴"服务极大地提高了票据的变现效率，融资成本也显著低于同期限的贷款成本。北京制造业企业还可以利用部分银行提供的"票据池""资产池"服务，把市场流通性较差的票据或其他资产转换成一张可提供"票据池""资产池"服务的银行承兑的票据，更好地用于支付结算，提高供应链上企业资产的流动性。

按照营业收入规模划分，营收在700亿元以上的北京五大制造业细分行业分别为汽车制造业、计算机通信和其他电子设备制造业、医药制造业、专用设备制造业、电气机械和器材制造业。按照"十四五"规划，北京、上海和粤港澳大湾区都被定位为全球科技创新中心。与上海和粤港澳大湾区相比，北京在基础研究等领域更占优势。北京拥有90多所大学和1000多所科研院所，以及128家国家重点实验室，占到全国总数的1/3。北京计划成为全球科技中心，将构建"万亿级"高科技产业集群，并加强其在人工智能、量子通信研究等领域的实力。

票据是支持北京五大制造业细分行业发展的有力抓手，这五大制造业细分行业与生俱来的生产、销售回款周期决定了其在日常支付结算中普遍存在或长或短的账期。承兑汇票期限、票面金额都可根据实际需要而定，与不同类型制造业企业的回款周期均可灵活匹配，是北京五大制造业细分行业绝佳的短期流动性管理工具。适度使用承兑汇票作为贸易结算方式可以减少对相关制造业企业的资金占用，扩张商业信用，以实现更好更快的高质量发展。

（三）加大北京制造业票据承兑、贴现、再贴现投入

高端制造的研发、生产周期普遍偏长，销售回款的速度也参差不齐，在北京本地经营的金融机构可以根据制造业子行业不同的发展阶段和

发展特点把票据承兑业务嵌入北京制造业企业的日常经营管理流程中，提高票据产品在制造业企业中的普及率和使用率，加快资金周转，降低由于临时流动性不足而导致的经营困难情况的发生率。

票据市场是我国货币市场的重要组成部分，企业持有的票据在商业银行申请直贴时，票据是连接商业银行和实体经济的纽带，信贷属性明显；已贴现的票据在上海票据交易所平台流转时，票据是商业银行在货币市场相互融通资金的媒介，资金属性明显。北京金融机构需要花硬功夫把支持本地制造业发展的工作做深做细，票据将实体经济和货币市场连接在一起的特殊功能使其成为人民银行货币政策向实体经济传导的最优工具之一。北京本地商业银行应重视开户结算企业的行业分类工作，把票据贴现的资金规模更多配置在本地制造业企业贴现业务上，在控制实质风险的基础上尽可能简化北京本地中小制造业企业申请贴现的流程，投入行内资源、发挥科技力量开发票据系统，提高放款效率，优化制造业企业用票体验。另外，要发挥票据转贴现市场流转功能，让北京制造业企业的票据贴现利率向同期限货币市场利率靠拢，切实降低制造业企业的贴现成本以让利北京实体经济。

再贴现是中央银行货币政策工具箱中为数不多的调节信贷结构的工具之一，可以发挥定向精准滴灌的功能，引导货币信贷资金投向，有针对性地解决经济运行中的突出问题。2017年9月，上海票据交易所推出的再贴现业务系统上线运行后，大大提高了人民银行各地分支机构再贴现业务的办理效率和灵活性，也为人民银行更精准、高效地发挥再贴现政策引导市场利率和优化资源配置创造了条件。人民银行在北京的分支机构可以考虑进一步扩大再贴现操作规模并降低再贴现利率，督促引导北京本地商业银行梳理基础资产，优先选择出票人和贴现申请人是北京制造业企业的票据作为再贴现操作的前提条件。

对于符合经济结构优化升级方向的北京本地制造业龙头企业、战略性新兴制造业企业等关键重点企业，人民银行还可以把再贴现资源向这些制造业企业签发的商业承兑汇票倾斜，商业银行将这些授信企业承兑的商票贴现后可以获得人民银行的再贴现支持。鼓励核心制造业企业在其主导的供应链上推广使用商业承兑汇票进行支付结算，有人民银行作为最终再贴现人可以提高供应链上中小企业商业票据融资的可获得性并能切实有效降低商业承兑汇票的融资成本。

（四）积极发展绿色票据，为"碳达峰、碳中和"制造业提供服务

我国在联合国大会上明确提出，二氧化碳排放力争于2030年前达到峰值，努力争取2060年前实现碳中和。低碳趋势变化虽缓慢，但势大力沉，绿色经济理念会逐渐深入人心并贯穿整个制造业发展的全过程。制造业既是"用能大户"，也是"碳排放大户"，在全国实现"碳达峰、碳中和"目标的背景下，"碳达峰、碳中和"将重构整个制造业，北京制造业既面临产业结构调整的严峻挑战，同时也蕴藏着新能源和先进制造业加快发展的重大机遇。在北京市发展上，习近平总书记除了提到疏解北京的非首都核心功能外，还强调要"优化产业特别是工业项目选择，突出高端化、服务化、集聚化、融合化、低碳化"[1]。可以在北京"碳达峰、碳中和"领域的相关制造业企业中推行绿色票据[2]，直接或间接服务于绿色项目。绿色票据是绿色金融的一部分，人民银行、商业银行、政府性融资担保机构可以加大对绿色票据承兑、贴现、再贴现的支持力度，配套相关优惠政策，帮助"碳达峰、碳中和"制造业企业提升财务管理水平，降低融资难度和融资成本。

（五）标准化票据是支持北京制造业发展的创新产品

标准化票据是以票据作为底层资产的债券，可以连通票据市场和债券市场，有利于发挥债券市场投资者的专业投资和定价能力，增强票据融资功能和交易规范性。从中国人民银行发布的《标准化票据管理办法》中可以看出标准化票据被定性为货币市场工具，且具备资管新规中"标准化债权资产"的特征和属性，如未来被认定为标准化债权资产，则在投资市场上也将受到包括货币基金和债券基金在内的资管产品的青睐。从目前存托机构成功创设的标准化票据来看，以未贴现的商业承兑汇票为底层资产的标准化票据应是未来各存托机构发挥专业投资者定价能力的重要方向。标准化票据产品的发展有望为北京本地制造业企业引入"源头活水"，可以提高北京制造业核心企业供应链上下游商业承兑汇票资产的流动性。

（六）强化对北京制造业供应链票据业务的推动

2020年4月24日，上海票据交易所发布《关于供应链票据平台试运行

---

[1] 周民良，陈凡，薛飞. 推动北京制造业高端化发展的五个方向[N]. 中国经济时报，2020-04-07（004）.

[2] 绿色票据是指为气候、环保、资源优化配置等绿色项目开发、绿色企业项目发展、绿色项目产品创新、营运及风险管理提供的各类票据业务产品与服务的总称。绿色票据是由符合规定条件的绿色企业签发或者申请贴现的票据，包括绿色银行承兑汇票和绿色商业承兑汇票。

有关事项的通知》（票交所发〔2020〕58号），正式明确供应链票据平台依托现有的 ECDS，与各类供应链金融平台对接，为企业提供电子商业汇票的签发、承兑、背书、到期处理、信息服务等功能，通过供应链票据平台签发的电子商业汇票简称供应链票据。供应链票据间接解决了传统电子商业汇票不可等分化的弊端，在一定程度上为票据本身的标准化做了铺垫。符合产业政策导向的北京优质制造业核心企业可以加强与上海票据交易所的沟通协调，积极自建供应链平台，先行接入上海票据交易所系统，并且后续优先考虑用制造业供应链平台上线票据质押融资、贴现、转贴现、再贴现、供应链票据跨供应链平台流转等新功能。供应链票据依托供应链金融中的核心企业信用，北京地区的金融机构可以适度提高对优质核心制造业企业的授信敞口，认真研究切实可行的针对供应链票据融资的服务方案。政府性融资担保机构也可以按产业发展导向为部分重点供应链、产业链上的核心企业签发的供应链票据提供增信服务，提高供应链票据的普及程度和流转效率。

（七）加快推动北京制造业应收账款票据化的发展

账期长且应收账款占资产总额的比例高是部分中小微制造业企业短期流动性紧张的主要原因，部分制造业企业在财务压力下被迫进行民间融资，被高额利息拖死的现象屡有发生。应收账款保理业务和商业承兑汇票贴现业务在制造业供应链上使用场景相似，两者均依托核心制造业企业服务上下游中小微客户，旨在促进整个供应链制造业企业发展、提升生态圈实力、推动产业集聚、加快制造业转型升级。长期以来，应收账款确权、流转比较困难，保理的成本也比较高。而商业汇票具有法律体系完善、基础设施先进、全流程电子化操作、期限灵活、流转和融资及交易均比较方便的优势，核心企业将应付账款票据化可以利用票据的上述诸多优点将核心企业信用惠及整条供应链。以在北京本地经营的商业银行为代表的金融机构要努力搭建内部票据业务系统平台、缩短决策流程、突破信贷业务属地化管理的制度瓶颈，尽早实现对区域内优质核心制造业企业的授信全覆盖，针对不同制造业细分领域的特殊情况做区别对待，争取在摸索中尽快实现风险定价，真正做到电子商业汇票的流通和融资比应收账款保理等其他融资方式更方便、成本更低并能实现银企双赢的高质量可持续发展。

（八）建立北京制造业票据信息平台

票据信息平台建设的重点是整合票据市场的信息资源，形成资源共享、

数据安全、传递快捷、查询方便的统一平台①。为此要建设基于完善规范的信息发布平台的票据数据库，建设涵盖风险信息、监管信息、研究信息的票据信息库，形成"大数据"基础；要搭建覆盖全面、集中共享、系统连通、检索便捷、分析深入的北京制造业信息平台，实现信息采集、整合、挖掘功能。票据业务具有多重业务属性，既具有信贷业务属性，也具有支付结算功能，还具有货币资金市场属性，票据全生命周期链条较长，存在多部门多头监管的问题，要建设北京制造业票据信息平台，就必须协调各方，统一推进。完全依靠市场参与机构自身，不利于解决对平台标准、技术体系的分歧，也不利于信息传导和数据共享，最终将给平台的整体建设增加沟通协调成本和系统整合代价。北京制造业票据信息平台的建设应由票据业务的相关监管部门牵头，以技术实力雄厚的商业银行为推动主体，广泛吸纳各类参与主体的意见，共同推进平台建设。准确、标准的海量制造业票据信息和数据是票据信息平台的基础和生命，是实现票据信息管理、使用、共享、挖掘的基础。因此需要实现各数据源平台相关数据的接入汇总，既将北京本地人民银行、银保监会、工商、税务、法院、统计等网站的数据信息自动对接导入平台，又提供统一标准的界面供机构发布报价信息及交易需求信息，共同形成内容丰富的数据库。该数据库根据需求合理设置功能，从而达到数据管理与应用一体、数据资源分级共享、分析汇总灵活方便等目标，进一步提高数据处理能力，使丰富的信息资源得到充分的开发和利用。

(九) 加强对北京制造业票据发展的风险防范

风险表面上是外部环境问题，核心是风险观、业绩观、发展观问题，是风险管理体制与业务发展不尽适应的问题。"重盈利、轻风险""重指标、轻管理"的问题需要在支持北京制造业转型升级的过程中进一步根除，坚持审慎经营的理念，坚持业务发展与风险管理能力相适应，持续推进精细化管理②。北京制造业票据发展的首要风险为制造业企业本身的信用风险，北京地区金融机构的授信审批部门需要投入人力、物力、财力做好制造业企业签发的电子商业汇票的票据评级这项基础工作。评价承兑的制造业企业定性指标应参照企业主体（商票承兑人）公开市场信用评级和金

---

① 肖小和，余蓓.加快建立全国统一规范的票据信息平台［N］.上海证券报，2015-04-11 (006).

② 肖小和，张蕾，王亮.新常态下票据业务全面风险发展趋势与管理［J］.上海金融，2015 (6): 89-92.

融机构内部评级，考虑到商票到期期限较短，定量指标的评价方法与商票承兑人信用评级应有所区别，制造业企业短期偿债能力和盈利能力应是考察其最终票据兑付能力的重点，因此，在上述两部分指标的选项设置及评分权重上应给予一定倾斜。完善票据评级事项后，可以建立制造业企业白名单数据库，进一步确定对某个具体北京制造业企业的授信额度，并在票据管理系统中实时动态显示剩余额度，进而有效地控制最大风险敞口。同时，利用人民银行征信系统和金融同业间的相互交流，排摸白名单内制造业企业在其他金融机构的授信使用情况，严防个别制造业企业超越自身兑付能力无序签发商票的风险事件发生。

参考文献

[1] 肖小和，等．疫情后加快在制造业推动票据业务发展的思考 [N]．证券时报，2020-06-12（002）．

[2] 肖小和，余蓓．加快建立全国统一规范的票据信息平台 [N]．上海证券报，2015-04-11（006）．

[3] 肖小和，张蕾，王亮．新常态下票据业务全面风险发展趋势与管理 [J]．上海金融，2015（6）：89-92．

[4] 肖小和，金睿．积极发展绿色票据 努力服务绿色经济高质量发展 [J]．中国城市金融，2019，398（6）：55-58．

[5] 周民良，陈凡，薛飞．推动北京制造业高端化发展的五个方向 [N]．中国经济时报，2020-04-07（004）．

关于"十四五"期间推动广东省制造业票据业务发展的研究

肖小和　余显财　金　睿　柯　睿

一、问题研究背景与意义

根据国家统计局对制造业的定义，制造业是指经物理变化或化学变化后成为新的产品，不论是动力机械制造，还是手工制作；也不论产品是批发销售，还是零售，均视为制造。制造业包括产品制造、设计、原料采购、仓储运输、订单处理、批发经营、零售。制造业不仅在我国国民经济发展中占有重要地位，也是我国经济结构转型的基础。广东省是我国老牌经济强省与工业大省，制造业规模①与质量②稳居第一，坐拥华为、中兴、TCL、立讯等一系列知名高端制造业企业。在打造制造业强国、产业升级、产业链供应链优化的大背景下，广东省在其"十四五"规划中明确提出要建设制造业强省、质量强省，推动产业高端化发展，深度融入全球产业链，提升产业高级化、现代化水平，推动"广东制造"向"广东智造"转型，完善具有国际竞争力的现代产业体系。

在推动我国高端制造业发展的进程中，如何完善制造业企业多层次融资体系是一个长久难题。对于中长期融资而言，2020年12月的中央经济工作会议提出增加制造业中长期融资，解决制造业资金来源问题，加速制造业发展。至于短期流动性需求，商业承兑汇票无疑是解决制造业企业短期融资需求的一个重要工具。2019年，广东省票据承兑发生额③为1.74万亿元，位居全国第二，但仅占广东省地区生产总值（10.80万亿元）的16.11%，远低于浙江（27.49%）、江苏（23.92%）等其他经济强省。票据专家肖小和曾指出，如果某地区票据承兑发生额与地区生产总值的比值小

---

① 2019年国家统计局工业增加值与营业收入数据显示，广东省排名第一。
② 《制造业高质量发展白皮书（2021）》显示，2019年制造业高质量发展广东省排名第一。
③ 资料来源：《广东省金融运行报告》。

于20%，当地企业的票据使用意识需要提高①。企业利用票据承兑进行支付结算，可以提高资金使用效率，缓解企业短期资金压力。上海票据交易所的数据显示，2019年制造业企业票据签发量占据全市场承兑总量的30%，广东省作为经济强省与制造业强省，应当提高使用票据作为支付结算和融资工具的意识，让票据服务于实体经济，解决制造业企业融资难融资贵的问题，助力打造"广东智造"。

二、以增值税为基础的制造业票据承兑总量测算

2016年"营改增"完成，扩大了增值税的适用范围，商业银行和监管机构普遍把销售方开具的增值税发票作为审核贸易背景真实性的主要依据之一，缴纳了增值税的企业理论上都有条件开具商业汇票，这为大力发展承兑业务提供了良好的基础条件。制造业企业的票据签发量占全部承兑金额的30%左右，可见部分制造业企业在日常的业务开展中已经在使用商业汇票。如图1所示，2016年，"营改增"完成导致增值税增加，同时，商业银行在企业出票环节加强了对真实贸易背景的审查，无真实贸易背景的融资性票据被逐步挤出市场，致使2016年与2017年承兑业务有一定下滑，观察其余年份可以看出，制造业增加值逐年增加，同时票据市场承兑汇票总签发量也呈现上涨态势，随着制造业不断发展，作为重要融资手段之一的

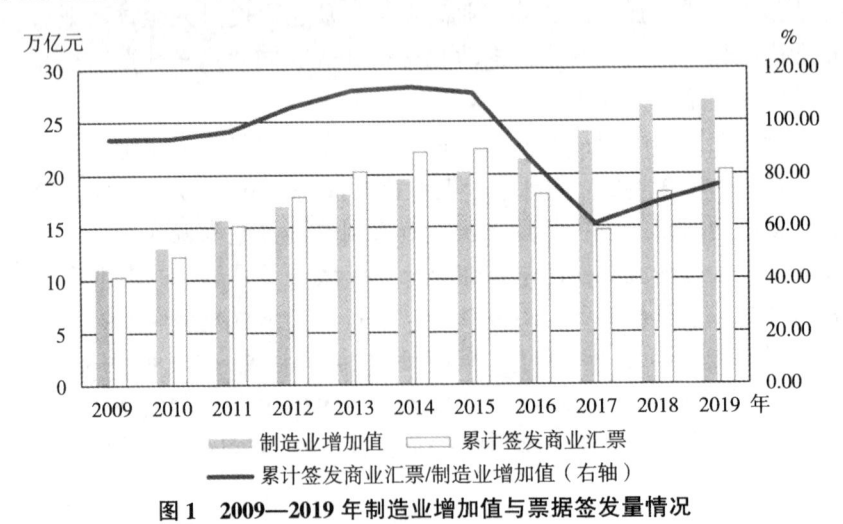

图1 2009—2019年制造业增加值与票据签发量情况

---

① 肖小和，等. 中国票据市场框架体系研究［M］. 上海：上海财经大学出版社，2017.

票据也一定有很大的发展空间。以此为背景，我们运用理论模型并结合实际数据，尝试探究广东省制造业可开具的最大承兑汇票量，让票据服务于实体经济，服务于广东省制造业发展。

1. 承兑总量可能性分析之模型假设

假定市场中存在 n 种产品，不含税价格分别为 P_i 元，数量分别为 Q_i （$i=1, 2, \cdots, n$）。

第 i 种商品需要经过增值的次数为 K_i 次，其中，第 j 次（$j=1, 2, \cdots, K_i$）增值后的不含税价格为 P_{ij}，此时的中间品数量为 Q_{ij}，最终价格为 P_i，即 $P_{iK_i}=P_i$，$Q_{iK_i}=Q_i$。

假定第 i 种商品的第 j 次增值所需缴纳的增值税税率为 X_{ij}，则含税价格为 $P_{ij}\times(1+X_{ij})$。

基于上述，则第 i 种商品的第 j 次增值银行可签发的汇票为

$$P_{ij} \times Q_{ij} \times (1+X_{ij})$$

理论上市场可以签发的商业汇票累计为

$$\sum_{i=1}^{n} \sum_{j=1}^{K_i} P_{ij} \times Q_{ij} \times (1+X_{ij})$$

在我国现行税率制度下，主要存在三档增值税税率，分别为6%、9%、13%，因此，X_{ij} 的取值为6%或9%或13%。但实际市场中的产品种类及对应的增值次数无法统计。因此考虑根据企业实际缴纳的增值税税额进行计算，将企业分为如表1所示的几类，按照2019年版增值税税率计算，由增值税计算公式可知：

$$\text{增值税}=\text{销项税额}-\text{进项税额} \quad (1)$$

$$\text{销项税额（或进项税额）}=\text{含税销售收入}\div(1+\text{税率})\times\text{税率}=\text{销售额}\times\text{税率} \quad (2)$$

2. 具体测算

先考虑制造业可能的承兑金额。2018年的政策将工业企业的小规模纳税人的年销售额标准分别由50万元和80万元统一上调至500万元，考虑到银行为其开具承兑汇票的企业营业额一般较高，多数为一般纳税人，适用2019年发布的制造业增值税税率13%。因此，对所有数据我们均采用按行业分规模以上工业企业主要经济指标，至此我们将第一阶段的理论模型进行简化，假定单个企业的增值过程共有 n 个阶段，各个阶段不含税销售产值分别为 $P_1, P_2, \cdots, P_n$，则各个阶段需缴纳增值税 $(P_{i+1}-P_i)\times 13\%$，各个阶段所需缴纳增值税之和为 $\sum_{i=0}^{n-1}(P_{i+1}-P_i)\times 13\%=(P_n-P_0)\times 13\%$。

第一阶段模型中假定 P_0（初始价值量）为 0，则上式结果为 $P_n \times 13\%$，其含义是制造业全年缴纳的增值税总额 = 最终产业的全年产值 × 13%，根据我们的假定，此过程中银行可开具的承兑汇票理论最大值为 $\sum_{i=1}^{n} P_i \times (1+13\%)$，其中 P_i 不包含增值税。

考虑到市场中所有的制造业企业，制造业所能开具承兑汇票之和即为所有制造业企业销项税额之和。我们发现 P_i 可以通过主营业务收入衡量，此时 P_i 即为企业全年的主营业务收入，对 P_i 求和即为制造业所有企业全年主营业务收入之和，可将所有制造业企业①按产业进行细分，并分别进行计算，见表 1。

表 1　广东省制造业行业主营业务收入（2019 年）　　　　单位：亿元

项目	主营业务收入	增值税税率	含税价格
规模以上制造业企业	136674.61	—	154259.02
农副食品加工业规模以上工业企业	3280.52	9%	3575.77
食品制造业规模以上工业企业	2209.02	13%	2496.19
酒、饮料和精制茶制造业规模以上工业企业	999.43	13%	1129.36
烟草制品业规模以上工业企业	519.30	13%	586.81
纺织业规模以上工业企业	2052.26	13%	2319.05
纺织服装、服饰业规模以上工业企业	2862.56	13%	3234.69
皮革、毛皮、羽毛及其制品和制鞋业规模以上工业企业	1639.53	13%	1852.67
木材加工和木、竹、藤、棕、草制品业规模以上工业企业	508.39	13%	574.48
家具制造业规模以上工业企业	2123.47	13%	2399.52
造纸和纸制品业规模以上工业企业	2447.08	13%	2765.20
印刷和记录媒介复制业规模以上工业企业	1301.83	9%	1418.99
文教、工美、体育和娱乐用品制造业规模以上工业企业	3485.69	13%	3938.83
石油加工、炼焦和核燃料加工业规模以上工业企业	3225.80	13%	3645.15

---

① 按照国家统计局行业分类标准分类。

续表

项目	主营业务收入	增值税税率	含税价格
化学原料和化学制品制造业规模以上工业企业	5707.62	13%	6449.61
医药制造业规模以上工业企业	1605.35	13%	1814.05
化学纤维制造业规模以上工业企业	140.32	13%	158.56
橡胶和塑料制品业规模以上工业企业	5524.04	13%	6242.17
非金属矿物制品业规模以上工业企业	5644.63	13%	6378.43
黑色金属冶炼和压延加工业规模以上工业企业	2675.35	13%	3023.15
有色金属冶炼和压延加工业规模以上工业企业	4030.88	13%	4554.89
金属制品业规模以上工业企业	6325.53	13%	7147.85
通用设备制造业规模以上工业企业	4504.58	13%	5090.18
专用设备制造业规模以上工业企业	3598.19	13%	4065.95
汽车制造业规模以上工业企业	8404.78	13%	9497.40
铁路、船舶、航空航天和其他运输设备制造业规模以上工业企业	991.87	13%	1120.81
电气机械和器材制造业规模以上工业企业	15135.42	13%	17103.02
计算机、通信和其他电子设备制造业规模以上工业企业	43038.66	13%	48633.69
仪器仪表制造业规模以上工业企业	1323.99	13%	1496.11
其他制造业规模以上工业企业	328.63	13%	371.35
废弃资源综合利用业规模以上工业企业	827.87	13%	935.49
金属制品、机械和设备修理业规模以上工业企业	212.02	13%	239.58

资料来源：《广东省统计年鉴》。

我们根据2019年广东省制造业企业主营业务收入数据计算得出的理论承兑汇票总量约为15.43万亿元。此测算方法存在误差，主要是因为计算时采用的是按行业分规模以上制造业企业经济指标数据，部分小型企业未纳入计算，可能造成结果偏低；此测算方法同时又忽略了制造业企业中有些面向最终消费者销售无法开票的部分，导致结果偏高，精确结果无法测算。

根据上海票据交易所的数据，2019年全年上海票据交易所办理票据承兑业务20.38万亿元，其中制造业用票量占据30%左右，广东省2019年票据承兑发生额为1.74万亿元，按照30%的平均比例测算，其省内制造业用票量约为0.52万亿元（1.74×30%），仅占制造业理论开票量15.43万亿元的3.37%左右。广东制造业企业可以更加灵活运用票据的各种功能，加大使用票据支付结算和融资的力度，解决制造业短期融资难题，为广东打造制造强省贡献一份力量。

三、利用票据支持广东制造业发展的设想

（一）票据是支持"十四五"期间广东制造业发展的理想融资工具

"十四五"时期是广东制造业转型发展的重要战略机遇期。制造业转型升级离不开资金支持，票据既有支付结算功能，也有扩张信用的融资功能，理应是广东制造业多层次融资体系的一部分。股票、债券等直接融资工具只适用于金字塔尖的少数大型制造业企业，多数中小制造业企业资本实力欠缺、公开市场评级低。同时，国内高收益债券市场深度还不够，造成在数量上占据多数的中小制造业企业不能在资本市场获得融资。我国票据市场的法律法规、软件硬件等基础设施完善，电子票据最长期限达一年，并且可以自主约定久期，通过企业网银签发、流转非常便捷。同时，满足银企双方约定的特定条件可获得银行承兑作为信用加持增强票据的流通性，这些基本属性同中小制造业企业的短期融资需求十分契合。同时，依托上下游的真实贸易背景，票据的到期兑付具有自偿性特征，市场接受度良好的广东大型制造业企业可以签发商业承兑汇票给上游企业，实现核心企业信用在供应链上的传递。对于不具备签发商业承兑汇票实力的中小制造业企业，广东本地商业银行可以利用日常结算、税务、征信系统等多维度获得大数据以帮助灵活调整、控制签发银行承兑汇票的信用敞口，尽可能地创造条件为制造业企业提供短期流动性支持。综合来看，制造业票据融资比其他融资方式可获得性高，广东制造业企业在获得股权融资、债券融资和金融机构中长期贷款的同时，也可配套签发票据满足短期流动性管理需要，长短结合使得票据的优势更加明显。

（二）票据是支持广东制造业特别是其十大细分领域发展的有力抓手

票据现有基础设施成熟，企业签发票据的方式灵活，签发的金额、期限可根据实际需要而定。流通是票据的生命力所在，广东制造业供应链上企业可以背书转让票据实现商品或服务贸易的结算，也可以向广东本地商

业银行申请贴现快速回笼资金。近年来各大银行推出的"秒贴"服务极大地提高了票据的变现效率,融资成本也显著低于同期限的贷款成本。广东制造业企业还可以利用部分银行提供的"票据池""资产池"服务,把市场流通性较差的票据或其他资产转换成一张可提供"票据池""资产池"服务的银行承兑的票据,更好地用于支付结算,提高供应链上企业资产的流动性。

按照营业收入规模划分,营收在3000亿元以上的广东十大制造业细分行业分别为金属制品业、化学原料和化学制品制造业、非金属矿物制品业、橡胶和塑料制品业、通用设备制造业、有色金属冶炼和压延加工业、专用设备制造业、文教工美体育和娱乐用品制造业、农副食品加工业、石油加工炼焦和核燃料加工业。票据是支持广东十大制造业细分行业发展的有力抓手,这十大制造业细分行业与生俱来的生产、销售回款周期决定了其在日常支付结算中普遍存在或长或短的账期。承兑汇票期限、票面金额都可根据实际需要而定,与不同类型制造业企业的回款周期均可灵活匹配,是广东十大制造业细分行业绝佳的短期流动性管理工具。适度使用承兑汇票作为贸易结算方式可以减少对相关制造业企业的资金占用,扩张商业信用,以实现更好更快的高质量发展。

(三) 加大广东制造业票据承兑、贴现、再贴现投入

制造业的研发、生产周期普遍偏长,销售回款的速度也参差不齐,在广东本地经营的金融机构可以根据制造业子行业不同的发展阶段和发展特点把票据承兑业务嵌入广东制造业企业的日常经营管理流程中,提高票据产品在制造业企业中的普及率和使用率,加快行业资金周转,降低由于临时流动性不足而导致的经营困难情况的发生率。

票据市场是我国货币市场的重要组成部分,企业持有的票据在商业银行申请直贴时,票据是连接商业银行和实体经济的纽带,信贷属性明显;已贴现的票据在上海票据交易所平台流转时,票据是商业银行在货币市场相互融通资金的媒介,资金属性明显。广东金融机构需要花硬功夫把支持本地制造业发展的工作做深做细,票据将实体经济和货币市场连接在一起的特殊功能使其成为人民银行货币政策向实体经济传导的最优工具之一。广东本地商业银行应重视开户结算企业的行业分类工作,把票据贴现的资金规模更多配置在本地制造业企业贴现业务上,在控制实质风险的基础上尽可能简化广东本地中小制造业企业申请贴现的流程,投入行内资源、发挥科技力量开发票据系统,提高放款效率,优化制造业企业用票体验。另

外，要发挥票据转贴现市场流转功能，让广东制造业企业的票据贴现利率向同期限货币市场利率靠拢，切实降低制造业企业的贴现成本以让利广东实体经济。

再贴现是中央银行货币政策工具箱中为数不多的调节信贷结构的工具之一，可以发挥定向精准滴灌的功能，引导货币信贷资金投向，有针对性地解决经济运行中的突出问题。2017年9月，上海票据交易所推出的再贴现业务系统上线运行后，大大提高了人民银行各地分支机构再贴现业务的办理效率和灵活性，也为人民银行更精准、高效地发挥再贴现政策引导市场利率和优化资源配置创造了条件。人民银行在广东的分支机构可以考虑进一步扩大再贴现操作规模并调整再贴现利率，督促引导广东本地商业银行梳理基础资产，优先选择出票人和贴现申请人是广东制造业企业的票据作为再贴现操作的前提条件。

对于符合经济结构优化升级方向、广东本地制造业龙头企业、战略性新兴制造业企业等关键重点企业，人民银行还可以把再贴现资源向这些企业签发的商业承兑汇票倾斜，商业银行对这些企业承兑的商票贴现后可以获得人民银行的再贴现支持。鼓励核心制造业企业在其主导的供应链上推广使用商业承兑汇票进行支付结算，有人民银行作为最终再贴现人可以提高供应链上中小企业商业票据融资的可获得性并能切实有效降低商业承兑汇票的融资成本。

（四）积极发展绿色票据，为"碳达峰、碳中和"制造业提供服务

我国在联合国大会上明确提出，二氧化碳排放力争于2030年前达到峰值，努力争取2060年前实现碳中和。低碳趋势变化虽缓慢，但势大力沉，绿色经济理念会逐渐深入人心并贯穿整个制造业发展的全过程。制造业既是"用能大户"，也是"碳排放大户"，在全国实现"碳达峰、碳中和"目标的背景下，"碳达峰、碳中和"将重构整个制造业，广东制造业既面临产业结构调整的严峻挑战，同时也蕴藏着新能源和先进制造业加快发展的重大机遇。可以在广东"碳达峰、碳中和"领域的相关制造业企业中推行绿色票据[①]，直接或间接服务于绿色项目。绿色票据是绿色金融的一部分，人民银行、商业银行、政府性融资担保机构可以加大对绿色票据承兑、

---

① 绿色票据是指为气候、环保、资源优化配置等绿色项目开发、绿色企业项目发展、绿色项目产品创新、营运及风险管理提供的各类票据业务产品与服务的总称。绿色票据是由符合规定条件的绿色企业签发或者申请贴现的票据，包括绿色银行承兑汇票和绿色商业承兑汇票。

贴现、再贴现的支持力度，配套相关优惠政策，帮助"碳达峰、碳中和"制造业企业提升财务管理水平，降低融资难度和融资成本。

（五）标准化票据是支持广东制造业发展的创新产品

标准化票据是以票据作为底层资产的债券，可以连通票据市场和债券市场，有利于发挥债券市场投资者的专业投资和定价能力，增强票据融资功能和交易规范性。从中国人民银行发布的《标准化票据管理办法》中可以看出标准化票据被定性为货币市场工具，且具备资管新规中"标准化债权资产"的特征和属性，如未来被认定为标准化债权资产，则在投资市场上也将受到包括货币基金和债券基金在内的资管产品的青睐。从目前存托机构成功创设的标准化票据来看，以未贴现的商业承兑汇票为底层资产的标准化票据应是未来各存托机构发挥专业投资者定价能力的重要方向。标准化票据产品的发展有望为广东本地制造业企业引入"源头活水"，可以提高广东制造业核心企业供应链上下游商业承兑汇票资产的流动性。

（六）强化对广东制造业供应链票据业务的推动

2020年4月24日，上海票据交易所发布《关于供应链票据平台试运行有关事项的通知》（票交所发〔2020〕58号），正式明确供应链票据平台依托现有的ECDS，与各类供应链金融平台对接，为企业提供电子商业汇票的签发、承兑、背书、到期处理、信息服务等功能，通过供应链票据平台签发的电子商业汇票简称供应链票据。供应链票据间接解决了传统电子商业汇票不可等分化的弊端，在一定程度上为票据本身的标准化做了铺垫。符合产业政策导向的广东优质制造业核心企业可以加强与上海票据交易所的沟通协调，积极自建供应链平台，先行接入上海票据交易所系统，并且后续优先考虑用制造业供应链平台上线票据质押融资、贴现、转贴现、再贴现、供应链票据跨供应链平台流转等新功能。供应链票据依托供应链金融中的核心企业信用，广东的金融机构可以适度提高对优质核心制造业企业的授信敞口，认真研究切实可行的针对供应链票据融资的服务方案。政府性融资担保机构也可以按产业发展导向为部分重点供应链、产业链上的核心企业签发的供应链票据提供增信服务，提高供应链票据的普及程度和流转效率。

（七）加快推动广东制造业应收账款票据化的发展

账期长且应收账款占资产总额的比例高是中小微企业短期流动性紧张的主要原因，部分制造业企业在财务压力下被迫进行民间融资，被高额利

息拖死的现象屡有发生。应收账款保理业务和商业承兑汇票贴现业务在制造业供应链上使用场景相似，两者均依托核心制造业企业服务上下游中小微客户，旨在促进整个供应链制造业企业发展、提升生态圈实力、推动产业集聚、加快制造业转型升级。长期以来，应收账款确权、流转比较困难，保理的成本也比较高。而商业汇票具有法律体系完善、基础设施先进、全流程电子化操作、期限灵活、流转和融资及交易均比较方便的优势，核心企业将应付账款票据化可以利用票据的上述诸多优点将核心企业信用惠及整条供应链。以在广东本地经营的商业银行为代表的金融机构要努力搭建内部票据业务系统平台、缩短决策流程、突破信贷业务属地化管理的制度瓶颈，尽早实现对区域内优质核心制造业企业的授信全覆盖，针对不同制造业细分领域的特殊情况做区别对待，争取在摸索中尽快实现风险定价，真正做到电子商业汇票的流通和融资比应收账款保理等其他融资方式更方便、成本更低并能实现银企双赢的高质量可持续发展。

（八）建立广东制造业票据信息平台

票据信息平台建设的重点是整合票据市场的信息资源，形成资源共享、数据安全、传递快捷、查询方便的统一平台[①]。为此要建设基于完善规范的信息发布平台的票据数据库，建设涵盖风险信息、监管信息、研究信息的票据信息库，形成"大数据"基础；要搭建覆盖全面、集中共享、系统连通、检索便捷、分析深入的广东制造业信息平台，实现信息采集、整合、挖掘功能。票据业务具有多重业务属性，既具有信贷业务属性，也具有支付结算功能，还具有货币资金市场属性，票据全生命周期链条较长，存在多部门多头监管的问题，要建设广东制造业票据信息平台，就必须协调各方，统一推进。完全依靠市场参与机构自身，不利于解决对平台标准、技术体系的分歧，也不利于信息传导和数据共享，最终将给平台的整体建设增加沟通协调成本和系统整合代价。广东制造业票据信息平台的建设应由票据业务的相关监管部门牵头，以技术实力雄厚的商业银行为推动主体，广泛吸纳各类参与主体的意见，共同推进平台建设。准确、标准的海量制造业票据信息和数据是票据信息平台的基础和生命，是实现票据信息管理、使用、共享、挖掘的基础。因此需要实现各数据源平台相关数据的接入汇总，既将广东本地人民银行、银保监会、工商、税务、法院、统计

---

① 肖小和，余蓓.加快建立全国统一规范的票据信息平台［N］.上海证券报，2015-04-11（006）.

等网站的数据信息自动对接导入平台，又提供统一标准的界面供机构发布报价信息及交易需求信息，共同形成内容丰富的数据库。该数据库根据需求合理设置功能，从而达到数据管理与应用一体、数据资源分级共享、分析汇总灵活方便等目标，进一步提高数据处理能力，使丰富的信息资源得到充分的开发和利用。

（九）加强对广东制造业票据发展的风险防范

风险表面上是外部环境问题，核心是风险观、业绩观、发展观问题，是风险管理体制与业务发展不尽适应的问题。"重盈利、轻风险""重指标、轻管理"的问题需要在支持广东制造业转型升级的过程中进一步根除，坚持审慎经营的理念，坚持业务发展与风险管理能力相适应，持续推进精细化管理[①]。广东制造业票据发展的首要风险为制造业企业本身的信用风险，广东金融机构的授信审批部门需要投入人力、物力、财力做好制造业企业签发的电子商业汇票的票据评级这项基础工作。评价承兑的制造业企业定性指标应参照企业主体（商票承兑人）公开市场信用评级和金融机构内部评级，考虑到商票到期期限较短，定量指标的评价方法与商票承兑人信用评级应有所区别，制造业企业短期偿债能力和盈利能力应是考察其最终票据兑付能力的重点，因此，在上述两部分指标的选项设置及评分权重上应给予一定倾斜。完善票据评级事项后，可以建立制造业企业白名单数据库，进一步确定对某个具体广东制造业企业的授信额度，并在票据管理系统中实时动态显示剩余额度，进而有效地控制最大风险敞口。同时，利用人民银行征信系统和金融同业间的相互交流，排摸白名单内制造业企业在其他金融机构的授信使用情况，严防个别制造业企业超越自身兑付能力无序签发商票的风险事件发生。

参考文献

[1] 肖小和，等．疫情后加快在制造业推动票据业务发展的思考[N]．证券时报，2020-06-12（002）.

[2] 肖小和，余蓓．加快建立全国统一规范的票据信息平台[N]．上海证券报，2015-04-11（006）.

[3] 肖小和，张蕾，王亮．新常态下票据业务全面风险发展趋势与管

---

① 肖小和，张蕾，王亮．新常态下票据业务全面风险发展趋势与管理[J]．上海金融，2015（6）：89-92.

理[J]. 上海金融, 2015（6）: 89-92.

[4] 肖小和, 金睿. 积极发展绿色票据 努力服务绿色经济高质量发展[J]. 中国城市金融, 2019, 398（6）: 55-58.

关于"十四五"期间推动江西省制造业票据业务发展的研究

肖小和　余显财　金　睿　柯　睿

一、问题研究背景与意义

根据国家统计局对制造业的定义，制造业是指经物理变化或化学变化后成为新的产品，不论是动力机械制造，还是手工制作；也不论产品是批发销售，还是零售，均视为制造。制造业包括产品制造、设计、原料采购、仓储运输、订单处理、批发经营、零售。对于我国来说，制造业不仅在国民经济发展中占有重要地位，也是我国经济结构转型的基础。对于传统省份江西省来说，制造业和工业进程一直不顺利，改革开放初期江西希望将现代农业打造成江西经济发展的主要驱动力，直到 21 世纪才逐步确立了以工业化为主导的战略方针，江西"十三五"规划提出要推进智能制造业、"两化融合"，打造未来时期江西省工业发展的新动力。但有文章指出[①]，江西省仍然存在制造业发展层次偏低、工艺技术相对落后等现象，究其原因，包括专业人才需求缺口大、创新与产业一体化障碍重重、制造业产业融资困难等，2013 年，江西省为增强实体经济融资能力推进实行了"财园信贷通"，并于 2016 年扩大了受益企业范围，但最高限额 500 万元以及每年需定期偿还欠额的方式难以满足企业长期投资的信贷需求。显然，票据融资成为一种可行的方式，是解决企业流动性资金紧张问题的一个有效措施。根据上海票据交易所的数据，2019 年签发承兑汇票约 20.38 万亿元，其中制造业企业签发量占据了 30% 的高比重，研究江西省制造业票据发展业务的潜在市场，有助于解决江西制造业企业融资问题，助力江西制造业转型升级。

---

① 万欣. 江西省制造业转型升级问题研究——基于台湾的经验 [D]. 南昌：江西师范大学，2017.

二、以增值税为基础的制造业票据承兑总量测算

2016年"营改增"完成,扩大了增值税的适用范围,商业银行和监管机构普遍把销售方开具的增值税发票作为审核贸易背景真实性的主要依据之一,缴纳了增值税的企业理论上都有条件开具商业汇票,这为大力发展承兑业务提供了良好的条件,中国人民银行在《中国货币政策执行报告》中指出,制造业企业票据签发背书量占比为30%左右,可见制造业承兑融资已然是一种很成熟的方式。如图1所示,2016年,"营改增"完成导致增值税增加,同时,商业银行在企业出票环节加强了对真实贸易背景的审查,无真实贸易背景的融资性票据被逐步挤出市场,致使2016年与2017年承兑业务有一定下滑,观察其余年份可以看出,制造业增加值逐年增加,同时票据市场承兑汇票总签发量也呈现上涨态势,随着制造业不断发展,作为重要融资手段之一的票据也一定有很大的发展空间,以此为背景,我们运用理论模型并结合实际数据,尝试探究江西省制造业可开具的最大承兑汇票量,让票据服务于实体经济,服务于江西省制造业发展,推动江西制造业转型升级。

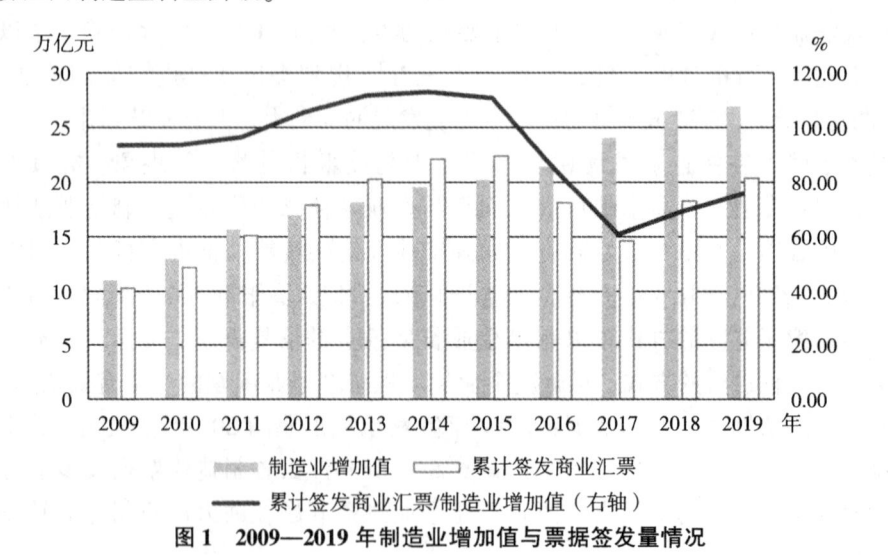

图1 2009—2019年制造业增加值与票据签发量情况

1. 承兑总量可能性分析之模型假设

假定市场中存在 n 种产品,不含税价格分别为 P_i 元,数量分别为 Q_i ($i=1, 2, \cdots, n$)。

第 i 种商品需要经过增值的次数为 K_i 次,其中,第 j 次($j=1$,

2，…，K_i）增值后的不含税价格为 P_{ij}，此时的中间品数量为 Q_{ij}，最终价格为 P_i，即 $P_{iK_i}=P_i$，$Q_{iK_i}=Q_i$。

假定第 i 种商品的第 j 次增值所需缴纳的增值税税率为 X_{ij}，则含税价格为 $P_{ij}\times(1+X_{ij})$。

基于上述，则第 i 种商品的第 j 次增值银行可签发的汇票为

$$P_{ij} \times Q_{ij} \times (1 + X_{ij})$$

理论上市场可以签发的商业汇票累计为

$$\sum_{i=1}^{n}\sum_{j=1}^{K_i} P_{ij} \times Q_{ij} \times (1 + X_{ij})$$

在我国现行税率制度下，主要存在三档增值税税率，分别为6%、9%、13%，因此，X_{ij} 的取值为6%或9%或13%。但实际市场中的产品种类及对应的增值次数无法统计。因此考虑根据企业实际缴纳的增值税税额进行计算，将企业分为如表1所示的几类，按照2019年版增值税税率计算，由增值税计算公式可知：

$$增值税 = 销项税额 - 进项税额 \tag{1}$$

$$销项税额（或进项税额）= 含税销售收入 \div (1+税率) \times 税率 = 销售额 \times 税率 \tag{2}$$

2. 具体测算

先考虑制造业可能的承兑金额。2018年的政策将工业企业的小规模纳税人的年销售额标准分别由50万元和80万元统一上调至500万元，考虑到银行为其开具承兑汇票的企业营业额一般较高，多数为一般纳税人，适用2019年发布的制造业增值税税率13%。因此，对所有数据我们均采用按行业分规模以上工业企业主要经济指标，至此我们将第一阶段的理论模型进行简化，假定单个企业增值过程共有 n 个阶段，各个阶段不含税销售产值分别为 P_1，P_2，…，P_n，则各个阶段需缴纳增值税 $(P_{i+1}-P_i)\times 13\%$，各个阶段所需缴纳增值税之和为 $\sum_{i=0}^{n-1}(P_{i+1}-P_i)\times 13\% = (P_n - P_0)\times 13\%$。

第一阶段模型中假定 P_0（初始价值量）为0，则上式结果为 $P_n\times 13\%$，其含义是制造业全年缴纳的增值税总额 = 最终产业的全年产值 × 13%，根据我们的假定，此过程中银行可开具的承兑汇票理论最大值为 $\sum_{i=1}^{n} P_i \times (1+13\%)$，其中 P_i 不包含增值税。

考虑到市场中所有的制造业企业，制造业所能开具承兑汇票之和即为

所有制造业企业销项税额之和。我们发现 P_i 可以通过主营业务收入衡量，此时 P_i 即为企业全年的主营业务收入，对 P_i 求和即为制造业所有企业全年主营业务收入之和，可将所有制造业企业①按产业进行细分，并分别进行计算，见表1。

表1 江西省制造业行业主营业务收入（2018年） 单位：亿元

项目	主营业务收入	增值税税率	含税价格
规模以上制造业企业	29969.42	—	33786.13
农副食品加工业规模以上工业企业	1730.01	9%	1885.71
食品制造业规模以上工业企业	327.98	13%	370.62
酒、饮料和精制茶制造业规模以上工业企业	276.15	13%	312.05
烟草制品业规模以上工业企业	220.35	13%	249.00
纺织业规模以上工业企业	868.04	13%	980.88
纺织服装、服饰业规模以上工业企业	955.89	13%	1080.16
皮革、毛皮、羽毛及其制品和制鞋业规模以上工业企业	505.33	13%	571.03
木材加工和木、竹、藤、棕、草制品业规模以上工业企业	298.12	13%	336.88
家具制造业规模以上工业企业	370.19	13%	418.32
造纸和纸制品业规模以上工业企业	314.10	13%	354.94
印刷和记录媒介复制业规模以上工业企业	252.88	9%	275.64
文教、工美、体育和娱乐用品制造业规模以上工业企业	460.71	13%	520.60
石油加工、炼焦和核燃料加工业规模以上工业企业	653.02	13%	737.91
化学原料和化学制品制造业规模以上工业企业	1668.88	13%	1885.84
医药制造业规模以上工业企业	1053.08	13%	1189.98
化学纤维制造业规模以上工业企业	86.86	13%	98.16
橡胶和塑料制品业规模以上工业企业	588.41	13%	664.90
非金属矿物制品业规模以上工业企业	2447.38	13%	2765.54
黑色金属冶炼和压延加工业规模以上工业企业	1461.90	13%	1651.95
有色金属冶炼和压延加工业规模以上工业企业	5752.58	13%	6500.41

---

① 按照国家统计局行业分类标准分类。

续表

项目	主营业务收入	增值税税率	含税价格
金属制品业规模以上工业企业	829.72	13%	937.58
通用设备制造业规模以上工业企业	706.01	13%	797.79
专用设备制造业规模以上工业企业	469.21	13%	530.20
汽车制造业规模以上工业企业	1657.62	13%	1873.11
铁路、船舶、航空航天和其他运输设备制造业规模以上工业企业	122.03	13%	137.89
电气机械和器材制造业规模以上工业企业	2493.31	13%	2817.44
计算机、通信和其他电子设备制造业规模以上工业企业	2695.77	13%	3046.23
仪器仪表制造业规模以上工业企业	148.28	13%	167.56
其他制造业规模以上工业企业	81.69	13%	92.31
废弃资源综合利用业规模以上工业企业	473.07	13%	534.57
金属制品、机械和设备修理业规模以上工业企业	0.84	13%	0.95

资料来源：《江西省统计年鉴》。

我们根据2018年江西省制造业企业主营业务收入数据计算得出的理论承兑汇票量为33786.13亿元，约为3.38万亿元。此测算方法存在误差，原因主要为计算时采用的是按行业分规模以上制造业企业经济指标数据，部分小型企业未纳入计算，可能造成结果偏低；而又忽略了制造业企业中有些面向最终消费者销售无法开票的部分，导致结果偏高，精确结果无法测算。根据上海票据交易所的数据，2018年全年上海票据交易所办理票据承兑业务18.27万亿元，其中制造业用票量占据30%左右，约为5.48万亿元，虽然我们无法得知江西制造业用票具体数据，但我们根据江西制造业理论开票量占全国制造业理论开票量[①]的比重（约为3.30%）可粗略估计出江西省2018年开票量约为0.60万亿元（18.27×3.30%），仅占理论开票量3.38万亿元的18%左右，可见江西制造业票据市场存在很大的发展空间，推动江西省票据业务发展，可以助力江西制造业企业短期融资，推动江西省制造业转型升级和健康发展。

---

① 肖小和，等．疫情后加快在制造业推动票据业务发展的思考[N]．证券时报，2020-06-12(002)．

三、利用票据支持江西制造业发展的设想

（一）票据是支持"十四五"期间江西制造业发展的理想融资工具

"十四五"时期是江西制造业转型发展的重要战略机遇期。制造业升级离不开资金支持，票据既有支付结算功能，也有扩张信用的融资功能，理应是江西省制造业多层次融资体系的一部分。股票、债券、短融、中票、PPN、ABS等融资工具只适用于金字塔尖的少数大型制造业企业，多数中小制造业企业在公开市场没有评级，不适宜在资本市场大规模融资。同样，相对于银行贷款，票据市场基础设施完善，电子票据最长期限达一年，并且可以自主约定到期期限，通过企业网银签发、流转非常便捷，还可以同开户银行一事一议，满足双方约定的特定条件可获得银行承兑作为信用加持，这些基本属性同中小制造业企业的短期融资需求十分契合。同时，依托上下游的真实贸易背景，票据的到期兑付具有自偿性特征，并且对于长期在江西某家银行做基础支付结算的制造业企业，银行可以获得稳定的大数据以帮助灵活调整、控制签发票据时的信用敞口，尽可能地创造条件为制造业企业提供短期流动性支持。综合来看，中小制造业的票据融资比信贷融资可获得性高，江西制造业企业在获得金融机构中长期贷款的同时，也可约定配套签发票据满足短期流动性管理需要，长短结合使得票据的优势更加明显。

（二）票据是支持江西制造业特别是十大细分行业发展的有力抓手

票据现有基础设施成熟，票据法律法规也日臻完善，企业签发票据的方式灵活，签发的金额、期限可根据实际需要而定。流通是票据的生命力所在，江西制造业供应链上企业可以背书转让票据实现商品或服务贸易的结算，也可以向江西本地商业银行申请贴现快速回笼资金。近年来各大银行推出的"秒贴"服务极大地提高了票据的变现效率，融资成本也维持在低位振荡。江西制造业企业还可以利用部分银行提供的"票据池"服务，把小银行承兑、小金额票面、短久期的杂碎票转换成一张可提供"票据池"服务的银行承兑的长期限票据，更好地用于支付结算，维持供应链的流动性。

按照营业收入规模划分，营收在1000亿元以上的江西十大制造业细分行业分别为有色金属冶炼和压延加工业、非金属矿物制品业、电气机械和器材制造业、化学原料和化学制品制造业、汽车制造业、黑色金属冶炼和压延加工业、农副食品加工业、计算机通信和其他电子设备、医药制造业、

纺织业。票据是支持江西十大制造业细分行业发展的有力抓手，这十大制造业细分行业与生俱来的生产、销售周期决定了其在日常支付结算中普遍存在或长或短的账期。承兑汇票期限、票面金额都可根据实际需要而定，与不同类型制造业企业的回款周期相契合，是江西十大制造业细分行业绝佳的短期流动性管理工具。江西十大制造业细分行业企业适度使用承兑汇票作为贸易结算方式可以减少资金占用，扩张商业信用，以实现更好更快的高质量内涵式发展。

（三）加大江西制造业票据承兑、贴现、再贴现投入

制造业的研发、生产周期普遍偏长，销售回款的速度也参差不齐，在江西本地经营的金融机构可以根据制造业子行业不同的发展阶段和发展特点把票据承兑业务嵌入江西制造业企业的日常经营管理流程中，提高票据产品在制造业企业中的普及率和使用率，加快行业资金周转，降低由于临时流动性不足而导致的经营困难情况的发生率。

票据市场是我国货币市场的重要组成部分，企业持有的票据在商业银行申请直贴时，票据是连接商业银行和实体经济的纽带，信贷属性明显；已贴现的票据在上海票据交易所平台流转时，票据是商业银行在货币市场相互融通资金的媒介，资金属性明显。江西金融机构需要花硬功夫把支持本地制造业发展的工作做深做细，票据这种可以将实体经济和货币市场连接在一起的特殊功能使其成为人民银行货币政策向实体经济传导的最优工具之一。江西本地商业银行应重视开户结算企业的行业分类工作，把票据贴现的资金规模更多配置在本地制造业企业贴现业务上，在控制实质风险的基础上尽可能简化江西本地中小制造业企业申请贴现的流程，投入行内资源、发挥科技力量开发票据秒贴系统，提高放款效率，优化制造业企业用票体验。另外，要发挥票据转贴现市场流转功能，让江西制造业企业的票据贴现利率向同期限货币市场利率靠拢，切实降低制造业企业的贴现成本以让利江西实体经济。

再贴现是中央银行货币政策工具箱中为数不多的调节信贷结构的工具之一，可以发挥定向精准滴灌的功能，引导货币信贷资金投向，有针对性地解决经济运行中的突出问题。2017年9月，上海票据交易所推出的再贴现业务系统上线运行后，大大提高了人民银行各地分支机构再贴现业务的办理效率和灵活性，也为人民银行更精准、高效地发挥再贴现政策引导市场利率和优化资源配置创造了条件。人民银行在江西的分支机构可以考虑进一步扩大再贴现操作规模并调整再贴现利率，督促引导江西本地商业银

行梳理基础资产，优先选择出票人和贴现申请人是江西制造业企业的票据作为再贴现操作的前提条件。人民银行还可以把再贴现资源向江西大型制造业企业签发的商业承兑汇票倾斜，鼓励核心制造业企业在其主导的供应链上推广使用商业承兑汇票进行支付结算，有人民银行作为最终再贴现人可以提高供应链上中小企业商业票据融资的可获得性并能切实有效降低商业承兑汇票的融资成本。

（四）标准化票据是支持江西制造业发展的创新产品

标准化票据是以票据作为底层资产的债券，可以连通票据市场和债券市场，有利于发挥债券市场投资者的专业投资和定价能力，增强票据融资功能和交易规范性。从中国人民银行发布的《标准化票据管理办法》中可以看出标准化票据被定性为货币市场工具，且具备资管新规中"标准化债权资产"的特征和属性，如未来被认定为标准化债权资产，则在投资市场上也将受到包括货币基金和债券基金在内的资管产品的青睐。从目前存托机构成功创设的标准化票据来看，以未贴现的商业承兑汇票为底层资产的标准化票据应是未来各存托机构发挥专业投资者定价能力的重要方向。标准化票据产品的发展有望为江西本地制造业企业引入"源头活水"，可以提高江西制造业核心企业供应链上下游商业承兑汇票资产的流动性。目前同一制造业企业主体在债券市场发行短期融资券的利率和其承兑的商业承兑汇票贴现利率存在 200 个基点以上的差价，通过相应存托机构创设江西制造业企业签发的标准化票据可以降低供应链上中小企业持有江西核心制造业企业签发的商业承兑汇票的成本，从而进一步实现江西制造业企业供应链良性发展。

（五）强化对江西制造业供应链票据业务的推动

2020 年 4 月 24 日，上海票据交易所发布《关于供应链票据平台试运行有关事项的通知》（票交所发〔2020〕58 号），正式明确供应链票据平台依托现有的 ECDS，与各类供应链金融平台对接，为企业提供电子商业汇票的签发、承兑、背书、到期处理、信息服务等功能，通过供应链票据平台签发的电子商业汇票简称供应链票据。供应链票据间接解决了传统电子商业汇票不可等分化的弊端，在一定程度上为票据本身的标准化做了铺垫。符合产业政策导向的江西优质制造业核心企业可以加强与上海票据交易所的沟通协调，积极自建供应链平台，先行接入上海票据交易所系统，并且后续优先考虑用制造业供应链平台上线票据质押融资、贴现、转贴现、再贴

· 302 ·

现、供应链票据跨供应链平台流转等新功能。供应链票据依托供应链金融中的核心企业信用，江西的金融机构可以适度提高对优质核心制造业企业的授信敞口，认真研究切实可行的针对供应链票据融资的服务方案，提高供应链票据的普及程度和流转效率。2020年9月22日，人民银行等八部门发布了银发〔2020〕226号文，明确支持金融机构与人民银行认可的供应链票据平台对接，支持核心企业签发供应链票据等，提高商业汇票签发、流转和融资效率。

（六）加快江西制造业应收账款票据化的发展

江西制造业企业的账期普遍偏长且应收账款占资产总额的比例高，直接导致了江西中小制造业企业短期流动性紧张，部分制造业企业在财务压力下被迫进行民间融资，被高额利息拖死的现象屡有发生。应收账款和商业承兑汇票在制造业供应链上使用场景相似，两种业务都是依托核心制造业企业服务上下游中小微客户，旨在促进整个供应链制造业企业发展、提升生态圈实力、推动产业集聚、加快制造业转型升级。长期以来，应收账款确权、流转比较困难，保理的成本也比较高。而商业汇票具有法律体系完善、基础设施先进、全流程电子化操作、期限灵活、流转和融资及交易均比较方便的优势。以商业银行为代表的在江西本地经营的金融机构要努力搭建内部票据业务系统平台、缩短决策流程、突破信贷业务属地化管理的制度瓶颈，尽早实现对区域内优质核心制造业企业的授信全覆盖，针对不同制造业细分领域的特殊情况做区别对待，争取在摸索中尽快实现风险定价，真正做到电子商业汇票的流通和融资比应收账款保理等其他融资方式更方便、成本更低并能实现银企双赢的高质量可持续发展。中国国新控股有限责任公司打造的"企票通"平台，就是一个很好的案例。"企票通"平台以解决央企之间的产业清欠为出发点，以优化央企之间的应收应付账款为落脚点，以商业承兑汇票为工具，通过"企票通"平台构建央企间"互认、互用、互收"的商业票据信用联盟，以"共建、共享、共担、共赢"为理念，致力于建立"信用共享、风险共担"机制，通过"企票通"平台为央企提供商业承兑汇票一站式服务，打造央企产业链商业信用生态圈，达到服务央企及其产业链上下游企业目的。2020年以来，"企票通"平台聚焦抗疫，在助力企业复工复产、降低企业融资成本方面取得了重要成果。

（七）建立江西制造业票据信息平台

票据信息平台建设的重点是整合票据市场的信息资源，形成资源共享、

数据安全、传递快捷、查询方便的统一平台①。为此要建设基于完善规范的信息发布平台的票据数据库，建设涵盖风险信息、监管信息、研究信息的票据信息库，形成"大数据"基础；要搭建覆盖全面、集中共享、系统连通、检索便捷、分析深入的江西制造业信息平台，实现信息采集、整合、挖掘功能。票据业务具有多重业务属性，既具有信贷业务属性，也具有支付结算功能，还具有货币资金市场属性，票据全生命周期链条较长，存在多部门多头监管的问题，要建设江西制造业票据信息平台，就必须协调各方，统一推进。完全依靠市场参与机构自身，不利于解决对平台标准、技术体系的分歧，也不利于信息传导和数据共享，最终将给平台的整体建设增加沟通协调成本和系统整合代价。江西制造业票据信息平台的建设应由业务监管部门牵头，以技术实力雄厚的商业银行为推动主体，广泛吸纳各类参与主体的意见，共同推进平台建设。准确、标准的海量制造业票据信息和数据是票据信息平台的基础和生命，是实现票据信息管理、使用、共享、挖掘的基础。因此需要实现各数据源平台相关数据的接入汇总，既将江西本地人民银行、银保监会、工商、税务、法院、统计等网站的数据信息自动对接导入平台，又提供统一标准的界面供机构发布报价信息及交易需求信息，共同形成内容丰富的数据库。该数据库根据需求合理设置功能，从而达到数据管理与应用一体、数据资源分级共享、分析汇总灵活方便等目标，进一步提高数据处理能力，使丰富的信息资源得到充分的开发和利用。

（八）加强对江西制造业票据发展的风险防范

风险表面上是外部环境问题，核心是风险观、业绩观、发展观问题，是风险管理体制与业务发展不尽适应的问题。"重盈利、轻风险""重指标、轻管理"的问题需要在支持江西制造业转型升级的过程中进一步根除，坚持审慎经营的理念，坚持业务发展与风险管理能力相适应，持续推进精细化管理②。江西制造业票据发展的首要风险为制造业企业本身的信用风险，江西金融机构的授信审批部门需要投入人力、物力、财力做好制造业企业签发的电子商业汇票的票据评级这项基础工作。评价承兑的制造业企业定性指标应参照企业主体（商票出票人）公开市场信用评级和金融机

---

① 肖小和，余蓓．加快建立全国统一规范的票据信息平台［N］．上海证券报，2015-04-11（006）．

② 肖小和，张蕾，王亮．新常态下票据业务全面风险发展趋势与管理［J］．上海金融，2015（6）：89-92．

构内部评级，考虑到商票到期期限较短，定量指标的评价方法与商票出票人信用评级应有所区别，制造业企业短期偿债能力和盈利能力应是考察其最终票据兑付能力的重点，因此，在上述两部分指标的选项设置及评分权重上应给予一定倾斜。完善票据评级事项后，可以建立制造业企业白名单数据库，进一步确定对某个具体江西制造业企业的授信额度，并在票据管理系统中实时显示剩余额度，进而有效地控制最大风险敞口。同时，利用人民银行征信系统和金融同业间的相互交流，排摸白名单内制造业企业在其他金融机构的授信使用情况，严防个别制造业企业超越自身兑付能力无序签发商票的风险事件发生。

参考文献

［1］万欣．江西省制造业转型升级问题研究——基于台湾的经验［D］．南昌：江西师范大学，2017．

［2］肖小和，等．疫情后加快在制造业推动票据业务发展的思考［N］．证券时报，2020-06-12（002）．

［3］肖小和，余蓓．加快建立全国统一规范的票据信息平台［N］．上海证券报，2015-04-11（006）．

［4］肖小和，张蕾，王亮．新常态下票据业务全面风险发展趋势与管理［J］．上海金融，2015（6）：89-92．

关于"十四五"期间推动辽宁省制造业票据业务发展的研究

肖小和 余显财 金 睿 柯 睿

一、问题研究背景与意义

根据国家统计局对制造业的定义，制造业是指经物理变化或化学变化后成为新的产品，不论是动力机械制造，还是手工制作；也不论产品是批发销售，还是零售，均视为制造。制造业包括产品制造、设计、原料采购、仓储运输、订单处理、批发经营、零售。对于我国来说，制造业不仅在国民经济发展中占有重要地位，也是我国经济结构转型的基础。辽宁省作为我国重要的老工业基地，在东北振兴战略中发挥着关键作用，发展制造业的重要性不言而喻。从制造业规模与质量来看，辽宁制造业与广东、江苏、浙江等制造业强省相比尚有较大差距，但辽宁作为重要的老工业基地，工业门类齐全、体系完备，特别是装备制造、石油化工、冶金、汽车、航空航海等领域，在国家产业布局中至关重要，具有深厚的底蕴。辽宁"十四五"规划提出了一系列措施，包括改造升级"老字号"利用先进技术推动制造业升级、深度开发"原字号"优化深化产业布局、培育壮大"新字号"构建战略性新兴产业增长引擎等，多种措施保障推动辽宁全力做好产业结构调整，培育壮大先进制造业集群。2021年7月，辽宁省又专门出台制造业数字化赋能的相关行动方案，推动制造业与数字化深度融合，制造业优化升级成为辽宁省政府工作的重点，未来发展前景明朗。

在制造业优化升级的进程中，如何帮助制造业企业融资是一个长久难题。辽宁省早在2019年便作为全国五个试点省份之一，开始打造"政银保企网"联动融资体系，由国家、省级工信部门精心挑选一批符合高质量发展要求的好项目，与各级金融机构精准联动，让优质项目得到"活水"的有效滋养。后续又引进担保机构作为合作第四方，在顶层设计中打通贷款"最后一公里"，吸引大型担保机构、担保基金进入辽宁，通过一系列政策加持加大资金向辽宁制造业企业倾斜的力度，制造业贷款余额与客户占比

均得到有效提升。

2019年,辽宁省票据承兑发生额①为9586亿元,位居全国第五,与辽宁省地区生产总值(2.49万亿元)的比值为38.5%,位居全国第一。票据专家肖小和曾指出,如果某地区票据承兑发生额与地区生产总值的比值大于30%,当地企业的金融意识特别强②,表明利用票据融资已经是辽宁十分成熟的融资方式,利用票据承兑进行支付结算与融资,可提高资金使用效率,促进企业降低短期融资成本。上海票据交易所的数据显示,2019年制造业企业票据签发量占据票据承兑总量的30%。辽宁省作为票据使用大省,应当继续保持利用票据融通资金的意识,让金融服务于实体经济,解决制造业融资难题,助力辽宁制造业转型升级。

二、以增值税为基础的制造业票据承兑总量测算

2016年"营改增"完成,扩大了增值税的适用范围,商业银行和监管机构普遍把销售方开具的增值税发票作为审核贸易背景真实性的主要依据之一,缴纳增值税的企业理论上都有条件开具商业汇票,这为大力发展承兑业务提供了良好的条件。制造业企业的票据签发量占全行业签发总量的30%左右,可见制造业利用承兑汇票融资业已成熟。如图1所示,2016年,"营改增"导致增值税增加,监管机构要求商业银行在企业出票环节加强贸易背景真实性审查,无真实贸易背景的融资性票据被逐步挤出市场。在此背景下,2016年与2017年承兑总量有一定下滑,而观察其余年份可以看出,制造业增加值逐年增加,同时票据市场承兑汇票总签发量也呈现上涨态势,随着制造业不断发展,作为重要融资手段之一的票据也一定有很大的发展空间。

我们运用理论模型并结合实际数据,尝试探究辽宁省制造业可开具的最大承兑汇票量,让票据服务于实体经济,服务于辽宁省打造先进制造业产业集群。

1. 承兑总量可能性分析之模型假设

假定市场中存在 n 种产品,不含税价格分别为 P_i 元,数量分别为 Q_i ($i=1, 2, \cdots, n$)。

第 i 种商品需要经过增值的次数为 K_i 次,其中,第 j 次($j = 1$,

---

① 资料来源:《辽宁省金融运行报告》。
② 肖小和,等. 中国票据市场框架体系研究 [M]. 上海:上海财经大学出版社,2017.

$2, \cdots, K_i$）增值后的不含税价格为 P_{ij}，此时的中间品数量为 Q_{ij}，最终价格为 P_i，即 $P_{iK_i}=P_i$，$Q_{iK_i}=Q_i$。

假定第 i 种商品的第 j 次增值所需缴纳的增值税税率为 X_{ij}，则含税价格为 $P_{ij}\times(1+X_{ij})$。

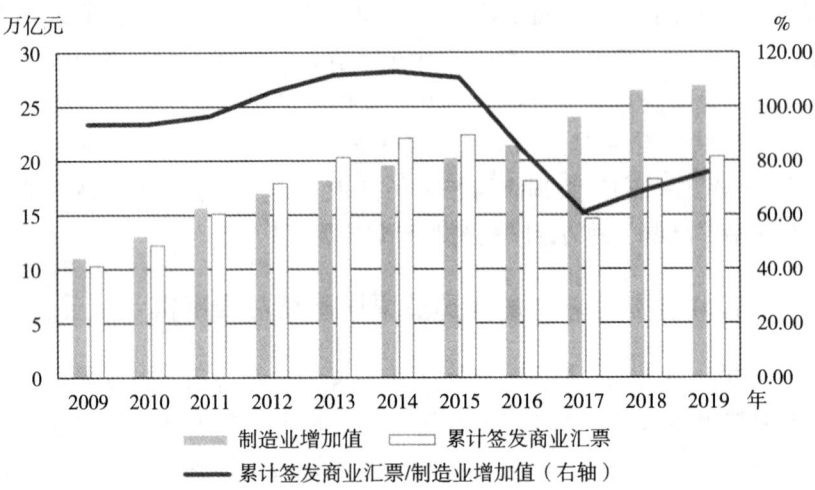

图1 2009—2019年制造业增加值与票据签发量情况

基于上述，则第 i 种商品的第 j 次增值银行可签发的汇票为

$$P_{ij} \times Q_{ij} \times (1+X_{ij})$$

理论上市场可以签发的商业汇票累计为

$$\sum_{i=1}^{n}\sum_{j=1}^{K_i} P_{ij} \times Q_{ij} \times (1+X_{ij})$$

在我国现行税率制度下，主要存在三档增值税税率，分别为6%、9%、13%，因此，X_{ij} 的取值为6%或9%或13%。但实际市场中的产品种类及对应的增值次数无法统计。因此考虑根据企业实际缴纳的增值税税额进行计算，将企业分为如表1所示的几类，按照2019年版增值税税率计算，由增值税计算公式可知：

$$\text{增值税}=\text{销项税额}-\text{进项税额} \quad (1)$$

销项税额（或进项税额）=含税销售收入÷(1+税率)×税率=销售额×税率

$$(2)$$

2. 具体测算

先考虑制造业可能的承兑金额。2018年的政策将工业企业的小规模纳税人的年销售额标准分别由50万元和80万元统一上调至500万元，考虑到银行为其开具承兑汇票的企业营业额一般较高，多数为一般纳税人，适用 2019 年发布的制造业增值税税率 13%。因此，我们将采用按行业分规模以上工业企业主要经济指标数据，至此我们将第一阶段的理论模型进行简化，假定单个企业的增值过程共有 n 个阶段，各个阶段不含税销售产值分别为 $P_1, P_2, \cdots, P_n$，则各个阶段需缴纳增值税 $(P_{i+1} - P_i) \times 13\%$，各个阶段所需缴纳增值税之和为 $\sum_{i=0}^{n-1}(P_{i+1} - P_i) \times 13\% = (P_n - P_0) \times 13\%$。

第一阶段模型中假定 P_0（初始价值量）为 0，则上式结果为 $P_n \times 13\%$，其含义是制造业全年缴纳的增值税总额为最终产业的全年产值 $\times 13\%$，根据我们的假定，此过程中银行可开具的承兑汇票理论最大值为 $\sum_{i=1}^{n} P_i \times (1 + 13\%)$，其中 P_i 不包含增值税。

考虑到市场中所有的制造业企业，制造业所能开具承兑汇票之和即为所有制造业企业销项税额之和。我们发现 P_i 可以通过主营业务收入衡量，此时 P_i 即为企业全年的主营业务收入，对 P_i 求和即为制造业所有企业全年主营业务收入之和，可将所有制造业企业①按产业进行细分，并分别进行计算，见表 1。

表 1　辽宁省制造业行业主营业务收入（2019 年）　　单位：亿元

项目	主营业务收入	增值税税率	含税价格
规模以上制造业企业	27922.50	—	31475.25
农副食品加工业规模以上工业企业	1900.60	9%	2071.65
食品制造业规模以上工业企业	222.50	13%	251.43
酒、饮料和精制茶制造业规模以上工业企业	153.50	13%	173.46
烟草制品业规模以上工业企业	85.30	13%	96.39
纺织业规模以上工业企业	72.90	13%	82.38
纺织服装、服饰业规模以上工业企业	138.20	13%	156.17
皮革、毛皮、羽毛及其制品和制鞋业规模以上工业企业	39.60	13%	44.75
木材加工和木、竹、藤、棕、草制品业规模以上工业企业	77.60	13%	87.69

---

① 按照国家统计局行业分类标准分类。

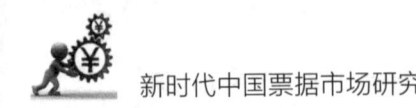

续表

项目	主营业务收入	增值税税率	含税价格
家具制造业规模以上工业企业	68.00	13%	76.84
造纸和纸制品业规模以上工业企业	135.20	13%	152.78
印刷和记录媒介复制业规模以上工业企业	28.70	9%	31.28
文教、工美、体育和娱乐用品制造业规模以上工业企业	23.60	13%	26.67
石油加工、炼焦和核燃料加工业规模以上工业企业	7011.90	13%	7923.45
化学原料和化学制品制造业规模以上工业企业	1974.20	13%	2230.85
医药制造业规模以上工业企业	550.00	13%	621.50
化学纤维制造业规模以上工业企业	26.80	13%	30.28
橡胶和塑料制品业规模以上工业企业	381.90	13%	431.55
非金属矿物制品业规模以上工业企业	1114.50	13%	1259.39
黑色金属冶炼和压延加工业规模以上工业企业	4134.10	13%	4671.53
有色金属冶炼和压延加工业规模以上工业企业	1274.40	13%	1440.07
金属制品业规模以上工业企业	920.50	13%	1040.17
通用设备制造业规模以上工业企业	1012.60	13%	1144.24
专用设备制造业规模以上工业企业	511.00	13%	577.43
汽车制造业规模以上工业企业	3353.80	13%	3789.79
铁路、船舶、航空航天和其他运输设备制造业规模以上工业企业	973.70	13%	1100.28
电气机械和器材制造业规模以上工业企业	732.80	13%	828.06
计算机、通信和其他电子设备制造业规模以上工业企业	731.50	13%	826.60
仪器仪表制造业规模以上工业企业	108.00	13%	122.04
其他制造业规模以上工业企业	21.10	13%	23.84
废弃资源综合利用业规模以上工业企业	95.10	13%	107.46
金属制品、机械和设备修理业规模以上工业企业	48.90	13%	55.26

资料来源：《辽宁省统计年鉴》。

我们根据 2019 年辽宁省制造业企业主营业务收入数据计算得出的理论承兑汇票量为 31475.25 亿元，约为 3.15 万亿元。此测算方法存在误差，原因主要为计算时采用的是按行业分规模以上制造业企业经济指标数据，部分小型企业未纳入计算，可能造成结果偏低；而又忽略了制造业企业中有些面向最终消费者销售无法开票的部分，导致结果偏高，精确结果无法测算。根据上海票据交易所的数据，2019 年全年上海票据交易所办理票据承兑业务 20.38 万亿元，其中制造业用票量占据 30% 左右。辽宁省 2019 年票据承兑发生总量为 9586 亿元，按照平均 30% 测算，其制造业用票量为 2875.8 亿元（9586×30%），约 0.29 万亿元，仅占制造业理论开票量 3.15 万亿元的 9.2% 左右，可见虽然辽宁省票据承兑发生额/地区生产总值排名全国第一，票据融资意识很强，但制造业企业使用票据作为结算、融资工具仍存在很大的发展空间。推动辽宁省制造业票据业务发展，解决制造业融资难题，有望成为推动打造先进制造业集群和振兴东北的重要环节。

三、利用票据支持辽宁制造业发展的设想

（一）票据是支持"十四五"期间辽宁制造业发展的理想融资工具

"十四五"是辽宁制造业转型发展的重要战略机遇期。制造业转型升级离不开资金支持，票据既有支付结算功能，也有扩张信用的融资功能，理应是辽宁制造业多层次融资体系的一部分。股票、债券等直接融资工具只适用于金字塔尖的少数大型制造业企业，多数中小制造业企业资本实力欠缺、公开市场评级低。国内高收益债券市场深度还不够，造成在数量上占据多数的中小制造业企业不能在资本市场获得融资。我国票据市场的法律法规、软件硬件等基础设施完善，电子票据最长期限达一年，并且可以自主约定久期，通过企业网银签发、流转非常便捷。同时，满足银企双方约定的特定条件可获得银行承兑作为信用加持以提高票据的流通性，这些基本属性同中小制造业企业的短期融资需求十分契合。同时，依托上下游的真实贸易背景，票据的到期兑付具有自偿性特征，市场接受度良好的辽宁大型制造业企业可以签发商业承兑汇票给上游企业，实现核心企业信用在供应链上的传递。对于不具备签发商业承兑汇票实力的中小制造业企业，辽宁本地商业银行可以利用日常结算、税务、征信系统等多维度获得大数据以帮助灵活调整、控制签发银行承兑汇票的信用敞口，尽可能地创造条件为制造业企业提供短期流动性支持。综合来看，制造业票据融资比其他融资方式可获得性高，辽宁制造业企业在获得股权融资、债券

融资和金融机构中长期贷款的同时，也可配套签发票据满足短期流动性管理需要，长短结合使得票据的优势更加明显。

（二）票据是支持辽宁制造业特别是其八大细分领域发展的有力抓手

票据现有基础设施成熟，企业签发票据的方式灵活，签发的金额、期限可根据实际需要而定。流通是票据的生命力所在，辽宁制造业供应链上企业可以背书转让票据实现商品或服务贸易的结算，也可以向辽宁本地商业银行申请贴现快速回笼资金。近年来各大银行推出的"秒贴"服务极大地提高了票据的变现效率，融资成本也显著低于同期限的贷款成本。辽宁制造业企业还可以利用部分银行提供的"票据池""资产池"服务，把市场流通性较差的票据或其他资产转换成一张可提供"票据池""资产池"服务的银行承兑的票据，更好地用于支付结算，提高供应链上企业资产的流动性。

按照营业收入规模划分，营收在1000亿元以上的辽宁八大制造业细分行业分别为：石油加工、炼焦和核燃料加工业；黑色金属冶炼和压延加工业；汽车制造业；化学原料和化学制品制造业；农副食品加工业；有色金属冶炼和压延加工业；非金属矿物制品业；通用设备制造业。作为创造共和国工业史上多项第一的老工业基地，辽宁重工业制造业知名企业包括鞍山钢铁、本溪钢铁、锦州重机、大连造船厂、大连机车厂、沈阳飞机工业集团、沈阳化工等，这些大国重器仍在我国制造业领域发挥应有的作用。辽宁智能制造主要代表企业有沈阳机床、沈阳新松机器人、辽宁辉山乳业、沈阳鼓风机、大连机床、大杨集团、辽宁华丰民用化工、丹东东方测控技术、辽宁忠旺特种车辆制造等。这些标杆企业主动适应新业态、新模式的发展要求，率先在智能制造和服务经营模式上做出了有益的尝试，通过实施智能化改造升级，企业的数字化、网络化和智能化水平进一步提升，在产品设计周期、劳动生产率、生产成本和产品质量等方面都有了明显改善，在智能制造新模式上积累了宝贵经验。辽宁汽车制造业企业包括华晨汽车、北盛汽车、中顺汽车、曙光汽车，品牌包括华晨宝马、通用GL8商务车、金杯等。票据是支持辽宁八大制造业细分行业发展的有力抓手，这八大制造业细分行业与生俱来的生产、销售回款周期决定了其在日常支付结算中普遍存在或长或短的账期。承兑汇票期限、票面金额都可根据实际需要而定，与不同类型制造业企业的回款周期均可灵活匹配，是辽宁八大制造业细分行业绝佳的短期流动性管理工具。适度使用承兑汇票作为贸易结算方式可以减少对相关制造业企业的资金占用，扩张商业信用，以实现

更好更快的高质量发展。

（三）加大辽宁制造业票据承兑、贴现、再贴现投入

高端制造的研发、生产周期普遍偏长，销售回款的速度也参差不齐，在辽宁本地经营的金融机构可以根据制造业子行业不同的发展阶段和发展特点把票据承兑业务嵌入辽宁制造业企业的日常经营管理流程中，提高票据产品在制造业企业中的普及率和使用率，加快资金周转，降低由于临时流动性不足而导致的经营困难情况的发生率。

票据市场是我国货币市场的重要组成部分，企业持有的票据在商业银行申请直贴时，票据是连接商业银行和实体经济的纽带，信贷属性明显；已贴现的票据在上海票据交易所平台流转时，票据是商业银行在货币市场相互融通资金的媒介，资金属性明显。辽宁金融机构需要花硬功夫把支持本地制造业发展的工作做深做细，票据将实体经济和货币市场连接在一起的特殊功能使其成为人民银行货币政策向实体经济传导的最优工具之一。辽宁本地商业银行应重视开户结算企业的行业分类工作，把票据贴现的资金规模更多配置在本地制造业企业贴现业务上，在控制实质风险的基础上尽可能简化辽宁本地中小制造业企业申请贴现的流程，投入行内资源、发挥科技力量开发票据系统，提高放款效率，优化制造业企业用票体验。另外，要发挥票据转贴现市场流转功能，让辽宁制造业企业的票据贴现利率向同期限货币市场利率靠拢，切实降低制造业企业的贴现成本以让利辽宁实体经济。

再贴现是中央银行货币政策工具箱中为数不多的调节信贷结构的工具之一，可以发挥定向精准滴灌的功能，引导货币信贷资金投向，有针对性地解决经济运行中的突出问题。2017年9月，上海票据交易所推出的再贴现业务系统上线运行后，大大提高了人民银行各地分支机构再贴现业务的办理效率和灵活性，也为人民银行更精准、高效地发挥再贴现政策引导市场利率和优化资源配置创造了条件。人民银行在辽宁的分支机构可以考虑进一步扩大再贴现操作规模并降低再贴现利率，督促引导辽宁本地商业银行梳理基础资产，优先选择出票人和贴现申请人是辽宁制造业企业的票据作为再贴现操作的前提条件。

对于符合经济结构优化升级方向的辽宁本地制造业龙头企业、战略性新兴制造业企业、制造业数字化企业等关键重点企业，人民银行还可以把再贴现资源向这些制造业企业签发的商业承兑汇票倾斜，商业银行将这些授信企业承兑的商票贴现后可以获得人民银行的再贴现支持。鼓励核心制造业企业在其主导的供应链上推广使用商业承兑汇票进行支付结算，有人民银行作为最终再贴现人可以提高供应链上中小企业商业票据融资的可获得性并能切实有效降低商业承兑汇票的融资成本。

(四) 积极发展绿色票据，为"碳达峰、碳中和"制造业提供服务

我国在联合国大会上明确提出，二氧化碳排放力争于2030年前达到峰值，努力争取2060年前实现碳中和。低碳趋势变化虽缓慢，但势大力沉，绿色经济理念会逐渐深入人心并贯穿整个制造业发展的全过程。制造业既是"用能大户"，也是"碳排放大户"，在全国实现"碳达峰、碳中和"目标的背景下，"碳达峰、碳中和"将重构整个制造业，辽宁制造业既面临产业结构调整的严峻挑战，同时也蕴藏着新能源和先进制造业加快发展的重大机遇。可以在辽宁"碳达峰、碳中和"领域的相关制造业企业中推行绿色票据①，直接或间接服务于绿色项目。绿色票据是绿色金融的一部分，人民银行、商业银行、政府性融资担保机构可以加大对绿色票据承兑、贴现、再贴现的支持力度，配套相关优惠政策，帮助"碳达峰、碳中和"制造业企业提升财务管理水平，降低融资难度和融资成本。

(五) 标准化票据是支持辽宁制造业发展的创新产品

标准化票据是以票据作为底层资产的债券，可以连通票据市场和债券市场，有利于发挥债券市场投资者的专业投资和定价能力，增强票据融资功能和交易规范性。从中国人民银行发布的《标准化票据管理办法》中可以看出标准化票据被定性为货币市场工具，且具备资管新规中"标准化债权资产"的特征和属性，如未来被认定为标准化债权资产，则在投资市场上也将受到包括货币基金和债券基金在内的资管产品的青睐。从目前存托机构成功创设的标准化票据来看，以未贴现的商业承兑汇票为底层资产的标准化票据应是未来各存托机构发挥专业投资者定价能力的重要方向。标准化票据产品的发展有望为辽宁本地制造业企业引入"源头活水"，可以提高辽宁制造业核心企业供应链上下游商业承兑汇票资产的流动性。

(六) 强化对辽宁制造业供应链票据业务的推动

2020年4月24日，上海票据交易所发布《关于供应链票据平台试运行有关事项的通知》(票交所发〔2020〕58号)，正式明确供应链票据平台依

---

① 绿色票据是指为气候、环保、资源优化配置等绿色项目开发、绿色企业项目发展、绿色项目产品创新、营运及风险管理提供的各类票据业务产品与服务的总称。绿色票据是由符合规定条件的绿色企业签发或者申请贴现的票据，包括绿色银行承兑汇票和绿色商业承兑汇票。

托现有的 ECDS，与各类供应链金融平台对接，为企业提供电子商业汇票的签发、承兑、背书、到期处理、信息服务等功能，通过供应链票据平台签发的电子商业汇票简称供应链票据。供应链票据间接解决了传统电子商业汇票不可等分化的弊端，在一定程度上为票据本身的标准化做了铺垫。符合产业政策导向的辽宁优质制造业核心企业可以加强与上海票据交易所的沟通协调，积极自建供应链平台，先行接入上海票据交易所系统，并且后续优先考虑用制造业供应链平台上线票据质押融资、贴现、转贴现、再贴现、供应链票据跨供应链平台流转等新功能。供应链票据依托供应链金融中的核心企业信用，辽宁省内的金融机构可以适度提高对优质核心制造业企业的授信敞口，认真研究切实可行的针对供应链票据融资的服务方案。政府性融资担保机构也可以按产业发展导向为部分重点供应链、产业链上的核心企业签发的供应链票据提供增信服务，提高供应链票据的普及程度和流转效率。

（七）加快推动辽宁制造业应收账款票据化的发展

账期长且应收账款占资产总额的比例高是部分中小微制造业企业短期流动性紧张的主要原因，部分制造业企业在财务压力下被迫进行民间融资，被高额利息拖死的现象屡有发生。应收账款保理业务和商业承兑汇票贴现业务在制造业供应链上使用场景相似，两者均依托核心制造业企业服务上下游中小微客户，旨在促进整个供应链制造业企业发展、提升生态圈实力、推动产业集聚、加快制造业转型升级。长期以来，应收账款确权、流转比较困难，保理的成本也比较高。而商业汇票具有法律体系完善、基础设施先进、全流程电子化操作、期限灵活、流转和融资及交易均比较方便的优势，核心企业将应付账款票据化可以利用票据的上述诸多优点将核心企业信用惠及整条供应链。以在辽宁本地经营的商业银行为代表的金融机构要努力搭建内部票据业务系统平台、缩短决策流程、突破信贷业务属地化管理的制度瓶颈，尽早实现对区域内优质核心制造业企业的授信全覆盖，针对不同制造业细分领域的特殊情况做区别对待，争取在摸索中尽快实现风险定价，真正做到电子商业汇票的流通和融资比应收账款保理等其他融资方式更方便、成本更低并能实现银企双赢的高质量可持续发展。

（八）建立辽宁制造业票据信息平台

票据信息平台建设的重点是整合票据市场的信息资源，形成资源共享、

数据安全、传递快捷、查询方便的统一平台①。为此要建设基于完善规范的信息发布平台的票据数据库，建设涵盖风险信息、监管信息、研究信息的票据信息库，形成"大数据"基础；要搭建覆盖全面、集中共享、系统连通、检索便捷、分析深入的辽宁制造业信息平台，实现信息采集、整合、挖掘功能。票据业务具有多重业务属性，既具有信贷业务属性，也具有支付结算功能，还具有货币资金市场属性，票据全生命周期链条较长，存在多部门多头监管的问题，要建设辽宁制造业票据信息平台，就必须协调各方，统一推进。完全依靠市场参与机构自身，不利于解决对平台标准、技术体系的分歧，也不利于信息传导和数据共享，最终将给平台的整体建设增加沟通协调成本和系统整合代价。辽宁制造业票据信息平台的建设应由票据业务的相关监管部门牵头，以技术实力雄厚的商业银行为推动主体，广泛吸纳各类参与主体的意见，共同推进平台建设。准确、标准的海量制造业票据信息和数据是票据信息平台的基础和生命，是实现票据信息管理、使用、共享、挖掘的基础。因此需要实现各数据源平台相关数据的接入汇总，既将辽宁省内人民银行、银保监会、工商、税务、法院、统计等网站的数据信息自动对接导入平台，又提供统一标准的界面供机构发布报价信息及交易需求信息，共同形成内容丰富的数据库。该数据库根据需求合理设置功能，从而达到数据管理与应用一体、数据资源分级共享、分析汇总灵活方便等目标，进一步提高数据处理能力，使丰富的信息资源得到充分的开发和利用。

（九）加强对辽宁制造业票据发展的风险防范

风险表面上是外部环境问题，核心是风险观、业绩观、发展观问题，是风险管理体制与业务发展不尽适应的问题。"重盈利、轻风险""重指标、轻管理"的问题需要在支持辽宁制造业转型升级的过程中进一步根除，坚持审慎经营的理念，坚持业务发展与风险管理能力相适应，持续推进精细化管理②。辽宁制造业票据发展的首要风险为制造业企业本身的信用风险，辽宁地区金融机构的授信审批部门需要投入人力、物力、财力做好制造业企业签发的电子商业汇票的票据评级这项基础工作。评价承兑的制造业企业定性指标应参照企业主体（商票承兑人）公开市场信用评级和金

---

① 肖小和，余蓓. 加快建立全国统一规范的票据信息平台 [N]. 上海证券报，2015-04-11 (006).

② 肖小和，张蕾，王亮. 新常态下票据业务全面风险发展趋势与管理 [J]. 上海金融，2015 (6): 89-92.

融机构内部评级，考虑到商票到期期限较短，定量指标的评价方法与商票承兑人信用评级应有所区别，制造业企业短期偿债能力和盈利能力应是考察其最终票据兑付能力的重点，因此，在上述两部分指标的选项设置及评分权重上应给予一定倾斜。完善票据评级事项后，可以建立制造业企业白名单数据库，进一步确定对某个具体辽宁制造业企业的授信额度，并在票据管理系统中实时动态显示剩余额度，进而有效地控制最大风险敞口。同时，利用人民银行征信系统和金融同业间的相互交流，排摸白名单内制造业企业在其他金融机构的授信使用情况，严防个别制造业企业超越自身兑付能力无序签发商票的风险事件发生。

参考文献

［1］肖小和，等．疫情后加快在制造业推动票据业务发展的思考［N］．证券时报，2020-06-12（002）．

［2］肖小和，余蓓．加快建立全国统一规范的票据信息平台［N］．上海证券报，2015-04-11（006）．

［3］肖小和，张蕾，王亮．新常态下票据业务全面风险发展趋势与管理［J］．上海金融，2015（6）：89-92．

［4］肖小和，金睿．积极发展绿色票据　努力服务绿色经济高质量发展［J］．中国城市金融，2019，398（6）：55-58．

推进批发零售行业票据业务发展的思考

肖小和 余显财 金睿 柯睿

一、问题研究背景与意义

十三届全国人大四次会议通过的《中华人民共和国国民经济和社会发展第十四个五年规划和2035年远景目标纲要》提出，要加快构建以国内大循环为主体、国内国际双循环相互促进的新发展格局。双循环不但要实现生产分配共同发展，也要实现流通消费共同发展，批发零售行业便是其中的重要一环。

批发零售业是社会化大生产过程中的重要环节，是决定经济运行速度、质量和效益的引导性力量，是我国市场化程度最高、竞争最为激烈的行业之一。新冠肺炎疫情对批发零售业造成了巨大冲击，无数企业商家损失惨重。2020年2月，中国人民银行等五部门联合出台了《关于进一步强化金融支持防控新型冠状病毒感染肺炎疫情的通知》，明确提出要对批发零售业等受疫情冲击较大的行业提供金融优惠服务。承兑汇票作为批发零售行业融资的重要手段之一，在疫情期间发挥的作用不可小觑。2020年第一季度，批发零售业票据签发背书量占比为40.3%，尽管较上年同期下降了1.17个百分点，但仍位于各行业之首。此外，从宏观经济走势来看，居民收入水平整体上处于较快上升阶段。从长远来看，我国居民消费无论是在总量上还是在结构上都有相当大的发展空间。批发零售行业是国内拉动消费以及消费引领供给创新的重要部分。批发零售行业大多聚焦于中小微企业，如何融资成为许多中小批发零售业企业的难题。历年的《中国货币政策执行报告》指出，长期以来企业签发的银行承兑汇票承兑、贴现集中在制造业、批发零售业。上海票据交易所的数据显示，2018年与2019年批发零售业票据签发背书量占比均超过了40%，位居各行业之首。可见票据融资已经成为批发零售行业的重要融资手段，未来的批发零售行业发展必将带动相关票据业务的发展，研究票据业务在批发零售行业的发展现状，符

合国民经济消费向好的预期，符合当今疫情大环境下中国经济复苏的现状，更符合批发零售行业票据业务飞速发展的事实，有着极强的现实意义。

二、以增值税为基础的批发零售行业票据承兑总量测算

2016年"营改增"完成，扩大了增值税的适用范围，商业银行和监管机构普遍把销售方开具的增值税发票作为审核贸易背景真实性的主要依据之一，缴纳了增值税的企业理论上都有条件开具商业汇票，这为大力发展承兑业务提供了良好的条件[①]。如图1所示，2016年前，累计签发商业汇票与批发零售业商品销售额的比重一直处于较为稳定的状态（42%左右），2016年"营改增"完成导致增值税增加，同时，商业银行在企业出票环节加强了对真实贸易背景的审查，无真实贸易背景的融资性票据被逐步挤出市场，致使2016年后的承兑业务有一定下滑，近年该比重再次稳定在25%左右，随着居民生活水平的提高，批发零售业的发展必然也会带动相关票据业务的发展。下面我们考虑理论批发零售行业可开具的最大承兑汇票量并与实际市场情况做比较，探究批发零售行业在票据市场中的发展潜力，让票据服务于实体经济，更好地服务于批发零售行业发展。

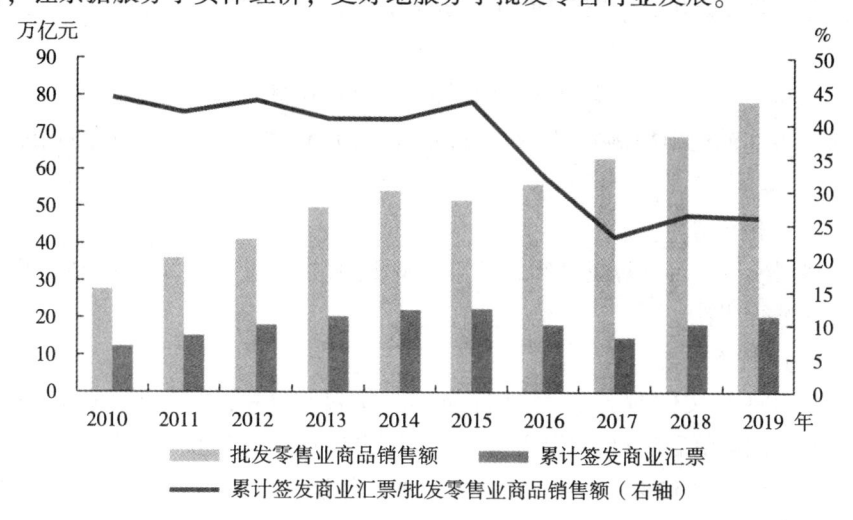

图1　2010—2019年批发零售业销售额与票据签发量情况

（资料来源：国家统计局，《中国货币政策执行报告》）

---

① 肖小和，余显财，金睿，柯睿. 我国增值税政策对承兑汇票发展的影响研究[J]. 河北金融，2020（7）：44-50.

1. 承兑总量可能性分析之模型假设

假定市场中存在 n 种产品，不含税价格分别为 P_i 元，数量分别为 Q_i（$i=1, 2, \cdots, n$）。

第 i 种商品需要经过增值的次数为 K_i 次，其中，第 j 次（$j=1, 2, \cdots, K_i$）增值后的不含税价格为 P_{ij}，此时的中间品数量为 Q_{ij}，最终价格为 P_i，即 $P_{iK_i}=P_i$，$Q_{iK_i}=Q_i$。

假定第 i 种商品的第 j 次增值所需缴纳的增值税税率为 X_{ij}，则含税价格为 $P_{ij} \times (1+X_{ij})$。

基于上述假设，则第 i 种商品的第 j 次增值银行可签发的汇票为

$$P_{ij} \times Q_{ij} \times (1+X_{ij})$$

理论上市场可以签发的商业汇票累计为

$$\sum_{i=1}^{n} \sum_{j=1}^{K_i} P_{ij} \times Q_{ij} \times (1+X_{ij})$$

在我国现行税率制度下，主要存在三档增值税税率，分别为 6%、9%、13%，因此，X_{ij} 的取值为 6% 或 9% 或 13%。但实际市场中的产品种类及对应的增值次数无法统计。因此考虑根据企业实际缴纳的增值税税额进行计算，将企业分为几类，按照 2019 年版增值税税率计算，由增值税计算公式可知：

$$\text{增值税} = \text{销项税额} - \text{进项税额} \quad (1)$$

销项税额（或进项税额）= 含税销售收入 ÷（1+税率）×税率 = 销售额×税率
$$(2)$$

2. 具体测算

根据模型，可计算批发零售行业的理论承兑最大值，我们利用以下三种方法进行测算。

（1）测算方法一

我们将前文的理论模型进行简化，仅聚焦于批发零售行业企业增值，其每次增值后的可开票额为不含税销售额加上增值税额，批发零售行业增值税税率为 13%，因此，批发零售业全年理论可开票额 = 全部批发零售业企业全年销售额×（1+13%）。

2019 年批发零售业销售额为 782518.3 亿元，由此计算的理论承兑汇票量为 884245.7 亿元（782518.3×（1+13%）），约为 88 万亿元。其中面向最终消费者用于消费的部分无法开票，因此需将其剔除，此数据我们利用社会消费品零售总额粗略估算，2019 年为 408017.2 亿元，其增值税税率采

用 13%，则批发零售行业理论承兑汇票量为 423186.243 亿元（（782518.3-408017.2）×（1+13%）），约为 42 万亿元。但此种方法误差较大，原因在于社会消费品零售总额包含了所有零售额，但我们不能排除具体无法用于开票的部分，导致计算结果严重偏低，而利用未排除无法开票的部分计算出的 88 万亿元也可能偏高，因此，此方法计算出的 42 万亿元和 88 万亿元仅能作为理论最大值下限和上限的粗略估算。

（2）测算方法二

以批发零售业商品购进额进行测算，大致方法与测算方法一类似，批发零售业全年理论可开票额=全部批发零售业企业全年购进额×（1+13%）。

2019 年批发零售业商品购进额为 709505.3 亿元，其增值税税率采用 13%，则批发零售行业理论承兑汇票量为 801741.0 亿元（709505.3×（1+13%）），约为 80 万亿元。其中需剔除面向最终消费者用于消费无法开票的部分，此数据我们利用社会消费品零售总额粗略估算，2019 年为 408017.2 亿元，其增值税税率采用 13%，则批发零售行业理论承兑汇票量为 444907.894 亿元（（801741.0-408017.2）×（1+13%）），约为 44 万亿元。因此，粗略估算其理论最大值的下限与上限分别为 44 万亿元和 80 万亿元。

（3）测算方法三

由于批发零售行业的商品大多增值次数较低，按照模型中的假定，签发的商业汇票累计为 $\sum_{i=1}^{n}\sum_{j=1}^{K_i} P_{ij} \times Q_{ij} \times (1+X_{ij})$，我们假定批发零售行业的商品仅进行一次增值，批发零售业购进额全部用于生产增值，而销售额全部用于最终消费。当不考虑无法开票的部分时，批发零售行业理论承兑额为 $\sum_{i=1}^{n} P_{iK_i} \times Q_{iK_i} \times (1+X_{iK_i})$，此式代表批发零售行业理论承兑额为所有最终阶段的批发零售行业商品销售额与增值税额之和。然而，我们需要排除面向最终消费者用于消费无法开票的部分。

由此我们利用批发零售业销售额减去批发零售行业增加值，即可得到上一阶段批发零售行业采购用于生产增值的总额，用此部分总额乘以相应的税率得到增值税额，二者之和即为批发零售行业理论承兑额。

2019 年批发零售业销售额为 782518.3 亿元，增加值为 95845.7 亿元，则批发零售行业理论可开具的承兑汇票量为 775940 亿元（（782518.3-95845.7）×（1+13%）），约为 78 万亿元。此方法严重依赖于我们的假

定，即批发零售行业仅进行一次增值，因此计算结果可能存在误差，仅可用于参考。

(4) 测算方法总结

前面的三种测算方法中，测算方法一得出的批发零售行业理论承兑汇票量为42万亿~88万亿元；测算方法二的计算结果为44万亿~80万亿元；测算方法三的结论为78万亿元。我们选取44万亿~80万亿元作为结论，并利用此结论与批发零售行业票据市场现状进行比较。《中国货币政策执行报告》披露，2019年全年累计签发商业汇票20.4万亿元。上海票据交易所的数据显示，2018年与2019年批发零售业票据签发背书量占比均在40%与45%之间，我们利用此比例作为批发零售行业票据签发量占比，则2019年批发零售行业累计签发商业汇票量为8.16万亿~9.18万亿元（20.4×40% = 8.16；20.4×45% = 9.18）。与我们计算得出的理论可开票量42万亿~80万亿元存在很大差距，以下限计算占比约为19%，以上限计算占比不足12%，批发零售行业的票据业务仍有很大的发展空间。

三、"十四五"期间发展批发零售行业票据业务的思考

建立双循环新发展格局，扩大内需，是经济高质量发展的关键所在。批发零售行业与老百姓的日常生活休戚相关，是打通国内国际双循环的重要一环。在批发零售行业发展票据业务，可以提高批发零售业企业资产流动性水平、增强企业资金可获得性、降低企业融资利率，是服务国计民生和实体经济的重要抓手之一。

（一）商业汇票是批发零售行业最理想的金融工具

商业汇票既有支付结算功能，也有扩张信用的融资功能，是我国实体企业多层次融资体系的一部分。批发零售行业属于高速周转的资金密集型行业，行业内企业根据具体贸易品种和在供应链上地位的不同，均可能存在或长或短的账期，天然有着旺盛的短期资金融通需求。一方面，批发零售行业市场化程度高、竞争激烈、行业集中度低，行业内部以中小企业居多，很难在资本市场上利用股票、公司债券、短融、中票、PPN、ABS等工具融资。另一方面，相对于银行贷款，票据市场基础设施完善，电子票据最长期限达一年，并且可以自主约定到期期限，通过企业网银签发、流转非常便捷，还可以同开户银行一事一议，满足双方约定的特定条件可获得银行承兑作为信用加持，这些基本属性同批发零售业企业的短期融资需求

十分契合。同时，依托上下游的真实贸易背景，票据的到期兑付具有自偿性特征，并且对于长期在某家银行做基础支付结算的批发零售业企业，银行可以获得稳定的大数据以帮助灵活调整、控制票据信用敞口，尽可能地创造条件为批发零售企业提供短期流动性支持。综合来看，批发零售业票据融资比信贷融资可获得性高，部分大型批发零售业企业在获得金融机构中长期信贷支持的同时，也可约定配套签发商业汇票实现短期流动性管理需要，长短结合使得票据的优势更加明显。

（二）批发零售行业加快推动承兑业务

票据是推动疫情期间批发零售业中小微企业复工复产、复商复贸的有力工具。对于主营业务正常、供应链上下游稳定、产品和服务市场前景良好，由于暂时性的资金链紧绷而急需短期流动性支持的批发零售业中小微企业，票据的特殊功能作用在疫情期间适逢其时，这也是票据运用于微观企业的最佳实践期。

批发零售业企业固定资产较少，有着负债较高和资产流动性较好的特征，销售回款的速度也参差不齐，金融机构可以利用大数据精准梳理贸易流、资金流，研究不同贸易品种的整体风险和交易对手风险，力争提高票据产品在批发零售业企业的普及率和使用率，加快行业资金周转，降低由于临时流动性不足而导致的经营困难情况的发生率。因此，商业银行、批发零售业企业及政府相关部门要达成共识，各司其职，各负其责，联动推出相应措施，包括商业银行要适度降低承兑保证金比例，手续费视情况适当减免，监管部门对于保证金占存款比例应适度宽松，政府出资的中小微担保机构要适当提高风险容忍度等。批发零售业企业要积极利用政府和金融机构优惠政策，适度签发票据解决短期资金需求，把本来不能流动的应收账款显性化，金融机构应加大对批发零售业企业持有的银票和商票的贴现力度，切实提高批发零售业中小微企业资产负债表中资产端的流动性和变现能力。

（三）批发零售行业积极推动票据融资业务

2020年4月，中央提出"六保"新任务新目标，并指出保居民就业、保基本民生、保市场主体、保粮食能源安全、保产业链供应链稳定、保基层运转的重要性。批发零售业企业的正常经营与"六保"目标高度重叠，与老百姓的日常生活息息相关，在批发零售行业积极推动票据融资利国利民。

可以由政府牵头,通过全社会各方共同努力,共同推动我国批发零售行业的票据融资,缓解关乎国计民生的批发零售业企业融资难融资贵问题。第一,人民银行应从准备金、再贴现利率等货币政策工具方面支持批发零售业企业使用商业汇票,特别是要加大再贴现支持力度,对于符合条件的商业银行给予较低资金成本的再贴现支持,盘活批发零售业企业票据资产。第二,商业银行需加大科技和人力投入,为批发零售业企业商业汇票的开立、承兑、贴现、付款等提供优质服务。第三,银保监会应根据批发零售业企业现实情况,给予商业银行对应的差别化监管政策。第四,财政部门应发挥好财税优惠的外部激励作用,给予批发零售业企业办理商业汇票承兑、贴现等业务的税收优惠。第五,国家融资担保基金和地方政府担保机构,可以支持符合条件的批发零售业企业发展商业承兑汇票,可由商业银行参与尽职调查,国家融资担保基金给予一定比例的担保,人民银行划出一定比例的再贴现额度,共同发展商业承兑汇票。第六,上海票据交易所应加强票据交易平台建设,使票据市场信息更加公开化、透明化,利率报价更加公开,业务处理更加方便快捷安全。第七,批发零售业企业也要积极增强自身"体质",聚焦主业,规范经营,注重诚信,严格遵守"恪守信用、履约付款"的结算原则,及时足额兑付到期商业汇票。第八,有关部门应尽快完善守信联合激励和失信联合惩戒机制,打击逃废债和欺诈行为。[①]

(四)批发零售行业要发展供应链票据业务

2020年4月24日,上海票据交易所发布《关于供应链票据平台试运行有关事项的通知》(票交所发〔2020〕58号),正式明确供应链票据平台依托现有的ECDS,与各类供应链金融平台对接,为企业提供电子商业汇票的签发、承兑、背书、到期处理、信息服务等功能,通过供应链票据平台签发的电子商业汇票简称供应链票据。供应链票据间接解决了传统电子商业汇票不可等分化的弊端,在一定程度上为票据本身的标准化做了铺垫。上海票据交易所可以鼓励批发零售行业链条上的核心贸易企业自建供应链平台,先行接入上海票据交易所系统,并且后续优先考虑用该供应链平台上线票据质押融资、贴现、转贴现、再贴现、供应链票据跨供应链平台流转等新功能。供应链票据依托供应链金融中的核心企业信用,金融机构可以

[①] 肖小和,张雯,李洁. 积极推进电子商业承兑汇票业务是有效服务中小企业的法宝[J]. 金融言行:杭州金融研修学院学报,2018,258(9):62-65.

适度提高对批发零售行业链条上核心优质企业的授信敞口，认真研究切实可行的针对供应链票据融资的服务方案，提高供应链票据的普及程度和流转效率。

（五）批发零售行业要充分利用票据创新产品的成果

批发零售业企业可以结合自身情况运用"票付通""贴现通"、标准化票据等创新工具，更好地发挥票据的支付结算属性和融资属性。"票付通"可以帮助批发零售业企业盘活账户中的小银行承兑、小金额票面、久期短、流动性差的商业汇票资产，上海票据交易所提供的这种票据见证支付功能把交易中的道德风险和操作风险降到了最低限度。"贴现通"产品可以使批发零售业企业的开户银行充当票据贴现的中介，有"贴现通"业务撮合资质的商业银行可以帮助批发零售业企业将账户中的商业汇票以最低的价格、最快速的方式在全市场范围内实现变现。

标准化票据是以票据作为底层资产的债券，可以连通票据市场和债券市场，有利于发挥债券市场投资者的专业投资和定价能力，增强票据融资功能和交易规范性。从2020年6月中国人民银行发布的《标准化票据管理办法》中可以看出标准化票据被定性为货币市场工具，且具备资管新规中"标准化债权资产"的特征和属性，如未来被认定为标准化债权资产，则在投资市场上也将受到包括货币基金和债券基金在内的资管产品的青睐。标准化票据产品的发展有望为批发零售业企业引入"源头活水"，提高批发零售行业供应链上下游核心企业商业承兑汇票资产的流动性。目前由于信贷市场和货币市场相互割裂，融资利率尚未实现完全市场化，同一企业主体在银行间市场发行短期融资券的利率明显低于其承兑的商业承兑汇票贴现利率，通过相应存托机构创设批发零售行业核心企业签发的标准化票据可以降低供应链上中小企业持有核心企业签发的商业承兑汇票的成本，从而进一步为批发零售业中小企业融资难融资慢融资贵的现状纾困解难。

（六）充分利用商业汇票信息披露制度，加快批发零售行业票据发展

为加强票据市场信用体系建设，人民银行及上海票据交易所及时推出"商业汇票信息披露平台"，按日披露承兑人承兑票据的信用情况，包括承兑发生额、承兑余额、累计逾期发生额、逾期余额，平台的推出具有里程碑意义，对降低票据市场的信息不对称意义重大。批发零售业企业需以发展的眼光积极参与"商业汇票信息披露平台"建设，主动披露自身财务信

息和承兑的票据信息，逐步建立良好的商业汇票使用环境，提高商业汇票接受程度和普及广度。预计上海票据交易所未来在进一步完善信息披露平台功能的同时，会继续加强机制设计，提高承兑机构信息披露的动力，实现优质承兑企业信息披露与降低其商票融资利率的良性互动。

（七）批发零售行业要防范票据风险

风险表面上是外部环境问题，核心是风险观、业绩观、发展观问题，是风险管理体制与业务发展不尽适应的问题。"重盈利、轻风险""重指标、轻管理"的问题需要在支持批发零售行业转型升级的过程中进一步根除，坚持审慎经营的理念，坚持业务发展与风险管理能力相适应，持续推进精细化管理①。金融机构的授信审批部门需要投入人力、物力、财力做好批发零售业企业签发的电子商业汇票的票据评级这项基础工作。对于有条件签发商业承兑汇票的大型批发零售业企业，定性指标应参照企业主体（商票出票人）公开市场信用评级和金融机构内部评级，考虑到商票到期期限较短，定量指标的评价方法与商票出票人信用评级应有所区别，大型批发零售业企业短期偿债能力和盈利能力应是考察其最终票据兑付能力的重点，因此，在上述两部分指标的选项设置及评分权重上应给予一定倾斜。完善票据评级事项后，可以建立大型批发零售业企业白名单数据库，进一步确定对某个具体批发零售业企业的授信额度，并在票据管理系统中实时显示剩余额度，进而有效地控制最大风险敞口。同时，利用人民银行征信系统和金融同业交流会排摸企业在其他金融机构的授信使用情况，也可实行牵头行制度，严防部分批发零售业企业超越自身兑付能力无序签发商票的风险事件发生。对于申请开立银行承兑汇票的批发零售业中小企业，商业银行应重点审核贸易背景真实性和其交易对手的履约实力，通过调节保证金比例控制单笔承兑的金额和风险敞口，在支持批发零售业企业支付结算的同时最大限度地降低逾期垫款风险事件发生的概率。

参考文献

[1] 肖小和，余显财，金睿，柯睿. 我国增值税政策对承兑汇票发展的影响研究 [J]. 河北金融，2020（7）：44-50.

[2] 肖小和，张蕾，王亮. 新常态下票据业务全面风险发展趋势与管

---

① 肖小和，张蕾，王亮. 新常态下票据业务全面风险发展趋势与管理 [J]. 上海金融，2015（6）：89-92.

理［J］．上海金融，2015（6）：89-92．

［3］肖小和，张雯，李洁．积极推进电子商业承兑汇票业务是有效服务中小企业的法宝［J］．金融言行：杭州金融研修学院学报，2018，258（9）：62-65．

推进广东批发零售行业票据业务发展的思考

肖小和 余显财 金 睿 柯 睿

一、问题研究背景与意义

"十四五"规划提出要加快构建以国内大循环为主体、国内国际双循环相互促进的新发展格局。双循环的实现不仅依赖生产制造,也需要构建强大的分销体系,批发零售行业是其中的重要一环。

批发零售业处于社会化大生产过程中的流通环节,是决定经济运行速度、质量和效益的引导性力量,是我国市场化程度最高、竞争最为激烈的行业之一。新冠肺炎疫情对批发零售业造成了巨大冲击,数据显示,2020年我国批发零售业增加值为95686亿元,同比下降1.3%。疫情期间众多批发零售业企业资金运转困难,亟须解决融资问题。商业汇票在为批发零售行业解决短期流动性困难方面做出了积极贡献。上海票据交易所的数据显示,2020年第一季度,批发零售业票据签发背书量占比为40.3%,位于各行业之首。2021年,疫情已进入常态化可控阶段,批发零售行业市场恢复活力,未来几年居民收入水平整体上仍处于较快上升阶段,居民消费总量和结构都有很大的提升空间,批发零售行业市场规模将持续扩大。早在2018年与2019年,批发零售业票据签发背书量占比就已超过了40%,商业汇票成为批发零售业重要的融资手段之一。在以国内大循环为主体的方针政策下,批发零售业企业必然与票据市场进一步相互促进、共同发展。对于我国批发零售大省广东而言,2020年批发零售业增加值占全国的比重高达11.1%,但票据承兑发生额与地区生产总值的比值仅为16.15%①(利用2019年数据测算),远远低于其他经济强省。广东批发零售业亟须加强使用票据的意识,将票据相关工具产品与批发零售业特点相结合,在助力解决

---

① 肖小和,余显财,金睿,柯睿.关于"十四五"期间推动广东省制造业票据业务发展的研究[EB/OL].[2021-05-07].陆家嘴金融网.

批发零售业企业融资难题的同时推动票据业务发展。

二、以增值税为基础的广东批发零售行业票据承兑总量测算

2016年"营改增"完成，扩大了增值税的适用范围，商业银行和监管机构普遍把销售方开具的增值税发票作为审核贸易背景真实性的主要依据之一，缴纳了增值税的企业理论上都有条件开具商业汇票，这为大力发展承兑业务提供了良好的条件[①]。如图1所示，2016年前，累计签发商业汇票与批发零售业商品销售额的比重一直处于较为稳定的状态（42%左右）。2016年"营改增"完成导致增值税增加，同时，监管机构对企业出票承兑环节加强了真实贸易背景的审查，无真实贸易背景的融资性票据被逐步挤出市场。2016年后的承兑量有短暂下滑，近年该比重再次稳定在25%左右。随着居民生活水平的提高和消费能力的增强，批发零售业的规模会继续扩大，对票据工具的使用也将更加频繁。下面测算广东批发零售行业理论上可开具的最大承兑汇票量并与市场运行的实际情况做比较，探究商业汇票在广东批发零售业中的应用潜力，从而让票据服务于实体经济，服务于广东批发零售业的发展。

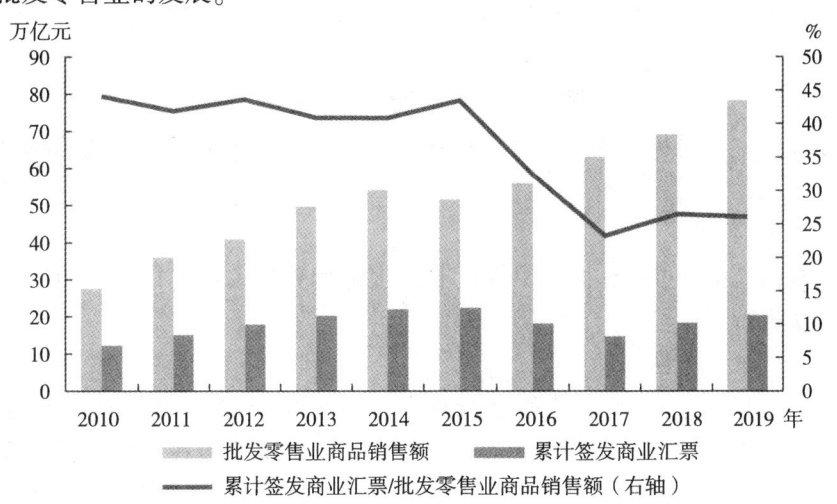

图1 2010—2019年批发零售业商品销售额与票据签发量情况

（资料来源：国家统计局，《中国货币政策执行报告》）

---

① 肖小和，余显财，金睿，柯睿. 我国增值税政策对承兑汇票发展的影响研究[J]. 河北金融，2020（7）：44-50.

1. 承兑总量可能性分析之模型假设

假定市场中存在 n 种产品，不含税价格分别为 P_i 元，数量分别为 Q_i ($i=1, 2, \cdots, n$)。

第 i 种商品需要经过增值的次数为 K_i 次，其中，第 j 次（$j=1, 2, \cdots, K_i$）增值后的不含税价格为 P_{ij}，此时的中间品数量为 Q_{ij}，最终价格为 P_i，即 $P_{iK_i}=P_i$，$Q_{iK_i}=Q_i$。

假定第 i 种商品的第 j 次增值所需缴纳的增值税税率为 X_{ij}，则含税价格为 $P_{ij} \times (1 + X_{ij})$。

基于上述假设，则第 i 种商品的第 j 次增值银行可签发的汇票为

$$P_{ij} \times Q_{ij} \times (1 + X_{ij})$$

理论上市场可以签发的商业汇票累计为

$$\sum_{i=1}^{n} \sum_{j=1}^{K_i} P_{ij} \times Q_{ij} \times (1 + X_{ij})$$

在我国现行税率制度下，主要存在三档增值税税率，分别为6%、9%、13%，因此，X_{ij} 的取值为6%或9%或13%。但实际市场中的产品种类及对应的增值次数无法统计。因此考虑根据企业实际缴纳的增值税税额进行计算，将企业分为几类，按照2019年版增值税税率计算，由增值税计算公式可知：

$$增值税 = 销项税额 - 进项税额 \tag{1}$$

销项税额（或进项税额）= 含税销售收入 ÷ (1+税率) × 税率 = 销售额 × 税率

$$\tag{2}$$

2. 具体测算

根据模型，可计算批发零售行业的理论承兑最大值，我们利用以下三种方法进行测算。

（1）测算方法一

我们将前文的理论模型进行简化，仅聚焦于批发零售行业企业增值，其每次增值后的可开票额为不含税销售额加上增值税税额，批发零售行业增值税税率为13%，因此，批发零售业全年理论可开票额 = 全部批发零售业企业全年销售额 × (1+13%)。

2019年广东省限额以上批发零售业企业商品销售额为101582.54亿元，由此计算的理论承兑汇票量为114788.3亿元（101582.54×(1+13%)），约为11.5万亿元。其中面向最终消费者用于消费的部分无法开票，因此需将其剔除，此数据我们利用广东省社会消费品零售总额粗略估

算，2019 年为 42951.75 亿元，其增值税税率采用 13%，则批发零售行业理论承兑汇票量为 66252.8 亿元（（101582.54－42951.75）×（1＋13%）），约为 6.6 万亿元。但此方法误差较大，原因在于社会消费品零售总额包含了所有零售额，但我们不能排除具体无法用于开票的部分，导致计算结果严重偏低，而利用未排除无法开票的部分计算出的 11.5 万亿元可能偏高，因此，此方法计算出的 6.6 万亿元和 11.5 万亿元仅能作为粗略估算。

（2）测算方法二

可按照广东批发零售业增加值占全国的比重（11.1%）测算广东省批发零售行业理论承兑汇票量，2019 年全国批发零售业理论承兑汇票量为 884245.7 亿元①，扣除社会消费品零售总额后为 423186.2 亿元，由此测算出广东省批发零售业理论承兑汇票量上限为 98151.3 亿元（884245.7×11.1%），下限为 46973.7 亿元（423186.2×11.1%），上限和下限分别约为 9.8 万亿元和 4.7 万亿元。我们同样利用了广东社会消费品零售总额占全国的比重测算广东省批发零售行业理论承兑汇票量，对数据进行验证，测算方法类似且结果差异不大，此处不再赘述。

（3）测算方法三

由于批发零售行业的商品大多增值次数较低，按照模型中的假定，签发的商业汇票累计为 $\sum_{i=1}^{n}\sum_{j=1}^{K_i} P_{ij} \times Q_{ij} \times (1+X_{ij})$，我们假定批发零售行业的商品仅进行一次增值，批发零售业购进额全部用于生产增值，而销售额全部用于最终消费。当不考虑无法开票的部分时，批发零售行业理论承兑额为 $\sum_{i=1}^{n} P_{iK_i} \times Q_{iK_i} \times (1+X_{iK_i})$，此式代表批发零售行业理论承兑额为所有最终阶段的批发零售行业商品销售额与增值税税额之和。然而，我们需要排除面向最终消费者用于消费无法开票的部分。

由此我们利用批发零售业销售额减去批发零售行业增加值，即可得到上一阶段批发零售行业采购用于生产增值的总额，用此部分总额乘以相应的税率得到增值税税额，二者之和即为批发零售行业理论承兑额。

2019 年广东省限额以上批发零售业销售额为 101582.54 亿元，批发零售行业增加值为 10634.94 亿元，则理论可开具的承兑汇票量为 102770.8 亿

---

① 肖小和，余显财，金睿，柯睿. 推进"十四五"批发零售行业票据业务发展的思考 [EB/OL]. [2021-01-29]. 江西财经大学九银票据研究院.

元（（101582.54-10634.94）×（1+13%）），约为10.3万亿元。此方法严重依赖于我们的假定，即批发零售行业仅进行一次增值，因此计算结果可能存在较大误差，仅可用于参考。

（4）测算方法总结

前面的三种测算方法中，均利用限额以上企业数据进行测算，中小企业未被纳入数据，可能导致计算结果偏小。测算方法一得出的广东批发零售行业理论承兑汇票量为6.6万亿~11.5万亿元；测算方法二的计算结果为4.7万亿~9.8万亿元；测算方法三的结论为10.3万亿元。我们选取4.7万亿~11.5万亿元作为结论，并利用此结论与广东省批发零售行业票据市场现状进行比较。2019年，广东省票据承兑发生额为1.74万亿元。上海票据交易所的数据显示，全国批发零售业票据签发背书量占比为40%左右，我们利用此比例作为批发零售行业票据签发量占比，则2019年广东省批发零售行业票据承兑发生额为0.70万亿元（1.74×40%＝0.696）。与我们计算得出的理论可开票量4.7万亿~11.5万亿元存在很大差距，占比尚不足15%，商业汇票在广东省批发零售业仍有很大的应用空间。

三、推进广东批发零售行业票据业务发展的思考

建立双循环新发展格局，扩大内需，是经济高质量发展的关键所在。批发零售行业与老百姓的日常生活休戚相关，是打通国内国际双循环的重要一环。在广东批发零售行业发展票据业务，可以提高广东批发零售业相关企业流动性水平、扩张企业信用、降低企业融资利率和财务风险，是服务广东民生和实体经济的重要抓手之一。

（一）商业汇票是广东批发零售行业最理想的金融工具

商业汇票既有支付结算功能，也有扩张信用的融资功能，是广东实体企业多层次融资体系的一部分。批发零售行业属于高速周转的资金密集型行业，根据具体贸易品种和在供应链上地位的不同，行业内企业均可能存在或长或短的账期，天然有着旺盛的短期资金融通需求。一方面，批发零售行业市场化程度高、竞争激烈、行业集中度低，行业内部以中小企业居多，很难在资本市场上利用股票、债券等工具融资。另一方面，相对于银行流动资金贷款，票据市场基础设施完善，电子票据最长期限达一年，并且可以自主约定到期期限，通过企业网银签发、流转非常便捷，还可以同开户银行一事一议，满足双方约定的特定条件可获得银行承兑作为信用加

持，这些基本属性同广东批发零售业企业的短期融资需求十分契合。同时，依托上下游的真实贸易背景，票据的到期兑付具有自偿性特征，并且对于长期在银行做支付结算的广东批发零售业企业，银行可以获得稳定的大数据以帮助灵活调整、控制票据信用敞口，尽可能地创造条件为广东批发零售企业提供短期流动性支持。综合来看，批发零售业票据融资比信贷融资可获得性高，部分广东大型批发零售业企业在获得金融机构中长期信贷支持的同时，也可约定配套签发商业汇票实现短期流动性管理需要，长短结合使得票据的优势更加明显。

（二）广东批发零售行业加快推动承兑业务

票据是推动疫情期间批发零售业中小微企业复工复产、复商复贸的有力工具。对于主营业务正常、供应链上下游稳定、产品和服务市场前景良好，由于暂时性的资金链紧绷而急需短期流动性支持的广东批发零售业中小微企业，票据的特殊功能作用在疫情期间适逢其时，这也是票据运用于微观企业的最佳实践期。批发零售业企业固定资产较少，有着负债较高和资产流动性较好的特征，销售回款的速度也参差不齐，金融机构可以利用大数据精准梳理贸易流、资金流，研究不同贸易品种的整体风险和交易对手风险，力争提高票据产品在广东批发零售业企业的普及率和使用率，加快行业资金周转，降低由于临时流动性不足而导致的经营困难情况的发生率。因此，商业银行、批发零售业企业及广东政府相关部门要达成共识，各司其职，各负其责，联动推出相应措施。包括但不限于商业银行要适度降低承兑保证金比例，手续费视情况适当减免；监管部门要适度弱化对广东部分中小微企业在贴现环节贸易背景的审核；政府出资的中小微担保机构要适当提高风险容忍度等。广东批发零售业企业要积极利用政府和金融机构优惠政策，适度签发票据解决短期资金需求，把本来不能流动的应付账款显性化，金融机构应加大对批发零售业企业持有的银票和商票的贴现力度，切实提高广东批发零售业中小微企业资产负债表中资产端的流动性和变现能力。

（三）广东批发零售行业积极推动票据融资业务

2020年4月，中央提出"六保"新任务新目标，并指出保居民就业、保基本民生、保市场主体、保粮食能源安全、保产业链供应链稳定、保基层运转的重要性。批发零售业企业的正常经营与"六保"目标高度重叠，与广东老百姓的日常生活息息相关，在批发零售行业积极推动票据融资利国利民。

可以由广东相关政府部门牵头，通过全社会各方共同努力，共同推动广东批发零售行业的票据融资，缓解关乎国计民生的批发零售业企业融资难融资贵问题。第一，人民银行广东分支机构应从准备金、再贴现利率等货币政策工具方面支持批发零售业企业使用商业汇票，特别是要加大再贴现支持力度，对于符合条件的商业银行给予较低资金成本的再贴现支持，盘活广东批发零售业企业票据资产。第二，商业银行需加大科技和人力投入，为广东批发零售业企业商业汇票的开立、承兑、贴现、付款等提供优质服务。第三，银保监会在广东的分支机构应根据批发零售业企业现实情况，给予商业银行对应的差别化监管政策。第四，广东财政部门应发挥好财税优惠的外部激励作用，给予广东批发零售业企业办理商业汇票承兑、贴现等业务的税收优惠。第五，国家融资担保基金和广东地方政府担保机构，可以支持符合条件的批发零售业企业发展商业承兑汇票，可由商业银行参与尽职调查，担保机构给予一定比例的担保，人民银行划出一定比例的再贴现额度，共同发展商业承兑汇票。第六，广东批发零售业企业也要积极增强自身"体质"，聚焦主业，规范经营，注重诚信，严格遵守"恪守信用、履约付款"的结算原则，及时足额兑付到期商业汇票。第七，广东政府有关部门应尽快完善守信联合激励和失信联合惩戒机制，打击逃废债和欺诈行为。[①]

（四）广东批发零售行业要发展供应链票据业务

2020年4月24日，上海票据交易所发布《关于供应链票据平台试运行有关事项的通知》（票交所发〔2020〕58号），正式明确供应链票据平台依托现有的ECDS，与各类供应链金融平台对接，为企业提供电子商业汇票的签发、承兑、背书、到期处理、信息服务等功能，通过供应链票据平台签发的电子商业汇票简称供应链票据。供应链票据间接解决了传统电子商业汇票不可等分化的弊端，在一定程度上为票据本身的标准化做了铺垫。上海票据交易所可以鼓励广东批发零售行业链条上的核心贸易企业自建供应链平台，先行接入上海票据交易所系统，并且后续优先考虑用该供应链平台上线票据质押融资、贴现、转贴现、再贴现、供应链票据跨供应链平台流转等新功能。供应链票据依托供应链金融中的核心企业信用，金融机构可以适度提高对广东批发零售行业链条上核心优质企业的授信敞口，认真研究切实可行的针对供应

[①] 肖小和，张雯，李洁. 积极推进电子商业承兑汇票业务是有效服务中小企业的法宝[J]. 金融言行：杭州金融研修学院学报，2018，258（9）：62-65.

链票据融资的服务方案，提高供应链票据的普及程度和流转效率。

(五) 广东批发零售行业要充分利用票据创新产品的成果

广东批发零售业企业可以结合自身情况运用"票付通""贴现通"、标准化票据等创新工具，更好地发挥票据的支付结算属性和融资属性。"票付通"可以帮助广东批发零售业企业盘活账户中的小银行承兑、小金额票面、久期短、流动性差的商业汇票资产，上海票据交易所提供的这种票据见证支付功能把交易中的道德风险和操作风险降到了最低限度。"贴现通"产品可以使广东批发零售业企业的开户银行充当票据贴现的中介，有"贴现通"业务撮合资质的商业银行可以帮助广东批发零售业企业将账户中的商业汇票以最低的价格、最快速的方式在全市场范围内实现变现。

标准化票据是以票据作为底层资产的债券，可以连通票据市场和债券市场，有利于发挥债券市场投资者的专业投资和定价能力，增强票据融资功能和交易规范性。从2020年6月中国人民银行发布的《标准化票据管理办法》中可以看出标准化票据被定性为货币市场工具，且具备资管新规中"标准化债权资产"的特征和属性，如未来被认定为标准化债权资产，则在投资市场上也将受到包括货币基金和债券基金在内的资管产品的青睐。标准化票据产品的发展有望为广东批发零售业企业引入"源头活水"，提高广东批发零售行业供应链上下游核心企业商业承兑汇票资产的流动性。目前由于信贷市场和货币市场相互割裂，融资利率尚未实现完全市场化，同一企业主体在银行间市场发行短期融资券的利率明显低于其承兑的商业承兑汇票贴现利率，通过相应存托机构创设批发零售行业核心企业签发的标准化票据可以降低供应链上中小企业持有核心企业签发的商业承兑汇票的成本，从而进一步为广东批发零售业中小企业融资难融资慢融资贵的现状纾困解难。

(六) 充分利用商业汇票信息披露制度，加快广东批发零售行业票据发展

为加强票据市场信用体系建设，人民银行及上海票据交易所及时推出"商业汇票信息披露平台"，按日披露承兑人承兑票据的信用情况，包括承兑发生额、承兑余额、累计逾期发生额、逾期余额，平台的推出具有里程碑意义，对降低票据市场的信息不对称意义重大。广东批发零售业企业需以发展的眼光积极参与"商业汇票信息披露平台"建设，主动披露自身财务信息和承兑的票据信息，逐步建立良好的商业汇票使用环境，提高商业

汇票接受程度和普及广度。预计上海票据交易所未来在进一步完善信息披露平台功能的同时，会继续加强机制设计，提高承兑机构信息披露的动力，实现优质承兑企业信息披露与降低其商票融资利率的良性互动。

（七）要防范批发零售行业使用票据的相关风险

风险表面上是外部环境问题，核心是风险观、业绩观、发展观问题，是风险管理体制与业务发展不尽适应的问题。"重盈利、轻风险""重指标、轻管理"的问题需要在支持广东批发零售行业发展的过程中进一步根除，坚持审慎经营的理念，坚持业务发展与风险管理能力相适应，持续推进精细化管理[①]。广东金融机构的授信审批部门需要投入人力、物力、财力做好批发零售业企业签发的电子商业汇票的票据评级这项基础工作。对于有条件签发商业承兑汇票的广东大型批发零售业企业，定性指标应参照企业主体（商票出票人）公开市场信用评级和金融机构内部评级，考虑到商票到期期限较短，定量指标的评价方法与商票出票人信用评级应有所区别，广东大型批发零售业企业短期偿债能力和盈利能力应是考察其最终票据兑付能力的重点，因此，在上述两部分指标的选项设置及评分权重上应给予一定倾斜。完善票据评级事项后，可以建立广东大型批发零售业企业白名单数据库，进一步确定对某个具体批发零售业企业的授信额度，并在票据管理系统中实时显示剩余额度，进而有效地控制最大风险敞口。同时，利用人民银行征信系统和金融同业交流会排摸企业在其他金融机构的授信使用情况，严防部分广东批发零售业企业超越自身兑付能力无序签发商票的风险事件发生。对于申请开立银行承兑汇票的广东批发零售业中小企业，商业银行应重点审核贸易背景真实性和其交易对手的履约实力，通过调节保证金比例控制单笔承兑的金额和风险敞口，在支持广东批发零售业企业融资的同时最大限度地降低逾期垫款风险事件发生的概率。

参考文献

[1] 肖小和，余显财，金睿，柯睿. 我国增值税政策对承兑汇票发展的影响研究 [J]. 河北金融，2020（7）：44-50.

[2] 肖小和，张蕾，王亮. 新常态下票据业务全面风险发展趋势与管理 [J]. 上海金融，2015（6）：89-92.

---

① 肖小和，张蕾，王亮. 新常态下票据业务全面风险发展趋势与管理 [J]. 上海金融，2015（6）：89-92.

［3］肖小和，张雯，李洁．积极推进电子商业承兑汇票业务是有效服务中小企业的法宝［J］．金融言行：杭州金融研修学院学报，2018，258（9）：62-65．

［4］肖小和，余显财，金睿，柯睿．推进"十四五"批发零售行业票据业务发展的思考［EB/OL］．［2021-01-29］．江西财经大学九银票据研究院．

推进建筑、有色金属和医药制造等行业票据业务发展的思考

肖小和　余显财　金　睿　柯　睿

一、问题研究背景与意义

上海票据交易所的数据显示，2021年上半年票据市场业务总量为84.14万亿元，同比增长8.1%。其中，承兑金额为12.30万亿元，增长5.3%；商务服务、建筑装修以及有色金属等7个主要行业用票金额合计27.17万亿元，市场占比为57.2%，较上年同期增长13.9%，增速较全市场用票金额增速高1.7个百分点。基础科学研究、生物医药行业延续上年增势，同比分别增长24.9%和16.7%。近年来票据市场保持稳定发展态势，在多数行业中票据的应用仍然具备很大潜力，因此本文将对票据使用意识较强的部分行业（如建筑、有色金属、医药制造等）进行深入研究，测算其行业签发承兑汇票的理论最大值，探讨其当下发展现状与未来市场空间之间的差异。

图1　历年商业汇票签发额及增速

（资料来源：《中国货币政策执行报告》，上海票据交易所）

二、以增值税为基础的票据承兑总量测算

2016 年"营改增"完成,扩大了增值税的适用范围,商业银行和监管机构普遍把销售方开具的增值税发票作为审核贸易背景真实性的主要依据之一,缴纳了增值税的企业理论上都有条件开具商业汇票,这为大力发展承兑业务提供了良好的条件。上海票据交易所的数据显示,2021 年上半年票据市场业务总量为 84.14 万亿元,同比增长 8.1%。其中,承兑金额为 12.30 万亿元,增长 5.3%;建筑、医药制造和有色金属等大类行业使用票据的增速较快,对上述行业的可签发承兑汇票金额上限进行理论探究可以助力行业内企业进一步挖掘票据服务实体经济的潜力。

1. 承兑总量可能性分析之模型假设

假定市场中存在 n 种产品,不含税价格分别为 P_i 元,数量分别为 Q_i ($i=1, 2, \cdots, n$)。

第 i 种商品需要经过增值的次数为 K_i 次,其中,第 j 次 ($j=1, 2, \cdots, K_i$) 增值后的不含税价格为 P_{ij},此时的中间品数量为 Q_{ij},最终价格为 P_i,即 $P_{iK_i}=P_i$,$Q_{iK_i}=Q_i$。

假定第 i 种商品的第 j 次增值所需缴纳的增值税税率为 X_{ij},则含税价格为 $P_{ij} \times (1+X_{ij})$。

基于上述假设,则第 i 种商品的第 j 次增值银行可签发的汇票为

$$P_{ij} \times Q_{ij} \times (1+X_{ij})$$

理论上市场可以签发的商业汇票累计为

$$\sum_{i=1}^{n} \sum_{j=1}^{K_i} P_{ij} \times Q_{ij} \times (1+X_{ij})$$

在我国现行税率制度下,主要存在三档增值税税率,分别为 6%、9%、13%,因此,X_{ij} 的取值为 6% 或 9% 或 13%。但实际市场中的产品种类及对应的增值次数无法统计。因此考虑根据企业实际缴纳的增值税税额进行计算,将企业分为几类,按照 2019 年版增值税税率计算,由增值税计算公式可知:

$$增值税 = 销项税额 - 进项税额 \quad (1)$$

$$销项税额(或进项税额) = 含税销售收入 \div (1+税率) \times 税率 = 销售额 \times 税率 \quad (2)$$

2. 通过主营业务收入测算票据承兑上限

我们将第一阶段的理论模型进行简化,假定单个企业增值过程共有 n 个

阶段，各个阶段不含税销售额分别为 P_1、P_2、…、P_n。

因此各个阶段所需缴纳的增值税为

$$(P_{i+1} - P_i) \times 13\%$$

各个阶段所需缴纳增值税总和为

$$\sum_{i=0}^{n-1}(P_{i+1} - P_i) \times 13\% = (P_n - P_0) \times 13\%$$

第一阶段模型中假定 P_0（初始价值量）为 0，则上式结果为 $P_n \times 13\%$，其含义是行业全年缴纳的增值税总额=最终产业的全年销售额×13%，根据我们的假定，此过程中银行可开具的承兑汇票理论最大值为（P_i 不包含增值税）

$$\sum_{i=1}^{n} P_i \times (1 + 13\%)$$

考虑到市场中所有的有色金属、建筑、医药制造业相关企业，其所能开具承兑汇票之和即为所有相关行业企业销项税额之和。我们发现 P_i 可以通过主营业务收入衡量，此时 P_i 即为企业全年的主营业务收入，对 P_i 求和即为对应行业所有企业全年主营业务收入之和（有色金属部分仅取有色金属矿采选业、有色金属冶炼和压延加工业）。

表1 有色金属、建筑、医药制造业营业收入　　　　　单位：亿元

指标	2019年	增值税税率	含税价格
有色金属矿采选业	2752.4	13%	3110
有色金属冶炼和压延加工业	53968.9	13%	60985
有色金属合计	56721.3	13%	64095
建筑	232616.2	9%	253552
医药制造业	23884.2	13%	26989

资料来源：《中国统计年鉴2020》。

我们根据2019年相关企业主营业务收入数据计算得出有色金属、建筑、医药制造业理论承兑汇票量分别为64095亿元、253552亿元、26989亿元，即6.4万亿元、25.4万亿元、2.7万亿元。此测算方法存在误差，原因主要为有色金属、建筑与医药制造业企业计算时采用的是按行业分规模以上工业企业经济指标数据，部分小型企业未纳入计算，可能造成结果偏低；而又忽略了部分企业中面向最终消费者无法开票的部分，导致结果偏高。

从整个票据市场看，2020年全年承兑金额为22.09万亿元，尚不足建

筑行业单个行业理论承兑汇票签发额。从 2021 年上半年发展情况来看，2021 年上半年承兑金额为 12.30 万亿元，同比增长 5.3%，市场维持稳步发展但远未触及理论上限，仍有很大的发展空间。从具体行业来看，由于缺乏有色金属、建筑、医药制造行业的承兑汇票签发额具体数据，无法进行具体测算。以建筑业为例，我们尝试以建筑业增加值占 GDP 的比重作为承兑汇票额的比例，2020 年建筑业增加值为 7.30 万亿元，占据 GDP（101.60 万亿元）的 7.19%，以此比例作为 2020 年签发建筑行业承兑汇票的比例，可知 2020 年建筑行业承兑汇票签发额为 1.59 万亿元（22.09×7.18%），仅占据理论最大值 25.4 万亿元的 6.26% 左右，建筑行业承兑汇票市场仍有极大的发展潜力，有色金属与医药制造行业同理。2021 年上半年三大行业的票据使用虽处于高速发展态势，但其市场空间巨大，尚远未触及理论上限。

三、加快在建筑、有色金属和医药制造行业发展票据业务

无论是建筑、有色金属还是医药制造，行业与生俱来的生产、销售周期决定了相关企业在日常支付结算中普遍存在或长或短的账期。承兑汇票期限设置灵活，票面金额也可根据实际需要而定，可以与不同类型企业的回款周期相契合。建筑、有色金属、医药制造类企业适度使用承兑汇票作为贸易结算方式可以减少资金占用，扩张商业信用，以实现更好更快的高质量发展。

（一）票据契合建筑、有色金属和医药制造行业的短期融资需求

票据既有支付结算功能，也有扩张信用的融资功能，理应是我国多层次融资体系的一部分。股票、债券等资本市场直接融资工具只适用于金字塔尖的少数大型企业，多数中小企业在公开市场没有评级，不适宜在资本市场大规模融资。同样，相对于银行贷款，票据市场基础设施完善，电子票据最长期限达一年，并且可以自主约定到期期限，通过企业网银签发、流转非常便捷，还可以同开户银行一事一议，满足双方约定的特定条件可获得银行承兑作为信用加持，这些基本属性同中小企业的短期融资需求十分契合。同时，依托上下游的真实贸易背景，票据的到期兑付具有自偿性特征，并且对于长期在某家银行做基础支付结算的企业，银行可以获得稳定的大数据以帮助灵活调整、控制票据信用敞口，尽可能地创造条件为建筑、有色金属、医药制造业企业提供短期流动性支持。综合来看，中小企

业的票据融资比信贷融资可获得性高，三大行业中的企业在获得金融机构中长期贷款的同时，也可约定配套签发票据实现短期流动性管理需要，长短结合使得票据的优势更加明显。

（二）加大对三大行业票据承兑、贴现、再贴现业务的支持力度

我国正处于城市化进程的中后期，人口老龄化趋势明显，建筑、有色金属、医药制造这三大行业的企业在新形势下面临转型升级。票据承兑业务应该顺应时代发展的潮流，各市场参与主体可以抓住转型机遇期，强化在三大行业的票据业务。建筑、有色金属、医药制造的研发、生产周期普遍偏长，销售回款的速度也参差不齐，金融机构可以根据行业企业不同的发展阶段和发展特点把票据承兑业务嵌入企业的日常经营管理流程，提高票据产品在相关企业中的普及率和使用率，加快行业资金周转，降低由于临时流动性不足而导致的经营困难情况的发生率。

票据市场是我国货币市场的重要组成部分，企业持有的票据在商业银行申请直贴时，票据是连接商业银行和实体经济的纽带，信贷属性明显；已贴现的票据在上海票据交易所平台流转时，票据是商业银行在货币市场相互融通资金的媒介，资金属性明显。票据这种可以将实体经济和货币市场连接在一起的特殊功能让其成为人民银行货币政策向实体经济传导的最优工具之一。商业银行要重视开户结算企业的行业分类工作，把票据资金规模更多配置在建筑、有色金属、医药制造业企业贴现业务上，在控制实质风险的基础上尽可能简化相关企业申请贴现的流程，投入行内资源、发挥科技力量开发票据"秒贴"系统，提高放款效率，优化企业用票体验。另外，要发挥票据转贴现市场流转功能，让企业的票据贴现利率向同期限货币市场利率靠拢，切实降低企业的贴现成本以让利实体经济。

再贴现是中央银行货币政策工具箱中为数不多的调节信贷结构的工具之一，可以发挥定向精准滴灌的功能，引导货币信贷资金投向，有针对性地解决经济运行中的突出问题。2017年9月，上海票据交易所推出的再贴现业务系统上线运行后，大大提高了人民银行各地分支机构再贴现业务的办理效率和灵活性，也为人民银行更精准、高效地发挥再贴现政策引导市场利率和优化资源配置创造了条件。首先，可以考虑进一步扩大再贴现操作规模并调整再贴现利率，督促引导商业银行梳理基础资产，优先选择出票人和贴现申请人是建筑、有色金属、医药制造业企业的票据作为再贴现操作的前提条件。其次，人民银行还可以把再贴现资源向建筑、有色金属、医药制造这三大行业中大型企业签发的商业承兑汇票倾斜，鼓励核心企业

在其主导的供应链上推广使用商业承兑汇票进行支付结算，有人民银行作为最终再贴现人可以提高供应链上中小企业商业票据融资的可获得性并能切实有效降低商业承兑汇票的融资成本。

（三）票据是三大行业中小微企业管理流动性的有力工具

票据是推动疫情后建筑、有色金属、医药制造业中小微企业复工复产、复商复贸的有力工具。对于主营业务正常，产品和服务市场前景良好，由于暂时性的资金链紧绷而急需短期流动性支持的中小微企业，票据的特殊功能作用在这个时期正是适逢其时，这也是票据运用于微观产业的最佳实践期。面对房地产、基础设施建设放缓的宏观环境，建筑业企业面临需求缩减、资金流紧张的情况，出票企业愿意开票以缓解财务上的困难，而收票企业收到票据后也会选择快速支付或变现，票据是非常高效的金融工具。因此，商业银行、企业及相关部门要达成共识，各司其职，各负其责，联动推出相应措施，包括商业银行要适度降低承兑保证金比例，手续费视情适当减免，监管部门对于保证金占存款比例应适度宽松。建筑、有色金属、医药制造业企业可以积极签发票据解决短期资金需求，把本来不能流动的应收账款显性化，金融机构应加大对三大行业企业持有银票和商票的贴现力度，切实提高中小微企业资产负债表中资产端的流动性和变现能力。

（四）鼓励建筑、有色金属、医药制造行业使用标准化票据融资

标准化票据是以票据作为底层资产的债券，可以连通票据市场和债券市场，有利于发挥债券市场投资者的专业投资和定价能力，增强票据融资功能和交易规范性。从2020年6月中国人民银行发布的《标准化票据管理办法》中可以看出标准化票据被定性为货币市场工具，且具备资管新规中"标准化债权资产"的特征和属性，如未来被认定为标准化债权资产，则在投资市场上也将受到包括货币基金和债券基金在内的资管产品的青睐。标准化票据产品的发展有望为建筑、有色金属、医药制造业企业引入"源头活水"，提高三大行业中核心企业供应链上下游商业承兑汇票资产的流动性。通过相应存托机构创设建筑、有色金属、医药制造业企业签发的标准化票据可以降低供应链上中小企业持有核心企业签发的商业承兑汇票的成本，从而进一步为中小企业融资难融资慢融资贵的现状纾困解难。

（五）加大对建筑、有色金属、医药制造行业供应链票据支持

2020年4月24日，上海票据交易所发布《关于供应链票据平台试运行有关事项的通知》（票交所发〔2020〕58号），正式明确供应链票据平台依

托现有的 ECDS，与各类供应链金融平台对接，为企业提供电子商业汇票的签发、承兑、背书、到期处理、信息服务等功能，通过供应链票据平台签发的电子商业汇票简称供应链票据。供应链票据间接解决了传统电子商业汇票不可等分化的弊端，在一定程度上为票据本身的标准化做了铺垫。2021年8月27日，上海票据交易所通过线上直播形式举办了供应链票据平台上线发布会暨签约仪式。供应链票据平台新版本上线后，新增企业585家，覆盖制造、批发、零售、建筑、技术服务、商务服务、交通运输等多个行业，供应链票据业务量累计突破110亿元。可以鼓励建筑、有色金属、医药制造类优质核心企业自建供应链平台，先行接入上海票据交易所相关系统，并且后续优先考虑用建筑、有色金属、医药制造供应链平台上线票据质押融资、贴现、转贴现、再贴现、供应链票据跨供应链平台流转等新功能。供应链票据依托供应链金融中的核心企业信用，金融机构可以适度提高对优质核心企业的授信敞口，认真研究切实可行的针对供应链票据融资的服务方案，提高供应链票据的普及程度和流转效率，利用供应链票据服务三大行业，提升三大行业商业信用的积极作用。

（六）加大建筑、有色金属、医药制造行业应收账款票据化力度

2019年6月，人民银行行长易纲在"陆家嘴论坛"上提出要推动应收账款票据化，这是完善上海国际金融中心建设的重要推进事项之一。建筑、有色金属、医药制造业企业的账期普遍偏长且应收账款占资产总额的比例高，直接导致了行业内中小企业短期流动性紧张，部分建筑、有色金属、医药制造业企业在财务压力下被迫进行民间融资，被高额利息拖死的现象屡有发生。应收账款和商业承兑汇票在供应链上使用场景相似，两种业务都是依托核心企业服务上下游中小微客户，旨在促进整个供应链企业发展、提升生态圈实力、推动产业集聚、加快产业转型升级。长期以来，应收账款确认、流转比较困难，保理的成本也比较高。而商业汇票具有法律体系完善、基础设施先进、全流程电子化操作、期限灵活、流转和融资及交易均比较方便的优势。以商业银行为代表的金融机构要努力搭建内部票据业务系统平台、缩短决策流程、突破信贷业务属地化管理的制度瓶颈，尽早实现对优质建筑、有色金属、医药制造业企业的授信全覆盖，针对不同行业细分领域的特殊情况做区别对待，争取在摸索中尽快实现风险定价，真正做到电子商业汇票的流通和融资比应收账款更方便、成本更低并能实现银企双赢的高质量可持续发展。

（七）加大对三大行业承兑融资的风险控制

风险表面上是外部环境问题，核心是风险观、业绩观、发展观问题，是风险管理体制与业务发展不尽适应的问题。"重盈利、轻风险""重指标、轻管理"的问题需要在支持建筑、有色金属、医药制造行业转型升级的过程中进一步根除，坚持审慎经营的理念，坚持业务发展与风险管理能力相适应，持续推进精细化管理。金融机构的授信审批部门需要投入人力、物力、财力做好建筑、有色金属、医药制造业企业签发的电子商业汇票的票据评级这项基础工作。评价建筑、有色金属、医药制造业企业定性指标应参照企业主体（商票出票人）公开市场信用评级和金融机构内部评级，考虑到商票到期期限较短，定量指标的评价方法与商票出票人信用评级应有所区别，企业短期偿债能力和盈利能力应是考察其最终票据兑付能力的重点，因此，在上述两部分指标的选项设置及评分权重上应给予一定倾斜。完善票据评级事项后，可以建立建筑、有色金属、医药制造业企业白名单数据库，进一步确定对某个企业的授信额度，并在票据管理系统中实时显示剩余额度，进而有效地控制最大风险敞口。同时，利用人民银行征信系统和金融同业交流会排摸白名单内企业在其他金融机构的授信使用情况，严防部分企业超越自身兑付能力无序签发商票的风险事件发生。

参考文献

［1］肖小和，余显财，金睿，柯睿．我国增值税政策对承兑汇票发展的影响研究［J］．河北金融，2020（7）：44-50.

［2］肖小和，张蕾，王亮．新常态下票据业务全面风险发展趋势与管理［J］．上海金融，2015（6）：89-92.

推进汽车行业票据业务发展的思考

肖小和　余显财　金　睿　柯　睿

一、问题研究背景与意义

根据国家统计局对汽车行业的定义，汽车行业为所有生产和销售各类汽车如乘用车、商用车及其零部件等汽车产品的企业总和，汽车制造业包括汽车整车制造、汽车发动机制造、改装汽车制造、低速汽车制造、电车制造、汽车车身与挂车制造、汽车零部件及配件制造7个子行业。汽车工业在国民经济中具有重要地位，对一国经济和一地经济能产生巨大的拉动效应，汽车工业每增加1个百分点的产出能够带动整个国民经济增加10个百分点的产出。汽车工业可以带动钢铁、冶金、橡胶、石化、塑料、玻璃、机械、电子、纺织等诸多相关行业，可以延伸到维修服务业、商业、保险业、交通运输业及路桥建筑等许多相关行业，可以吸纳各种新技术、新材料、新工艺、新装备，可以形成相当的生产规模和市场规模，可以创造产生巨大的工业产值、利润和税收，可以提供众多的就业岗位。

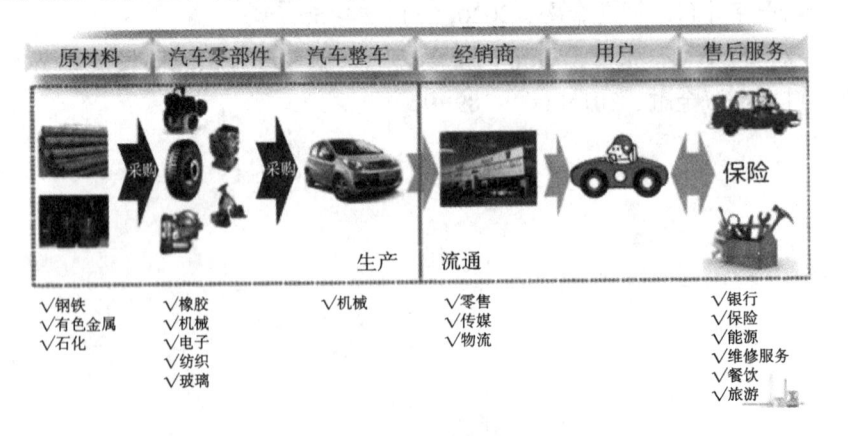

图1　汽车产业链架构

（资料来源：智研咨询）

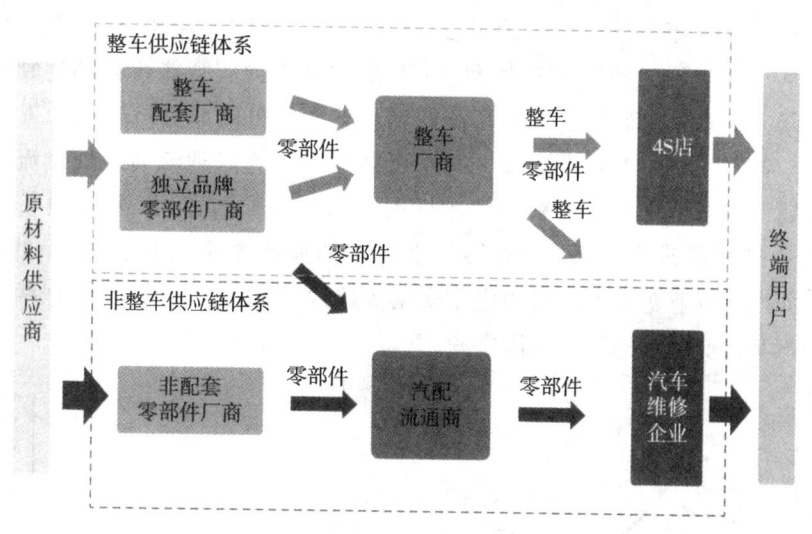

图 2　汽车产业链供应体系

（资料来源：智研咨询）

从国际上看，世界经济强国大都是汽车工业大国，如美国、日本、法国、德国等发达国家，其汽车工业产值占本国国民生产总值的比例均在10%以上。从我国的区域经济来看，一汽集团、上海汽车集团、东风汽车集团等，均以汽车产业为支柱产业，其汽车工业产值在本市总产值和国民生产总值中都占有相当大的比例。近年来，汽车行业对工业和国民经济的贡献度稳中有升，2018年汽车行业主营业务收入在工业收入中的占比达到7.87%，较2017年上升0.54个百分点。

表 1　汽车行业与工业主营业务收入对比

年份	汽车行业主营业务收入（亿元）	增长率（%）	工业主营业务收入（亿元）	增长率（%）	汽车行业主营业务收入占比（%）
2014	66677	12.28	1094646.5	6.96	6.09
2015	70157	4.8	1103300.7	0.8	6.36
2016	80185.8	14.1	1151617.6	4.91	6.96
2017	85333.35	10.8	1164623.8	11.08	7.33
2018	80484.6	2.9	1022241.1	8.5	7.87

资料来源：国家统计局。

尽管汽车行业主营业务收入每年都在增长，占工业主营业务收入的比重也不断增加，但汽车销量近年来表现较差，近两年中国汽车市场销量连续下滑，2019年汽车市场销量为2576.9万台，同比下降8.2%。汽车行业进入从"量"到"质"的转型期，对应的是新能源、智能化自动驾驶领域的兴起，新能源汽车销量近几年高速增长，未来可能成为汽车行业发展新方向。各大厂商加大研发力度，其中可能存在应收账款流通、现金流短缺的问题，票据是汽车行业解决流动性困难的首选工具之一。根据计算，上海证券交易所汽车企业2019年年报披露的应收票据总额达到了291亿元，如汽车行业龙头上汽集团应收票据额超过了62亿元，可见票据融资已成为汽车行业融资的重要手段之一。

图3 2015—2019年中国汽车销量及增速
（资料来源：艾媒咨询）

图4 2015—2019年新能源汽车销量及增速
（资料来源：中国汽车工业协会）

汽车行业的票据管理主要围绕票据资产日常管理、票据托收、票据池内票据质押换票等展开，通过盘活票据资产来解决短期资金调剂以及供应链金融难题，提高流通效率、增加资金收益。汽车产业的供应链金融大致可分为两种：一是以主机厂为核心的生产环节的供应链金融，二是流通环节的供应链金融，分别对应汽车生产和流通两大关键环节。

（1）生产环节的供应链金融。汽车产业链的上游即汽车零部件及配件的制造企业需要购买原材料及设备进行生产，此部分成本占总成本的比重较大，然而其议价能力较弱，同时整车厂的回款账期较长，影响到企业的现金流，需要进行融资来补充流动资金，适合开展以应收账款为基础的融资。商票贴现融资是一种有效的解决途径。银行在事先审定的贴现额度内，承诺为零部件供应商持有的、汽车生产商承兑的商业承兑汇票办理贴现业务。加强商业票据的变现能力，可帮助零部件供应商快速获取资金，提高资金使用效率，减少资金占用。

（2）流通环节的供应链金融。汽车产业链的下游即专卖店、经销商等，受到汽车生产企业很大的约束，议价能力弱，一般要支付大部分或全

部采购货款，加上部分存货占用日常现金流，属于资金密集型行业，融资需求强烈。汽车经销商通过银行承兑汇票融资是一种解决短期资金饥渴的重要方式。银行与汽车经销商、整车厂签订三方协议，由银行给予汽车经销商资金支持，其签发银行承兑汇票给整车厂，生产商收到后将货物发送至第三方监管公司，并将提单或仓单交付银行，在经销商付款或支付保证金后，银行通知第三方物流公司发货。

二、以增值税为基础的汽车行业票据承兑总量测算

2016年"营改增"完成，扩大了增值税的适用范围，商业银行和监管机构普遍把销售方开具的增值税发票作为审核贸易背景真实性的主要依据之一，缴纳了增值税的企业理论上都有条件开具商业汇票，这为大力发展承兑业务提供了良好的条件[①]。每年的《中国货币政策执行报告》指出，从行业结构看，企业签发的银行承兑汇票余额集中在制造业、批发零售业。同时上海票据交易所的数据显示，2017年的承兑业务中，出票人所在行业为制造业的占比达到45.14%，2018年与2019年制造业票据签发背书量占比也都在30%左右，可见制造业承兑融资已然是一种很成熟的方式。如图5所示，2016年"营改增"完成导致增值税增加，同时，商业银行在企业出票环节加强了对真实贸易背景的审查，无真实贸易背景的融资性票据被逐步挤出市场，致使2016年与2017年承兑业务有一定下滑，观察其余年份可以看到，制造业增加值逐年增加，同时票据市场承兑汇票总签发量也呈现上涨态势。随着制造业不断发展，作为重要融资手段之一的票据也一定有很大的发展空间，而汽车行业作为制造业的重要组成部分之一，在制造业总产值中占比不断提升，有必要认真研究票据在汽车行业的推广运用，下面我们将测算汽车行业理论上可开具的最大承兑汇票量。通过理论测算与实践情况的比较，探究票据在汽车行业的应用发展潜力，力争让票据更好地服务于汽车行业的发展。

1. 测算方法一

考虑汽车行业理论最大承兑金额。2018年，国家税务总局将工业企业的小规模纳税人的年销售额标准分别由50万元和80万元统一上调至500万元。考虑到向银行申请开具承兑汇票的企业，营业额一般较高，多数为一

---

① 肖小和，余显财，金睿，柯睿．我国增值税政策对承兑汇票发展的影响研究[J]．河北金融，2020（7）：44-50．

般纳税人，适用2019年发布的13%制造业增值税税率。因此，我们将采用国家统计局的数据，汽车行业所能开具承兑汇票之和即为所有规模以上相关汽车制造企业销项税额之和，可以通过主营业务收入 P_i 近似衡量，此时 P_i 即为汽车企业全年的主营业务收入，则根据13%的增值税税率，汽车行业理论最大承兑金额为 $P_i \times (1+13\%)$，根据国家统计局的数据，2018年汽车制造业规模以上工业企业主营业务收入为80484.6亿元，则汽车行业理论最大承兑金额约为9.09万亿元（80484.6×（1+13%））。

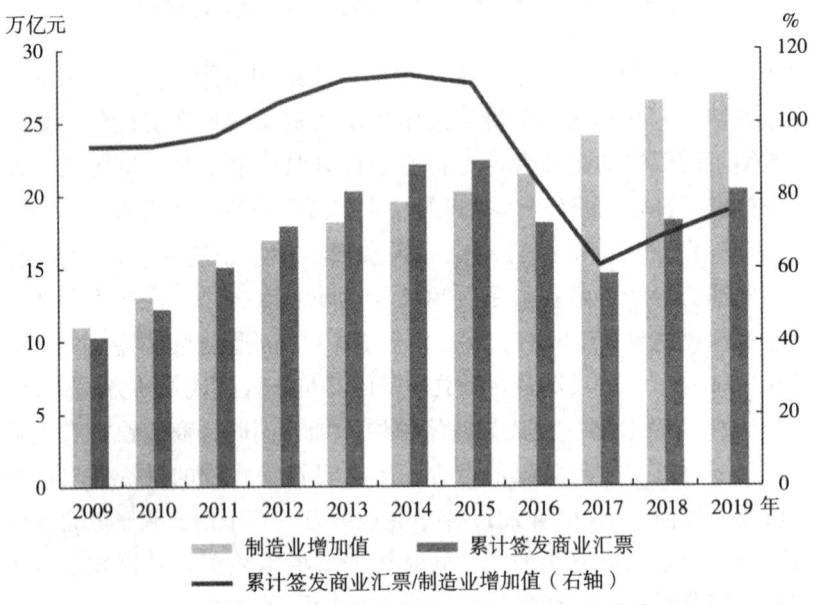

图5 2009—2019年制造业增加值与票据签发量情况

（资料来源：国家统计局）

2. 测算方法二

根据工业企业理论上可开具的承兑汇票量最大值乘以汽车行业主营业务收入在工业中的占比来计算。2018年规模以上工业企业主营业务收入约为102万亿元，根据细分行业计算出的工业企业理论可开票量约为115万亿元①（1152597.01亿元），2018年汽车行业主营业务收入在工业中的占比为7.87%，经计算得出汽车行业理论可开票量约为9.07万亿元（1152597.01×7.87%），与测算方法一中得出的结果相近。最后，我们同样根据汽车行业

---

① 肖小和，余显财，金睿，柯睿. 我国增值税政策对承兑汇票发展的影响研究［J］. 河北金融，2020（7）：44-50.

在制造业主营业务收入中的占比进行验证，计算结果不变①。

因此，我们根据 2018 年汽车行业主营业务收入数据计算出的理论承兑汇票量约为 9.1 万亿元。此测算方法存在误差，原因主要为计算采用的是按行业分规模以上工业企业经济指标数据，导致部分小型企业未纳入计算，可能造成结果偏低，而又忽略了部分企业直接面向最终消费者无法开票的部分，导致结果偏高。

根据上海票据交易所的数据，2018 年全年承兑汇票签发量估计值为 18.27 万亿元，而制造业用票量占比在 30% 左右，由此可计算出制造业承兑汇票量约为 5.48 万亿元（18.27×30%），而汽车行业在制造业中的占比为 8.88%，由此可得汽车行业承兑汇票量应当为 0.49 万亿元（5.48×8.88%），与我们计算得出的 9.1 万亿元存在很大差距，占比仅为理论最大值的 5.38%，汽车行业企业承兑汇票的签发仍有巨大的发展空间和潜力。

三、加快发展汽车行业票据业务的研究

（一）票据是汽车行业理想的短期融资工具

票据既有支付结算功能，也有扩张信用的融资功能，理应是我国多层次融资体系的一部分。股票、债券、ABS 等融资工具只适用于汽车行业内少数大型企业，多数中小汽车制造企业和贸易企业在公开市场没有评级，无法在资本市场获得融资。票据市场基础设施完善，通过企业网银签发、流转非常便捷。电子票据最长期限达一年，并且可以自主约定承兑期限，还可以同开户银行一事一议，满足双方约定的特定条件可获得银行承兑作为信用加持，这些基本属性同汽车行业企业的短期融资需求十分契合。同时，依托汽车产业链上下游的真实贸易背景，票据的到期兑付具有自偿性特征，并且对于长期在某家银行做基础支付结算的汽车类企业，银行可以获得稳定的大数据以帮助灵活调整、控制票据承兑环节信用敞口，尽可能地创造条件为汽车行业企业提供短期流动性支持。综合来看，汽车行业企业的票据融资比股权融资、债券融资可获得性高，汽车行业企业在获得中长期融资的同时，也可配套签发票据实现短期流动性管理需要，长短结合使得票据的优势更加明显。

---

① 肖小和，等. 疫情后加快在制造业推动票据业务发展的思考［N］. 证券时报，2020-06-12（002）.

（二）汽车行业要以供应链为抓手运用好票据

经过几十年的发展，我国已经形成从钢铁、有色金属、石化、玻璃等原材料到汽车零部件、汽车整车、汽车销售等完善的汽车供应链。汽车供应链上各环节普遍存在一定期限的账期，可通过整合供应链上的资金流、信息流、物流，联合参与汽车供应链的各类主体及外部服务企业，共同实现快速响应链上企业的金融需求，最终实现共同的价值创造。供应链金融具有运作闭合性、自偿性、连续性的特点，与链上企业的日常业务结合紧密，风险可控度高，是金融机构与汽车行业企业合作的有力抓手。商业汇票既可以在汽车供应链企业之间背书转让支付债务，又可以向商业银行申请贴现快速回笼资金。供应链金融实务操作中包含应收账款融资、订单融资、预付账款融资、存货融资等，这些业务天然跟商业汇票的基本属性契合度很高。可以最大限度地发挥汽车供应链核心企业的带动作用，推动集团内部企业和上下游企业积极使用商业汇票。一方面，汽车供应链核心企业通过签发商票可以减轻日常运营中对现金的占用，通过在供应链中的优势地位获取无成本的商业信用来进一步发展壮大。商业汇票能够最大限度地抵销汽车供应链上下游企业的应收应付款，优化企业财务报表结构。另一方面，汽车供应链上的中小微企业面临着融资难融资贵问题，信用贷款可获得性低。票据作为标准化的权利凭证，通过背书转让可以将汽车产业中的核心企业信用传递至供应链的各个层级，尤其是汽车供应链末端聚集的大量小微企业，持有汽车产业核心企业商业承兑汇票可以帮助小微企业获得高等级的信用，把核心企业商业承兑汇票单独拿出来向金融机构融资可以降低成本。与流动资金贷款相比较，商业承兑汇票签发快速方便，可以用来作为日常支付结算的工具，流动性高，期限灵活，可针对性解决中小微企业融资"短、频、急"的问题，大幅提高资金使用效率，减少贷款资金闲置的财务成本。

（三）汽车行业要加强承兑贴现票据业务推动工作

我国汽车产业正处于向新能源、智能化转型的战略机遇期，可以运用商业汇票这个抓手做好流动性管理。票据承兑业务应该顺应时代发展的潮流，各市场参与主体可以抓住转型机遇期，加强汽车产业领域的票据业务。汽车行业的研发、生产周期普遍偏长，销售回款的速度也参差不齐，金融机构可以根据各汽车子行业不同的发展阶段和发展特点把票据承兑业务嵌入汽车行业企业的日常经营管理流程，提高票据产品在汽车行业企业中的

普及率和使用率，加快行业资金周转，降低由于临时流动性不足而导致的经营困难情况的发生率。

票据市场是我国货币市场的重要组成部分，汽车行业企业无论生产商或是销售商签发票据支付给上游企业都可以扩张自身信用，缓解短期资金紧张；持有的票据在商业银行申请直贴可以快速回笼资金。票据是连接商业银行和汽车行业的纽带，信贷属性明显。多数汽车产业链上的中小企业流动性稀缺，有风险敞口的贷款可获得性低，成本高。金融机构需要花硬功夫把本职工作做深做细，重视开户结算企业的行业分类工作，加大对优质汽车行业企业票据承兑的力度，同时把票据资金规模更多配置在汽车行业企业贴现业务上，在控制实质风险的基础上尽可能简化汽车行业中小微企业申请贴现的流程。投入人财物资源、发挥科技力量开发票据简易贴现系统，提高放款效率，优化汽车行业企业用票体验。另外，要发挥票据转贴现市场流转功能，让汽车行业企业的票据贴现利率向同期限货币市场利率靠拢，切实降低汽车行业企业的贴现成本以支持汽车产业发展。

（四）汽车行业要以商业承兑汇票信息披露为契机，提高商业承兑比重

长期以来，商业承兑汇票信息不对称、不透明是制约商票市场发展的重要因素之一。为加强票据市场信用体系建设，2020年1月15日上海票据交易所发布《关于商业汇票信息披露平台试运行有关事项的通知》，于2020年1月16日上线试运行商业汇票信息披露平台，标志着商业汇票尤其是商业承兑汇票在信息透明度提升的道路上迈出重要一步。汽车行业应充分抓住商票信息披露的契机，利用上海票据交易所的官方信息披露平台，向市场各参与主体公开企业财务状况、竞争优势，以便充分利用商业承兑汇票的优势，拓宽企业融资渠道，支持实体经济发展，回归金融支持汽车产业经济的本源。初期可选择汽车行业内的大中型企业集团为突破口，在集团内部和供应链上下游企业推广使用商业承兑汇票，以点带面逐步推进商业承兑汇票发展。提高汽车行业商业承兑汇票的比重，一方面可以减轻汽车产业整体的财务负担，增强汽车行业企业短期财务流动性；另一方面也可以化间接融资为直接融资，防止汽车产业的宏观风险过度集中在以商业银行为代表的金融体系内部。汽车行业可以加强与上海票据交易所的合作，预想上海票据交易所在进一步完善信息披露平台功能的同时，通过机制设计提高汽车行业承兑机构信息披露的动力，实现优质汽车行业承兑企业信息披露与降低其商票融资利率的良性互动。而对于市场参与主体来说，以往众多市场参与者不敢深挖商票是因为无法识别商票的风险，商业汇票信息披露平台可以不断提高商票市场

信息透明度，尽可能降低各方之间的信息不对称程度，未来商业银行、非银机构、资管产品、企业投资汽车类商票会更有动力，可以大幅提升汽车商票市场的流通性。

(五) 汽车行业可以发挥科技的作用，运用区块链、大数据技术发展票据业务

2018年1月25日，上海票据交易所成功上线并试运行数字票据交易平台。工商银行、中国银行、浦发银行和杭州银行在该平台顺利完成基于区块链技术的数字票据签发、承兑、贴现和转贴现业务。这个平台是根据中国人民银行的安排部署，上海票据交易所会同人民银行数字货币研究所，组织中钞信用卡公司、工商银行、中国银行、浦发银行和杭州银行共同开展的，是区块链技术应用于票据金融市场基础设施的一项重要举措，充分利用了区块链技术的开放性和不可篡改性，来保障票据交易合规化进行。汽车行业作为引领科技发展的代表行业之一，可以积极发挥科技的作用，运用区块链、大数据等技术，最大限度地利用票据为行业服务。汽车行业签发使用区块链票据有以下几点好处。一是可以解决票据真实性问题。从票据发行即对全网所有业务参与方进行告知，当检验数字票据是否被转让或者篡改信息时，区块链可以提供无可争议的一致性证明。二是采用区块链的分布式计算架构，可以节约很多资源，更加高效、便捷地实现票据价值流转，通过构造托管于智能合约的用户池，还可以创造出实时融资等新的业务场景。三是保障交易安全。构建了"链上确认及结算"的交易方式，为实现与支付系统的对接做好了准备，进一步杜绝票据背飞、打飞，同时也能消除部分汽车行业企业用票需求被票据中介渗透的乱象。

(六) 汽车行业可以抓住票据创新的机遇

流通是票据的生命力所在，针对中小企业票据流转不畅、缺乏信任的难点，上海票据交易所推出了具有针对性的创新产品"票付通"，提高了票据市场的流通效率。在票据资产标准化方面，上海票据交易所创造性地推出了等分化、可交易的标准化受益凭证"标准化票据"，推动了票据融资机制创新，促进了票据市场与债券市场的联动发展。在服务中小微企业方面，推出了"供应链票据平台"，为应收账款票据化提供了新的渠道。汽车行业可以充分运用好上海票据交易所开发的创新票据产品，尤其是核心龙头企业可以发挥表率带头作用在产业链上先行先试。使用"票付通"产品可以盘活汽车产业链上下游企业持有的票据资产；部分票据使用量大、使

用频繁的企业可以委托存托机构归集期限相近、核心要素相似的票据资产发行"标准化票据"进行融资；大型汽车行业核心企业争取与上海票据交易所建立供应链平台，合作发行"供应链票据"，推动上下游企业应收账款票据化，以便汽车行业中小企业更方便地使用票据进行流动性管理、优化资产负债结构和向金融机构融资做大做强。央企也可充分利用"企票通"平台，加快商业承兑票据支付、融资等业务的发展，减少成本支出，提高资金使用效率。

（七）要防范汽车行业票据风险

风险表面上是外部环境问题，核心是风险观、业绩观、发展观问题，是风险管理体制与业务发展不尽适应的问题。"重盈利、轻风险""重指标、轻管理"的问题需要在支持汽车行业转型升级的过程中进一步根除，坚持审慎经营的理念，坚持业务发展与风险管理能力相适应，持续推进精细化管理。建立汽车行业票据风险管理机制是重要一环。同时要健全金融机构对汽车产业票据融资考评机制，提高内部风险管理水平，建立汽车产业合意融资人白名单制度和授信总额管理制度，严防多头授信、粗放经营。支持汽车产业票据融资，绝不是放松风险管控，绝不是降低提供流动性的标准，而是要"稳"字当头，不断改进风险管理模式，增强风险识别掌控能力，加强金融机构从业人员的内控合规管理，严格防范道德风险。

我国增值税政策对承兑汇票发展的影响研究[①]

肖小和 余显财 金 睿 柯 睿

一、增值税政策变化前承兑汇票市场状况

(一) 增值税政策演变回顾

1979年，增值税开始进入我国税制体系；2019年，共和国迎来70华诞，增值税也在我国迎来了崭新面目。其中，1994年，我国采取了生产型增值税办法；2004年7月1日，增值税转型在东北三省的装备制造业等八大行业进行试点；2009年1月1日，在全国范围内实施增值税转型改革，将购进固定资产纳入增值税抵扣范围。从2012年1月1日在上海部分行业开展营业税改征增值税试点至今，我国坚持减税与完善税制并重，通过"十大步"改革不断向现代增值税制度迈进。2019年4月1日实施的深化增值税改革，将制造业等行业的适用税率由16%降至13%，将交通运输、建筑等行业的适用税率由10%降至9%。未来我国将进一步完善增值税制度，向三档税率并两档的方向改革。

(二) 汇票承兑要求及承兑总量可能性分析

1. 汇票承兑要求

《票据法》约定了票据的基础关系，其中第十条第一款规定"票据的签发、取得和转让，应当遵循诚实信用的原则，具有真实的交易关系和债权债务关系"。票据的取得，必须给付对价，即应当给付票据双方当事人认可的相对应的代价。人民银行1997年出台的《商业汇票承兑、贴现与再贴现管理暂行办法》（银发〔1997〕216号）第十条第二款规定"向银行申请承兑的商业汇票出票人，必须资信状况良好，具有支付汇票金额的资金来源"。商业银行在签发商业汇票的实务操作中，严格按照《票据法》和人民银行的相关规定，认真审核企业上下游的贸易背景，并把企业开具的相关增值税专用发票作为认定贸易背景真实性的重要参考依据之一。因此增值税的税价总量是可签发商业汇票总量的理论上限，测算全量企业一年内开

具增值税专用发票的税价总额，具有一定的研究参考意义。

2. 承兑总量可能性分析

下面根据可获得的统计数据建立测算增值税税价总量的理论模型，模型假设如下：

（1）假定市场中存在 n 种产品，不含税价格分别为 P_i 元，数量分别为 Q_i（$i=1, 2, \cdots, n$）。

（2）第 i 种商品需要经过增值的次数为 K_i 次，其中第 j 次（$j=1, 2, \cdots, K_i$）增值后的不含税价格为 P_{ij}，此时的中间品数量为 Q_{ij}，最终价格为 P_i，即 $P_{iK_i}=P_i$，$Q_{iK_i}=Q_i$。

（3）假定第 i 种商品的第 j 次增值所需缴纳的增值税税率为 X_{ij}，则含税价格为 $P_{ij} \times (1+X_{ij})$。

基于上述，则第 i 种商品的第 j 次增值银行可签发的汇票为

$$P_{ij} \times Q_{ij} \times (1+X_{ij})$$

理论上市场可以签发的商业汇票累计为

$$\sum_{i=1}^{n} \sum_{j=1}^{K_i} P_{ij} \times Q_{ij} \times (1+X_{ij})$$

在我国现行税率制度下，主要存在三档增值税税率，分别为6%、9%、13%，因此，X_{ij} 的取值为6%或9%或13%。但实际市场中的产品种类及对应的增值次数无法统计。因此考虑根据企业实际缴纳的增值税税额进行计算，将企业分为几类，按照2019年版增值税税率计算，由增值税计算公式可知：

$$增值税 = 销项税额 - 进项税额 \quad (1)$$

销项税额（或进项税额）= 含税销售收入 ÷（1+税率）× 税率 = 销售额 × 税率

$$(2)$$

此外我们考虑到面向最终消费者的消费终端不可开票，因此将第三产业部分面向消费终端的产值剔除，具体测算如下。

（1）测算方法一

第一种测算方法考虑三大产业增值特点，根据其不同的特点分别进行测算。

考虑到第一产业主要指生产食材以及其他一些生物材料的产业，2018年全年增加值为64734.0亿元，在国民总收入896915.6亿元中仅占据7.22%的份额，而且多数为小规模纳税人，不具备银行为其开承兑汇票的能力，因此不将其纳入计算。

考虑到第三产业主要为服务业，而且多数为一次性增值业务（金融业不可开具承兑汇票），由式（2）可知，为其可开出的理想模型下的最大承兑汇票金额为

$$增加值 \times (1+增值税税率) \qquad (3)$$

批发零售业：先考虑批发零售业，其主要分为两部分，第一部分面向最终消费者用于消费，这部分主要为零售环节，代表其总量的数据为社会消费品零售总额；第二部分用于企业生产资料，这里我们假定不考虑存货等情况，周转周期为1年，因此此处的批发零售用于生产资料部分为下一年度投入，也应当投入计算。因此，应当对用于生产的部分资料单独进行计算。2018年批发零售业销售额为691162.10亿元，则批发零售业可开票额为753366.689亿元（691162.10×（1+9%））。

同样地，交通运输、仓储和邮政业可开票额为44199.718亿元（40550.2×（1+9%））；住宿和餐饮业可开票额为16984.380亿元（16023.0×（1+6%））；房地产业可开票额为65232.140亿元（59846.0×（1+9%））。

再考虑其他第三产业，交通运输、仓储和邮政业，住宿和餐饮业，房地产业的投入大多来自工业企业与市场批发零售，此部分在计算工业企业收入时已经计算（见后文），不能重复计算。而对于其增值后的销售额，由于面向最终消费者无法开票，因此无法开具承兑汇票。其余教育、科技等第三产业也同样不纳入考虑。因此，需要从中除去用于最终消费者的部分，即社会消费品零售总额380986.9亿元，假定其增值税税率采用9%，则第三产业最终的可开票额为464507.206亿元（753366.689+44199.718+16984.380+65232.140−380986.9×（1+9%））。

值得注意的是，住房消费属于投资，并不会包含于社会消费品零售总额，同时房地产企业能否开具承兑汇票尚未有定论，此处当作可开具承兑汇票计算。

第二产业大类可主要分为工业和建筑业。对于工业企业，2018年的政策将工业企业的小规模纳税人的年销售额标准分别由50万元和80万元统一上调至500万元，我们考虑银行为其开具承兑汇票的企业营业额一般较高，多数为一般纳税人，适用2019年发布的制造业增值税税率13%。因此，对所有数据我们均采用按行业分规模以上工业企业主要经济指标，至此我们将第一阶段的理论模型进行简化，假定企业增值过程共有 n 个阶段，各个阶段不含税销售产值分别为 $P_1, P_2, \cdots, P_n$，则各个阶段所需缴

纳的增值税为

$$(P_{i+1}-P_i)\times 13\% \quad (0\leqslant i\leqslant n)$$

各个阶段所需缴纳增值税之和为

$$\sum_{i=1}^{n}(P_{i+1}-P_i)\times 13\%=(P_n-P_0)\times 13\% \quad (0\leqslant i\leqslant n)$$

第一阶段模型中假定 P_0（初始价值量）为 0，则上式结果为 $P_n\times 13\%$，其含义是工业行业全年缴纳的增值税总额＝最终产业的全年产值×13%。

根据我们的假定，此过程中银行可开具的承兑汇票理论最大值为（P_i 不包含增值税）

$$\sum_{i=1}^{n}P_i\times(1+13\%)$$

我们发现 P_i 可以通过主营业务收入衡量，此时 P_i 即为企业全年的主营业务收入，对 P_i 求和即为工业所有企业全年主营业务收入之和，2018 年的数据为 1022241.10 亿元，则以主营业务收入衡量的承兑汇票最大值为 1155132.44 亿元（1022241.10×（1+13%））。

对于建筑业，采用建筑行业总收入进行测算，此处只有 2017 年的数据 194164.58 亿元，为了统一采用 2018 年的数据进行测算，我们采用 2015 年、2016 年、2017 年三年建筑行业收入平均增长率代替 2018 年收入增长率（见表 1）。

表 1 2015—2017 年建筑业主营业务收入增长率

年份	主营业务收入（亿元）	增长率
2015	191749.32	0.068709783
2016	179421.32	0.065496764
2017	168392.18	0.026683299
平均值	179854.2733	0.053629943

因此，2018 年建筑业全年收入的估计值为 202027.08 亿元（191749.32×（1+5.36%））。此收入不包含企业缴纳的增值税，因此银行可为其开具的承兑汇票最大值为 220209.5172 亿元（202027.08×（1+9%））。

因此，将第三产业、工业以及建筑业加总计算可得出 2018 年的理论承兑汇票最大值为 1837313.73 亿元（464507.206+220209.5172+1152597.01）。

此测算方法可能存在误差，原因主要有以下几个。

①第一产业占比较低,多数为小规模纳税人,不具备银行为其开具承兑汇票的能力,但完全不纳入考虑会导致理论值略微偏低;

②第三产业中可能存在大量小规模纳税人,不具备银行为其开具承兑汇票的能力与意愿,而第三产业在 GDP 中占比较高,测算中全部纳入计算会导致理论值偏高;

③第三产业中仅考虑一次性增值,可能存在多次增值情况而未纳入计算,导致理论值偏低;

④不同行业细分税率也不相同,且存在补税退税的情形,在理论计算中无法全部考虑具体情况,导致理论值偏高;

⑤工业部分计算时采用的是规模以上工业企业经济指标数据,部分小型企业未纳入计算,可能造成理论值偏低。

(2) 测算方法二

此测算方法考虑根据中间投入总价值量进行测算,不同产业通过其中间投入量计算其含税价格,将所有产业的含税价格加总,再加上其增值额,最后除去用于最终消费不可开票的部分,即为可开具承兑汇票的理论最大值。

2015 年社会消费品零售总额为 271896.1 亿元,假定其增值税税率采用 9%,则重复计算的开票量为 296366.749 亿元(271896.1×(1+9%))。

国家统计局只有各行业 2015 年中间品投入的相关数据,为统一利用 2018 年的数据进行测算,可通过 2015 年的数据估算 2018 年中间品投入数据,见表 2。通过中间品投入计算其含税价值量,为 1468819.80 亿元(已剔除金融行业数据),总投入含税价为 2210296.78 亿元,2015 年相应的理论承兑汇票量为 1913930.031 亿元(2210296.78-296366.749)。

若考虑第一产业多数为小规模纳税人,不具备开具承兑汇票的需求及能力,将第一产业剔除,则承兑汇票量为 1818454.681 亿元(1913930.031-95475.35)。

用同样的方法我们粗略计算 2017 年的数据,总投入为 2257733.52 亿元,除去金融业(数据缺失,采用 2015 年的数据粗略估算)、第一产业以及社会消费品零售总额,其含税价(税率用 9%粗略计算)为 1890213.33 亿元((2257733.53-85066.87-72264.39-366261.6)×(1+9%))。此数据即为 2017 年理论承兑汇票最大值。

假定每年的承兑汇票最大值增长率为 x,则有

$$1818454.681\times(1+x)\times(1+x)=1890213.33$$

可计算出 $x=1.95\%$。

根据计算出的增长率近似推算出 2018 年理论可开出的最大承兑汇票量为 1927072.49 亿元（1890213.33×（1+1.95%））。

表2 中间品投入（2015年）　　　　　　　　　　　单位：万元

项目	不含税价格	税率	含税价格
总投入	20814465144.50	—	22102967833.83
中间投入	14011923983.19	—	14688197968
农、林、牧、渔业中间投入	875920640.40	9.00%	954753498
采矿业中间投入	692125596.13	13.00%	782101923.6
食品、饮料制造及烟草制品业中间投入	720681733.73	9.00%	785543089.8
纺织、服装及皮革产品制造业中间投入	529031323.52	13.00%	597805395.6
其他制造业中间投入	591120933.45	13.00%	667966654.8
电力、热力及水的生产和供应业中间投入	595776871.86	9.00%	649396790.3
炼焦、燃气及石油加工业中间投入	412508395.59	9.00%	449634151.2
化学工业中间投入	1523448705.36	9.00%	1660559089
非金属矿物制品业中间投入	632122240.59	13.00%	714298131.9
金属产品制造业中间投入	1556854293.32	13.00%	1759245351
机械设备制造业中间投入	2067432169.01	13.00%	2336198351
建筑业中间投入	126172684.60	9.00%	137528226.2
运输、仓储及邮政业、信息传输、计算机服务和软件业中间投入	889768711.27	9.00%	969847895.3
批发零售贸易、住宿和餐饮业中间投入	824731077.00	6.00%	874214941.6
房地产业、租赁和商务服务业中间投入	747489553.22	9.00%	814763613
其他服务业中间投入	504095156.01	6.00%	534340865.4
增加值	6802541161.31	9.00%	7414769865.83

此测算方法存在误差，原因主要有以下两点。

①此方法将第一产业与第三产业全部纳入计算，而不能考虑部分小规模纳税人不具备银行为其开具承兑汇票的意愿及能力，导致理论值偏高；

②不同行业细分税率也不相同，且存在补税退税的情形，在理论计算中无法全部考虑具体情况，导致理论值偏高。

上述两种方法根据2019年税率对2018年经济指标进行测算，得出2018年理论承兑汇票签发量最大值为190万亿元左右，但由于测算方式、口径不同等一系列因素，两种测算方法的结果均存在一定误差，第二种测算方法涵盖范围更广，尤其是第三产业几乎所有产业均纳入计算，导致其结果高于第一种测算方法。从以上分析以及最终结果可以看出，无论采用哪种测算方法，估算出的商业汇票年承兑签发量上限为180万亿~190万亿元，而目前商业汇票年实际签发量在20万亿元左右，仍有很大的提升空间。

（三）承兑市场情况

通过查阅人民银行历年《支付体系运行总体情况》报告中披露的数据可以看出，无论是承兑笔数还是承兑金额，商业汇票每年的体量都在较快增长。从2012年至2019年，商业汇票承兑笔数年均增长6%，承兑金额年均增长2%，但是年度间波动较大，见表3。单笔承兑金额的变动反映出企业对商业汇票融资需求的变化，从承兑量和承兑金额双增，而单笔承兑金额发生波动来看，说明我国实体经济整体景气度也在波动。

表3 2012—2019年商业汇票承兑笔数和承兑金额情况

年份	承兑笔数（万笔）	承兑笔数增长率	承兑金额（万亿元）	承兑金额增长率	平均单笔承兑金额（万元）
2012	1533.33	—	16.06	—	104.74
2013	1630.67	6.35%	18.24	13.57%	111.86
2014	1842.14	12.97%	19.28	5.7%	104.66
2015	1905.71	3.45%	20.99	8.87%	110.14
2016	1656.45	-13.08%	18.95	-9.71%	114.40
2017	1648.39	-0.48%	16.77	-11.50%	101.73
2018	2076.96	25.99%	18.27	8.94%	87.96
2019	—	—	20.38	11.55%	—

（四）基本评价

2009年至2018年累计商业汇票签发量与增值税的关系如图1所示。

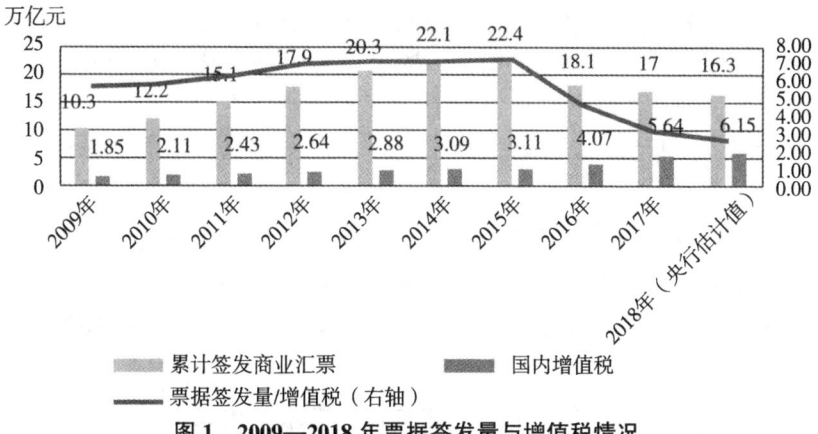

我国增值税政策对承兑汇票发展的影响研究

图1 2009—2018年票据签发量与增值税情况

可以看出，增值税一直保持稳定增长的态势，尤其是2016年实现全面"营改增"后增值税实现了跨越式增长。增值税专用发票是监管机构和商业银行认定承兑环节贸易背景真实性的重要参考依据，是企业合规开具商业汇票的基础条件。票据签发量和增值税增长在大部分年份都是正相关关系。

二、近年增值税政策变化对承兑市场影响分析

增值税税价总量的增加是商业汇票承兑量增加的必要条件，经济发展和产业结构调整是商业汇票承兑量增加的基本条件，票据监管政策的变化会在一定程度上影响商业汇票承兑量，三者密切相关。从近些年的情况来看，票据监管政策的从紧、从严抑制了无真实贸易背景的融资性票据的承兑签发，相信"挤完水分"的票据承兑市场能更加稳健地发展，从而杜绝资金空转，更好地服务实体经济高质量发展。

（一）增加增值税税收总量，为发展承兑提供了条件

目前各地银保监会分支机构都普遍加强了对企业承兑出票环节的真实贸易背景审核，客观上要求企业必须基于真实的贸易往来才能开具商业汇票向上游企业付款结算。实务操作中，商业银行和监管机构普遍把销售方开具的增值税发票作为审核贸易背景真实性的主要依据之一，国家税务总局推行的"营改增"扩大了增值税的适用行业范围，缴纳了增值税的企业理论上都有条件开具商业汇票，这为大力发展承兑业务提供了良好的条件。

（二）服务行业增值税税收变化，拓宽了承兑渠道

服务行业增值税增加，为服务业企业签发商业汇票提供了可能，交通

· 363 ·

运输、仓储和邮政、信息传输、计算机服务和软件、批发、零售等行业都在某些时间段存在一定程度的账期，除了批发行业养成了日常使用商业汇票结算、融资的习惯外，其他服务业子行业暂时还没有大规模普及使用商业汇票，服务行业的"营改增"为这些行业的企业签发商业汇票打下了基础。这些行业以中小微企业、民营企业为主，并且大多都是轻资产运作，从银行获得流动资金贷款困难，即使获得银行信贷支持，往往也需要足额抵押品抵押，融资利率很高。商业汇票承兑期限灵活，企业通过缴纳一定比例的保证金签发商业汇票向上游支付款项，正好可以解决这些服务行业企业融资难融资贵的问题。

(三) 经济发展及产业结构调整变化提高承兑需求

经济发展和产业结构调整的长期资金投入靠企业自身的股本、证券市场融资、政府相关产业基金的扶持，而短期临时的资金周转则需要依赖商业汇票，可以由政府牵头，全社会各方共同努力，共同推动转型升级的中小企业主动签发商业汇票，缓解中小企业融资难融资贵问题。可以采取以下具体措施，第一，人民银行鼓励企业使用商业汇票，从准备金、再贷款、再贴现、利率等货币政策工具方面支持中小企业使用商业汇票，特别是要加大再贴现支持力度，对于符合条件的商业银行给予较低资金成本的再贴现支持，盘活中小企业资产。第二，商业银行为中小企业商业汇票的开立、承兑、贴现、付款等环节做流程精简，提供更优质的服务。第三，银行保险监管部门根据中小企业现实情况，给予差别化监管。第四，财政部门发挥好财税优惠的外部激励作用，对中小企业办理商业汇票贴现等业务采取更优惠的税收政策。第五，2018年7月成立的国家融资担保基金，可以支持中小企业发展商业汇票，可由商业银行参与尽职调查，国家融资担保基金给予一定比例的担保，共同发展商业汇票。第六，上海票据交易所加强票据交易平台建设，使票据市场信息更加公开化、透明化，利率报价更加公开，业务处理更加方便快捷安全。国股银票转贴现收益率曲线、城商银票转贴现收益率曲线的发布以及商业汇票信息披露平台的试运行都是完善票据平台建设很有益的尝试。第七，中小企业也要积极增强自身"体质"，聚焦主业，规范经营，注重诚信，严格遵守"恪守信用、履约付款"的结算原则，及时足额兑付到期商业汇票。第八，有关部门尽快完善守信联合激励和失信联合惩戒机制，打击逃废债和欺诈行为。

(四) 2009—2018年增值税总量情况及分析

根据国家统计局的数据，2009—2018年增值税在总量上稳步增长，从

2009 年的 1.84 万亿元增长至 2018 年的 6.15 万亿元。

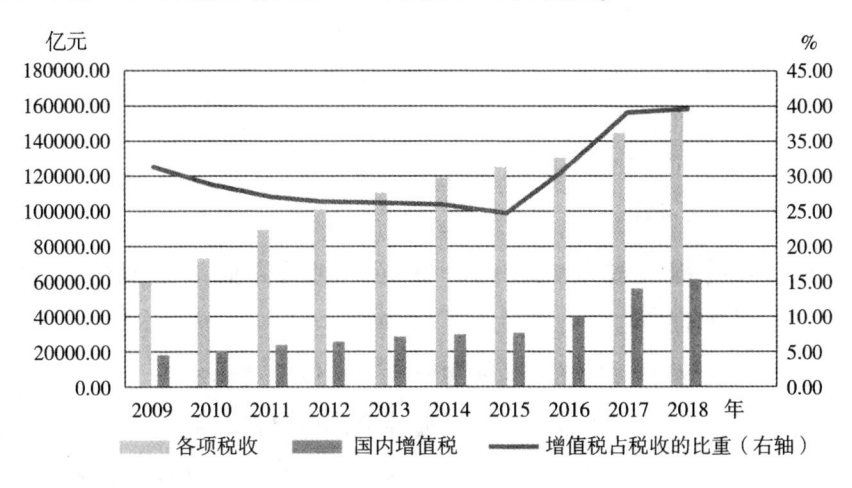

图 2　2009—2018 年税收和增值税情况

如图 2 所示，2009—2016 年增值税缓慢增长，2016 年营业税彻底改成增值税，次年增值税实现跨越式增长，从 2016 年的 4.07 万亿元增长至 2017 年的 5.63 万亿元。从增值税占税收总量的相对数来看，2009—2015 年呈现逐年下降的态势，2015—2017 年呈现快速上升态势，之后趋于同步增长的态势。

（五）票据监管政策对承兑的影响分析

2015 年之前，商业汇票的累计签发量稳步增长，并达到 2015 年的历史高位 22.4 万亿元。自 2015 年底开始，针对票据市场无序过热发展的问题，监管部门相继发布了相关监管政策。2015 年 12 月，银监会办公厅发布了《关于票据业务风险提示的通知》（银监办发〔2015〕203 号），对七种典型的票据业务违规问题进行了提示，包括利用承兑、贴现业务虚增存贷款规模；与票据中介合作，离行离柜大量办理无真实贸易背景票据承兑、贴现，非法牟利；贷款与贴现相互腾挪，掩盖信用风险，调节信贷质量指标等。银监办发〔2015〕203 号文要求金融机构全面加强票据业务风险管理，将票据业务全口径纳入统一授信范围，同时完善绩效考核，防止资金空转，确保信贷资金有效服务实体经济。2016 年 4 月，人民银行和银监会联合发布《关于加强票据业务监管促进票据市场健康发展的通知》（银发〔2016〕126 号），要求严格贸易背景真实性审查，严格规范同业账户管理，有效防范和控制票据业务风险，促进票据业务健康发展。

加强对票据业务的监管之后，从 2016 年开始，商业银行在企业出票环

节加强了对真实贸易背景的审查,无真实贸易背景的融资性票据被逐步挤出市场,票据承兑量连续几年有小幅度下滑,这是一个"挤水分"过程,有利于票据市场健康、理性发展。2018年下半年以来,受益于贴现市场贴现率维持在低位的低息环境,企业出票意愿逐渐恢复。从上海票据交易所公布的数据看,2019年全年票据承兑发生额为20.38万亿元,逐渐逼近2015年的历史高点。

三、发挥增值税变化的利好优势,利用商业汇票服务好中小微企业、民营企业

(一)充分利用增值税政策发展承兑业务服务实体经济

票据承兑业务为实体企业提供了便捷的融资渠道和低成本资金。增值税政策的全行业推广为企业签发商业汇票提供了有力的贸易背景证明,是签发商业汇票的基础设施之一。票据承兑业务是在满足实体经济结算需求中应运而生的,在发展的过程中,又进一步演化出提供便捷的融资渠道、降低企业融资成本的功能,既满足了中小企业融资需求,又有效支持了实体经济发展。根据上海票据交易所的统计,2019年全年票据承兑发生额为20.38万亿元,票据贴现发生额为12.46万亿元,中小企业作为出票人和贴现人均占总量的2/3以上,说明银行承兑汇票已成为中小微企业的主要融资工具。与股票、债券和信贷等融资方式相比,票据承兑业务具有准入门槛不高、操作流程简便、获取资金周期短等优势。企业通过开具银行承兑汇票,一方面满足了支付的需要,降低了财务成本;另一方面,银行承兑汇票贴现相对于银行贷款,具有低风险的业务特征,银行办理业务流程短、环节少、时间快、所需业务资料少、审批通过率高等便捷性,可以帮助企业通过承兑汇票贴现来快速实现短期融资需要。票据贴现利率一般低于同期贷款利率,在一定程度上降低了中小企业融资成本。

票据承兑业务改进了人民银行货币政策的传导效应。由于票据业务参与主体是微观实体企业与金融企业,而票据业务本身又同时具备资金与信贷双重属性,因此,票据市场既是实体经济与金融市场的交汇点,又是连接资金市场与信贷市场的桥梁。票据承兑业务一方面给微观实体经济提供了短期融资,另一方面给人民银行货币政策提供了调节空间。票据是连接两个市场的重要媒介,具有价值发现功能,再贴现利率的高低成为人民银行调整货币政策的重要工具。票据业务的快速发展扩大了人民银行货币政策的传导效应,有利于促进国家产业政策、货币政策的落地执行,保障了

实体经济发展的稳定性。

（二）充分利用好"电子票据系统"和"金税系统"服务中小微企业、民营企业

电子商业汇票安全性高，风险小。ECDS可靠的安全认证机制保证了票据的唯一性、完整性和安全性，使得电子商业汇票有效避免了克隆票、假票、票据丢失和污损等风险。此外，电子商业汇票使用电子签名替代纸质签章，从而避免了伪造公章或专用章等造成的损失。

金税系统由"一个网络、四个子系统"构成。"一个网络"是指国家税务总局与省、地、县国家税务局四级计算机网络；"四个子系统"是指增值税防伪税控开票子系统、防伪税控认证子系统、增值税稽核子系统和发票协查子系统。利用覆盖全国税务机关的计算机网络对增值税专用发票进行管理，企业只要向税务局领取"金税盘"即可享受快捷便利的税务服务。

电子商业汇票流转效率高。由于电子商业汇票全流程进行电子化登记和处理，省去了纸票的传递、保管等环节，大大减少了查询、保管造成的人力成本，票据传递和交易速度大大加快，流转效率大幅提升。

电子商业汇票能为中小企业优化融资结构。电子商业汇票期限较长，便于使用和管理，最长的承兑期限可达1年，完全可以解决企业对于流动资金间歇性的需要。中小企业可以利用电子票据优化自身的负债结构，力争做到长期负债和短期负债跟投资的资产预计回款时间匹配，从而降低期限错配的财务风险和流动性风险。

电子票据承兑业务可降低中小企业资金成本。中小企业财务信息不透明、银企之间信息不对称导致了中小企业融资难融资贵的现象。基于真实贸易背景的银行承兑汇票签发业务可以在一定程度上缓解这个问题，企业在税务系统缴纳的增值税记录可以帮助确认贸易背景的真实性，银行通过贸易的自偿性和合理的保证金缓释风险，企业缴纳一定比例的保证金即可签发银行承兑汇票向上游支付欠款。同时，电子票据贴现价格长期大幅度低于中小微企业通过其他渠道融资的价格，实实在在地解决了中小微企业融资贵的问题。

商业汇票和税务信息的电子化记录、存档为中小微企业提升自身信用奠定了基础和条件。中小微企业通过票据业务频繁地跟银行发生信用业务往来，同时，政府税务系统数据对商业银行开放，为商业银行给中小微企业进一步授信提供了有力的数据支撑和依据。

（三）充分发挥好供应链、产业链发展机会，借助增值税政策变化发展票据承兑

供应链、产业链领域的创新发展迎来政策机遇期。供应链领域的创新和应用是供给侧结构性改革的重要抓手。为加快我国供应链发展步伐，2017年10月，国务院办公厅发布《关于积极推进供应链创新与应用的指导意见》，全面部署供应链创新与应用有关工作，并明确指出要积极稳妥发展供应链金融。2018年4月，商务部等八部门联合发布《关于开展供应链创新与应用试点的通知》，提出供应链金融服务实体经济的具体要求。

供应链金融通过整合物流、资金流和信息流，与税务系统的纳税记录可以相互印证，打破了过去商业银行针对单一企业主体授信的模式，为供应链上的企业提供从原料供应、产品生产到销售等整体金融服务方案。以企业特定销售收入或者基于真实贸易背景所产生的未来现金流作为直接还款来源，具有依托供应链上强主体信用反哺弱主体信用的优势，有助于缓解商业银行与企业之间信息不对称的状况，对于解决中小微企业因信用记录不足，抵押、担保资源匮乏等导致的融资难具有重要意义。

（四）充分发挥好税务信息的透明化优势和再贴现政策，服务好中小微企业、民营企业

再贴现是中央银行货币政策工具箱中为数不多的结构性调节工具之一，可以发挥定向精准滴灌的功能，优化资金投向和结构，有针对性地解决经济运行中的突出问题。2017年9月上海票据交易所推出的再贴现业务系统上线运行后，大大提高了再贴现业务的办理效率和灵活性，也为人民银行更精准、高效地发挥再贴现政策引导市场利率和优化资源配置创造了条件。可以考虑进一步扩大再贴现操作规模，针对增值税缴税量大的中小微企业、民营企业签发的商业汇票，创新再贴现操作手段，引入券款对付结算方式，适时推出再贴现买断业务，增强再贴现操作工具的灵活性，进一步发挥再贴现在引导和改善民营企业、小微企业融资方面的作用。

（五）充分利用上海票据交易所"票付通""贴现通""企票通"、标准化票据等创新改革发展票据市场

加大创新力度，提高票据流通能力和融资功能。一是继续加大上海票据交易所推出的"贴现通""票付通"普及力度，解决中小企业票据流转困难和贴现困难的问题。择机探索中小企业远期票据贴现利息补贴机制，进

一步鼓励更多商业银行开发票据"秒贴"系统。二是扩大央企"企票通"平台参与主体范围。可以考虑让更多中央企业加入央企商业承兑汇票互认联盟，利用联盟的信用互认和增信机制，提高央企票据的社会接受程度和支付流通能力。继续完善"企票通"平台功能，让更多央企上下游的中小企业能依托供应链核心企业的高等级信用解决自身信用不足和资金短缺的问题。三是在上海票据交易所试点标准化票据的基础上，进一步探索票据标准化之路。目前的"标准化票据"，被标准化的是以票据作为底层资产的受益凭证，票据本身仍然处于"非标"状态。此类型的受益凭证是过渡时期的特殊安排，从长远来看，仍然要继续推动票据自身的标准化，包括已贴现票据的标准化和未贴现票据的标准化、银行承兑汇票的标准化和商业承兑汇票的标准化，从而方便票据的流通、交易，以便更好地服务使用票据的中小微企业和民营企业。四是站在票据全生命周期的角度思考如何发挥票据的功能作用，把票据发展成为金融市场中不可替代的具有深度服务企业短期支付、融资需求并连接货币市场交易、投资的金融工具。

第四章

疫情后票据发展研究

电子商业汇票是发展疫情后经济的优选金融工具之一

肖小和 杨 刚 孙 越

一、疫情对经济的影响与国家相关政策支持

(一) 疫情对经济的影响

2019年以来,在内外承压的背景下,中国经济下行压力加大。2020年伊始,叠加新冠肺炎疫情,经济增速进一步承压。国家统计局发布的2020年第一季度经济数据显示,第一季度国内生产总值为206504亿元,同比下降6.8%。分产业看,第一、第二、第三产业增加值分别下降3.2%、9.6%、5.2%。其中,2月工业企业利润出现断崖式下跌,工业领域呈现通缩状态。3月,需求回暖是助推工业生产增长的重要因素。内需方面,全国消费和固定资产投资都在反弹,规模以上工业增加值等多项指标降幅比前两个月明显收窄,同比下降1.1%,产出规模接近上年同期水平;外需方面,在复工复产加速后,前期积压订单的赶工推动出口改善,3月出口交货值同比增长3.1%,带动了制造业生产,表明工业企业在同时实现有效防疫和保持生产之间做出了巨大努力。

(二) 疫情环境下国家金融部门支持复工复产及发展经济的相关金融政策

2020年1月31日,五部门联合发布《关于进一步强化金融支持防控新型冠状病毒感染肺炎疫情的通知》,要求银行业金融机构、非银行支付机构强化电子渠道服务保障,灵活调整相关业务限额,引导客户通过电子商业汇票系统等电子化渠道在线办理支付结算业务。在疫情最严重的时期,中国各项助力复产复工的政策明显加码,李克强总理在2020年3月和4月多次主持召开国务院常务会议,部署进一步畅通产业链资金链,推动各环节协同复工复产,以及提高普惠金融考核权重和降低中小银行拨备覆盖率,促进加强对小微企业的金融服务。面对疫情的冲击和影响,在国家金

融部门支持复工复产及发展经济的相关金融政策指引下，我国经济社会发展大局总体上保持稳定，复工复产加速推进，国民经济复苏明显加快。

经济有进一步下行压力的情况下，降准释放流动性不能完全定向支持复产复工。特殊时期，我们认为可在政策层面加强对受到疫情冲击的中小微企业票据业务指导，利用票据的优势解决融资和现金流问题。这既便利企业经济发展，又减少货币投放，增加银行业积极性，未来信用风险也可逐步控制和释放。尽管全国企业复工复产明显加快，但在海外疫情拐点尚未出现、外需疲软、内需尚未完全修复的情况下，企业实际生产经营尚未恢复至疫情前水平。票据作为中小企业融资利器有望保持高增长，2020年3月票据承兑、贴现增长较快，我们认为应立即加快推动电子商业汇票发展进程，这是促进疫情后经济恢复的优选金融工具之一。

(三) 海外国家应对疫情冲击下的商业票据融资工具

不同国家对票据的界定不同。在发达市场经济国家和地区，票据主要是指建立在企业信用基础上的商业票据（Commercial Paper，CP）。在美国，商业票据是以短期融资为目的，直接向货币市场投资者发行的一种货币市场工具，也是企业短期融资的重要工具。美国的商业票据实质是一种本票，在性质上，欧美发达国家发行的商业票据与我国的短期融资券类似。

疫情影响下，海外金融机构和投资者购买商业票据的意愿降低，商业票据市场几乎陷入停顿，商业票据市场利率大幅上升，多数企业无法获得短期借款，商业票据市场的融资功能几乎丧失。美联储采取了包括重启商票工具在内的多项措施以缓解流动性压力，2020年3月17日，美国30天商票的市场利率从1.3%的低点攀升至3.5%，促使美联储当天重启2008年国际金融危机时的手段，建立100亿美元的商业票据融资机制（CPFF），美国财长也声明商业票据基金将提供短期信贷，帮助美国企业在疫情暴发期间管理财务，随后加拿大中央银行开始在一级和二级市场购买商业票据。可以看到，为应对疫情冲击，欧美各国陆续出台了刺激政策，通过商票工具让企业获得信贷支持、快速融资以抗击疫情。

二、电子商业汇票是发展疫情后经济的优选金融工具之一

(一) 电子商业汇票的功能

商业信用是信用制度的基础，票据依托于真实贸易背景而产生。票据是在商业信用基础上所产生的最有代表性的信用工具。20世纪80年代以来，商业汇票成为上下游企业之间的一种支付结算工具和企业的融资工具。

经过多年的发展，我国票据已成为具有支付、结算、融资、投资交易、调控等功能于一体的信用工具。票据主要分为两类：由银行承兑的被称为银行承兑汇票，由大型企业承兑的被称为商业承兑汇票。按照中国人民银行2009年颁布的《电子商业汇票业务管理办法》，电子商业汇票分为电子银行承兑汇票和电子商业承兑汇票。2019年，我国电子银行承兑汇票在商业汇票中的占比在85%以上，电子商业承兑汇票占比在15%左右。电子商业汇票发展有效地服务了实体经济。特别是进入票交所时代，再贴现通过上海票据交易所系统交易，有效地保证了货币政策的传导，精准服务中小微企业。电子商业汇票目前已经成为金融机构发展票据业务的必然趋势。

（二）电子商业汇票的优势

第一，电子商业汇票系统（Electronic Commercial Draft System，ECDS）是由中国人民银行搭建的综合处理商业汇票的在线平台。通过该平台办理电子商业汇票的开票、背书转让、提示付款、贴现以及收票业务等，能大幅减少纸质商业汇票所蕴含的操作风险及欺诈风险等。第二，电子商业汇票的延期支付和可融资功能决定了其服务实体经济的优势，特别是有利于疫情后经济发展的需要。票据市场具有灵活便利和电子信息传输效率高的特征，而疫情后经济发展迅速，支付量加大，电子商业汇票将受到广大中小微企业的青睐。第三，人民银行规定，原则上单张出票金额在100万元以上的商业汇票必须全部通过电票办理。银行可以通过电子商业汇票系统为客户定制贴现方案，并简化交易流程。另外，按照抗疫支持性文件的要求，相关机构应协助客户加快资金周转，为客户日常运营所需的流动资金提供相关支持，满足企业的快速融资需要。第四，中小微企业可用银行承兑汇票支付货款，且信用好，时间最长一年，可以在少发货币的条件下满足生产所需原材料支付等。

（三）电子商业汇票可以达到共赢目标

根据上海票据交易所数据，从2017年年中到2019年末，商业汇票余额从7.7万亿元增长到12.7万亿元，增长了65%。2019年全年全市场累积签发承兑票据20.38万亿元，同比增长11.55%，银票在票据承兑余额中的占比为86%，其中，银票余额从6.4万亿元增长到10.9万亿元，增长了70%；商票余额从1.3万亿元增长到1.8万亿元，增长了38%。银票的增长率几乎是商票的两倍。这充分说明，在无法提供充分信用支持的情况下，开立商票的需求被压抑了。可以合理预期，如果未来标准化票据落地，为商票带

来资本市场的资金支持，商票将得到更广泛的使用。企业更有积极性开立商票，供应商更愿意接受商票，未来商票余额可能会快速增长。

若开立电子商业汇票，急需现金流的企业既可得到较为便宜的资金，又可得到人民银行再贴现支持，于企业、于银行、于人民银行都有利。商业汇票是成熟金融市场的一种常用工具，是货币市场的重要组成部分，可以促进发行人、投资者、中央银行的共赢关系。对企业端而言，商业汇票可以满足发行人的短期融资需求，是便利的流动性管理工具；对投资者来说，商业汇票是比存款或国债性价比更高的货币市场工具，商业汇票市场的发展也促进了货币市场的活跃，有利于完善收益率曲线，提供定价依据等；对于中央银行而言，商业汇票是调控工具之一。

（四）供应链金融中电子商业汇票可帮助中小微企业在疫情后更好地利用核心企业信用

在供应链中，可由核心企业发行商票，直接对上下游企业提供融资支持，并且由于上下游企业与核心企业之间建立的长期合作关系，核心企业对上下游企业的经营模式、财务状况都十分了解，解决了信息不对称问题。疫情后经济发展中，对中小微企业来讲，票据使用程度更为重要。在供应链金融中发展电票，就可以通过核心企业信用带动中小微企业信用提升。供应链融资的交易结构中最关键的环节就是核心企业的信用输出，而商票正是基于这一逻辑开出来的。核心企业根据自身经营管理实际情况来签发票据、使用票据，充分利用供应链上下游关系获得票据融资，对中小微上下游企业的支付、融资等均有利。

电子票据发展有利于疫情后经济发展中的信用提升。目前各大商业银行依托强大的创新研发实力，利用先进的技术，精心打造票据支持供应链金融产品，契合了票据支持供应链创新发展的形势，能更有效地对接企业客户的现实需求。供应链服务平台应积极推动金融服务走进行业，不断引入新的现金流，力求盘活产业链，推动产业复工生产。全市场电子票据的覆盖面已经达到了90%以上，票据的信息化、电子化，使得商业银行对资金流向有了更精准的把握，基于核心企业的供应链票据业务使得上下游企业的资金流、信息流、物流、商流形成统一的整体，并且汇集在票据这一载体上，有助于企业间建立信用关系。

（五）电子商业汇票对于推动疫情后经济发展中的中小微企业应收货款票据化是一个利好

目前电子票据已成为绝对主流的票据种类，全国中小微企业使用的票据品种仍以银票为主。从电子票据的推广来看，随着监管部门推动的大额票据交易和跨省票据交易中使用电子票据，近年来电子票据的规模快速上升，疫情后加快推动电票发展，有利于减少企业融资成本。

2019年票据业务总量达131.45万亿元，同比增长19.04%。其中，票据贴现在企业贷款中的占比有所提升。2019年票据累计贴现12.46万亿元，同比增长25.33%；年末贴现余额为8.18万亿元，比年初增长24.03%，贴现增量在企业短期贷款增量中的占比达到66%，成为支撑企业短期贷款增长的重要力量。随着复工率不断提升，企业开票量和贴现量随之快速提升，2020年3月，表内票据融资和表外未贴现票据合计增长4893亿元，远高于历史同期水平。目前企业应收货款较多，加上疫情影响，资金更为紧张。加快发展电票业务，通过电票来缓解应收货款与资金需要之间的矛盾，比其他融资手段快且更为经济。尤其对于中小微企业的疫情后发展，可以起到"四两拨千斤"的作用，长期来看，可为推动应收货款票据化打下基础。

（六）电子商业汇票较债券等其他融资工具更具优势

票据市场是货币市场的重要组成部分，也是有效连接货币市场和实体经济的重要通道。商业汇票为企业提供了低成本资金和融资便利。商业汇票与股票、债券商业汇票业务相比具有操作流程简便、获取资金周期短等优势，可以为企业提供便捷的支付结算工具。企业通过开具商业汇票，一方面满足了支付的需要，降低了财务成本；另一方面，电子商业汇票贴现相对于银行贷款，具有低风险的业务特征，可以帮助企业快速实现短期融资需要。

从服务中小微企业的角度看，中小微企业在融资过程中存在规模小、利润少、抗风险能力差等天然缺陷，导致中小微企业很难通过股票、债券获得融资。在目前的低贷款利率环境下，电子商业汇票较债券融资、其他证券融资、信贷融资均具有明显的解决企业急需短期资金需求和低成本的优势。在当前银票贴现利率处于低位，甚至低于风险相似的同业存单利率的情况下，加快电子商业汇票发展将是未来标准化票据的一个重要方向。

三、加快发展电子商业汇票，对支持疫情后经济发展至关重要

（一）深刻认识电子商业汇票是服务疫情后经济发展的新功能货币

发展电子商业汇票是推动疫情后实体经济发展的需要。对于疫情后急需复工复产、复商复贸，急需短期资金，急需便利融资工具，同时发展可期的企业，票据的这种特殊新功能作用适逢其时，这也是体现票据新功能作用的最佳实践期。经济增速短期内快速下行时，企业将面临经营困难、资金流紧张的情况，出票企业愿意开票以缓解当前的资金流紧张情况，而收票企业收到票据后也会选择快速支付或变现，因此，票据是非常高效的金融工具。

商业银行、企业及相关部门要达成共识，各司其职，各负其责，共同推出相应措施，包括银行要适度降低承兑保证金比例，手续费视情适当减免，监管部门对于保证金占存款比例应适度宽松。

（二）货币政策引导银行等金融机构通过票据支持民营企业和小微企业融资

票据市场是我国最早开始推进利率市场化改革的重要金融市场之一，也为货币市场提供了利率基准依据；其中直贴和转贴利率价格，也为中央银行货币政策中的再贴现操作提供了参考。票据利率与其他货币市场利率走势保持较高趋同性，中央银行货币政策也引导银行等金融机构通过票据支持民营企业和小微企业融资。

中央银行的票据再贴现操作，可以定向地把流动性输送给中小银行及其主要客户——中小微企业。建议中央银行继续增加再贴现额度，降低再贴现利率，调整再贴现票据行业要求。再贴现利率由人民银行制定、发布和调整，2010年12月26日起，人民银行将再贴现利率从原先的1.8%提升至2.25%，此后数年未调整，并维持至今。目前平均2.25%的票据再贴现利率较票价已无优势，不少银行的FTP价格远远低于2.25%，人民银行如果要降低整体中小微企业融资成本，需要持续引导再贴现利率及相关货币市场利率继续下行，此外再贴现投放量需增加，办理手续要积极简化，办理网点要继续扩大等。

（三）财政及担保基金要予以政策倾斜

疫情发生后，国家出台了不少政策，财政、税务、担保等部门积极配合，也加大了对企业复工复产的支持。现在要抓住机会继续大力发展电子

商业汇票，第一，建议有关部门牵头，对急需支持的企业实行白名单制，商相关部门出台措施，推动落实。第二，建议财政对白名单内企业承兑汇票到期垫付予以一定比例的支持或兜底，对贴现资金可给予一定的贴息补贴。第三，国家和省市担保基金可以给予企业票据承兑、贴现贷款担保等支持。发挥担保功能，支持发展电子商票，服务实体经济。如此，既可以使实体经济得到资金保障，又可以相对较少的支出得到更多的实际支持，使得电子票据发挥"四两拨千斤"的作用。

（四）加快在供应链金融中发挥电子商业汇票的作用

银保监会在国务院联防联控机制举行新闻发布会时表示，鼓励银行业金融机构与各企业系统对接合作提供供应链金融服务。由于我国新冠肺炎疫情暴发较早，政府也采取了各种果断有效的措施，疫情防控工作取得了阶段性的成效，逐步实现复工复产是当前的主要目标。但实际上，由于疫情导致企业开工延迟，企业的生产经营活动受到了影响；同时，海外疫情暴发后，我国供应链企业也受到了打击，在一定程度上加重了供应链企业的融资难题。我们认为发展电子商业汇票业务，有助于票据在供应链上下游中发挥支付、结算、融资、信用等功能，实现资金流、信息流、商流、物流"四流合一"，缓解供应链企业的融资难题。

（五）疫情后加快推动企业应收账款票据化

应收账款和企业部门的现金流关系密切，疫情冲击下，大部分传统制造业企业的应收账款期限拉长，现金流紧张，对于资金需求强烈或者风险承受能力差的企业来说，应收账款无法回收直接带来的是企业亏损。根据2019年第二季度的上市公司报表，我国上市公司应收账款余额超过130000亿元，其中一年以内应收账款总额占比达72%。2014年末至2018年末，工业企业应收账款占流动资产的比例由24.10%上升至25.88%（见图1），由此可见，国内企业应收账款占用资金问题日趋显著，其中私营企业面临更大的资金占用压力和流动性风险。企业的现金流动性变差、应收账款回款难未来会给相关公司复工带来现金压力。

票据的融资功能能够有效地盘活应收账款并降低融资成本。在目前全国经济受到新冠肺炎疫情影响的情况下，企业的全面复工经营需要更多的流动资金用于生产投入，应收账款票据化是加快应收账款回款、解决燃眉之急的好办法。因为目前应收账款抵借或贴现还不流行，多数银行不受理此类业务，而票据贴现，尤其是商业承兑汇票贴现则是一项普通业务。发

展应收账款票据化，通过电子商业汇票将应收账款票据化，再通过贴现等融资方式，可以将其转化为现实的现金流。

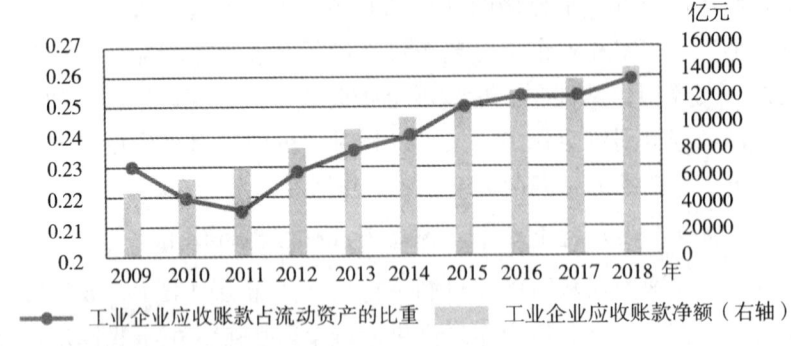

图1 2009—2018年工业企业应收账款占流动资产的比例

（资料来源：国家统计局）

国务院、人民银行、银保监会、上海票据交易所都表示会在政策上支持企业以应收账款融资，并且国务院发文强调适当降低银行对信用良好企业的承兑汇票保证金比例。票据电子化时代的发展，为应收账款票据化提供了条件，应发挥电子商业汇票服务地方企业的积极作用。应收账款的票据化也就是将没有具体形态的应收账款表现为电子票据的形式，以便在交易中进行传递。目前全国使用票据的企业超过260万家，其中90%以上是民营小微企业，中小企业占比超过2/3。企业将应收账款转化为具有法律保障的商业汇票，对中小企业、对持票人、对银行都是利好。

（六）疫情后积极在制造业、批发零售业企业推动电票发展

受新冠肺炎疫情影响，2020年第一季度中国经济增速大幅放缓，制造业投资同比下降25%左右。以前批发零售业和制造业的票据签发量占我国票据签发总量的70%，而本次疫情中，两个行业受影响较大，直接造成票据供给相对减少。上海票据交易所数据显示，2020年第一季度，批发零售业和制造业票据签发背书量占比分别为40.3%和28.13%，较上年同期分别下降1.17个和1.64个百分点，较上季度分别下降1.03个和1.83个百分点，反映出疫情对制造业和批发零售业冲击较大。尽管当前政策已经有所发力，但是疫情对于制造业和批发零售业的影响未必能够在短期内消化。

建议进一步支持具有真实贸易背景的制造业和批发零售业企业发展票据。第一，根据统计，建筑业、制造业、批发零售业等企业为出票大户，可针对出票规模在一定标准以上的企业制订专门方案，定点支持。截

至 2019 年第三季度末，全市场上市公司应付票据规模超过 2 万亿元，要稳定和稳妥安排该部分企业。第二，发挥好贴近市场的作用，加强市场培育，引导金融机构加强企业使用电子商业汇票的辅导。第三，发挥好信息数据集中的优势，提供更多的信息支持和配套服务，有效降低链上中小企业进行票据签发、贴现时的成本和难度。

（七）发挥央企"企票通"以及地方票据平台的作用

监管层鼓励票据服务实体经济需求。上海票据交易所推出的"票付通""贴现通"都为票据电子化提供了很好的平台，便利信用交流，加强政策支持，为推动电票服务。商业承兑票据因是无担保的借款，因此成为货币市场上一种标志信誉的工具，能够成功地在市场上出售商业承兑票据是公司信用形象的最好证明。央企"企票通"平台在较大程度上可实现此目的。

要发挥央企"企票通"平台作用及再搭建地方票据平台，提升企业用票信用。央企和地方发展票据平台，将推动票据无纸化、电子化、标准化的进程，提升票据市场对实体经济结算与融资的服务效率，降低企业的交易成本。

疫情期间，国新金服公司就充分发挥"企票通"平台电子化、线上化、全流程非接触式办理的优势，加大与央企的沟通交流力度，推动有关企业通过"企票通"开具 4 亿元商票，同时积极协调各家银行，解决持票企业先去区域办理商票贴现的难题，有效缓解供应链上下游企业融资难融资贵的问题，这就是很好的案例。

（八）疫情后积极在中小微企业推动电票发展

第一，电子商业汇票贴现相对于银行贷款，具有低风险的业务特征，可以帮助中小微企业快速实现短期融资需要。此外，票据贴现利率一般低于同期贷款利率 100 个基点以上，在一定程度上降低了中小微企业的融资成本，有效降低了财务费用，也较好地解决了融资难融资贵问题，从而为实体经济提供了便利和低成本资金。

第二，商业汇票承兑业务能使实体经济不断提升信用水平。电子商业汇票业务可以全程电子化留痕，且期限较短，有利于培养实体经济信用环境，提升实体经济的信用度。实体经济中的企业通过签发电子票据用于支付结算、贴现融资等活动，按时支付到期票款，就可以不断增强其在市场中的信用，进而提升中小微企业信用记录，提高企业信用水平和融资能力。电子商业汇票相较于纸质商业汇票所特有的便利性与安全性，使得电子商

业汇票在流转过程中大幅提高了流通的便捷性，切实提高银行与企业间管理资金的效率，同时也大大降低了银行的运营成本。

第三，目前在电子票据时代，一张商业汇票所包含的出票人、承兑人、贴现人信息均可跟踪。基于供应链的电子票据在融资过程中，银行可以通过上海票据交易所交易系统以及上下游企业的信息流、物流等信息来判定交易的真实性，避免了企业利用虚假的贸易背景套取银行信贷资金的现象。

（九）防范票据风险，增强票据风险处置化解能力

在发挥票据融资功能作用的同时，要防范票据风险，增强票据风险处置化解能力。第一，防范承兑端风险，要提高真实贸易企业承兑支付能力。第二，贴现端银行要把控商业承兑汇票贴现风险。第三，交易端要把控操作风险，由于系统操作具有"不可逆性"，票据系统信息录入错误将由录入行承担相应损失。第四，防范票据相关人员的道德风险。第五，要提高票据风险化解能力。

关于后疫情时代推动长三角地区制造业票据业务发展的研究

肖小和　余显财　金　睿　柯　睿

一、问题研究背景与意义

根据国家统计局对制造业的定义,制造业是指经物理变化或化学变化后成为新的产品,不论是动力机械制造,还是手工制作;也不论产品是批发销售,还是零售,均视为制造。制造业包括产品制造、设计、原料采购、仓储运输、订单处理、批发经营、零售。对于我国来说,制造业不仅在国民经济发展中占有重要地位,也是我国经济结构转型的基础。根据国务院2019年发布的《长江三角洲区域一体化发展规划纲要》,长三角地区是中国经济发展最活跃、开放程度最高、创新能力最强的区域之一,在国家现代化建设大局和全方位开放格局中具有举足轻重的战略地位。人民银行报告指出,2019年长三角地区生产总值合计23.7万亿元,约占全国的23.9%。由于缺乏各地区制造业增加值数据,我们采用长三角工业生产总值所占比例去预测算制造业占比,根据2019年各省市统计年鉴我们计算出长三角("三省一市")工业生产总值为71372.75亿元,而2018年中国工业增加值为301089.30亿元,长三角地区占比为23.7%,由此可见,无论是经济体量还是制造业发展情况,长三角地区均占全国的1/4左右。2015年我国颁布实施的《中国制造2025》指出,经过几十年的发展,我国制造业规模已跃居世界第一,但与世界先进水平相比,我国制造业仍然大而不强。由此可见,推动制造业发展与变革,推进制造强国战略已经成为我国高度重视并亟待解决的现实问题。国务院明确提出要构建区域创新共同体,合力打造长三角科技创新共同体,形成具有全国影响力的科技创新和制造业研发高地;共同推动制造业高质量发展;强化区域优势产业协作,推动传统产业升级改造,建设一批国家级战略性新兴产业基地,形成若干世界级制造业集群。制造业发展是我国当前面临的一个重大任务,长江三角洲作为我国制造业发展中心之一,战略定位即成为亚太地区重要的国际门户、全球重要的现代服务业和先进制造业中心，长三角地区的制造业发展值得进行深入研究。但近年来金融行业对制造业的支持力度减弱，民营资本融资困难，加上新冠肺炎疫情影响，长三角地区正处在制造业转型时期，受到了严重冲击，当前国内疫情已经得到稳定控制，理应加快推动制造业企业稳增长、优结构、提质量、增效益。强化金融支持和服务，解决企业流动性资金紧张问题便是一个有效措施，其中承兑汇票是制造业融资的一个重要方式，根据上海票据交易所的数据，2018年约签发承兑汇票18.27万亿元，其中制造业占据了30%的比重。研究长三角地区的票据承兑问题，推动票据业务在长三角制造业中的发展，是帮助解决长三角一体化制造业企业融资问题的一个重要途径，有助于推动长三角一体化制造业转型升级，打造世界先进制造业中心。

二、以增值税为基础的制造业票据承兑总量测算

2016年"营改增"完成，扩大了增值税的适用范围，商业银行和监管机构普遍把销售方开具的增值税发票作为审核贸易背景真实性的主要依据之一，缴纳了增值税的企业理论上都可以申请开具商业汇票，这为大力发展承兑业务提供了良好的条件。根据中国人民银行《中国货币政策执行报告》，制造业票据签发背书量占比为30%左右，可见制造业企业利用承兑汇票支付、融资已然是一种很成熟的方式。如图1所示，2016年"营改增"完成导致增值税增加，同时，商业银行在企业出票环节加强了对真实贸易背景的审查，无真实贸易背景的融资性票据被逐步挤出市场，致使2016年与2017年的承兑业务有一定下滑，可以看到其余年份制造业增加值逐年增加，同时票据市场承兑汇票总签发量也呈现上涨态势。随着制造业不断发展，作为重要支付、融资手段之一的承兑汇票也一定仍有很大的发展空间。以此为背景，下面我们运用理论模型并结合实际数据，尝试探究长三角地区制造业可开具的最大承兑汇票量，让票据服务于经济，更好地服务于长三角制造业发展，推动制造业转型升级。

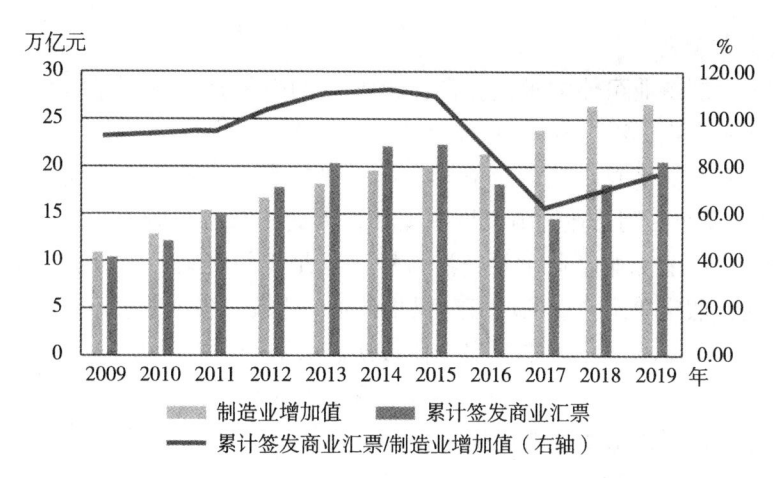

图1　2009—2019年制造业增加值与票据签发量情况

（资料来源：国家统计局数据库及上海票据交易所官网）

1. 承兑总量可能性分析之模型假设

假定市场中存在 n 种产品，不含税价格分别为 P_i 元，数量分别为 Q_i（$i=1, 2, \cdots, n$）。

第 i 种商品需要经过增值的次数为 K_i 次，其中，第 j 次（$j=1, 2, \cdots, K_i$）增值后的不含税价格为 P_{ij}，此时的中间品数量为 Q_{ij}，最终价格为 P_i，即 $P_{iK_i}=P_i$，$Q_{iK_i}=Q_i$。

假定第 i 种商品的第 j 次增值所需缴纳的增值税税率为 X_{ij}，则含税价格为 $P_{ij}\times(1+X_{ij})$。

基于上述，则第 i 种商品的第 j 次增值银行可签发的汇票为 $P_{ij}\times Q_{ij}\times(1+X_{ij})$。

理论上市场可以签发的商业汇票累计为

$$\sum_{i=1}^{n}\sum_{j=1}^{K_i}P_{ij}\times Q_{ij}\times(1+X_{ij})$$

在我国现行税率制度下，主要存在三档增值税税率，分别为6%、9%、13%，因此，X_{ij} 的取值为6%或9%或13%。但实际市场中的产品种类及对应的增值次数无法统计。因此考虑根据企业实际缴纳的增值税额进行计算，将企业分为如表1所示的几类，按照2019年版增值税税率计算，由增值税计算公式可知：

$$增值税=销项税额-进项税额 \quad (1)$$

$$销项税额（或进项税额）=含税销售收入\div(1+税率)\times税率=销售额\times税率 \quad (2)$$

2. 具体测算

先考虑制造业可能的承兑金额，2018 年的政策将工业企业的小规模纳税人的年销售额标准分别由 50 万元和 80 万元统一上调至 500 万元，我们考虑银行为其开具承兑汇票的企业营业额一般较高，多数为一般纳税人，适用 2019 年发布的制造业增值税税率 13%。因此，对所有数据我们均采用按行业分规模以上工业企业主要经济指标，至此我们将第一阶段的理论模型进行简化，假定单个企业的增值过程共有 n 个阶段，各个阶段不含税销售产值分别为 P_1, P_2, …, P_n，则各个阶段所需缴纳的增值税为

$$(P_{i+1} - P_i) \times 13\%$$

各个阶段所需缴纳的增值税之和为

$$\sum_{i=1}^{n-1} (P_{i+1} - P_i) \times 13\% = (P_n - P_0) \times 13\%$$

第一阶段模型中假定 P_0（初始价值量）为 0，则上式结果为 $P_n \times 13\%$，其含义是制造业全年缴纳的增值税总额＝最终产业的全年产值× 13%，根据我们的假定，此过程中银行可开具的承兑汇票理论最大值为（P_i 不包含增值税）

$$\sum_{i=1}^{n} P_i \times (1 + 13\%)$$

考虑到市场中所有的制造业企业，制造业所能开具的承兑汇票之和即为所有制造业企业销项税额之和。我们发现 P_i 可以通过主营业务收入衡量，此时 P_i 即为企业全年的主营业务收入，对 P_i 求和即为制造业所有企业全年主营业务收入之和，将所有制造业企业按产业进行细分，并分别进行计算，见表 1。

表 1 长三角规模以上制造业企业主营业务收入（2018 年）　　单位：亿元

项目	安徽	浙江	江苏	上海	增值税税率	含税价格（总计）
规模以上制造业企业主营业务收入	33855.89	66159.16	121781.69	37142.98	—	292277.7
农副食品加工业规模以上工业企业主营业务收入	2134.83	882.33	3010.16	382.14	9%	6986.31
食品制造业规模以上工业企业主营业务收入	598.44	506.36	859.06	733.34	13%	3047.84

续表

项目	安徽	浙江	江苏	上海	增值税税率	含税价格（总计）
酒、饮料和精制茶制造业规模以上工业企业主营业务收入	577.89	478.53	1118.49	145.11	13%	2621.62
烟草制品业规模以上工业企业主营业务收入	351.2	873.39	594.24	931.73	13%	3108.13
纺织业规模以上工业企业主营业务收入	701.08	4258.86	4973.31	204.61	13%	11455.78
纺织服装、服饰业规模以上工业企业主营业务收入	873.36	2060.4	2639.13	363.44	13%	6708.05
皮革、毛皮、羽毛及其制品和制鞋业规模以上工业企业主营业务收入	390.63	1073.54	563.12	177.22	13%	2491.10
木材加工和木、竹、藤、棕、草制品业规模以上工业企业主营业务收入	562.16	443.67	872.6	53.56	13%	2183.15
家具制造业规模以上工业企业主营业务收入	272.68	977.06	310.68	337.36	13%	2144.49
造纸和纸制品业规模以上工业企业主营业务收入	346.66	1606.57	1416.56	293.57	13%	4139.60
印刷和记录媒介复制业规模以上工业企业主营业务收入	350.48	450.21	693.44	200.67	9%	1847.33
文教、工美、体育和娱乐用品制造业规模以上工业企业主营业务收入	417.25	1188.24	1815.49	575.6	13%	4516.13
石油加工、炼焦和核燃料加工业规模以上工业企业主营业务收入	562.26	1734.16	2178.62	1378.78	13%	6614.82
化学原料和化学制品制造业规模以上工业企业主营业务收入	2091.91	6635.08	12318.14	3360.83	13%	27578.73

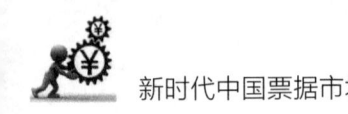

续表

项目	安徽	浙江	江苏	上海	增值税税率	含税价格（总计）
医药制造业规模以上工业企业主营业务收入	897.55	1433.2	3431.34	846.58	13%	7467.80
化学纤维制造业规模以上工业企业主营业务收入	99.22	2791.24	2678.21	24.89	13%	6320.72
橡胶和塑料制品业规模以上工业企业主营业务收入	1321.9	2541.59	2695.57	954.64	13%	8490.48
非金属矿物制品业规模以上工业企业主营业务收入	2649	2689.31	3784.29	679.76	13%	11076.67
黑色金属冶炼和压延加工业规模以上工业企业主营业务收入	1932.34	2112.81	8849.4	1731.79	13%	16527.76
有色金属冶炼和压延加工业规模以上工业企业主营业务收入	3233.6	2817.06	3739.29	392.41	13%	11506.07
金属制品业规模以上工业企业主营业务收入	1372.36	2805.93	5649.27	1081.97	13%	12327.77
通用设备制造业规模以上工业企业主营业务收入	1480.36	4747.7	7817.61	3151.51	13%	19432.81
专用设备制造业规模以上工业企业主营业务收入	1113.85	1899.39	5833.37	1343.35	13%	11514.65
汽车制造业规模以上工业企业主营业务收入	2409.16	5360.91	7023.03	8334.23	13%	26133.88
铁路、船舶、航空航天和其他运输设备制造业规模以上工业企业主营业务收入	156.54	635.18	2601.42	683.98	13%	4607.15
电气机械和器材制造业规模以上工业企业主营业务收入	3689.81	7263.69	13620.9	2394.83	13%	30475.23

续表

项目	安徽	浙江	江苏	上海	增值税税率	含税价格（总计）
计算机、通信和其他电子设备制造业规模以上工业企业主营业务收入	2613.21	4449.88	17448.26	5675.34	13%	34110.96
仪器仪表制造业规模以上工业企业主营业务收入	151.73	920.47	2971	432.86	13%	5057.95
其他制造业规模以上工业企业主营业务收入	103.83	225.24	138.86	52.6	13%	588.20
废弃资源综合利用业规模以上工业企业主营业务收入	360.67	246.31	127.07	38.94	13%	873.48
金属制品、机械和设备修理业规模以上工业企业主营业务收入	39.93	50.85	9.76	185.34	13%	323.04

我们根据2018年的长江三角洲制造业企业主营业务收入数据计算得出的理论承兑汇票量为292277.71亿元，约为29万亿元。此测算方法存在误差，原因主要为制造业企业计算时采用的是按行业分规模以上工业企业经济指标数据，部分小型企业未纳入计算，可能造成结果偏低（规模以下企业仅在《浙江统计年鉴》中有数据可寻，因此为统一计算仅计算规模以上工业企业），而又忽略了制造业企业中有些面向最终消费者无法开票的部分，导致结果偏高。根据文献中已有的测算结果，2018年全国制造业理论承兑汇票量在101万亿元到127万亿元之间，由此可见，长三角地区制造业理论承兑汇票量占据全国的1/4左右，与地区生产总值和工业产值在全国的比重以及存贷款占全国的比重基本吻合，有极大的潜力推动我国票据业务发展，同时上海票据交易所数据显示，2018年全年全国承兑汇票签发量约为18.27万亿元，制造业2018年用票量占比为30%左右，由此可计算出制造业承兑汇票量约为5.48万亿元（18.27×30%），仅占理论最大值的5%左右，尚不足长三角地区制造业理论开票量的1/5，可见无论是全国还是长三角地区，制造业企业承兑汇票签发仍有巨大的市场潜力，应推动长三角地区制造业票据业务发展，推动制造业转型升级，协调共塑"智造"长三角。

三、后疫情时代加快在长三角制造业推动票据业务发展

(一) 票据支持长三角制造业的短期融资十分合适

票据既有支付结算功能,也有扩张信用的融资功能,理应是我国多层次融资体系的一部分。股票、债券、短融、中票、PPN、ABS 等融资工具只适用于金字塔尖的少数大型制造业企业,多数中小制造业企业在公开市场没有评级,不适宜在资本市场大规模融资。同样,相对于银行贷款,票据市场基础设施完善,电子票据最长期限达一年,并且可以自主约定到期期限,通过企业网银签发、流转非常便捷,还可以同开户银行一事一议,满足双方约定的特定条件可获得银行承兑作为信用加持,这些基本属性同中小制造业企业的短期融资需求十分契合。同时,依托上下游的真实贸易背景,票据的到期兑付具有自偿性特征,并且对于长期在某家银行做支付结算的制造业企业,银行可以获得稳定的大数据以帮助灵活调整、控制票据信用敞口,尽可能地创造条件为制造业企业提供短期流动性支持。综合来看,中小制造业企业的票据融资比信贷融资可获得性高,制造业企业在获得金融机构中长期贷款的同时,也可约定配套签发票据实现短期流动性管理需要,长短结合使得票据的优势更加明显。

(二) 加大对长三角制造业票据承兑、贴现、再贴现业务的投入

我国产业正处于向高端制造业转型的特殊历史时期,我国宏观经济正处于由出口导向型向内需拉动型消费经济体转变的阶段。长三角制造业在我国占有举足轻重的地位,票据承兑业务应该顺应时代发展的潮流,结合当前长三角制造业企业的具体情况,各市场参与主体可以抓住转型机遇期,加强长三角制造业领域的票据业务。制造业的研发、生产周期普遍偏长,销售回款的速度也参差不齐,金融机构可以根据长三角制造业企业不同的发展阶段和发展特点把票据承兑业务嵌入企业的日常经营管理流程中,提高票据产品在长三角制造业企业中的普及率和使用率,加快行业资金周转,降低由于临时流动性不足而导致的经营困难情况的发生率。

票据市场是我国货币市场的重要组成部分,企业持有的票据在商业银行申请直贴时是连接商业银行和实体经济的纽带,信贷属性明显;已贴现的票据在上海票据交易所平台流转时是商业银行在货币市场相互融通资金的媒介,资金属性明显。目前宏观经济的困境在于从"宽货币"到"宽信用"之间有很长一段路要走,一方面,流动性淤积在银行间市场让回购利率创下多年来新低,最优质企业发行超短期融资券的利率也屡破新低;另

一方面，多数中小制造业企业流动性困难，有敞口的信用贷款可获得性低、成本高。信用分层出现了冰火两重天的两极分化现象，"宽货币"需要人民银行货币政策支持，而"宽信用"则需要金融机构花硬功夫把本职工作做深做细，票据这种可以将实体经济和货币市场连接在一起的特殊功能让其成为人民银行货币政策向实体经济传导的最优工具之一。长三角地区的商业银行要重视开户结算企业的行业分类工作，把票据资金规模更多配置在制造业企业贴现业务上，在控制实质风险的基础上尽可能简化中小制造业企业申请贴现的流程，投入行内资源、发挥科技力量开发和发展票据秒贴系统，提高放款效率，优化制造业企业用票体验。另外，长三角地区金融机构要发挥票据转贴现市场流转功能，使长三角地区制造业企业的票据贴现利率向同期限货币市场利率靠拢，切实降低制造业企业的贴现成本以让利实体经济。

再贴现是中央银行货币政策工具箱中为数不多的调节信贷结构的工具之一，可以发挥定向精准滴灌的功能，引导货币信贷资金投向，有针对性地解决经济运行中的突出问题。2017年9月，上海票据交易所推出的再贴现业务系统上线运行后，大大提高了人民银行各地分支机构再贴现业务的办理效率和灵活性，也为人民银行更精准、高效地发挥再贴现政策引导市场利率和优化资源配置创造了条件。首先，长三角地区的人民银行分支机构可以向总行申请扩大再贴现操作规模，督促引导辖内商业银行梳理基础资产，优先选择出票人和贴现申请人是制造业企业的票据作为再贴现操作的前提条件。人民银行在长三角地区的分支机构还可以试点把再贴现资源向长三角地区大型制造业企业签发的商业承兑汇票倾斜，鼓励核心制造业企业在其主导的供应链上推广使用商业承兑汇票进行支付结算，有人民银行作为最终再贴现人可以提高供应链上中小企业商业票据融资的可获得性并能切实有效降低商业承兑汇票的融资成本。

（三）票据是支持疫情后长三角中小制造业企业发展的有力工具

票据是推动疫情后长三角制造业中小企业复工复产、复商复贸的有力工具。对于主营业务正常，产品和服务市场前景良好，由于暂时性的资金链紧绷而急需短期流动性支持的中小制造业企业，票据的特殊功能作用适逢其时，这也是票据运用于制造业的最佳实践期。面对经济增速短期快速下行的现实，中小制造业企业面临宏观需求缩减、资金流紧张的情况，出票企业愿意开票缓解财务上的困难，而收票企业收到票据后也会选择快速支付或变现，票据是非常高效的金融工具。因此，商业银行、企业及相关

部门要达成共识，各司其职，各负其责，联动推出相应措施，包括商业银行要适度降低承兑保证金比例，手续费视情适当减免，监管部门对于保证金占存款比例应适度宽松。长三角中小制造业企业可以积极签发票据解决短期资金需求，把本来不能流动的应收账款显性化。金融机构需要加大对制造业企业类银票和商票的贴现力度，切实提高中小制造业企业资产负债表中资产端的流动性和变现能力。

（四）票据支持长三角先进制造业发展

先进制造业具有信息化、自动化、智能化、柔性化、生态化的特征，可以为社会带来良好的市场效应和经济效应。监管部门在积极引导和督促商业银行、保险机构加大对制造业的支持力度，强化对先进制造业、高技术制造业、战略性新兴产业领域的金融支持。明确和落实大型商业银行"全年制造业贷款余额增速不低于5%，年末制造业中长期贷款占比比年初提高1个百分点，信用贷款余额增速不低于3%"的"五一三"任务，推动大型银行加大对制造业的资源倾斜。长三角地区的先进制造业可以利用监管政策，充分挖掘商业承兑汇票的支付属性和融资属性，利用自身的技术优势和产品优势，向上游服务商签发商业承兑汇票。同时金融机构要响应国家号召，积极适应新的监管要求，提高对长三角先进制造业企业授信覆盖广度和深度，梳理先进制造业企业的供应链状况，优化先进制造业企业签发商票的贴现流程，降低贴现利率，提高放款速度，争取在未来几年内实质性提高长三角先进制造业企业的流动性，为落实"把先进制造业企业做强做大"国家战略贡献一份力量。总的来看，先进制造业具有门槛高、"护城河"宽的特点，又是国家和地方政府现在乃至将来都要重点鼓励扶持的行业，在先进制造业企业中推广使用票据既满足了先进制造业企业支付结算和融资的需求，又丰富了票据市场的参与主体，可以实现先进制造业和票据行业同时健康发展的双赢局面。长三角地区可考虑建立商业承兑汇票信用平台，服务好包括制造业票据在内的票据市场发展。

（五）加大对长三角制造业标准化票据的支持力度

标准化票据是以票据作为底层资产的债券，可以连通票据市场和债券市场，有利于发挥债券市场投资者的专业投资和定价能力，增强票据融资功能和交易规范性。标准化票据理论上已经具备资管新规中"标准化债权资产"的特征和属性，如未来被认定为标准化债权资产，则在投资市场上将受到包括货币基金和债券基金在内的资管产品的青睐。标准化票据产品

的发展有望为长三角制造业企业引入"源头活水",可以提高长三角核心制造业企业供应链上下游商业承兑汇票资产的流动性。目前同一制造业企业主体在债券市场发行短期融资券的利率和其承兑的商业承兑汇票贴现利率存在 200 个基点以上的差价,通过相应存托机构创设制造业企业签发的标准化票据可以降低供应链上中小企业持有核心制造业企业签发的商业承兑汇票的成本,从而进一步为中小企业融资难融资慢融资贵的现状纾困解难。

(六) 加大对长三角制造业供应链票据的支持力度

2020 年 4 月 24 日,上海票据交易所发布《关于供应链票据平台试运行有关事项的通知》(票交所发〔2020〕58 号),正式明确供应链票据平台依托现有的 ECDS,与各类供应链金融平台对接,为企业提供电子商业汇票的签发、承兑、背书、到期处理、信息服务等功能,通过供应链票据平台签发的电子商业汇票简称供应链票据。供应链票据间接解决了传统电子商业汇票不可等分化的弊端,在一定程度上为票据本身的标准化做了铺垫。上海票据交易所可以鼓励长三角地区优质核心制造业企业自建供应链平台,先行接入上海票据交易所系统,并且后续优先考虑用制造业供应链平台上线票据质押融资、贴现、转贴现、再贴现、供应链票据跨供应链平台流转等新功能。供应链票据依托供应链金融中的核心企业信用,长三角当地金融机构可以适度提高对优质核心制造业企业的授信敞口,认真研究切实可行的针对供应链票据融资的服务方案,提高供应链票据的普及程度和流转效率。

(七) 加大对长三角制造业应收账款票据化融资的支持力度

2019 年 6 月,人民银行行长易纲在"陆家嘴论坛"上提出要推动应收账款票据化,这是完善上海国际金融中心建设的重要推进事项之一。制造业企业的账期普遍偏长且应收账款占资产总额的比例高,直接导致了中小制造业企业短期流动性紧张,部分制造业企业在财务压力下被迫进行民间融资,被高额利息拖死的现象屡有发生。应收账款和商业承兑汇票在制造业供应链上使用场景相似,两种业务都是依托核心制造业企业服务上下游中小微客户,旨在促进整个供应链制造业企业发展、提升生态圈实力、推动产业集聚、加快制造业转型升级。长期以来,应收账款确认、流转比较困难,保理的成本也比较高。而商业汇票具有法律体系完善、基础设施先进、全流程电子化操作、期限灵活、流转和融资及交易均比较方便的优势。以商业银行为代表的金融机构要努力搭建内部票据业务系统平台,在长三角地区的分支机构需要探索缩短决策流程、突破信贷业务属地化管理的制度瓶颈，尽早实现对优质核心制造业企业的授信全覆盖，针对不同制造业细分领域的特殊情况做区别对待，争取在摸索中尽快实现风险定价，真正做到电子商业汇票的流通和融资比应收账款更方便、成本更低并能实现银企双赢的高质量可持续发展。

（八）加强对长三角制造业承兑融资的风险控制

风险表面上是外部环境问题，核心是风险观、业绩观、发展观问题，是风险管理体制与业务发展不尽适应的问题。"重盈利、轻风险""重指标、轻管理"的问题需要在支持制造业转型升级的过程中进一步根除，坚持审慎经营的理念，坚持业务发展与风险管理能力相适应，持续推进精细化管理。长三角地区的金融机构授信审批部门需要投入人力、物力、财力做好制造业企业签发的电子商业汇票的票据评级这项基础工作。评价承兑的制造业企业定性指标应参照企业主体（商票出票人）公开市场信用评级和金融机构内部评级，考虑到商票到期期限较短，定量指标的评价方法与商票出票人信用评级应有所区别，制造业企业短期偿债能力和盈利能力应是考察其最终票据兑付能力的重点，因此，在上述两部分指标的选项设置及评分权重上应给予一定倾斜。完善票据评级事项后，可以建立制造业企业白名单数据库，进一步确定对某个制造业企业的授信额度，并在票据管理系统中实时显示剩余额度，进而有效地控制最大风险敞口。同时，利用人民银行征信系统和其他数据库排摸白名单内制造业企业在其他金融机构的授信使用情况，严防部分制造业企业超越自身兑付能力无序签发商票的风险事件发生。

参考文献

[1] 顾强，王瑞妍，等．美国到底有没有产业政策？——从《美国先进制造业领导战略》说起 [J]．产业经济评论，2019（3）：113-124．

[2] 杨伟民．制造业比重过快下滑需高度重视 [J]．中国经济信息，2018（22）：40-43．

[3] 肖小和，张蕾，王亮．新常态下票据业务全面风险发展趋势与管理 [J]．上海金融，2015（6）：89-92．

疫情后加快在制造业推动票据业务发展的思考

肖小和　余显财　金　睿　柯　睿

一、问题研究背景与意义

根据国家统计局对制造业的定义，制造业是指经物理变化或化学变化后成为新的产品，不论是动力机械制造，还是手工制作；也不论产品是批发销售，还是零售，均视为制造。制造业包括产品制造、设计、原料采购、仓储运输、订单处理、批发经营、零售。制造业直接体现了一个国家的生产力水平，是区别发展中国家和发达国家的重要因素。制造业在世界发达国家（Developed Countries）的国民经济中占有重要份额。同样，对于我国来说，制造业不仅在国民经济发展中占有重要地位，也是我国经济结构转型的基础，从最初的农业大国到保障重工业优先发展再到如今的制造业强国，制造业把握住了时代机遇飞速发展，是我国经济结构转型的重要基础；同样，制造业也为就业市场提供了大量的就业机会。

2015年我国颁布实施的《中国制造2025》指出，新中国成立后尤其是改革开放以来，我国制造业持续快速发展，建成了门类齐全、独立完整的产业体系，有力推动工业化和现代化进程，显著增强综合国力，支撑我国世界大国地位。然而，与世界先进水平相比，我国制造业仍然大而不强。虽然经过了几十年的发展，我国制造业规模已跃居世界第一，但我们仍处于工业化进程中，与世界先进国家有较大差距，存在自主创新能力弱，关键核心技术与高端装备对外依存度高，以企业为主体的制造业创新体系不完善等一系列问题。由此可见，制造业尤其是先进制造业的发展与变革，推进制造强国战略已经成为我国高度重视并亟待解决的现实问题。

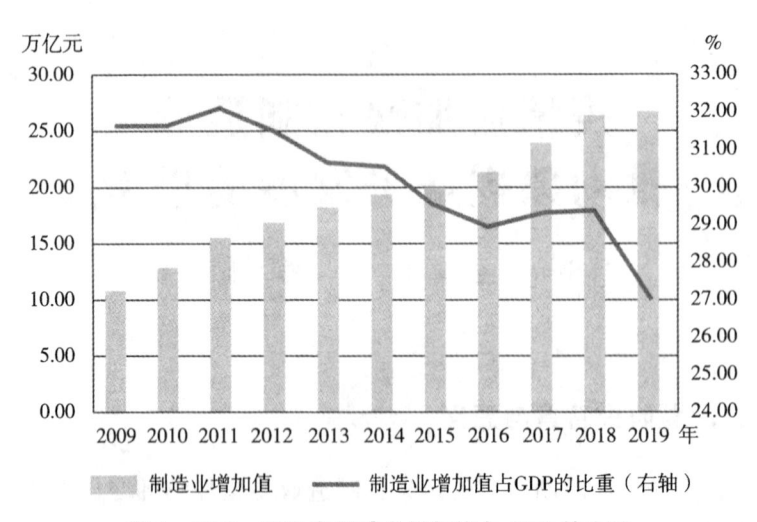

图 1 2009—2019 年制造业增加值占 GDP 的比重

2018年10月，美国白宫发布了《先进制造领导战略》（Strategy for American Leadership in Advanced Manufacturing）。该报告展示了新阶段美国引领全球先进制造的愿景，提出通过发展和推广新的制造技术，教育、培训先进制造所需的劳动力，提升国内制造业供应链能力三大任务，确保美国国家安全和经济繁荣。德国也于2013年的汉诺威工业博览会上正式推出工业4.0概念，随后由德国政府列入《德国2020高技术战略》中的十大未来项目。该项目由德国联邦教育及研究部和联邦经济技术部联合资助，投资预计达2亿欧元，旨在提升制造业的智能化水平，建立具有适应性、资源效率及基因工程学的智慧工厂，在商业流程及价值流程中整合客户及商业伙伴。由此可见，发达国家对制造业尤其是先进制造业的发展高度重视，然而近年来虽然我国制造业持续快速发展，但值得警惕的是制造业增加值占GDP的比重已经跌破30%，根据世界银行的数据，中国制造业增加值变化情况如图1所示。杨伟民在中国工业经济学会2018年年会上曾提到，我们要高度重视制造业比重过快下滑问题，从大国经济发展趋势看，美国、日本、德国等分别在人均GDP达到1.6万美元、1.7万美元、2.0万美元时制造业比重处于历史最高点。而2018年我国的人均GDP只有8000多美元，尚未进入高收入国家，但已提前进入制造业比重下降的"产业空心化"时代，其中很重要的一点是金融对制造业的支持力度减弱，民营资本融资困难，尤其是新冠肺炎疫情对我国部分制造业企业发展造成了严重打击，希望国家在疫情得到有效控制后，加大对企业复工复产的协调支持力

度，采取更加精准的帮扶措施，推动制造业企业稳增长、优结构、提质量、增效益。强化金融支持和服务，解决企业流动性资金紧张问题便是一个有效措施，其中承兑汇票是制造业融资的一个重要方式，根据上海票据交易所的数据，2018 年签发承兑汇票约 18.27 万亿元，其中制造业占据了 30% 的高比重，推动票据业务在先进制造业中的发展，是帮助制造业企业解决融资问题、缓解流动性资金紧张的有效措施。

二、以增值税为基础的制造业票据承兑总量测算

2016 年"营改增"完成，扩大了增值税的适用范围，商业银行和监管机构普遍把销售方开具的增值税发票作为审核贸易背景真实性的主要依据之一，缴纳了增值税的企业理论上都有条件开具商业汇票，这为大力发展承兑业务提供了良好的条件。每年的《中国货币政策执行报告》指出，从行业结构看，企业签发的银行承兑汇票余额集中在制造业、批发零售业。同时上海票据交易所的数据显示，2017 年承兑业务中，出票人所在行业为制造业的占比达到 45.14%，2018 年与 2019 年制造业票据签发背书量占比都为 30% 左右，可见制造业承兑融资已然是一种很成熟的方式。在第 10 届税收征管论坛大会开幕式上，国家税务总局局长王军表示"营改增"推动了服务业的发展，对促进制造业转型升级将发挥重大作用。票据融资是制造业的一种重要融资手段，"营改增"自然也极大地推动了制造业承兑汇票业务发展。近年来制造业增加值不断增长，同时作为融资手段的票据签发量逐年增加，如图 2 所示，2016 年"营改增"完成导致增值税增加，同时，商业银行在企业出票环节加强了对真实贸易背景的审查，无真实贸易背景的融资性票据被逐步挤出市场，致使 2016 年与 2017 年承兑业务有一定下滑，观察其余年份可以看到，制造业增加值逐年增加，同时票据市场承兑汇票总签发量也呈现上涨态势，随着制造业不断发展，作为重要融资手段之一的票据市场一定仍有很大的发展空间，为此，下面我们考虑理论上制造业可开具的最大承兑汇票量以及与实际市场的比较，探究制造业在票据市场中的发展潜力，让票据服务于经济，更好地服务于制造业发展。

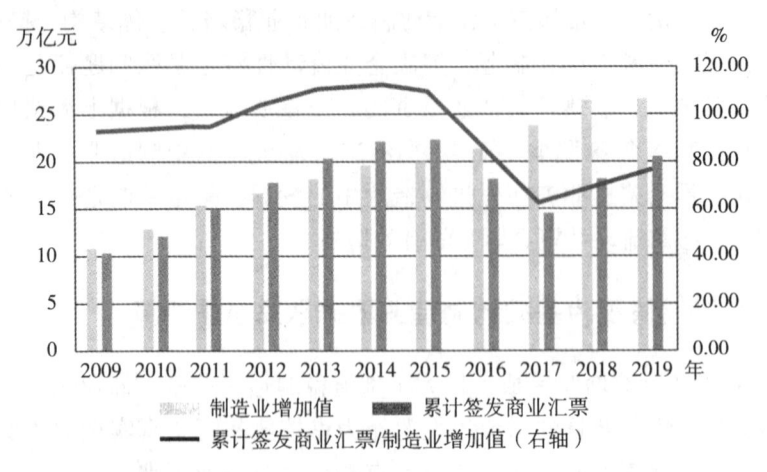

图 2 2009—2019 年制造业增加值与票据签发量情况

1. 承兑总量可能性分析之模型假设

假定市场中存在 n 种产品，不含税价格分别为 P_i 元，数量分别为 Q_i（$i=1, 2, \cdots, n$）。

第 i 种商品需要经过增值的次数为 K_i 次，其中，第 j 次（$j=1, 2, \cdots, K_i$）增值后的不含税价格为 P_{ij}，此时的中间品数量为 Q_{ij}，最终价格为 P_i，即 $P_{iK_i}=P_i$，$Q_{iK_i}=Q_i$。

假定第 i 种商品的第 j 次增值所需缴纳的增值税税率为 X_{ij}，则含税价格为 $P_{ij}\times(1+X_{ij})$。

基于上述，则第 i 种商品的第 j 次增值银行可签发的汇票为

$$P_{ij} \times Q_{ij} \times (1 + X_{ij})$$

理论上市场可以签发的商业汇票累计为

$$\sum_{i=1}^{n} \sum_{j=1}^{K_i} P_{ij} \times Q_{ij} \times (1 + X_{ij})$$

在我国现行税率制度下，主要存在三档增值税税率，分别为6%、9%、13%，因此，X_{ij} 的取值为 6% 或 9% 或 13%。但实际市场中的产品种类及对应的增值次数无法统计。因此考虑根据企业实际缴纳的增值税税额进行计算，将企业分为如表1所示的几类，按照2019年版增值税税率计算，由增值税计算公式可知：

增值税＝销项税额–进项税额 　　　　　　　　　　(1)

销项税额（或进项税额）＝含税销售收入÷(1+税率)×税率＝销售额×税率

(2)

2. 具体测算

（1）测算方法一

先考虑制造业可能的承兑金额，2018 年的政策将工业企业的小规模纳税人的年销售额标准分别由 50 万元和 80 万元统一上调至 500 万元，我们考虑银行为其开具承兑汇票的企业营业额一般较高，多数为一般纳税人，适用 2019 年发布的制造业增值税税率 13%。因此，对所有数据我们将采用国家统计局中按行业分规模以上工业企业主要经济指标，至此我们将第一阶段的理论模型进行简化，假定单个企业的增值过程共有 n 个阶段，各个阶段不含税销售产值分别为 P_1，P_2，…，P_n。

因此各个阶段所需缴纳的增值税为

$$(P_{i+1} - P_i) \times 13\%$$

各个阶段所需缴纳的增值税之和为

$$\sum_{i=1}^{n}(P_{i+1} - P_i) \times 13\% = (P_n - P_0) \times 13\%$$

第一阶段模型中假定 P_0（初始价值量）为 0，则上式结果为 $P_n \times 13\%$，其含义是制造业全年缴纳的增值税总额 = 最终产业的全年产值 × 13%，根据我们的假定，此过程中银行可开具的承兑汇票理论最大值为（P_i 不包含增值税）：

$$\sum_{i=0}^{n} P_i \times (1 + 13\%)$$

考虑到市场中所有的制造业企业，制造业所能开具的承兑汇票之和即为所有制造业企业销项税额之和。我们发现 P_i 可以通过主营业务收入衡量，此时 P_i 即为企业全年的主营业务收入，对 P_i 求和即为制造业所有企业全年主营业务收入之和，将所有制造业企业按产业进行细分，并分别进行计算，见表 1。

表 1　制造业各行业主营业务收入（2018 年）　　　　单位：亿元

项目	主营业务收入	增值税税率	含税价格
制造业总计	907716.30	—	1023573.43
农副食品加工业规模以上工业企业	47263.1	9.00%	51516.779
食品制造业规模以上工业企业	18348.2	13.00%	20733.466
酒、饮料和精制茶制造业规模以上工业企业	15291.9	13.00%	17279.847
烟草制品业规模以上工业企业	9291.2	13.00%	10499.056
纺织业规模以上工业企业	27242.3	13.00%	30783.799

续表

项目	主营业务收入	增值税税率	含税价格
纺织服装、服饰业规模以上工业企业	17106.6	13.00%	19330.458
皮革、毛皮、羽毛及其制品和制鞋业规模以上工业企业	12092.5	13.00%	13664.525
木材加工和木、竹、藤、棕、草制品业规模以上工业企业	9165.4	13.00%	10356.902
家具制造业规模以上工业企业	7011.9	13.00%	7923.447
造纸和纸制品业规模以上工业企业	13727.9	13.00%	15512.527
印刷和记录媒介复制业规模以上工业企业	6386.7	9.00%	6961.503
文教、工美、体育和娱乐用品制造业规模以上工业企业	13315.9	13.00%	15046.967
石油加工、炼焦和核燃料加工业规模以上工业企业	46296.9	13.00%	52315.497
化学原料和化学制品制造业规模以上工业企业	70147.5	13.00%	79266.675
医药制造业规模以上工业企业	23986.3	13.00%	27104.519

我们根据 2018 年制造业企业主营业务收入数据计算得出的理论承兑汇票量为 1023573.43 亿元，约为 102 万亿元。此测算方法存在误差，原因主要为制造业企业计算时采用的是按行业分规模以上工业企业经济指标数据，部分小型企业未纳入计算，可能造成结果偏低，而又忽略了制造业企业中有些面向最终消费者无法开票的部分，导致结果偏高。

(2) 测算方法二

第二种测算方法考虑根据中间投入总价值量的方法进行测算，不同产业通过其中间投入量计算其含税价格，将所有产业的含税价格加总，再加上其增值额，即为可开具承兑汇票的理论最大值。

国家统计局只有各行业 2015 年中间品投入的相关数据，为统一利用 2018 年的数据进行测算，我们通过 2015 年的数据估算 2018 年的中间品投入数据，见表 2。由于缺乏制造业 2015 年的实际增加值，考虑到 2015 年的工业增加值为 234968.9 亿元（见表 3），我们按照制造业中间投入占工业中间投入的比重计算 2015 年的制造业增加值，制造业中间投入在工业中的占比为 86.18%（8033199794.57÷9321102262.56），因此推算出 2015 年制造业增加值为 202496.20 亿元（234968.9×86.18%）。

通过 2015 年制造业中间品投入计算其含税价值量为 897125.02 亿元，总投入含税价格为 1125945.73 亿元，我们再通过 2015 年和 2017 年的

总投入增长率近似替代制造业总投入增长率，2015 年总投入为 20814465144.50 万元，2017 年为 22577335292.36 万元，假定每年总投入增长率为 x，可计算出 $x = 4.15\%$（20814465144.50×(1+x)×(1+x) = 22577335292.36），将其作为制造业总投入增长率，则 2018 年的制造业总投入含税价格为 1271975.06 亿元（1125945.73×(1+x)×(1+x)×(1+x)），即根据中间品投入计算出的 2018 年理论制造业可开具承兑汇票最大值为 1271975.06 亿元，约为 127 万亿元，此结果存在两个问题：一方面，未考虑部分制造业企业的中间投入来自第一产业农林牧渔中的部分小规模纳税人，并不具备开具承兑汇票的能力而未将其排除；另一方面，上述数据是假定制造业产品均为工业品而并非面向最终消费者，因此可开具承兑汇票，但实际上，制造业诸多企业（如生产手机、电视等的企业）面向最终消费者，而这部分是无法开具承兑汇票的，因此需要将这部分面向最终消费者的制造业数据摘除出去，但由于缺乏此类数据，无法具体进行计算，但可以估计出大致范围，主要有以下两种方式。

①从得出的最终数据中除掉社会消费品零售总额，这种方式无疑会导致结果偏低，2018 年社会消费品零售总额为 380986.9 亿元，因此最终结果为 890988.16 亿元（1271975.06-380986.9）。

②利用制造业中间投入（不计入增加值）数据进行计算，此方法是利用进项税额进行测算，此时 2015 年制造业中间投入含税价值量为 897125.02 亿元，同样地，我们用上面计算得出的中间投入增长率 $x = 4.15\%$ 近似替代制造业中间投入增长率，则 2018 年制造业中间投入含税价格为 1013516.43 亿元（897125.02×(1+x)×(1+x)×(1+x)）。

相比于方式①而言，方式②的计算结果更准确一些，因此，下面的分析采用 1013516.43 亿元作为下限。

方式②对结果的影响主要分为两部分，一是制造业中间品投入中的一部分来源于第一产业农林牧渔中的小规模纳税人，并不具备开具承兑汇票的能力，导致结果偏大；二是未计算制造业增值部分，仅以中间品投入的进项税额计算，导致结果偏低。

测算方法二的计算结果显示，2018 年制造业理论承兑量在 101 万亿元到 127 万亿元之间，测算方法一的计算结果（仅计算规模以上制造业企业）为 102 万亿元，从现有数据来看，我们无法再进一步精确结果。

表2 制造业中间品投入（2015年）　　　　　　　　　　单位：万元

项目	不含税价格	税率	含税价格
总投入	10058161794.57	—	11259457274.3
中间投入	8033199794.57	—	8971250214.3
食品、饮料制造及烟草制品业中间投入	720681733.73	9.00%	785543089.8
纺织、服装及皮革产品制造业中间投入	529031323.52	13.00%	597805395.6
其他制造业中间投入	591120933.45	13.00%	667966654.8
炼焦、燃气及石油加工业中间投入	412508395.59	9.00%	449634151.2
化学工业中间投入	1523448705.36	9.009%	1660559089.0
非金属矿物制品业中间投入	632122240.59	13.00%	714298131.9
金属产品制造业中间投入	1556854293.32	13.00%	1759245351.0
机械设备制造业中间投入	2067432169.01	13.00%	2336198351.0
增加值	2024962000.00	13.00%	2288207060.00

表3 工业中间品投入（2015年）　　　　　　　　　　单位：万元

项目	不含税价格	税率	含税价格
总投入	11670791262.56	—	13057897498.20
中间投入	9321102262.56	—	10402748928.20
采矿业中间投入	692125596.13	13.00%	782101923.60
食品、饮料制造及烟草制品业中间投入	720681733.73	9.00%	785543089.80
纺织、服装及皮革产品制造业中间投入	529031323.52	13.00%	597805395.50
其他制造业中间投入	591120933.45	13.00%	667966654.80
电力、热力及水的生产和供应业中间投入	595776871.86	9.00%	649396790.30
炼焦、燃气及石油加工业中间投入	412508395.59	9.00%	449634151.20
化学工业中间投入	1523448705.36	9.00%	1660559089.00
非金属矿物制品业中间投入	632122240.59	13.00%	714298131.90
金属产品制造业中间投入	1556854293.32	13.00%	1759245351.00
机械设备制造业中间投入	2067432169.01	13.00%	2336198351.00
增加值	2349689000.00	13.00%	2655148570.00

根据上海票据交易所的数据，2018年全年承兑汇票签发量估计值为18.27万亿元，制造业用票量占比在30%左右，由此可计算出制造业承兑汇票量为5.48万亿元（18.27×30%），与我们计算得出的101万亿元到127万亿元之间存在很大差距，占比仅为理论最大值的5%左右，制造业企业承兑

汇票签发仍有巨大的市场潜力。

三、加快发展制造业票据业务的研究

（一）票据支持制造业短期融资十分合适

票据既有支付结算功能，也有扩张信用的融资功能，理应是我国多层次融资体系的一部分。股票、债券、短融、中票、PPN、ABS 等融资工具只适用于金字塔尖的少数大型制造业企业，多数中小制造业企业在公开市场没有评级，不适宜在资本市场大规模融资。同样，相对于银行贷款，票据市场基础设施完善，电子票据最长期限达一年，并且可以自主约定到期期限，通过企业网银签发、流转非常便捷，还可以同开户银行一事一议，满足双方约定的特定条件可获得银行承兑作为信用加持，这些基本属性同中小制造业企业的短期融资需求十分契合。同时，依托上下游的真实贸易背景，票据的到期兑付具有自偿性特征，并且对于长期在某家银行做基础支付结算的制造业企业，银行可以获得稳定的大数据以帮助灵活调整、控制票据信用敞口，尽可能地创造条件为制造业企业提供短期流动性支持。综合来看，中小制造业企业的票据融资比信贷融资可获得性高，制造业企业在获得金融机构中长期贷款的同时，也可约定配套签发票据实现短期流动性管理需要，长短结合使得票据的优势更加明显。

（二）加大对制造业票据承兑、贴现、再贴现业务的发展

我国产业正处于向高端制造业转型的特殊历史时期，我国宏观经济正处于由出口导向型向内需拉动型消费经济体转变的阶段。票据承兑业务应该顺应时代发展的潮流，各市场参与主体可以抓住转型机遇期，加强制造业领域的票据业务。制造业的研发、生产周期普遍偏长，销售回款的速度也参差不齐，金融机构可以根据制造业子行业不同的发展阶段和发展特点把票据承兑业务嵌入制造业企业的日常经营管理流程中，提高票据产品在制造业企业中的普及率和使用率，加快行业资金周转，降低由于临时流动性不足而导致的经营困难情况的发生率。

票据市场是我国货币市场的重要组成部分，企业持有的票据在商业银行申请直贴时是连接商业银行和实体经济的纽带，信贷属性明显；已贴现的票据在上海票据交易所平台流转时是商业银行在货币市场相互融通资金的媒介，资金属性明显。目前宏观经济的困境在于从"宽货币"到"宽信用"之间有很长一段路要走，一方面，流动性淤积在银行间市场让回购利率创下多年来新低，最优质企业发行超短期融资券的利率也屡破新低；另

一方面，多数中小企业流动性困难，有敞口的信用贷款可获得性低、成本高。信用分层出现了冰火两重天的两极分化现象，"宽货币"需要人民银行货币政策支持，而"宽信用"则需要金融机构花硬功夫把本职工作做深做细，票据这种可以将实体经济和货币市场连接在一起的特殊功能让其成为人民银行货币政策向实体经济传导的最优工具之一。商业银行要重视开户结算企业的行业分类工作，把票据资金规模更多配置在制造业企业贴现业务上，在控制实质风险的基础上尽可能简化中小制造业企业申请贴现的流程，投入行内资源、发挥科技力量开发票据秒贴系统，提高放款效率，优化制造业企业用票体验。另外，要发挥票据转贴现市场流转功能，让制造业企业的票据贴现利率向同期限货币市场利率靠拢，切实降低制造业企业的贴现成本以让利实体经济。

再贴现是中央银行货币政策工具箱中为数不多的调节信贷结构的工具之一，可以发挥定向精准滴灌的功能，引导货币信贷资金投向，有针对性地解决经济运行中的突出问题。2017年9月，上海票据交易所推出的再贴现业务系统上线运行后，大大提高了人民银行各地分支机构再贴现业务的办理效率和灵活性，也为人民银行更精准、高效地发挥再贴现政策引导市场利率和优化资源配置创造了条件。首先，可以考虑进一步扩大再贴现操作规模并调整再贴现利率，督促引导商业银行梳理基础资产，优先选择出票人和贴现申请人是制造业企业的票据作为再贴现操作的前提条件。其次，鉴于当前阶段银行间市场流动性宽松，国有大行和股份制银行承兑的票据转贴现利率已在较长时间段内低于人民银行再贴现利率，在这种宽松的货币环境下，人民银行的再贴现政策可以倾向于小城商行和小农商行承兑的由制造业企业签发的或由制造业企业申请贴现的票据。最后，人民银行还可以把再贴现资源向大型制造业企业签发的商业承兑汇票倾斜，鼓励核心制造业企业在其主导的供应链上推广使用商业承兑汇票进行支付结算，有人民银行作为最终再贴现人可以提高供应链上中小企业商业票据融资的可获得性并能切实有效降低商业承兑汇票的融资成本。

（三）票据是支持疫情后制造业中小微企业发展的有力工具

票据是推动疫情后制造业中小微企业复工复产、复商复贸的有力工具。对于主营业务正常，产品和服务市场前景良好，由于暂时性的资金链紧绷而急需短期流动性支持的中小微制造业企业，票据的特殊功能作用适逢其时，这也是票据运用于微观产业的最佳实践期。面对经济增速短期快速下行的现实，制造业企业面临宏观需求缩减、资金流紧张的情况，出票企业

愿意开票缓解财务上的困难，而收票企业收到票据后也会选择快速支付或变现，票据是非常高效的金融工具。因此，商业银行、企业及相关部门要达成共识，各司其职，各负其责，联动推出相应措施，包括商业银行要适度降低承兑保证金比例，手续费视情适当减免，监管部门对于保证金占存款比例应适度宽松。制造业企业要积极签发票据解决短期资金需求，把本来不能流动的应收账款显性化，金融机构应加大对制造业企业类银票和商票的贴现力度，切实提高中小微制造业企业资产负债表中资产端的流动性和变现能力。

（四）票据支持先进制造业发展

先进制造业具有信息化、自动化、智能化、柔性化、生态化的特征，可以为社会带来良好的市场效应和经济效应。监管部门在积极引导和督促商业银行、保险机构加大对制造业的支持力度，强化对先进制造业、高技术制造业、战略性新兴产业领域的金融支持。明确大型商业银行"全年制造业贷款余额增速不低于5%，年末制造业中长期贷款占比比年初提高1个百分点，信用贷款余额增速不低于3%"的"五一三"任务，推动大型银行加大对制造业的资源倾斜。先进制造业可以挖掘商业承兑汇票的支付属性和融资属性，利用自身的技术优势和产品优势，向上游服务商签发商业承兑汇票，同时金融机构要响应国家号召，积极适应新的监管要求，提高先进制造业企业授信覆盖广度和深度，梳理先进制造业企业的供应链状况，优化先进制造业企业签发商票的贴现流程，降低贴现利率，提高放款速度，争取在未来几年内实质性提高先进制造业企业的流动性，为落实"把先进制造业企业做强做大"国家战略贡献一份力量。总的来看，先进制造业具有门槛高、"护城河"宽的特点，又是国家和地方政府现在乃至将来都要重点鼓励扶持的行业，在先进制造业企业中推广使用票据既满足了先进制造业企业支付结算和融资的需求，又丰富了票据市场的参与主体，可以实现先进制造业和票据行业同时健康发展的双赢局面。

（五）加大对制造业标准化票据的支持力度

标准化票据是以票据作为底层资产的债券，可以连通票据市场和债券市场，有利于发挥债券市场投资者的专业投资和定价能力，增强票据融资功能和交易规范性。从2020年6月中国人民银行发布的《标准化票据管理办法》可以看出标准化票据被定性为货币市场工具，且具备资管新规中"标准化债权资产"的特征和属性，如未来被认定为标准化债权资产，则在

投资市场上也将受到包括货币基金和债券基金在内的资管产品的青睐。标准化票据产品的发展有望为制造业企业引入"源头活水",可以提高制造业核心企业供应链上下游商业承兑汇票资产的流动性。目前同一制造业企业主体在债券市场发行短期融资券的利率和其承兑的商业承兑汇票贴现利率存在 200 个基点以上的差价,通过相应存托机构创设制造业企业签发的标准化票据可以降低供应链上中小企业持有核心制造业企业签发的商业承兑汇票的成本,从而进一步为中小企业融资难融资慢融资贵的现状纾困解难。

(六) 加大对制造业供应链票据的支持力度

2020 年 4 月 24 日,上海票据交易所发布《关于供应链票据平台试运行有关事项的通知》(票交所发〔2020〕58 号),正式明确供应链票据平台依托现有的 ECDS,与各类供应链金融平台对接,为企业提供电子商业汇票的签发、承兑、背书、到期处理、信息服务等功能,通过供应链票据平台签发的电子商业汇票简称供应链票据。供应链票据间接解决了传统电子商业汇票不可等分化的弊端,在一定程度上为票据本身的标准化做了铺垫。上海票据交易所可以鼓励优质核心制造业企业自建供应链平台,先行接入上海票据交易所系统,并且后续优先考虑用制造业供应链平台上线票据质押融资、贴现、转贴现、再贴现、供应链票据跨供应链平台流转等新功能。供应链票据依托供应链金融中的核心企业信用,金融机构可以适度提高对优质核心制造业企业的授信敞口,认真研究切实可行的针对供应链票据融资的服务方案,提高供应链票据的普及程度和流转效率。

(七) 加大对制造业应收账款票据化融资的支持力度

2019 年 6 月,人民银行行长易纲在"陆家嘴论坛"上提出要推动应收账款票据化,这是完善上海国际金融中心建设的重要推进事项之一。制造业企业的账期普遍偏长且应收账款占资产总额的比例高,直接导致了中小制造业企业短期流动性紧张,部分制造业企业在财务压力下被迫进行民间融资,被高额利息拖死的现象屡有发生。应收账款和商业承兑汇票在制造业供应链上使用场景相似,两种业务都是依托核心制造业企业服务上下游中小微客户,旨在促进整个供应链制造业企业发展、提升生态圈实力、推动产业集聚、加快制造业转型升级。长期以来,应收账款确认、流转比较困难,保理的成本也比较高。而商业汇票具有法律体系完善、基础设施先进、全流程电子化操作、期限灵活、流转和融资及交易均比较方便的优势。以商业银行为代表的金融机构要努力搭建内部票据业务系统平台、缩短决

策流程、突破信贷业务属地化管理的制度瓶颈，尽早实现对优质核心制造业企业的授信全覆盖，针对不同制造业细分领域的特殊情况做区别对待，争取在摸索中尽快实现风险定价，真正做到电子商业汇票的流通和融资比应收账款更方便、成本更低并能实现银企双赢的高质量可持续发展。

（八）加强对制造业承兑融资的风险控制

风险表面上是外部环境问题，核心是风险观、业绩观、发展观问题，是风险管理体制与业务发展不尽适应的问题。"重盈利、轻风险""重指标、轻管理"的问题需要在支持制造业转型升级的过程中进一步根除，坚持审慎经营的理念，坚持业务发展与风险管理能力相适应，持续推进精细化管理。金融机构的授信审批部门需要投入人力、物力、财力做好制造业企业签发的电子商业汇票的票据评级这项基础工作。评价承兑的制造业企业定性指标应参照企业主体（商票出票人）公开市场信用评级和金融机构内部评级，考虑到商票到期期限较短，定量指标的评价方法与商票出票人信用评级应有所区别，制造业企业短期偿债能力和盈利能力应是考察其最终票据兑付能力的重点，因此，在上述两部分指标的选项设置及评分权重上应给予一定倾斜。完善票据评级事项后，可以建立制造业企业白名单数据库，进一步确定对某个制造业企业的授信额度，并在票据管理系统中实时显示剩余额度，进而有效地控制最大风险敞口。同时，利用人民银行征信系统和金融同业交流会排摸白名单内制造业企业在其他金融机构的授信使用情况，严防部分制造业企业超越自身兑付能力无序签发商票的风险事件发生。

注：本文数据来源于国家统计局，中国人民银行《中国货币政策执行报告》，上海票据交易所，文中税率均采用2019年不同行业适用税率。

疫情后经济发展中发挥票据在供应链金融中作用的思考

肖小和　金　睿　王文静

一、供应链金融的发展

供应链是围绕核心企业，通过对信息流、物流、资金流的控制，从采购原材料开始，经过制造一系列中间产品以及最终产品，最后由分销网络把最终产品送到消费者手中，并将供应商、制造商、分销商、零售商和最终用户连成一个整体的立体网链结构。在供应链上，除资金流、物流、信息流外，最根本的是要有增值流。

供应链管理的目的就是增强企业竞争力，把供应链上各企业分担的采购、生产、分销职能整合成为一个协调有序发展的有机体，以消费者满意度为目标，改革和优化链中各环节，在提高消费者满意度的同时实现销售的增长、成本的降低以及资金的有效运用。

供应链金融以对整个供应链信用的评估替代对单一中小微企业主体信用的评估，对中小微企业的信用评估不再强调企业规模、固定资产价值、财务指标和担保方式等要素，转而强调企业的单笔贸易真实背景和供应链核心主导企业的实力和信用水平。

供应链金融受到国家多项政策的支持，是我国金融供给侧结构性改革、信贷结构改革、资金服务实体经济、服务中小微企业的重要抓手。2017年以来，各部委陆续出台了相关政策鼓励各类机构利用供应链满足上下游参与主体的融资需求，推动中小微企业健康可持续发展。

二、票据在疫情后经济活动中的作用

票据是指出票人根据《票据法》签发的，由自己无条件支付确定的金额或委托他人无条件支付确定的金额给收款人或持票人的有价证券。广义的票据泛指各种有价证券和凭证，如债券、股票、提单、国库券、发票等。

狭义的票据仅指以支付金钱为目的的有价证券。在我国，票据是商业汇票（银行承兑汇票和商业承兑汇票）、支票及本票（银行本票）的统称。本文中的票据特指企业在贸易结算中最常用的商业汇票。

疫情后经济活动中，票据可以发挥以下作用：一是支付作用，在与上下游企业的贸易往来中，票据同现金一样可以用来付款；二是结算作用，企业之间的债权债务可以通过票据背书转让来结算；三是信用功能，票据的开立和流转基于真实的贸易背景，由于汇票开立和实际兑付之间有时间差，这就使债务人的信用得到扩张；四是融资作用，持票企业可以找金融机构贴现或创设标准化票据快速回笼资金，持票的银行也可以通过转贴现、回购和再贴现融入资金；五是交易功能，票据作为一种高流动性的金融资产，可以随时在票据市场交易变为现金；六是投资功能，票据市场是货币市场的一个重要组成部分，投资者可以向企业、商业银行或其他金融机构买入票据或票据衍生品作为短期投资品；七是调控功能，票据是商业银行调节信贷规模和资金最灵活、最有力的工具，人民银行在特定历史时期也通过调整再贴现利率调节基础货币的投放。

三、疫情后经济发展中发挥票据在供应链金融中作用的思考

（一）转变观念、发挥票据信用在供应链金融中的作用

一是借助上海票据交易所平台，整合各方信息。随着票据交易所系统的开发和完善，未来可以在平台上统一发行主体信用评级、票据评级、金融机构评级等信息，以电子商业承兑汇票为载体，通过票据交易量和交易价格来反映客户信用状况。二是大力向企业推广电子商业承兑汇票，发挥供应链核心企业的带动作用，推动集团内部企业和上下游企业积极使用电子商业承兑汇票。三是加强银企合作，疏通电子商业承兑汇票在商业银行贴现的渠道。商业银行应加快研究落实商业承兑汇票贴现的授信办法和办理流程，划出一块票据贴现规模专门用于商业承兑汇票贴现业务，实现票据和资金的结合。四是完善人民银行对中小微企业电子商业承兑汇票的再贴现政策。通过设置中小微企业电子商业承兑汇票专项再贴现额度和再贴现利率，调动商业银行的积极性，鼓励、引导商业银行重视、发展电子商业承兑汇票贴现业务。

（二）梳理供应链金融的行业、产业与核心企业

根据各参与方主导地位的不同，目前供应链金融包括三大业务模式。第一种是以核心企业为主导的供应链金融模式，金融机构出于对核心企业资信的认可向供应链上下游企业提供资金支持，该模式是最常见的传统模

式。第二种是以"怡亚通"为代表的一站式供应链金融服务平台，通过整合供应链中的信息流，为企业提供包括物流、退税、资金融通、外汇服务等业务。这种模式下，对信用风险的控制主要依赖供应链服务商的业务整合能力及其资信能力。一站式供应链金融服务平台是多种角色叠加重合的产物。第三种是以电商平台为主导的模式。电商平台能够方便并快速地获取整合供应链内部交易和资金流等核心信息，这是电商平台切入供应链金融领域的最大优势所在。业界代表有阿里巴巴的阿里小贷、淘宝小贷等，京东的订单融资、入库单融资、京保贝等，苏宁易购的账速融、信速融、货速融、票速融、乐业贷等。由于积累了大量的真实交易数据，电商平台可以通过不断积累和挖掘交易行为数据，分析、归纳借款人的经营与信用特征，进而通过云计算和大数据技术实现合理的风险定价和有效的风险控制，降低放款、回款成本。这种模式下，没有核心企业，也没有货物的质押过程，着重点在于电商平台的采购、运输、销售、资金回流体系是否具有完整闭环特性。

（三）研究商业银行票据业务服务供应链金融的方向与重点

首先，商业银行在各自的风控框架内可以选择当地主要产业的核心企业进行主动授信，然后主动上门营销核心企业到银行开立结算账户，并鼓励核心企业用这个账户签发商业承兑汇票给上游供应商。其次，针对供应链上下游企业分散在全国各地的特点，商业银行应该有针对性地完善异地客户授信管理体制和核心企业信用额度在银行各分支机构间的共享机制，建立全国性业务全国办、全国性业务区域办的业务联合办理机制。最后，还需升级商业银行内部授信审批和作业系统，优化异地开户、异地贴现等业务的办理流程，降低业务办理的各项成本。

完善体制机制后，中小供应商拿到核心企业签发的商业承兑汇票后可以背书转让给其上游，也可以向该商业银行申请商业承兑汇票贴现或者质押贷款等，占用核心企业的授信或者申请贴现企业自己的授信，这样就可以激活闲置授信的信用价值，通过商业承兑汇票的形式疏解中小微企业的流动性困难，解决中小微企业融资难题。由此可以看出，在服务好供应链上核心企业和中小微企业的同时，商业银行做大资产规模、挖掘信用价值、提高收益的目标也就借助票据业务转型自然而然实现了。

（四）选择供应链金融票据服务试点单位并实施

一是建立健全农业供应链票据发行机制。可结合本地特色农业，优先选择粮食、果蔬、茶叶、药材、乳制品、蛋品、肉品、水产品、酒等重要

产品，立足区域特色优势，充分发挥农业产业化龙头企业的示范引领作用，推动供应链上票据的流通和融资，打造联结农户、新型农业经营主体、农产品加工流通企业的票据产品。二是积极发展工业供应链票据业务。可优先选择家电、汽车、电子、纺织等行业，推动核心企业签发商业承兑汇票并向上游供应商推广使用。针对必须抢占制高点的战略性新兴产业，应充分调动包括商业银行、保险公司、担保基金在内的各方资源，打造合作紧密、分工明确、集成联动的政产学研一体化的供应链创新网络。战略核心企业可以充分利用商业承兑汇票的支付属性和融资属性，推进大型飞机、机器人、发动机、集成电路等关键技术攻关和产业发展。三是鼓励传统贸易流通企业和仓库物流企业向供应链服务企业转型，建设供应链票据综合服务平台，签发商业承兑汇票获得信用融资以提供研发、设计、采购、生产、物流和分销等一体化供应链服务，提高流通效率，降低流通成本。

（五）探索建立供应链企业应收账款票据化模式

应收账款和商业承兑汇票的使用场景相似。一方面，两种业务的切入点都是供应链贸易链条中的高信用等级企业，包括行业龙头企业、经营管理良好的产供销稳定的优秀大型企业等。另一方面，两种业务都是依托核心企业服务上下游中小微企业，旨在促进整个供应链企业发展、提升生态圈实力、推动产业集聚、加快经济结构转型升级。应收账款融资主要依赖的基础设施为中征应收账款融资服务平台，该平台上线晚、业务量小、未实现与商业银行直连。商业承兑汇票依赖的基础设施为上海票据交易所及其旗下的电子商业汇票系统（ECDS）。ECDS上线伊始就与所有商业银行和财务公司实现了直连，并接受所有其他金融机构和资管产品接入系统。票据基础设施起步早、稳定性强且相关法律法规较完善。应收账款是供应链金融的基本标的，但是其确认、流转比较困难，保理的成本也比较高；而商业承兑汇票具有统一的基础设施，实现了电子化操作，具有期限灵活、交易便捷、成本较低的优势，同时，其还可以享受人民银行再贴现等相关扶持中小微企业的精准滴灌政策。因此，可以探索建立电子商业承兑汇票替代应收账款的模式。这就需要以商业银行为代表的金融机构努力搭建票据业务系统平台，在缩短决策流程的同时突破信贷业务属地化管理的制度瓶颈，实行全面风险管理。

（六）利用标准化票据激活供应链企业融资

标准化票据以票据作为基础资产，连通票据市场和债券市场，有利于

发挥债券市场投资者的专业投资和定价作用,增强票据融资功能和交易规范性。从 2020 年 6 月中国人民银行发布的《标准化票据管理办法》可以看出,商业承兑汇票可以作为标准化票据的基础资产纳入资产池,体现了人民银行对于供应链金融业务的支持。商业承兑汇票产生于供应链,应用于供应链中的中小微企业,利用商业承兑汇票这个工具把供应链中的应收应付票据化,利用标准化票据再把票据标准化,从而实现票据的"非标转标",不再受限于票据流转需真实贸易背景或参与主体需具备贴现业务资质等,原始持票人可直接背书转让票据给存托机构并进行相应融资,该机制将中小微企业融资需求与货币市场和债券市场的投资者对接,在一定程度上可以解决部分中小微企业的融资难问题。作为货币市场工具,标准化票据具备资管新规中"标准化债权资产"的特征和属性,如未来被认定为标准化债权资产,则在投资市场上也将受到包括货币基金和债券基金在内的资管产品的青睐。标准化票据产品的发展无疑将为供应链金融的发展带来新机遇,促进中小微企业融资难融资慢融资贵等困难的疏解。

(七)争取各方支持,推动供应链金融票据发展

社会各方应共同努力,共同推动商业承兑汇票的承兑、签发和供应链金融的发展,缓解中小企业融资难融资贵问题。第一,建议人民银行从准备金、再贷款、再贴现、利率等货币政策工具方面支持中小企业使用商业承兑汇票,特别是要加大再贴现支持力度,适时调整再贴现利率,对于符合条件的商业银行给予较低资金成本的再贴现支持,盘活中小企业票据资产。第二,商业银行应为中小企业商业承兑汇票的开立、承兑、贴现、付款等提供优质服务。第三,银行保险监管部门应根据中小企业现实情况进行差别化监管。第四,财政部门应发挥好财税优惠的外部激励作用,对中小企业办理商业承兑汇票贴现等业务施行更优惠的税收政策。第五,近年刚成立的国家融资担保基金可以支持中小微企业持有商业承兑汇票时的融资需求,可由商业银行参与尽职调查,国家融资担保基金给予一定比例的担保,人民银行划出一定比例的再贴现额度,共同发展商业承兑汇票。第六,上海票据交易所应加强票据交易平台建设,使票据市场信息更加公开、透明,并且使业务处理更加便捷、安全。第七,中小微企业也要积极增强自身"体质",聚焦主业,规范经营,注重诚信。第八,有关部门应尽快完善守信联合激励和失信联合惩戒机制,打击逃废债和欺诈行为。

(八)加强票据在供应链金融中的风险防范

风险表面上是外部环境问题,核心是风险观、业绩观、发展观问

题，是风险管理体制与业务发展不尽适应的问题。"重盈利、轻风险""重指标、轻管理"的问题需要在供应链票据发展变化中进一步根除，金融机构应坚持审慎经营的理念，坚持业务发展与风险管理相适应，持续推进精细化管理，深化对电子商业承兑汇票信用风险的管理和票据交易所时代市场风险、道德风险的管理。根据独立、公正、客观、科学的原则设定票据信用评级、授信体系，采用宏观与微观、动态与静态、定量与定性相结合的科学分析方法，确定评级对象的信用等级。对供应链商业承兑汇票承兑企业的信用评级，可借鉴现有成熟的对企业主体进行评级的方法，按企业所处行业的不同分别制定细分评级指标体系，每个行业所选取的指标项及指标权重均有所区别。最终评级结果由评级得分、所对应的级别符号和评级报告组成，评级得分由定性指标和定量指标得分加总得出。

疫情后经济复苏，
票据支付融资可"四两拨千斤"

肖小和　木之渔

一、疫情对经济的影响及刺激政策

（一）疫情对经济的影响

2020年，突如其来的疫情对全球及我国经济发展造成了严重影响。第一季度，我国GDP同比下降6.8%，主要经济指标均不同程度地受到影响，不过3月经济指标呈现回升势头，降幅明显收窄。

1. 价格指数情况

2020年3月，CPI同比增长4.3%，较2月下滑0.9个百分点；PPI同比下降1.5%，较2月下滑1.1个百分点。

3月，国内疫情得到明显控制，各地封城、封路政策逐步放开，企业开始复工复产，食品供给大幅增加，有效拉低了CPI同比增速。由于疫情尚未完全结束，国内企业生产、居民生活尚未得到完全恢复，其对经济的影响主要体现在投资、消费下行，工业品价格（PPI）同比增速持续下滑。

2. 社会融资及货币供应情况

2020年第一季度社会融资规模累计增加11.08万亿元，同比多增2.47万亿元。其中，3月社会融资规模为5.15万亿元，同比增长2.19万亿元。

3月新增人民币贷款2.85万亿元，同比多增1.16万亿元，其中企业贷款同比多增9841亿元。说明随着复工复产有序推进，以及降准等措施的不断推出，投资意愿提升，信贷增长强劲，企业融资需求正恢复性反弹。

3月M_2、M_1分别同比增长10.1%、5%，较2月分别提升1.3个、0.2个百分点，均为阶段性高点。M_2和M_1增速的快速提升与频繁出台的各项财政、货币政策密切相关。

3. 进出口贸易情况

据海关总署统计，2020年第一季度我国货物贸易进出口总值为6.57万亿元，比上年同期下降6.4%。其中，出口为3.33万亿元，下降11.4%；进

口为 3.24 万亿元，下降 0.7%；贸易顺差 983.3 亿元，减少 80.6%。

（二）经济刺激政策

在当前我国疫情防控态势向好的前提下，为对冲疫情给经济带来的不利影响，稳住经济基本盘，兜住民生底线，抓实社会经济发展的各项工作，国务院及多部门密集出台了保民生、促生产多项经济刺激政策。

1. 财政政策方面

2020 年 3 月 21 日，国务院发布《国务院办公厅关于应对新冠肺炎疫情影响强化稳就业举措的实施意见》，要求"切实落实企业吸纳重点群体就业的定额税收减免、担保贷款及贴息、就业补贴等政策"。

2. 金融政策方面

2020 年 2 月，人民银行按照国务院第 83 次常务会议的要求，增加再贷款、再贴现额度共计 5000 亿元，支农、支小再贷款利率从原来的 2.75% 下调 0.25 个百分点至 2.5%。

2020 年 3 月 1 日，中国银保监会等五部门联合发布《关于对中小微企业贷款实施临时性延期还本付息的通知》，要求"商业银行对符合条件、流动性遇到暂时困难的中小微企业贷款，给予临时性延期还本付息安排"。

2020 年 3 月 16 日，中国人民银行宣布对达到考核标准的银行定向降准 0.5~1 个百分点。此外，对符合条件的股份制商业银行再额外定向降准 1 个百分点。共释放长期资金 5500 亿元。

2020 年 4 月 3 日，中国人民银行宣布于 4 月 15 日和 5 月 15 日分两次对中小银行定向降准，每次下调 0.5 个百分点，共释放长期资金约 4000 亿元。并决定自 4 月 7 日起将金融机构在人民银行的超额存款准备金利率从 0.72% 下调至 0.35%。

2020 年 4 月 17 日，中央政治局召开会议，提出"加大'六稳'工作力度，保居民就业、保基本民生、保市场主体、保粮食能源安全、保产业链供应链稳定、保基层运转"的总体要求，并对财政政策、货币政策提出发行抗疫特别国债，增加地方政府专项债券，以及降准、降息、再贷款等具体要求。

在当前国际政治经济环境纷乱复杂，国内宏观经济形势严峻的大背景下，强化对中小企业的金融支持，降低企业融资成本已迫在眉睫。我们认为票据是当前最适合发展的金融产品，加强票据业务发展，可以有效对接供应链上下游，提升企业支付与融资效率，节约企业融资成本，特别是对国家支持发展、前景可期、急需短期资金的企业，完全可以起到"四两拨千斤"的作用。

二、票据对实体经济的功能作用

（一）票据的属性

1. 支付属性

支付是票据的基本属性，票据广泛应用于企业日常生产经营中，是中小企业重要的支付方式。买方企业可以将已签发或持有的未到期商业汇票支付给买方企业，实现订单资金的交付，完成商品交易；卖方企业收到票据后，可转让至本方的前手企业，完成采购。企业借助票据的支付属性，可以快速、便捷地完成商品交易，实现供应链内闭环支付与结算。

2. 融资属性

融资是票据的又一基本属性，票据承兑、贴现等业务中均体现了其融资属性，是中小企业重要的融资渠道。票据承兑尤其是银票承兑业务，可以借助商业银行的信用，实现延付货款；持票企业可以借助票据贴现业务，提前获取银行资金支持。票据的融资属性与支付属性相辅相成，是商品交易的助推器，保障中小企业在头寸不足的情况下，完成日常采购等交易活动。

3. 支持实体经济

票据支持实体经济属性主要体现在"价格低廉"和"受众面广"两方面。一方面，同等金额的票据承兑或贴现价格，远低于流动资金贷款价格，在一定程度上可缓解中小企业融资贵的问题；另一方面，票据业务受众面广，涵盖大中小等各类型企业，可以较好地解决中小企业融资难的问题。

（二）当前是发展票据的大好时机

2020年第一季度，票据市场总体呈现出运行平稳且韧性增强的特点，在支持复产复工、改善融资条件、降低融资成本方面发挥了积极作用。第一季度，全市场票据业务总量为37.83万亿元，同比增长8.38%；其中承兑6.04万亿元，同比增长12.12%；贴现4.36万亿元，同比增长22.26%；交易15.81万亿元，同比增长9.73%。

当前，国内经济正处于从"疫情休克"走向经济复苏的关键时刻，以上数据说明票据非常适合经济复苏所需。如能加强部门间、政策间的协调、配合，可通过有限的政策资源盘活更多供应链、产业链，实现更可观的经济成效。我们认为在经济复苏期间大力推动票据市场发展，能起到"事半功倍"的效果。

1. 应用市场广阔

经济复苏需要普惠金融，以惠及更为广泛的中小微企业。票据属于普

惠型金融产品，与债券、证券等产品相比，票据更贴近中小企业，在电子商业汇票系统中，办理票据业务的存量企业客户有数百万之多，其中包括大中型企业客户，更多的是大量中小微企业客户。票据承兑、贴现以及背书转让等业务产品广泛应用于各种类型、各行业供应链中，渗透于企业采购、生产、销售等各个环节。以"1+N"供应链为例，核心企业开出或转让票据至上游中小微企业用于采购，接受下游企业开出的票据用于货物销售，借助票据可以带动供应链上下游中小企业的销售与采购，确保供应链顺畅运行。

2. 融资成本低

经济复苏期间需要为中小企业提供低利率融资，支持中小企业开展生产，完成订单。票据属于低成本融资产品，承兑、贴现业务办理成本均相对较低，可为中小企业节约资金。以常见的流动资金贷款业务为例，与其相比，票据承兑业务在较长一段时间内手续费维持在5‰，票据贴现业务一年期银票（国股承兑）贴现价格在3%以下，均远低于同期流动资金贷款基准利率。企业办理票据业务可有效降低财务成本，优化资产负债状况，改善企业经营。

3. 延期支付

票据承兑业务具有延期支付功能，可以较好地满足疫情过后经济复苏的要求，有利于缓解企业资金周转压力，提高资金的流动性，改善企业资产负债状况，进而推动企业复工复产及扩大再生产。根据中国人民银行《电子商业汇票业务管理办法》的规定，电子商业汇票最长期限为一年。如企业开立电子商业承兑汇票，最长需在一年后兑付全部款项；如企业向银行申请承兑电子银行承兑汇票，需根据银行要求缴纳一定比例的保证金，剩余部分在票据到期前（最长期限一年）缴纳，到期后由银行统一对外兑付，存入银行的承兑保证金还可产生利息，为企业带来短期资金收益。

4. 融资效率高

票据业务是金融科技应用较为集中的领域，大幅提升了票据融资业务处理效率。以票据贴现业务为例，部分商业银行推出了"秒贴""快贴"等快速贴现服务（是指企业通过银行开发的线上贴现渠道快速办理电子票据贴现业务），上海票据交易所也推出了"票付通""贴现通"服务，加上又推出的供应链票据平台具有不间断融资服务、线上自动审核、实时在线放款等特点及优势，极大地提高了融资效率及便捷度，有利于复工复产的中小企业快速获取融资，有利于供应链、产业链的快速恢复，并进一步降低

了企业人工成本和管理成本，提升了资金流转及使用效率。

三、疫情后利用票据服务经济发展的应用思考

经济复苏中的金融业务开展离不开财政等部门的政策支持，票据业务发展的关键就是承兑兑付问题，如果将工信、财政、税务、银行保险等政策合力应用于票据业务，将最大限度发挥票据支付与融资的功能，更快推进中小企业生产经营、商贸流通的全面恢复，完全能起到"四两拨千斤"的作用。总体考虑如下。

（一）方案主体

1. 政策主体

（1）工业和信息化部门：牵头负责提出并协商各部门确定支持发展企业白名单以及票据实施目标、担保、贴息、救济及风险处置等方案，负责协调解决方案落实过程中的相关问题。

（2）财政部门：负责参与制订业务方案、风险救济方案及企业白名单，负责财政救济（发行特别国债、纳入财政预算等），协调国家及各省级融资担保基金参与担保、贴息及对接类再贴现（区别于人民银行再贴现）的具体工作。

（3）央行：负责参与制订业务方案、风险救济方案及企业白名单，负责协调商业银行、保险公司落实业务方案并参与金融救济；负责参与制订票据担保、贴息等方案；拟按15%配比再贴现。

（4）银保监部门：负责参与制订业务方案、风险救济方案及企业白名单，负责监测业务开展情况，及时纠正相关违规行为；负责协调商业银行、保险公司推进监督业务开展并参与金融救济。

（5）国家税务部门：负责参与制订业务方案、风险救济方案及企业白名单，负责协调各地税务部门落实减税政策。

2. 实施主体

（1）国家融资担保基金、省级融资担保基金（以下简称各级担保基金）：负责具体开展白名单内企业各项票据担保、贴息工作，负责协调各级财政部门对接类再贴现（财政资金支持）并落实财政救济。

（2）商业银行：负责白名单内企业具体开展各项票据承兑、贴现等业务，负责落实监管部门制定的金融救济政策。

（3）保险公司：负责参与白名单内企业的商业保险金融支持，负责落

实监管部门制定的金融救济政策。

（4）各地税务部门：负责根据国家税务总局的要求落实白名单内企业各项减免税收的政策。

（二）发展目标

根据2020年第一季度票据市场承兑量的实际结果预计，全年为20万亿~22万亿元，银商票的比例约为85:15，按全市场占比5%~6%估算，建议白名单企业承兑担保目标值定为12000亿元（含企业具有保证金部分），其中银票承兑担保10000亿元，商票承兑担保2000亿元。

建议贴现贴息量按承兑量的60%估算，对约7200亿元贴现业务办理50%贴息；对接类再贴现业务量按贴现量的10%估算，对接720亿元类再贴现业务（区别于人民银行再贴现）。人民银行按1080亿元配备再贴现。拟对类再贴现和再贴现利率适度下调。

（三）企业白名单

建议由工信部牵头，会同财政部、人民银行、银保监会、国家税务总局依据"政策有支持、短期（一年）可偿还、发展有希望"的原则，设立中小企业准入标准，并依此制定企业白名单。

（四）应用方案

1. 承兑—引入担保

银票承兑业务目前主要依托"保证金+授信"方式开展，各级担保基金介入担保后，一方面可以大幅降低企业缴纳保证金的比例，缓解企业资金压力；另一方面，担保基金仅需对非保证金部分（敞口部分）担保，相较于其他融资产品，担保比例相对较低，可以覆盖更广泛的企业。

商票承兑业务由企业自行发起，担保基金介入后，可以大幅提升商业信用，改善商业承兑汇票的流通性，降低企业融资成本。

具体流程如下：

（1）电子银行承兑汇票。各级担保基金可在出票环节介入并实施担保。办理流程为：①出票企业通过网上银行发起电子银行承兑汇票出票申请；②出票企业向担保基金线上发起保证申请；③担保基金审核通过并签收；④出票企业向商业银行发起承兑申请；⑤商业银行综合考虑票据增信情况签收承兑申请；⑥出票企业提示收款企业签收票据，收款企业签收后，电子银票承兑业务流程结束。

（2）电子商业承兑汇票。担保基金可在出票和承兑两个环节介入并实

施担保。

出票担保，由担保基金在商业承兑汇票出票环节对出票人进行保证，业务流程类似于银行承兑汇票担保流程。由于前期出现了多起恶意冒用央企名义承兑电子商业承兑汇票的情况，为避免出现不必要的纠纷，建议担保基金在保证协议中要求，该票承兑人必须满足央企"企票通"及省市人民银行信息平台和省市相关信用信息平台要求，承兑后必须在上述平台登记，如出现恶意冒用其他企业名义承兑等情况，担保基金不担责。

承兑担保，由担保基金在商业承兑汇票承兑环节对承兑人进行担保，办理流程为：①出票企业通过网上银行发起电子商业承兑汇票出票申请；②出票企业向承兑企业发起承兑申请；③承兑企业签收承兑申请；④承兑企业向担保基金发起保证申请；⑤担保基金签收保证申请；⑥出票企业提示收款企业签收票据，收款企业签收后，电子商票承兑业务流程结束。

2. 贴现——开展贴息

各级财政可考虑对白名单内企业所办理的票据贴现业务进行贴息。从票据类别看，银票贴息针对企业所持电子银行承兑汇票开展，商票贴息可针对担保基金已保证的电子商业承兑汇票开展。

票据贴现贴息可以采用两种模式开展：模式一是由白名单内贴现企业凭贴现凭证自行向财政申请贴息，经财政审核后发放贴息款项；模式二是财政与商业银行合作，由商业银行批量提供白名单内企业的贴现放款凭证，经财政审核后发放贴息款项。

由于银票贴现价格远低于流动资金贷款，相应产生的利息也较少，与流动资金贷款贴息相比，同样金额的贴息资金可以补贴更多的票据贴现业务，覆盖更广泛的中小微企业。

3. 类再贴现——对接财政资金

再贴现是指商业银行持未到期的已贴现汇票向中央银行进行贴现，实际上是中央银行向商业银行提供融资支持的行为，是货币政策调节手段之一，其在传导货币政策、调节信贷投向等方面发挥了积极作用。

财政部门需加强与人民银行的沟通协作，在不影响人民银行配套再贴现规模、再贴现业务的前提下，尝试以财政资金对接类再贴现业务，类再贴现业务可针对白名单内企业开展，类再贴现利率可在现有再贴现利率基础上适当下浮，并要求商业银行相应下调再贴现利率。

通过财政资金对接类再贴现，可有序扩大再贴现业务规模，引导商业银行将贴现资金投向白名单内企业，确保财政再贴现资金流入真实的贸易

中，加速推动实体经济资金循环。

办理流程为：①财政部门确定类再贴现对接额度；②白名单内企业向商业银行申请贴现；③商业银行办理贴现；④商业银行申请办理类再贴现（财政资金对接）；⑤财政部门确认贴现企业在白名单内，并发放类再贴现款项；⑥类再贴现业务由财政部门委托人民银行按照再贴现程序实施。

4. 政策调整建议

（1）担保费率。建议各级担保基金主动降低担保费率，建议商业银行实行部分减免承兑费，保证金也要适当降低比例，保险部门应对保费部分减免，确保不大幅增加白名单内企业的融资负担。

（2）税率。建议税务部门对白名单内企业实施优惠税率，对商业银行、保险公司为白名单内企业办理的票据相关业务减免增值税。

（3）监管政策。建议银保监会放宽对商业银行承兑保证金存款占总存款比例不得超出30%的限制，鼓励商业银行加大票据投入力度，对白名单内企业积极开展各项票据业务。

（五）风险救济

针对担保业务可能存在的信用风险，建议由工信部门牵头，会同相关部门拟订风险救济方案，包括财政救济和金融救济两部分。出现票据担保信用风险时，由财政救济、金融救济共同出资垫付，即根据事先商定的比例，由财政资金垫付一部分、商业银行核销一部分、保险公司理赔一部分，共同助力国家支持发展、急需短期资金且发展可期的中小企业渡过难关。

1. 财政救济

财政部门可设立专项风险处置准备金，用于对冲承兑担保可能引发的垫款等信用风险事件。专项风险处置准备金由各级财政共同出资。

2. 金融救济

工信部门可与人民银行、银保监会协商金融救济方案，明确救济比例。金融救济包括银行核销和保险理赔两部分。

（1）银行核销。依据商定的比例，商业银行需承担部分金融救济工作，及时核销一部分票据担保风险，确保整体方案有效运行。

（2）保险理赔。按保险理赔相关程序办理。

上述方案只要有计划有步骤地推进，部门与企业紧密配合，实际工作中加强沟通与协调，票据就能在服务疫情后经济发展中发挥"四两拨千斤"的重要作用。

第五章

价格指数与预测

2019年票据价格指数在常态区间不断下行

肖小和　李紫薇　徐　言

一、指数及票据价格指数的概念、意义及现状

统计学上，指数是反映由不能直接相加的多种要素所构成的总体数量变动状况的统计分析指标。比如大家所熟知的股票价格指数或债券价格指数就是用来衡量股票市场或债券市场的价格波动情形。票据价格指数就是对票据利率进行采样并计算出来的用于衡量票据市场价格波动情况的指数。

构建票据价格指数的意义主要有：一是可以综合反映票据市场价格总体的变动方向和变动幅度。目前我国还没有形成统一的票据市场，任何单一机构的票据利率都无法综合代表整个票据市场的价格变动情况，因此，构建票据价格指数来反映整个市场票据利率的变化情况和发展趋势，可方便票据市场参与者及时准确地了解市场价格变化。二是分析和测定各个因素对票据价格变动的影响方向和程度。票据业务兼具资金和信贷双重属性，影响票据利率的因素主要是资金面和信贷状况，因此可以根据二者的内在联系建立票据价格指数体系，从而测定各构成因素的变动对市场价格的影响情况。三是分析研究票据市场价格在长时间内的发展变化趋势。票据价格指数的综合性和代表性较强，能够反映票据市场价格的总体变化，通过对指数的长期跟踪和分析从中找出规律，并结合自身经验对未来票据价格的走势做出预判，从而减少买卖票据的盲目性，可以获得更多的收益。四是对市场进行综合评价和测定。票据利率作为市场化时间最早、程度较高的利率品种，部分发挥了基准利率的作用，因此反映票据利率变化情况的票据价格指数既可以代表票据市场的供需情况以及市场资金和信贷状况，在一定程度上也能成为货币市场乃至金融市场的"晴雨表"。

上海票据交易所成立后相继发布了国股银票转贴现收益率曲线和城商银票转贴现收益率曲线，为票据市场定价提供参考。此两条收益率曲线以真实、活跃的票据市场交易为基础，编制时充分考虑了票据市场的交易特性，能够较好地反映市场真实价格走势，因此，其代表性和权威性非常高。

但是到目前为止，上海票据交易所发布的收益率曲线仅以国有银行和股份制银行以及城市商业银行的票据成交收益率为样本主体进行编制，农商行等样本数据的缺失不利于其反映农商行等票据价格变化情况。此外，上海票据交易所在编制收益率曲线时对市场信用主体进行了严格区分、分别编制，缺少反映票据市场整体情况的综合票据价格指数。本文力求建立一个票据因素价格指数体系，既能体现票据价格的总体走势情况，又能反映票据市场资金松紧程度和信贷变化状况的价格走势。

二、票据价格指数的编制及其应用

影响票据利率的因素主要是资金和信贷规模，而不同业务种类的票据价格反映的信息侧重也不尽相同。直贴业务与一般贷款业务非常相似，都将直接导致信贷规模增加，因此，直贴利率更能反映信贷的宽松状况；回购业务不会导致信贷规模的变化，因此是一种资金业务，回购利率也更能反映资金面的情况；转贴现业务介于二者中间，既与信贷有关，也涉及资金。根据不同业务的特点，本文建立了票据资金价格指数、票据信贷价格指数和票据综合价格指数，票据资金价格指数是由回购利率和转贴现利率构成，票据信贷价格指数是由直贴利率和转贴利率构成，而票据综合价格指数不仅包含了票据利率，还考虑了报价金额。

价格指数必须具有全国性、代表性和公信性三大特点，因此2017年6月30日以前的票据价格样本选自"中国票据网"[①]，之后的数据选自上海票据交易所。本文建立的指数是通过对票据利率进行计量建模确定一个比较稳定的系数比例关系，从而形成票据因素价格指数，因此需要一个能够准确反映市场资金面和信贷规模状况的核心指标，本文选取了银行间同业拆借加权平均利率（月）和金融机构贷款加权平均利率（季）。

（一）票据资金价格指数

票据资金价格指数是指通过对"中国票据网"的回购、转贴现利率报价以及后续上海票据交易所成交均价进行系数确定而计算得出的指数，旨在反映票据市场的资金状况和变化趋势。样本数据选择为2005年1月至2019年12月的票据利率和银行间同业拆借加权平均利率，变量之间的相关

[①] "中国票据网"是经中国人民银行批准由中国外汇交易中心暨全国银行间同业拆借中心承办的为票据市场提供交易报价、信息查询和监管服务的专业网站，于2003年6月30日启用，2017年6月30日下线，此后由上海票据交易所承接。

系数和模型详见表1。可以看出回购利率的系数要远远大于转贴现利率，这符合票据资金价格指数更注重资金价格变化的特点，回购是纯资金业务，而转贴现还包含信贷的因素。

表1 票据资金价格指数的系数表

项目	正回购利率（ZHG）	逆回购利率（NHG）	买入利率（MR）	卖出利率（MC）	银行间同业拆借利率（TY）
与TY的相关系数	0.7965	0.7916	0.7440	0.7584	1
系数确定模型	TY = 0.0062 + 0.4943ZHG（$R^2=0.6665$）	TY = 0.0058 + 0.4560NHG（$R^2=0.6857$）	TY = 0.0092 + 0.3233MR（$R^2=0.5870$）	TY = 0.0092 + 0.3574MC（$R^2=0.5887$）	—
系数	0.4943	0.456	0.3233	0.3574	—
票据资金价格指数的公式	\multicolumn{5}{c}{即期票据资金价格指数 = $\dfrac{0.4943 \times 正回购利率 + 0.456 \times 逆回购利率 + 0.3233 \times 买入利率 + 0.3574 \times 卖出利率（即期数）}{0.4943 \times 正回购利率 + 0.456 \times 逆回购利率 + 0.3233 \times 买入利率 + 0.3574 \times 卖出利率（基期数）}\times 1000$}
与票据资金价格指数的相关系数	0.9744	0.9847	0.9758	0.9756	0.7914

对历年各月银行间同业拆借利率进行简单平均，发现2013年3月的数据比较接近该平均值，即将该时点定义为常态，因此本文也将该时间点选为票据资金价格指数的基期，并将基值定为1000点，基期前后的指数则根据利率变化情况发生相应变动。通过统计可知，票据资金价格指数与票据平均报价的相关性超过0.97，说明指数能够反映票据市场价格走势情况，同时银行间同业拆借加权平均利率与指数的相关性也在较高区域，表明指数能反映票据市场资金价格走势情况。通过历史数据可以发现，当票据资金价格指数超过1400点的时候表示市场资金面较为紧张，当超过1800点的时候代表非常紧张；而当指数低于700点的时候表示市场资金面较为宽松，低于350点的时候代表非常宽松（见图1）。2019年12月，票据资金价格指数为653点，同比大幅减少164点，说明市场资金面较为宽松。

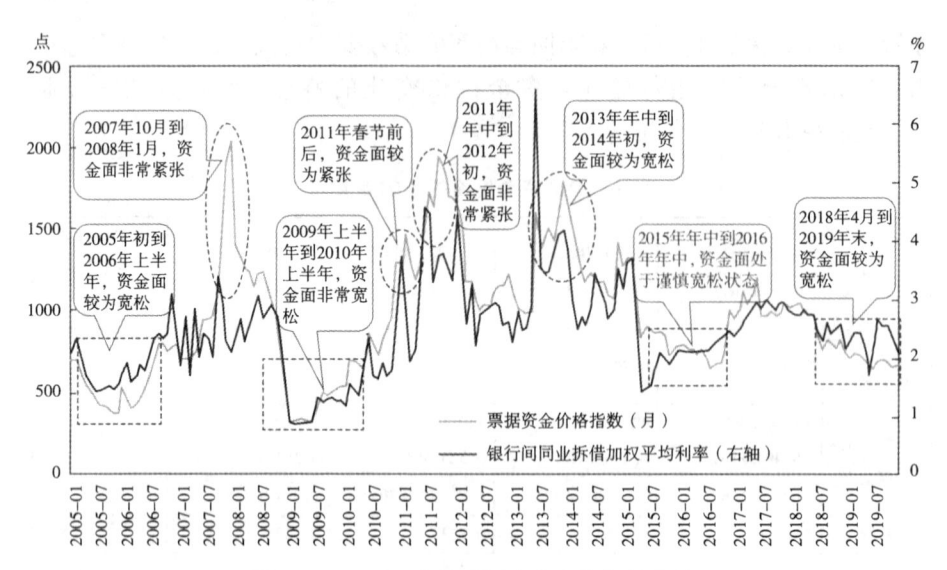

图 1　2005—2019 年票据资金价格指数走势

2005—2019 年票据市场大致经历了 4 次资金紧张阶段和 4 次资金宽松阶段，具体如下。

2005 年初到 2006 年上半年，资金面较为宽松。票据资金价格指数逐渐回落至低点 366 点，随后缓慢回升；1 天期银行间同业拆借加权平均利率基本维持在 1.1%~1.9%范围内振荡，平均值仅有 1.4%。主要原因为：（1）受宏观调控和货币政策实施影响，市场整体呈现"宽货币、紧信贷"特征；（2）人民银行下调超额存款准备金率，大量挤出资金进入市场；（3）外汇储备达到 8189 亿美元高位，热钱加速流入迹象明显，导致市场资金面非常宽松。

2007 年 10 月到 2008 年 1 月，资金面非常紧张。票据资金价格指数剧烈波动，从 1000 点飙升至 2034 点后迅速回落，Shibor 隔夜利率一度高达 8.52%，2 周期限的 Shibor 最高达到 13.58%。这一时期经济运行呈现出由偏快转向过热的迹象，人民银行加大了货币政策的从紧力度，无论是货币政策工具、种类还是出台频率都是前所未有的。2007 年人民银行连续 10 次上调法定存款准备金率，最后一次直接提高 1 个百分点，同时 6 次上调存贷款基准利率，这对市场资金面和信贷规模都产生了重大影响，同年票据利率也已完成了以 Shibor 为基准的市场化进程，因此伴随资金价格一路走高。

2009 年上半年到 2010 年上半年，资金面非常宽松。票据资金价格指数在 350 点以下振荡，Shibor 隔夜利率处在底部 0.8%左右。由于 2008 年国际金融危机爆发，全球面临经济衰退，我国政府为应对危机于 2008 年末推出"四万亿经济刺激计划"，信贷规模和资金大量投放，2009 年上半年开始显

现，整个市场呈现出资金、规模双宽松的景象，资金价格创下了历史最低点。

2011年春节前后，资金面较为紧张。票据资金价格指数攀升至1400点左右，Shibor隔夜利率最高达到8%。原因主要有：（1）2010年末存款环比大幅增加1.55万亿元，因此2011年1月5日商业银行需补交存款准备金2000多亿元；（2）季后15日前所得税预交，当月纳税入库2182亿元；虽然当月人民银行为缓解春节资金压力投放基础货币8773亿元，但存款准备金净冻结资金6370亿元，超额准备金更是减少8370亿元，市场资金面出现紧张状况。

2011年年中到2012年初，资金面非常紧张。票据资金价格指数在1464点与1940点之间振荡，其实资金紧张主要是2011年6月末和2012年初，Shibor隔夜利率最高达到8.1667%。主要原因是2011年5月企业所得税汇算清缴入国库2687亿元，6月末临近半年时点考核，人民银行再次上调法定存款准备金率0.5个百分点，约冻结资金3700亿元，市场预期相应发生剧烈变化，惜金情绪蔓延，导致资金价格上涨。2012年春节前后的资金面骤紧情况与2011年非常相似，都是上年末存款大幅增加需补交法定存款准备金、企业纳税入库、春节备付金等因素导致市场流动性短期稀缺。然而除了这两个时点，2011年下半年市场资金面整体较为平稳，资金价格也趋于正常水平，但票据利率在9月突然"高歌猛进"一路飙升，这主要由人民银行新规导致。人民银行要求从2011年9月开始将信用证、保函和银行承兑汇票保证金存款纳入存款准备金的缴纳范围，分批补缴，当月大约冻结资金9000亿元，加上9月信贷规模紧张，票据资金价格指数飙升至1940点。

2013年年中到2014年初，资金面较为紧张。票据资金价格指数在1379点与1786点之间振荡，资金紧张主要集中在2013年年中的"钱荒"时期，（1）资金方面：5月企业上缴所得税入库4691亿元，当月新增存款1.09万亿元，6月需补交存款准备金1000亿元。（2）监管政策方面：人民银行加强了外汇资金流入管理，原虚假贸易导致的还汇需求增加，国内流动性减少；银监发〔2013〕8号文对商业银行非标债权理财产品要求压缩达标，增加了流动性需求。（3）商业银行操作方面：部分商业银行通过期限错配和杠杆交易进行业务盈利，当资金趋紧时加剧了流动性压力。人民银行出手救市以后资金面有所缓解，但金融机构预期已经发生较大变化，市场惜金情绪浓厚，票据资金价格指数在较高位置延续振荡状态，年末受规模紧张影响再度冲高，详见票据信贷价格指数部分。

2015年年中到2016年年中，资金面处于谨慎宽松状态，银行间同业拆

借加权平均利率最低至1.42%，相当于2005年外汇占款大幅增加的宽松时期，但票据资金价格指数维持在650点与1000点之间振荡，基本相当于正常水平。一方面，我国经济处于"增长速度换挡期、结构调整阵痛期、前期刺激政策消化期"三期叠加新常态，货币政策总体保持稳健偏松总基调，共6次下调存款准备金率，引导市场利率适当下行，降低社会融资成本。另一方面，票据市场加强监管，表外票据业务回归表内，票据融资余额大幅增加，受规模限制制约了票据利率下行速度和空间。由于金融去杠杆政策的影响，资金面总体处于紧平衡状态，利率中枢从底部不断上升，票据资金价格指数也回落至1000点常态附近。

2018年4月到2019年末，资金面较为宽松。票据资金价格指数维持在650点与1000点之间，总体呈现出下降的趋势。主要原因有：（1）上海票据交易所的成立为票据资金交易提供了空间，带来了票据价格的变化，票据价格整体下行。（2）上海票据交易所成立后正式接管ECDS，电子票据交易集中在上海票据交易所进行，票据风险相对可控，交易活跃度上升。（3）在外部环境不确定性增加，国内外风险挑战明显上升的复杂局面下，我国经济下行压力加大，人民银行实施稳健的货币政策，加强逆周期调节，2018—2019年人民银行共7次下调存款准备金率，通过公开市场操作、中期借贷便利等操作灵活保持市场流动性，深化利率市场化改革，完善LPR传导机制，打破贷款利率隐性下限，促进货币政策传导，市场整体资金面相对宽松。

（二）票据信贷价格指数

票据信贷价格指数是指通过对转贴报价和直贴报价进行系数及时调整而建立的指数，旨在反映票据市场的规模状况和变化趋势。

由于人民银行公布的金融机构贷款加权平均利率是从2008年第三季度开始的，因此样本数据选取了2008年第三季度到2019年第四季度期间，变量之间的相关系数以及系数确定模型详见表2。票据信贷价格指数以2013年第一季度为基期，基值也定为1000点，基期前后指数根据利率变化情况相应发生变动。通过统计可知，票据信贷价格指数与票据平均报价的相关性都在0.99以上，说明指数能够反映票据利率的走势，同时金融机构贷款加权平均利率与指数的相关性也在较高区域，并高于单个票据业务品种报价与贷款利率的相关性，表明票据信贷价格指数更能反映票据市场的规模稀缺程度。通过图2可以看出，当票据信贷价格指数超过1200点的时候表示信贷规模较为紧张，而当指数低于600点的时候表示信贷规模较为宽松。

2019年第四季度，票据信贷价格指数为655点，处于适中区域偏宽松，同比减少163点，信贷环境趋于改善。

表2　票据信贷价格指数的系数表

项目	直贴利率（ZHT）	转贴现利率（ZT）	金融机构贷款加权平均利率（DK）
与DK的相关系数	0.9197	0.9331	1
系数确定模型	DK = 0.0412+0.4633ZHT（R^2 = 0.8965）	DK = 0.04+0.5564ZT（R^2 = 0.9549）	—
系数	0.4633	0.5564	
票据信贷价格指数的公式	即期票据信贷价格指数 = $\dfrac{0.4633 \times 直贴利率 + 0.5564 \times 买断式利率(即期数)}{0.4633 \times 直贴利率 + 0.5564 \times 买断式利率(基期数)} \times 1000$		
与票据信贷价格指数的相关系数	0.9922	0.9925	0.9325

从图2可以看出票据信贷价格指数要比金融机构贷款加权平均利率波动得更为剧烈，这比较容易理解，票据作为银行的信贷调节工具，蓄水池作用显著，当信贷规模紧张时银行首选卖断流动性较好的票据资产，同理，当存在闲置资源时银行也会通过大量增持票据"撑规模"，因此票据利率的波动往往比贷款利率大。2008—2019年票据信贷价格指数大致经历了2次紧张和3次宽松，具体如下。

2009年信贷规模非常宽松时期，票据信贷价格指数在310点与490点之间振荡。我国为应对国际金融危机推出"四万亿经济刺激计划"，2009年上半年新增贷款达到7.37亿元，全年新增了9.59亿元，而2011年全年新增贷款还不到7.5亿元，贷款利率回落至年利率5%以下。信贷规模的宽松迅速传导到票据市场，2009年上半年票据融资增加了1.7万亿元，占新增贷款的23%，票据利率也创下了历史最低点，2009年第二季度票据信贷价格指数仅为308点，相当于年利率1.52%，随后新增贷款下降明显，票据融资进入减持阶段，票据信贷价格指数逐渐升高。

2011年信贷规模紧张时期，票据信贷价格指数攀升至1400点以上。为调控"四万亿经济刺激计划"所产生的通货膨胀，人民银行先后7次上调法定存款准备金率，3次上调存贷款基准利率，并严格控制新增贷款的数量和投放节奏，全年新增贷款仅有7.47万亿元，比2009年的9.59万亿元和

2011年的7.95万亿元都少，票据信贷价格指数随贷款利率提高而逐渐走高。2011年9月新增贷款只有4700亿元，是当年新增贷款最少的一个月，同时监管机构加大了票据市场监管力度，对部分金融机构办理票据"绕规模"等不合规行为进行了检查，并要求金融机构开展票据业务自查，这促使票据规模紧张，当月票据融资余额减少了200亿元，而上月却增加了近1000亿元，票据信贷价格指数飙升至2161点，相当于年利率10.65%。随后新增贷款有所增加，票据融资回归至正增长阶段，票据信贷价格指数开始慢慢回落。

2013年下半年票据规模趋于谨慎时期，票据信贷价格指数在1200点附近振荡。由于2013年6月部分银行资金期限错配引起"钱荒"以及上半年信贷投放力度过大，此后银行倾向于减持票据回笼资金，票据融资大幅减少了5235亿元，票据信贷价格指数维持在1200点上下。

2015年末至2016年末信贷规模较为宽松时期，票据信贷价格指数在600点附近振荡。为应对经济下行压力以及经济结构调整，中央采取稳中求进的政策总基调，适时五次下调贷款及存款基准利率，2015年和2016年新增贷款分别达到11.7万亿元、12.6万亿元，2015年票据融资新增1.5万亿元，票据信贷价格指数不断下行，2016年受风险事件频发以及人民银行窗口指导控制票据规模等影响，当年票据融资新增量降至0.6万亿元，票据信贷价格指数有所回升。

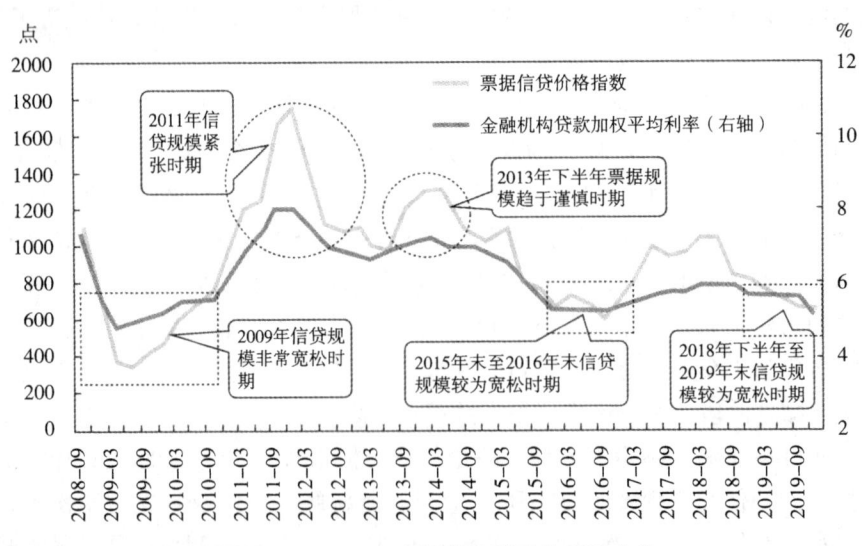

图2 2008—2019年票据信贷价格指数走势

2018年下半年至2019年末信贷规模较为宽松时期，票据信贷价格指数持续下行至650点附近。主要原因有：（1）随着上海票据交易所的成立，票据市场风险得到有效控制，票据贴现、转贴现活跃度提升。（2）人民银行充分发挥再贴现精准滴灌作用，引导金融机构信贷投放，2018年，人民银行三次增加再贴现、再贷款额度累计4000亿元，2019年增加再贴现额度2000亿元，进一步提升了银行、企业贴现积极性。（3）近年来，我国信贷规模总体宽松，信贷结构持续优化，支持实体经济力度不断加大，2018年和2019年新增贷款分别为16.2万亿元和16.8万亿元，票据信贷价格指数不断下行。

（三）票据综合价格指数

票据综合价格指数是指以"中国票据网"报价金额或上海票据交易所成交金额为系数权重对加权平均利率建立的综合指数，旨在反映票据市场的总体状况和变化趋势。实际上票据综合价格指数应该包含直贴报价情况，但由于开始时"中国票据网"仅有转贴现和回购报价，在后续上海票据交易所才开始公布直贴价格，因此2017年以前不考虑直贴业务，之后加入直贴因素。票据综合价格指数的公式为

$$票据综合价格指数 = \frac{直贴金额 \times 利率 + 买断式金额 \times 利率 + 回购金额 \times 利率（即期数）}{直贴金额 \times 利率 + 买断式金额 \times 利率 + 回购金额 \times 利率（基期数）} \times 1000$$

样本区间选择为2005年1月至2019年12月，票据综合价格指数以2013年4月为基期，基值设定为1000点，基期前后的指数则根据市场变化情况发生相应变动。通过统计可知，票据综合价格指数与票据平均报价的相关性超过0.982，说明指数能够反映票据市场的总体趋势。通过历史数据可以发现，当票据综合价格指数超过1400点的时候表示市场总体较为紧张，而当指数低于700点的时候表示市场较为宽松，当超过2000点或低于350点时说明市场处于异常情况（见图3）。

从图3可以看出票据综合价格指数基本涵盖了票据资金价格指数和票据信贷价格指数的波动情况，2005—2019年票据市场大致经历了5次紧张和3次宽松，按照导致原因可以分四种情况，具体如下。

情况一：资金起主导作用

从2005年初到2006年上半年，资金面较为宽松时期，票据综合价格指数在500点与700点之间振荡。

2007年10月至2008年1月，资金面非常紧张导致市场异常情况，票据综合价格指数最高达到2332点，相当于年利率9.67%。

2011年春节前后，资金面较为紧张时期，票据价格不断走高，票据综合价格指数也一路冲高至春节前2016点后迅速回落。

2013年年中，"钱荒"导致资金面异常紧张情况，6月末票据综合价格指数迅速飙升至2553点，相当于年利率10.58%，创历史次高水平。

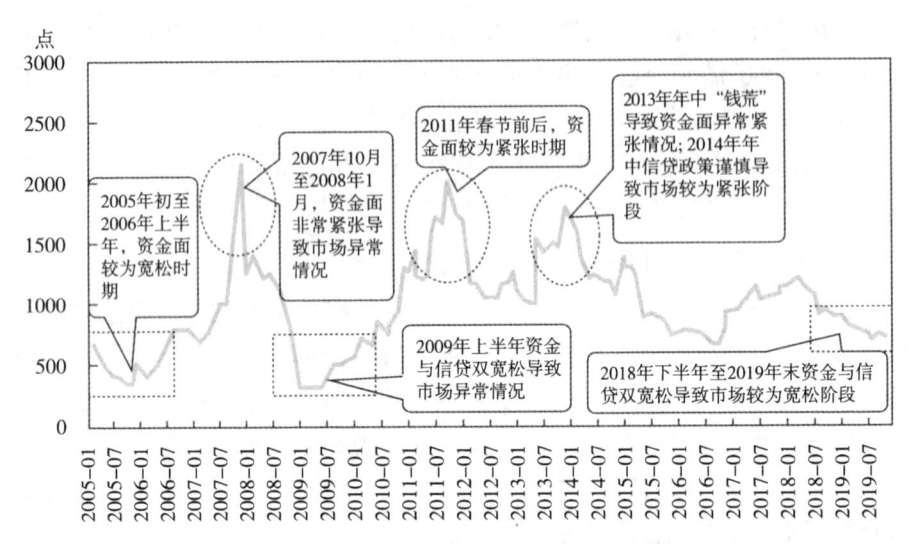

图3 2005—2019年票据综合价格指数走势

情况二：信贷起主导作用

2013年下半年至2014年春节，信贷政策谨慎导致市场较为紧张阶段，票据综合价格指数在1400点与2000点之间振荡。

情况三：二者共同起主导作用

2009年上半年，资金与信贷双宽松导致市场异常情况，票据价格不断回落，票据综合价格指数在350点以下振荡，最低达到297点，相当于年利率1.23%，创历史最低票据利率。

2018年下半年至2019年末，票据市场价格不断下行。一方面，上海票据交易所成立后票据风险得到有效控制，票据交易活跃度提升；另一方面，稳健偏宽松的政策环境营造了资金规模及信贷规模双宽松的氛围，2019年末票据综合价格指数回落至700点左右。

情况四：监管政策等其他因素起主导作用

人民银行将保证金存款纳入存款准备金范围以及银监会加强票据"逃规模"检查导致市场预期发生剧烈变化，2011年年中至2012年初，票据综合价格指数不断升高，并创出历史最高水平2906点或年利率12.04%，随后保持高位振荡。

原因前面都已经详述，在此不再重复。2015—2016 年，货币政策总体稳健偏宽松，票据综合价格指数在常态范围内逐渐下行；2017 年金融去杠杆与监管强化叠加，票据综合价格指数回升至 1000 点以上；2018 年以来，受经济下行压力影响，货币政策趋于宽松，票据综合价格指数逐渐回落，2019 年末票据综合价格指数回落至 700 点附近，处于相对宽松区域。

三、发挥票据价格指数作用，完善市场价格体系建设

票据价格指数体系能够反映票据市场价格总体走势，同时也可以清晰地展现各主要因素对票据利率的影响方向及程度。既可以让市场主体及时准确地了解市场现状并进行分析和预判，也可以被监管机构用于观测市场，或作为货币政策的中介指标，同时也可以成为专家学者研究讨论的重要市场指标。但由于目前票据制度落后等制约因素，票据价格指数的代表性和权威性都受到一定程度的影响，作用也难以发挥到最大，因此本文根据实际和现有的研究成果提出需要尽快完善票据市场的相关建议，以进一步释放票据价格指数的真正作用。

（一）尝试票据衍生产品，提高市场有效性

随着票据市场的发展，常规票据产品将无法满足市场的需求，因此可以对票据业务证券化、票据远期、票据期权、票据期货等衍生产品进行尝试和试验，通过市场套利机制优化价格发现功能，提高市场有效性。

（二）建立做市商机制，提高市场流动性

做市商的重要作用之一就是每天对市场进行买入和卖出报价，从而形成市场利率的上下限，促进市场有效价格的形成，同时也为市场提供流动性，特别是在市场异常的情况下可以满足最基本的交易需求，保证市场的正常运行和市场价格的连续性。

（三）尝试融资性票据，丰富市场交易产品

目前《票据法》规定票据必须具有真实贸易背景，这与票据已经逐渐演变成一种融资工具的趋势不相适应，应该面对票据市场发展的现实，对融资性票据进行试点，在试点成熟后可以进一步修改《票据法》相关规定。

（四）增加票据市场参与主体，认可并规范票据中介机构的发展

票据中介机构能够提升市场活跃程度并提高票据融资效率，但法律的

缺位导致票据中介机构一直游走在灰色地带，建议尝试对票据中介机构明确法律身份和行业标准，丰富票据市场参与主体。

（五）票据价格指数编制和发布的建议

票据价格指数可以每天编制和发布，在编制使用时，可以分三个阶段进行：第一阶段为指数核证阶段；第二阶段为指数试运行阶段；第三阶段为正式发布运行阶段，即通过官方网站、媒体等途径正式对外发布。

2019年票据市场稳步增长
中国票据发展指数达到14039点
——中国票据发展指数的构建与应用分析

肖小和　李紫薇　徐 言

一、票据市场概述

商业汇票是指由付款人签发，由承兑人承兑，并于到期日向收款人或被背书人支付款项的一种票据。21世纪以来，票据市场发展迅速，2015年全国金融机构商业汇票累计承兑量和累计贴现量分别为22.4万亿元和102.1万亿元，比2001年分别增长17.5倍和55.8倍，年均增速分别达到22.7%和33.3%；2016年和2017年受票据风险事件频发、监管趋严以及金融去杠杆等因素影响，票据市场回归理性发展，全国金融机构商业汇票累计承兑量分别为18.1万亿元和14.63万亿元，同比分别回落19.2%和19.17%；累计贴现量分别为84.5万亿元和59.34万亿元，同比分别回落17.2%和29.78%；2018年票据业务进入恢复性增长阶段，累计承兑量和累计贴现量分别为18.27万亿元和9.94万亿元[①]，同比分别增长24.84%和38.83%；2019年票据业务持续稳步增长，累计承兑量和累计贴现量分别为20.4万亿元和34.3万亿元，同比分别增长11.6%和25.5%。票据作为一种重要的支付结算和投融资工具，其快速发展对我国经济金融的发展有极大的推动作用。

（1）票据作为经济贸易往来中的一种主要支付结算工具，特别是银行承兑汇票兼具信用增级、延期支付和背书转让三大优点，为加快商品流通和资金周转提供了极大的便利和支持。2019年票据承兑余额为12.7万亿元，相比2001年增长了24.9倍，企业签发的银行承兑汇票主要集中在制造业、批发零售业；2019年企业票据背书金额为46.47万亿元，同比增长

---

① 《2018年第四季度中国货币政策执行报告》未公布票据累计承兑与贴现数据，本文引用上海票据交易所《2018年票据市场运行情况》中的累计承兑和贴现数据，此贴现数据仅指直贴业务。

16.86%，用票企业数量大幅增长，票据接受度进一步提升。

（2）票据业务可以为实体经济特别是中小企业提供便捷的融资渠道和低成本资金，降低企业融资成本，有效扶持企业发展壮大。票据贴现与普通贷款相比融资成本往往较低，且流程简单、获得资金周期短，特别是对于信用等级相对较低的中小企业，银行承兑汇票所具有的银行信用、放款速度快等特点，对解决我国中小企业融资难问题具有得天独厚的优势和作用。2019年末票据融资余额为7.6万亿元，相比2001年增长了22.4倍，其中由中小企业申请的票据贴现余额占81.39%，票据业务已成为中小企业获得金融支持的重要渠道。

（3）票据业务是银行业优化资产负债结构、加强流动性管理、提高收益的一个重要手段。票据资产兼具资金和信贷属性，且具有较好的流动性，成为调节银行信贷规模和管理流动性的主要工具之一。票据承兑业务和贴现业务可以为银行带来承兑保证金存款和贴现资金留存，为银行主动增加存款提供抓手。票据业务还可以给银行带来承兑手续费中间业务收入、贴现利息收入、转贴现利差收入、回购利率收入以及再贴现低成本资金，为银行扩盈增效、调整收入结构开辟新路径。

（4）票据资产逐渐成为投资和交易的重要标的。票据资产风险相对较低、收益可观，逐渐成为理财产品和资管产品重要的基础资产，从而银行、信托、基金、证券公司、财务公司以及企业、个人均直接或间接参与票据资产投资链条，2019年上海票据交易所成功创设4期标准化票据，拓宽了票据市场投融资渠道。随着票据市场的深化发展和多元化参与主体的参与，票据资产的交易功能不断增强，票据经营模式也从持有生息为主向持有与交易获利转变，市场流动性进一步提高，票据交易也逐渐成为货币市场重要的交易类型。银发〔2016〕224号文进一步放开了票据市场参与主体，证券、资管产品等非银行金融机构均可参与票据交易，2019年票据交易量达到50.94万亿元，同比增长22.01%。

（5）票据的调控功能进一步深化。票据再贴现业务是中央银行传统的三大货币政策工具之一，兼具数量型和价格型双重优势，可以调控市场资金面、调节信贷投向、引导市场预期，也是定向支持民营、小微、绿色、创新等国家鼓励性领域、促进实体经济发展最直接、最有效的途径。2019年，人民银行增加再贴现额度2000亿元，年末再贴现余额为4714亿元，同比增长21.8%。随着我国经济从高速增长向高质量增长转变，货币政策对精准有效的要求不断提高，票据再贴现的调控功能将进一步深化。

因此，我们有理由相信，随着票据市场稳健规范发展，未来其对我国调整经济结构，服务实体经济，解决民营、小微企业融资难融资贵问题，提高金融效率，深化金融改革，必将发挥更为独特的作用。

二、中国票据发展指数的概念及意义

中国票据发展指数是通过对系列指标体系进行数量处理构建出一个旨在反映我国票据市场发展状况与结构变化情况的指数。它至少包括中国票据生态指数、中国票据金融指数、中国票据价格指数、中国票据创新指数和中国票据风险指数等二级指数。

构建中国票据发展指数的主要意义在于：一是可以量化我国票据市场的发展水平，科学合理地划分发展阶段，研究和评价历史发展轨迹，进而规划市场未来发展方向并制定相应政策；二是票据业务对经济增长特别是中小企业融资具有重要作用，中国票据生态指数可以准确判断全国以及各个地区票据发展对经济的影响程度，以制定适合经济发展要求和区域发展特点的票据发展战略；三是票据市场作为市场化时间最早、程度最高的金融市场子市场之一，其活跃程度和参与度都已经成为货币市场乃至金融市场重要的组成部分，中国票据金融指数能够衡量票据市场化程度，以此判断金融市场化进程，从而为进一步推进票据市场化和金融体制改革提供理论依据；四是中国票据价格指数能够衡量票据市场利率的总体走势，既可以成为市场参与者判断当前市场价位以及未来走向的依据，也能为政策制定者或研究者提供市场资金、规模紧缺与否的参考；五是票据市场的活跃度高，新产品新业务层出不穷，同时监管政策也频频出台，创新与监管的博弈较为激烈，中国票据创新指数既可以测量票据市场的创新程度和创新冲动，又能使监管机构清楚了解市场发展和创新情况，从而制定科学合理的监管政策引导票据创新走上健康可持续发展之路；六是票据的流动性较强，市场的参与主体多样，涵盖了企业、银行、财务公司、信托等，中国票据风险指数通过测度票据市场的风险因素，综合反映市场的信用风险、欺诈风险等状况，能够前瞻性地预判部分系统性风险。

三、中国票据发展指数的构建及实证分析

（一）中国票据生态指数

该指数用来衡量我国实体经济增长情况以及票据对实体经济的支持作用，因此选择了国内生产总值（GDP）、社会融资规模（SHR）以及承兑余

额（CY）、票据累计承兑量（LC）、贴现余额（TY）、累计贴现量（LT）共6个变量。

本文采用主成分分析方法构建中国票据生态指数模型，并进行实证分析。主成分分析是利用降维的思想，将众多指标转化为一个或几个综合指标的多元统计分析方法。综合指标不仅保留了原始变量的主要信息，而且去除了彼此之间的相关部分，可以去粗取精，非常适合用于指数的构建。具体步骤如下。

1. 数据选取

考虑到数据的可得性和统一性，我们选择2002—2019年的GDP和票据年度数据，共有18期。进行主成分分析必须进行标准化处理，即

$$X_{ij}^* = \frac{X_{ij} - \overline{X}_j}{S_j}, \quad i = 1, 2, \cdots, 18; \quad j = 1, 2, \cdots, 6$$

其中，X_{ij}^*表示第i期第j个指标的标准化值，$\overline{X}_j$和S_j分别表示第j个指标的平均值和标准差。进行标准化处理后每个变量的平均值为零，方差为1，以消除由于量纲的不同而带来的一些不合理的影响。

2. 数据检验

对变量进行相关性观察及KMO和Bartlett检验（见表1），可以看出票据市场交易情况与GDP之间存在很高的相关性，且KMO和Bartlett的检验值均符合主成分分析的标准。

表1 票据市场与实体经济相关性矩阵

变量	CY	LC	TY	LT	GDP	SHR
CY	1	0.9587	0.8163	0.7904	0.9613	0.9557
LC	0.9587	1	0.6989	0.8183	0.8753	0.8863
TY	0.8163	0.6989	1	0.6352	0.9123	0.8134
LT	0.7904	0.8183	0.6352	1	0.7222	0.6848
GDP	0.9613	0.8753	0.9123	0.7222	1	0.9522
SHR	0.9557	0.8863	0.8134	0.6848	0.9522	1
KMO和Bartlett检验							
取样足够度的Kaiser-Meyer-Olkin度量						0.8378
Bartlett的球形度检验				近似卡方	164.9787
^				Df	15
^				Sig.	0.0000

3. 主成分分析

通过 SPSS 软件对承兑余额（CY）、票据累计承兑量（LC）、累计贴现量（LT）和 GDP、社会融资规模（SHR）进行主成分分析，结果显示第一主成分的方差提取率（累计贡献度）达到 90.31%，可根据因子载荷矩阵计算出各标准变量的权重系数，由此计算出标准化的中国票据生态指数（BEI^*）。

BEI_j^*（标准化）$= 0.421CY_j^* + 0.4245LC_j^* + 0.3288TY_j^* + 0.4224LT_j^* + 0.424GDP_j^* + 0.4199SHR_j^*$

根据变量的平均值和标准差进行还原得到

BEI_j^*（标准化）$= -4.1088 + 0.1488CY_j + 0.0681LC_j + 0.6136TY_j + 0.0314LT_j + 0.0275GDP_j + 0.0728SHR_j$

鉴于常规指数均为正数，因此假设将中国票据生态指数（BEI）的基期定为 2002 年，并将基值定为 1000 点，从而得出中国票据生态指数（BEI）的公式为

$$BEI_j = \frac{BEI_j^* + 4.1088}{BEI_1^* + 4.1088} \times 1000$$

$$= \frac{0.1488 \times CY_j + 0.0681 \times LC_j + 0.6136 \times TY_j + 0.0314 \times LT_j + 0.0275 \times GDP_j + 0.0728 \times SHR_j}{0.1488 \times CY_1 + 0.0681 \times LC_1 + 0.6136 \times TY_1 + 0.0314 \times LT_1 + 0.0275 \times GDP_1 + 0.0728 \times SHR_1} \times 1000$$

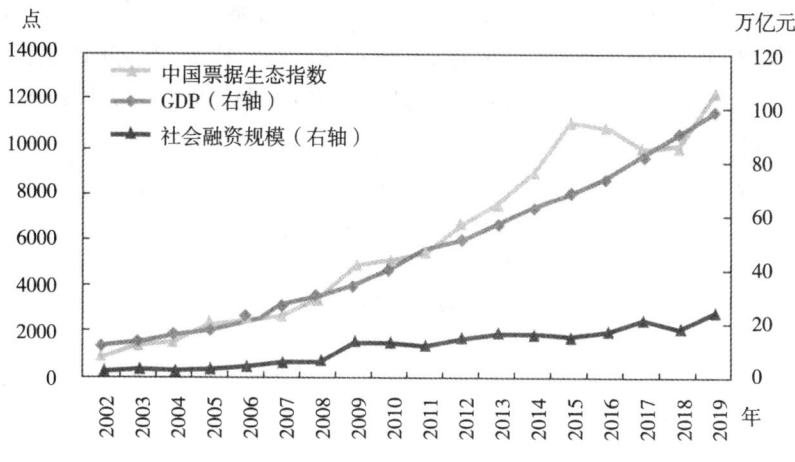

图 1　2002—2019 年中国票据生态指数走势

从图 1 中可以看出，(1) 中国票据生态指数和国内生产总值、社会融资规模走势保持较高一致性，它们的相关性都在 0.95 左右，说明中国票据生态指数能够代表票据市场经济环境的变化。(2) 中国票据生态指数和国

内生产总值的相关系数略高于社会融资规模（0.9761>0.9366），表明指数反映 GDP 更多一些，因为 GDP 代表我国总体经济情况，是票据业务的本源，而社会融资规模则代表了金融对实体经济资金支持的总量，涵盖的票据业务主要是新增票据余额和未贴现银行承兑汇票，但二者的量往往较小且不稳定。（3）2002—2015 年中国票据生态指数和国内生产总值、社会融资规模都在不断走高，表示随着 2002 年以来我国经济的快速增长以及金融支持实体经济力度的加大，票据市场的经济环境不断改善，2015 年达到11133 点；2016—2017 年由于我国经济增速转轨，金融去杠杆，票据市场回归理性发展，中国票据生态指数回落至 9788 点；2018 年为应对经济下行压力，政策环境趋于宽松，中国票据生态指数回升至 10259 点；2019 年在国内外风险挑战明显上升的复杂局面下，中国经济总体平稳，票据市场稳步发展，票据支持实体经济功能进一步强化，中国票据生态指数达到14039 点。

（二）中国票据金融指数

该指数用来衡量我国票据市场与金融市场发展的契合度，选择了代表信贷市场的贷款余额（DY）和代表货币市场的交易量（LHB），以及票据市场的承兑余额（CY）、票据累计承兑量（LC）、贴现余额（TY）、累计贴现量（LT）共 6 个变量。仍采用主成分分析方法构建中国票据金融指数模型，数据选取 2002—2019 年的金融市场和票据年度数据，共有 18 期。通过表 2 可以看出，各个变量之间的相关程度都比较高，检验指标也非常适合进行主成分分析和指数的构建。数据处理过程和中国票据生态指数一致，在此不再赘述。通过 SPSS 软件对上述指标进行主成分分析，结果显示第一主成分的方差提取率（累计贡献度）达到 90.87%，可根据因子载荷矩阵计算出各标准变量的权重系数，最终得出中国票据金融指数（BFI）的公式为

$$BFI_j = \frac{0.1495 \times CY_j + 0.0683 \times LC_j + 0.5933 \times TY_j + 0.0314 \times LT_j + 0.0213 \times DY_j + 0.0053 \times LHB_j}{0.1495 \times CY_1 + 0.0683 \times LC_1 + 0.5933 \times TY_1 + 0.0314 \times LT_1 + 0.0213 \times DY_1 + 0.0053 \times LHB_1} \times 1000$$

表 2 票据市场与金融市场相关性矩阵

变量	CY	LC	TY	LT	DY	LHB
CY	1	0.9587	0.8163	0.7904	0.9314	0.8515
LC	0.9587	1	0.6989	0.8183	0.8227	0.7193
TY	0.8163	0.6989	1	0.6352	0.9378	0.9717
LT	0.7904	0.8183	0.6352	1	0.6786	0.6760

续表

变量	CY	LC	TY	LT	DY	LHB
DY	0.9314	0.8227	0.9378	0.6786	1	0.9729
LHB	0.8515	0.7193	0.9717	0.6760	0.9729	1
KMO 和 Bartlett 检验						
取样足够度的 Kaiser-Meyer-Olkin 度量						0.6701
Bartlett 的球形度检验					近似卡方	199.7283
					Df	15
					Sig.	0.0000

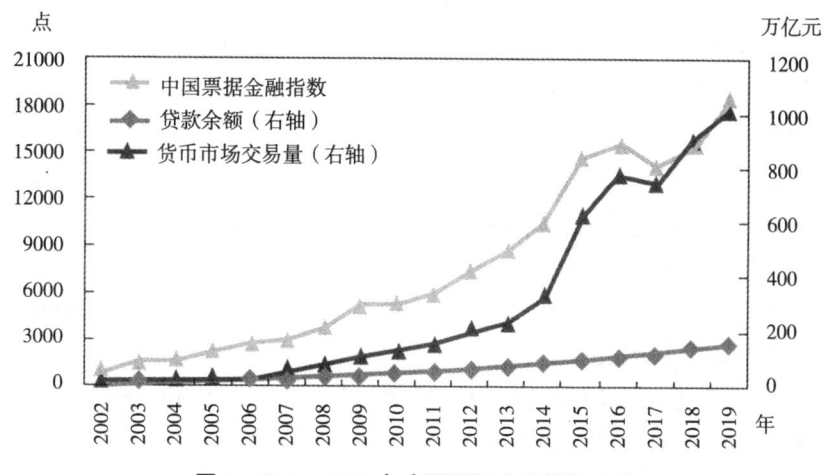

图 2　2002—2019 年中国票据金融指数走势

同理，鉴于常规指数均为正数，假设将中国票据金融指数（BFI）的基期定为 2002 年，并将基值定为 1000 点，可得到 2002—2019 年中国票据金融指数走势图，如图 2 所示。从图中可以看出，（1）中国票据金融指数与贷款余额、货币市场交易量的走势非常吻合，相关系数都超过了 0.97，说明中国票据金融指数可以代表我国金融市场的整体情况。（2）票据兼具信贷属性和资金属性，中国票据金融指数与贷款余额的相关系数略高于与货币市场交易量的相关系数（0.9783>0.9716），表明票据的信贷调节作用有所增强，票据在企业贷款中发挥的作用进一步提升，2019 年票据贴现增量在企业贷款增量中的占比达到 16.77%。（3）2002—2016 年中国票据金融指数和贷款余额、货币市场交易量都在不断走高，票据市场的金融环境不断提升，2016 年中国票据金融指数达到 15624 点；随着金融去杠杆和监管强化，2017 年成为金融市场的转折点，货币市场和票据市场交易量均出现下

滑，中国票据金融指数相应回落至 14084 点；2018 年货币政策转向，资金面宽松，金融市场交易活跃，中国票据金融指数回升至 15537 点；2019 年，中国人民银行运用多种货币政策工具加大逆周期调节力度，金融市场交易活跃，信贷结构进一步优化，中国票据金融指数稳步回升至 18394 点。

（三）中国票据价格指数

该指数用来衡量我国票据价格走势情况和趋势，由于没有官方发布的权威数据，因此选择了"中国票据网"的利率报价加权平均值，分别是转贴买入利率（MR）、转贴卖出利率（MC）、正回购利率（ZHG）和逆回购利率（NHG），共 4 个变量[①]。数据选取时间段为相对较全且具有可比性的 2010—2019 年，由于时间短，因此使用季度数，共有 40 期。仍采用主成分分析方法构建中国票据价格指数模型，通过表 3 可以看出，各个变量之间的相关程度都较高，检验指标（KMO 和 Bartlett 球形度检验）也非常适合进行主成分分析和指数的构建。数据处理过程与上述一致。通过 SPSS 软件对上述指标进行主成分分析，结果显示第一主成分的方差提取率（累计贡献度）达到 92.3325%，根据因子载荷矩阵计算出各标准变量的权重系数，可以得出标准化的中国票据价格指数（BPI^*）。

$$BPI_j^* (标准化) = 0.4993 MR_j^* + 0.5076 MC_j^* + 0.4797 ZHG_j^* + 0.5128 NHG_j^*$$

根据变量的平均值和标准差进行还原得到

$$BPI_j^* (标准化) = -6.9087 + 27.2008 MR_j + 29.4656 MC_j + 42.1583 ZHG_j + 41.0791 NHG_j$$

鉴于常规指数均为正数，因此假设将中国票据价格指数（BPI）的基期定为 2010 年第一季度，并将基值定为 1000 点，从而得出中国票据价格指数（BPI）的公式为

$$BPI_j = \frac{BPI_j^* + 6.9087}{BPI_1^* + 6.9087} \times 1000$$

$$= \frac{27.2008 \times MR_j + 29.4656 \times MC_j + 42.1583 \times ZHG_j + 41.0791 \times NHG_j}{27.2008 \times MR_1 + 29.4656 \times MC_1 + 42.1583 \times ZHG_1 + 41.0791 \times NHG_1} \times 1000$$

---

① 2017 年以后使用上海票据交易所发布的数据。

表3　票据价格相关性矩阵

变量	MR	MC	ZHG	NHG
MR	1	0.9893	0.8272	0.8922
MC	0.9893	1	0.8419	0.8906
ZHG	0.8272	0.8419	1	0.9720
NHG	0.8922	0.8906	0.9720	1
KMO 和 Bartlett 检验					
取样足够度的 Kaiser-Meyer-Olkin 度量				0.6414
Bartlett 的球形度检验		近似卡方	321.9537
		Df	6
		Sig.	0.0000

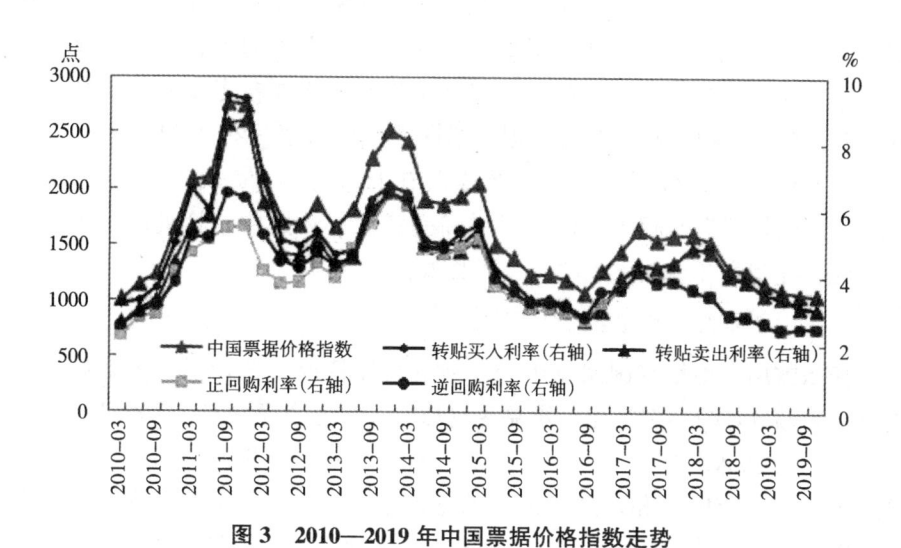

图3　2010—2019年中国票据价格指数走势

从图3中可以看出，（1）2010—2019年中国票据价格指数与票据市场利率走势基本保持一致，相关性均在0.95以上，说明中国票据价格指数能够代表票据价格的整体走势。（2）中国票据价格指数与逆回购利率契合程度最高，二者的相关性达到0.9787，回购是纯资金业务，而转贴现还包含信贷的因素，与票据价格受资金因素影响的特点更明显相符。（3）2015—2016年在全球量化宽松和我国保增长政策背景下，中国票据价格指数不断走低；随着宏观政策逐渐收紧，2017年中国票据价格指数有所回升；2018年政策环境趋于宽松，中国票据价格指数开始回落；2019年政策环境较为宽松，加大逆周期调节、结构调整和改革的力度，以进一步降低企业融资成本，中国票据价格指数持续走低。

（四）中国票据创新指数

该指数用来衡量我国票据业务和产品的创新情况，可以从票据业务和产品的创新数量、交易量、总收入以及在票据传统业务中的占比等维度进行测评，中国票据创新指数可以反映不同时期票据市场的活力以及未来的发展趋势和持久力，同时也可以成为监管机构出台政策的依据和效果反映指标。但由于目前这几个指标均没有公开的官方统计数据以及其他权威性较强的替代数据，因此仅提出相关想法供探讨和完善，当然监管机构建立票据创新统计制度体系及系统之后也可以取得。

（五）中国票据风险指数

该指数从票据承兑垫款率、票据贴现逾期率、票据案件发生率、票据资金损失率等维度进行评估，用来衡量我国票据市场的综合风险状况，可以成为票据经营机构把控风险、制定经营策略的重要参考指标。但是，目前这些指标难以搜集到适合的数据，票据承兑垫款率只有2007—2009年的季度数，缺少最新数据，据典型调查在0.15%与0.25%之间，但不够准确，因此此处仅提出相关想法供探讨和完善，当然如果监管机构能建立票据风险统计制度和相关系统即可公开发布。

（六）中国票据发展指数

该指数用来衡量我国票据市场发展的总体情况，选择了代表票据市场的承兑余额（CY）、票据累计承兑量（LC）、贴现余额（TY）、累计贴现量（LT）、转贴买入利率（MR）、转贴卖出利率（MC）、正回购利率（ZHG）、逆回购利率（NHG）和未贴现银行承兑汇票（WYC），代表实体经济方面的GDP、社会融资规模（SHR），代表金融方面的贷款余额（DY），代表货币市场的交易量（LHB），代表创新方面的票据理财产品占比（PLC），代表风险方面的票据承兑垫款率（PCD），共15个指标，虽然票据理财产品占比和票据承兑垫款率不能完全代表票据创新和风险情况，但限于公开可得数据考虑将其纳入指标体系。数据选择2003—2019年的季度数，共68期，但由于票据理财产品占比和票据承兑垫款率数据限制，实际自由度只有17个。对上述数据运用主成分分析方法进行计算，结果显示存在三个主成分，累计贡献度达到89.11%。通过合并转化计算综合主成分，即中国票据发展指数（BDI）。鉴于常规指数均为正数，假设将中国票据发展指数的基期定为2003年第一季度，并将基值定为1000点，可得到2003—2019年

中国票据发展指数走势图，见图4。

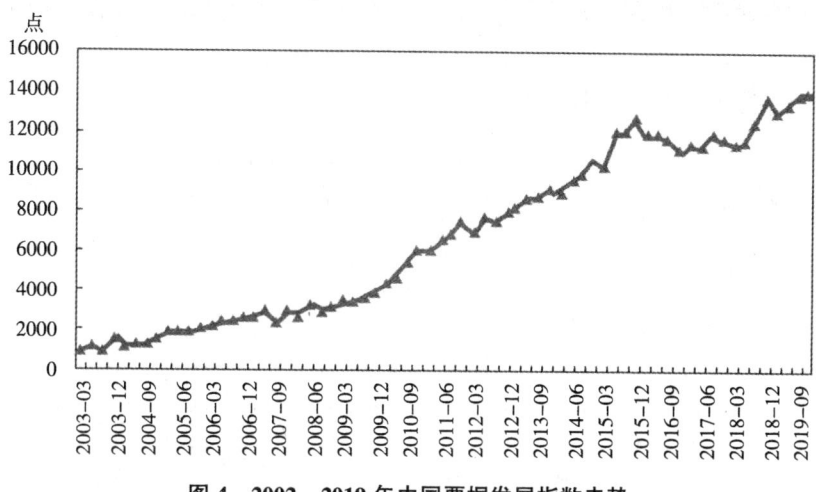

图4 2002—2019年中国票据发展指数走势

通过分析可知，(1) 随着近年来我国经济金融环境的不断改善，票据市场得到了迅猛发展，中国票据发展指数在2019年末达到了14039点，相比基期增长了近14倍，年均增长率超过16.8%。(2) 中国票据发展指数存在明显的周期性波动，即存在年末迅速升高、年初回落的特点，这与GDP等经济金融指标存在周期性变化是相一致的。(3) 构建的指标中与中国票据发展指数相关性较高的有票据承兑余额、票据累计承兑量、累计贴现量、GDP、贷款余额、货币市场的交易量、票据理财产品占比和票据承兑垫款率，而票据利率与中国票据发展指数相关程度相对较低，这主要是因为票据利率多跟市场资金、信贷规模等资源有关，跟票据市场发展阶段和发展程度的关系相对较小。(4) 与中国票据发展指数负相关的指标只有票据承兑垫款率和贴现余额，前者是因为票据市场的发展与风险的发生比例往往成反比，后者主要是票据贴现余额作为信贷调节工具受宏观政策影响巨大。

四、中国票据发展指数的应用

（一）区域票据发展指数的构建

中国票据发展指数除了可以用来衡量我国票据市场总体发展状况以外，也能够借鉴用来编制全国各个省市的区域票据发展指数，从而比较各地区票据市场的发展情况，进而有利于地方监管机构出台适合区域特色的票据发展政策，也方便各类型、各地区的市场参与主体制定相适应的经营策略、设计适销对路的票据产品。由于区域性数据比全国性更少，因此本文选择了承兑余额、承兑发生额、贴现余额、贴现发生额、地区生产总值和贷款余额六个指标,并假设2006年全国平均水平为基值,同样运用主成分分析法得出2006—2018年全国31个省、自治区和直辖市（香港、澳门、台湾地区除外）票据发展指数,见表4①。

表4　2006—2018年中国各区域票据发展指数

地区	2006年	2007年	2008年	2009年	2010年	2011年	2012年	2013年	2014年	2015年	2016年	2017年	2018年
全国平均	1000	1795	1822	1925	1902	1969	2064	2010	1985	1882	1907	1913	2030
广东	3478	5539	5319	5760	5349	5853	6085	6207	6437	5276	5604	6529	6659
江苏	3272	5607	5734	5356	6132	6420	7088	7252	7167	6695	6515	6001	6983
浙江	2561	5753	5868	5873	5590	5470	5464	4981	4999	5309	4873	4475	5481
山东	2808	4804	4687	4958	4677	4885	5269	5220	5108	4820	5077	4444	4568
河南	1235	2328	1522	3291	3568	3132	2258	2224	2212	2181	1902	2833	2598
上海	2504	4261	4795	4439	3362	3478	3396	3557	3666	2779	2129	2668	3428
北京	1701	2738	2871	2886	2802	2744	2764	2615	2615	2614	2732	2654	2792
辽宁	1451	2587	2614	2928	2600	2554	2707	2720	2540	2583	3019	2542	3092
河北	1205	1914	1781	1996	2040	2142	2227	2414	2390	2420	3684	2373	2082
湖北	857	1631	1104	1381	1268	1519	1617	1997	1950	2036	2137	1962	2063
四川	1044	1815	1687	1912	2041	2018	2240	2162	2031	1923	2448	1836	2010
福建	770	1546	1544	1707	1777	2056	2155	2192	2179	1769	1957	1738	2533
重庆	772	1387	1402	1770	1543	1635	1905	1981	1976	1858	1678	1569	1653
安徽	632	1155	2773	1802	1746	1741	1916	1701	1675	1568	1590	1538	1683
陕西	507	1066	1092	1148	1109	1156	1159	1171	1172	1327	1268	1449	1681
山西	701	1088	941	930	1080	1304	1357	1645	1273	1127	1249	1376	1857
内蒙古	376	795	790	819	930	1034	1019	1087	1057	984	1121	1331	1289
天津	635	1182	1266	1491	1660	1791	2015	2026	1864	1741	1469	1323	1346
湖南	562	1095	153	714	920	847	960	1423	1470	1199	1367	1288	1277
江西	405	767	766	877	968	1090	1114	1122	1185	1438	1037	1141	1089
云南	427	857	814	882	864	909	1018	1135	1022	913	926	1027	1247
广西	312	617	1044	193	174	203	218	867	982	970	713	786	932
新疆	282	515	480	536	734	591	682	763	707	731	893	732	753
吉林	334	665	772	766	751	936	1267	1072	961	1157	845	729	693
黑龙江	529	898	911	934	875	912	1055	909	716	884	962	672	715
贵州	196	397	370	403	456	481	517	628	707	631	510	601	572
甘肃	223	370	662	451	404	468	541	534	642	583	487	502	524

① 2018年山东省与天津市的金融运行报告未公布票据承兑余额、承兑发生额、贴现余额、贴现发生额数据,本文引用山东省和天津市2017年相关数据来计算两地2018年的票据发展指数。2017年和2018年海南省相关数据未公布,本文引用2016年相关票据数据来计算海南省2017年和2018年的票据发展指数。

续表

地区	2006年	2007年	2008年	2009年	2010年	2011年	2012年	2013年	2014年	2015年	2016年	2017年	2018年
西藏	0	0	0	0	0	0	0	38	68	39	32	437	97
宁夏	94	186	178	206	228	283	292	285	298	267	317	371	425
青海	45	120	107	119	153	179	186	203	221	216	270	327	306
海南	82	156	623	1223	1256	1243	1437	192	258	304	291	404	491

1. 全国各地区历年的票据发展指数

全国各地区历年的票据发展指数如表4所示，我国的票据发展水平总体上呈现提高的趋势，特别是广东、江苏、浙江、山东、河南等地上升幅度较大。从供给方看，随着近几年我国经济的飞速发展，企业通过票据进行结算和融资的需求都有了大幅提升；从需求方看，伴随我国金融改革的推进和利率市场化的提速，票据市场越来越受金融机构的青睐，参与主体和票据业务、产品不断丰富，市场活跃程度和条线收入占比都在快速提高。

2. 全国各地区票据发展指数的分析

2006—2018年全国各地区票据发展指数的差距情况如表5所示，从中可以看出，全国各地区全距与标准差正在逐步增大，极差由2006年的3433点增加到2018年的6886点，标准差由2006年的974增加到2018年的1774。票据发展状况在不同维度上并不均衡，地区之间的差距正在逐步加大，东部经济发达地区的票据发展指数明显高于西部欠发达地区，形成东西部之间较为明显的区域差异，即一个地区票据市场的发展情况基本与该地区的经济总量和贷款总规模是相一致的。同时，我们也发现近几年中部地区票据市场的增长速度较快，经济发达的东部地区增长速度反而较慢，这与我国整体经济结构调整、中西部经济金融发展速度加快是相辅相成的。

表5 2006—2018年全国各地区票据发展指数差距情况

年份	地区数（个）	极小值（点）	极大值（点）	全距（点）	均值（点）	标准差
2006	30	45	3478	3433	1000	974
2007	30	120	5753	5633	1795	1700
2008	30	107	5868	5761	1822	1731
2009	30	119	5873	5754	1925	1731
2010	30	153	6132	5979	1902	1666
2011	30	179	6420	6241	1969	1702
2012	30	186	7088	6902	2064	1768

续表

年份	地区数（个）	极小值（点）	极大值（点）	全距（点）	均值（点）	标准差
2013	31	38	7252	7214	2010	1769
2014	31	68	7167	7099	1985	1776
2015	31	39	6695	6656	1882	1622
2016	31	32	6515	6483	1907	1661
2017	31	327	6529	6202	1860	1585
2018	31	97	6983	6886	2030	1774

（二）区域票据发展指数的聚类分析

本文采用聚类分析方法对我国各地区历年的票据发展指数进行归类，通过对输出结果的分析，按照地区来确定票据发展指数的类别，并研究票据发展指数对各个地区的影响。

在聚类方法上，选择组间连接法，即当两类合并为一类后，所有的两两项之间的平均距离最小。同时，运用标准差标准化方法（Z-Scores），把数值标准化到 Z 分布，标准化后变量均值为 0，标准差为 1。最后，输出结果的树状聚类图如图 5 所示。由树状聚类图可以看出，当把距离设定为 7 时，全国各地区可以明显分为 4 大类。

第一类：广东、江苏、浙江、山东。这四个省份在地区生产总值和贷款规模上均是全国前四名，它们的共同特点主要是东部沿海地区经济发达，企业贸易结算和融资需求旺盛，票据资源和金融资源丰富，市场交易活跃，创新能力强，因此该地区从票据承兑、银行直贴到金融机构的转贴现都很活跃，票据发展指数在全国遥遥领先。

第二类：河南、上海、北京、辽宁、福建。这些地区属于经济金融发展的第二梯队，经济基础相对较好，金融活跃度相对较高，票据在企业间的支付结算需求和金融机构间的周转融资需求均较为旺盛，因此这些地区各类票据业务均处在全国的中上游。

第三类：安徽、陕西、重庆、山西、河北、湖北、四川、内蒙古、湖南、云南、天津、江西、广西。这些省份大多位于中部地区，经济总量和金融资源存量处于全国中等水平，随着我国经济结构调整加快，中部经济增速逐渐超过东部沿海地区，因此这些地区的票据一级市场（承兑业务）相对活跃，二级市场正在迅速成长，该类型的特点就是票据市场发展迅速且潜力巨大。

第四类：吉林、黑龙江、新疆、甘肃、海南、贵州、宁夏、青海、西藏。这些省份多位于中西部和东北地区，综合经济和金融资源相对落后，票源较为稀缺，参与主体相对较少，投入票据市场的金融资源也不足，票据市场发展相对落后。

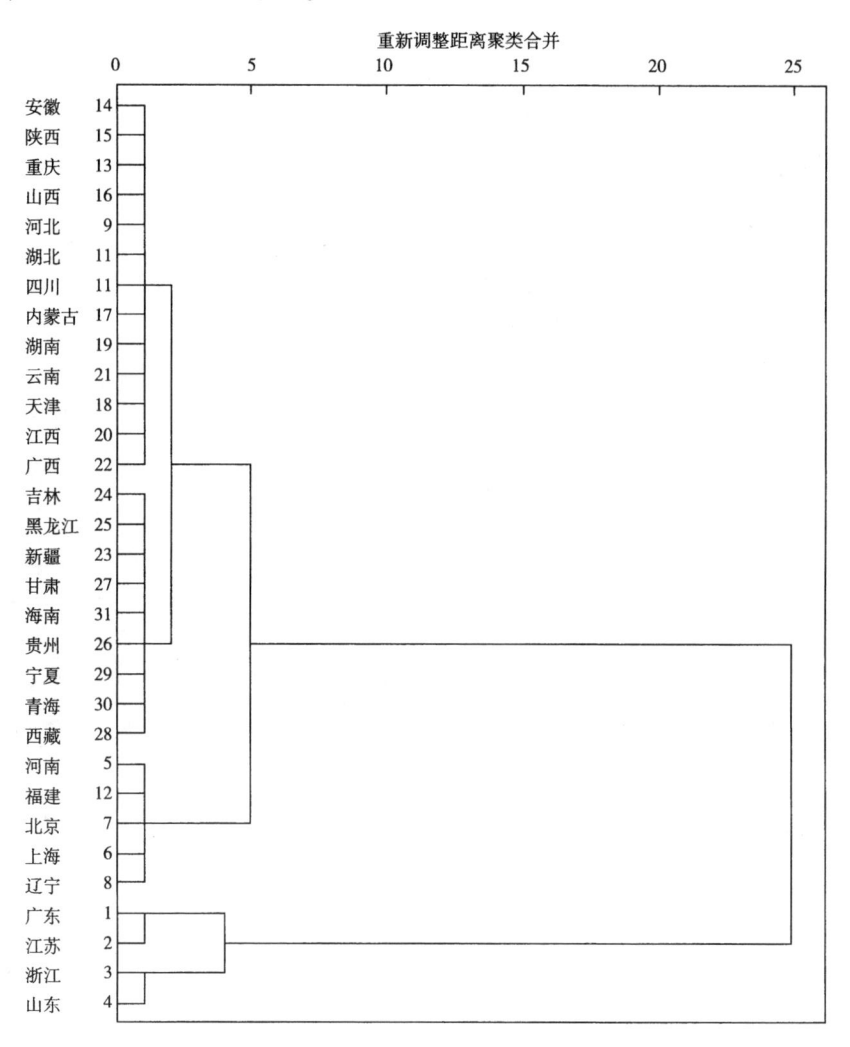

图5 使用平均连接（组间）的树状图

参考文献

[1] 上海票据交易所. 2019年票据市场运行情况 [EB/OL]. 上海票据交易所官网.

［2］雷宏．金融发展指数构建与中国金融市场化进程评价［J］．中北大学学报（社会科学版），2007（6）．

［3］曹颢，尤建新，卢锐，陈海洋．我国科技金融发展指数实证研究［J］．中国管理科学，2011（3）．

2019年票据市场回顾与2020年票据市场展望

肖小和　肖小伟

一、2019年票据市场回顾

（一）票据业务量总体回升，二级市场交易活跃

从承兑业务来看，业务平稳增长。根据上海票据交易所公布的数据，2019年1月到11月，全市场累计承兑商业汇票18.03万亿元，比上年同期增加1.91万元，同比增长11.85%；全市场承兑未到期金额为12.38万亿元，较年初增加1.34万亿元，增长12.14%；其中电票为17.64万亿元，同比增长16.86%；商票为2.54万亿元，同比增长20.04%。

从贴现业务来看，业务增速较快。根据上海票据交易所公布的数据，2019年1月到11月，累计贴现商业汇票11.12万亿元，比上年同期增加2.4万亿元，同比增长27.52%，全市场贴现未到期金额为8.08万亿元，较年初增加1.49万亿元，增长22.61%。其中电票为11.04万亿元，同比增长29.7；商票为8259.29亿元，同比增长15.7%。票据融资占各项贷款余额的比重为4.94%，新增票据融资占新增贷款余额的比重为4.58%。前9个月再贴现增加1100多亿元，支持民营企业、中小微企业等实体经济发展。

从票据交易来看，市场交易活跃。根据上海票据交易所公布的数据，2019年1月到11月，累计交易商业汇票46.68万亿元，同比增长23.09%。其中，转贴现为35.47万亿元，同比增长13.26%；质押式回购为11.13万亿元，同比增长68.83%；买断式回购为700.81亿元。

2019年1月以来，票据融资大幅增长和票据"套利"现象引起社会各界的广泛关注。2019年第二季度以来，票据融资持续增长，截至2019年11月，票据融资规模已经增长至7.59万亿元，创下历史新高。从2019年1—11月的新增票据融资数据来看，2019年1月新增票据融资达到最高值，2月新增票据融资快速回落，可能是受到监管部门对票据套利合规检查的影响。

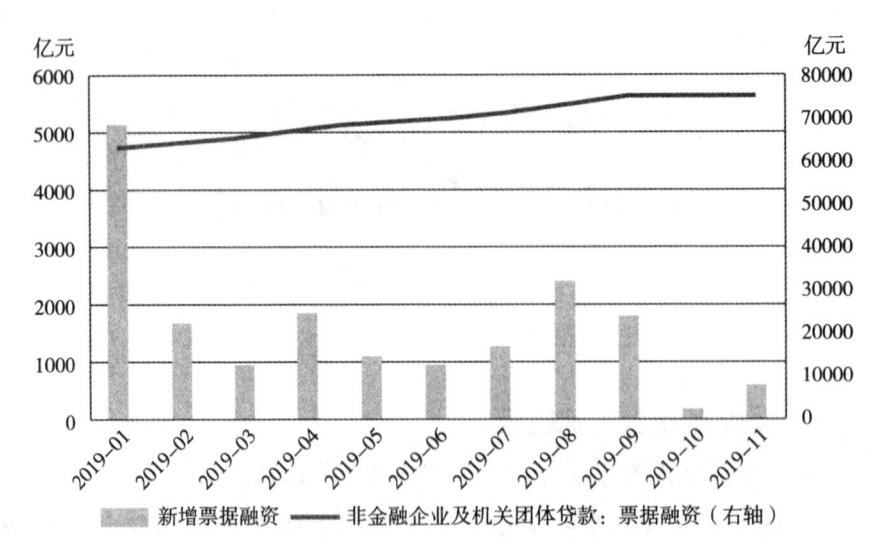

图 1　2019 年 1—11 月新增票据融资与票据融资变化趋势

（资料来源：Wind）

（二）票据市场创新步伐较快，服务实体经济精度提高

2019 年票据市场快速创新，票据产品得到进一步完善。上海票据交易所引领市场创新。5 月 27 日，上海票据交易所上线"贴现通"，建设了全国统一的贴现服务平台，架起了企业与贴现银行之间的桥梁，解决了贴现市场分散、信息不对称、企业受困于授信额度等多个痛点问题。8 月 22 日，上海票据交易所成功创设 2019 年第 1 期标准化票据，此后第 2 期至第 4 期标准化票据陆续创设成功，其中前三期的基础资产是已贴现银票，第四期的基础资产为未贴现银票，持票人包含中小银行、国有银行、股份制银行和小微企业。标准化票据的发行不仅提升了承兑人等核心要素相似、期限相近的票据的流动性，更使得标准化票据被认定为标准资产迈出了坚实的一步。为缓解小微企业和民营企业融资难融资贵问题，上海票据交易所 2018 年 12 月上线"票付通"产品，上线一年的时间里，已有招商银行、中信银行、平安银行、江苏银行、宁波银行 5 家合作金融机构和 20 多家平台试点接入该业务，绑定用票企业 700 家，合计发起 6500 笔票据支付，支付金额约为 60 亿元。

商业银行在票据产品创新方面也取得了一定的成绩。2018 年大部分国有银行、股份制银行上线了"秒贴""极速贴"等线上贴现业务，2019 年各个城商行也相继推出了相关产品，进一步提升了企业票据贴现的体验。

随着上海票据交易所"贴现通"这一产品的上线，商业银行也正式拉开了票据经纪业务的帷幕。中国工商银行、招商银行、浦发银行、浙商银行和江苏银行这五家银行试点票据经纪业务。2019年部分城商行、农商行也加快自身系统升级，完善与电票系统之间的衔接。

央企在市场创新方面主动作为，中国国新控股有限责任公司（国新控股）携手招商局集团、中国建筑、中国铁建等51家中央企业共同发起设立了央企商业承兑汇票互认联盟。国新控股牵头搭建的"企票通"平台是通过建立白名单机制，以及国新控股与其他中央企业共同为平台商票增信，可在一定程度上弥合央企白名单内企业之间的信用差异，有效促进央企商票互认生态圈的建立，促进"企票通"平台商票顺畅流通。"企票通"平台的搭建为商业承兑汇票市场发展提供了广阔空间。

（三）票据市场利率持续下行，价格触底引发市场关注

自2019年1月开始，票据市场价格一直低位运行，整体呈下降趋势。贴现加权平均利率从第一季度的3.65%下降至第三季度的3.25%，环比下降了40个基点，转贴现价格总体下降，转贴现加权平均利率从第一季度的3.52%下降至3.12%，降低了40个基点，尤其是7月末1年期国股银票转贴现价格大幅下降至1.5%以下，11月末1天国股银票转贴现利率降低至1%以下，与同期的同业存单发行利率、Shibor以及再贴现利率之间出现倒挂，引起市场的关注。

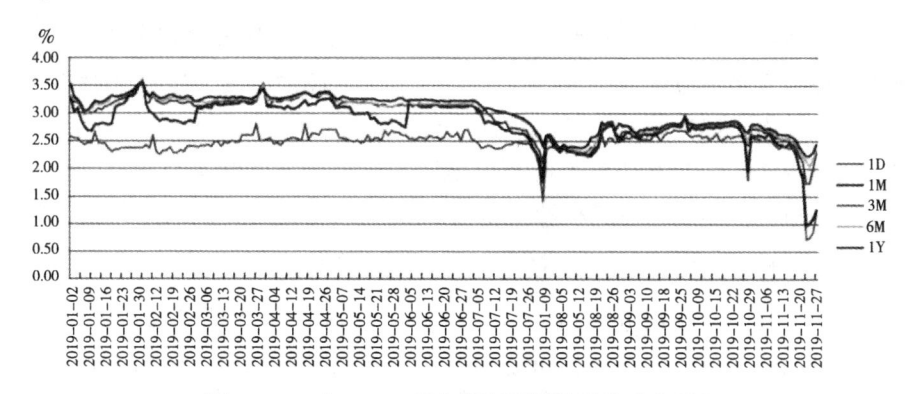

图2　2019年1—11月各期限国股银票转贴现利率

（资料来源：上海票据交易所）

2019年全年票据利率整体下行，主要受到以下四个方面的影响。一是资金面整体相对宽松；二是票据融资利率低于一般贷款利率；三是商业银行使用票据调节信贷额度和面临一定考核；四是市场化的票据利率需要尽

快建立理性机制和遵循票据市场规律。

（四）票据市场监管仍然加强，票据业务稳健发展

2019年银行业强监管仍然延续，伴随着穿透式监管的逐步深入，票据监管依然是严监管态势。2019年1月由于票据融资快速增长，套利票引起市场热议，监管层也对此高度关注。在防范金融风险的大背景下，监管对于可能存在的"套利"和"资金空转"等行为仍保持高度警惕，多家商业银行开展自查活动。1月，银保监会下发了《关于推进农村商业银行坚守定位 强化治理 提升金融服务能力的意见》，要求县域及城区农村商业银行严格审慎开展综合化和跨区域经营，原则上机构不出县（区）、业务不跨县（区）。此意见对农村商业银行跨区域开展票据承兑、贴现业务提出了更高的要求。2月，中共中央办公厅、国务院办公厅印发了《关于加强金融服务民营企业的若干意见》，其中提出简化贴现业务流程，加大对民营企业票据融资的支持力度。2019年5月，银保监会下发《关于开展"巩固治乱象成果 促进合规建设"工作的通知》（银保监发〔2019〕23号），其中将票据的真实贸易背景及票据调节贷款列为工作重点。7月，银保监会办公厅发布《关于进一步加强企业集团财务公司票据业务监管的通知》，进一步加强财务公司的票据业务监管，防范票据业务风险，对财务公司提出了严格审查真实贸易背景、合理确定票据承兑规模、强化票据兑付流动性管理等多个要求。与此同时，北京银保监局印发了《关于规范银行业金融机构票据业务的监管意见》，针对北京地区票据业务的违规现象，从真实贸易背景、跨省票据业务等多个方面做了规范。11月，最高人民法院发布《全国法院民商事审判工作会议纪要》，对民间贴现行为的效力及票据清单交易案件中的票据权利等实践中存在争议的问题做出明确规定。这些制度办法进一步规范了票据行为，有利于市场稳健发展。

（五）票据业务风险整体有效控制，信用风险有所抬头

近年来我国的票据业务得到快速发展，随着上海票据交易所的成立、电子票据的全覆盖，此前票据市场中暴露的纸票变造伪造、票据流转等操作风险已经大大降低，但是票据市场作为金融市场的重要组成部分，仍然面临着市场风险、信用风险、操作风险等。2019年5月包商银行被托管，并坚持打破刚性兑付，使得票据市场上的信用风险与流动性风险有所暴露，包商银行事件对中小银行的冲击相对较大。锦州银行长期依靠同业负债激进扩张，其流动性风险引人注目，也使得市场上流动性分层、信用

分层更加明显。2019 年以来，商业承兑汇票有了较大增长，快于商业汇票增长，随之而来的商票风险也不容忽视。宝塔事件所反映出的流动性风险、商票承兑风险、法律风险、信用风险为市场增加了新的关注度。另外，一些不法分子利用电票系统张冠李戴的现象也时有发生。

（六）金融科技在票据市场有了新的应用

金融科技的发展正在深刻影响着票据市场。以大数据、区块链、人工智能等为代表的金融科技快速发展，同时也驱动着票据市场创新发展。上海票据交易所完成了《中国票据交易系统直连接口规范（3.0 版）》，增加了点击成交、匿名成交、贴现通等多个内容，进一步完善了票据交易系统。2019 年 12 月，上海票据交易所发布了"城商银票转贴现收益率曲线"，据悉该曲线的设计选择了城商行承兑票据中信用等级最高的"城商承兑、国股贴现"票据纳入样本选取范围，其中城商行的选取是根据第三方主体评级、市场调研以及专项指标（主要为价格指标）进行综合打分来确定的。央企加快供应链票据平台建设，"企票通"的上线使得企业之间的信用互认成为现实，该业务在创新商业模式的同时，也将信息技术与金融业务深度融合；交通银行依托金融科技建立的"蕴通票据大掌柜"将为企业提供一揽子票据融资服务。票据市场将大数据、人工智能、区块链等多项前沿技术不断融合于票据服务。同城票据网、深度票据网、果藤金融、钢钢网、京东秒贴等票据平台也加强金融科技的应用，线上开展票据融资撮合业务。

（七）服务实体经济能力不断增强，发挥全生命周期作用突出

票据市场是我国金融市场的重要组成部分，票据市场平稳发展，服务实体经济的能力也不断提高。金融供给侧结构性改革是优化资源配置、提升服务效率、更好地服务实体经济的重中之重，其主要难题是解决信贷投向的问题。大力发展商业汇票，服务经济高质量发展是金融供给侧结构性改革的有效措施之一。票据是基于企业的支付结算而产生的，在服务企业融资方面有天然的优势，是改善中小微企业融资难题的一剂良药。票据可以帮助企业尽可能少贷款，有效降低企业杠杆，提高企业生产经营效率。根据上海票据交易所的数据，截至 2019 年 9 月末，票据市场的票据存量达 1174.6 万张、金额 12.44 万亿元，涉票企业 272.4 万家，其中 90% 以上是民营小微企业。目前全国使用票据的企业超过 260 万家，中小企业占比超过 2/3，2019 年前三季度企业签发票据 15 万亿元，同比增长 14%，累计办理贴现 9 万亿元，同比增长 34%，贴现融资利率同比下降 22%，票据二级市

场交易量达到 40 万亿元，同比增长 25%。上海票据交易所的成立为票据市场的发展提供了更便捷、更广阔、更规范的平台。截至 2019 年 11 月末，上海票据交易所系统共接入会员 2883 家，参与 ECDS 的共 96102 家。

（八）票据理论研究成果显著，为应用转化提供基础

为推动票据业务的可持续发展，票据市场的各个参与主体及研究机构积极开展票据理论、实务研究。上海票据交易所、常熟农商银行、普兰金融等机构在票据市场分析方面形成了常态化内容发布；江西财经大学九银票据研究院就 LPR 定价机制、融资性票据、标准化票据、区域性商票平台的搭建等多个市场热点做了重点研究。在南昌、郑州等地召开了主题研讨会。上海票据交易所研究落地标准化票据，推动了市场的发展。各个参与主体在票据市场方面，对票据市场发展指数、票据价格指数、LPR 变革与票据定价机制、票据价格决定因素、新时代票据功能等进行了探讨，总结分析了票据市场 70 年发展创新，提出了票据市场未来发展思考。在票据支持实体经发展方面，对票据业务服务经济高质量发展、绿色票据推动绿色经济发展、商票运营模式及商票服务区域实体经济发展进行了探讨，鼓励金融机构通过票据融资加大服务民企力度、发展融资性银行承兑汇票，强调应发挥票据制度优势服务经济高质量发展，指出大力发展票据融资或将成为金融供给侧结构性改革的一大抓手，提出了票据供给侧结构性改革与服务经济高质量发展的 11 大设想。在票据市场创新方面，对票据标准化与标准化票据、资管新规下票据资产证券化业务、商业银行票据池业务经营现状与发展趋势进行了探讨。在《票据法》方面，探讨了《票据法》是否为票据真实贸易背景的始作俑者，对票据真实贸易背景与融资性票据进行了研究。在商业银行方面，分析了人民银行缩表对影子银行的影响，对商业银行票据业务系统、中小商业银行票据业务经营转型、上市银行同业业务、票据业务等方面进行了广泛和深入的研究，形成了一批研究成果。

二、2020 年票据市场展望

2020 年要坚持稳中求进的工作总基调，坚持新发展理念，坚持以供给侧结构性改革为主线，坚持以改革开放为动力，推动经济高质量发展，坚决打赢三大攻坚战，全面做好"六稳"工作，统筹推进稳增长、促改革、调结构、惠民生、防风险、保稳定，保持经济运行在合理区间，继续实施积极的财政政策和稳健的货币政策，稳健的货币政策要灵活适度，保持流

动性合理充裕，货币信贷、社会融资规模增长同经济发展相适应，降低社会融资成本。票据市场在我国经济高质量发展的大背景下，需要更好地发挥作用，金融供给侧结构性改革的深化，将使得票据融资的优势更加突出。

（一）票据业务总量预计增长，商票发展步伐进一步加快

总体上，2020年我国票据市场发展形势向稳向好，商业汇票发展空间进一步扩大，票据业务创新步伐加快，服务实体经济的能力更加突出。

2020年在积极的财政政策与稳健的货币政策环境下，票据市场的需求量会进一步扩大。在金融去杠杆的大背景下，在服务实体经济、支持中小微、民营、"三农"发展的政策背景下，票据作为十分契合其发展的金融工具在这些领域取得发展和增长是必然的。2020年，票据市场的承兑业务较2019年有一定的增长，随着民营企业改革发展28条意见的落实，票据法规的修改和完善，上海票据交易所信息系统的不断完善，供应链上下游票据支付和融资的推进，以及应收账款票据化的推动，商业信用票据化和电子商业承兑汇票的发展环境得到优化，也会促进其加快发展。2020年，整体经济环境仍然面临下行压力，企业仍然存在融资困境，伴随着小额票据的支付功能不断强化，票据融资较一般贷款的价格优势仍然存在，票据再贴现力度加大，票据融资业务较2019年料会在更宽范围、更多途径有新的发展。银行间票据融资业务也会伴随流动性变化进一步增长，交易可能更加活跃。

（二）票据市场利率相对低位运行，下半年有回弹空间

结合我国当前的内外部发展环境，在2020年经济下行压力下，我国将继续实施积极的财政政策与稳健的货币政策，并且在坚持金融去杠杆的同时要解决好民营、小微、"三农"的融资难题，基于此政策背景，2020年资金市场的流动性将保持合理充裕。同时，在宏观政策支持实体经济发展的大背景下，上半年商业银行的信贷规模相对宽松。但由于信贷结构调整，中长期贷款和制造业贷款增加，因此，2020年票据市场利率会处于略低微向上的态势，下半年，伴随着宏观经济发展的逐渐回暖，商业银行惜贷情绪减弱，信贷规模相对偏紧，票据价格将有所回升。整体来看，票据市场价格企稳且有所理性提升，进入上半年后期信用有序适应风险管控区间，价格有望步入中性且理性回归。但不排除因国际环境变化及国内政策调整对时点造成的扰动，同时，月度内市场价格变化也将受贴现量、信贷规模调控等多重因素影响发生起伏，需市场各方谨慎判断。

（三）票据业务、产品创新进一步发力，促进市场高质量发展

2019年票据市场在业务创新方面取得了一定的进展，2020年票据市场在服务实体经济方面需要做出进一步的创新。其一，发展票据产业链、供应链，加快产品创新。从商业银行的角度来讲，依托票据的全生命周期来开发产品，发挥其全生命周期的作用，将加大对实体经济尤其是中小微及民营企业的支持力度。其二，聚焦产业、聚焦区域，积极建设地方和发展央企票据平台。依托地方、央企经济特色打造区域性行业票据平台，依托产业链、供应链打造产业平台，地方和央企票据平台的建设有利于完善企业信用信息，为票据评级建设打下基础。其三，扩大市场参与主体。引入更多的非银机构乃至央企、地方等票据平台参与日常交易，发展专业报价、撮合经济机构、推动第三方评级及评级机构培训，构建多元、专业、互补的市场参与者体系。其四，依托金融科技，搭建票据信息系统，完善票据评级系统，解决企业发展票据过程中信用不透明、跨区域、跨行业支付融资难、监管部门风险难等问题，有利于企业票据的发展。其五，进一步推动"票付通""贴现通""企兑通"、标准化票据、应收账款票据化等产品的发展进程，深化票据融资功能，盘活企业存量资产，提高融资效率。其六，适应法规制度变化，积极调整机构经营模式，探索业务新未来。

（四）市场风险不容忽视，真实性票据值得关注

当前票据市场已经出现了一些新变化，包括机构的变化、票据智能的变化、经营模式的变化、IT系统的变化，还有一些制度、规定的变化等，这些变化对市场发展利好，但也要注意一些上下左右衔接隐藏的新风险。未来票据市场的风险防范要把握以下几个要点，其一，加强票据的真实性审核，主要表现在银行承兑汇票的贸易真实性、商业承兑汇票贴现贸易真实性。其二，企业财务要加强内部票据承兑业务管理，强化合规经营理念、规范操作流程，有效防范合规风险、操作风险、信用风险等。其三，加强对企业信用的审查。建立企业白名单制度，对白名单内企业实行授信管理，从源头上加强企业承兑业务的监测与管理。其四，防范电子票据时代的新风险。尽管电子票据的出现防范了纸质票据时代的绝大多数风险，但是在电子票据时代未来损失的不确定性就是新的风险，包括但不局限于信用风险、合规风险、市场风险、操作风险等。需要电票管理机构和参与主体各负其责，高度重视系统性风险。其五，要加强金融科技应用票据领域一些新风险的监测和防范。

（五）完善票据市场制度，优化市场发展环境

其一，进一步推动《票据法》的完善。当前我国《票据法》对于电子商业汇票、融资性票据、票据 ABS、标准化票据及其他衍生品等均缺乏相关法律规定，已难以满足票据市场发展需要，建议加快推进对《票据法》相关条款的修订，合理借鉴国际成熟做法，完善票据市场法制建设，同时加强与监管的协调，为票据市场发展提供法律保障。其二，加强监管的协调统一。目前从政策层面上需要服务与监管方面达成协调统一，以有利于参与主体发挥和释放做票据的积极性、主动性、能动性，使得票据市场能够更好地服务实体经济、服务中小微企业。其三，明确票据业务的属性，将金融机构票据承兑业务纳入社会信用总量进行控制管理，将贴现业务纳入金融机构资金业务，理顺票据业务在金融机构经营管理中的业务定位。同时，上海票据交易所已成功发布标准化票据，业界认为其已符合标准化资产的要求，应考虑将其划分为标准化资产并积极推动等分化和公允价值等相关措施，需要加快制度办法推出，进一步提高票据市场广泛参与度和服务经济的有效性。

（六）加大票据应用理论研究力度，为市场创新提供基础

我国票据应用理论研究起步较晚，系统整体研究不够，应加强和推动票据应用理论研究，在新时代票据市场的发展中，既有机遇，也有挑战。要加快新时代票据法律法规制度的完善发展研究，结合金融科技、区块链等新技术，推动票据应用理论完整性研究再上新台阶。同时，加快商业信用和票据信用的理论以及增值税等政策变化对票据市场影响的研究，研究整理中国票据发展历史并探讨发展规律。进一步推动国际票据中心的研究、票据市场研究机构的合作、区域和行业商业承兑票据的发展、票据市场的评级和经纪市场发展以及票据信息共享等创新性研究，以指导票据市场长期、稳健、有序、规范、创新发展。

（七）推动票据供给侧结构性改革，切实服务实体经济发展

2020 年在我国金融市场坚持供给侧结构性改革的大背景下，票据市场作为金融市场的重要组成部分，也要进行供给侧结构性改革。金融供给侧结构性改革作为我国的一个发展战略，主要是推动解决直接融资比例的问题、更好地为中小企业服务的问题、金融创新和防范风险的问题等。票据这种金融工具首先要从制度上进行改革，其次要在信息系统建设方面加快推动完善，最后要在票据服务实体经济的切入点上做出改革，加强票据在

供应链金融中的应用。

推动票据供给侧结构性改革的抓手之一就是要推广应收账款票据化。2019年陆家嘴论坛上，中国人民银行行长易纲提出支持上海票据交易所在长三角地区推广应收账款票据化。20世纪80年代初，上海恢复票据业务就是以解决企业货款拖欠和票据融资等问题作为起因；90年代，发展票据就是为了治理"三角债"和推动票据信用发展。当前应当积极推行供应链上下游票据业务发展，积极发挥票据支付、结算、融资等多个功能优势，盘活企业应收账款，提高资金使用效率，降低企业杠杆，有效缓解中小企业融资难融资贵问题。

参考文献

[1] 上海票据交易所副总裁欧韵君：全国使用票据企业超260万家 中小企业占比超过2/3［EB/OL］.［2019-11-13］.http：//finance.ifeng.com/c/7rYy8PMzbKy.

[2] 上海票据交易所董事长宋汉光：推广应收账款票据化［EB/OL］.［2019-12-20］.http：//baijiahao.baidu.com/s？id＝1653400076866055331&wfr＝spider&for＝pc.

[3] 肖小和.发展高质量票据市场与服务实体经济研究［J］.金融与经济，2018（6）.

[4] 肖小和.新时代中国票据业务发展创新的探索与展望［J］.金融与经济，2017（12）：4-13.

2020年票据价格指数在低位振荡

肖小和　李紫薇　徐　言

一、指数及票据价格指数的概念、意义及现状

统计学上，指数是反映由不能直接相加的多种要素所构成的总体数量变动状况的统计分析指标。比如大家所熟知的股票价格指数或债券价格指数就是用来衡量股票市场或债券市场的价格波动情形。票据价格指数就是对票据利率进行采样并计算出来的用于衡量票据市场价格波动情况的指数。

构建票据价格指数的意义主要有：一是可以综合反映票据市场价格总体的变动方向和变动幅度。目前我国还没有形成统一的票据市场，任何单一机构的票据利率都无法综合代表整个票据市场的价格变动情况，因此，构建票据价格指数来反映整个市场票据利率的变化情况和发展趋势，可方便票据市场参与者及时准确地了解市场价格变化。二是分析和测定各个因素对票据价格变动的影响方向和程度。票据业务兼具资金和信贷双重属性，影响票据利率的因素主要是资金面和信贷状况，因此可以根据二者的内在联系建立票据价格指数体系，从而测定各构成因素的变动对市场价格的影响情况。三是分析研究票据市场价格在长时间内的发展变化趋势。票据价格指数的综合性和代表性较强，能够反映票据市场价格的总体变化，通过对指数的长期跟踪和分析从中找出规律，并结合自身经验对未来票据价格的走势做出预判，从而减少买卖票据的盲目性，可以获得更多的收益。四是对市场进行综合评价和测定。票据利率作为市场化时间最早、程度较高的利率品种，部分发挥了基准利率的作用，因此反映票据利率变化情况的票据价格指数既可以代表票据市场的供需情况以及市场资金和信贷状况，在一定程度上也能成为货币市场乃至金融市场的"晴雨表"。

上海票据交易所成立后相继发布了国股银票转贴现收益率曲线和城商银票转贴现收益率曲线，为票据市场定价提供参考。此两条收益率曲线以真实、活跃的票据市场交易为基础，编制时充分考虑了票据市场的交易特性，能够较好地反映市场真实价格走势，因此，其代表性和权威性非常高。

但是到目前为止，上海票据交易所发布的收益率曲线仅以国有银行和股份制银行以及城市商业银行的票据成交收益率为样本主体进行编制，农商行等样本数据的缺失不利于其反映农商行等票据价格变化情况。此外，上海票据交易所在编制收益率曲线时对市场信用主体进行了严格区分、分别编制，缺少反映票据市场整体情况的综合票据价格指数。本文力求建立一个票据因素价格指数体系，既能体现票据价格的总体走势情况，又能反映票据市场资金松紧程度和信贷变化状况的价格走势。

二、票据价格指数的编制及其应用

影响票据利率的因素主要是资金和信贷规模，而不同业务种类的票据价格反映的信息侧重也不尽相同。直贴业务与一般贷款业务非常相似，都将直接导致信贷规模增加，因此，直贴利率更能反映信贷的宽松状况；回购业务不会导致信贷规模的变化，因此是一种资金业务，回购利率也更能反映资金面的情况；转贴现业务介于二者中间，既与信贷有关，也涉及资金。根据不同业务的特点，本文建立了票据资金价格指数、票据信贷价格指数和票据综合价格指数，票据资金价格指数是由回购利率和转贴现利率构成，票据信贷价格指数是由直贴利率和转贴利率构成，而票据综合价格指数不仅包含了票据利率，还考虑了报价金额。

价格指数必须具有全国性、代表性和公信性三大特点，因此2017年6月30日以前的票据价格样本选自"中国票据网"[①]，之后的数据选自上海票据交易所。本文建立的指数是通过对票据利率进行计量建模确定一个比较稳定的系数比例关系，从而形成票据因素价格指数，因此需要一个能够准确反映市场资金面和信贷规模状况的核心指标，本文选取了银行间同业拆借加权平均利率（月）和金融机构贷款加权平均利率（季）。

（一）票据资金价格指数

票据资金价格指数是指通过对"中国票据网"的回购、转贴现利率报价以及后续上海票据交易所成交均价进行系数确定而计算得出的指数，旨在反映票据市场的资金状况和变化趋势。样本数据选择2005年1月至2020年12月的票据利率和银行间同业拆借加权平均利率，变量之间的相关系数

---

① "中国票据网"是经中国人民银行批准由中国外汇交易中心暨全国银行间同业拆借中心承办的为票据市场提供交易报价、信息查询和监管服务的专业网站，于2003年6月30日启用，2017年6月30日下线，此后由上海票据交易所承接。

和模型详见表 1。可以看出回购利率的系数要远远大于转贴现利率，这符合票据资金价格指数更注重资金价格变化的特点，回购是纯资金业务，而转贴现还包含信贷的因素。

表 1　票据资金价格指数的系数表

项目	正回购利率（ZHG）	逆回购利率（NHG）	买入利率（MR）	卖出利率（MC）	银行间同业拆借利率（TY）
与 TY 的相关系数	0.8073	0.8021	0.7530	0.7655	1
系数确定模型	TY = 0.0062+ 0.4943ZHG ($R^2 = 0.6665$)	TY = 0.0058+ 0.4560NHG ($R^2 = 0.6857$)	TY = 0.0092+ 0.3233MR ($R^2 = 0.5870$)	TY = 0.0092+ 0.3574MC ($R^2 = 0.5887$)	—
系数	0.4943	0.456	0.3233	0.3574	
票据资金价格指数的公式	即期票据资金价格指数 = $\dfrac{0.4943 \times 正回购利率 + 0.456 \times 逆回购利率 + 0.3233 \times 买入利率 + 0.3574 \times 卖出利率（即期数）}{0.4943 \times 正回购利率 + 0.456 \times 逆回购利率 + 0.3233 \times 买入利率 + 0.3574 \times 卖出利率（基期数）} \times 1000$					
与票据资金价格指数的相关系数	0.9757	0.9846	0.9758	0.9742	0.8013

对历年各月银行间同业拆借利率进行简单平均，发现 2013 年 3 月的数据比较接近该平均值，即将该时点定义为常态，因此本文也将该时间点选为票据资金价格指数的基期，并将基值定为 1000 点，基期前后的指数则根据利率变化情况发生相应变动。通过统计可知，票据资金价格指数与票据平均报价的相关性超过 0.97，说明指数能够反映票据市场价格走势情况，同时银行间同业拆借加权平均利率与指数的相关性也在较高区域，表明指数能反映票据市场资金价格走势情况。通过历史数据可以发现，当票据资金价格指数超过 1400 点的时候表示市场资金面较为紧张，当超过 1800 点的时候代表非常紧张；而当指数低于 700 点的时候表示市场资金面较为宽松，低于 350 点的时候代表非常宽松（见图 1）。2020 年 12 月，票据资金价格指数为 502 点，同比大幅减少 151 点，说明市场资金面较为宽松。

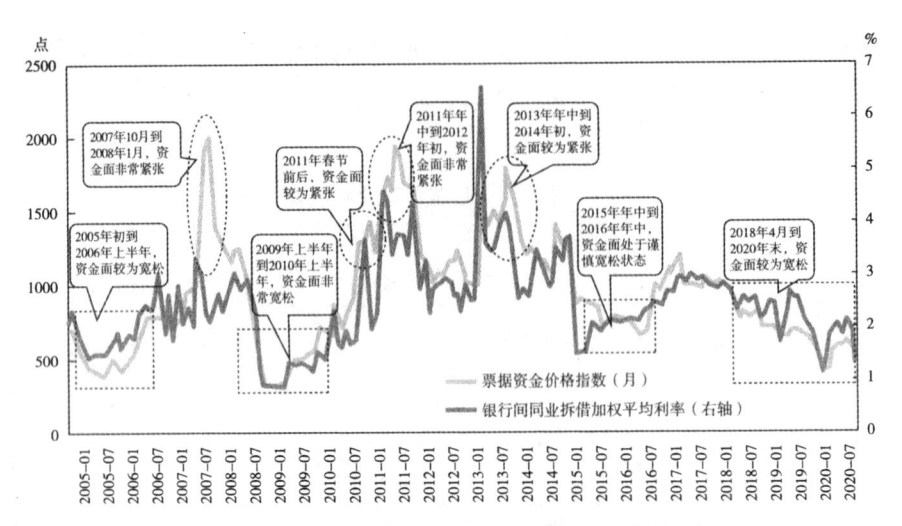

图 1　2005—2020 年票据资金价格指数走势

2005—2020 年票据市场大致经历了 4 次资金紧张阶段和 4 次资金宽松阶段，具体如下。

2005 年初到 2006 年上半年，资金面较为宽松。票据资金价格指数逐渐回落至低点 366 点，随后缓慢回升；1 天期银行间同业拆借加权平均利率基本维持在 1.1%~1.9% 范围内振荡，平均值仅有 1.4%。主要原因为：（1）受宏观调控和货币政策实施影响，市场整体呈现"宽货币、紧信贷"特征；（2）人民银行下调超额存款准备金率，大量挤出资金进入市场；（3）外汇储备达到 8189 亿美元高位，热钱加速流入迹象明显，导致市场资金面非常宽松。

2007 年 10 月到 2008 年 1 月，资金面非常紧张。票据资金价格指数剧烈波动，从 1000 点飙升至 2034 点后迅速回落，Shibor 隔夜利率一度高达 8.52%，2 周期限的 Shibor 最高达到 13.58%。这一时期经济运行呈现出由偏快转向过热的迹象，人民银行加大了货币政策的从紧力度，无论是货币政策工具、种类还是出台频率都是前所未有的。2007 年人民银行连续 10 次上调法定存款准备金率，最后一次直接提高 1 个百分点，同时 6 次上调存贷款基准利率，这对市场资金面和信贷规模都产生了重大影响，同年票据利率也已完成了以 Shibor 为基准的市场化进程，因此伴随资金价格一路走高。

2009 年上半年到 2010 年上半年，资金面非常宽松。票据资金价格指数在 350 点以下振荡，Shibor 隔夜利率处在底部 0.8% 左右。由于 2008 年国际金融危机爆发，全球面临经济衰退，我国政府为应对危机于 2008 年末推出

·466·

"四万亿经济刺激计划",信贷规模和资金大量投放,2009年上半年开始显现,整个市场呈现出资金、规模双宽松的景象,资金价格创下了历史最低点。

2011年春节前后,资金面较为紧张。票据资金价格指数攀升至1400点左右,Shibor隔夜利率最高达到8%。原因主要有:(1)2010年末存款环比大幅增加1.55万亿元,因此2011年1月5日商业银行需补交存款准备金2000多亿元;(2)季后15日前所得税预交,当月纳税入库2182亿元;虽然当月人民银行为缓解春节资金压力投放基础货币8773亿元,但存款准备金净冻结资金6370亿元,超额准备金更是减少8370亿元,市场资金面出现紧张状况。

2011年年中到2012年初,资金面非常紧张。票据资金价格指数在1464点与1940点之间振荡,其实资金紧张主要是2011年6月末和2012年初,Shibor隔夜利率最高达到8.1667%。主要原因是2011年5月企业所得税汇算清缴入国库2687亿元,6月末临近半年时点考核,人民银行再次上调法定存款准备金率0.5个百分点,约冻结资金3700亿元,市场预期相应发生剧烈变化,惜金情绪蔓延,导致资金价格上涨。2012年春节前后的资金面骤紧情况与2011年非常相似,都是上年末存款大幅增加需补交法定存款准备金、企业纳税入库、春节备付金等因素导致市场流动性短期稀缺。然而除了这两个时点,2011年下半年市场资金面整体较为平稳,资金价格也趋于正常水平,但票据利率在9月突然"高歌猛进"一路飙升,这主要由人民银行新规导致。人民银行要求从2011年9月开始将信用证、保函和银行承兑汇票保证金存款纳入存款准备金的缴纳范围,分批补缴,当月大约冻结资金9000亿元,加上9月信贷规模紧张,票据资金价格指数飙升至1940点。

2013年年中到2014年初,资金面较为紧张。票据资金价格指数在1379点与1786点之间振荡,资金紧张主要集中在2013年年中的"钱荒"时期,(1)资金方面:5月企业上缴所得税入库4691亿元,当月新增存款1.09万亿元,6月需补交存款准备金1000亿元。(2)监管政策方面:人民银行加强了外汇资金流入管理,原虚假贸易导致的还汇需求增加,国内流动性减少;银监发〔2013〕8号文对商业银行非标债权理财产品要求压缩达标,增加了流动性需求。(3)商业银行操作方面:部分商业银行通过期限错配和杠杆交易进行业务盈利,当资金趋紧时加剧了流动性压力。人民银行出手救市以后资金面有所缓解,但金融机构预期已经发生较大变化,市

场惜金情绪浓厚，票据资金价格指数在较高位置延续振荡状态，年末受规模紧张影响再度冲高，详见票据信贷价格指数部分。

2015年年中到2016年年中，资金面处于谨慎宽松状态，银行间同业拆借加权平均利率最低至1.42%，相当于2005年外汇占款大幅增加的宽松时期，但票据资金价格指数维持在650点与1000点之间振荡，基本相当于正常水平。一方面，我国经济处于"增长速度换挡期、结构调整阵痛期、前期刺激政策消化期"三期叠加新常态，货币政策总体保持稳健偏松总基调，共6次下调存款准备金率，引导市场利率适当下行，降低社会融资成本。另一方面，票据市场加强监管，表外票据业务回归表内，票据融资余额大幅增加，受规模限制制约了票据利率下行速度和空间。由于金融去杠杆政策的影响，资金面总体处于紧平衡状态，利率中枢从底部不断上升，票据资金价格指数也回至1000点常态附近。

2018年4月到2020年末，资金面较为宽松。票据资金价格指数维持在650点与1000点之间振荡，总体呈现出下降的趋势。主要原因有：（1）上海票据交易所的成立为票据资金交易提供了空间，带来了票据价格的变化，票据价格整体下行。（2）上海票据交易所成立后正式接管ECDS，电子票据交易集中在上海票据交易所进行，票据风险相对可控，交易活跃度上升。（3）在外部环境不确定性增加，国内外风险挑战明显上升的复杂局面下，我国经济下行压力加大，人民银行实施稳健的货币政策，加强逆周期调节，2018—2019年人民银行共7次下调存款准备金率，通过公开市场操作、中期借贷便利等操作灵活保持市场流动性，深化利率市场化改革，完善LPR传导机制，打破贷款利率隐性下限，促进货币政策传导，市场整体资金面相对宽松。（4）面对新冠肺炎疫情带来的巨大冲击，2020年第一季度以来，中国人民银行多次下调存款准备金率，向市场投放流动性，运用改革方法疏通货币政策传导渠道，以进一步降低企业融资成本，市场资金面较为宽松。

（二）票据信贷价格指数

票据信贷价格指数是指通过对转贴报价和直贴报价进行系数及时调整而建立的指数，旨在反映票据市场的规模状况和变化趋势。

由于人民银行公布的金融机构贷款加权平均利率是从2008年第三季度开始的，因此样本数据选取了2008年第三季度到2020年第四季度期间，变量之间的相关系数以及系数确定模型详见表2。票据信贷价格指数以2013年第一季度为基期，基值也定为1000点，基期前后指数根据利率变化情况

相应发生变动。通过统计可知，票据信贷价格指数与票据平均报价的相关性都在0.98以上，说明指数能够反映票据利率的走势，同时金融机构贷款加权平均利率与指数的相关性也在较高区域，并高于单个票据业务品种报价与贷款利率的相关性，表明票据信贷价格指数更能反映票据市场的规模稀缺程度。通过图2可以看出，当票据信贷价格指数超过1200点的时候表示信贷规模较为紧张，而当指数低于600点的时候表示信贷规模较为宽松。2020年第四季度，票据信贷价格指数为490点，处于宽松区域，同比减少165点，信贷环境得到了改善。

表2 票据信贷价格指数的系数表

项目	直贴利率（ZHT）	转贴现利率（ZT）	金融机构贷款加权平均利率（DK）
与DK的相关系数	0.8905	0.8321	1
系数确定模型	DK = 0.0412+0.4633ZHT（R^2 = 0.8965）	DK = 0.04+0.5564ZT（R^2 = 0.9549）	—
系数	0.4633	0.5564	—
票据信贷价格指数的公式	即期票据信贷价格指数 = $\dfrac{0.4633 \times 直贴利率 + 0.5564 \times 买断式利率（即期数）}{0.4633 \times 直贴利率 + 0.5564 \times 买断式利率（基期数）} \times 1000$		
与票据信贷价格指数的相关系数	0.9918	0.9888	0.8753

从图2可以看出票据信贷价格指数要比金融机构贷款加权平均利率波动得更为剧烈，这比较容易理解，票据作为银行的信贷调节工具，蓄水池作用显著，当信贷规模紧张时银行首选卖断流动性较好的票据资产，同理，当存在闲置资源时银行也会通过大量增持票据"撑规模"，因此票据利率的波动往往比贷款利率大。2008—2020年票据信贷价格指数大致经历了2次紧张和4次宽松，具体如下。

2009年信贷规模非常宽松时期，票据信贷价格指数在310点与490点之间振荡。我国为应对国际金融危机推出"四万亿经济刺激计划"，2009年上半年新增贷款达到7.37亿元，全年新增了9.59亿元，而2011年全年新增贷款还不到7.5亿元，贷款利率回落至年利率5%以下。信贷规模的宽松迅速传导到票据市场，2009年上半年票据融资增加了1.7万亿元，占新增贷款的23%，票据利率也创下了历史最低点，2009年第二季度票据信贷价

格指数仅为 308 点，相当于年利率 1.52%，随后新增贷款下降明显，票据融资进入减持阶段，票据信贷价格指数逐渐升高。

2011 年信贷规模紧张时期，票据信贷价格指数攀升至 1400 点以上。为调控"四万亿经济刺激计划"所产生的通货膨胀，人民银行先后 7 次上调法定存款准备金率，3 次上调存贷款基准利率，并严格控制新增贷款的数量和投放节奏，全年新增贷款仅有 7.47 万亿元，比 2009 年的 9.59 万亿元和 2011 年的 7.95 万亿元都少，票据信贷价格指数随贷款利率提高而逐渐走高。2011 年 9 月新增贷款只有 4700 亿元，是当年新增贷款最少的一个月，同时监管机构加大了票据市场监管力度，对部分金融机构办理票据"绕规模"等不合规行为进行了检查，并要求金融机构开展票据业务自查，这促使票据规模紧张，当月票据融资余额减少了 200 亿元，而上月却增加了近 1000 亿元，票据信贷价格指数飙升至 2161 点，相当于年利率 10.65%。随后新增贷款有所增加，票据融资回归至正增长阶段，票据信贷价格指数开始慢慢回落。

2013 年下半年票据规模趋于谨慎时期，票据信贷价格指数在 1200 点附近振荡。由于 2013 年 6 月部分银行资金期限错配引起"钱荒"以及上半年信贷投放力度过大，此后银行倾向于减持票据回笼资金，票据融资大幅减少了 5235 亿元，票据信贷价格指数维持在 1200 点上下。

2015 年末至 2016 年末信贷规模较为宽松时期，票据信贷价格指数在 600 点附近振荡。为应对经济下行压力以及经济结构调整，中央采取稳中求进的政策总基调，适时五次下调贷款及存款基准利率，2015 年和 2016 年新增贷款分别达到 11.7 万亿元、12.6 万亿元，2015 年票据融资新增 1.5 万亿元，票据信贷价格指数不断下行，2016 年受风险事件频发以及人民银行窗口指导控制票据规模等影响，当年票据融资新增量降至 0.6 万亿元，票据信贷价格指数有所回升。

2018 年下半年至 2019 年末信贷规模较为宽松时期，票据信贷价格指数持续下行至 650 点附近。主要原因有：（1）随着上海票据交易所的成立，票据市场风险得到有效控制，票据贴现、转贴现活跃度提升。（2）人民银行充分发挥再贴现精准滴灌作用，引导金融机构信贷投放，2018 年，人民银行三次增加再贴现、再贷款额度累计 4000 亿元，2019 年增加再贴现额度 2000 亿元，进一步提高了银行、企业贴现积极性。（3）近年来，我国信贷规模总体宽松，信贷结构持续优化，支持实体经济力度不断加大，2018 年和 2019 年新增贷款分别为 16.2 万亿元和 16.8 万亿元，票据

信贷价格指数不断下行。

2020年信贷规模非常宽松时期,票据信贷价格指数在400点与500点之间振荡。根据疫情防控形势和经济发展需要,中国人民银行加大信贷投放力度,分层次、有梯度出台三批次合计1.8万亿元再贷款、再贴现政策;创新货币政策工具,运用改革方法疏通货币政策传导渠道,不断完善结构性货币政策工具体系,以进一步降低企业融资成本,信贷价格指数急速回落。

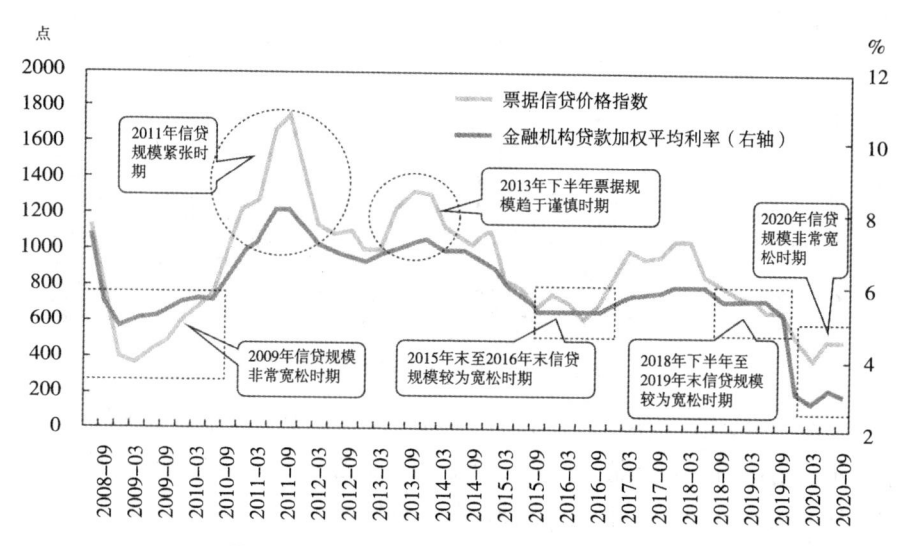

图2 2008—2020年票据信贷价格指数走势

(三) 票据综合价格指数

票据综合价格指数是指以"中国票据网"报价金额或上海票据交易所成交金额为系数权重对加权平均利率建立的综合指数,旨在反映票据市场的总体状况和变化趋势。实际上票据综合价格指数应该包含直贴报价情况,但由于开始时"中国票据网"仅有转贴现和回购报价,在后续上海票据交易所才开始公布直贴价格,因此2017年以前不考虑直贴业务,之后加入直贴因素。票据综合价格指数的公式为

$$\text{票据综合价格指数} = \frac{\text{直贴金额} \times \text{利率} + \text{买断式金额} \times \text{利率} + \text{回购金额} \times \text{利率(即期数)}}{\text{直贴金额} \times \text{利率} + \text{买断式金额} \times \text{利率} + \text{回购金额} \times \text{利率(基期数)}} \times 1000$$

样本区间选择为2005年1月至2020年12月,票据综合价格指数以2013年4月为基期,基值设定为1000点,基期前后的指数则根据市场变化情况发生相应变动。通过统计可知,票据综合价格指数与票据平均报价的相关性超过0.982,说明指数能够反映票据市场的总体趋势。通过历史数据

可以发现，当票据综合价格指数超过 1400 点的时候表示市场总体较为紧张，而当指数低于 700 点的时候表示市场较为宽松，当超过 2000 点或低于 350 点时说明市场处于异常情况（见图 3）。

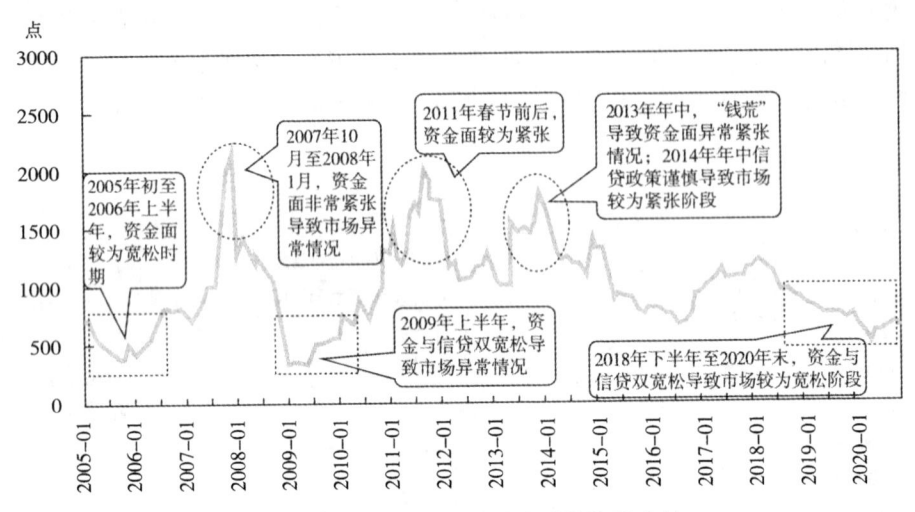

图 3　2005—2020 年票据综合价格指数走势

从图 3 可以看出票据综合价格指数基本涵盖了票据资金价格指数和票据信贷价格指数的波动情况，2005—2020 年票据市场大致经历了 5 次紧张和 3 次宽松，按照导致原因可以分四种情况，具体如下。

情况一：资金起主导作用

从 2005 年初到 2006 年上半年，资金面较为宽松时期，票据综合价格指数在 500 点与 700 点之间振荡。

2007 年 10 月至 2008 年 1 月，资金面非常紧张导致市场异常情况，票据综合价格指数最高达到 2332 点，相当于年利率 9.67%。

2011 年春节前后，资金面较为紧张时期，票据价格不断走高，票据综合价格指数也一路冲高至春节前 2016 点后迅速回落。

2013 年年中，"钱荒"导致资金面异常紧张情况，6 月末票据综合价格指数迅速飙升至 2553 点，相当于年利率 10.58%，创历史次高水平。

情况二：信贷起主导作用

2013 年下半年至 2014 年春节，信贷政策谨慎导致市场较为紧张阶段，票据综合价格指数在 1400 点与 2000 点之间振荡。

情况三：二者共同起主导作用

2009 年上半年，资金与信贷双宽松导致市场异常情况，票据价格不断

回落，票据综合价格指数在 350 点以下振荡，最低达到 297 点，相当于年利率 1.23%，创历史最低票据利率。

2018 年下半年至 2020 年末，票据市场价格不断下行。一方面，上海票据交易所成立后票据风险得到有效控制，票据交易活跃度提升；另一方面，稳健偏宽松的政策环境营造了资金规模及信贷规模双宽松的氛围，2020 年末票据综合价格指数回落至 600 点左右。

情况四：监管政策等其他因素起主导作用

人民银行将保证金存款纳入存款准备金范围以及银监会加强票据"逃规模"检查导致市场预期发生剧烈变化，2011 年年中至 2012 年初，票据综合价格指数不断升高，并创出历史最高水平 2906 点或年利率 12.04%，随后保持高位振荡。

原因前面都已经详述，在此不再重复。2015—2016 年，货币政策总体稳健偏宽松，票据综合价格指数在常态范围内逐渐下行；2017 年金融去杠杆与监管强化叠加，票据综合价格指数回升至 1000 点以上；2018 年以来，受经济下行压力影响，货币政策趋于宽松，票据综合价格指数逐渐回落，2020 年末票据综合价格指数回落至 600 点附近，处于相对宽松区域。

三、发挥票据价格指数作用，完善市场价格体系建设

票据价格指数体系能够反映票据市场价格总体走势，同时也可以清晰地展现各主要因素对票据利率的影响方向及程度。既可以让市场主体及时准确地了解市场现状并进行分析和预判，也可以被监管机构用于观测市场，或作为货币政策的中介指标，同时也可以成为专家学者研究讨论的重要市场指标。但由于目前票据制度落后等制约因素，票据价格指数的代表性和权威性都受到一定程度的影响，作用也难以发挥到最大，因此本文根据实际和现有的研究成果提出需要尽快完善票据市场的相关建议，以进一步释放票据价格指数的真正作用。

（一）尝试票据衍生产品，提高市场有效性

随着票据市场的发展，常规票据产品将无法满足市场的需求，因此可以对票据业务证券化、票据远期、票据期权、票据期货等衍生产品进行尝试和试验，通过市场套利机制优化价格发现功能，提高市场有效性。

（二）建立做市商机制，提高市场流动性

做市商的重要作用之一就是每天对市场进行买入和卖出报价，从而形

成市场利率的上下限，促进市场有效价格的形成，同时也为市场提供流动性，特别是在市场异常的情况下可以满足最基本的交易需求，保证市场的正常运行和市场价格的连续性。

（三）尝试融资性票据，丰富市场交易产品

目前《票据法》规定票据必须具有真实贸易背景，这与票据已经逐渐演变成一种融资工具的趋势不相适应，应该面对票据市场发展的现实，对融资性票据进行试点，在试点成熟后可以进一步修改《票据法》相关规定。

（四）增加票据市场参与主体，认可并规范票据中介机构的发展

票据中介机构能够提升市场活跃程度并提高票据融资效率，但法律的缺位导致票据中介机构一直游走在灰色地带，建议尝试对票据中介机构明确法律身份和行业标准，丰富票据市场参与主体。

（五）票据价格指数编制和发布的建议

票据价格指数可以每天编制和发布，在编制使用时，可以分三个阶段进行：第一阶段为指数核证阶段；第二阶段为指数试运行阶段；第三阶段为正式发布运行阶段，即通过官方网站、媒体等途径正式对外发布。

2020年中国票据发展指数达到15292点
——中国票据发展指数的构建与应用分析

肖小和 李紫薇 徐 言

一、票据市场概述

商业汇票是指由付款人签发，由承兑人承兑，并于到期日向收款人或被背书人支付款项的一种票据。21世纪以来，票据市场发展迅速，2015年全国金融机构商业汇票累计承兑量和累计贴现量分别为22.4万亿元和102.1万亿元，比2001年分别增长17.5倍和55.8倍，年均增速分别达到22.7%和33.3%；2016年和2017年受票据风险事件频发、监管趋严以及金融去杠杆等因素影响，票据市场回归理性发展，全国金融机构商业汇票累计承兑量分别为18.1万亿元和14.63万亿元，同比分别回落19.2%和19.17%；累计贴现量分别为84.5万亿元和59.34万亿元，同比分别回落17.2%和29.78%；2018年票据业务进入恢复性增长阶段，累计承兑量和累计贴现量分别为18.27万亿元和9.94万亿元[①]，同比分别增长24.84%和38.83%；2019年票据业务持续稳步增长，累计承兑量和累计贴现量分别为20.4万亿元和34.3万亿元，同比分别增长11.6%和25.5%；2020年票据业务继续增长，累计承兑量和累计贴现量分别为22.1万亿元和40.4万亿元，同比分别增长8.33%和17.78%。票据作为一种重要的支付结算和投融资工具，其快速发展对我国经济金融的发展有极大的推动作用。

（1）票据作为经济贸易往来中的一种主要支付结算工具，特别是银行承兑汇票兼具信用增级、延期支付和背书转让三大优点，为加快商品流通和资金周转提供了极大的便利和支持。2020年票据承兑余额为14.1万亿元，相比2001年增长了27.65倍；2020年企业票据背书金额为47.19万亿

---

① 《2018年第四季度中国货币政策执行报告》未公布票据累计承兑与贴现数据，本文引用上海票所交易所《2018年票据市场运行情况》中的累计承兑和贴现数据，此贴现数据仅指直贴业务。

元,同比增长1.55%;2020年用票①企业家数为270.58万家,同比增长11.22%,用票金额为82.7万亿元,增长4.27%,用票企业数量大幅增长,票据接受度进一步提升。

(2)票据业务可以为实体经济特别是中小企业提供便捷的融资渠道和低成本资金,降低企业融资成本,有效扶持企业发展壮大。票据贴现与普通贷款相比融资成本往往较低,且流程简单、获得资金周期短,特别是对于信用等级相对较低的中小企业,银行承兑汇票所具有的银行信用、放款速度快等特点,对解决我国中小企业融资难问题具有得天独厚的优势和作用。2020年小微企业用票金额为44.03万亿元,占比为53.24%,用票企业家数为250.31万家,占比为92.5%,票据业务已成为中小企业获得金融支持的重要渠道。

(3)票据业务是银行业优化资产负债结构、加强流动性管理、提高收益的一个重要手段。票据资产兼具资金和信贷属性,且具有较好的流动性,成为调节银行信贷规模和管理流动性的主要工具之一。票据承兑业务和贴现业务可以为银行带来承兑保证金存款和贴现资金留存,为银行主动增加存款提供抓手。票据业务还可以给银行带来承兑手续费中间业务收入、贴现利息收入、转贴现利差收入、回购利率收入以及再贴现低成本资金,为银行扩盈增效、调整收入结构开辟新路径。

(4)票据资产逐渐成为投资和交易的重要标的。票据资产风险相对较低、收益可观,逐渐成为理财产品和资管产品重要的基础资产,从而银行、信托、基金、证券公司、财务公司以及企业、个人均直接或间接参与票据资产投资链条。为规范标准化票据融资机制,更好地服务中小企业融资和供应链金融发展,中国人民银行出台了《标准化票据管理办法》,该办法于2020年7月28日正式实施。截至2020年末,共有16家金融机构创设发行标准化票据58只,总规模达到61.73亿元。随着票据市场的深化发展和多元化参与主体的参与,票据资产的交易功能不断增强,票据经营模式也从持有生息为主向持有与交易获利转变,市场流动性进一步提高,票据交易也逐渐成为货币市场重要的交易类型。银发〔2016〕224号文进一步放开了票据市场参与主体,证券、资管产品等非银行金融机构均可参与票据交易,2020年票据交易量达到64.09万亿元,同比增长25.81%。

(5)票据的调控功能进一步深化。票据再贴现业务是中央银行传统的

---

① 用票指承兑、背书和贴现。

三大货币政策工具之一，兼具数量型和价格型双重优势，可以调控市场资金面、调节信贷投向、引导市场预期，也是定向支持民营、小微、绿色、创新等国家鼓励性领域、促进实体经济发展最直接、最有效的途径。2020年，人民银行分层次、有梯度地出台并落实 1.8 万亿元再贷款、再贴现政策，年末再贴现余额为 5784 亿元，同比增长 22.7%。随着我国经济从高速增长向高质量增长转变，货币政策对精准有效的要求不断提高，票据再贴现的调控功能将进一步深化。

因此，我们有理由相信，随着票据市场稳健规范发展，未来其对我国调整经济结构，服务实体经济，解决民营、小微企业融资难融资贵问题，提高金融效率，深化金融改革，必将发挥更为独特的作用。

二、中国票据发展指数的概念及意义

中国票据发展指数是通过对系列指标体系进行数量处理构建出一个旨在反映我国票据市场发展状况与结构变化情况的指数。它至少包括中国票据生态指数、中国票据金融指数、中国票据价格指数、中国票据创新指数和中国票据风险指数等二级指数。

构建中国票据发展指数的主要意义在于：一是可以量化我国票据市场的发展水平，科学合理地划分发展阶段，研究和评价历史发展轨迹，进而规划市场未来发展方向并制定相应政策；二是票据业务对经济增长特别是中小企业融资具有重要作用，中国票据生态指数可以准确判断全国以及各个地区票据发展对经济的影响程度，以制定适合经济发展要求和区域发展特点的票据发展战略；三是票据市场作为市场化时间最早、程度最高的金融市场子市场之一，其活跃程度和参与度都已经成为货币市场乃至金融市场重要的组成部分，中国票据金融指数能够衡量票据市场化程度，以此判断金融市场化进程，从而为进一步推进票据市场化和金融体制改革提供理论依据；四是中国票据价格指数能够衡量票据市场利率的总体走势，既可以成为市场参与者判断当前市场价位以及未来走向的依据，也能为政策制定者或研究者提供市场资金、规模紧缺与否的参考；五是票据市场的活跃度高，新产品新业务层出不穷，同时监管政策也频频出台，创新与监管的博弈较为激烈，中国票据创新指数既可以测量票据市场的创新程度和创新冲动，又能使监管机构清楚了解市场发展和创新情况，从而制定科学合理的监管政策引导票据创新走上健康可持续发展之路；六是票据的流动性较强，市场的参与主体多样，涵盖了企业、银行、财务公司、信托等，中国票据风险指数通过测度票据市场的风险因素，综合反映市场的信用风险、欺诈风险等状况，能够前瞻性地预判部分系统性风险。

三、中国票据发展指数的构建及实证分析

（一）中国票据生态指数

该指数用来衡量我国实体经济增长情况以及票据对实体经济的支持作用，因此选择了国内生产总值（GDP）、社会融资规模（SHR）以及承兑余额（CY）、票据累计承兑量（LC）、贴现余额（TY）、累计贴现量（LT）共6个变量。

本文采用主成分分析方法构建中国票据生态指数模型，并进行实证分析。主成分分析是利用降维的思想，将众多指标转化为一个或几个综合指标的多元统计分析方法。综合指标不仅保留了原始变量的主要信息，而且去除了彼此之间的相关部分，可以去粗取精，非常适合用于指数的构建。具体步骤如下。

1. 数据选取

考虑到数据的可得性和统一性，我们选择2002—2020年的GDP和票据年度数据，共有19期。进行主成分分析必须进行标准化处理，即 $X_{ij}^* = \frac{X_{ij} - \overline{X}_j}{S_{ij}}$，$i = 1, 2, \cdots, 19$；$j = 1, 2, \cdots, 6$。其中，$X_{ij}^*$ 表示第 i 期第 j 个指标的标准化值，$\overline{X}_j$ 和 S_j 分别表示第 j 个指标的平均值和标准差。进行标准化处理后每个变量的平均值为零，方差为1，以消除由于量纲的不同而带来的一些不合理的影响。

2. 数据检验

对变量进行相关性观察及KMO和Bartlett检验（见表1），可以看出票据市场交易情况与GDP之间存在很高的相关性，且KMO和Bartlett的检验值均符合主成分分析的标准。

表1 票据市场与实体经济相关性矩阵

变量	CY	LC	TY	LT	GDP	SHR
CY	1.0000	0.9534	0.8535	0.7385	0.9682	0.9526
LC	0.9534	1.0000	0.7206	0.7993	0.8838	0.8603
TY	0.8535	0.7206	1.0000	0.5638	0.9213	0.8742
LT	0.7385	0.7993	0.5638	1.0000	0.6825	0.5927

续表

变量	CY	LC	TY	LT	GDP	SHR
GDP	0.9682	0.8838	0.9213	0.6825	1.0000	0.9460
SHR	0.9526	0.8603	0.8742	0.5927	0.9460	1.0000
KMO 和 Bartlett 检验							
取样足够度的 Kaiser-Meyer-Olkin 度量						0.8344
Bartlett 的球形度检验				近似卡方	176.5236
^				Df	15
^				Sig.	0.0000

3. 主成分分析

通过 SPSS 软件对承兑余额（CY）、票据累计承兑量（LC）、累计贴现量（LT）和 GDP、社会融资规模（SHR）进行主成分分析，结果显示第一主成分的方差提取率（累计贡献度）达到 90.31%，可根据因子载荷矩阵计算出各标准变量的权重系数，由此计算出标准化的中国票据生态指数（BEI^*）。

BEI_j^*（标准化）$= 0.421CY_j^* + 0.4245LC_j^* + 0.3288TY_j^* + 0.4224LT_j^* + 0.424GDP_j^* + 0.4199SHR_j^*$

根据变量的平均值和标准差进行还原得到

BEI_j^*（标准化）$= -4.1088 + 0.1488CY_j + 0.0681LC_j + 0.6136TY_j + 0.0314LT_j + 0.0275GDP_j + 0.0728SHR_j$

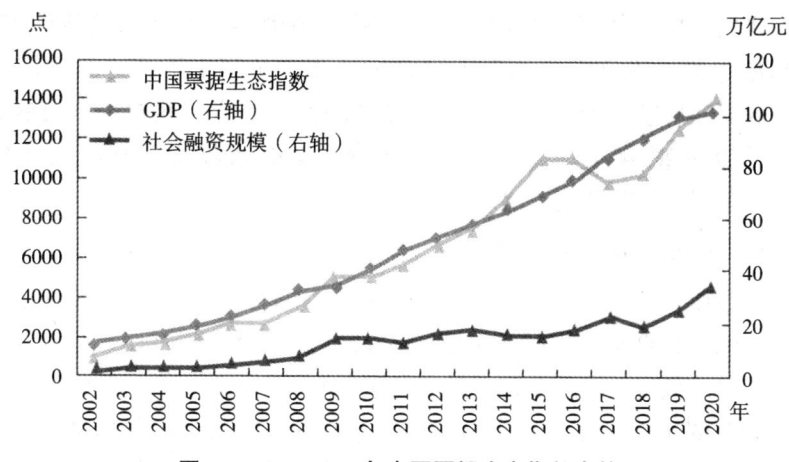

图 1　2002—2020 年中国票据生态指数走势

鉴于常规指数均为正数，因此假设将中国票据生态指数（BEI）的基期定为 2002 年，并将基值定为 1000 点，从而得出中国票据生态指数（BEI）的公式为

$$BEI_j = \frac{BEI_j^* + 4.1088}{BEI_1^* + 4.1088} \times 1000$$

$$= \frac{0.1488 \times CY_j + 0.0681 \times LC_j + 0.6136 \times TY_j + 0.0314 \times LT_j + 0.0275 \times GDP_j + 0.0728 \times SHR_j}{0.1488 \times CY_1 + 0.0681 \times LC_1 + 0.6136 \times TY_1 + 0.0314 \times LT_1 + 0.0275 \times GDP_1 + 0.0728 \times SHR_1}$$

$$\times 1000$$

从图 1 中可以看出，（1）中国票据生态指数和国内生产总值、社会融资规模走势保持较高一致性，它们的相关性都在 0.94 以上，说明中国票据生态指数能够代表票据市场经济环境的变化。（2）中国票据生态指数和国内生产总值的相关系数略高于社会融资规模（0.980>0.941），表明指数反映 GDP 更多一些，因为 GDP 代表我国总体经济情况，是票据业务的本源，而社会融资规模则代表了金融对实体经济资金支持的总量，涵盖的票据业务主要是新增票据余额和未贴现银行承兑汇票，但二者的量往往较小且不稳定。（3）2002—2015 年中国票据生态指数和国内生产总值、社会融资规模都在不断走高，表示随着 2002 年以来我国经济的快速增长以及金融支持实体经济力度的加大，票据市场的经济环境不断改善，2015 年达到 11133 点；2016—2017 年由于我国经济增速转轨，金融去杠杆，票据市场回归理性发展，中国票据生态指数回落至 9788 点；2018 年为应对经济下行压力，政策环境趋于宽松，中国票据生态指数回升至 10259 点；2019 年在国内外风险挑战明显上升的复杂局面下，中国经济总体平稳，票据市场稳步发展，票据支持实体经济功能进一步强化，中国票据生态指数达到 12508 点；2020 年第一季度在新冠肺炎疫情冲击下，全国上下齐心协力攻克难关，市场流动性较为充裕。随着复工复产的稳步推进，我国经济发展有序恢复，成为 2020 年唯一经济正增长国家，票据市场也迅速恢复正常运行，中国票据生态指数达到 14117 点。

（二）中国票据金融指数

该指数用来衡量我国票据市场与金融市场发展的契合度，选择了代表信贷市场的贷款余额（DY）和代表货币市场的交易量（LHB），以及票据市场的承兑余额（CY）、票据累计承兑量（LC）、贴现余额（TY）、累计贴现量（LT）共 6 个变量。仍采用主成分分析方法构建中国票据金融指数模型，数据选取 2002—2020 年的金融市场和票据年度数据，共有 19 期。通过表 2 可以看出，各个变量之间的相关程度都比较高，检验指标也非常适合进

行主成分分析和指数的构建。数据处理过程和中国票据生态指数一致，在此不再赘述。通过 SPSS 软件对上述指标进行主成分分析，结果显示第一主成分的方差提取率（累计贡献度）达到 90.87%，可根据因子载荷矩阵计算出各标准变量的权重系数，最终得出中国票据金融指数（BFI）的公式为

$$BFI_j = \frac{0.1495 \times CY_j + 0.0683 \times LC_j + 0.5933 \times TY_j + 0.0314 \times LT_j + 0.0213 \times DY_j + 0.0053 \times LHB_j}{0.1495 \times CY_1 + 0.0683 \times LC_1 + 0.5933 \times TY_1 + 0.0314 \times LT_1 + 0.0213 \times DY_1 + 0.0053 \times LHB_1} \times 1000$$

表 2　票据市场与金融市场相关性矩阵

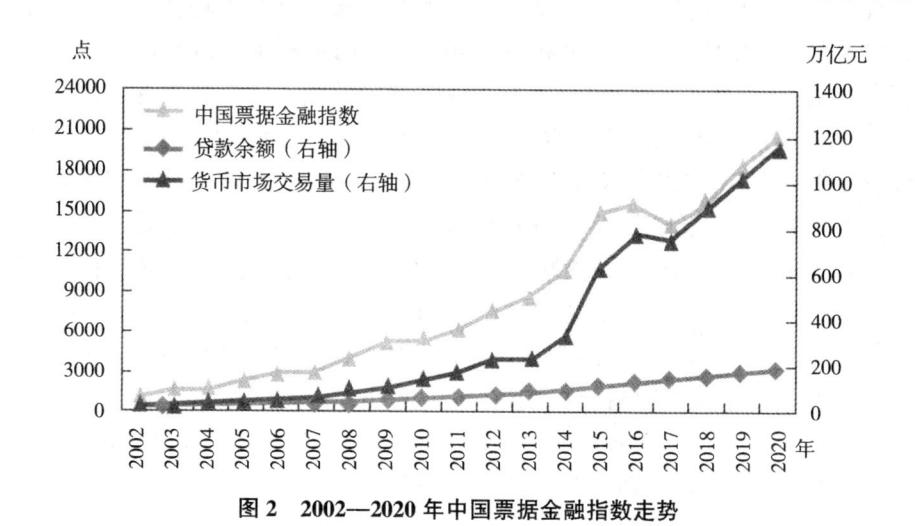

变量	CY	LC	TY	LT	DY	LHB
CY	1	0.9534	0.8535	0.7385	0.9438	0.8820
LC	0.9534	1	0.7206	0.7993	0.8284	0.7432
TY	0.8535	0.7206	1	0.5638	0.9538	0.9783
LT	0.7385	0.7993	0.5638	1	0.6176	0.6146
DY	0.9438	0.8284	0.9538	0.6176	1	0.9799
LHB	0.8820	0.7432	0.9783	0.6146	0.9799	1
KMO 和 Bartlett 检验						
取样足够度的 Kaiser-Meyer-Olkin 度量						0.6567
Bartlett 的球形度检验					近似卡方	223.4533
					Df	15
					Sig.	0.0000

图 2　2002—2020 年中国票据金融指数走势

同理，鉴于常规指数均为正数，假设将中国票据金融指数（BFI）的基

期定为 2002 年，并将基值定为 1000 点，可得到 2002—2020 年中国票据金融指数走势图，如图 2 所示。从图中可以看出，（1）我国票据金融指数与贷款余额、货币市场交易量的走势非常吻合，相关系数都超过了 0.97，说明中国票据金融指数可以代表我国金融市场的整体情况。（2）票据兼具信贷属性和资金属性，中国票据金融指数与贷款余额的相关系数略高于与货币市场交易量的相关系数（0.983>0.977），表明票据的信贷调节作用有所增强，票据在企业贷款中发挥的作用进一步提升。（3）2002—2016 年中国票据金融指数和贷款余额、货币市场交易量都在不断走高，票据市场的金融环境不断提升，2016 年中国票据金融指数达到 15624 点；随着金融去杠杆和监管强化，2017 年成为金融市场的转折点，货币市场和票据市场交易量均出现下滑，中国票据金融指数相应回落至 14084 点；2018 年货币政策转向，资金面宽松，金融市场交易活跃，中国票据金融指数回升至 15537 点；2019 年中国人民银行运用多种货币政策工具加大逆周期调节力度，金融市场交易活跃，信贷结构进一步优化，中国票据金融指数稳步回升至 18394 点；2020 年中国人民银行保持流动性合理充裕，市场资金面相对宽松，加大信贷支持力度，降低社会综合融资成本，完善结构性货币政策工具体系，精准滴灌，中国票据金融指数增长至 20696 点。

（三）中国票据价格指数

该指数用来衡量我国票据价格走势情况和趋势，由于没有官方发布的权威数据，因此选择了"中国票据网"的利率报价加权平均值，分别是转贴买入利率（MR）、转贴卖出利率（MC）、正回购利率（ZHG）和逆回购利率（NHG），共 4 个变量[1]。数据选取时间段为相对较全且具有可比性的 2010—2020 年，由于时间短，因此使用季度数，共有 44 期。仍采用主成分分析方法构建中国票据价格指数模型，通过表 3 可以看出，各个变量之间的相关程度都较高，检验指标（KMO 和 Bartlett 球形度检验）也非常适合进行主成分分析和指数的构建。数据处理过程与上述一致。通过 SPSS 软件对上述指标进行主成分分析，结果显示第一主成分的方差提取率（累计贡献度）达到 92.3325%，根据因子载荷矩阵计算出各标准变量的权重系数，可以得出标准化的中国票据价格指数（BPI^*）。

BPI_j^*（标准化）$= 0.4993MR_j^* + 0.5076MC_j^* + 0.4797ZHG_j^* + 0.5128NHG_j^*$

根据变量的平均值和标准差进行还原得到

---

[1] 2017 年以后使用上海票据交易所发布的数据。

$$BPI_j^*（标准化）= -6.9087 + 27.2008MR_j + 29.4656MC_j + 42.1583ZHG_j + 41.0791NHG_j$$

鉴于常规指数均为正数，因此假设将中国票据价格指数（BPI）的基期定为 2010 年第一季度，并将基值定为 1000 点，从而得出中国票据价格指数（BPI）的公式为

$$BPI_j = \frac{BPI_j^* + 6.9087}{BPI_1^* + 6.9087} \times 1000$$

$$= \frac{27.2008 \times MR_j + 29.4656 \times MC_j + 42.1583 \times ZHG_j + 41.0791 \times NHG_j}{27.2008 \times MR_1 + 29.4656 \times MC_1 + 42.1583 \times ZHG_1 + 41.0791 \times NHG_1} \times 1000$$

表 3　票据价格相关性矩阵

变量	MR	MC	ZHG	NHG
MR	1	0.9908	0.8512	0.8941
MC	0.9908	1	0.8614	0.8893
ZHG	0.8512	0.8614	1	0.9698
NHG	0.8941	0.8893	0.9698	1
KMO 和 Bartlett 检验					
取样足够度的 Kaiser-Meyer-Olkin 度量			0.6618
Bartlett 的球形度检验		近似卡方	353.9495
^		Df	6
^		Sig.	0.0000

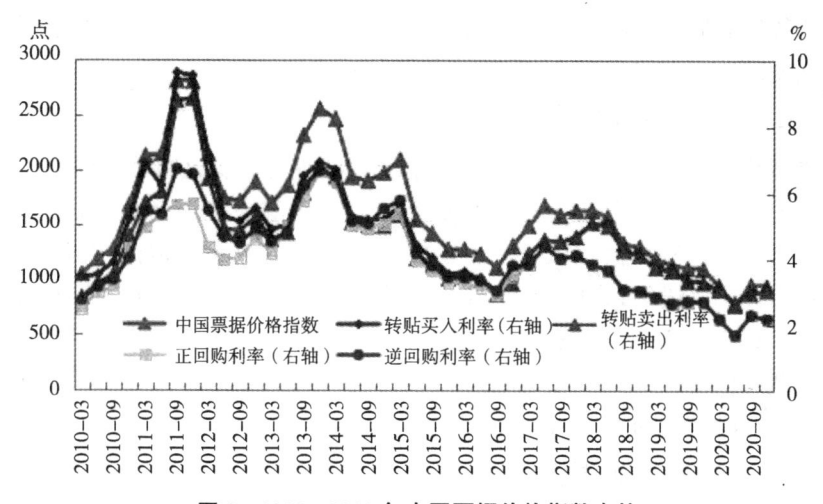

图 3　2010—2020 年中国票据价格指数走势

从图 3 中可以看出，(1) 2010—2020 年中国票据价格指数与票据市场利率走势基本保持一致，相关性均在 0.96 以上，说明中国票据价格指数能够代表票据价格的整体走势。(2) 中国票据价格指数与逆回购利率契合程度最高，二者的相关性达到 0.9825，回购是纯资金业务，而转贴现还包含信贷的因素，与票据价格受资金因素影响的特点更明显相符。(3) 2015—2016 年在全球量化宽松和我国保增长政策背景下，中国票据价格指数不断走低；随着宏观政策逐渐收紧，2017 年中国票据价格指数有所回升；2018 年政策环境趋于宽松，中国票据价格指数开始回落；2019 年政策环境较为宽松，加大逆周期调节、结构调整和改革的力度，以进一步降低企业融资成本，中国票据价格指数持续走低；面对新冠肺炎疫情造成的冲击，2020 年第一季度以来，中国人民银行多次下调存款准备金率，向市场投放流动性，加大信贷投放力度，运用改革方法疏通货币政策传导渠道，以进一步降低企业融资成本，市场资金面较为宽松，中国票据价格指数迅速回落；虽然第三季度中国票据价格指数有所回升，但整体处于低位振荡状态，2020 年第四季度中国票据价格指数回落至 891 点。

(四) 中国票据创新指数

该指数用来衡量我国票据业务和产品的创新情况，可以从票据业务和产品的创新数量、交易量、总收入以及在票据传统业务中的占比等维度进行测评，中国票据创新指数可以反映不同时期票据市场的活力以及未来的发展趋势和持久力，同时也可以成为监管机构出台政策的依据和效果反映指标。但由于目前这几个指标均没有公开的官方统计数据以及其他权威性较强的替代数据，因此仅提出相关想法供探讨和完善，当然监管机构建立票据创新统计制度体系及系统之后也可以取得。

(五) 中国票据风险指数

该指数从票据承兑垫款率、票据贴现逾期率、票据案件发生率、票据资金损失率等维度进行评估，用来衡量我国票据市场的综合风险状况，可以成为票据经营机构把控风险、制定经营策略的重要参考指标。但是，目前这些指标难以搜集到适合的数据，票据承兑垫款率只有 2007—2009 年的季度数，缺少最新数据，据典型调查在 0.15% 和 0.25% 之间，但不够准确，因此此处仅提出相关想法供探讨和完善，当然如果监管机构能建立票据风险统计制度和相关系统即可公开发布。

(六) 中国票据发展指数

该指数用来衡量我国票据市场发展的总体情况，选择了代表票据市场

的承兑余额（CY）、票据累计承兑量（LC）、贴现余额（TY）、累计贴现量（LT）、转贴买入利率（MR）、转贴卖出利率（MC）、正回购利率（ZHG）、逆回购利率（NHG）和未贴现银行承兑汇票（WYC），代表实体经济方面的 GDP、社会融资规模（SHR），代表金融方面的贷款余额（DY），代表货币市场的交易量（LHB），代表创新方面的票据理财产品占比（PLC），代表风险方面的票据承兑垫款率（PCD），共 15 个指标，虽然票据理财产品占比和票据承兑垫款率不能完全代表票据创新和风险情况，但限于公开可得数据考虑将其纳入指标体系。数据选择 2003—2020 年的季度数，共 72 期，但由于票据理财产品占比和票据承兑垫款率数据限制，实际自由度只有 17 个。对上述数据运用主成分分析方法进行计算，结果显示存在三个主成分，累计贡献度达到 89.11%。通过合并转化计算综合主成分，即中国票据发展指数（BDI）。鉴于常规指数均为正数，假设将中国票据发展指数的基期定为 2003 年第一季度，并将基值定为 1000 点，可得到 2003—2020 年中国票据发展指数走势图，见图 4。

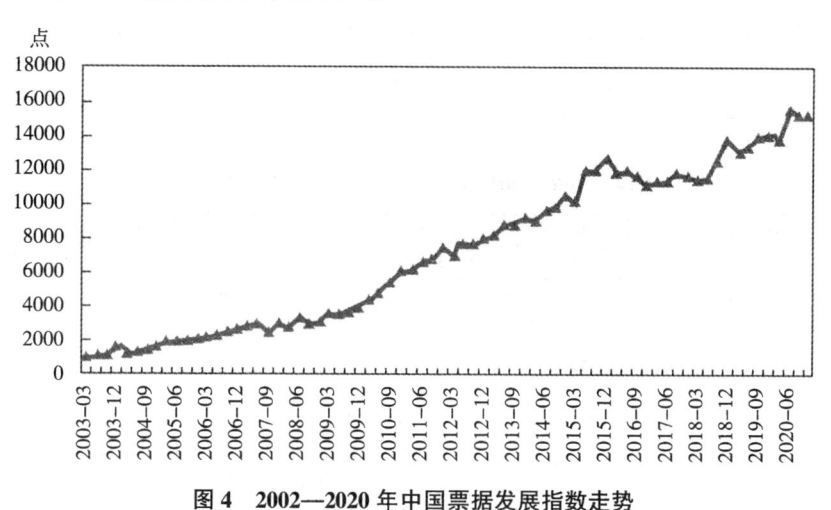

图 4　2002—2020 年中国票据发展指数走势

通过分析可知，（1）随着近年来我国经济金融环境的不断改善，票据市场得到了迅猛发展，中国票据发展指数在 2020 年末达到了 15292 点，相比基期增长了近 15 倍，年均增长率超过 13.9%。（2）中国票据发展指数存在明显的周期性波动，即存在年末迅速升高、年初回落的特点，这与 GDP 等经济金融指标存在周期性变化是相一致的。（3）构建的指标中与中国票据发展指数相关性较高的有票据承兑余额、票据累计承兑量、累计贴现量、GDP、贷款余额、货币市场的交易量、票据理财产品占比和票据承兑垫款

率,而票据利率与中国票据发展指数相关程度相对较低,这主要是因为票据利率多跟市场资金、信贷规模等资源有关,跟票据市场发展阶段和发展程度的关系相对较小。(4)与中国票据发展指数负相关的指标只有票据承兑垫款率和贴现余额,前者是因为票据市场的发展与风险的发生比例往往成反比,后者主要是票据贴现余额作为信贷调节工具受宏观政策影响巨大。

四、中国票据发展指数的应用

(一)区域票据发展指数的构建

中国票据发展指数除了可以用来衡量我国票据市场总体发展状况以外,也能够借鉴用来编制全国各个省市的区域票据发展指数,从而比较各地区票据市场的发展情况,进而有利于地方监管机构出台适合区域特色的票据发展政策,也方便各类型、各地区的市场参与主体制定相适应的经营策略、设计适销对路的票据产品。由于区域性数据比全国性更少,因此本文选择了承兑余额、承兑发生额、贴现余额、贴现发生额、地区生产总值和贷款余额六个指标,并假设2006年全国平均水平为基值,同样运用主成分分析法得出2006—2019年全国31个省、自治区和直辖市(香港、澳门、台湾地区除外)票据发展指数见表4①。

表4 2006—2019年中国各区域票据发展指数

地区	2006年	2007年	2008年	2009年	2010年	2011年	2012年	2013年	2014年	2015年	2016年	2017年	2018年	2019年
全国平均	1000	1795	1822	1925	1902	1969	2064	2010	1985	1882	1907	1913	2030	2301
广东	3478	5539	5319	5760	5349	5853	6085	6207	6437	5276	5604	6529	6659	7162
江苏	3272	5607	5734	5356	6132	6420	7088	7252	7167	6695	6515	6001	6983	8328
浙江	2561	5753	5868	5873	5590	5470	5464	4981	4999	5309	4873	4475	5481	6630
山东	2808	4804	4687	4958	4677	4885	5269	5220	5108	4820	5077	4444	4568	4586
河南	1235	2328	1522	3291	3568	3132	2258	2224	2212	2181	1902	2833	2598	3415
上海	2504	4261	4795	4439	3362	3478	3396	3557	3666	2779	2129	2668	3428	3588
北京	1701	2738	2871	2886	2802	2744	2764	2615	2615	2614	2732	2654	2792	4592
辽宁	1451	2587	2614	2928	2600	2554	2707	2720	2540	2583	3019	2542	3092	3106
河北	1205	1914	1781	1996	2040	2142	2227	2414	2390	2420	3684	2373	2082	2298
湖北	857	1631	1104	1381	1268	1519	1617	1997	1950	2036	2137	1962	2063	2518

---

① 2018年、2019年山东省与天津市的金融运行报告未公布票据承兑余额、承兑发生额、贴现余额、贴现发生额数据,本文引用山东省和天津市2017年相关数据来计算两地2018年、2019年的票据发展指数。2016年、2017年、2018年和2019年海南省相关票据数据未公布,本文引用2015年相关票据数据来计算海南省2016年、2017年、2018年和2019年的票据发展指数。2019年西藏自治区、湖南省和上海市相关票据数据未公布,本文引用2019年相关票据数据来计算西藏自治区、湖南省和上海市2019年的票据发展指数。

续表

地区	2006年	2007年	2008年	2009年	2010年	2011年	2012年	2013年	2014年	2015年	2016年	2017年	2018年	2019年
四川	1044	1815	1687	1912	2041	2018	2240	2162	2031	1923	2448	1836	2010	2244
福建	770	1546	1544	1707	1777	2056	2155	2192	2179	1769	1957	1738	2533	2650
重庆	772	1387	1402	1770	1543	1635	1905	1981	1976	1858	1678	1569	1653	2278
安徽	632	1155	2773	1802	1746	1741	1916	1701	1675	1568	1590	1538	1683	2180
陕西	507	1066	1092	1148	1109	1156	1159	1171	1172	1327	1268	1449	1681	1888
山西	701	1088	941	930	1080	1304	1357	1645	1273	1127	1249	1376	1857	1252
内蒙古	376	795	790	819	930	1034	1019	1087	1057	984	1121	1331	1289	1090
天津	635	1182	1266	1491	1660	1791	2015	2026	1864	1741	1469	1323	1346	1305
湖南	562	1095	153	714	920	847	960	1423	1470	1199	1367	1288	1277	1373
江西	405	767	766	877	968	1090	1114	1122	1185	1438	1037	1141	1089	1621
云南	427	857	814	882	864	909	1018	1135	1022	913	926	1027	1247	908
广西	312	617	1044	193	174	203	218	867	982	970	713	786	932	1104
新疆	282	515	480	536	734	591	682	763	707	731	893	732	753	1053
吉林	334	665	772	766	751	936	1267	1072	961	1157	845	729	693	713
黑龙江	529	898	911	934	875	912	1055	909	716	884	962	672	715	794
贵州	196	397	370	403	456	481	517	628	707	631	510	601	572	701
甘肃	223	370	662	451	404	468	541	534	642	583	487	502	524	557
西藏	0	0	0	0	0	0	0	38	0	39	32	437	97	102
宁夏	94	186	178	206	228	283	292	285	298	267	317	371	425	415
青海	45	120	107	119	153	179	186	203	221	216	270	327	306	354
海南	82	156	623	1223	1256	1243	1437	192	258	304	291	404	491	514

1. 全国各地区历年的票据发展指数

全国各地区历年的票据发展指数如表4所示，我国的票据发展水平总体上呈现提高的趋势，特别是广东、江苏、浙江、河南等地上升幅度较大。从供给方看，随着近几年我国经济的飞速发展，企业通过票据进行结算和融资的需求都有了大幅提升；从需求方看，伴随我国金融改革的推进和利率市场化的提速，票据市场越来越受金融机构的青睐，参与主体和票据业务、产品不断丰富，市场活跃程度和条线收入占比都在快速提高。

2. 全国各地区票据发展指数的分析

2006—2019年全国各地区票据发展指数的差距情况如表5所示，从中可以看出，全国各地区全距与标准差正在逐步增大，极差由2006年的3433点增加到2019年的8226点，标准差由2006年的974增加到2019年的2071。票据发展状况在不同维度上并不均衡，地区之间的差距正在逐步加大，东部经济发达地区的票据发展指数明显高于西部欠发达地区，形成东西部之间较为明显的区域差异，即一个地区票据市场的发展情况基本与该地区的经济总量和贷款总规模是相一致的。同时，我们也发现近几年中部

地区票据市场的增长速度较快，经济发达的东部地区增长速度反而较慢，这与我国整体经济结构调整、中西部经济金融发展速度加快是相辅相成的。

表5 2006—2019年全国各地区票据发展指数差距情况

年份	地区数（个）	极小值（点）	极大值（点）	全距（点）	均值（点）	标准差
2006	30	45	3478	3433	1000	974
2007	30	120	5753	5633	1795	1700
2008	30	107	5868	5761	1822	1731
2009	30	119	5873	5754	1925	1731
2010	30	153	6132	5979	1902	1666
2011	30	179	6420	6241	1969	1702
2012	30	186	7088	6902	2064	1768
2013	31	38	7252	7214	2010	1769
2014	31	68	7167	7099	1985	1776
2015	31	39	6695	6656	1882	1622
2016	31	32	6515	6483	1907	1661
2017	31	327	6529	6202	1860	1585
2018	31	97	6983	6886	2030	1774
2019	31	102	8328	8226	2301	2071

（二）区域票据发展指数的聚类分析

本文采用聚类分析方法对我国各地区历年的票据发展指数进行归类，通过对输出结果的分析，按照地区来确定票据发展指数的类别，并研究票据发展指数对各个地区的影响。

在聚类方法上，选择组间连接法，即当两类合并为一类后，所有的两两项之间的平均距离最小。同时，运用标准差标准化方法（Z-Scores），把数值标准化到Z分布，标准化后变量均值为0，标准差为1。最后，输出结果的树状聚类图如图5所示。由树状聚类图可以看出，当把距离设定为7时，全国各地区可以明显分为4大类。

第一类：山东、广东、江苏、浙江、北京。这五个省市在地区生产总值和贷款规模上均是全国前列，它们的共同特点主要是东部沿海地区经济发达和国家行政中心，企业贸易结算和融资需求旺盛，票据资源和金融资源丰富，市场交易活跃，创新能力强，因此该地区从票据承兑、银行直贴

到金融机构的转贴现都很活跃,票据发展指数在全国遥遥领先。

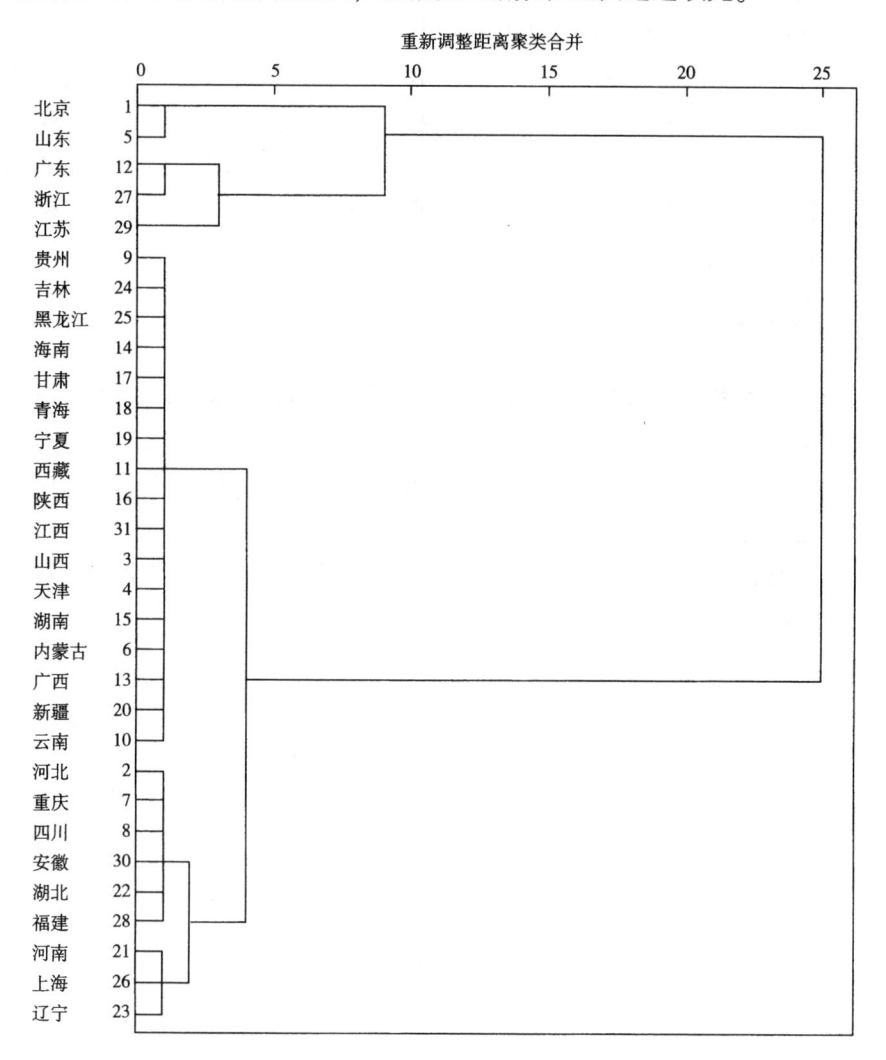

图 5 使用平均连接(组间)的树状图

第二类:河南、上海、辽宁。这些地区属于经济金融发展的第二梯队,经济基础相对较好,金融活跃度相对较高,票据在企业间的支付结算需求和金融机构间的周转融资需求均较为旺盛,因此这些地区各类票据业务均处在全国的中上游。

第三类:河北、重庆、四川、安徽、湖北、福建。这些省份大多位于中部地区,经济总量和金融资源存量处于全国中等水平,随着我国经济结构调整加快,中部经济增速逐渐超过东部沿海地区,因此这些地区的票据

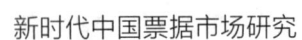

一级市场（承兑业务）相对活跃，二级市场正在迅速成长，该类型的特点就是票据市场发展迅速且潜力巨大。

第四类：贵州、吉林、黑龙江、海南、新疆、甘肃、青海、宁夏、西藏、陕西、江西、山西、天津、湖南、内蒙古、广西、新疆、云南。这些省份多位于中西部和东北地区，综合经济和金融资源相对较为落后，票源较为稀缺，参与主体相对较少，投入票据市场的金融资源也不足，票据市场发展相对落后。

参考文献

［1］上海票据交易所．2020年票据市场发展回顾［EB/OL］．上海票据交易所官网．

［2］雷宏．金融发展指数构建与中国金融市场化进程评价［J］．中北大学学报（社会科学版），2007（6）．

［3］曹颢，尤建新，卢锐，陈海洋．我国科技金融发展指数实证研究［J］．中国管理科学，2011（3）．

中国票据市场 2020 年回顾和 2021 年展望

肖小和　金　睿　蔡振祥[①]

一、票据市场 2020 年回顾

2020 年注定是不平凡的一年，它不仅是"十三五"收官之年，也是全面建成小康社会目标实现之年，在这一重大历史节点上，面对突如其来的新冠肺炎疫情及国际国内环境变化，我国经济发展面临巨大考验。在党中央正确领导下，我国充分发挥了举国体制优势，果断采取有力措施，及时控制疫情蔓延，社会生产生活最早恢复正常，第二季度 GDP 增速成功由负转正，"十三五"时期主要目标任务即将完成，贫困人口如期全部摆脱贫困，全面建成小康社会胜利在望，成为全球唯一实现正增长的主要经济体。疫情期间，实体企业资金紧缺问题更为显著，国家密集出台一系列政策帮助实体经济解决资金难题，由于票据业务天然与供应链产业链关系密切，且被广泛应用于中小微企业，可以实现资金对特定行业的精准滴灌，因此也被监管部门积极运用，再加上基于科技的票据创新不断推出，使得票据支付、融资体验进一步提升，应该说票据业务为合理有效应对新冠肺炎疫情冲击及疫情后经济恢复发挥了"四两拨千斤"的作用，为我国经济平稳运行做出了应有贡献！票据业务发展与我们年初预测的总体目标基本一致。

（一）票据市场总体稳健发展，商票市场占比持续提升

2020 年票据业务继续稳健发展，各项业务指标均保持正增长，回购规模增长显著。上海票据交易所发布的数据显示，2020 年 1—11 月，全市场商业汇票承兑量为 19.56 万亿元，同比增长 8.49%；贴现量为 11.94 万亿元，同比增长 7.37%；转贴现量为 39.51 万亿元，同比增长 10.23%；质押式回购规模为 17.68 万亿元，同比增长 58.85%；买断式回购规模为

[①] 蔡振祥，九江银行。

3696.47亿元，同比增长427.46%。截至2020年11月末，票据承兑未到期余额为13.78万亿元，同比增长11.31%；票据贴现未到期余额为8.67万亿元，同比增长7.30%。同时，2020年票据市场参与主体持续扩容，目前，中国票据交易系统接入会员超过3000家，系统参与者超过10万家，市场交易投资活跃度稳步提升。

值得欣喜的是，商业承兑汇票在2020年的发展相比银票更为显著，在市场中占比稳步提升。上海票据交易所数据显示，2020年1—11月，全市场商票承兑发生额为3.04万亿元，同比增长19.69%，承兑量占比由14.09%增加到15.54%；全市场商票贴现发生额为9004.48亿元，同比增长9.02%，贴现量占比由7.43%增加到7.54%。截至2020年11月末，未到期商票承兑余额为2.10万亿元，同比增长24.26%；未到期商票贴现余额为7201.38亿元，同比增长14.73%。商票规模的快速增长表明商票满足企业支付与融资需求的能力正逐步加强，商票发展将有力促进我国商业信用的提升。

（二）票据服务经济实体和中小微企业效能进一步增强

2020年前三季度，票据承兑及贴现规模增速均高于同期GDP增速，两者占GDP的比重稳步提升，票据累计承兑量占GDP的比重为22.84%，票据累计贴现量占比为19.24%，相比2019年分别增长2.27%、6.67%。2020年1月以来，为有效应对新冠肺炎疫情对实体经济造成的冲击，人民银行先后三次共计增加了1.8万亿元再贷款、再贴现额度，其中，3000亿元专项再贷款和5000亿元再贷款、再贴现政策已于6月末顺利收官，1万亿元再贷款、再贴现政策截至9月末已落实超过80%。截至2020年6月末，再贴现余额为4335.70亿元，同比增长6.60%，其中，小微企业票据为2738.76亿元，涉农企业票据为1046.58亿元，绿色票据为459.48亿元，民营企业票据为3600.76亿元，再贴现政策的有效实施加强了政策引导，实现了资金的精准滴灌，对疫情期间保证实体经济特别是民营及中小微企业稳健运行发挥了重要的积极作用。

（三）票据市场创新加快步伐，票债市场通道实现贯通

2020年，票据创新取得新突破。标准化票据推出，供应链票据实现了等分化，票据支付融资有了新渠道。为更大程度上释放央企商业信用，"企票通"平台通过聚合央企信用有效提升商票信用等级，促进了央企应收应付"双降"，并与10多家银行合作，保证了商票贴现融资的加快推进。为

规范标准化票据融资机制，更好地服务中小企业和供应链融资，中国人民银行于2020年6月28日发布《标准化票据管理办法》，自2020年7月28日起实施。以商业银行和证券公司为代表的存托机构积极尝试发行各类标准化票据，有力支持了复工复产，拓宽了除票据贴现之外的中小企业票据融资渠道，同时也更好地契合了金融机构资金交易特点和支持中小金融机构流动性管理，实现了票据市场与债券市场的互为贯通。上海票据交易所的数据显示，2020年7月28日至9月30日，共有15家金融机构创设了53只标准化票据，共计49.07亿元。2020年4月24日，上海票据交易所"供应链票据平台"成功上线试运行，间接实现了票据的等分化，提高了票据的支付流通能力，为应收账款票据化提供了新的思路和渠道，这是发展供应链金融业务的有益尝试，上海清算所推出了标准化票据指数。9月18日，中国人民银行、工业和信息化部等八部门联合印发《关于规范发展供应链金融 支持供应链产业链稳定循环和优化升级的意见》，其中第八条明确提出要提升应收账款标准化水平和透明度，支持供应链票据发展和标准化票据融资。

（四）票据利率先降后升，利率中枢总体下移

2020年1—11月，票据利率在5月达到最低点后触底回升，在10月达到最高点，11月略有下降。从贴现加权平均利率来看，1—5月利率持续下行，5月达到最低点2.44%，此后开始上升，10月达到最高点3.25%；从转贴现加权平均利率和质押式回购加权平均利率来看，两者的走势与贴现利率变化情况完全一致，其中，转贴现利率在5月达到最低点2.29%，10月达到最高点2.91%，质押式回购利率在5月达到最低点1.29%，10月达到最高点2.31%。2020年，利率中枢总体呈现下降趋势，有效帮助实体企业降低融资成本。9月，票据贴现加权平均利率为3.24%，较同期LPR（一年期）低61个基点，贴现相比一般贷款的价格优势仍然明显存在。

（五）金融科技服务票据市场

票据市场的科技含量在上海票据交易所的科技引领以及商业银行、民间票据服务机构的共同参与下不断提高，参与主体积极发挥科技作用服务实体经济。上海票据交易所加大科技投入，其子公司中票信息技术（上海）有限公司的科技人才研发队伍不断扩大。"贴现通""票付通"产品从科技角度看研发很成功，为商业银行利用票据深化服务实体经济提供了新的工具和方法；供应链票据平台正在初期的探索阶段，后期将不断有核心企业

成为合作伙伴。跨境人民币贸易融资转让服务平台成功推出,为研发跨境票据等创新产品提供了技术储备及应用平台。流通和快速变现均是票据的生命力所在,针对企业票据贴现流程长、手续繁杂的痛点,不少商业银行继续优化完善票据"秒贴"的IT系统,不断扩大可以"秒贴"的票据承兑行范围,实现资金和票据的实时交互,大大提高了企业票据变现的效率,提升了票据服务中小微企业、民营企业的能力;尚未开发"秒贴"服务的商业银行也陆续投入人力财力研究开发更好的票据系统。国有银行通过金融科技创新,推动新业务落地,工商银行推动创新的"工银e贴"子产品"付款票据通"覆盖了汽车等30条供应链,为供应链上下游企业提供便捷高效的金融服务。部分商业银行开始探索票据业务手机端实时操作,例如,招商银行实现了手机端票据全生命周期管理并落地了"供应链票据+再贴现"业务,九江银行等一些金融机构的票据业务成功上线移动端等,极大地提升了票据业务操作的便利程度。联通等财务公司积极发挥金融科技作用,开展票据签发业务并大力开展贴现、转贴现、再贴现业务,有力支持了供应链上下游企业融资。2020年12月21日,中企云链配合人民银行、上海票据交易所实现了首批供应链票据在连云港、苏州、无锡多地再贴现。大浪淘沙,经受市场考验的票据信息中介平台集中度进一步提高,头部平台发挥科技作用,在提升票据流通性和票据变现能力方面做出了积极贡献。市场上利用金融科技搭建的票据信息中介平台(如京东数科、普兰、同城票据网、深度票据网、果藤科技等)为票据的背书流转、衔接中小微企业与银行的票据信息做了积极探索,提高了票据服务经济实体的能力。

(六)票据市场管理水平进一步提高,制度建设进一步完善

为加强票据市场信用体系建设,人民银行及上海票据交易所及时推出"商业汇票信息披露平台",按日披露承兑人承兑票据的信用情况,包括承兑发生额、承兑余额、累计逾期发生额、逾期余额,平台的推出具有里程碑意义,对降低商票市场的信息不对称意义重大,预计上海票据交易所未来在进一步完善信息披露平台功能的同时,会继续加强机制设计,提高承兑机构信息披露的动力,实现优质承兑企业信息披露与降低其商票融资利率的良性互动。在各方努力下,票据市场制度日臻完善,2020年票据市场运行平稳,上海票据交易所发布了自2021年1月11日起规范电子银行承兑汇票提示付款应答规则等通知。以商业银行和财务公司为代表的票据市场参与主体不断加强其内部合规文化建设和体制机制搭建,内控、运营水平不断提升,从业人员素质不断提高,管理水平逐步向稳向好。

（七）票据风险管理水平提高

2020年，随着电子票据的普及推广，纸质票据时代的假票、一票多卖等操作风险和道德风险大幅降低，票据风险事件明显减少。对于"假商票"，主要分为不法分子伪造高信用等级企业开户材料冒开银行账户并签发商业承兑汇票以及冒用大型高信用等级企业名义注册子公司并签发商业承兑汇票进行诈骗。对于前者，各商业银行对公开户部门应该做好审核工作，严格按照人民银行开户流程落实尽职调查，不让不法分子有机可乘。对于后者，除了工商企业注册管理部门严格把关之外，核心企业供应链上下游公司签收非商务惯例支付的商业承兑汇票时需要严格审核承兑人和出票人信息，跟母公司核实确认，防止上当受骗。另外，2020年中国支付清算协会票据工作委员会印发《票据市场典型风险案例汇编》，供市场参与主体学习。2020年11月，上海票据交易所发布《关于开通票据账户主动管理服务的通知》，企业可以委托某家商业银行或财务公司为主办机构，在上海票据交易所相关系统登记该企业所有可办理电票业务的结算账户信息，可以杜绝不法分子冒开结算账户签发商票的行为发生。

（八）票据应用理论研究和业务培训取得新进展

2020年，票据市场应用理论研究取得了积极进展，为票据市场发展提供了积极的智力支持。在课题研究方面，中国票据研究中心和市场部分参与主体共同围绕承兑贴现办法修订涉及的相关问题进行了重点研究。中国票据研究中心还支持诸如利率市场化背景下票据市场价格形成机制、票据资产证券化、《票据法》修改、商业承兑汇票发展、再贴现业务发展、票据市场发展趋势等重点课题开展研究。江西财经大学九银票据研究院编著《票据史》一书，填补了商业汇票史的空白。该书系统性地厘清古今中外票据的发展脉络，同时还研究了增值税政策与承兑汇票发展的关系、票据市场利率分层、票据监管政策、供应链商票融资、金融供给侧结构性改革下的票据创新、标准化票据与票据标准化等议题。当然，还有市场参与主体围绕票据市场热点、重点、难点议题开展了许多研究。在征文活动方面，中国票据研究中心、江西财经大学九银票据研究院、江西省金融学会票据专业委员会等单位积极组织征文活动，参与者们基于对当下票据市场的认识和自身工作经验，为丰富票据应用理论发挥了应有作用。在研讨活动方面，中国票据研究中心通过高峰论坛聚集决策部门、金融机构、实体企业、专家学者，共同发言探讨，为票据市场发展建言献策；江西财经大

学九银票据研究院先后在南昌、上海举办"中国票据市场与票据纠纷案件裁判规则"和"标准化票据与后疫情时代票据市场发展"多次专题研讨会,并在中国金融信息中心挂牌成立"中国商票研究中心",充分发挥了票据市场智库的积极作用;江西省金融学会票据专业委员会组织"票据创新与服务实体经济"等多次研讨会,研讨成果对于进一步探索票据创新具有重要意义。在培训方面,上海票据交易所、江西财经大学九银票据研究院、中国银行业协会票据专业委员会以及各参与主体根据市场发展情况及最新政策进行了大量有针对性的专业培训,提高了参与主体的整体素质。

二、票据市场 2021 年展望

经过"十三五"时期的持续奋斗,我国综合国力和人民生活水平踏上了新的台阶,2021 年是"十四五"开局之年,也是我国现代化建设进程中具有特殊重要性的一年,国际、国内经济金融形势较"十三五"时期发生了深刻变化。国际方面,受新冠肺炎疫情影响,主要发达经济体采取的空前刺激政策易放难收,美联储大概率继续维持极低利率和宽松环境。在全球超低利率的环境下,中国推行常态化的货币政策,人民币主权资产的收益率明显高于其他发达经济体,吸引国内外长线投资者和外汇储备管理者配置人民币资产。不断加剧的地缘政治冲突以及世界多极化趋势,更加突出了人民币资产国际化对实现国内国际双循环的重要性。国内方面,2020 年,中国经济在新冠肺炎疫情中率先复苏,供给恢复快,建筑施工和出口两大板块强劲复苏,总产出已回到疫情前的水平。而 2021 年,将是经济复苏的下半场,内生动力如私人消费和制造业投资将成为主要引擎,推动经济活动回到疫情前的增长轨迹,完全弥补疫情对于经济增长的短期冲击。出口增长是制造业投资的领先指标。在本轮疫情大环境下,中国制造和产业链的竞争优势凸显,全球订单纷纷转移至中国,出口保持强劲,从而带动企业投资意愿转强,研究显示制造业票据目前可签发空间在百万亿元以上。2020 年 12 月 16 日至 18 日在北京举行的中央经济工作会议指出要继续实施积极的财政政策和稳健的货币政策,保持对经济恢复的必要支持力度,政策操作上要更加精准有效,不急转弯,把握好政策时度效。积极的财政政策要提质增效、更可持续,保持适度支出强度;稳健的货币政策要灵活精准、合理适度,保持货币供应量和社会融资规模增速同名义经济增速基本匹配,保持宏观杠杆率基本稳定。因此,结合 2020 年财政货币政策实际运行及经济发展等情况,预计 2021 年财政赤字安排会比 2020 年适度减

小，银行信贷增速可能回归常态，经济仍将持续恢复，经济增速或将呈现前高后低态势。

票据是社会融资的一部分，是中小微企业、民营企业首选的信用支付工具，也是核心企业发展供应链金融的理想载体之一，在疫情后实体经济尤其是中小微企业恢复中仍将发挥重要支持作用。"十四五"期间，在构建双循环新发展格局及金融业深化改革开放的大背景下，中国票据市场将在加快改革开放、完善法律制度、健全基础设施、创新体制机制、发挥金融科技作用、加快新型创新平台建设、加快供应链票据发展、加快商业承兑汇票发展、防范风险等一系列举措下，更加精准滴灌战略性新兴产业，更加有效有力支持供应链产业链优化升级，为促进实体经济高质量发展发挥更大更重要的作用。可以预见，作为"十四五"开局之年，票据承兑料将在2021年维持平稳增速，商业承兑汇票增长将会加快提速，票据贴现和票据融资及交易投资将会在制度完善和金融科技创新引导下更为活跃。

（一）票据业务总量增长和结构优化将继续为服务实体经济做贡献

总体上，预计2021年我国票据市场发展形势稳健向好，承兑总量、贴现总量、票据融资总量、交易总量都将增长10%以上。商业承兑汇票呈现快速增长态势，增幅快于银行承兑汇票，整体占比将有较大幅度提升。商业汇票发展空间进一步扩大，票据业务创新步伐加快，服务实体经济的能力将更加突出。2021年，在中性财政政策与"总量适度"的货币政策环境下，票据是支持实体经济、中小微、民营、"三农"企业发展的理想工具之一。2021年，票据市场承兑业务较2020年将有10%以上的增长，随着票据制度的不断完善，上海票据交易所信息系统功能不断升级优化，核心企业供应链上下游票据支付和融资属性不断发掘，应收账款票据化和商业信用票据化逐步被业界认可和接受，票据承兑的稳步增长是一个必然趋势。2021年，宏观经济向好，企业融资需求料将增强，伴随着小额票据的支付功能不断强化以及人民银行票据再贴现额度的投放力度加大，票据融资利率较一般贷款的价格优势仍然明显存在。票据融资的方式方法与2020年相比预计会有新模式新路径，随着标准化票据加快推进，票据融资总量将有明显增长。票据转贴现业务也会伴随市场环境变化进一步发展，交易投资可能更加活跃。

（二）依托金融科技的票据创新不断推进

票据市场将在金融科技支持下，加快创新转型。上海票据交易所依托

金融科技，积极探索票据产品创新。在票据资产方面，研究推出了以票据为底层资产的受益凭证"标准化票据"，推动了票据融资机制创新，并将存托机构角色放给商业银行和证券公司等市场机构，促进了票据市场与债券市场的联动发展，预计2021年标准化票据指数及指数基金和票据ABS将会有新创新，标准化票据券商创设条件的逐步放开、二级市场的开放，特别是进入标准化债权资产，将会为票据融资服务提供广阔的空间。在服务中小微企业方面，上海票据交易所建设运营"供应链票据平台"，创造性地推出等分化、可交易的供应链票据，为供应链金融和应收账款票据化提供了新的思路和渠道，可以料想2021年在扩大供应链票据范围的同时，供应链票据、应收账款票据化、流动资金贷款票据化、商业信用票据化等方面一定有新的发展。在推进我国商业承兑汇票发展方面，及时推出"商业汇票信息披露平台"，为企业信用和资金安全保驾护航。预计2021年，上海票据交易所、商业银行、非银行金融机构、"企票通"等票据信用与票据中介平台将会打造出新业务、新模式、新产品，票据市场"百花齐放""百家争鸣"更好地服务中小微企业的盛况可期。

（三）利率总体平稳，但可能会有一个先扬后抑的过程

展望2021年，经济复苏向好的格局有望持续，随着新冠肺炎疫情影响的进一步消退，2021年中国经济增长将进一步向常态回归，经济增长驱动力将从以生产和投资为代表的政策逆周期扩张转换为以制造业及消费为代表的内生动能的持续修复，预计2021年全年经济增速将显著高于2020年，节奏上或呈现"前高后低"的走势。2021年，随着经济增速进一步向潜在水平回归，加上PPI与核心CPI存在上行风险，引导信用逆周期扩张的必要性下降。在稳增长与防风险保持长期均衡的基调下，对稳定宏观杠杆率的重视程度将再度上升，货币政策存在进一步收紧的可能。为了稳定宏观杠杆率，2021年货币政策强调的"总量适度"或体现为社融及M_2增速双双下降，预计各大商业银行"缺信贷规模"的现象在2021年不会发生。在银行间市场流动性方面，预计2021年仍将维持一个有所偏紧的环境。结构性流动性短缺的操作框架下逆回购+MLF投放将成为人民银行调控资金面的主要方式，"总量适度"基调下降准降息等操作空间有限。综上所述，2021年票据市场利率将先扬后抑。2021年上半年，考虑到名义经济增速大概率达到阶段性高点与PPI同比回升等因素，票据利率可能继续上升。进入下半年后，信用扩张放缓对经济增长的滞后影响将逐渐显现，经济增长的动能或出现衰减，利率上升的压力或减轻，票据市场利率有可能缓慢步入

下降通道。但不排除因国际、国内环境变化及国内财政、货币政策调整对时点造成的扰动。同时，月度内市场价格变化也将受出票量、信贷规模调控等多重因素影响发生起伏，市场参与主体需谨慎判断。

（四）制度规定有待完善，基础设施规划建设有待进一步加强

首先，争取推动《票据法》的修订完善。当前我国《票据法》对于电子商业汇票、融资性票据、标准化票据、供应链票据以及票据其他衍生品等均缺乏相关法律规定，已难以满足票据市场发展需要，建议加快推进对《票据法》相关条款的修订，合理借鉴国际成熟市场做法，完善票据市场法制建设，同时加强与监管部门的沟通协调，有计划地放开财务公司开展供应链和一头在外的业务资格，为票据市场发展提供制度支撑。其次，要加强金融监管协调、补齐监管短板。坚持问题导向，针对突出问题加强协调，强化综合监管，突出功能监管和行为监管。随着票据市场不断创新发展，银行、财务公司、证券、信托、保险等金融机构均将参与到市场，而这些参与主体分别接受人民银行、银保监会、证监会的多头监管，监管主体的不统一，将造成不同机构办理相同业务的监管标准和政策尺度不同，不同监管主体和监管政策之间的不同步性可能导致票据业务存在制度障碍和政策壁垒，给票据市场的发展带来诸多不确定性。最后，需明确票据全生命周期中各环节的属性。尽管承兑环节信贷属性较强，已将票据承兑业务纳入社会信用总量进行控制管理，但直贴和转贴业务资金属性较强，可考虑将贴现业务纳入金融机构资金条线管理，理顺票据业务在金融机构经营管理中的业务定位。同时，多家头部商业银行和证券公司已成功办理标准化票据存托业务，业界认为标准化票据已符合资管新规对标准化债权资产认定的要求，应积极考虑将其划分为标准化债权资产。尽快推动不同种类票据的公允定价和估值工作，进一步提高票据市场参与深度和服务实体经济的有效性。

（五）风险防范在实践中将会进一步加强

就目前的市场情况来看，对于银行承兑汇票，需要重点关注部分地区部分中小城商行承兑保证金存款占总存款比重过高的问题，保证金存款到期的集中撤离可能会引发此类银行流动性风险。对于商业承兑汇票，需要重点关注"假商票"风险和部分企业以及部分房地产企业超越自身兑付能力过度签发商业承兑汇票的风险。金融业票据机构需要进一步提高风险防范意识。随着监管持续规范压降商业银行结构性存款、商票信息平台功能

优化和参与者增多、票据账户主动管理服务的推广，票据市场风险防范会在未来的实践中进一步加强。

（六）票据应用理论研究将会进一步推进

新时代票据市场日新月异、发展迅速，既为市场参与主体创造了机遇，也带来了挑战。应加快研究建立具有中国特色的票据理论与应用体系，做好票据市场未来走向的顶层设计，引领我国票据市场健康发展，推动新时代背景下完善票据法律法规等制度的研究工作，结合区块链、人工智能等新技术，推动票据应用理论水平再上新台阶。同时，需继续深入研究商业信用和票据信用、商业承兑汇票应用场景和直接融资、票据二级市场信用分层和风险溢价、标准化票据发行常态化和二级市场开放及指数基金、票据利率走势、票据需求引领票据供给、票据供给创新票据需求、票据产品下沉服务中小微企业、双循环格局下票据发展创新服务、票据风险运用科技手段集中管控、票据市场高质量发展路径等重要议题。票据市场研究机构之间可以相互沟通合作，进一步推动上海国际票据中心建设和长三角商票平台的建设研究、区域和行业商业承兑汇票推广的研究、票据评级和经纪市场发展以及票据信息共享等创新性研究，为票据市场长期、稳健、有序、规范、创新发展提供智力支持。

第六章

采访与发言

肖小和参加商业票据高峰论坛发言

江西财经大学九银票据研究院执行院长兼学术委员会主任肖小和受交通银行、凤凰财经邀请，参加商业票据高峰论坛。现将论坛发言主要内容根据大会发布信息予以转发。

"聚智交融·和合共生"商业票据高峰论坛于2019年11月13日、14日在南京举行，凤凰财经全程报道。江西财经大学九银票据研究院执行院长兼学术委员会主任肖小和出席论坛并发表题为《新时代票据业务的发展与未来》的嘉宾演讲。肖小和在演讲中分享了三方面内容：第一，票据与经济金融发展情况。第二，金融科技在票据领域的应用。第三，票据市场未来发展的一些方向，或者思考。

关于票据与经济发展之间的关系方面，肖小和先生认为统计数据显示，票据承兑发生额占GDP的比重由2001年底的11.58%上升到2018年底的20.29%；票据贴现发生额占GDP的比重由2001年底的14.02%上升到2018年底的49.43%，增长了3.5倍。通过格兰杰因果分析，承兑发生额与GDP的相关性达到92%，贴现发生额与GDP的相关性达到62%，表明票据市场与GDP高度相关，因此，发展票据市场可以更好地促进经济增长。

关于商业汇票在支持实体经济发展的作用方面，肖小和先生表示，票据为企业提供了低成本融资。他认为，票据融资相较于企业的其他融资渠道而言，具有易获取、低成本两大优势。企业可以持未到期的银行承兑汇票到银行办理贴现业务，获取资金用于生产经营，并且银行承兑汇票的贴现利率低于同期贷款利率。社融数据显示，2018年新增未贴现银行承兑汇票连续多月逐步减少，同时2018年整体票据贴现利率低位运行，企业的贴现意愿较强。2017年12月票据贴现融资利率为5.23%，一般贷款加权平均利率为5.80%，相差57个基点。2019年前6个月则在76个基点以上。这说明票据市场是货币市场的一个重要组成部分。

关于金融科技在票据领域的应用，肖小和先生表示金融科技是技术带来的创新，能够创新业务模式、应用、流程、产品，从而为金融市场以及票据市场、票据机构和票据服务提供一个新的方式，当然也会造成一些重

大影响，但是总体上不会改变票据信用的本质。通过金融科技，可以延伸金融服务的深度，同时也可以拓宽金融服务的广度，增加金融服务的维度。

关于票据市场未来发展方向，肖小和先生认为首先还是要转变观念，提高大家对票据信用的认识。票据的核心就是信用，没有信用票据就是一张废纸。其次，在强大国家信用的同时，还要大力发展商业信用。发展商业信用关键在于企业信用，商业信用包括企业信用、个人信用和机构信用，三者之中企业信用是带头的，企业信用好了各类信用随之提高。再次，要统筹规划票据市场顶层设计。在新时代，能不能与时俱进，设计好与票据市场未来发展相适应、相匹配的中国票据市场框架体系尤为重要。另外，要打造中国票据市场信用体系。最后，要积极探索建立供应链票据融资，以这个为突破口推动企业行业票据发展，通过应收账款票据化为社会发展做出贡献。

以下是肖小和的演讲实录：

谢谢主持人的介绍，尊敬的侯行长、谢行长、欧总以及在座的各位，大家上午好。十分高兴能来参加交通银行和凤凰财经举办的商业票据高峰论坛，我没记错的话近几年国内由商业银行总行组织的有银行以及广大客户参加的这么一个规格高、规模大、专业性强的商业票据高峰论坛实属首次。所以我要对论坛的举办表示热烈的祝贺。同时，也祝贺交通银行在成立111年之际，成功推出"蕴通票据大掌柜"平台。关于票据的功能和作用刚才欧韵君讲得十分经典、十分专业、十分到位。我再结合2019年1—10月的情况补充一下票据在支付、融资、调控方面的功能以及为经济金融企业所做的贡献。1—10月，根据人民银行公布的数据，各项人民币贷款大概增加了14.3万亿元，其中票据贴现增加了1.7万亿元，占新增贷款的12%左右。同时，全国人民币贷款中的短期贷款增加了3.1万亿元，其中票据增加1.7万亿元，占55%。这个时候，票据除了发挥融资的功能，还发挥了缓解流动性的功能，展示了票据对中国金融业，尤其是货币政策传导的调控作用。

对银行业，包括国有银行来讲，由于上海票据交易所的成立，大家都格外重视用票据这个工具服务实体经济。从承兑余额占贷款余额比重的角度来看，交通银行大概是4.8%，这个比重应该是几家国有银行的2倍。从贴现贷款占各项贷款比重的角度来看，交通银行大概是3.3%，这个比重大概是几家国有银行的1.5倍。从这两个角度来看，交通银行在利用票据这个工具更好地服务实体经济方面已经起着领头羊的作用。同时，从服务实体

经济情况来看，据上海票据交易所统计，2019 年 1—9 月，全国承兑发生额为 15 万多亿元，相比上年增长 14%以上。贴现发生额达 9.3 万亿元，同比增长了 33%以上，承兑也好，贴现也好，无不与所有企业或者说与票据有关企业，特别是中小企业之间发生着千丝万缕的联系。所以我认为，从这几个方面足以看到随着经济金融发展，实体经济需求增加，人民银行也好，上海票据交易所也好，商业银行包括国有银行也好，都应充分利用这个产品服务实体经济。

因此，今天我分享三方面内容。第一，票据与经济金融发展情况。第二，金融科技在票据领域的应用。第三，票据市场未来发展的一些方向，或者思考。

第一部分，票据与经济金融发展情况。大家可以先看看 2001 年到 2018 年商业汇票市场统计数据，如图 1 所示。

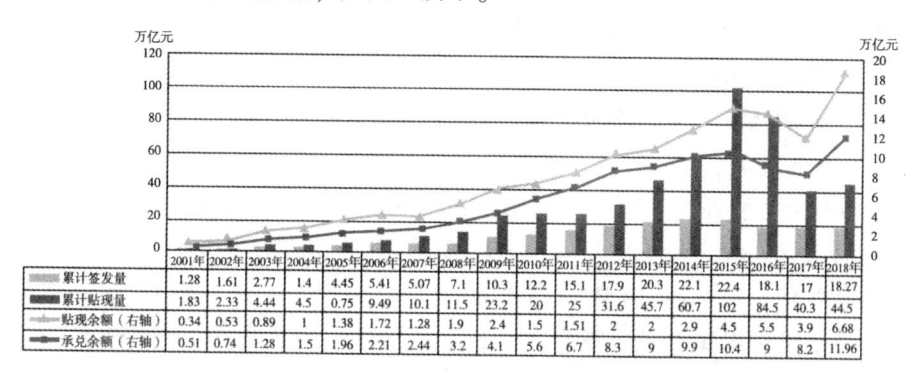

	2001年	2002年	2003年	2004年	2005年	2006年	2007年	2008年	2009年	2010年	2011年	2012年	2013年	2014年	2015年	2016年	2017年	2018年
累计签发量	1.28	1.61	2.77	1.4	4.45	5.41	5.07	7.1	12.2	15.1	17.9	20.3	22.1	22.4	18.1	17	18.27
累计贴现量	1.83	2.33	4.44	4.5	0.75	9.49	10.1	11.5	23.2	20	25	31.6	45.7	60.7	102	84.5	40.3	44.5
贴现余额（右轴）	0.34	0.53	0.89	1	1.38	1.72	1.28	1.9	2.4	1.5	1.51	2	2.9	4.5	5.5	3.9	6.68
承兑余额（右轴）	0.51	0.74	1.28	1.5	1.96	2.21	2.44	3.2	4.1	5.6	6.7	8.3	9	9.9	10.4	9	8.2	11.96

图 1　2001—2018 年商业汇票市场统计数据

总体来讲，票据是集支付、计算、融资、投资、交易调控等功能于一体的信用工具，具有先天的支付结算优势以及盘活资产的优势。刚才主持人谈了一下我国票据市场，1981 年 2 月，人民银行上海市杨浦区办事处和黄浦区办事处办理了第一单同城商业承兑汇票贴现业务，以解决企业之间长期的货款拖欠问题。1981 年 10 月，上海徐汇支行和安徽天长县支行为了支持横向经济和满足盘活资产的需要，办理了银行承兑汇票贴现业务。改革开放以后，我国银行承兑汇票贴现和商业承兑汇票贴现是从 1981 年开启航程的。研究票据史的时候发现新中国成立初期我国在上海地区还是有部分商业信用存在的。

另外，票据的融资功能相对于发债、股票、银行贷款来讲具有天然的优势。相较于债券周期相对较长、股票发行要求较高、信贷利率成本相对较高，票据是一种便利的、融资成本低的工具。刚才欧韵君也说了，中国

票据服务了260万家企业，70%以上都是为中小企业服务。票据是集直接融资和间接融资于一体的特殊工具。

票据再贴现是中央银行货币政策引导信贷投向的工具，人民银行在再贴现程序上还有空间，目前大概有10万亿元未到期承兑汇票余额，贴现余额也有七八万亿元，再贴现余额则是四五千亿元，与贴现余额相比空间还是比较大的，相对于其他货币信用工具，我个人认为，票据是一个十分理想的，既能够点对点为企业服务，又能够为商业银行缓释流动资金，还能够传导人民银行货币政策，不可多得的金融工具。

近年来，通过票据与经济的关系，票据与金融的关系，票据与价格的关系，票据的风险因素以及票据的创新因素这五个维度，江西财经大学九银票据研究院研究发布了中国票据发展指数。2015年最高值是12000多点，2016年、2017年随着加强风险防范，以及经济逐步调控，包括票据逐步回归本源，中国票据发展指数下行。2018年以来，票据交易系统的上线为全国票据市场创造了良好条件。2018年中国票据发展指数达到13699点，增长20.5%。而2018年GDP的增速只有6.6%，远低于中国票据发展指数的增长速度。

票据业务服务实体经济应从两个角度来考虑。一是承兑和贴现到底跟GDP有没有关系，有多大关系，这是从应用理论的角度进行论证的。二是实际上承兑和贴现与GDP的相关系数到底是多少。通过格兰杰因果分析，承兑和GDP的相关系数为92%，贴现尽管受到了规模调控的影响，但是也有62%的关联度。从2018年的具体情况来看，承兑发生额占GDP的20.29%，贴现发生额的占比则将近50%。所以，它们是具有高关联度的。

表1　2001年与2018年票据业务情况对比　　　　　　单位：亿元

年份	商业汇票承兑发生额	商业汇票贴现发生额	承兑发生额/GDP	贴现发生额/GDP
2001	12843	15548	11.58%	14.02%
2018	182700	445000	20.29%	49.43%

对银行来讲，通过为企业提供服务可以收取承兑手续费，以前是5‰，现在放开了。保证金存款也是一个收益机会，但更多考虑风险。另外还有贴现业务的收益。这几项加起来对银行业的贡献度还是比较高的，占银行业利润的比重一般在10%以上。

从票据历史考察情况来看，我国近现代很有影响力的应该是山西票号，向前则可以延伸到唐宋元明清，那是票据发展的初端，更多地发挥汇

兑、支付等功能，后来发展为具有投融资等功能。通过对历史的考察可以发现，票据是随着社会经济的发展而发展的，是随着金融经济的发展而发展变化的，特别是随着货币信用的发展而发展，因此，考察票据的整个生命周期，要从历史长河的角度进行考察，同样，对于商业银行，包括境外部门，都要从全费用的角度来考察票据对经济金融的作用和贡献。所以，商业汇票的全部作用体现在不同的方式上，也综合反映在其全生命周期中，其功能作用是伴随着产品经济、商品经济、市场经济、金融经济的发展而不断被挖掘和释放能量的。从早期山西票号的汇兑功能发展到改革开放以来的支付融资调控功能，以及票交所时代的投资功能，从古代到现代，尤其是近两百年票据发展的历史来看，无不体现出这种古老而有基础的金融工具具有不可替代的特征以及发展规律。这种不可替代的特征，需要连续、全面、综合、整体地进行观察、分析和把握使用，不应该片面、割裂、间断地强调其作用，否则就有随时被替代的危险。

虽然金融科技会给金融创新带来颠覆性的变化，但是商业本质特征不会发生变化，如果说市场经济是信用经济的话，商业汇票，特别是电子商业汇票，就是发展信用经济最好的金融工具。务必要利用好、发挥好它全生命周期的功能作用。

具体到商业汇票在支持实体经济中的作用，首先应该看到支付结算性票据总量不断攀升，有数据显示，这几年尽管总量有些下降，但是结算票据占全国票据业务的比重还是在不断上升，达到10.8%，而且票据周转速度在加快。另外，票据支付越来越便利，特别是上海票据交易所成立以后，电票系统进一步完善，电票发展越来越快，占比越来越高，所以用这种便利的电子票据签发流转，可以更好地服务实体经济的支付、结算、融资。我认为，从平均票面金额不断下降可以看出票据对实体经济的适应性，现在平均每张票据的面额只有80多万元。

票据还为企业提供了低成本融资。大家可以看看2019年的票据总体市场行情，贴现、转贴现价格在3%~3.3%，流动资金贷款则在4%以上，二者的差距为100~150个基点，票据融资成本还是比较低的。

票据融资功能还体现在转贴现上，包括调节资金投向。实际上，中小企业的的确确还存在融资难融资贵问题，尽管票据服务了相当多的企业，承兑、贴现也是为中小企业服务的，但是中小微企业的缺口还是比较大的，有14多万亿元。通过发挥票据的作用，可以在一定程度上解决企业融资难融资贵问题。

票据服务实体经济还体现在它的不断创新上，包括基础阶段的一些创新，票据电子化时代的一些创新，以及互联网创新，此外还有上海票据交易所推出的"票付通""贴现通"、标准化票据、应收账款票据化等。

商业承兑汇票这两年也发展得越来越快，到2019年上半年商业承兑汇票签发量占整个签发量的14%左右。目前商业承兑汇票贴现余额占贴现总余额的8%左右，其中交通银行占了20%，五分之一，从全国来讲这个比例是高的，说明交通银行不单单为自己赚钱，也为企业赚钱。因为商业承兑汇票由于信用环境评级评估问题，系统流动性，尤其到银行的流动性相对来讲还是要差一点的。但是交通银行把控风险，通过商业汇票融资支持企业签发流转使用商业承兑汇票进行流转与贴现，这个是相当不错的。

第二部分，金融科技在票据领域应用。金融科技是技术带来的创新，能够创新业务模式、应用、流程、产品，从而为金融市场以及票据市场、票据机构和票据服务提供一个新的方式，当然也会造成一些重大影响，但是总体上不会改变票据信用的本质。

现在金融科技包括票据领域的应用讨论得越来越多，实际上金融科技在票据领域的应用早有先例，未来会发展得更快一点。总体来看还是要利用金融科技手段更好地在票据领域进行推广，服务实体经济。

通过金融科技，可以延伸金融服务的深度，同时也可以拓宽金融服务的广度，增加金融服务的维度。上海票据交易所也好，其推出的产品也好，无不与科技紧密相连。正因为积极推动和应用金融科技才有了平台的搭建，才有了创新性票据产品的推出，进而通过票据领域更好地便利于企业。2003年"中国票据网"的推出，2009年电票系统的运行推出，2013年"互联网+票据"一些模式的推出，以及2018年票据市场的一些变化等都是金融科技在票据领域的运用。此外还有"快贴""秒贴""易贴"等应用。未来金融科技在票据领域至少可以在以下三个方面发挥作用。

第一，大数据在票据市场应用前景更为广阔，现在做商业承兑汇票也好，做银行承兑汇票也好，担心什么？担心风险，风险来自哪里？来自对企业、对企业经营、对企业票据、对企业整体经营情况不熟悉，或者不十分了解。当然也包括对未来无法准确预测。通过大数据的挖掘，对企业、行业乃至供应链票据进行分析，科学性、预测性不断提高，评级评估也就有了基础，因此发展票据也有了很好的条件。

第二，人工智能将会改变票据市场现有的格局。在票据市场上，即使上海票据交易所成立以后，银行和银行之间的报价询价还是在线下进行。

虽有直贴市场，更多的还是点对点线下的交易和撮合，目前没有普遍解决票据直贴和转贴线下交易撮合的问题。我认为人工智能在这个领域很有空间。

第三，区块链技术在票据领域的应用前景广阔。实际上，上海票据交易所的生产系统已经实现了封闭签发到提示回款，只是等待人民银行决定什么时候向市场推出。现在市场上也有一些银行和金融公司合作推出区块链票据，包括金融服务公司和赣州银行推出的票据业务，尽管签发端和回收端没有经过区块链，但其他流转都是在区块链上操作。我认为它的发展前景还是十分广阔的。

当然金融科技在票据市场未来发展中还有很多方面的工作可以做，有很多领域可以涉及，可以为中国票据市场发展提供很多很好的模式、业态和产品。

第三部分，票据市场未来发展的一些方向，或者思考。我认为首先还是要转变观念，提高大家对票据信用的认识。票据的核心就是信用，没有信用票据就是一张废纸。十大军工企业之所以要搞一个票据平台，就是要提高其票据的认可度。2019年8月，由以中国国新牵头打造的"企票通"平台，也是为50多家央企签发、流转、承兑的票据提供一个互认增信平台。这些都是为了发展夯实商业信用，特别是票据信用。这些平台是市场发展的产物，也是提高信用的途径之一。

票据三部曲之《中国票据市场创新研究》于2019年9月27日在上海中心朵云书院正式发布，在书中我们用相当篇幅提出了建立票据平台的思路。包括中小金融机构问题、央企票据平台问题等，都为票据的信用生态环境改善提供了一些思路和观点。所以，首先要解决票据信用落实问题，应由中央企业带头，中央企业有信用了，地方的国有企业才可能有力量，民营经济的信用才有保证。宏观角度看，可以多用票据、少发货币；微观角度看，可以给经济主体带来很多有价值的东西，如改变信用环境，包括改善财务收支、提高业务效率等。

其次，在强大国家信用的同时，还要大力发展商业信用。发展商业信用关键在于企业信用，商业信用包括企业信用、个人信用和机构信用，三者之中企业信用是带头的，企业信用好了各类信用随之提高。

再次，要统筹规划票据市场顶层设计。现在谈论中国金融体系问题，包括直接融资、间接融资问题，货币市场与资本市场问题，都是对的。从票据市场来看，关键在新时代，能不能与时俱进，设计好与票据市场未

来发展相适应、相匹配的中国票据市场框架体系尤为重要。还应以人民银行 ECDS 为基础建立涵盖票据承兑、贴现、转贴、回购、再贴和评级等整个生命周期的中国票据市场体系。还要建立覆盖人民银行、上海票据交易所、央企、财务公司、中小银行和民间票据平台等的中国票据市场交易体系。中国票据交易市场上，上海票据交易所就是机身，央企和地方票据平台是两翼，规范的民间票据平台是三轮，未来要组成一个以机身为核心，以两翼为支柱，以三轮为驱动的中国票据市场交易体系。

另外，要打造中国票据市场信用体系。刚才提到"企票通"平台，长三角是信用最好的，应进一步发展商业承兑汇票，推动长三角一体化战略。长三角的地区生产总值大概占全国的 1/5，承兑量占全国的 23% 左右，贴现量则在 21%~22%。我个人认为从这几个比例来看，在长三角发展票据信用是有很大潜力的。

最后，要积极探索建立供应链票据融资，以这个为突破口推动企业行业票据发展，通过应收账款票据化为社会发展做出贡献，交通银行就抓住了这个重点发展供应链票据融资，把票据融资嵌入供应链整个链条中，这就是设身处地为企业服务，为行业服务，为供应链核心企业上下游服务，这是一个相当不错的举措。作为商业银行，应以票据产品链为突破口，探索专业化、市场化、公司化、股份化子公司、经纪公司发展之路，银行专营机构包括管理机构不能满足于现状，一定要探索票据各种化之路，这才是长期生存之本，长期全方位为企业服务之本。

票据也要讲究供给侧结构性改革。金融供给侧结构性改革是国家的一个战略，这些年作为一个重要目标任务一直在组织推动，主要包括提高直接融资比例问题，涉及更好为中小企业服务问题，以及创新问题、防范风险问题。同样，票据是金融的一个产品、一个领域，也要讲究票据供应链供给侧结构性改革，在这个问题上，我个人认为首先要在制度改革上下功夫。

票据服务实体经济在系统方面也要做一些改革，票据系统是比较复杂的，对企业来讲需要 IT 基础，对银行来讲要有网银与信贷管理系统，还要对接人民银行纸电融合交易系统等，这一系列都与科技相关，系统还是很重要的，还需要进一步提升。

积极推进电子商业汇票发展，包括政策方面多引导，企业要多使用电子票据。截至 2019 年 9 月，全国银行公司贷款达 97 万亿元，一年的利息就有 5 万多亿元，如果未来公司贷款、流动资金贷款能够票据化，从而减少利

息支出，对企业、对行业、对社会而言都是实实在在的贡献。刚才提到2019年1—10月票据融资贴现贷款占短期新增贷款的55%，而且票据贷款余额也占了短期贷款余额的20%以上，这个比例在提高，也是一个趋势。

要发展票据产品链服务。对银行来讲，就是要积极研究它的点、线、面，通过全生命周期去发挥作用，还要上下左右步调一致，内外沟通一致达成共识，才能发挥好它的产品链服务作用。还要聚焦产业、聚焦区域共同推动发展票据业务。积极建设票据平台，依托地方和央企经济特色打造区域性票据平台。依托供应链、产业链打造平台，这个平台很重要，也是未来提高信用，对票据进行信用评级的基础。

还要成立票据评级机构。前些年我跟相关部门谈，跟相关领导谈，大家都认为会给企业增加负担，但实际来看，磨刀不误砍柴工。

近期标准化票据预计可能会有更多的利好，因为人民银行发行了四期标准化票据，前三期用于解决流动性问题，真正的生命力在于第四期，江苏银行承兑的银行承兑汇票标准化，可以进入投融资渠道，为实体经济服务。今后也有可能推出商业承兑汇票标准化的票据，在没有进入银行贴现以前通过证券公司、信托公司、资管公司等走投资的路子，以更好地便利企业融资。

要防范票据风险，包括参与主体、企业财务在内都应加强内部票据承兑业务管理、强化合规经营理念和规范操作流程等，参与主体也要严格审查银行承兑汇票的贸易真实性和商业承兑汇票贴现贸易真实性，这两个点要重点把握。同时也要加强对票据承兑业务的监测与管理，尤其打造平台时一定要实行白名单制，一定要实现授权授信管理等。另外，要注意防范电子票据时代新风险，包括并不局限于信用风险、合规风险、市场操作风险、道德风险等。

票据市场已经有了一些新的变化，包括机构的变化、票据职能变化、经营模式变化、IT系统变化、管理方式的变化，以及一些制度、规定的变化等。但还存在着内控或风险漏洞，也就是上下部门之间、内外之间，在这些变化的过程中，如何来统一协调，如何来跟踪这些变化，以及给票据市场带来影响。在这个方面越是专业，越容易出现风险漏洞或者风险漏斗，我个人认为这些都是变化带来的，必须高度重视。

加强监管的协调统一，目前最关注的最为追求的是如何达成监管协调的高度统一，因为若能实现将有利于参与主体发挥和释放做票据的积极性、主动性、能动性，使得票据市场能够更好地服务实体经济、服务中小微企

业。我个人认为这是需要积极协调和沟通的。

最后，祝愿交通银行的票据业务经过这次论坛会越做越好、越做越稳健，服务实体经济的质量和水平越来越高。谢谢大家！

肖小和参加首届赣江（上海）金融论坛发言

上海振兴江西促进会金融分会顾问、名誉会长，江西财经大学九银票据研究院执行院长兼学术委员会主任肖小和2020年12月15日发言：我在人民银行江西省分行和工商银行江西省分行工作了25年，2004年姜建清任工商银行党委书记和行长期间，我被调任工商银行票据营业部负责人。到现在，我在票据界的时间也比较长了。因此，很高兴就票据业务如何支持江西经济高质量发展交流些观点。

1. 票据市场是金融市场和货币市场的子市场。2020年10月末，票据存量余额在社会融资规模存量中的占比超过5%，超过非金融企业境内股票融资所占的比例，高出1.6个百分点。2020年10月末票据存量余额超12万亿元，非金融企业境内股票存量为7万多亿元，较后者多近4万亿元。

2. 票据是一种信用工具，能有效支持经济发展。它具有支付、融资、交易、投资、调控、信用的功能。发展票据业务具有支持实体经济发展、减少货币投放、传导货币政策、引导信贷投向等作用。据上海票据交易所统计，截至2020年9月末全国票据存量为12万多亿元，涉及270多万家企业，其中90%以上为民营企业和中小微企业，2020年前9个月，银行对26万家企业承兑了银行汇票，牵涉到260万户企业在使用票据进行支付流通，金额34万多亿元，相当于减少了34万多亿元现金的支付。2020年前10个月全国票据承兑签发量为16.35万亿元，同比增长13.3%，贴现发生额为10.1万亿元，同比增长31.2%，承兑业务三分之二由制造业和批发零售业企业签发，贴现业务70%由中小微企业办理，有效支持了实体经济发展。2020年10月末贴现融资比年初增加1.75万亿元，占同期贷款增加量14.5万亿元的12.1%，占短期贷款增加量3.1万亿元的56%；前9个月再贴现余额增加1137亿元（由3290亿元增长至4427亿元），这些都服务了实体经济发展。

3. 票据与经济的关系很密切。国内首家票据研究院即江西财经大学九银票据研究院这些年一直关注和研究二者的关系，通过格兰杰因果分析验

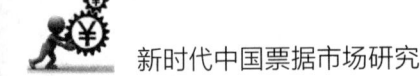

证二者存在引起和被引起的关系，承兑与 GDP 的相关度为 92%，贴现与 GDP 的相关度为 62%，2018 年的实际情况是承兑占 GDP 的比例为 20%，贴现占 GDP 的比例为 49.5%。我们对江西的数据做了调研分析，发现承兑与地区生产总值的比例为 10%，贴现与地区生产总值的比例不到 30%。说明江西发展票据还有较大的空间和潜力。

4. 建议进一步发展票据业务。通过此次论坛，建议省金融部门与政府相关部门合作，共同推动票据市场发展，为江西经济特别是民营中小微企业提供票据服务。一是转变观念，票据融资与贷款融资、债券融资、股票融资等一样，同样可以解决经济中的实际资金问题；二是建立票据信息平台，互认互信；三是推动电子商业承兑汇票发展；四是发展供应链金融，嵌入票据融资；五是要加强票据风险防范。谢谢大家！

肖小和在中国银行业协会
票据专业委员会培训班上的发言
——从票据历史的角度思考标准化票据及其发展趋势

票据同仁们：

大家下午好！首先祝贺中国银行业协会票据专业委员会成立6周年，同时也预祝中国银行业协会票据专业委员会今天举办的培训班圆满成功！很高兴能够受中国银行业协会邀请与我国正规金融机构的票据同仁们分享与交流标准化票据专题。标准化票据是2019年8月以来，尤其是2020年6月28日以来票据市场关注的重点，特别是2020年7月28日以来市场探索实践创新的亮点，创设标准化票据是基于中小银行资产结构总量，特别是流动性变化问题，也是基于中小企业融资难融资贵问题，主要是票据融资，特别是商票难以在市场上流通和变现的问题。标准化票据是基于供应链金融实现应收账款票据化，特别是为票据标准化而精心设计的以机制为主导的产品创新，标准化票据是时代的产物，是票据历史、票据市场发展到一定阶段的必然结果。

没有信用就没有票据，没有经济就没有信用，金融不发展，经济信用和票据就不可能发展，科技不发展，电票就不会出现，特别是标准化票据也就不可能问世，所以是经济、金融、科技发展为票据市场打下了基础。同样，票据市场在发展的过程中，也不断激发自身的功能和活力，不断探索全生命周期的作用，不断创新适应市场经济发展且具有活力的产品。我认为标准化票据是票据市场创新发展的必然结果。

今天我给大家分享的内容是中国票据市场迎来标准化票据时代，从以下几个部分展开：一是标准化票据是票据市场创新发展的必然结果；二是标准化票据的定义、相关内容解读以及标准化票据创设的目的；三是标准化票据推出以后的运行思路与应对措施；四是标准化票据的实践与思考；五是标准化票据与票据创新；六是标准化票据时代的票据市场发展趋势。

关于第一个部分需要先明确什么是票据。票据是指出票人依据《票据法》签发的委托付款人在指定日期无条件支付确定的金额给收款人或持票

人的一种有价证券。通俗来说，商业汇票就是集支付、结算、融资、投资、交易、调控功能于一体的金融工具。

票据是一种信用工具，产生于商业信用，同时票据也促进了商业的发展，没有信用，票据就是废纸一张。一方面，在商业发展过程中产生了商业信用，之后才有了对票据的需求，所以，票据产生于商业信用。另一方面，票据的发展也进一步激发和推动了商业信用加快发展。对于票据可简单归纳为票据是有价证券、设权证券、要式证券、文义证券、无因证券、流通证券，特别是无因证券和流通证券，我认为这两点在未来我国《票据法》修改的时候要重点关注。我们要进一步打开思路，尽管我国《票据法》跟国际票据法有着一些通用的条款，但是在实践过程中还是有不少瓶颈的。理论上创设票据以后，票据基础关系改变与否不影响票据流通和票据关系，但实际情况是票据基础关系在相当程度上影响着票据关系。无因是票据的本质所在，但目前的《票据法》在这方面还存在一些问题，需要进一步修订。流通是票据的生命力，没有流通就没有票据。在票据支付流通、融资流通、类债券流通的过程中，应思考如何进一步突破以及进一步和《票据法》规定的流通证券的特点相吻合，这有利于我们进一步的组织推动。

票据具有支付手段、信用手段、结算手段、融资手段、投资手段、交易手段的功能，这是大家都了解的。而信用是票据的基础，也是票据业务发展和存在的基础，任何时候票据都要围绕信用做文章。今天上午明昌教授在讲商业承兑汇票发展的时候提出一定要围绕商业信用开拓思路、推动发展，我很赞成。当然随着科技的发展，针对中小微企业甚至是大型企业以及新兴企业的商业信用问题、票据信用问题，如何进一步通过人工智能、大数据的手段来提升信用的辨别能力和水平，需要我们在实践过程中不断推进和探索。

下面我简要回顾一下我国票据发展的几个阶段：周朝的"傅别"和"质剂"，唐朝的"飞钱"和"书贴"，宋朝的"交子""关子"和"会子"，明朝的"庄票""帖子"和会票，清代的票号与票据，民国初期的旧式票据，新式票据及中国新式票据，抗战时期的交易性票据，解放战争时期的票据，新中国成立至《票据法》出台前的票据，《票据法》出台后至电子票据出台前的票据，电子票据出台后至上海票据交易所成立前的票据，以及上海票据交易所成立以来的票据。

实际上自票据交易所时代开始，我国票据市场基本上就进入了"十三

五"时期。最近在上海的中国金融信息中心发布了由中国金融出版社出版、江西财经大学九银票据研究院编著的《票据史》，我们把历史上涉及票据方面的发展过程拎出来给大家分享。《票据史》的写作是按照社会经济金融的发展来梳理票据的发展。票据最早可以追溯到周朝的质剂、傅别和书契，不过那个时候的票据只能说是初具雏形，更确切地说应该是契约、凭据，多用于土地交易，也被官府当作信用借贷的凭据。唐朝时出现的飞钱，有助于解决异地结算的困难，标志着票据开始发挥其汇兑功能，书贴的出现又进一步多样化了存款业务的形式，并可以作为转账凭证，进一步拓宽了票据的功能。宋朝的商业空前繁荣，票据也有了进一步发展，交子、会子等纸质票据便在这个时候出现，并逐步演化为国家货币来使用，以缓解金属货币的不足。在这个时期，票据支付结算功能得到了加强。清朝时的票据分为两个阶段，一是清朝前中期，二是清朝晚期。清朝前中期的票据票面设计逐步完善，票据应用场景逐渐丰富，票据流通制度初步建立，这又促进了票据流通范围的扩大。晚清时期票号和钱庄推出的汇票、钱票、庄票等开始深度融入老百姓的日常生活。后来外商银行的进入又带来了西方的形式，我国的票据与西方的票据相互融合，票据种类日益丰富，交易制度、清算制度等票据制度开始推出和完善，清朝的票据功能得到了进一步释放，有利于票号的挂牌和推动，以信用为本质特征的存取款凭证、汇兑、支付、结算功能得到了强化，融资功能开始被发现。

进入民国时期，市场上出现了以钱庄庄票为代表的旧式票据，外商银行的新式票据，华资银行的中国新式票据并存的局面，票据流通比较混乱，银行业也相继出台了一些规章制度对票据市场加以规范。1929 年颁布的《中华民国票据法》是我国历史上第一部有关票据的专门法律，所以说我国历史有两部票据法，一是 1929 年的《中华民国票据法》，二是《中华人民共和国票据法》。20 世纪 20 年代到 30 年代初，银行承兑汇票、商业承兑汇票等交易性票据开始出现。同时也出现了第一家票据专营机构——安徽蚌埠贴现公所，办理票据贴现等业务。1933 年成立的上海票据交换所，引入了全新的票据集中清算方式。1936 年成立的上海票据承兑所，开发了票据承兑贴现业务，标志着区域性的票据承兑贴现市场在上海逐步形成。这些机构的成立带来了票据交易制度、交换制度、组织制度的一系列变革。

抗战时期，重庆成为政治中心和战时的金融中心，重庆票据交换制度完成了由银行钱庄共同维持到中央银行主持的转变。当时的重贴现也类似

于我们现在的转贴现或者再贴现，1943年7月正式划归中央银行办理，重庆联合票据承兑所也于1944年建立，票据承兑贴现制度得到完善。抗战时期，票据市场、票据业务、票据制度得到了一定程度的完善和促进。解放战争时期，国民政府积极推动票据承兑贴现业务，票据承兑、贴现得到了快速发展。然而随着日益严重的通货膨胀，票据市场出现了畸形的发展，市场一片混乱。在交换制度方面，中央银行组织票据交换的范围逐渐扩大到了全国。

1949年，中华人民共和国成立，为了扶持私营及国民经济的发展，上海地区的承兑贴现业务还是有一定的发展。从1953年开始到1979年，由于我国实行了很长一段时间的计划经济，不存在商业信用，因此这个时候的票据也不是真正的商业汇票，更像一种提货单。

1978年到1994年是改革开放以来票据市场发展的萌芽阶段，这个时期严格来讲是以1981年人民银行上海分行办理第一笔银票贴现以及第一笔商票贴现为标志，解决了"三角债"问题，控制了企业债务规模。第一张商业承兑汇票是为了解决中国人民银行上海分行两家区支行所属企业的债务问题，第一张银行承兑汇票实际上是为了盘活上海、安徽船舶资产。我认为1981年的这两单票据业务应该是改革开放以来的标志性事件，自此中国人民银行开始尝试开展票据业务，推动商业信用票据化，并发布了一系列的票据管理办法来推动票据业务发展，但因为当时市场经济刚刚起步，以及相关规章制度不够完善等原因，票据业务的发展比较缓慢，主要是发挥了清理"三角债"的作用。

以1995年《中华人民共和国票据法》的出台为标志，票据市场开始步入快速发展阶段。这个阶段《票据法》《票据管理实施办法》《支付结算办法》等一系列法律法规、部门规章的颁布，使我国票据市场的法律框架基本形成，中央银行的再贴现制度逐步完善，再贴现工具开始发挥指挥棒的作用。随后我国首家持牌票据业务专营机构中国工商银行票据营业部于2000年11月9日正式挂牌成立。这是票据业务经营更加专业化、票据市场参与主体更加多样化的阶段，主要是制度建设和完善。2009年到2016年是票据市场的变革发展阶段，2009年电子商业汇票系统ECDS正式建成投产，标志着我国票据市场进入了电子化时代。2016年12月8日，上海票据交易所成立，意味着中国票据市场步入了规范发展的阶段。上海票据交易所成立以后，票据风险事件明显减少，票据业务的操作风险、道德风险得到了有效管控。票据市场在人民银行、上海票据交易所以及参与主体的通

力配合下，稳步进入了规范发展阶段。

通过梳理"十三五"时期中国票据市场的发展，我认为至少可以从七个方面归纳和总结我国票据市场发展成果以及为实体经济特别是为中小微企业所做出的贡献。一是"十三五"时期票据业务整体比较稳健，2016年开始回归本源，2017年到2020年前10个月，票据承兑业务、贴现业务稳步增长，更多是为实体经济、中小微企业服务。二是票据基础设施加快建设，上海票据交易所自成立以来为票据市场基础设施的搭建做了大量工作。当然，在标准化票据推出以后，上海清算所也承担了这方面的功能，包括票据制度进一步健全和完善，以及票据市场的创新，进一步服务实体经济。三是参与主体多元化以及上海票据交易所推出的一系列创新产品，丰富了票据市场，从而更好地为不同类型的行业、企业、产业服务。四是随着金融科技进一步支持票据市场，数字票据即区块链票据在人民银行、上海票据交易所以及商业银行也得到了很好的应用实践。五是票据风险得到了有效控制，这与银保监会和中国银行业协会积极推进规范管理、加强辅导指导有着密切的关系。六是票据应用理论研究成果十分显著，对推动中国票据市场的发展起到了一定的呼吁和推动作用。七是票据市场利率越来越市场化，同时实现了票据市场、票据业务、票据产品应有的交易主体或者承兑主体定价发行。所以我认为上海票据交易所在成立以后对中国票据市场发展起了积极推动作用。

票据作为一种金融工具由来已久，它是伴随着产品经济、商品经济以及金融市场发展而不断丰富自身功能。但是票据发展的宽度、深度和速度需要和经济、金融、信用的发展相匹配，过快发展会引起市场混乱，风险不断积聚，而且会影响自身的发展；过慢发展则会产生一定程度的风险，同时也影响金融、信用及自身的发展。自古以来，票据就因其信用功能而被人们所接受，自周朝开始票据由其契约、凭据等功能而产生，至唐宋时期发挥着汇兑及支付的功能，进入了清朝以后，发挥着汇兑、支付和融资功能。在民国时期、抗战时期和解放战争时期，票据继续发挥着汇兑、支付和融资功能。尽管新中国成立初期票据仍具有融资功能，但很快受到计划经济体制的影响，其信用功能被限制。1978年改革开放以后，票据的支付、融资及清欠功能得以发挥。2000年，在原有功能基础上，票据又发挥着调控的功能。可能我们提到票据功能的时候，对调控功能谈得比较少，但这个功能很重要。2019年工商银行前董事长姜建清受人民银行委托主编了《中国大型商业银行股改史》，后来邀请了一些专家对该书提意

见，我也参与其中。我跟他交流时提到 2000 年工商银行票据营业部的成立是上海票据交易所成立的基础和前提，如果没有工商银行票据营业部，票据市场的专业化程度不会这么高，那么当时为什么要成立国内第一家票据专营机构？他说主要是围绕着调控功能，围绕当时的规模问题、资金问题以及银行业居高不下的不良贷款率，而且不良贷款率在月末、季末、年末是把控得比较紧，要求比较严的，所以我们为了发挥票据蓄水池的作用，发挥调控的作用，才成立了国内第一家票据营业部。所以我对调控功能一直都很有信心，我认为票据的调控功能是具有中国特色的。随着商品经济、金融市场和信用经济的发展，加上票据发展的适配性增强，2010 年以后票据投资交易功能得以发挥，特别是 2016 年开始进入票交所时代，票据的多项功能进一步发展，随着电票和上海票据交易所的出现，特别是产品创新的推动，标准化票据成为票据市场发展的必然结果。

试想一下，如果没有《票据法》的出台作为第一个里程碑，没有 2009 年电票的推出作为第二个里程碑，没有上海票据交易所的成立作为第三个里程碑，就不可能出现票据市场的不断创新并且走向资本市场。从票据的历史发展过程中我们看到，随着票据功能的不断挖掘，作用的不断发挥，创新的不断推进，加上科技赋能，标准化票据的正式问世成为必然。所以从历史的角度来看，标准化票据是票据功能完善和创新的结果。当然我们相信随着数字化和金融科技的发展，将会进一步挖掘票据功能，发挥票据作用，创新票据产品。

第二个部分，标准化票据的定义、相关内容解读以及标准化票据创设的目的。2020 年 6 月中国人民银行正式发布《标准化票据管理办法》，自 7 月 28 日起正式推动实施，那段时间《金融时报》《上海证券报》采访过我好几次，在媒体上我已经对标准化票据创设的目的及其意义做了很多方面的解释，大家感兴趣的话可以在网上查。我简单解读一下，"为规范标准化票据业务，支持中小金融机构流动性"，这是它的第一个创设目的。在众多的中小金融机构中，无论是它们作为交易主体放出的票据还是它们作为承兑主体接收的票据，跟国股银票比较起来，其流动性即变现能力较差。而且我国要真正解决中小微企业融资难融资贵问题，承担主要作用的是金融机构，特别是中小金融机构。所以中小金融机构票据的流动性不激活、不加强，可能对整个银行业来讲，对中小企业来讲都存在些瓶颈。所以这一主要目的摆在了前面。另外"服务中小企业融资"，中小企业融资难融资贵问题由来已久，中小微企业为我国社会发展、经济发展提供了"56789"的

贡献度，而中小微企业融资占比仅30%左右，与它对社会经济的贡献度远远不匹配。标准化票据的创设能为中小微企业融资服务，我认为这也是标准化票据本身的荣耀。作为标准化票据的创始单位或者投资人，应该做出应有的贡献。还有一个目的，服务"供应链金融发展"，我认为这个意义更深远了。供应链金融的发展已经不是一个产业的问题，也不是一个区域的问题，可能供应链金融的发展也不局限于一个国家，可能涉及国与国之间的问题了，供应链金融的发展是未来的一个趋势。在供应链金融问题上，国务院很重视并下发了推动供应链金融发展的文件，在这一过程中又希望标准化票据能为供应链金融发展提供服务。我认为这也是给标准化票据增光添彩，在供应链金融中，它可以解决应收账款票据化问题，也可以解决票据等分化问题，我认为等分化问题的突破是标准化票据向票据标准化的迈步。所以供应链金融也好，供应链票据也好，对于这项工作，票据市场、票据行业的同仁们要积极介入，推动供应链票据的发展，为票据标准化奠定基础。

标准化票据是指存托机构归集核心信用要素相似、期限相近的商业汇票组建基础资产池，以基础资产池产生的现金流为偿付支持而创设的等分化受益凭证。标准化票据的创设和交易应根据市场需要，遵循公平自愿、诚信自律、风险自担的原则。从这个角度看，我认为标准化票据是完全市场化的工具。人民银行主管这项业务，按照市场化的思路、市场化的原则、市场化的需求、市场化的理念来确定标准化票据创设和交易的原则，我认为这是相当不错的。标准化票据属于货币市场工具，同时中国人民银行依据《票据法》及其他法规对标准化票据实施宏观调控和监督管理，宏观调控方面由人民银行根据信贷货币政策来考虑，监督管理同样由人民银行一肩挑，所以监管的总则可以进行深入思考，如是不是涉及具体业务办理，需不需要报批，可不可以批，要不要批等。我个人的理解是人民银行承担主要责任，产品主体也要在前线把关守口，推动其提升市场影响力。主要参与机构是存托机构，而且存托机构应符合5个条件，这5个条件里面我认为信誉良好、最近两年内无重大违法违规行为是关键，此外还有符合法律法规和中国人民银行规定的其他条件。在存托和交易市场上，这两条应该好好把握、好好理解。

目前只有5家票据经纪机构是受存托机构委托将符合条件的商业汇票进行归集。这里要求原始持票人的商业汇票真实、合法有效，同时存托机构也不能认购和变相认购自己存托的以商业汇票为基础资产的标准化票据。

中小金融机构要特别注意这个方面，不能有任何侥幸心理。票据市场是大家共同维持的，好的市场需要大家共同推动，从而繁荣富强。

基础资产应符合的条件中第三条很重要，即可以依法转让，无挂失止付、公示催告或被有关机关查封、冻结等限制票据权利的情形，真正严格执行起来，工作量是比较大的。我原来在工商银行票据营业部工作，分管内控和风险，当时我就认为最高法院应该把全国县级以上法院的公司催告等挂失情况归集并定期发布，这特别重要。尽管做了很多努力，有些改进，还是难做，因为有些县比较偏远，再加上文化方面的限制，很难实现。标准化票据的基础资产也有可能存在这方面的问题，所以大家应尽可能要找一些清晰的票据。

另外标准化票据应该具有独立性，我认为是相当正确的。标准化票据的基础资产应独立于存托机构等其他参与人的固有资产，包括银行、证券、保险等传统机构，还包括上海票据交易所、上海清算所等，这样便于它的发展和纠纷解决。

关于信息披露，关键在于存托机构要披露清楚标准化票据的基础资产，对已经标准化的票据也要对资产情况进行跟踪，一有情况立马进行分析，要实时进行信息披露，这是十分重要的，这也是负责任的态度。其中涉及的风险有信用风险、集中度风险、操作风险，法律风险、关联关系风险等。要向投资者给予充分的提示，有责任、有压力，当然也有机会。

在投资者保护方面，标准化票据的持有人依照相关法律法规和合同约定享有多项权利。对于投资者来讲，要熟悉这些权利，而且要认真地理解，尤其是涉及可能的风险和损失，要留有预案等。标准化票据存续期间，如果发生了一些变化怎么办？应该召开标准化票据持有人大会，根据审议决定进行操作。如果存托机构不召集怎么办？持有人可以按照存托协议的约定自行召集，也就是按照市场化的思路，加强监督和管理。尤其是利率价格要以市场化的方式确定，不能以欺诈操纵市场的行为获取不正当利益。我想一开始这个市场应该会比较谨慎、比较稳健、比较规范，到了一定的阶段，或者到了季末、月末涉及调控的时候，以及要实现利润的时候，就要特别注意、防范利率和价格风险等。

第三个部分，标准化票据推出以后的运行思路与应对措施。标准化票据具有债券属性，实质上是类债券，接近于资产证券化产品，属于货币市场范畴，连通了货币市场和债券市场，将帮助信贷市场进一步融资，减轻银行信贷压力。标准化票据的基础资产独立于原始人、存托机构、基础设

施及其参与人的固有资产，我认为这相当重要。标准化票据的推出一是扩大了票据投资者的范围，落实货币政策传导，进一步满足实体经济中小企业的融资需要；二是连通票据市场与债券市场，进一步提高了票据市场抗风险的能力；三是解决了市场流动性问题；四是为供应链金融服务创造了条件。

　　标准化票据推出以后，票据市场参与主体应如何应对？首先要建设专业团队，培养熟悉票据市场以及债券市场交易规则的复合型人才。其次要组建一个专家团队，利用自身业务优势，积极争取存托市场业务，将标准化票据市场打造成一个类似美国垃圾债的市场，风险高回报高的市场，要实现这个目标，有赖于参与创设和投资的团队的信用管理水平、风险管理水平等。再次，积极拓展资源，商业银行应坚定不移地通过承兑贴现业务拓展票源，在未来的市场竞争中占据主动；还要提升信用风险管理能力，在风险可控的情况下，适当降低承兑人的授信门槛，下沉风险，便于灵活参与到未来标准化票据的交易中去。我认为这是一个跳出全生命链条比较好管理和控制的抓手，从授信、承兑到最后产品的完结，按照这个思路梳理它的流程，发现它的风险，管理它的风险，从而提高信用风险管理能力。最后，投资人要提升投研能力。对商业银行来讲，应针对服务进行深入研究，商业银行可利用商票 ABS 落地的经验，引导企业客户通过标准化票据工具进行商票的融资，利用商票承销的资质进行产品的外销。针对授信客户签发的商票发行标准化票据，择机参与投资；针对供应链上下游客户，可以参照供应链金融 ABS 业务的模式，锁定核心企业，营销核心企业的上游客户，将其持有的核心企业签发的商票通过标准化票据融资，也就是说要抓住核心企业的商票来推动标准化票据的发展。另外开展商票的标准化票据业务，加快票据资产交易流转，相比票据转贴现可以为银行节省更多的资源，包括贷款资源、风险资产、资本，同时可以丰富客户服务方式等。我认为这对商业银行、证券公司、投资者、核心企业都有利，所以我们要有针对性地深入研究一些应对措施，这是商机，机不可失。

　　目前上海票据交易所推出的收益率曲线只有国股银票转贴现收益率曲线和城商银票转贴现收益率曲线，还缺乏农商行和财务公司的票据收益率曲线以及综合性的票据收益率曲线，因为相对于上海票据交易所，它们对承兑主体、交易主体的情况比较了解，而且信息量比较大，数据比较真实可靠，能够提供一个相对完整、真实、全面的收益率曲线，从而为标准化票据的定价提供支撑。

第四个部分，标准化票据的实践与思考。2020年7月28日到30日，首批14只标准化票据产品成功创设，金额12.13亿元，基础资产均为未贴现的票据，减轻了银行贴现的压力，增加了中小企业融资。根据上海清算所提供的数据，截至2020年9月底，标准化票据托管量是44.14亿元，从2020年7月28日到9月底，市场上有15家金融机构创设了53只标准化票据，其中由证券创设的共25只，由银行创设的共28只，涉及金额49.12亿元。

首批标准化票据具有以下特点：第一，规模不是太大，单只标准化票据的规模为2000万元到1亿元。第二，从利率上看，最高的为4.25%，最低的为2.55%，大多数的利率在3.0%左右，利率也不是太高。第三，从期限来看，最短的为61天，最长的为356天，大多数产品的期限在150天左右。第四，从评级来看，并非所有标准化票据产品都进行了信用评级报告的披露，但已披露的信用评级报告基本上都是针对信用主体的评级报告，而非针对产品的评级报告。其中，评级最高的是3A，最低的是2A。

首批标准化票据的基础资产具有以下特征：一是以商票为主。只有以宁波银行作为存托机构的宁行票企赢2020年度第一期标准化票据的基础资产是银行承兑汇票，其他的基础资产都是商业承兑汇票。二是多手票。三是票据保证。

根据几个月的实践情况来看，标准化票据的基本成效如下：一是服务了中小微企业。二是促进了供应链票据融资。三是实现了票债联动。四是扩大了投资范围，实现了价格发现。五是拓宽了企业和银行融资渠道。六是破解了流动性断层。七是发挥了基础设施的作用，如上海票据交易所、上海清算所。八是调动了存托主体和参与主体积极性。九是检验了市场的适应能力和水平。

在标准化票据实践的过程中，上海清算所丰富了中国信用债券指数产品，上海票据交易所推出收益率曲线之前，江西财经大学九银票据研究院也推出了中国票据发展指数和票据价格指数，在票据三部曲《中国票据市场发展研究》《中国票据市场创新研究》《中国票据市场框架体系研究》中可以找到这些价格指数和发展指数的设计思路和实践检验结果。上海清算所推出的标准化票据指数和上海票据交易所推出的收益率曲线，为我们进行标准化票据产品的进一步创新提供了空间，这方面上海清算所做得比较细，有综合指数、商票指数、已贴现商票指数、银票指数、未贴现商票指数，而且我认为这些与市场都比较贴近。比如说综合指数的平均收益率大

概是3.19%，商票指数的平均收益率是3.32%，高于综合指数；已贴现商票指数的平均收益率是3.14%，低于综合指数；未贴现商票指数的平均收益率是3.58%，不但高于综合指数，也高于商票指数，还高于已贴现商票指数。为什么？因为未贴现商票的承兑主体是企业，其风险相对大于已贴现商票和银票。

目前我们的商业信用环境比较薄弱，缺乏相关的征信体系和评级体系，希望主管机构、参与主体积极呼吁、推动相关体系的逐步建立、逐步发展，为标准化票据发展奠定基础，为整个票据事业发展奠定基础。

第五个部分，标准化票据与票据创新。一是供应链票据，现在有很多创新产品，我认为如果供应链票据做大了做强了做好了，就能够为标准化票据提供票源。二是商业汇票信息披露平台推出来了，为商业承兑汇票的发展提供了很大的空间，同时也为标准化票据提供了有效的票源信息，提供了标准。三是"贴现通"，可用于解决贴现问题，而且贴现以后的票据也是可以做标准化票据的，这就为标准化票据提供了发展空间和商机。四是"票付通"，"票付通"可以加快票据的支付，同时也加快票据的签发和转让。

第六个部分，标准化票据时代的票据市场发展趋势。后疫情时代，基于我国经济进入"十四五"时期以及标准化票据推出，预期未来相当长一段时期内我国票据业务仍将保持稳步增长态势，并将继续在服务经济高质量发展、双循环构建、开放金融市场、完善信用体系、满足企业融资需求、助推金融改革、加快业务创新等方面发挥不可替代的重要作用。

从宏观角度分析，现在正在加快构建以国内大循环为主体、国内国际双循环相互促进的新发展格局，我国未来经济的发展将为票据市场发展提供空间。

从信用体系建设的角度看，我们要提高企业的信用，关键在于开放发展商业承兑汇票，这也为标准化票据带来了发展空间。从商业银行竞争的角度看，商业银行需要提高资产质量、改善资产结构、提高利润贡献度、提高服务的灵活性，所以必须发展票据，这也为标准化票据提供了发展前景。另外，与股票融资、债券融资相比，票据是最便利、最经济的融资工具，而标准化票据可以为票据发展提供助力。

上海票据交易所相关设施的进一步建设和创新，为票据市场特别是为标准化票据的发展打下了基础，同时，经济金融高质量发展也对票据市场提出了更高的要求，而金融科技及数字化的发展为票据市场风险防范提供了手段和条件。从这些角度来分析，标准化票据时代的票据市场发展空间很大，发展潜力也是很大的。我国票据市场在创新发展的过程中一定会迎来更加美好的未来。

以上就是我要跟各位分享的六部分内容。再多讲两句，2020年也是江西财经大学九银票据研究院成立4周年，感谢各位对票据研究院的支持！2020年也是工商银行票据营业部成立20周年，在此也表示祝贺！

今天的分享如果有谬误的地方，请中国银行业协会领导、票据专业委员会的专家们以及各位同仁提出批评，谢谢大家！

肖小和在上海市人民政府发展研究中心"后疫情时代上海国际金融中心建设面临的机遇与挑战"专家座谈会上的发言

为聚焦中国和上海发展面临的新形势新挑战，加快推进上海国际金融中心功能建设，上海市人民政府发展研究中心于 2020 年 10 月 12 日举办"后疫情时代上海国际金融中心建设面临的机遇与挑战"专家座谈会，江西财经大学九银票据研究院执行院长肖小和受邀参加，以下为演讲内容。

十分高兴能参加上海市人民政府发展研究中心举办的座谈会。从 2020 年 9 月 25 日英国智库 Z/Yen 集团和中国（深圳）综合开发研究院公布的第 28 期全球金融中心指数（国际金融中心）排名看，上海位居第三，在连续三年第五位的基础上上升到第三位，可喜可贺！2019 年末上海金融业共有持牌机构 1659 家，聚集了股票、基金、债券、期货、货币、票据、外汇、黄金、保险、信托等各类要素市场，打造和创新了适应经济及市场发展需要的丰富多样的金融产品，上海金融市场上年交易总额为 1933 万亿元，直接融资 12 万亿元，上海辖区人民币跨境结算量为 9.78 万亿元，金融业增加值为 6600 亿元，占地区生产总值的 17%。这些金融数据显示，上海正朝着到 2020 年基本建成与我国经济实力以及人民币国际地位相适应的国际金融中心的目标迈进。这些成绩的取得是国家支持、上海努力、市场参与的共同结果。上述成绩和名列前三的全球国际金融中心排名，既是对前期国际金融中心建设工作的充分肯定，也是对未来进一步建设上海国际金融中心的期待！"十四五"期间，上海国际金融中心建设工作十分重要。应该按照"十四五"规划部署，围绕上海"十四五"改革开放创新的总体要求，实现国际金融中心建设新发展新突破新跨越。即在高质量建设国际金融中心上要有新发展，在开放建设国际金融中心上要有新突破，在创新建设上海国际金融中心上要有新跨越。

在高质量建设国际金融中心上要有新发展。我认为，可以考虑增加建

设国际金融中心信息数据平台，形成统一的整体的基础的自成体系并具有特色的信息数据平台。上海要建设国际金融中心，必须建立统一的金融信息数据平台，发挥其在金融信息获取分析和信用体系建设中的作用，对金融业的运行情况进行统计和分析，监控金融体系整体运行状况，及时发现经济中存在的风险点，同时为吸引更多国际化的金融要素、金融资源、金融机构和金融人才等奠定基础。一是建议由上海市政府与人民银行共同牵头，委托第三方，在目前上海市相关数据中心的基础上，单独建设以金融信息为主线的金融数据中心，囊括金融交易数据、公共信用信息和社会商业信息等。二是该中心应该具有数据开放平台、数据实验室等供外部合作伙伴联合建模和数据实验测试，同时对外提供民营企业和小微企业客户的数据验证服务的能力，通过 API 交互方式进行，输入一个数据，返回一个验证结果。三是该中心应利用工业互联网解决数据中心体系的"数据孤岛"问题，保障数据安全，推动数据专业处理和高效互通，实现对数据的统一管理和使用及数据挖掘。四是应加大研发投入做好大数据核心技术攻关。由政府相关部门牵头建立"大数据发展研究基金"，加强大数据产学研合作，引导这个领域的领军企业和相关高校、科研院所紧密合作，针对重大项目进行攻关。重点攻克边缘感知、网络通信、平台搭建、边云协同、数据分析、区块链等关键技术，推动工业互联网、大数据、人工智能与制造业深度融合。

在开放建设国际金融中心上要有新突破。可以考虑在上海票据交易所基础上打造上海国际票据交易中心。建设上海国际票据交易中心可以组织和推动"一带一路"沿线票据市场合作，拓宽"一带一路"沿线国家当地企业的间接融资渠道，促进区域内金融合作，加快区域内票据资产的流动与聚集，进一步推动境内外货币市场开放，以推进上海国际金融中心建设作为近期目标；在长远目标方面，应"立足中国、覆盖亚洲、辐射全球"，以中国为核心推动全球开放金融体系建设，实现资本的全球有效配置，推动全球经济与金融合作不断加深，为实现全球经济相互开放与包容性发展提供全方位的资金融通平台，为更大规模的全球资本流动与聚集创造更规范的市场条件。上海国际票据交易中心建设应立足三大原则：一是求同存异，互惠互利；二是风险自担，市场定价；三是平等交易，央行协调。可考虑由人民银行牵头，参照金砖国家新开发银行及亚洲基础设施投资银行的模式，面向全球开放，联合"一带一路"沿线国家中央银行或其他国家中央银行共同出资建设上海国际票据交易中心。也可以考虑以上海

肖小和在上海市人民政府发展研究中心"后疫情时代上海国际金融中心建设面临的机遇与挑战"专家座谈会上的发言

票据交易所为基础，引入"一带一路"沿线国家及其他国家的金融机构作为会员单位，以我国及参与国家票据、信用证及其他金融资产为交易标的，推进商业汇票及人民币国际化进程。一是要加快完善上海票据交易所各项功能，补充国内信用证、国内保理等国内资产交易标的，为商业汇票国际化及引入国际金融资产交易做准备。二是引入"一带一路"沿线国家金融机构，推进电子商业汇票在相关国家发展，并将上述国家的资产标的引入上海国际票据交易中心上市交易。三是引入其他国家金融机构及资产标的，实现全球"票据类"交易资产及资金配置。建设上海国际票据交易中心应坚持顶层设计，逐步推进，充分利用上海票据交易所已有资源，充分结合新技术使用，推进人民币国际化，优先考虑服务"一带一路"。对于上海国际票据交易中心建设，我认为可以从以下四个方面展开。在法律层面，建议在论证上海国际票据交易中心建设时充分了解各国票据法律规定，加强与境外中央银行、立法部门的沟通，求同存异，协调因票据法律差异而可能出现的诸多问题；尽快启动我国《票据法》的修订工作，从法律层面推动票据市场的国际化进程。在制度层面，建议票据市场主管部门统一认识，加强对票据市场的顶层设计，推动全市场制度体系建设，完善国内及跨境票据市场准入规定，实现票据全生命周期规范化管理，提升票据市场信息化水平。在风险层面，建议引入规范的信息披露、信用评级、增信保险制度；推出票据衍生品；实行会员准入管理；在成立初期采用先行试点、逐步推进的步骤控制交易总量，并推行人民币结算制度。在科技层面，建议推行全市场共同接受的系统构建标准，打好票据相关系统建设管理基础，加强金融科技在票据业务领域的应用。

同时，可以适应长三角一体化发展战略，在上海建设长三角商票平台。建设长三角商票平台意义重大。第一，有利于进一步发挥票据的作用。一是强化票据对实体经济的支持作用。二是进一步服务企业直接融资。发达国家金融市场发展经验表明，票据大多已经转化为直接使用商业信用的商业票据，可以更为直接有效地推动企业融资。第二，有利于推动票据的改革创新。商票的发展和完善更有利于推动金融创新，市场参与主体更趋多元化，使得非银行金融机构对票据创新业务和产品的参与力度和深度不断加大，跨界、跨市场、跨区域的发展趋势愈发显著，企业、银行、信托公司、基金公司、证券公司、财务公司以及个人将会更多地参与票据市场。第三，有利于国家信用基础环境的建设。当前，我国企业信用环境尚不健全，相对于银行承兑汇票，商业承兑汇票不仅节省了银行承兑手续费，也不用缴纳承兑保证金，为承兑企业节约了成本，增加了可使用资金，从而引导承兑企业注重商业信用的建立，以期不断提高所承兑票据的市场接受度。第四，有利于推动票据市场协调发展。探索形成行业业务执行标准，进一步规范市场经营行为，改变目前票据业务参与者因为各自机构设置和业务管理要求不同而产生的业务处理中标准不一的现象。票据业务办理标准化水平的提升，将促使市场发展更加规范。金融机构必将转向发展真正具有价值的票据创新业务。第五，有助于提升票据市场的研究预测水平。长三角商票平台将带来更为丰富的数据库体系，将打破地域限制，便于信息的汇总、积累和使用，支持研究人员运用更多的科学手段研究票据市场的中长期走势，提升市场预判水平，有利于减少票据交易的盲目性，建立更加健康有序的市场发展环境。长三角商票平台应以互联网为基础，建设初期以服务长三角区域企业，促进区域经济发展为宗旨；未来以服务国内实体经济、服务票据市场为宗旨。长三角商票平台建设应遵循以下原则：第一，充分协调。工信部门作为长三角商票平台的牵头部门，应加强与财政部门、人民银行等的沟通协调，调配相关领域资源用于长三角商票平台建设与后期发展，推进企业融资渠道多元化。第二，公平合理。长三角商票平台的各类业务规则应清晰准确，对各类型参与者（含各类型企业、各类型金融机构）一视同仁，规范开展相关票据业务。第三，效率优先。长三角商票平台应建立完善的业务处理系统，实现 DVP 交易清算（同步完成交易与清算）；在防控风险的前提下，简化业务流程，提升业务处理效率。对于长三角商票平台的建设定位，我认为在建设初期可定位为区域性票据一级市场基础设施，聚焦于长三角地区"三省一市"，引入长三角地区金融机构，服务本区域大中小型企业；中远期，待长三角商票平台的业务模式成熟之后，可定位为全国性票据一级市场基础设施，为国内各类型企业提供商业承兑汇票服务，缓解企业融资难融资贵问题。建设长三角商票平台，我建议，一是加强顶层设计。建议由发改委和工信部门牵头对长三角商票平台开展顶层设计，财政部门、税务部门、人民银行、银保监部门等共同参与方案设计，明确长三角商票平台的发展目标、实施计划及各部门职责，积极推进票据市场多元化和企业融资票据化进程，通过由重点区域、重点领域向全国推广的思路，有步骤地为票据服务实体经济做出整体谋划，建设包含业务模式、业务规则以及业务流程的制度管理体系，包含风险预警、风险监测以及票据处置的风险管理体系，包含业务处理模块、清算模块以及风险管理模块的 IT 系统体系。二是多重部门协同。

肖小和在上海市人民政府发展研究中心"后疫情时代上海国际金融中心建设面临的机遇与挑战"专家座谈会上的发言

建议发改委和工信部门加强与其他参与方的沟通协调，尤其在长三角商票平台成立初期，应尽快协调各部门确定业务模式及企业白名单，协调人民银行加大再贴现支持力度，协调商业银行积极接入长三角商票平台开展业务，协调银保监部门研究调整监管措施，协调财政部门、担保基金及保险公司对白名单内企业提供担保支持，以及协调税务部门提供相应减税措施。三是协调监管政策。建议长三角商票平台协调银保监部门调整相关监管政策，例如，放宽对商业银行承兑保证金存款占总存款比例不得超过30%的限制，鼓励商业银行加大票据投入力度，对白名单内企业积极开展各项票据业务。四是争取业务资格。建议发改委和工信部门、长三角商票平台加强与人民银行的沟通，在严控风险的前提下申请对长三角商票平台开放特殊清算资格，以便平台各项业务有序开展，减少业务清算环节，提升服务实体经济的能力。五是加强同业合作。鉴于长三角商票平台与上海票据交易所之间存在互补关系，而且上海票据交易所的部分业务产品（如供应链票据等）涉及供应链及企业融资，建议长三角商票平台加强与上海票据交易所的联系，运用在金融机构及财政部门之间沟通的优势，配合上海票据交易所加强对供应链票据等产品的推广，共同为中小企业融资提供更好的环境。

在创新建设国际金融中心上要有新跨越。建议进一步完善上海国际金融中心创新发展的营商环境。第一，政策环境是金融创新的前提，需努力创造适度宽松的政策环境。政策环境包括宏观金融政策（货币政策、资本政策、外汇管理政策等）、区域金融政策、财税政策、产业政策、人才政策等，当然有些政策需要国家层面进一步支持。各项政策要顺应金融市场的发展，吸收国外经验，建设有中国特色的国际金融中心。监管政策要与时俱进，要明确监管原则，根据市场变化进行调整，并需同步推进监管的数字化、科技化进程，提升监管的专业性、统一性和穿透性。第二，法律环境是金融创新的保障。辩证地看，一方面，现有法律环境对金融创新起到了积极作用，如我国债券市场、票据市场、黄金市场等市场创新，又如支付宝等互联网金融创新；另一方面，法律环境还跟不上金融创新的步伐，对创新有一定的制约作用，如票据法、互联网金融法等，同时对一些新型犯罪行为缺乏明确的法律依据，如通过互联网金融犯罪等。第三，科技环境是金融创新的基础。可全面提升金融机构服务水平、服务质量以及服务效率。当前金融创新的科技含量越来越高，大数据、云计算、人工智能、区块链等新型技术手段广泛应用于创新产品。第四，企业（市场参与

主体）是金融创新的源泉，一个企业聚集、充满活力的区域能够产生更多的金融需求，金融创新能够创造服务对象和应用场景，同时也能迫使金融机构加快创新步伐。企业创新发展也需要制度环境、法律环境及科技环境的共同作用。高质量金融创新离不开高质量行业产业集群，普惠型金融创新离不开有发展潜力的中小微企业和民营企业。建议有关政府部门一方面加大力度引入或培育高新技术和国家重点发展的行业产业集群；另一方面推进中小微企业和民营企业加快发展，提供优惠政策，实现实体经济与金融创新的良性循环。

肖小和：标准化票据可以实现票据市场与债券市场的联接[①]

上证报中国证券网讯（记者 张艳芬）票据市场的发展迎来新的阶段。日前，金融委办公室表示，将于近期推出11条金融改革措施。其中，第六条明确出台《标准化票据管理办法》，规范标准化票据融资机制，以更好地服务中小企业和供应链融资。

自2019年第1期标准化票据于去年8月创设以来，标准化票据便一直是市场焦点。今年2月，中国人民银行发布了《标准化票据管理办法（征求意见稿）》（以下简称《办法》），公开征求意见。

如今，票据市场将正式迎来标准化票据发展的新机遇。《办法》明确表示，将票据作为基础资产打包后在债券市场流通。对此，江西财经大学九银票据研究院执行院长兼学术委员会主任肖小和告诉记者："票据作为基础资产打包，类似于信贷等其他资产，可以更好地实现流通周转。标准化票据可以实现票据市场与债券市场的联接，也显示了票据的发展空间。"

同时，《办法》明确支持资管产品投资标准化票据，这为资管产品的投资打开了一条新通道，票据市场的深度与广度将进一步扩展。

值得注意的是，《办法》要求发挥债券市场的定价能力，减少监管套利。对此，肖小和认为："这对于进一步发现和形成票据价格，理顺票据价格体系，减少在不同融资环节、不同信用分层的利益过度差异，尤其是在防范监管套利上将会起到有效的作用。"

在肖小和看来，《办法》的推出，有利于盘活现有一部分票据承兑和贴现存量，激发释放服务中小企业的活力，特别是进一步通过供应链票据融资及应收账款票据融资服务实体经济及中小企业起到重要作用。

---

① 本文发表于2020年5月29日。

致力改革 稳健运行 票据市场启帆远航
——从上海票据交易所成立四年发展历程看"十三五"期间中国票据市场发展

肖小和

一、"十三五"期间票据市场发展成果显著，有效服务实体经济发展

"十三五"期间，在我国经济步入高质量发展阶段的大背景下，在金融严监管及供给侧结构性改革的主基调下，我国票据市场在人民银行和银保监会的政策指导及上海票据交易所引领下，明确角色定位，夯实制度基础，加强基础设施建设，坚持发展创新，有效管控风险，为经济金融发展做出了应有贡献。

（一）票据市场业务发展总体稳健

2016 年，受票据风险案件影响，票据市场步入严监管阶段，票据发展进入短暂低迷期，市场规模出现萎缩；2017 年，得益于 2016 年上海票据交易所的成立，市场乱象得到有力整治，票据风险得以有效控制，票据市场增长有了基础；此后几年，票据市场规模始终保持着稳健增长的态势。2018 年票据承兑发生额、承兑余额、贴现发生额、贴现余额分别较 2017 年增长 24.80%、22.29%、38.83%、45.22%；2019 年较 2018 年分别增长 11.55%、6.44%、25.35%、22.46%；2020 年前三季度，票据承兑发生额为 16.15 万亿元，同比增长 9.99%，贴现发生额为 9.34 万亿元，同比增长 10.60%，2020 年 9 月末，票据承兑余额及贴现余额同比分别增长 11.82%、9.96%。相较于"十二五"时期，"十三五"时期票据价格中枢总体下移，呈现出先升后降并保持平稳的态势，使实体经济能够以更低成本通过票据市场融得资金，票据市场服务实体经济的作用进一步提升。

（二）票据市场基础设施建设加速

"十三五"期间上海票据交易所的成立具有里程碑意义，从根本上改变了市场交易模式，标志着我国票据市场步入规范创新阶段。为确立上海票

据交易所在票据市场中的核心地位，人民银行将 ECDS 移交上海票据交易所管理，实现了票据市场基础设施的统一和归并；陆续开展上海票据交易所客户端建设推广，推动票据交易系统直连及电票系统升级，完成纸电融合，上线票据清算系统，推出再贴现系统，为票据业务发展提供基础保障。

（三）票据市场制度体系不断健全

"十三五"期间，人民银行和银保监会出台了一系列规章制度，《关于规范和促进电子商业汇票业务发展的通知》《票据交易管理办法》《标准化票据管理办法》《关于加强票据业务监管促进票据市场健康发展的通知》等重要政策法规相继出台，有力推动了票据市场规范化发展进程。

（四）票据市场创新层出不穷

"十三五"期间，票据创新产品的推出明显提速。首先，上海票据交易所在票据创新方面起到积极引领作用，陆续推出"票付通""贴现通"、标准化票据、供应链票据等创新产品，发布票据收益率曲线，上海清算所发布标准化票据指数，不断优化票据使用体验，深化票据全功能作用。其次，众多银行相继推出"秒贴""票据池"等服务，开发区块链票据、绿色票据等产品；央企方面，为推进商业信用发展，中国国新控股有限责任公司在国务院国资委支持下，携手 51 家中央企业搭建"企票通"平台，致力于建设"信用共享、风险共担"机制，通过聚合央企商业信用，为商业承兑汇票的发展提供广阔空间。

"十三五"期间，科技有力支撑票据市场创新发展。无论是 IT 系统及互联网平台的建设还是大数据、人工智能、区块链等技术的应用，票据科技都显现出强大活力，其应用贯穿票据全生命周期，已成为票据发挥功能作用的基本支撑。

（五）票据市场风险管控成效显著

"十三五"期间，人民银行、银保监会相继发布《关于完善票据业务制度有关问题的通知》《关于切实加强商业汇票承兑贴现和再贴现业务管理的通知》《关于票据业务风险提示的通知》《关于银行承兑汇票业务案件风险提示的通知》，进一步加强商业汇票业务监管，规范票据业务办理流程。同时，上海票据交易所一直致力于票据市场风险制度体系建设，积极运用科技力量，建立集中交易模式，形成市场监测体系，不断优化系统建设，市场风险得到有效管控，票据市场内控风险管理水平得以显著提升。

（六）票据应用理论研究成果丰硕

"十三五"期间，票据市场应用理论研究氛围浓厚，成果丰硕。以上海票据交易所为引领，中国票据研究中心、江西财经大学九银票据研究院、中央财经大学云票据研究中心、江西省金融学会票据专业委员会等票据专业研究机构在此期间相继成立，加上先期成立的中国支付清算协会票据工作委员会、中国银行业协会票据专业委员会、中国城市金融学会票据专业委员会、上海市金融学会票据专业委员会，都在源源不断地为票据市场规划发展、应用理论研究贡献智慧和力量。

二、"十三五"期间中国票据市场发展中的上海票据交易所

上海票据交易所是我国票据市场唯一的基础设施，其建设发展历程与"十三五"期间中国票据市场发展同步。2016年3月9日，中国人民银行副行长潘功胜接受记者采访时表示，人民银行正在抓紧推动建设全国统一的票据市场，这是人民银行首次公开明确推动建设全国统一的票据市场。2016年5月25日，中国人民银行牵头成立了关于筹建全国统一票据交易市场的筹建小组，正式启动全国统一票据市场的构建工作。2016年9月，为了加快电子票据推广应用和配合上海票据交易所开业运行的需要，中国人民银行下发《关于规范和促进电子商业汇票业务发展的通知》，为未来上海票据交易所正式运行奠定基础。在上海票据交易所筹建工作梳理推进期间，中国人民银行和上海票据交易所筹备组积极做好交易所开业后的系统对接，并着手制定票据交易制度及行业规范。2016年12月8日，由中国人民银行牵头筹建的上海票据交易所股份有限公司正式开业。

上海票据交易所成立四年来，始终牢记创建时的初心使命，在推广电票、扩展参与主体、推动产品创新、推进科技应用、革新制度规则、防范化解风险、加强应用理论研究、服务实体经济等方面做了大量富有成效的工作，有效发挥了其作为票据市场主要基础设施的关键、基础和引领作用。

（一）实施纸电融合，坚持推广电票

四年来，在《关于规范和促进电子商业汇票业务发展的通知》等一系列制度及上海票据交易所纸电融合工作的推动下，票据市场中纸电票据占比发生了根本性转变，2019年电票承兑量占市场票据承兑量的比例为97.94%，电票贴现量占比为99.36%，电票已基本完成了对纸票的取代，有效提升了票据市场交易效率，降低了票据业务风险。

（二）扩展参与主体，拓宽资金来源

四年来，票据市场参与主体规模不断增长，涵盖人民银行、商业银行、财务公司、证券公司、基金公司、期货公司、保险公司、信托公司、资产管理公司及非法人产品等，参与主体日趋多元化，资金来源更加广泛。目前，中国票据交易系统接入的会员已超过 3000 家，系统参与者超过 10 万家，参与主体数量与范围的增长为票据市场繁荣发展奠定了基础。

（三）推动产品创新，引领市场发展

四年来，上海票据交易所锐意进取，推出了大量受众面广、适用性强的创新产品。一是针对企业结算与融资问题，相继发布了"票付通""贴现通"、供应链票据等创新产品，打通了企业生产、分配、流通及消费各环节，畅通了供应链、产业链，推进了应收账款票据化进程；二是针对票据"非标"问题，及时推出了具有关键意义的标准化票据，其为金融机构提供了一种全新的流动性管理工具、资产负债管理工具及市场化投资标的；为企业提供了一种安全可靠、融资高效、成本相对低廉的融资产品；三是针对票据市场价值评估简单粗放问题，推出了票据收益率曲线，推动了票据市场公允价值的形成，为市场参与者资产估值、交易定价提供了参考，并有利于进一步完善货币市场利率体系。

（四）推进科技应用，探索票据前沿

四年来，上海票据交易所在系统建设方面成绩显著。一是市场基础功能方面，相继上线了中国票据交易系统、纸电票据融合、再贴现系统、票据交易系统直连以及票据市场信息披露系统等大型项目，提升了票据市场科技含量。二是创新产品方面，开发了线上票据清算系统、"贴现通"业务功能、供应链票据功能等项目，确保创新产品能得到及时、有效应用。三是产品储备及预研发方面，开发了跨境人民币贸易融资转让服务平台，为研发跨境票据等创新产品提供了技术储备及应用平台；试运行数字票据交易平台实验性生产系统，探索了区块链等前沿技术，为数字货币的深入应用发展创造了条件。

（五）革新制度规则，支撑创新发展

四年来，票据市场的制度体系建设焕然一新。人民银行及上海票据交易所陆续出台了《票据交易管理办法》《标准化票据管理办法》《上海票据交易所票据交易规则》《上海票据交易所贴现通业务操作规程》《上海票据交易所"票付通"业务规则》《商业承兑汇票信息披露操作细则》等多项票

据业务规章制度，贯穿了票据全生命周期，涵盖了票据市场传统业务与创新业务，改善了票据市场成长的制度环境，为票据市场高质量发展创造了条件。

（六）防范化解风险，整治市场乱象

四年来，票据市场风险管理成效显著，风险案件大幅下降。上海票据交易所在防范化解票据市场风险方面做了大量的工作，一是从票据介质入手，大力推广电票业务发展，全面掌握电票全生命周期业务数据；二是从交易机制入手，规定票据二级市场交易必须在场内完成，压缩中介生存空间；三是从信息披露入手，解决商票信息不对称问题，改善商票的生存环境；四是从账户管理入手，推出商票账户主动管理功能，化解通过伪假银行账户开立伪假电子商票的风险；五是从市场监测入手，跟踪分析市场异常情况，防患于未然。

（七）加强理论研究，培养票据人才

四年来，上海票据交易所每年定期组织票据市场座谈会、中国票据市场高峰论坛、交易员沙龙等多层次研讨会，组织内外部专家合作编写多部著作，开展了形式多样的征文及课题研究，出版了以书代刊的《中国票据市场研究》。同时，上海票据交易所针对新产品、新业务、新规则加大培训力度，在提高票据从业人员整体素质的同时有效提升新产品市场接受度，增强上海票据交易所平台品牌影响力。

（八）服务实体经济，促进小微发展

四年来，上海票据交易所始终坚持服务实体经济，尤其在解决中小微企业融资难题方面发挥了关键作用。其推出的"票付通""贴现通"、标准化票据、供应链票据等一系列创新产品，不仅拓宽了企业的票据融资渠道，而且深化了票据与供应链、产业链的场景应用，畅通了供应链、产业链的金融堵点，并更好地发挥了金融对中小微企业的普惠融资功能。

三、"十四五"时期中国票据市场展望

进入"十四五"时期，按照国家推动经济高质量发展、加快构建双循环新发展格局、推进金融供给侧结构性改革的总体要求，中国票据市场将在加快改革开放、完善法律制度、健全基础设施、创新体制机制、发挥金融科技作用、加快新型创新平台建设、加快商业承兑汇票发展、防范风险等一系列举措下，更加有效有力地支持实体经济及中小微企业发展。在这

一过程中，业界期待上海票据交易所发挥更重要的关键作用。

"十四五"期间，票据市场期待上海票据交易所在推动票据市场顶层设计和完善票据法律法规建设上进一步发挥作用；在建设一二级票据市场联动与交易发展上进一步发挥作用；在推动参与主体多元化包括个人参与上进一步发挥作用；在打造上海国际票据交易中心和建设长三角商票平台上发挥积极作用；在按照相关要求全方位、多角度加强商业汇票信息披露及分析监测上进一步发挥作用；在加大产品创新力度、不断拓展票据应用场景、提升票据使用体验上进一步发挥作用；在利用金融科技推动供应链、产业链票据融资发展上发挥作用；在加强系统建设，持续优化系统功能，为市场提供更加安全、便捷、高效服务上发挥作用；在构建双循环格局中推动票据全生命周期发展及更好服务实体经济尤其是中小微企业上发挥作用；在推动商业承兑汇票发展、大幅提高电子商业承兑汇票比例、明显提升企业信用程度上发挥作用；在加强监管沟通、共同防范票据市场风险上发挥积极作用；在繁荣票据市场应用理论研究、聚集人才、培养人才等方面发挥更大作用。

我与上海证券报的故事

肖小和

2021年7月1日，在中国共产党成立一百周年之际，也迎来了上海证券报创刊三十周年，在此表示热烈祝贺！

一、与上海证券报结缘于票据

1997年，我在工商银行省级分行任处长期间曾负责票据工作，并于当年参与主持编写由江西人民出版社出版的《现代银行商业汇票经营管理》一书，参加撰写并负责总纂，从而对票据业务开始感兴趣和关注。2004年，我被调到工商银行票据营业部任副总经理，专司票据业务，从而加深了对票据市场的学习和理解，并有了进一步思考。在分管宣传报道相关工作期间，我因工作原因有幸与上海证券报结缘，与宋薇萍记者就票据市场发展进行过交流，但具体报道仍聚焦于所在机构具体业务的宣传与银行票据经营管理方面的探讨。在此期间，《上海证券报》刊登了我们的文章《推进同业业务规范管理与有序发展》《票据业务融合IT系统刷新发展格局》《创新与风控要顺应票据业务资金化趋势》《加快建立全国统一规范的票据信息平台》等。

二、与上海证券报共同致力于推动中国统一票据市场的建设与宣传

随着票据市场的快速发展以及风险因素的持续积累，我们更加关注对中国票据市场发展与创新的应用研究，特别是对建立统一的中国票据市场进行了持续深入的研究。在此期间，宋薇萍记者十分高兴地为我们引荐了资深编辑邹民生老师。通过多次交流，邹老师对我们的研究理念、方向、观点等表示高度赞同，并提出了一些有建设性的建议。由于《上海证券报》的积极支持和邹老师的认同，这些研究成果陆续在《上海证券报》刊载。尤其是2015年连续多次发表的关于建立中国统一票据交易中心的文章，引起了各方面的关注。

2015年8月8日，《上海证券报》刊登了我们的文章《打造"互联网+票据"平台　完善市场体系》，提出应该由人民银行牵头建设统一规范的门户级票据平台。得益于邹老师的指导，我们在2015年9月12日《上海证券报》上刊登的《构建票据交易所　推进全国性有形票据市场建设》中正式提出票据交易所的概念。2015年12月31日，《上海证券报》刊登了《建设中国票据交易所时机已经成熟》，我们在文中明确提出了票据交易所的实施路径和建设方案。

2016年3月两会期间，人民银行副行长潘功胜在接受《上海证券报》记者宋薇萍采访时表示，人民银行正在抓紧推动建设全国统一的票据市场，随后宋薇萍记者在人民大会堂远程采访我，我解读为这是人民银行第一次明确提出"推动建设全国统一的票据市场"，将为票据市场改革提供指引和方向。宋薇萍记者的采访以及《上海证券报》第一时间予以报道对推动整个票据市场发展起到了积极的宣传作用。随后《上海证券报》刊登了我们的文章《应加快推进电子票据交易所建设》，文中指出电子商业汇票将是票据交易所未来推动发展的方向；同年4月12日又刊登了《票据交易所建立在上海是最优选择》，认为中国票据交易所建立在上海是最合适的选择方案。

2016年5月25日，中国人民银行牵头在上海成立了关于筹建全国统一票据交易市场的筹建小组，正式启动全国统一票据市场的构建工作。在2016年12月8日上海票据交易所正式挂牌成立之际，《上海证券报》刊登了我的专访《上海票据交易所成立是中国票据史上里程碑事件》，本人认为上海票据交易所的成立将给中国票据市场、中国货币市场乃至中国金融市场带来重大影响！如果说中国票据市场的发展包括上海票据交易所的成立，媒体宣传报道做了大量工作的话，《上海证券报》应是重要贡献者之一。在此期间，邹老师认真编辑并对标题和文章内容等方面提出的修改和意见，往往起到画龙点睛、点石成金之效，体现了资深编辑水平。

三、与上海证券报共同着眼于中国票据市场未来发展的思考与宣传

自上海票据交易所成立以后，中国票据市场进入"后票交所时代"，《上海证券报》又连续多次报道了我们对中国票据市场发展的相关研究。

一是在促进票据市场回归服务实体经济上，《上海证券报》持续刊登了我们的系列文章，包括《加强票据业务管理　支持实体经济发展》《票据融

资如何稳健有效地支持实体经济》《转变票据市场经营模式更好服务实体经济》《发挥商业汇票作用 服务"一带一路"经济发展》《发挥商业承兑汇票对实体经济支持作用》《以高质量票据市场服务经济高质量发展》《不断增强票据业务服务实体经济功能》等，对推动票据市场回归本源、促进实体经济发展起到了积极的宣传引导作用。

二是在票据市场未来发展方向上，我们在《上海证券报》上发表了《票交所成立后票据市场有七大发展趋势》《票据市场发展新变化、新趋势和新思考》《电票发展趋向与票据市场建设》《流动资金贷款票据化是信贷业务的新方向》等，对票据市场的未来发展提出自己的设想和期盼。

三是在构建中国票据市场框架体系方面，《上海证券报》刊登了我们的文章《我国票据市场需要怎样的运行框架》《完善票据市场结构健全票据交易子市场》《健全票据市场体系 服务经济金融发展》《构建股份制票据金融公司的总体设想》《用新思维创设混合所有制票据银行》，从宏观层面探讨中国票据市场框架体系的构建。

四是在充分发挥上海票据交易所作用方面上，《上海证券报》陆续刊登了我们的文章《票交所将来可发展为货币市场交易所》《票据业务创新发展内生动力何在——兼论票据交易所在票据创新上的作用》《票据市场从"乱"到"治"要做哪些事》《上海票交所已经发挥关键、基础和引领作用》等，为刚成立不久的上海票据交易所开展工作提供思路和建议。

五是在推动具体业务发展上，《上海证券报》连续刊登了我们的文章《票据承兑业务对实体经济发展作用独特》《票据贴现：经济金融发展的助推器》《优化票据转贴现业务 提高票据资产流动性》《通过票据交易所平台重构再贴现功能》《规范票据经纪行为 促进票据市场发展》《建设票据信用评级体系 发挥票据市场服务作用》等，基本覆盖了票据全生命周期的所有业务，为各类业务的发展和完善出谋划策。

六是在课题研究上，我们在《上海证券报》上发表了《用中国票据发展指数为票据市场把脉》《以问题为导向完善票据价格指数体系》《建议打造上海国际票据交易中心》《落实国家长三角一体化发展战略，在长三角建立商票平台的研究》《中国票据市场四十年发展回顾与启示》等，对中国票据市场指数体系建设以及票据市场国际化、区域化、突破性发展提出理论探讨。

七是在重要事件解读方面，《上海证券报》多次邀请我予以评论。就2020年12月23日中国人民银行发布的《关于规范商业承兑汇票信息披露

的公告》（中国人民银行公告〔2020〕第19号），我认为该公告对于加强商业承兑汇票信用体系建设、建立完善市场化约束机制、减少商业承兑汇票纠纷及相关风险具有历史意义。就人民银行等八部门出台的《关于规范发展供应链金融 支持供应链产业链稳定循环和优化升级的意见》，我认为供应链金融创新对拓宽中小微企业融资渠道具有积极意义。就人民银行发布的《标准化票据管理办法（征求意见稿）》，我认为标准化票据可以实现票据市场和债券市场的联接，有利于盘活票据资产，进一步激发释放服务中小企业融资的活力。通过对重大政策的及时解读，引导市场参与者进行更好的理解和更深入的思考，进而促进政策更好落地执行。

近几年还有一些《上海证券报》记者积极跟踪我们关于票据市场创新的研究及观点，包括张玉、张艳芬、孙忠、黄紫豪等，在此一并表示感谢！

如果说我们与《上海证券报》有缘，完全是基于对票据市场的兴趣与研究。多年来《上海证券报》连续发表了我们关于票据市场发展的文章五十余篇、几十万字，成全我们出版了票据三部曲，在业界获得了良好反响，一些政策建议、观点已被相关管理部门、经营机构所采纳和接受，我们的很多设想和建议都已逐步变成现实，这些都离不开《上海证券报》的大力支持！如果我们关于中国票据市场的有些思路、有些研究成果问世了，相当程度要感谢《上海证券报》邹老师等一批编辑、记者的大力支持！

肖小和在中国票据研究中心第一期"票据论道"研讨会上的发言

2021年4月，由中国票据研究中心主办、招商银行股份有限公司承办的以"做好票据风险防范 促进市场健康发展"为主题的第一期"票据论道"研讨会在招银大学成功举办。江西财经大学九银票据研究院执行院长兼学术委员会主任肖小和受邀参会并做了题为《关于电票时代新风险的思考》的主旨发言。

肖小和分析了风险的概念，指出只要经营票据就必然存在风险，不论在纸票时代还是电票时代，无论票据的介质是否发生了变化，票据风险并没有消除，而是新介质面临的风险变化又有了新特点。他还从传统领域新风险、参与主体新风险、信息系统新风险、功能弱化新风险、创新发展新风险、信用领域新风险、业务经营新风险和债权凭证新风险八个方面深入分析了票据市场发展面临的新风险。以下为肖小和发言原文。

各位老总及各位业界同仁：

下午好！很高兴能参加这次研讨会。感谢主办方和承办方的邀请，使得我与票据业界的新老票据朋友们又增加了一次见面并交流学习的机会。首先祝贺中国票据研究中心"票据论道"成功启动，祝贺第一期"票据论道"如期开办并预祝圆满成功！这是中国票据研究中心2017年以后继论坛、征文、刊物研究等平台推出后又一次搭建具有研究性、常态性、开放性、未来性的关键平台。我们江西财经大学九银票据研究院祝愿中国票据市场的制度、功能、属性、发展、科技、风险防范及监管等突破和创新研究，在坐而论道、思想碰撞的论道平台实现新的质的飞跃。此次论道主题突出，直面票据新风险。前面两位做了十分精彩的致辞，招商银行方面又做了十分经典、全方位、非常专业的引导发言，颇受启发。尤其是招商银行已经在引领中国票据市场新未来，形成了全行统一的集承兑、贴现融资、创新及经纪等于一体的票据体系，为打造成事业部、子公司、股份制票据公司奠定了牢固的基础。因此，其管理票据风险肯定是独树一帜的！

关于这次会议的主题——票据风险，我认为票据未来损失的不确定性

就是风险。只要经营票据就必然存在风险。不论在纸票时代还是电票时代，无论票据的介质是否发生了变化，票据存在的信用、合规、操作、道德、信誉、战略等风险并没有消除，而是新介质面临的风险变化又有了新特点。2020年银保监系统关于票据的罚单达百余张就可以说明问题。

一、传统领域新风险

在纸票时代，票据风险主要体现在承兑保证金通过贷款、贴现资金等违规提供；真实贸易背景缺乏；贴现资金回流出票人账户或流入证券等账户；伪造变造纸质票据；通过虚假票据转贴现业务实现转贴现规模出表；票据中介利用贴现实现欺诈；利用第三方机构将票据资产转为表外理财资金等方面。

票据市场已从纸票时代进入电票时代，近年来，上述风险仍是票据市场的主要风险点（除了伪造纸质票据），而且冒名企业开户并虚开电子商票，通过代理业务以及保证待签收诈骗等新型风险案件不断出现，说明票据市场传统领域风险并没有因电子化而消除，而是更为快速、更为隐蔽，并衍生出新的风险表现形式。一方面，犯罪分子手段更加高明，专业化程度更高；另一方面，相关参与主体难辞其咎，内控管理并未根据市场的变化做出实质性改变，监管要求依旧未落实到位。

二、参与主体新风险

票据业务牵涉参与主体的方方面面，其全生命周期涉及开票、承兑、背书、贴现、转贴现等诸多环节和许多部门，在管理职责方面，各部门各管一段，从自身角度管控考虑较多，制度、经营与管理上，缺乏全产品、全链条的统筹与考量，从上至下、从左至右，容易出现真空与重复交叉的地方；在流程运行方面，流程之间相对割裂，难以无缝衔接、全覆盖；在培训方面也是各自为政；现在分工越来越细，"铁路警察"越来越多，出现风险时有些主体查不清责任部门。潜伏着难以预估的风险隐患。

三、信息系统新风险

ECDS开启了票据市场电子化的序幕，现已运行多年，参与主体与之对接的系统开发人员可能变换了岗位，加上没有设计记录存档，原来的设计逻辑、规则等继任者说不清楚，有些漏洞难以发现。现在还要根据需求不断更新，各参与主体尤其是中小金融机构科技实力不足，网银系统、票据

模块、承兑人检验等功能可能存在漏洞，加上不法分子通过签发小额票据等方式，试探参与者系统、网银等，可能加大系统漏洞出现的可能性。

随着票据市场的发展，票据市场越来越依赖于系统，中国票据交易系统、线上票据清算系统（"票付通"）等均全程通过系统实现交易、支付、清算，票据创新产品也更多依赖系统支持，这对商业银行尤其是中小商业银行提出了新的挑战。如果没有强大的技术实力支撑，参与主体将难以跟上票据市场的创新节奏，同时也难以应对系统中可能出现的技术或业务风险。

四、功能弱化新风险

信用是票据的核心，支付功能是关键，票据融资功能强化后，对扩大规模、调剂银行间流动性有积极作用，但是在支付、背书环节，由于支付替代性增强（如信用证、电子债权凭证等），加上近年来中介平台、类中介平台不断介入，其所提供的线上票据融资功能，借助票据背书转让实质性违规办理票据贴现业务，从数据上看票据背书有所增长，但实际上总体票据支付功能相对弱化，2020年背书47万亿元，增长1.5%，剔除民间平台等增长后，应是下降的。票据支付业务进一步萎缩。如果这是常态，票据市场的可持续性堪忧。因此，要加强支付功能和产品开发研究。

五、创新发展新风险

由于票据法的滞后，加上参与主体与监管部门之间的协调性缺乏，票据产品创新中隐含着一些新风险，比如标准化票据，有利于市场、银行和企业等，但是在推进过程中遇到的问题（如标准化资产认定问题、票据经纪机构认定问题、存托机构管理问题等），包括可能存在的风险，需要引起重视。另外，供应链票据、"贴现通""票付通"等需要参与主体共同推进，否则将损失投入成本。

六、信用领域新风险

商业承兑汇票发展较快，但信用风险也出现了新特点。2020年第一季度商票承兑增长33.76%，背书增长41%，贴现增长30%。2019年仅上海证券交易所上市公司的应付票据就达15%以上，其中房地产公司的票据70%以上为商票，其风险值得关注。

同时，由于商票市场配套设施相对不完善（商票信息披露机制尚在推广，商票评级机制尚未建立），商票业务量的快速增长在一定程度上更易于集聚信用风险。

七、业务经营新风险

近年来票据市场创新力度不断加大，票据收益率曲线就是一个较好的创新产品。票据收益率曲线的推出改变了票据资产的估值模式，提升了票据市场的流动性，调整了商业银行的票据经营思路，但部分商业银行持有到期的经营模式可能出现经营风险。2019年下半年，票据市场利率低于筹资成本，银行收益外溢，风险显现。

八、债权凭证新风险

九、建议

以上八种票据风险需要引起高度重视，同时参与主体要分门别类，有针对性地采取措施，防范风险。同时，对商票业务，要全方位、力求"准快全"、规范地加以披露。建议上海票据交易所与评级公司合作开展商票评级；要建设央企和地方商票基础平台；要加快供应链票据等新产品的推广；要研究采用科技手段和建立票据风险模型，进一步防范各类票据风险。

商业承兑汇票信息披露相关制度的发布具有里程碑意义

肖小和

《规范商业承兑汇票信息披露》（中国人民银行公告〔2020〕第19号）以及《商业承兑汇票信息披露操作细则》（上海票据交易所公告〔2020〕4号）的发布（以下分别简称《公告》《细则》），是继1995年《中华人民共和国票据法》出台、2009年电子商业汇票系统推出、2016年上海票据交易所成立之后又一个具有里程碑意义的事件，对于加强商业承兑汇票信用体系建设、提高我国企业信用程度、建立完善市场化约束机制、更好地规范市场及参与主体行为、保障持票人合法权益、减少商业承兑汇票纠纷及相关风险具有历史意义。随着商业承兑参与主体日益广泛，信息披露的充分性、真实性、准确性、完整性、适时性逐步提升，将为中国商业承兑汇票发展奠定扎实的基础。

一、商业承兑汇票的历史发展实践

企业开展商业汇票业务是一个融资过程，商业汇票若被银行等金融机构承兑会成为银行承兑汇票，若被非金融机构承兑会成为商业承兑汇票。

1949—1978年是商票萌芽阶段。新中国成立初期至1954年，国家允许银行信用和商业信用存在，中国人民银行上海分行曾运用商业汇票承兑与贴现为恢复和发展国民经济服务，还巧妙地运用票据承兑形式，调剂市场资金，扶助私营企业恢复和发展生产。1954—1978年，由于我国实行高度集中的计划经济管理方式，商品经济没有得到发展。全国实行信用集中，取消商业信用，银行结算以划拨为主，有零星的支票结算，汇票和本票作为商业信用和银行信用的载体在计划经济的大背景下无法发挥其支付结算和信用扩张的功能。早在1979年中国人民银行就批准部分企业签发商业承兑汇票，我国首笔同城商业承兑汇票业务就是1981年在上海办理的。

20世纪90年代，票据作为商业信用的载体获得新生，其支付功能在一定程度上缓解了改革开放后我国经济发展中的"三角债"难题，随着这一

支付工具的大力推广使用，票据成为 90 年代解决企业间"三角债"问题的主要工具。1990 年，国务院清理"三角债"领导小组在《关于在全国范围内清理企业拖欠货款的实施方案》中明确提出结合商业票据使用办理清欠工作，付款期内没有能力又不符合发放"清欠专用贷款"条件的企业，可将所欠债务转为商业票据。1991 年《关于继续组织清理"三角债"的意见》则要求金融部门积极推广商业承兑汇票业务，把社会主义商品交易纳入票据化的轨道。这一阶段的特征是票据业务呈现自然发展状态，承兑业务发展较快，贴现业务相对较少，票据交易极为不活跃。

进入 21 世纪，2006 年，中国人民银行为解决国企、央企"三角债"问题曾推行过"商业票据"，这里的"商业票据"主要指商业承兑汇票，可以说是应收账款票据化理念的雏形，而非当时使用更广泛的银行承兑汇票。当时商业票据未电子化，加上短期融资券①也在相近时间推出，以及纸票真实性核查难、融资性票据泛滥、票据交易市场不完善等原因，商业承兑汇票进程不甚理想。

二、商业承兑汇票当前的概况与新现状

2006 年，中国人民银行发布《关于促进商业承兑汇票业务发展的指导意见》，要求各地人民银行分支机构积极组织商业银行制订推广使用商业承兑汇票的具体实施方案。2016 年，中国人民银行发布《关于规范和促进电子商业汇票业务发展的通知》，要求中国人民银行各分支机构和各金融机构选择资信状况良好、产供销关系稳定的企业积极发展电子商业承兑汇票。随后上海票据交易所的成立使票据市场参与者种类更加丰富，加快了票据产品创新步伐，全面提升了票据市场交易活跃程度。2020 年 1 月 15 日，上海票据交易所推出商业汇票信息披露平台，鼓励首批试点参与机构通过平台按日披露票据承兑信息、按月披露承兑信用信息。此举是票据市场走向公开透明的第一步。2020 年 9 月 18 日，中国人民银行等八部门发布《关于规范发展供应链金融 支持供应链产业链稳定循环和优化升级的意见》（银发〔2020〕226 号），明确"加快实施商业汇票信息披露制度"，并提出建立商业承兑汇票与债券交叉信息披露机制。

---

① 在我国，短期融资券属于融资性无担保商业本票，但未使用"票据"的名称，一是因为我国《票据法》采用真实票据理论，要求票据的签发、取得和转让具有真实交易关系和债权债务关系；二是因为法律限定本票出票人只能是银行，未给融资性商业本票留下空间。

得益于各方积极推动商业承兑汇票发展，2020年初上海票据交易所上线了商业汇票信息披露系统，建立了供应链票据平台，商票的开票量和贴现量增长较快，市场占比提升。根据上海票据交易所的数据，2020年票据承兑、贴现和票据市场业务总量分别为22.1万亿元、13.41万亿元和148.24万亿元，同比分别增长8.41%、7.67%和12.77%，其中商票贴现1.03万亿元，同比增长9.85%。2020年，商票签发金额为3.62万亿元，同比增长19.77%；商票签发金额占比为16.39%，较上年提升1.55个百分点；商票签发平均面额为124.7万元，同比下降11.08%。

三、信息披露相关制度的发布对商业承兑汇票发展的意义

商业承兑汇票是企业资金支付与周转及融资的重要工具之一，对于企业而言是便利支付、便利背书流转、便利融资、便利应收账款票据化、便利供应链金融上下游企业票据广泛使用、便利优化应收账款结构、便利效率提高和便利减少资金成本的重要金融工具。鉴于商业承兑汇票及部分财务公司承兑汇票存在因信用不足导致其流动性和融资便利性较低的问题，《公告》通过规范承兑人商业承兑汇票信息披露及建立承兑人信用约束机制来改善市场信用环境，将促进商业承兑汇票更好地发挥其功能作用。

《公告》共有10条，明确了商业承兑汇票披露主体和披露内容，明确了商业承兑汇票引导和激励政策，明确了商业承兑监测责任和风险提示，明确了商业承兑生效日期和适用范围。其中牵涉承兑人相关要求的有4条，对承兑人披露承兑信息及承兑信用信息有具体要求，明确了披露时间和具体内容，并引导承兑人在平台上披露其他信用信息，特别提出应主动披露债券违约情况，为拓展企业信用信息披露范围提供了机会，为合理评估企业承兑能力和兑付意愿提供了基础。牵涉企业相关要求的有1条，即加强风险识别与防范，取得商业承兑汇票前，可在平台上查询承兑信息，从而帮助企业有效防范假票风险，避免造成资金损失。牵涉金融机构相关要求的有2条，要求金融机构在办理贴现等业务时，应通过平台查询相关票据信息，并明确对于无披露记录或记载事项与披露信息不一致的票据，金融机构不得为其办理相关业务，对信息披露及时准确、信用良好的承兑人则鼓励金融机构优先为其办理票据业务，以引导和激励政策支持企业信用提升。牵涉票据市场基础设施相关要求的有2条，既要求票据市场基础设施服务好参与主体，又要求参与主体为票据市场基础设施反馈相关信息，这就要求上海票据交易所在前期搭建商业汇票信息披露平台的基础上进一步优

化服务、加强监测，更好地保证商业承兑信息披露的及时高效；同时，要求票据基础设施制定操作细则，报中国人民银行备案并定期报告信息披露情况，充分发挥好中国人民银行的监督管理作用。《公告》最后一条，明确本公告自 2021 年 8 月 1 日起施行，财务公司承兑汇票参照执行。

《细则》共计 26 条，除了第一条制定的目的和依据、第二条票据信息披露平台认可依据和权威，以及第二十三条至第二十六条的上海票据交易所向中国人民银行定期报告、财务公司参照《细则》操作及《细则》解释权和自 2021 年 8 月 1 日起施行外，涉及承兑人相关要求的有 13 条，主要是对承兑人的职责、工作流程、要求和具体出现的情况做了更为详细的明确。涉及承兑业务概念的有 1 条，明确了概念和口径。涉及票据信息披露平台的有 4 条，对职责、流程和口径有了明确的界定。涉及金融机构、持票企业和其他社会公众使用平台信息的职责划分以及企业金融机构发现伪假商业承兑汇票或冒名承兑异常处理情况的有 2 条。

《细则》与《公告》一脉相承，实现了《细则》与《公告》、流程与制度的有机衔接，保证了《细则》与《公告》的高度一致性，《细则》具有很强的指导性、可行性和操作性。《细则》的出台，特别是与《公告》配套推出后，无疑对进一步发展商业承兑汇票提供了基础和有力支持，对于疫情后经济发展，特别是"十四五"时期及未来我国商业信用体系的进一步建设，对于改善和提升企业信用环境，发挥商业承兑汇票这一具有支付、融资及降低企业成本功能的信用工具作用意义深远。对于推动通过商业承兑汇票在一定程度上解决企业尤其是中小微企业融资难融资贵，以及加快供应链票据和标准化票据的发展，服务双循环新发展格局的构建都具有积极作用。

商业承兑汇票应该说是票据市场未来发展的重要工具，对于大型企业，尤其是对于中小微企业及民营企业来讲，在融资难融资贵的现实情况下，通过商业承兑汇票解决支付、背书转让、融资问题不能不说是有效途径之一；同时，对于提高直接融资比例、发展直接融资市场而言也是重要突破口之一。因此，从商业承兑汇票开始披露信息，逐步使与商业承兑汇票所有关联的信息规范化、标准化，将使票据业务更好、更有效地服务经济高质量发展，为构建双循环新发展格局做出应有的贡献！

票据因信用而存在，因支付而产生，因融资而发展，因创新而繁荣，因服务实体经济而空间广阔，因服务中小微企业而显示其无限生命力。期待商业承兑汇票信息披露制度的推出和执行，进一步推动中国票据市场稳健、可持续发展！

肖小和：供应链金融创新对于拓宽中小微企业融资渠道具有积极意义[①]

上证报中国证券网讯（记者 黄紫豪）近日人民银行等八部门出台了《关于规范发展供应链金融 支持供应链产业链稳定循环和优化升级的意见》，江西财经大学九银票据研究院执行院长兼学术委员会主任肖小和认为，供应链金融创新对于拓宽中小微企业及民营企业融资渠道、缓解融资难融资贵问题，具有积极的意义和作用。通过供应链金融创新，深化供应链金融配置，打通生产、分配、流通、消费各环节，提高循环效率，对于加快形成以国内大循环为主体、国内国际双循环相互促进的新发展格局具有重要意义。

肖小和表示，供应链金融是依托供应链运营开展金融业务，有助于优化产业资金流，缩短现金流周期，并增强中小企业信用。当前供应链金融的作用发挥仍然面临一些痛点。他建议，要重视供应链创新和供应链金融发展，打造好大数据平台及供应链服务平台。监管部门可出台地方性促进供应链金融发展的规范性文件。金融机构要共同构建供应链金融合作平台。供应链核心企业要做好企业的数字化建设，积极推动线上化、数字化，并加强自身信用建设。

他认为，近年来供应链金融有了一定发展，但在发展的过程中还存在一些问题。比如注重第二还款来源，忽视第一还款来源（第一还款来源基于借款人自身资质，第二还款来源基于抵押、质押、保证等担保手段）。目前供应链金融业务模式主要是基于第二还款来源发放融资款项，实质上是商业银行基于供应链核心企业担保因素，便利了中小微企业融资。

"一旦借款人无力偿还债务，商业银行只能处置担保品或追索保证人，由于第二还款来源是一种事后补偿机制，在融资期限内担保人信用状况及担保品价值极有可能发生变化，商业银行对于保证人及担保品无法实现实时动态管理，且担保物处置往往伴随着漫长的法律流程及相关商业纠纷，导致商业银行难以优先受偿，风险难以覆盖。"肖小和表示。

---

① 本文发表于 2020 年 9 月 24 日。

肖小和：加快研究国际票据交易所建设推进票据市场"走出去"[①]

上证报中国证券网讯（张欣然　记者　范子萌）展望 2022 年票据市场，江西财经大学九银票据研究院执行院长肖小和建议，推进票据市场及业务规则"走出去"，不断强化基础设施创新对票据市场的引领作用，通过国内、国际票据交易所双轮驱动，满足国内国际双循环新发展格局的需求。

他建议，要推动供应链、产业链领域票据业务创新。持续推动供应链票据业务的推广，不断完善供应链票据相关业务及系统功能，提升对核心企业及上下游中小企业的支持力度，畅通供应链内循环。

他表示，要强化数据领域的创新与合作。要全方位、全生命周期推进票据市场创新，如推动"供应链票据+标准化票据""票付通+供应链票据"等，全方位满足实体经济支付与融资需求。

肖小和认为，要加快研究国际票据交易所建设，推进票据市场及业务规则"走出去"。不断强化基础设施创新对票据市场的引领作用，通过国内、国际票据交易所双轮驱动，满足国内国际双循环新发展格局的需求。

一是持续研究新科技、新技术，"元宇宙"是新兴的技术热点，目前仍处于研究阶段，尚无成熟金融市场成功范例。"建议票据市场基础设施及参与者加强这方面的研究，将其扩展现实技术及沉浸式体验引入票据市场（如虚拟交易、投资者教育、风险防范等），提升票据市场技术含量，推动市场快速发展。"肖小和说。

二是目前票据市场参与者技术水平参差不齐，需进一步提升市场整体技术水平，建立统一技术平台。

此外，他建议在票据市场风险防范方面还需进一步做好以下几方面工作。尝试探索票据信用评级，建议借鉴相关成熟市场经验，研究票据（尤其是商票）的信用评级模型及数据来源，引入相关信用评级公司，尝试开展票据信用评级工作，进一步推动票据市场信用风险防控。

[①] 本文发表于 2021 年 12 月 20 日。

他建议，建设风险预警机制。在完善票据市场风险监测的基础上，推动市场风险预警机制与模型建设，提升票据市场预防风险的能力。

"加强与征信部门的合作，互通数据信息，完善并丰富企业融资信息，也应加强对类票据业务风险的关注与研究，明确类票据业务的监管部门，强化对此类业务的风险管控能力。"肖小和说。

他认为，应强化市场参与主体的风险防控能力。尤其是强化中小金融机构的票据风险防控手段与能力，提升全市场风险防控水平。

他建议，尽快出台供应链票据管理办法，明确该项业务及参与者的各项管理要求，提升票据市场为供应链上下游小微企业服务的效能，进一步改善实体经济融资环境。

继续推动《票据法》修订工作。他建议，有关部门考虑票据市场实际情况，参考成熟市场经验，继续推动《票据法》修订工作，为市场参与者提供法律保障，完善票据市场法制建设。

肖小和表示，应推动监管制度的协调统一。"建议人民银行协调票据市场相关监管部门，在票据市场监管制度层面统一步骤、统一规范，以调动市场主体更好推进票据业务发展，更好服务实体经济。"肖小和说。

他建议，未来可以围绕相关理论框架深入开展票据理论研究，加强票据市场创新研究。一方面，需加强票据服务实体经济、服务供应链的创新研究；另一方面，需强化跨境电子商业汇票、上海国际票据交易所的研究，鼓励民间研究，引导票据市场从业人员主动对票据市场进行分析、研究，营造学习研究氛围。

他认为，应该成立中国金融学会票据专业委员会，运用专业优势加强对票据全生命周期、票据生态环境、票据法律法规等领域的研究，进一步强化票据市场研究力量，提升研究水平，建议研究机构之间应加强沟通交流、取长补短、互相学习，共同推动票据市场研究再谱新篇章。

积极推动绿色票据、供应链票据等发展

2021年12月8日，上海票据交易所迎来了五周年纪念日。在过去五年里，票据市场生态发生了巨大变化，票据流转实现了电子化，市场规范性和透明度大幅提升，风险得到有效控制。

"上海票据交易所在其中发挥了重要作用"。江西财经大学九银票据研究院执行院长肖小和在接受《金融时报》记者采访时表示，五年来，上海票据交易所在中国人民银行正确领导及统一部署下，引领票据市场各参与主体积极开展各项票据业务，票据市场发展生态渐趋规范。当前，市场交易、托管、清算及创新机制焕然一新，创新型业务产品不断涌现，市场制度体系、系统建设、理论研究、风险控制等均达到新高度，信用环境不断改善，持续惠及实体经济。

这也是多位业内人士的共同观点。"票据市场是改革开放以来率先发展起来的金融市场子市场，目前已经成为我国金融市场体系的重要组成部分。"招商银行党委委员、副行长兼上海分行行长施顺华日前表示，过去五年里，上海票据交易所带领市场参与主体共同推动票据市场建设，取得了服务实体经济能力显著增强、票据市场风险显著下降、货币政策精准滴灌效果显著提升、票据产品创新显著提速"四个显著"的成绩，受到社会各界高度肯定。

从纸票到电票　为每张票据都装上了"隐形的眼睛"

经过40多年的发展，我国票据市场交易规模得到迅猛发展。从最初作为商业信用保证的支付结算工具，到21世纪头十年银行信贷规模的重要调节工具，再到如今交易、投融资和调控功能越来越显著，票据正发挥着越来越重要的作用。

对票据市场而言，从纸票到电票是一次重要突破。早年票据行业一度乱象丛生，纸票时代重大风险事件并不鲜见。正是上海票据交易所的建立推动了票据标准化、电子化，纸票时代由于信息不对称等产生的许多问题

得到了规范和好转。目前票据市场已经完全实现了纸票到电票的过渡。

大成基金副总经理兼首席经济学家姚余栋指出,上海票据交易所建立后,电子化票据占比由上海票据交易所成立前的30%左右提升至现在的99%以上。票据市场也由区域分割、信息不透明的传统票据市场,发展成为全国统一、安全高效、电子化的现代票据市场,服务实体经济效能进一步提升。

"这就像是为每张票据都装上了'隐形的眼睛',能够实现对其全生命周期的监管,最大限度地降低纸质票据真伪、运输和保管等风险。"肖小和打比方说。

降低风险,正是上海票据交易所建立的初衷。2016年前后,票据市场发生了一系列风险事件,在国务院决策部署下,人民银行牵头筹建全国统一的票据市场基础设施,剑指过去票据市场存在的规范缺失、技术落后、区域割裂等弊病。

"上海票据交易所的成立实现了票据报价交易、登记托管、清算结算、数据信息的集中统一,标志着全国统一、信息透明、以电子化方式进行业务处理的现代票据市场框架初步建立,成为我国票据市场发展的里程碑事件。"施顺华表示。

从纸票到电票并非一次简单的转型。记者了解到,上海票据交易所制定了纸电票据融合"三步走"战略,即数据融合、交易融合、系统融合。2017年5月,率先实现纸电票据业务数据融合。2017年10月,根据人民银行决策部署,电子商业汇票系统运营相关的权利义务由中国人民银行清算总中心转移至上海票据交易所。2018年10月,纸电票据交易融合顺利完成,纸质票据和电子票据实现同场交易。

服务实体经济提质增效

与其他金融要素市场相比,票据市场的突出特点之一是与实体经济尤其是与小微企业天然紧密相连,普惠功能强、作用大。正是在规范发展的基础上,票据市场服务实体经济的能力获得了进一步提升。

肖小和给《金融时报》记者列了一组数据:一是小微企业逐渐养成用票习惯。2020年,小微企业用票金额为44万亿元,占比为53%;小微企业用票数量为250多万家,占比达93%;票据签发的平均面额由2017年的113万元下降到2020年的90万元。二是助力小微企业融资降成本。他表示,过去几年里,上海票据交易所配合人民银行引导金融机构降低小微企

业融资利率，票据融资利率与一般流动资金贷款加权平均利率之间的利差从2017年的平均86个基点扩大到2020年的平均237个基点，有效降低了小微企业融资成本。三是全力推进再贴现业务开展。2021年第二季度余额为5922亿元，较2016年第四季度增长408.33%。"这些数据显示，我们的票据服务实体经济属性不断增强，尤其是小微企业的用票环境得到大幅改善。"他指出。

姚余栋也对比了票据融资利率与金融机构一般贷款加权平均利率。他指出，"今年第三季度末，金融机构一般贷款加权平均利率为5.3%，票据融资利率为2.65%，上海票据交易所和票据生态圈的金融机构有效推动中小微企业融资成本下降，近几年为我国中小微企业和实体经济节省近1万亿元。未来票据融资在支持实体经济、扶持中小微企业中的作用将更为凸显。"

加快标准和制度建设　积极推动产品创新

记者了解到，为了进一步增加票据流动性，为实体经济提供更大力度的支持，上海票据交易所还进行了产品层面的创新，进一步丰富了金融市场的产品类型。

市场对这些创新产品高度认可。以供应链票据平台为例，记者了解到，该平台可助力在签发端实现供应链票据全生命周期线上处理，推动应收账款票据化，这有利于企业间应收账款转化为规范化和标准化的票据，优化企业应收账款结构，提高中小企业应收账款的周转率和融资可得性。

"除具备一般商票的所有特点外，供应链票据还具备可拆分、等分化的特性，从源头上促进了应收账款票据化，是未来商票发展的方向。"肖小和补充。

除了供应链票据，不少业内专家还提出，应大力推广绿色票据、"贴现通"、标准化票据等创新产品。

例如，兴业银行同业金融部总经理林榕辉建议，在新发展阶段的时代背景和"碳达峰""碳中和"的发展要求下，绿色金融迎来重要发展机遇。票据在绿色金融发展中大有可为。建议加快绿色票据认定标准和相关系统建设，完善绿色票据考评激励政策，引导市场参与者推广绿色票据。

肖小和也提出，作为绿色金融的组成部分，近年各地已陆续推出绿色票据，有效推进了绿色产业发展，但实践中仍存在部分问题，需协调解决。

他表示，当前业内缺乏普遍认同的绿色票据定义，需要权威机构明确绿色票据的概念，并构建绿色票据标准体系，改变绿色票据各地标准不一、难以大范围推广的现状。

此外，他还建议设立绿色票据权威认定机制与机构，统一分析、评价并认定绿色票据主体及有关票据行为，同时建议设立绿色票据信息披露机制，定期披露绿色票据开立、融资、兑付等信息，提升绿色票据市场透明度。

而从票据市场整体的发展来看，肖小和希望建成国内统一票据市场。"我认为应进一步推动供应链票据发展，推动市场评级机构、担保机构、经纪机构的培育，构建多元、专业、互补的市场参与者体系。进一步增强市场透明度，在现有商票信息披露的基础上，补充市场基础设施主动披露机制，避免出现漏披等情况。"

而从跨境角度看，他建议，加快推进跨境票据各项相关工作，尽快拟订跨境票据业务方案、业务制度，完善跨境票据业务系统，制定跨境票据推广策略，为人民币国际化提供更多业务场景及应用手段。